◎ 教育部人文社会科学项目《后金融危机时代全球会计变革与中国趋同对策研究》(10YJA790176)之研究成果

◎ 浙江省会计学重点学科之建设成果

中外会计审计准则
研究与比较丛书

后危机时代全球会计变革与国际财务报告准则最新发展研究

汪祥耀 等 著

立信会计出版社
LIXIN ACCOUNTING PUBLISHING HOUSE

图书在版编目(CIP)数据

后危机时代全球会计变革与国际财务报告准则最新
发展研究/汪祥耀等著. —上海:立信会计出版社,2014.3
　　(中外会计审计准则研究与比较丛书)
　　ISBN 978-7-5429-4118-3

　　Ⅰ.①后… Ⅱ.①汪… Ⅲ.①会计改革-研究-世界
②会计准则-研究-世界 Ⅳ.①F233.1

中国版本图书馆 CIP 数据核字(2014)第 039556 号

策划编辑	张立年
责任编辑	张立年　方士华
封面设计	周崇文

后危机时代全球会计变革与国际财务报告准则最新发展研究

出版发行	立信会计出版社		
地　　址	上海市中山西路 2230 号	邮政编码	200235
电　　话	(021)64411389	传　　真	(021)64411325
网　　址	www.lixinaph.com	电子邮箱	lxaph@sh163.net
网上书店	www.shlx.net	电　　话	(021)64411071
经　　销	各地新华书店		

印　　刷	上海天地海设计印刷有限公司		
开　　本	787 毫米×960 毫米　1/16		
印　　张	35.5	插　页	1
字　　数	715 千字		
版　　次	2014 年 3 月第 1 版		
印　　次	2014 年 3 月第 1 次		
书　　号	ISBN 978-7-5429-4118-3/F		
定　　价	68.00 元		

如有印订差错,请与本社联系调换

《中外会计审计准则研究与比较丛书》
编 委 会

总策划　张立年

顾　问　郭道扬　王松年　盖　地　童本立

主　编　汪祥耀

副主编　李连华　邵毅平　邱学文　张红英

　　　　　沈颖玲　邓　川

《中外会计审计准则研究与比较丛书》
总　序

当前会计准则国际趋同形势发展之快,超出常人之想象。自 2001 年国际会计准则委员会(IASC)改组为国际会计准则理事会(IASB)后,IASB 所制定的国际财务报告准则(IFRS)已迅速成为各国会计准则争相与之趋同的目标。据德勤公司预计,2006 年世界上将有超过 100 个国家或地区要求或允许采纳国际财务报告准则。美国财务会计准则委员会(FASB)与 IASB 于 2002 年 10 月签订了著名的"诺沃克协议"后,也开始了双方准则趋同的步伐,并为制定一套高质量的全球会计准则而努力。欧盟、加拿大、澳大利亚、新西兰、日本、新加坡、中国香港等均采取了与 IFRS 趋同的战略,在 2005 年先后采用了 IFRS 或与 IFRS 等效的准则。2006 年 2 月,我国发布了以国际准则为蓝本的新会计审计准则体系,标志着我国会计审计准则已与国际准则实现了基本趋同。

会计准则国际趋同是当今国际会计发展的一件大事。把握这一发展趋势,对于促进我国会计改革,提高会计信息质量,维护资本市场稳定,进一步营造我国良好的投资环境等都具有重要的意义。作为会计理论工作者,追踪各国和国际会计审计准则的发展,对之进行研究与比较,并为我国会计审计准则的制定提出参考建议,是我们的责任,也是我们乐意为之付出努力之事。近十年来,我们的研究团队对各国会计审计准则展开了孜孜不倦的研究,推出了一些研究成果,获得了较好的社会影响。

2002 年前,我们主要出版了以下著作,为以后的研究奠定一些基础:

1. 汪祥耀主编:《香港执业会计师手册》,浙江人民出版社,1992 年版;

2. 汪祥耀、费忠新主编:《各国会计审计概览》,电子工业出版社,1994 年版;

3. 汪祥耀主编:《最新国际会计准则》,浙江人民出版社,1996 年版;

4. 崔建民主编、汪祥耀等副主编:《会计与审计准则丛书》,浙江人民出版社,1996 年版;

5. 汪祥耀著:《会计准则的发展:透视、比较与展望》,厦门大学出版社,2001 年版。

2002 年以后,我们依托浙江省会计重点学科的优势,启动了《各国会计审计准则比较研究》项目,在郭道扬、王松年、盖地、童本立教授等著名学者的关心鼓励下,在立信会计出版社张立年先生的大力支持下,出版了以下著作:

1. 汪祥耀等著:《英国会计准则研究与比较》,立信会计出版社,2002 年版;

2. 汪祥耀等著:《国际会计准则与财务报告准则——研究与比较》,立信会计出版

社,2004 年版;

　　3. 汪祥耀、邓川等著:《国际会计准则与财务报告准则——研究与比较》,立信会计出版社,2005 年第二版;

　　4. 汪祥耀、邓川等著:《澳大利亚会计准则及其国际趋同战略研究》,立信会计出版社,2005 年版。

　　2006 年 2 月我国新会计审计准则的出台,增强了我们的信念。我们感到以往的研究方向和路径是正确的,因为我们始终追踪国际会计发展的动态,站在研究的前沿。为了更好地学习和贯彻新准则,促进我国会计审计准则与国际准则进一步趋同,我们迅速整合了研究力量,对各有关国家准则、国际准则以及我国准则的最新发展作了研究与比较,并计划通过立信出版社出版《中外会计审计准则研究与比较丛书》。该丛书除了对已经出版的英国、澳大利亚和国际会计准则的研究作出修订、更新和补充外,至今已陆续出版了以下著作:

　　1. 汪祥耀等著:《与国际财务报告准则趋同——路径选择与政策建议》;

　　2. 汪祥耀、骆铭民等编著:《中国新会计准则与国际财务报告准则比较》;

　　3. 邵毅平、任坐田等编著:《中国企业会计准则——阐释与应用》;

　　4. 许家林、龚翔等编著:《中国会计准则体系建设:发展·比较·协调》;

　　5. 邱学文、郭化林等编著:《中国注册会计师执业准则——阐释与应用》;

　　6. 沈颖玲等编著:《国际财务报告准则——阐释与应用》;

　　7. 邓川、郭志英等编著:《国际审计准则——阐释与应用》;

　　8. 李连华等编著:《中国内部会计控制规范——阐释与应用》;

　　9. 张红英、陈东等编著:《中国内部审计准则——阐释与应用》;

　　10. 于永生著:《IASB 与 FASB 公允价值计量项目研究》;

　　11. 郭化林编著:《中国资产评估准则——阐释与应用》;

　　12. 汪祥耀、邵毅平著:《美国会计准则研究——从经济大萧条到全球金融危机》;

　　13. 张红英等著:《国际内部审计专业实务框架——阐释与应用》;

　　14. 汪祥耀等著:《欧盟会计准则国际趋同战略及等效机制研究》;

　　15. 汪祥耀等著:《后危机时代全球会计变革与国际财务报告准则最新发展研究》。

　　我们希望本丛书出版后,能够有助于广大会计审计理论工作者、实务工作者,以及财经院校的本科生、硕士研究生、博士研究生和专业教师迅速通晓和熟练掌握中外会计审计准则的精髓,并用之于实践,从而对我国的会计审计制度改革有所贡献。我们也希望广大读者对本书的不足之处,积极提出批评和意见,以便我们今后不断修订和充实,使本书能够经得起实践的检验,不辜负读者的期望。

浙江财经大学会计学院院长、教授、经济学博士

汪祥耀

2013 年 12 月于浙江杭州

本 书 前 言

2008 年,美国爆发"次贷危机",其影响迅速扩展到整个世界,成为一场至今尚未完全消退的"全球金融危机"。在这场危机中,各国经济发生衰退,金融秩序受到破坏,资本市场陷入萧条,一些银行和金融机构出现倒闭。然而,这场本是缘于金融扩张过度及相应监管措施不力的危机,却使财务会计和报告又一次成为"替罪羊"。现有会计准则体系的不足,尤其是金融工具和公允价值计量准则在危机面前的束手无策或不恰当使用,成为一些企业家、银行家甚至政治家攻讦会计准则的理由。但是,历史的经验告诉我们,每次经济危机总是促进了会计改革,使得会计地位日渐显要,为稳定金融市场、恢复经济发展做出了巨大贡献。20 世纪 20 年代末发生的"经济大萧条"催生了会计准则这种会计规范的创新形式,21 世纪初发生的美国"安然事件"推动了会计准则的国际趋同,并使会计准则从"规则导向"向"原则导向"和"目标导向"转变。本次金融危机引起全球前所未有的会计变革,加快了各国会计准则国际趋同的步伐,也使国际财务报告准则获得了一次全面修订和发展的机会。

本书的研究动机有三:

第一,面对后危机时代巨大的会计变革,作为会计研究者的责任和使命告诫我们,必须及时追踪国际前沿,全面研究国际财务报告准则的发展动态,为我国参与全球统一会计准则的制定建言献策,贡献绵薄之力。2010 年我们承担了教育部人文社科课题《后危机时代全球会计变革与中国趋同对策研究》,此后我们陆续在《会计研究》、《中国工业经济》、《财会通讯》、《会计之友》等期刊上发表了一些论文,本书作为教育部课题的结题成果,是我们近年来研究成果的"集大成"之作。

第二,近十多年,我们的研究团队坚持不懈地对各国会计和审计准则展开了系统的、深入的研究,并在立信会计出版社的全力支持下,出版了一套在社会上已颇具影响的《中外会计审计准则研究与比较丛书》。其中,2005 年出版的《国际会计准则与财务报告准则——研究与比较》更是受到众多读者的欢迎。但随着后危机时代国际财务报告准则发生重大的变革,此书的内容已变得相对陈旧,因此本书的出版,将是对原有研究的全面补充和更新。

第三,我国自 2006 年 2 月推出与国际财务报告准则实质性趋同的新会计准则以来,目前尚未对该套准则进行全面修订。但这一期间所发生的全球金融危机以及会计准则国际趋同的全球化趋势,已经使国际财务报告准则获得重大发展,而我国的新会计准则因为没有加以及时修订和增补已显得不再"新颖"。然而,令人欣慰的是,我国已在 2010 年 4 月发布了《中国企业会计准则与国际财务报告准则持续趋同路线图》,并且决定将全面修订我国 2006 年的《企业会计准则》。在 2012 年 5 月到 11 月不到半年的时间内,财政部陆续发布了《企业会计准则第 30 号——财务报表列报》等八项征求意见稿,广泛听取社会各界的反馈意见。为此,我们的研究团队也积极开展相关研究,提出一些建议,并将研究成果及时反映到本书中,使得我们的国际前沿研究能够结合国情需要,较好实现了理论研究为我国社会经济发展服务的目的。

本书的研究思路是:尽量完整、精要、及时归纳和总结后危机时代全球会计变革动态以及国际财务报告准则的最新发展,对全球金融危机给财务会计和报告带来的重大影响作出全面分析和评述,重点对国际会计准则理事会(IASB)与美国财务会计准则委员会(FASB)合作开展的"趋同项目"和"与危机相关项目"加以深入研究,并按照我国会计准则持续趋同路线图的要求,对我国会计准则的未来修订提出建设性意见。

按照这一思路,我们将本书分为以下六个部分:

第一部分:全球金融危机与会计变革。研究了全球金融危机发生的原因、过程以及对财务会计和报告形成的挑战;探讨了金融稳定理事会(FSB)和二十国峰会(G20)共同关注的重大会计问题以及它们对建立全球统一会计准则的倡议;回顾了 IASB 与 FASB 应对全球金融危机所采取的各项措施以及取得的成效;分析和总结了后危机时代国际财务报告准则的重大发展领域并对我国会计准则持续国际趋同提出了建议。

第二部分:国际财务报告准则变革与最新成果研究。分别研究了自 2007 年以来 IASB 新发布的各项国际财务报告准则以及未来几年内将推出的有关国际财务报告准则,包括 IASB 与 FASB 合作开展的"趋同项目"和"与危机相关项目"。已经发布的准则包括国际财务报告准则第 9 号至第 13 号,如 IFRS 9"金融工具"、IFRS 13"公允价值计量"等;IASB 与 FASB 正在抓紧制定并将陆续出台的准则包括金融工具减值、套期保值、收入确认、租赁和保险合同等。我们研究了这些准则的发展背景与进展以及主要内容,分析了它们与先前准则的异同之处,并探讨了对我国会计准则可能产生的影响及可借鉴意义。

第三部分:国际财务报告概念框架的改革发展研究。会计准则的国际趋同需要以财务报告概念框架的趋同为前提。在后危机时代,IASB 与 FASB 除携手合作制定统一会计准则外,还曾启动"概念框架联合项目"并将此项目分为八个阶段加以开发。其中第一阶段成果"目标与质量特征"已正式发布,其他阶段的研究则处于不同程度,也产生一些阶段性研究成果,包括"初步意见"、"讨论稿"或"征求意见稿"等。最近,IASB 又决定独自开展对原有概念框架的修订工作,并于 2013 年 7 月发布了"财务报告概念框架的复核"讨论文件。上述研究成果对会计理论和会计准则的未来发展均具有重大意义。我们分别阐释并研究了"概念框架联合项目"各个阶段的进展和成果,还重点探讨了"资产"、"报告主体"、"列报"、"披露"、"控制"等会计核心概念的变革或创新以及它们对会计准则制定可能产生的影响等。

第四部分:其他财务会计与报告变革问题研究。本部分我们研究了 IASB 与 FASB 致力于开发、但目前尚未正式列入会计准则或概念框架的其他重要财务会计与报告的变革问题,例如作为 IASB 实务公告的"管理层评论"、"碳排放权交易"、"费率管制活动"等;还研究了后危机时代有关国际机构关于改革企业报告的讨论以及构建"整合报告"的设想;最后还分析了 IASB"中小主体国际财务报告准则"的最新发展及启示。

第五部分:我国会计准则与国际财务报告准则持续趋同及对策研究。按照我国会计准则与国际财务报告准则持续趋同路线图的要求,我国财政部已陆续发布了《财务报表列报》、《公允价值计量》等八项会计准则的征求意见稿,正式启动了对 2006 年《企业会计准则》的修订及更新工作。在本部分,我们结合对最新国际财务报告准则的研究,比较了国际准则与我国新发布的这些准则征求意见稿之间的异同,并对我国会计准则的进一步完善提出了相关建议。

第六部分:附录。为了增加本书的参考价值并方便读者阅读,我们精选、编译和整理了五个附录:汇编前美国会计准则一览表,FASB 会计准则汇编及更新目录,国际会计准则与国际财务报告准则一览表,IASB 主要项目、研究项目和已完成项目情况,本书主要缩略语一览表。

本书由浙江财经大学汪祥耀教授和他所带领的研究团队共同完成。汪祥耀负责全书框架和内容设计、书稿重要部分的写作以及全部书稿的修改、总纂以及最后定稿工作。参加本课题研究和书稿写作的博士及硕士研究生包括蔡海静、史开瑕、汪泓、王俊杰、潘莹、徐思远、胡旭峰、鲍梦琦、王琤、马锐华、金一禾、吴心驰、沈灵奕、唐滢滢、许诺、郑贤龙等。

在本书写作过程中,始终得到我国著名会计学家郭道扬教授的关心和支持,我们深表谢意! 我们还要感谢立信会计出版社和窦瀚修社长,在他们的鼎力支持下,我们才有机会将《中外会计审计准则研究与比较丛书》的各部著作陆续出版,既成就了我们的研究事业,也为我国会计准则的发展做出了贡献。在本书即将付梓前,我们还须特别感谢立信会计出版社资深编审张立年先生。张先生年近耄耋,仍不辞辛苦、一如既往地帮助我们联系出版和审阅书稿,我们深受感动并祝他老人家身体健康!

最后,希望本书能够对读者们有用并诚挚欢迎读者们提出宝贵意见。

浙江财经大学会计学院院长、教授、经济学博士

汪祥耀

2014 年 3 月于浙江杭州

目　录

第一部分　全球金融危机与会计变革

第二部分　国际财务报告准则变革与最新成果研究

第三部分　国际财务报告概念框架的改革发展研究

第四部分　其他财务会计与报告变革问题研究

第五部分　我国会计准则与国际财务报告准则持续趋同及对策研究

第六部分　附　　录

第一部分
全球金融危机与会计变革

1. 全球金融危机的源起、演进及对会计的挑战

一、引言

"金融危机"这个词并不陌生,被经济学家认为是资本主义社会经济周期中不可避免的一部分,表现为一个国家或几个国家与地区全部或大部分金融指标的急剧、短暂和超周期的恶化。① 历史上影响深远的金融危机包括 1929 年至 1933 年的"经济大萧条"、1973 年石油危机、1997 年亚洲金融风暴,以及 2007 年由美国次贷危机蔓延到全球的金融危机等。其中,由于资本主义制度的矛盾引发的 1929 年大萧条,直接导致了会计准则的产生;而将近 80 年后由次贷危机引起的全球金融危机恰恰将会计准则变成众矢之的。

许多金融界人士直接把矛头指向会计准则中公允价值的计量,美国银行界甚至认为公允价值规则严重恶化了次贷危机,应该为此买单。2008 年 9 月,美国证券交易委员会(SEC)公开发表声明,承认在极端情况下,公允价值的使用需要相当的主观判断。随后,2008 年 10 月,欧盟议会、日本企业会计准则委员会相继提出暂缓或放宽金融机构使用公允价值的决议。这不禁让人疑惑,为适应金融创新需要而提出的公允价值计量是否与2007 年开始的全球金融危机有必然联系? 若与公允价值会计无关,那么真正导致全球金融危机的根本原因是什么? 要回答这些问题,首先应该对全球金融危机的源起与发展过程进行梳理,并了解会计准则在这次金融危机中到底扮演了什么角色,进而不断完善现有的会计体系,更好地为社会经济服务。

二、全球金融危机的起源与演进

全球金融危机源起于 2007 年美国次贷危机,随后迅速蔓延至对全球经济有重要影响的多个国家及地区,最终演变为全球性的金融危机。美国次贷危机产生的原因可以追溯到 2001 年,美国经济由于互联网泡沫破灭出现衰退,美联储为了刺激经济采取扩张性的货币政策,一度将联邦基金利率下调至 1%。低利率政策的刺激使得美国住房价格急剧上升。同时,美国人习惯于超前消费,普遍采取长时间贷款买房的方式,对于收入不稳定甚至没有固定收入的人来说,其信用等级达不到房屋贷款的一般标准。

---

① 参见维基百科关于金融危机的定义。

针对这类人群,贷款机构推出次级抵押贷款(Subprime Mortgage Loan),以远高于一般抵押贷款的利率贷款给信用记录和还款能力不达标的对象。在 2001 年至 2005 年美国住房市场持续繁荣的 5 年里,次级抵押贷款市场迅速发展壮大。但是一旦美国住房市场持续降温,尤其是短期贷款利率提高,次级抵押贷款的利率随之上升,不仅使得购房者还贷压力剧增,而且也让购房者通过出售或抵押住房再融资的难度激增。当大批通过次级抵押贷款买房的借款人不能按期偿还贷款,银行即使收回房屋再拍卖也无法获得高价,最终银行因大面积亏损,相继破产。这就是 2007 年美国次贷危机的主要原因。

这场次贷危机的关键点就是次级抵押贷款,以及次级抵押贷款的资产证券化产品次级债,即资产抵押债券(Asset Backed Securities,简称 ABS)或者住房抵押债券(Mortgage Backed Securities,简称 MBS),以及两者衍生而来的创新金融产品——债务抵押债券(Collateralized Debt Obligation,简称 CDO)。

(一)次级抵押贷款(Subprime Mortgage Loan)

"次级抵押贷款"区别于一般抵押贷款的特点在于"次级"(Subprime),即借款人的信用条件为"次级"。美国非常重视个人信用,有专门的机构对个人信用进行评级,其中最著名的是 Fair Isaac Company 公司推出的 FICO 评分系统,将信用分数范围在 300 - 850 分之间划分为三个档次,分别是:优级(660 分以上),准优级(620 - 660 分),次级(620 分以下)。若借款人的信用评分介于 620 - 660 分之间,贷款方会进一步调查,采用其他信用分析工具进行个案处理;若借款人的信用评分低于 620 分,贷款方或要求借款人增加担保,或直接找理由拒绝贷款。[①] 针对信用评分低于 620 分的借款人,尤其是低收入、少数族群、受教育水平低的借款人,提供次级抵押贷款的机构愿意为这类人群提供贷款,并以收取比一般抵押贷款高 2% - 3% 的贷款利率为代价。

次级抵押贷款另一特征是贷款价值比(Loan to Value,简称 LTV)较高。美国常规贷款价值比为 80%,即首付款为 20%,其余 80% 的贷款由借款人按月偿还,月还贷额与收入比在 30% 左右。而次级抵押贷款的贷款价值比平均在 84%,有的高达 90%,甚至 100%。也就是说,次级贷款借款人可以支付很低的首付甚至零首付,只按月偿还贷款即可购买住房。在没有任何自有资金投入的情况下,贷款机构丧失了与借款人共担风险的基本保障,借款人违约风险随之增大。同时,借款人多为低收入群体,其月还贷额与收入之比可能超过 50%,抗风险的能力较低。因此,次级抵押贷款的信用风险非常大,违约风险是一般住房贷款的 7 倍。在高风险下,就会要求次级借款人支付更高的贷款利率。在房价持续上涨的情况下,当借款人的现金流不足以偿还贷款时,可以通过房产增值获得再贷款来填补缺口。贷款机构也不用担心借款人违约,因为他们可以通过拍卖房产获得高价,足以弥补借款人未偿还的贷款。

---

① 参见姜琳:"美国 FICO 评分系统述评",《商业研究》,2006 年第 20 期。

但是,截至 2006 年 6 月的两年时间内,美国联邦储备委员会连续 17 次提高联邦基金利率,使得最低仅为 1% 的利率提升到 5.25%,次级贷款的利率也随之大幅提高,加重了次贷借款人的还贷负担。而且,美国住房市场开始大幅度降温,住房价格的下降导致借款人难以将房屋出售或者通过抵押获得再融资。当越来越多次级贷款市场的借款人无法按期偿还借款时,次贷危机开始显现并迅速发酵蔓延。

（二）债务抵押债券(Collateralized Debt Obligation)

资产抵押债券(ABS)是以资产的组合作为抵押担保而发行的债券,以特定"资产池"(Asset Pool)产生的可预期的稳定现金流为支撑,在资本市场上发现的债券工具。住房抵押债券(MBS)是资产抵押债券(ABS)的一种,将资产限定为房地产的债券工具。债务抵押债券(CDO)则以一个或多个类别且分散化的抵押债务信用为基础,重新分割投资回报和风险来满足不同风险偏好的投资者。资产证券化始于 20 世纪 80 年代,金融机构不再仅依靠借贷利息赚取差价,开始将本该由金融机构自己持有管理的各类贷款资产打包,转让给非金融机构性质的基金组织,从而赚取中介服务的佣金。针对房地产,金融机构将同质的住房抵押贷款汇集在一起,形成资产池,制成标准的抵押凭证住房抵押贷款支持证券,卖给投资者。此时,金融机构将住房抵押贷款利息收入和伴随的风险转移给了投资者,完成了原本时间较长、金额较大、流动性较差的住房抵押贷款债权提前变现的过程。

当金融机构发放并持有抵押贷款至一定规模时,创立了"特殊目的主体"(Special Purpose Entity,简称 SPE)[①],以 SPE 的名义向金融机构购买住房抵押贷款支持证券,并通过 SPE 发行这些住房抵押贷款的系列债权进行融资,再将募集到的资金用于偿还购买的价款。SPE 的设立使得金融机构可以隔离金融风险,将资产抵押债券剥离出资产负债表,便于对其的管理和修饰,也能创造出新的投资资产等级。

SPE 会将债券按照信用风险大小划分成不同的"组别",进行结构性融资。将持有人信誉较高、信用风险低、收益也较低的资产打包在一起,形成最高的组别,获得 AAA 评级;信用风险较高,违约风险高但收益也高的资产被归为最低组别,称为"权益组别";位于两者之间的通常可分为 AA 级、A 级。当风险发生时,最低组别的最先承担风险,最高组别的最后承担风险。因此权益组别的债券利率最高,AAA 评级的债券利率最低。通常,金融机构会持有最低组别债券,承担最早发生的风险,从而增强其他组别债券的信用,出售给投资者的往往是 AAA 级债券。对于 AA 级、A 级组别的债券,SPE 会通过保险对其进行再次证券化,将信用级别提高后再销售给投资者。最低组别的债券仍由金融机构持有,因此金融机构并未转移所有的风险。

在房地产市场繁荣、房产价格上涨,债务市场流动性充足的时候,贷款人可以轻松支

---

① SPE 是指由发起人建立、接受发起人的资产组合,并发行以此为支持的证券的特殊实体,其职能是购买、包装证券化资产和以此为基础发行资产化证券。

付贷款本金和利息,金融机构也能实现充足的流动性。但当美国货币政策发生改变,联邦基金利率提高,房地产市场走下坡时,金融机构因持有最低组别的债券最先承担风险。当贷款人尤其是次级抵押贷款人大规模违约时,金融机构遭受了严重损失,甚至被迫申请破产保护。

（三）次贷危机爆发并演变为全球金融危机

次级抵押贷款是在市场经济中创新出来、具有巨大市场潜力的新产品,它不仅为不符合抵押贷款市场标准的借款者提供了买房的机会,也让金融机构赚取了丰厚的利润。随着资产证券化的兴起,次级抵押贷款市场开始迅速发展。尽管1998年亚洲金融危机爆发时,次级抵押贷款存在的一些问题已经显现并被发现,但是,投资者在危机后增强了风险意识,市场也通过提高首付额、增加提前偿付罚金等方法限制了风险。由于美国联邦基金利率持续走低,房地产市场又持续繁荣,2001年至2005年的5年间,美国的住房贷款违约率一直保持在较低的水平,并呈现逐年下降的趋势。在市场一片繁荣的景象下,美国银行在2004年至2007年间发放了约1500万个不良抵押住房贷款,其违约率高达2/3。金融行业的未偿还债务大幅增加,全球的金融资产也出现井喷式的发展,2008年金融资产占全球GDP的比重达到325%。

1. 2007年金融危机爆发

美联储前主席格林斯潘曾在2007年2月预言美国将在2007年底陷入衰退的概率高达30%。事实确实如此,从2007年2月13日起,美国次贷危机开始浮出水面。当天,美国第二大次级抵押贷款机构——新世纪金融公司(New Century Financial Corporation)发布2006年第四季度盈利预警。汇丰控股宣布额外增加70亿美元次级抵押贷款准备金,总额达到105.73亿美元。两大消息一出,当日股市大跌,恒生指数下跌了777点,跌幅达到4%。新世纪金融公司在巨额债务的压力下,于2007年4月2日宣布申请破产保护,并裁减54%的员工。2007年8月6日,美国第十大抵押贷款机构——美国住房抵押贷款投资公司(American Home Mortgage Investment Corporation)申请破产保护,成为又一家申请破产的大型抵押贷款机构。2007年8月8日,美国第五大投行贝尔斯登(Bear Stearns Cos.)宣布,次贷危机导致旗下两只基金倒闭,致使投资者损失超过15亿美元。根据美国破产协会公布的信息,2007年9月申请破产的消费者人数达到6.9万人,同比增加了23%。

更让金融市场出现大幅震荡引起投资者恐慌的是,2007年7月权威信用评级机构开始大幅下调抵押贷款债券的信用等级。7月11日开始,穆迪公司(Moody's)对399种债务抵押债券分层降级;7月12日,标准普尔公司(Standard & Poor's Financial Services LLC)对612种住房抵押贷款支持证券分层降级。从2007年第三季度至2008年第二季度,三大评级机构总共下调了1.9万亿美元的抵押贷款债权。信用评级的降级使得次级抵押贷款相关金融产品的风险急剧上升,金融机构不得不降低抵押债券的价值,从而增加了融资的困难,现金流问题开始出现。金融机构开始趋于更保守的流动性管理,银行间的交易发生中断,风险溢价直线上升,资产证券化产品、信贷产品与美国国债之间的利率差激增。此时,结构化产品融资功能接近失灵,次级抵押贷款的资产证券化产品鲜有投资者购买,只能由发放机构自己持有。已销售出去的资产证券化产品也相继出现大量违约行为,住房抵押贷款机构被迫回购部分产品,导致资金链紧张,一些机构开始申请破产保护。

在美国爆发次贷危机的同时,欧洲及亚洲主要经济体也遭受了沉重的打击。次贷危机开始的半年后,2007年8月2日,德国工业银行宣布盈利预警,由于旗下的一个规模达到127亿欧元的"莱茵兰基金"(Rhineland Funding)与该银行参与了美国次级抵押贷款市场的业务,导致出现近82亿欧元的亏损。2007年8月9日,法国第一大银行巴黎银行宣布卷入美国次级债而蒙受巨大损失,冻结了旗下三支基金。欧洲股市受到重挫,全球大部分股指下跌,金属原油期货和现货黄金价格也大幅跳水。次贷危机在欧美国家进一步蔓延,形成全球金融危机,并开始危及亚洲地区。2007年8月13日,日本第二大银行瑞穗银行的母公司瑞穗集团宣布因美国次贷危机造成6亿日元的损失。日本九大银行持有美国次级抵押贷款证券化产品超过一万亿日元,韩国五家银行也投资了5.65亿美元的债务抵押债券,损失在进一步扩大。

2. 2008年金融危机进一步蔓延

2008年的华尔街成为了许多人的梦魇。次贷危机爆发后,美国第五大投行贝尔斯登由于持有大量债务抵押债券导致投资者对其信心下降,兑现了大量现金造成现金储备枯竭,2008年3月17日仅以2.36亿美元的价格被美国第三大银行)摩根大通(JPMorgan Chase)收购。美国第一和第二大住房抵押贷款融资机构房利美(Fannie Mae)和房地美(Freddie Mac)同样蒙受巨额损失,股价惨跌,一度濒临破产。2008年9月7日,美国政府实施有史以来规模最大的金融援助计划,由美国联邦住房金融管理局出面接管房利美和房地美。2008年9月14日,美国银行与美国第三大投资银行美林证券协议,以440亿美元收购后者。受到次贷危机连锁效应的波及,美国曾经的第四大投行雷曼兄弟(Lehman Brothers Holdings)申请破产,其负债达到6130亿美元。

危机蔓延到欧洲各国。瑞士最大的银行瑞士银行于2008年1月30日宣布,2007年度因持有美国次级抵押贷款市场相关的头寸损失约137亿瑞士法郎,持有美国住房抵押贷款市场相关的头寸损失约23亿瑞士法郎,造成全年损失近44亿瑞士法郎。英国虚拟经济和实体经济均受金融危机影响,面临半个多世纪以来最严重的困境。英国出现严重的信贷紧缩问题,住房市场持续低迷,失业率不断攀升,经济增长缺乏动力。全球金融危机还导致冰岛整个国家的经济和银行系统陷入崩溃,国家财政面临破产。面临相似处境的还有多个国家,如希腊、匈牙利、爱尔兰、乌克兰,这些国家的经济体系处于极为脆弱的状态。

在亚洲,日本受全球金融危机影响尤为严重。日本大和生命保险公司受金融危机影响,于 2008 年 10 月 13 日向法庭申请债权人保护,成为日本首家因全球金融危机破产的金融机构。2008 年日本 GDP 萎缩了 12.7%,降幅超过预期,成为自 1974 年石油危机以来最严重的一次。同时,日本企业多以出口为主,在金融危机的冲击下遭受严重打击,截至 2009 年年底,单是日本的汽车制造业就有近 10 万员工被解雇。

更令人担忧的是,金融危机的加深使得粮食价格飙升,越来越多的人忍饥挨饿。根据联合国粮农组织(FAO)2008 年年底的调查显示,2008 年全球约有 9.63 亿人处于饥饿线,预计 2009 年将首次出现多达 10 亿人因粮食短缺而挨饿。粮食危机使得菲律宾、印度尼西亚、新加坡、泰国一些民众走上街头抗议,埃及、海地和非洲许多国家审计发生了暴力骚乱和抗议活动。

三、金融危机发生的原因

若仅仅是美国次级抵押贷款引发了次贷危机,那么危机应只限于一定地域范围之内。之所以次贷危机会波及全球引发金融危机,主要是由于金融衍生品即次级抵押贷款相关的资产证券化产品的泛滥。金融衍生品将单一的资产转化为无穷的金融交易,并突破地域界限在国际金融市场中不断流通。当最基础的环节出现问题后,马上形成多米诺骨牌效应,之后的诸多环节都难以运行,给全球金融系统造成了灾难。美国金融危机爆发的原因是多方面的,主要包括以下方面:

(一)长期低利率政策造成经济的虚假繁荣

1995 年至 2001 年间,欧美和亚洲多个国家出现互联网泡沫,一些科技和新兴的互联网企业的股价高速上升,形成股市泡沫。这些互联网企业摒弃了传统的商业模式,只关注与如何增加市场份额,当泡沫破灭时,股价急速下挫,许多企业破产。尽管互联网泡沫表面上消退了,但是残留的问题并没有被完全解决,房地产成为又一诱使经济快速增长的突破点。21 世纪以来,美联储连续降息,2001 年将联邦基金利率从 6.5% 下调到 1.75%,2003 年中期又再次下调至 1%,以此来刺激就业市场、商业投资和出口。利率下调并长时间保持在低利率,使得市场流动性非常充足。为了追求更多的利益,投资者纷纷进入房地产市场,引发民众贷款投资热潮。正是由于市场对美国房地产市场前景过高的预期,美国房市持续高涨,激起了新一轮浪潮,更多没有支付能力的民众也加入到购房行列中。据统计,房价在 1996 年至 2006 年 10 年时间飞涨了 85%。

从 2004 年 6 月开始,美联储转变货币政策,开始上调短期利率,通过连续 17 次加息将联邦基金利率定格为 5.25%,并维持了一年的时间。利率的上升使得市场流动性逐渐减少,房地产市场逐渐发生逆转,购房数量下降。房地产市场不再如往日繁荣,高利率使得贷款者尤其是次级抵押贷款人无法继续承受高额的月供,市场开始出现大规模违约事件,次贷危机开始显现。

（二）金融衍生品的滥用

金融衍生产品是从原生资产派生出来的金融工具，具有杠杆效应。保证金越低，杠杆效应越大，风险也越大。金融衍生产品在近年来发展非常迅速，复杂程度也日益加剧，为了追求利益最大化，投行将原始的金融产品通过分割、打包、组合等多种方式创造出新型金融产品，出售给不同风险偏好的投资机构和个人投资者。最初的金融产品形成衍生品后可能增长数倍甚至几十倍的规模，极大地拉长了利益链条。

以 CDO 为例，金融机构将低于 AAA 评级的 MBS 进行重新打包，经过金融机构或保险的担保，将原本 AA 级甚至 A 级的 MBS 转变为 AAA 级别的 CDO，再次出售给投资者。尽管经过包装、担保，债券的信用评级上升了，但是其金融产品本身的风险并没有降低，只是被部分转移或者被隐藏起来了。由于金融衍生品蕴涵的巨大经济利润，美国甚至全球各国的金融机构都参与其中，并大量持有资产证券化产品。也因为如此，在美国次贷危机后，其影响力迅速蔓延到全球范围。

同时，这些衍生产品下的虚拟经济与实体经济是相脱节的。当两者的背离程度相当大时，衍生品的价值只是表面上的数字，并不能创造真正的财富，而过度的自我循环和膨胀就可能变成泡沫经济，造成严重通货膨胀、巨额财政赤字和外贸赤字甚至金融危机。这次的金融危机正是因为金融产品的过度杠杆化，脱离实体经济而自我膨胀，在崩塌后又对实体经济造成极为负面的影响。

（三）美国消费观念的影响

美国政府及其民众对提前消费的观念有着深刻的表达。美国政府靠借债运行，美国的家庭也靠信用卡、贷款等提前消费，家庭债务超过 15 万亿美元。在低利率的诱惑下，即使没有偿还能力，民众也愿意先住进大房子再想办法还贷。当房地产市场繁荣，房产价格节节攀升时，即使不能偿还贷款，民众可以通过抵押房屋取得房屋增值部分贷款付月供。但当房地产市场不复往日繁华时，没有偿还能力的借款者自然会选择违约，因为次级抵押贷款者多数个人信用评级较低，违约对于他们来说只是信用等级更低而已。因此，金融机构为了刺激经济，获取眼前利益，提出零首付或者很低的首付购房计划，为之后的金融危机埋下了祸根。

（四）信用评级机构的失职

信用评级机构作为金融市场上重要的服务性中介机构，通过向市场参与者揭示信用风险，防止市场参与者的机会主义行为，从而维护广大投资者的利益，具有公共性的职能。投资者将权威的三大信用评级机构作出的信用评级作为投资决策的重要指标，三大评级机构也一直掌握着国际信用市场的话语权。但是在这次次贷危机中，信用评级机构的失灵是有目共睹的。

在 2002 年至 2007 年间，三大评级机构曾将大约 3.2 万亿美元 MBS 中的大部分评级为最高级别 AAA，并将低级别的 MBS 进行重组形成 CDO，通过担保将 CDO 的评级提高以增强其出售能力。这样的运作使得大量投资者只看到高评级的证券化产品,而没能发现其基础资产的高风险性。2006年下半年,以次级债为基础的抵押贷款债券的违约情况已经开始显现,但评级机构依然维持对次贷产品AAA级最高级别的评级。直到2007年7月,次贷危机已爆发半年后,标准普尔和穆迪才开始下调抵押贷款债券的信用级别,这一举动使得抵押贷款债券的价值大幅下降,引发更严重的金融市场震荡。

美国金融危机调查委员会(Financial Crisis Inquiry Commission)在2011年1月发布的报告中指出,三大信用评级机构是金融危机的主要推手。次级抵押贷款相关的证券化产品如果没有它们的推荐是不会被大量交易的,投资者对其盲目的信任。评级机构发布的评级报告助长了市场膨胀,而在危机爆发后又迅速下调评级,给市场带来了极为负面的影响。

更被人诟病的是信用评级机构的收入来源于发行方,使得评级机构易被利益绑架。根据路透社数据,2006年穆迪从债务抵押债券评级中获得20.4亿美元的收入,惠誉取得的48亿美元收入中,有51%来源于次级抵押贷款和相关证券化产品。尽管美国证券交易委员会在2008年6月出台了针对信用评级机构的监管方案,但是其收费模式仍未被真正改变。

四、全球金融危机对会计准则的挑战

在金融危机中,最突出的两大会计问题,分别是公允价值计量与金融工具复杂性问题。2008年10月,美国通过《2008紧急经济稳定法案》,其中特别对公允价值会计提出疑问,建议SEC在恰当的情况下暂停使用SFAS 157,并研究SFAS 157关于"按市价计值"会计,考察是否适用于金融机构。尽管SEC及金融稳定理事会(FSB)在之后的调研发现,金融危机的发生与美国宽松的贷款调节、货币政策调整、结构性产品泛滥直接相关,公允价值并不是"真凶",但是公允价值计量在金融危机时的确产生了一些问题。主要在于公允价值会计在市场丧失流动性时,可能会因估价过程难以操作增加其不确定性,无法准确反映资产或负债的真实经济价值。同时,当时适用的金融工具准则较为复杂,又主要使用公允价值计量,因此公允价值计量与金融工具复杂性两大问题成为修正的重点。

(一)对改进公允价值计量准则的推动

金融产品主要分为传统金融产品和衍生金融产品两类。其中,衍生金融产品是市场经济发展到一定阶段,为了筹集资金、转移风险而创造产生的。对于衍生金融产品的确认、计量和披露,一直是会计学界的热点问题,这次的金融危机又再一次将该问题推到了风口浪尖。

金融危机发生前,美国公认会计原则(GAAP)和国际财务报告准则(IFRS)均要求衍生金融产品包括次贷产品按不同特征和持有意图进行混合计量,其中公允价值是最重要的一种计量方式。GAAP和IFRS都将公允价值定义为一种资产或负债能够与有意愿的交易对手以有序方式进行交易和清偿的价格。要求交易性金融资产的公允价值变动直接计入损益；可供出售金融资产使用公允价值进行后续计量，公允价值变动计入权益，待处置时转为损益；持有至到期投资使用摊余成本进行后续计量，公允价值变动通过减记金额计入损益。

公允价值计量结果的可靠程度与计量参数的市场化程度密切相关。由于公允价值计量对市场有很强的依赖性，当市场价格是公平合理的价值信号时，公允价值计量结果也是合理可靠的。但是市场不总是或者并不是公平合理的，市场价格有时候是泡沫价格，会受市场乐观估计以及流动性过剩的推动使价格虚高，也会由于市场悲观估计以及流动性不足的影响使价格不能反映真正的价值。

公允价值作为一种计量属性，其确认过程需要评估人员估计、判断并依据模型确定，估价信息要求具有独立性和专业性，否则就会出现人为操纵利润的情况。若出现被计量的金融工具尤其是新创造出来的衍生金融工具不存在可观察市场参数时，审计师在报表审计时会遵循稳健性原则敦促主体采用最保守的金额列示。投资者由于信息不对称，在作出投资决策时也会不自主的将该类数字进行再"折价"。

除此之外，公允价值会计在金融危机中造成"顺周期性"。金融稳定论坛（Financial Stability Forum，简称FSF）将顺周期性定义为放大金融系统波动并可能引发或加剧金融动荡的一种相互强化机制。简单来说，公允价值较之历史成本更为动态，公允价值计量加剧了市场的波动。在次贷危机中，金融机构由于持有大量抵押类证券，按公允价值计量显现出大量未实现且未涉及现金流量的损失，这些损失只具有会计意义，而非实际发生的经济损失。但是投资者看到账面上的数字，面对财务报表上巨额的亏损，会严重扭曲投资者的预期，并形成"价格下跌——资产减值——恐慌性抛售——价格进一步下跌"的恶性循环。即金融资产价格的下跌使得资产按公允价值计量，需要进行资产减值，企业核减资本金后，因资金短缺开始大规模抛售资产，市场的信号传递作用使得投资者丧失信心开始恐慌性抛售，导致金融资产价格的进一步下跌，形成周而复始的循环。出现问题的原因在于，公允价值计量的一个前提条件是存在有序的交易，但是金融危机中形成的资产抛售等情形并不符合公允价值计量的前提。但是当时并没有一个明确的指引告诉金融机构和其他相关机构应如何调整，只能继续按照不合理的市场价格进行计量。

因此，以花旗银行、美林银行、美国国际集团（AIG）为代表的金融机构对公允价值计量一直有抵触情绪，指责公允价值会计强制性确认永远不会实现的损失，扭曲了财务报告，严重影响了投资者的信息，是美国次贷危机乃至全球金融危机恶化和蔓延的重要原因，呼吁暂停使用美国第157号财务会计准则（SFAS 157）"公允价值计量"。这一说法得到美国议会的支持，美国证券交易委员会也在2008年9月底发表的一份声明中承认，在极端的情况下，公允价值的决定需要相当的主观判断。2008年10月15日，欧盟议会通过了"允许金融机构暂停使用公允价值"的决议。但是到了2008年12月底，美国证券交易委员会发布《"按市值计量"会计研究报告》,认为暂停使用公允价值会计很可能增加市场不确定性并进一步打击投资者信心。SEC为公允价值正名,在社会各界压力下作出了公正的判断。究其核心,各国金融机构游说本国政府暂停使用公允价值的目的并不是否定公允价值本身,而是将视线转移,逃避金融机构本身存在的问题,同时也是对金融工具到底是否应该按公允价值计量、应如何计量提出的疑问。

但是,公允价值计量在不活跃、缺乏流动性的市场下,的确存在无法准确反映资产或负债的真实经济价值的问题。针对这个缺陷,FASB从2008年2月至2009年4月先后发布了四项"员工立场公告",从适用范围、生效时间、金融危机背景下的应用等方面对SFAS 157进行修正。2011年5月12日,IASB发布关于公允价值计量和披露的新准则IFRS 13"公允价值计量",明确了公允价值的定义和计量框架,特别针对不存在活跃市场情形下的估价技术提供了明确的指引,对披露要求更为完善,可以说是公允价值在经历金融危机的考验后提炼出的精华。

(二)对降低金融工具复杂性提出了要求

金融危机前,金融工具的确认、计量标准主要遵循美国财务会计准则第133号(SFAS 133)以及原国际会计准则委员会(IASC)于1998年发布的国际会计准则第39号(IAS 39)"金融工具:确认与计量"。会计准则对金融工具的分类较为复杂,使得财务报告使用者很难理解和运用,因此业界经常呼吁修改准则,降低其复杂性。金融危机的爆发使金融工具的会计问题备受瞩目,G20峰会和金融稳定理事会推动国际会计准则理事会(IASB)尽快修改准则。2009年7月,IASB发布了"金融工具分类与计量"征求意见稿,并最终与2009年11月12日发布国际财务报告准则第9号(IFRS 9)"金融工具",取代了IAS 39。

原先的准则IAS 39将金融资产分为四类,分别是以公允价值计量且其变动计入当期损益的金融资产、持有至到期投资、贷款和应收账款、可供出售金融资产。而新准则IFRS 9将金融资产直接分为以公允价值计量和以摊余成本计量的金融资产两大类,并在以公允价值计量的金融资产中添加了以公允价值计量且其变动计入其他综合收益的金融资产这一新类别。IFRS 9不再按照金融工具的性质、期限、管理层持有意图等标准进行分类,而是按照业务模式测试(Business Model Test)和合同现金流量特征测试(Contractual Cash Flow Characteristic Test)分类。金融工具的计量基础只包含公允价值和摊余成本两种,取消了IAS 39中针对公允价值不能可靠取得的无标价权益工具以成本计量的特殊规定。IFRS 9还对金融工具的减值、嵌入衍生工具、公允价值选择权、重分类等问题进行了详细的规定。

通过两个准则就金融工具的分类、分类基础和计量基础三个方面的简要比较,可以看到,金融工具由四分类简化为两分类,更易于实务操作,使会计核算更为简单。而且新的分类标准减少了许多原先需要管理层进行主观判断的要素,提高了准则的一致性和可比性。新准则取消了原先将公允价值变动反映在权益中的可供出售金融资产,将金融工具的公允价值变动直接反映在损益或其他综合收益中,使得公允价值变动情况能直观地展现在综合损益表中,改善了金融工具的列报。同时,公允价值仍然是金融工具计量的主要方法,凡是权益工具均以公允价值计量,再一次说明公允价值会计有着不可比拟的优势。

(三)欧债危机对会计规范提出了新挑战

2009 年 12 月,三大评级机构下调希腊主权评级,希腊债务危机拉开了欧债债务危机的序幕。2012 年 1 月,法国、意大利、西班牙等 9 个欧盟国家先后遭遇标准普尔公司下调主权信用评级,欧元区临时救助机制"欧洲金融稳定基金"(European Financial Stability Facility,简称 EFSF)亦被下调了信用评级,引起市场大幅震荡。欧洲主权债务危机的扩大使得主权债如何披露成为会计领域一个重要的新问题。

欧洲证券和市场管理局(European Securities and Markets Authority,简称 ESMA)①作为证券监管机构,一直致力于改进主权债的披露与会计处理问题。希腊债务危机时,国际金融协会(IIF)部分金融机构成员将持有的希腊政府债券(GGB)减记了约 135 亿欧元,但是从欧洲金融机构披露的相关年度财务报告中,减记的部分并没有被完全披露出来,一些金融机构试图掩饰使财务报表更好看些。针对这个问题,ESMA 在 2011 年 7 月 28 日发表了"关于国际财务报告准则中的主权债披露"声明,要求金融机构严格遵循国际会计准则第 1 号(IAS 1)"财务报表的列报"、国际会计准则第 34 号(IAS 34)"中期报告"和国际财务报告准则第 7 号(IFRS 7)"金融工具:披露"等相关国际财务报告准则。IASB 对该问题给予高度的重视,将欧洲金融机构归类为可供出售金融资产的希腊政府债券处理不当的地方一一指出,并建议 ESMA 继续加强对欧洲金融机构的监管,正确运用国际财务报告准则处理希腊主权债问题。2011 年 11 月 25 日,ESMA 再一次发布声明,要求金融机构严格遵循国际会计准则第 39 号(IAS 39)"金融工具:确认和计量"和国际财务报告准则第 7 号(IFRS 7)"金融工具:披露"等准则,若仅遵循准则披露要求不能满足投资者了解主权债信息的需要,金融机构有责任提供附加信息。

希腊债务危机只是冰山一角,欧洲金融机构豁免政府债务的情形还会经常发生。这些豁免的债务对于整个欧盟来说,只是损失的转移而不是灭失,需要通过报表反映出来。对于金融产品的减值准备,应该按准则要求足额、规范计提,及时充分地披露出来,而不是隐藏起来积累成新的系统性风险。准则制定机构也应与准则执行监督机构有适当的联系,针对准则实际执行中存在的技术性问题进行修正,使准则更好地为市场经济服务,稳定金融体系。

金融危机的爆发给全球经济注入一剂消退针,让各国停下脚步仔细思考金融市场乃至整个经济体系中存在的痼疾;金融危机也让会计准则制定机构发现准则本身存在的被

---

① 2011 年 1 月 1 日,欧洲证券和市场管理局(ESMA)正式取代欧洲证券监管委员会(CESR),成为欧盟在应对金融危机时创建的金融监管框架的体制中三大架构之一。

隐藏的缺陷,推动 IASB、FASB 集中精力完善关于公允价值和金融工具的准则。因此,换个角度思考,金融危机为会计的发展提供了一次机会。并且,会计本身就是为经济服务的,理应随经济的变化而作出相应的改变,不断完善自身来应对新的挑战。

主要参考文献

陈旭东等:"金融危机与公允价值会计:源起、争论与思考",《会计研究》,2009 年第10 期。

葛奇:"次贷危机的成因、影响及对金融监管的启示",《国际金融研究》,2008 年第11 期。

姜琳:"美国 FICO 评分系统述评",《商业研究》,2006 年第 20 期。

余永定:"美国次贷危机:背景、原因与发展",《当代亚太》,2008 年第 5 期。

于永生:"金融危机背景下的公允价值会计问题研究",《会计研究》,2009 年第 9 期。

汪祥耀等:"我国公允价值计量准则(征求意见稿)与 IFRS13 的比较及完善建议",《会计之友》,2012 年第 12 期。

于增彪:"试论国际金融危机与会计创新",《会计之友》,2009 年第 10 期。

张涛等:"主权债务危机下金融工具会计透明度问题探讨",《财会月刊》,2010 年第12 期。

周小川:"关于改变宏观和微观顺周期性的进一步探讨",中国人民银行网站。

2. FSB 与 G20 助力推动全球高质量会计准则

一、引言

自 2007 年夏天开始,美国次级抵押贷款上的积累损失引发了全球金融体系的大规模瓦解。复杂的结构化证券不断地出现大量损失;机构纷纷降低杠杆,并增加对高流动性资产的需求;许多信贷市场的流动性显著下降,阻碍了其信贷扩张。在不到一年的时间里,金融机构的资产负债表因其部分资产严重贬值和丧失流动性而变得资不抵债。而市场参加者退出这类金融工具的交易更加重了金融和宏观经济的不确定性。

金融危机对世界经济和金融市场均产生了重大冲击。为了重建稳健市场和提升金融机构的信心,各国政府纷纷采取措施以促进经济调整并抑制金融危机对实体经济的影响,包括采取货币和财政刺激措施、增强中央银行的流动性操作,出台促进资产市场流动性的相关政策以及采取特别行动以解决特定机构的问题等。世界各国及各类国际组织也积极提供建议和资源,旨在降低金融危机复发的可能性。为了应对危机,金融稳定论坛(FSF)、金融稳定委员会(FSB)和二十国集团(G20)峰会也召开了一系列会议,目的是为了增强相互合作,努力恢复全球经济增长,实现全球金融体系的必要改革,并呼吁最终建立一套单一的、高质量的全球会计准则(A Single Set of High Quality Global Accounting Standards)。

二、FSB 为建立全球高质量统一的会计准则所作的努力

(一) FSF 与 FSB 简介

"金融稳定论坛"(Financial Stability Forum,简称 FSF)是 1997 年亚洲金融危机爆发后,于 1999 年初由七大工业国(美国、日本、德国、英国、法国、加拿大及意大利)发起成立的一个全球性的监管组织和中央银行机构。其主要职责是评估影响全球金融稳定的问题,以及研究和监察为解决这些问题而需要采取的行动。在美国次贷危机触发全球金融危机后不久,在 1999 年 6 月举行的七大工业国财长会议上,各国财长同意扩大金融稳定论坛,邀请香港、澳大利亚、新加坡及荷兰等 4 个对全球金融体系有重大影响的主要金融中心加入为成员,随即又邀请了中国、俄国、印尼等二十国集团成员加入,使得 FSF 成为一个名副其实的具有广泛影响力的国际性组织。同年,FSF 改名为"金融稳定委员会"(Financial Stability Board,简称 FSB)。FSB 积极应对金融危机,为稳定全球金融市场、

提高投资者信心、建立统一的金融监管秩序以及全球会计准则作出了许多努力。此外，FSB还对改进财务报告系统提出了不少建议。

（二）FSB会议及对全球会计准则的建立所作的努力

1. FSF敦促国际会计准则理事会（IASB）改进表外项目的会计处理和估值问题

2008年4月7日，金融稳定论坛（FSF）向七大工业国财长及央行行长提交了一份名为"增强市场和制度弹性"（Enhancing Market and Institutional Resilience）的报告①，IASB也为该报告出了一份力量。这份报告分析了引起当前全球金融市场动荡的原因和弱点，并提出了纠正那些弱点的相关建议。报告主要对以下领域进行了讨论：加强对资本、流动性、风险管理的审慎监管；提高透明度和估值技术；变化信用评级的角色和用途；加强管理当局对风险的反应能力；制定稳健的安排以缓解金融系统的压力。

该份报告中涉及的会计事项主要集中在表外项目的会计处理与信息披露标准和估值问题两方面。FSF认为IASB应该加快改进表外项目的会计处理和信息披露标准，同时与其他会计准则制定机构合作，从而尽早实现会计准则的国际趋同。报告指出财务报表的表外项目处理会由终止确认事项（如通过资产证券化将资产从资产负债表中移除）和合并事项（如特殊目的主体）所引起。而IASB和美国财务会计准则委员会（FASB）关于这两个主题的准则和对表外项目的披露要求是不一样的。IASB和FASB关于这些领域的联合项目已在进行当中，而这项工作应该加快进度以实现高质量且一致的处理方法。这样做也符合他们所需要的应循程序，IASB和FASB应该考虑直接制定表外项目的征求意见稿，而不是讨论文件，以满足对改进该标准的迫切需要，而且应在准则中要求在财务披露中明确识别和列示关于表外项目的风险敞口和潜在损失。同时，在这个过程中，IASB和FASB应该咨询投资者、监管者和其他利益相关者的观点，并关注当前市场混乱中所暴露出来的问题以及反映在2007年年度报告和其他披露中的相关进展。

关于估值问题，FSF的观点是国际准则制定者应改进关于估值的会计处理、信息披露和审计指引。报告指出IASB应该改进有关估值的会计标准，从而实现对估值、估值方法以及其所带来的不确定性更好的披露。IASB应该审查其关于金融工具估值披露的原则与要求来识别根据当前市场混乱中吸取的教训所应改进的领域。同时评估2007年年度报告中的披露，并吸收投资者、企业、审计师和监管机构对估值披露实务质量的看法。报告还认为IASB应该为非活跃市场中的金融工具估价提供更多的指南。为此，在2008年应该成立一个专家咨询小组。

针对"增强市场和制度弹性报告"所提出的建议，金融稳定论坛（FSF）在2008年10

---

① 参见 Financial Stability Forum, "Report of the Financial Stability Forum on Enhancing Market and Institutional Resilience" [EB/OL], http://www. financialstabilityboard. org/publications/r_0804. pdf.

月 10 日发布了一份执行情况评估报告,题为"金融稳定论坛关于增强市场和制度弹性:后续执行的报告"(Report of the Financial Stability Forum on Enhancing Market and Institutional Resilience:Follow-up on Implementation)①,对 IASB 和 FASB 关于表外项目和估值问题的进展进行了综述。关于估值,FSF 执行报告指出其承认会计准则制定者作出的重大努力,并敦促他们加快工作进度以改进非活跃市场中金融工具估值指南,并实现趋同。

2. FSF 改组为 FSB,并提出加强金融系统的建议和原则

二十国集团(G20)在其伦敦峰会上发布的"强化金融系统公告"中呼吁金融稳定论坛(FSF)应当扩大,应被授予更多权力来促进金融稳定,以及应基于更完善的制度基础改组为金融稳定委员会(FSB)来增强其能力。作为对此的回应,金融稳定论坛(FSF)随即在2009 年 4 月全面改组为金融稳定委员会(FSB),其会员包括所有 G20 国家以及西班牙和欧盟委员会,其主席是意大利银行行长马里奥·德拉吉(Mario Draghi),而秘书处设在瑞士巴塞尔的国际清算银行。

作为 FSB 会员的义务,成员国家和地区应致力于追求金融稳定,保持金融部门的公开性和透明度,执行国际金融标准(包括 FSB 按照一定标准删选出的 12 项主要的国际标准和规范②),并同意接受定期的同行评审,包括使用国际货币基金组织或者世界银行的金融部门评估项目(Financial Sector Assessment Program)报告的其他证据。FSB 将详细阐述并报告这些承诺和评估过程。而 12 项主要的国际标准和规范中包括了国际财务报告准则和国际审计准则。

同时,FSF 发布了一套更新的加强金融系统的建议和原则。③ 其中对迄今为止 IASB 采取的以下行动进行了回顾,指出 IASB 和 FASB 已发布了非活跃市场中公允估值以及罕见情况下不同评估类别(Valuation Categories)间资产转移的统一指南。同时,IASB 也提议修订企业合并和表外事项披露的准则,以及相关的征求意见稿。2009 年 3 月,IASB 完成了国际财务报告准则第 7 号(IFRS 7)的修正案,加强了对金融活动(包括复杂金融工具)的风险和估值披露要求。针对财务报告和顺周期效应(Pro-cyclicality),建议中指出:

· 巴塞尔银行监管委员会应评估如何解决国际财务报告准则(IFRS)和美国公认会计原则(US GAAP)之间存在的差异所产生的影响,对表外项目风险敞口和担保(Off-

---

① 参见 Financial Stability Forum,"Report of the Financial Stability Forum on Enhancing Market and Institutional Resilience:Follow-up on Implementation"[EB/OL],http://www.financialstabilityboard.org/press/pr_081009f.pdf.

② 参见 http://www.financialstabilityboard.org/cos/key_standards.htm.

③ 参见 Financial Stability Board,Press Release:"Financial Stability Forum Issues Recommendations and Principles to Strengthen Financial Systems"[EB/OL],http://www.financialstabilityboard.org/press/pr_090402a.pdf.

balance Sheet Exposures and Guarantees)的适当处理方法,以及高流动性政府证券的处理方式。

·FASB 和 IASB 应出具一份声明,向相关监管机构、金融机构及其审计师重申现有的会计准则需要在确定贷款损失准备金的已发生损失时进行职业判断。

·FASB 和 IASB 应该重新考虑已发生损失模型,将更大范围的可用信用信息纳入考虑范围中去分析确认和计量贷款损失的替代方法。FSF 建议 FASB 和 IASB 建立一个资源小组为技术方面的问题提供思路,从而加快完成这个项目。

·会计准则制定者和审慎监管者应该检查当期以公允价值计量的金融工具估价的数据或所需的模型不再适用时其所使用的评估储备或调整(Valuation Reserves or Adjustments)。

·会计准则制定者和审慎监管者应该检查与公允价值会计处理潜在相关的准则的可能变化是否会产生反作用效果。降低这种潜在影响的可能途径包括:优化会计模型使信用中介的金融工具所使用的公允价值得以仔细审查;转换金融资产类别;简化对冲会计的要求。

3. FSB 寻求简化的全球金融工具会计处理

金融稳定委员会(FSB)敦促 IASB 和 FASB 在不扩大公允价值在金融中介机构的贷款业务(包括贷款和债务工具投资)中的应用范围的基础上,简化和改进金融工具会计准则,并实现趋同。成立 FSB 的主要目的就是为了协调各个国家管理和监督金融机构的政策。2009 年 9 月,FSB 针对简化全球金融工具会计处理发布了一份声明①,其中指出 IASB 和 FASB 正在酝酿能够实现各自会计准则趋同的多种可能途径,涉及的内容包括:改进和简化金融工具会计处理(当时 IASB 已经提出了一种历史成本和公允价值混合使用的计量模式,而 FASB 正在考虑一种以公允价值计量大多数金融工具的方法);准备金和减值(当时 IASB 计划使用预期损失或预期现金流模型来计提贷款损失准备金,这一模型通常会提早确认信用损失并缓解顺周期效应,而 FASB 坚持确认减值并考虑加以调整,包括一种基于公允价值的方法);资产负债表外事项的处理(IASB 关于终止确认的建议,认为有回购协议的应视为销售和某些情况下可能因此导致表外事项处理的远期合约,而不是像现有的 IASB 和 FASB 准则中作为资产负债表中的融资交易)。

此外,FSB 的声明中还指出 IASB 和 FASB 关于资产和负债的净额结算/抵销的会计处理方面的持续性差异也会导致银行总资产的显著差异,以及提出国际杠杆率标准制定方面的问题。因此,为了实现会计趋同、提高透明度和缓解顺周期效应等重要目标,亟待

---

① 参见 Financial Stability Board,"Improving Financial Regulation: Report of the Financial Stability Board to G20 Leaders"[EB/OL],http://www. financialstabilityboard. org/publications/r_090925b. pdf.

开展上述领域中的进一步工作,会计准则制定者也应持续努力提高其准则质量,并降低金融工具准则的复杂性。

4. FSB 在巴塞尔会议上对 IASB 的努力给予了肯定

2010 年 1 月 9 日,金融稳定委员会(FSB)在巴塞尔举行了会议,以推动其监管政策改革议程,并重申了 2010 年的政策制定和实施时间表。会议还通过了一个强化加强遵守国际标准的框架,并对金融系统的现状和调整情况进行了回顾。会议报告中提到应进一步改进会计准则。① 应 G20 领导人的要求,FSB 一直关注着 G20 和 FSB 关于改进会计准则并实现趋同的建议的执行进展。同时,FSB 成员国表示很支持 IASB 继续加强与监管当局和市场调控机构在金融机构报告事项方面的技术对话,以及能在 2010 年年底前全面总结回顾金融工具准则的计划。

5. FSB 敦促会计准则国际趋同

FSB 在其 2010 年 10 月 20 日的会议中指出会计准则国际趋同取得进展的四个主要领域是金融资产减值、终止确认、处理公允价值计量指引中的估值不确定性,以及金融工具的净额结算/抵销。② FSB 重申支持会计准则不扩大公允价值计量在贷款业务(Lending Activities)上的应用范围,这一点也在许多投资者和其他利益相关者的评论意见中被提及,并表示希望 FASB 和 IASB 在制定准则的过程中考虑各利益相关者的意见能够促进准则的改进和趋同。此外,FSB 还鼓励 IASB 和 FASB 继续努力,从而在 2011 年 6 月前完成对金融工具会计准则的改进和趋同。

6. FSB 发布监督和报告 G20 金融改革实施的框架

2011 年 10 月,金融稳定委员会(FSB)发布了一个用于监督和报告 G20 金融改革实施的框架。③ 金融危机爆发以来,FSB 有效地协调了各标准制定团体开展国际监管政策改革工作,这对于促进全球金融稳定起着关键作用。展望未来,这些改革能否成功取决于能否在全球得到充分且一致的执行。这些实施过程正在逐渐成为公众和金融行业关注的焦点,同时 FSB 成员国家和地区已承诺将以身作则引领全球实施行动。鉴于对达成一致的改革措施的实施进行监督、评估和报告的重要性,FSB 成员国家和地区将对其是否遵守了承诺负责。

---

① 参见 Financial Stability Board, Press Release: "Financial Stability Board meets on the financial reform agenda"[EB/OL], http://www. financialstabilityboard. org/press/pr_100109a. pdf.

② 参见 Financial Stability Board, Press Release: "FSB Plenary Meeting in Seoul"[EB/OL], http://www. financialstabilityboard. org/press/pr_101020. pdf.

③ 参见 Financial Stability Board, "A Coordination Framework for Monitoring the Implementation of Agreed G20/FSB Financial Reforms"[EB/OL], http://www. financialstabilityboard. org/publications/ r_111017. pdf.

二、G20 为建立全球高质量统一的会计准则所作的努力

（一）G20 简介

二十国集团(G20)是一个国际经济合作论坛，也是于 1999 年亚洲金融危机爆发之后成立的，是属于布雷顿森林体系框架内非正式对话的一种机制。二十国集团旨在促进工业化国家和新兴市场国家就国际经济、货币政策和金融体系的重要问题开展富有建设性和开放性的对话，并通过对话，为有关实质问题的讨论和协商奠定广泛基础，以寻求合作并推动国际金融体制的改革，加强国际金融体系架构，促进经济的稳定和持续增长。其成员包括：八国集团成员国(美国、日本、德国、法国、英国、意大利、加拿大、俄罗斯)，以及中国、阿根廷、澳大利亚、巴西、印度、印度尼西亚、墨西哥、沙特阿拉伯、南非、韩国、土耳其和作为一个实体的欧盟。自成立以来，G20 每年都会举行财长和央行行长会议，讨论促进世界金融稳定和实现可持续经济增长和发展的措施。为应对 2007 年开始逐渐严重的金融危机，二十国集团从 2008 年起召开由各国国家领导人亲自出席的领导人峰会以商讨对策，并从 2009 年起每年举行两次峰会。峰会的另一个目的是纠正过往有关全球经济的会议和管理中没有包含新兴工业国家的局面。二十国集团已成为引领全球行动以遏止危机和缓解其影响的主要论坛。

（二）金融危机后历次 G20 峰会对全球会计准则的关注和支持

全球金融危机发生后，从 2008 年至今已经先后召开了 8 次 G20 高峰会议，在历次峰会上各国领导人均对建设单一的全球高质量会计准则表示了积极支持的态度。

1. 美国华盛顿会议

2008 年 11 月 15 日，二十国集团(G20)在美国华盛顿举行了第一次领导人峰会，与会者包括 G20 国家元首和世界银行、国际货币基金组织、联合国以及金融稳定论坛的领袖们，发布了"G20 峰会关于金融市场和世界经济的宣言"，其中提出"提高复杂金融产品的透明性"、"确保公司财务状况完全和准确无误的公开"、"评估和修订全球会计准则"等措施。① 宣言中还包含了短期措施(2009 年 3 月 31 日之前)和中期措施两套方案，列示了为增强全球经济和改革世界金融市场应采取的一系列措施。领导人就一套市场改革的普遍原则达成了共识，针对增强透明度和受托责任的原则，指出"我们将增强金融市场的透明度，包括通过加强复杂金融产品的信息披露要求，以及确保公司对其财务状况的完整和准确披露，同时激励措施也应与避免过度风险承担相匹配。"提出的建议中与 IASB 和 IFRSs 最直接相关的主要集中在以下方面：

---

① 参见 The G20 Summit, "Declaration of the Summit on Financial Markets and the World Economy"[EB/OL], http://www.iasplus.com/usa/0811g20whitehouse.pdf.

1) 增强透明度和受托责任

(1) 短期措施(截至 2009 年 3 月 31 日):

·全球制定会计准则的主要机构应该努力改进证券估值的指南,尤其要考虑到在困难时期对复杂的非流动性产品估值的重要性。

·会计准则制定者应当显著推动他们的工作以解决表外项目的会计处理和信息披露标准。

·调控机构和会计准则制定者应提高公司向市场参与者披露复杂金融工具信息的要求。

·为了促进金融稳定,国际会计准则制定机构需要进一步加强管理,包括对其成员进行审查,特别是确保透明度、受托责任,以及处理好这一独立机构和相关部门之间恰当的关系。

·私人机构已经为资本或对冲基金找到了融资渠道,它们应该可以提出一套统一的最佳建议。财政部长们应当评估这些建议,从调控者、扩张的金融稳定论坛及其他相关机构的分析中找到出路。

(2) 中期措施:

·全球制定会计准则的主要机构应当密切合作,制定出一套单一的全球高质量会计准则。

·调控者、监管者和会计准则制定者应当在现有基础之上相互合作,并与私人机构合作,保证高质量会计准则的一致应用和实施。

·金融机构应当进一步在报告中披露其经营风险,并披露持续经营基础上的所有损失,适当地与国际惯例同步。调控者们应当确保金融机构的财务声明中包含了完整、准确且及时的公司经营活动(也包括表外项目活动),并且是以定期一致的基础报告的。

2) 加强国际合作

中期措施:

权威部门应当与调控者合作,收集本区域中诸如会计准则、审计和存款保险等管理条例的趋同是否有进展,是否需要加快进度,或者是否存在有潜力改进的地方等信息。

2. 英国伦敦会议

2009 年 4 月 2 日,二十国集团(G20)在英国伦敦召开了第二次领导人峰会,发布了"强化金融系统公告",呼吁会计准则制定者改进非活跃市场上金融工具公允价值的准则,并对财务报告的复杂性、准备金提取(Provisioning)、表外融资,以及其他事项采取其他行动。① 公告中指出:"我们一致认为会计准则制定者应该在重申公允价值会计的

---

① 参见 The G20 Summit,"Declaration on Strengthening the Financial System"[EB/OL],http://www.iasplus.com/resource/0904g20communique2.pdf.

应用框架时,基于流动性和投资者持有期间(Holding Horizons)来改进金融工具估值的标准。"同时,G20也对金融稳定论坛(FSF)提供对顺周期效应(Pro-cyclicality)的会计事项处理建议表示了期许。G20领导人一致认为会计准则制定者应当在2009年底前采取以下行动:降低金融工具准则的复杂性;将更多的信用信息纳入对贷款损失准备的会计确认中;改进关于准备金提取、表外事项风险头寸(Off-balance Sheet Exposures)和估值不确定性的会计准则;与监管机构合作,实现估值准则在全球清晰一致地应用;为建立一套单一的高质量全球会计准则取得重大进展;在独立的会计准则制定过程中,提高包括审慎监管机构和新兴市场在内的利益相关者的参与度,主要是贯穿于IASB的宪章审查(Constitutional Review)中。而IASB对G20领导人建议的回应是"IASB会在G20建议的目标期间——2009年底前致力于对其提出建议的各项目采取行动,以保证全球一致且适当地应对危机。"①

3. 美国匹兹堡会议

2009年9月24—25日,二十国集团(G20)在美国宾夕法尼亚州匹兹堡市举行了第三次领导人峰会,发表了"领导人声明",其中提出了一系列为强化国际金融监管体系以避免未来的全球金融危机所应采取的措施。② 声明中设定的目标之一是在2011年6月前完成G20成员国之间的会计准则趋同:我们呼吁国际会计准则制定机构加倍努力,在其独立的准则制定程序下制定出一套单一的高质量全球会计准则,并在2011年6月前完成其趋同项目。同时指出IASB的治理框架应进一步加强各利益相关者的参与度。

4. 加拿大多伦多会议

2010年6月26—27日,二十国集团(G20)在加拿大多伦多举行了第四次领导人峰会,会后又发布了一份领导人声明,重申了他们支持制定一套单一的全球会计准则来加强全球金融市场的基础设施。③ 与匹兹堡峰会的领导人声明不同的是,这份新的声明没有再提到2011年6月这一最后期限。针对金融业改革,领导人一致认为应该以一种国际统一且非歧视的方式加快实施有力措施来提高对对冲基金、信用评级机构和场外交易衍生工具的透明度和监管水平,从而强化金融市场的基础设施。并再次强调了制定一套单一的高质量全球会计准则的重要性,以及对FSB的稳健薪酬(Sound Compensation)标准的执行。同时,G20领导人在声明中重申了制定一套单一的高质量

---

① 参见 The International Accounting Standards Board (IASB), Press Release: "IASB responds to G20 recommendations, US GAAP guidance" [EB/OL], http://www. iasplus. com/pressrel/0904g20response. pdf.

② 参见 The G20 Summit, Leaders' Statement: "The Pittsburgh Summit" [EB/OL], http://www. iasplus. com/crunch/0909g20finalstatement. pdf.

③ 参见 The G20 Summit, "The G20 Toronto Summit Declaration" [EB/OL], http://www. iasplus. com/crunch/1006g20declaration. pdf.

全球会计准则的意义重大,敦促 IASB 和 FASB 加倍努力以期在 2011 年底全面完成其会计准则趋同项目,并鼓励 IASB 在其独立的会计准则制定程序中进一步提高利益相关者的参与度,包括向新兴市场经济体拓展。

5. 韩国首尔会议

2010 年 11 月 11—12 日,二十国集团(G20)在韩国首尔举行了第五次领导人峰会,在发布的领导人声明中重申了对制定一套单一的全球会计准则以加强全球金融市场的基础设施的支持。① 这份新声明中提到的趋同期限是"到 2011 年年底"。声明第 38 款指出:"我们重申了制定一套单一的高质量全球会计准则的意义重大,并呼吁国际会计准则委员会和美国财务会计准则委员会在 2011 年底全面完成其会计准则趋同项目。同时,我们鼓励国际会计准则理事会在其独立的会计准则制定程序中进一步提高利益相关者的参与度,包括向新兴市场经济体拓展,并将给予会员资格。"

6. 法国戛纳会议

2011 年 11 月 3—4 日,二十国集团(G20)在法国戛纳举行了第六次领导人峰会,发布了一份公报和一份辅助文件。会上达成的共识主要是关于全球经济和其他事项的,包括对实施和深化金融领域改革的共识,涉及全球会计准则、国际趋同和 IASB 的治理等问题。其中关于金融工具准则的趋同问题被单独列出,给予了特别关注,同时 G20 领导人要求在 2012 年 4 月份提交一份 IASB-FASB 全部趋同项目的报告。发布的领导人声明中重申了建立一套单一的高质量全球会计准则的目标和在 2009 年 4 月的伦敦峰会上提出的目标,特别是关于改进金融工具估值标准的要求。② G20 领导人呼吁 IASB 和 FASB 完成其准则趋同项目,并期待能在 2012 年 4 月的财长和央行行长会议上收到一份进度报告。同时,也再次敦促了 IASB 的治理框架改革。提及的其他金融领域改革还包括对全球系统主要性金融机构(G-SIFIs)的监督,对银行(包括"影子银行")、场外交易市场和薪酬实务的监管,以及对金融稳定委员会(FSB)的改革。

7. 墨西哥洛斯卡沃斯会议

2012 年 6 月 18—19 日,二十国集团(G20)在墨西哥洛斯卡沃斯举行了第七次领导人峰会,公布了一份 20 国领导人宣言。③ 宣言提到了会计准则的国际趋同,在

---

① 参见 The G20 Summit,"The Seoul Summit Document"[EB/OL],http://www. g20. utoronto. ca/2010/g20seoul-doc. pdf.

② 参见 The G20 Summit,"Building our Common Future:Renewed Collective Action for the Benefit of all"[EB/OL],http://www. g20-g8. com/g8-g20/g20/english/for-the-press/news-releases/cannes-summit-final-declaration. 1557. html.

③ 参见 The G20 Los Cabos Summit,"Leaders Declaration"[EB/OL],http://www. g20. org/load/780987820.

促进金融部门改革方面,声明呼吁通过国家主管部门和标准制定机构加快准则制定的进度,进而结束对信用评级机械性的依赖,并鼓励出台能够提高信用评级机构之间透明度和竞争性的措施。G20 还宣称将支持 IASB/FASB 的持续性工作,直到形成一套单一的高质量的会计趋同标准。同时,对国际证监会组织的信用违约掉期市场的运作报告持肯定的态度,并要求国际证监会组织报告下一步骤,即 2012 年 11月财政部长和中央银行行长会议的情况。另外,为了进一步促进金融稳定,声明还支持应对全球金融危机的种种举措,包括巴塞尔的资本和流动性框架;全球系统主要金融机构(G-SIFIs)的框架、决议机制、过多场外交易(OTC)衍生品等的改革;影子银行和各种补偿措施。宣言还赞同将扩展后的金融稳定委员会(FSB)置于一个稳定的组织基础之上,并对其加强治理,使其拥有更多的财政自主权和能力来协调金融监管政策执行的发展。

8. 俄罗斯圣彼得堡

2013 年 9 月 5—6 日,二十国集团(G20)在俄罗斯圣彼得堡举行领导人峰会,发布了 20 国集团领导人宣言和相应的文件。① 围绕"合作、协调、信心"的主题,旨在促进可持续增长以结束全球金融危机,该宣言还讨论了会计准则趋同的必要性。在峰会召开之前,金融稳定委员会(FSB)已经发表了一份报告,对过去五年里全球金融系统的根本性改革成果进行了总结,这些改革是 G20 为了应对全球金融危机于 2008年提出的。在会计准则方面,声明与之前基本相同,再次呼吁会计准则的趋同,还包括了一份明确趋同项目应该于 2013 年底前完成的要求。声明再次强调了会计准则趋同对于恢复和提高金融系统工作的重要性,呼吁 IASB/FASB 应当于 2013 年底完成准则趋同中关键项目趋同的实现,基本上在 2013 年年底制定出一套高质量的会计准则,并鼓励公共和私营部门进一步加强金融机构在面临风险时的披露,包括支持加强披露任务小组(EDTF)正在进行的工作。

(三) G20 财政部长及中央银行行长会议对全球会计准则的关注和支持

1. G20 财长发布峰会承诺履行进展报告

2009 年 11 月 7 日,G20 成员国的财政部长和央行行长们在苏格兰的圣安德鲁斯大学举行了会议,对 G20 领导人在伦敦、华盛顿和匹兹堡三次峰会上作出的承诺的履行情况进行了进展评估。会后,财政部长发布了一份进展报告。② 该报告中关于会计准则方面的进展情况主要涉及以下方面(如图表 1-2-1 所示):

---

① 参见 The G20 St. Petersburg Summit, "Saint-Petersburg-Declaration"[EB/OL], http://en. g20russia. ru/load/782795034 .

② 参见 The UK Chair of the G20, "Progress Report on the Economic and Financial Actions of the London, Washington and Pittsburgh G20 Summits"[EB/OL], http://www. iasplus. com/crunch/ 0911g20progressreport. pdf.

(图表 1-2-1)

G20 财长会议对推动全球会计准则发展拟采取的行动设想

No.	峰会承诺	进展及下一步行动
		会计准则
83	我们一致认为会计准则制定者应该在重申公允价值会计的应用框架时,基于流动性和投资者持有期间(Holding Horizons)来改进金融工具估值的标准。(伦敦峰会)	截止到目前,国际会计准则委员会(IASB)于 5 月发布了一份公允价值计量征求意见稿,直接吸收了美国财务会计准则委员会(FASB)在 4 月发布的员工公告中的意见,将能够更好地识别非活跃市场和确定是否为有序交易。征求意见期截至九月底,预计在 2010 年发布最终准则。同时,IASB 在 6 月发表了一份讨论文件,是关于企业自身信用风险恶化所引起的公允价值收益的影响,其评论期从 9 月开始。根据收到的评论意见,IASB 将决定如何在公允价值计量准则中处理该事项。该问题还可参考第 85 条。
84	会计准则制定机构应该在 2009 年底前采取行动降低金融工具会计准则的复杂性。(伦敦峰会)	IASB 计划基于 2009 年发布的相关征求意见稿(ED)来制定三项新的会计准则,以回应 G20 领导人对降低金融工具会计准则复杂性的呼吁。其中一项 ED 发布于 2009 年 7 月,建议将金融资产和负债的类别从原先的四种合并为两种(公允价值计量和摊余成本计量)。而近期的 IASB 全体会议又对这份 ED 中提出的金融资产分类和计量方法进行了大量改动。IASB 计划于 11 月份发布最终准则,并可用于 2009 年年度报告的编制。IAS 39 中保留的部分建议,如准备金提取的预计损失模型(见第 85 条)和套期会计,也将于 2009 年底发布。 FASB 计划于 2010 年上半年发布一份 ED,期望开发出一个金融工具会计处理的单一综合模型。FASB 也公布了其初步方法以收集模型成分并征求公众意见。与 IASB 的做法是不同,FASB 的初步设想是以公允价值计量所有金融工具,涉及两类资产负债表项目:(1)公允价值变动计入当期净利润的金融工具;(2)公允价值变动计入其他综合收益的金融工具(包括贷款)。而关于准备金问题详见第 85 条。

（续表）

No.	峰会承诺	进展及下一步行动
85	会计准则制定机构应该在2009年年底前采取行动将更多的信用信息纳入对贷款损失准备的会计确认中。(伦敦峰会)	IASB计划于2009年11月发布一份预计损失准备金的ED以公开征求意见。评论期将持续8个月。基于对预计损失模型可行性的考虑,IASB已于6月在其网站上发布了初步提案以寻求最佳输入值。 FASB在其2009年10月21日的会议上初步决定开发一个信用减值模型,该模型将要求在每期期末以管理层对可能收不回的现金流量的现行估计值进行折现计量减值损失。并计划于2010年上半年发布一项ED。 IASB计划继续与FASB讨论以寻求这一领域的趋同,并将建立一个新的IASB-FASB联合专家咨询小组来协助两委员会解决各自的信用减值(准备金)模型的现实问题。
86	会计准则制定机构应该在2009年年底前采取行动改进关于准备金提取、表外事项风险头寸(Off-balance Sheet Exposures)和估值不确定性的会计准则。(伦敦峰会)	IASB一直致力于改进资产负债表外主体(Off-balance Sheet Entities)的会计处理和信息披露标准。IASB计划在2009年底前完成企业合并准则,在2010年下半年完成终止确认准则。 2009年6月,FASB发布了SFAS No.166"金融资产转移的会计处理"和SFAS No.167"对FASB第46号解释公告(修正版)的修订",改变了主体对资产证券化和特殊目的主体的会计处理。这两项新准则将从2010年开始影响金融机构的资产负债表。 IASB正在进一步考虑解决估值不确定性的可能途径,试图明确将其现有的估值调整(Valuation Adjustments)指南纳入到公允价值计量准则的征求意见稿中去。 关于准备金问题详见第87条。
87	会计准则制定机构应该在2009年底前采取行动与监管机构合作,实现估值和准备金准则在全球的清晰一致应用。(伦敦峰会)	2009年5月,IASB公布了一份公允价值计量的ED,涵盖了FASB在2009年4月发布的员工公告中的大部分意见,将能够更好地识别非活跃市场和确定是否为有序交易。 2009年7月,巴塞尔银行监管委员会(BCBS)向IASB建议用高级原则(High-level Principles)代替IAS 39。
88	我们呼吁国际会计准则制定机构加倍努力,在其独立的准则制定程序下制定出一套单一的高质量全球会计准则,并在2011年6月前完成其趋同项目。(匹兹堡峰会)	IASB和FASB在其10月举行的联合会议上就其金融工具准则实现趋同的核心原则达成初步意见。IASB和FASB将从2010年1月起每月会晤一次,以达到IFRSs和US GAAP在2011年6月前最大限度地实现趋同这一目标。 此外,为在2012年直接采用IFRS或与IFRS实现趋同,几乎所有的FSB成员国都在采取相关行动。

（续表）

No.	峰会承诺	进展及下一步行动
89	IASB 的制度框架（Institutional Framework）应进一步加强各利益相关者的参与度。（匹兹堡峰会）	IASB 正在关键领域与监管机构合作，包括准备金和估值，而且已经与 BCBS 就这些事项进行了一系列会议。此外，2009 年 8 月 27 日，IASB 在 FSB 的支持下会同审慎监管机构、市场调控机构及其国际组织的高层官员和技术专家举行了一次会议，讨论了金融机构的报告问题。与会人员中还包括作为一部分 FSB 成员国的新兴市场经济体的高级代表。IASB 计划于 2010 年第一季度举行下一次对话，而且 FSB 秘书处也会进行协助。
90	调控机构和会计准则制定者应提高公司向市场参与者披露复杂金融产品信息的要求。（华盛顿峰会）	各国政府已经采取或正在采取措施鼓励本国企业适当地按照资深监管机构组织（Senior Supervisors Group）和 FSB 提出的最佳国际实务进行信息披露。企业也已经在不断地改进年度报告中的风险披露。

2. G20 财长和央行行长推进国际标准建立及其一致性执行

2010 年 10 月 23 日，G20 财长和央行行长会议在韩国庆州举行，会上发布了一份公报。虽然本次会议主要关注的是国际货币基金组织（IMF）改革和避免所谓的"货币战争"，但公报还是讨论了会计、银行和监管标准的全球统一实施问题。金融稳定委员会（FSB）在其 2010 年 10 月 20 日的会议上也曾讨论过这些关键的金融领域改革。公报指出："我们致力于在国家和国际两个层面上采取行动来提高相关标准，从而使得各国政府能够实施统一的全球标准，同时在某种程度上能够确保一个公平的竞争环境，并避免市场分裂、贸易保护主义和监管套利（Regulatory Arbitrage）。"①为了建立一个更加强健的全球金融体系，该次会议就首尔峰会议程中应该优先考虑的以下事项达成了一致意见：

·欢迎并承诺在约定时间内全面实施巴塞尔委员会和央行行长及监管当局（GHOS）拟订的新银行资本和流动性框架。

·承诺以一种国际统一且非歧视的方式实施 G20 金融监管议程的所有方面，包括遵守场外衍生产品市场、薪酬实践和会计准则，以及 FSB 关于降低对信用评级机构的信赖的原则等方面的承诺。

3. G20 财长关注全球经济风险，重申对全球标准的承诺

2011 年 10 月 14—15 日，G20 财长和央行行长会议在法国巴黎举行。会议主要围绕"必须果断解决全球经济的紧张局势和显著下行风险以恢复市场信心、金融稳定和经济增

① 参见 The G20 Summit, "Communiqué of Finance Ministers and Central Bank Governors", Gyeongju, Republic of Korea October 23, 2010［EB/OL］. http://g20mexico. org/images/stories/canalfinan/docs/repcore/03gyeongju. pdf.

长"。随之发布的公告中概述了对金融业的各种回应和改革措施,其中包括场外交易(OTC)衍生工具,巴塞尔对银行监管体制的改革和降低对外部信用评级机构的过分依赖的建议。① 公报还提及对"实现一套单一的高质量全球会计准则的目标"的重申,但没有提及任何时间限制。

8. G20 财长和中央银行行长重申对 IASB/FASB 准则趋同项目的支持

2013 年 4 月 18-19 日,二十国集团(G20)财政部长和中央银行行长在美国华盛顿举行会议上并发布公报,重申对 IASB/FASB 准则趋同项目的支持。与会者讨论了传统的 G20 议程,如全球经济前景及其与国际金融体系改革之间的联系,并关注金融监管议程的进展。② 最后公报用常用的语句来敦促准则趋同:"我们重申对 IASB 和 FASB 2013 年工作重点的认可,即完成准则中关键项目的趋同,从而最终实现一套单一的、高质量的标准。"此外,会议收到了金融稳定委员会(FSB)的进度报告,该报告使会议参加者了解到场外交易监管改革的实施进度,并承诺致力于完成剩余部分改革框架的立法和监管机制。实施这些改革的直接结果是 IASB 于 2013 年 2 月发布了 ED/2013/2,更新了衍生工具和套期会计的征求意见稿。

三、FSB 和 G20 对会计问题的聚焦核心及 IASB 的努力成效

通过对上述金融稳定委员会和二十国集团的历次会议和相关报告的内容进行分析和综合,可以看出 FSB 和 G20 关心的会计问题是相对集中和统一的。除了共同倡导及推动全世界建立单一的高质量全球会计准则之外,共同关心的会计及财务报告问题主要聚焦在金融工具及其估值问题、公允价值计量问题、表外事项处理和贷款损失准备等方面(详见图表 1-2-2),而这些问题也都是金融危机以来争论最多的领域,也是 IASB 一直以来都在不懈努力改进的项目。FSB 和 G20 一再敦促 IASB 和 FASB 加快推进会计准则国际趋同,致力于建立一套单一的高质量全球会计准则。随着财务报告的复杂性问题越来越突出,全球对降低复杂性的呼声也越来越高,建立一套单一的高质量全球会计准则这一目标的实现就日益被提上日程。为了满足这一强烈需求,IASB 马不停蹄地在改进国际财务报告准则,并积极与 FASB 开展联合项目,已形成了一些阶段性的重要成果。例如,近年来,IASB 已完成了金融工具准则的部分改革,发布了国际财务报告准则第 9 号(IFRS 9)"金融工具",先是修订了金融工具的分类及计量方面的规定,另外关于金融工具减值及套期金融工具的准则还在征求意见稿阶段,对金融工具减值的处理也将从"已发生损失模

---

① 参见 The G20 Summit. Communiqué of Finance Ministers and Central Bank Governors of the G-20 Paris, France, 14-15 October 2011[EB/OL]. http://g20mexico. org/images/stories/canalfinan/docs/02comu. pdf.

② 参见 The G20 Summit, "Final-the-G20-FM-CBG-Communique-Aprill"[EB/OL], http://en. g20russia. ru/load/781302507.

型"改变为"预计损失模型",以便更及时地提示损失和金融危机的发生。同时,IASB 也发布了与 FASB 基本趋同的"公允价值计量"准则,即国际财务报告准则第 13 号(IFRS 13)。由此可见,本次全球金融危机所暴露出来的金融工具会计准则与公允价值会计准则等方面的问题正在得到陆续的解决。我国作为最大的发展中国家,也是目前 G20 峰会与 FSB 的参与国之一,应该积极地投身到全球会计准则制定的行动之中,并按照国际财务报告准则的最新变革,及时修订我国的会计准则,以保持我国会计准则与国际财务报告准则的持续趋同,改善我国会计准则的质量,提升我国会计准则在世界领域的信誉度。如图表 1-2-2 所示:

(图表 1-2-2)

FSB 与 G20 关注的会计及财务报告问题聚焦点

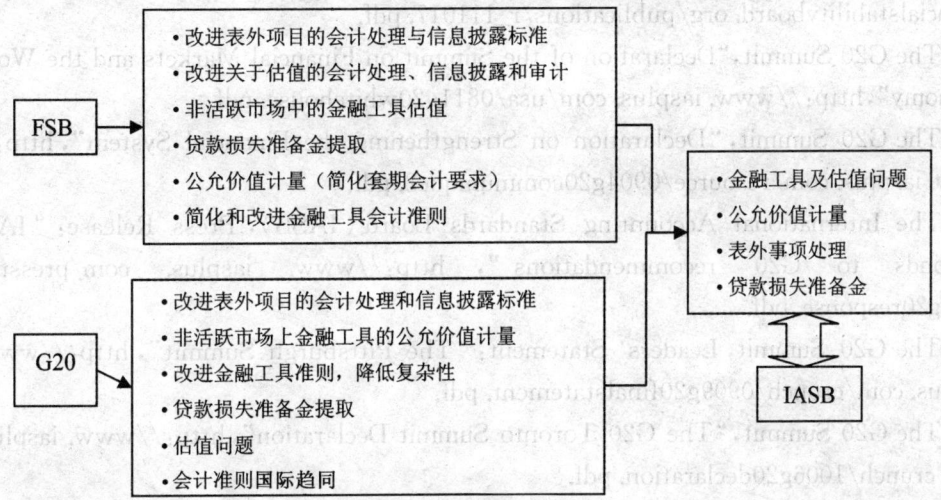

主要参考文献

Financial Stability Forum,"Report of the Financial Stability Forum on Enhancing Market and Institutional Resilience", http://www. financialstabilityboard. org/publications/r_0804. pdf.

Financial Stability Forum,"Report of the Financial Stability Forum on Enhancing Market and Institutional Resilience:Follow-up on Implementation", http://www. financialstabilityboard. org/press/pr_081009f. pdf.

Financial Stability Board, Press Release:"Financial Stability Forum Issues Recommendations and Principles to Strengthen Financial Systems", http://www. financialstabilityboard. org/press/pr_090402a. pdf.

Financial Stability Board,"Improving Financial Regulation:Report of the Financial Stability Board to G20 Leaders",http://www. financialstabilityboard. org/publications/ r_090925b. pdf.

Financial Stability Board, Press Release:"Financial Stability Board meets on the financial reform agenda ", http://www. financialstabilityboard. org/press/pr_ 100109a. pdf.

Financial Stability Board, Press Release:"FSB Plenary Meeting in Seoul",http:// www. financialstabilityboard. org/press/pr_101020. pdf.

Financial Stability Board, " A Coordination Framework for Monitoring the Implementation of Agreed G20/FSB Financial Reforms ", http://www. financialstabilityboard. org/publications/r_111017. pdf.

The G20 Summit,"Declaration of the Summit on Financial Markets and the World Economy",http://www. iasplus. com/usa/0811g20whitehouse. pdf.

The G20 Summit, "Declaration on Strengthening the Financial System", http:// www. iasplus. com/resource/0904g20communique2. pdf.

The International Accounting Standards Board (IASB), Press Release: " IASB responds to G20 recommendations ", http://www. iasplus. com/pressrel/ 0904g20response. pdf.

The G20 Summit, Leaders' Statement: "The Pittsburgh Summit", http://www. iasplus. com/crunch/0909g20finalstatement. pdf.

The G20 Summit,"The G20 Toronto Summit Declaration",http://www. iasplus. com/crunch/1006g20declaration. pdf.

The G20 Summit,"The Seoul Summit Document",http://www. g20. utoronto. ca/ 2010/g20seoul-doc. pdf.

The G20 Summit,"Building our Common Future:Renewed Collective Action for the Benefit of all",http://www. g20-g8. com/.

The UK Chair of the G20,"Progress Report on the Economic and Financial Actions of the London",Washington and Pittsburgh G20 Summits,http://www. iasplus. com/ crunch/0911g20 progressreport. pdf.

The G20 Summit,"Communiqué of Finance Ministers and Central Bank Governors, Gyeongju,Republic of Korea ,October 23,2010,http://g20mexico. org/images/stories/ canalfinan/docs/repcore/03 gyeongju. pdf.

The G20 Summit,"Communiqué of Finance Ministers and Central Bank Governors of the G-20 Paris",France,14-15 October 2011,http://g20mexico. org/images/stories/

canalfinan/docs/02 comu. pdf.

The G20 Los Cabos Summit, "Leaders' Declaration", June, 2012, http://www. g20. org/load/780987820.

The G20 Summit, "Final-the-G20-FM-CBG-Communique-April", 18-19, April, 2013 http://en. g20russia. ru/load/781302507.

The G20 St. Petersburg Summit, Saint-Petersburg-Declaration-ENG, 5-6, September, 2013, http://en. g20russia. ru/load/782795034.

3. IASB 与 FASB 共同应对全球金融危机的举措和成效

一、金融危机的发生与 FCAG 成立背景

从 2007 年起产生迹象,到 2008 年年底开始爆发,并由美国次贷危机向全世界引发的全球金融危机,至今还不能说完全过去,世界经济尚未摆脱增长低谷,希腊及欧元区等债务危机的后续发生,使得全世界都在高度警惕、密切关注金融危机的发展及影响。二十国集团(G20)领导人每年召开两次定期会议,商讨应对金融危机、稳定金融秩序以及恢复经济发展的对策。金融监管机构包括金融稳定理事会(FSB)等,也在研究政策、商讨如何加强对全球金融市场的监管等问题。具体而言,针对这场危机,美国实施了监管资产评估计划并提出了金融监管全面改革方案,欧盟委员会发布了"德拉罗西报告"及欧洲金融监管改革方案,英国金融服务监管局发布了"特纳报告",巴塞尔银行监管委员会修改了有关交易账户、市场风险和新资本协议等方面的监管规则。可以说,这次金融危机是自 1929 年"经济大萧条"以来最为严重的一次经济危机,其影响的深度、广度和破坏力度均远远超出之前的预测。但同时,它也是世界各国及各机构携手合作、共商对策最为难得的一次机会。

在这场由美国次贷危机引发的全球性金融危机中,公允价值计量的"顺周期效应"(Pro-cyclical Effects)使得一些金融机构财务状况恶化,美国第五大投行贝尔斯登被兼并,拥有 158 年悠久历史的华尔街第四大投行——雷曼兄弟控股公司破产倒闭,之后诸如密苏里州道格拉斯国民银行、密苏里州的休姆银行、阿肯色州 ANB 金融国民协会银行、明尼苏达州第一诚信银行等破产倒闭。金融界将矛头指向了公允价值,并要求终止公允价值计量。一些人将金融危机归罪于会计上的公允价值计量,理由是在危机中,按公允价值计量的金融资产交易价格下降,导致金融机构确认巨额的、未实现且未涉及现金流量的损失,造成投资者恐慌性抛售持有金融产品的风潮。这种非理性投机行为反过来又迫使金融机构不惜代价抛售产品,扩大了风险暴露,金融机构不得不在账面上进一步确认减值损失。所形成的这种"价格下跌——资产减计——核减资本金——恐慌性抛售——价格进一步下跌"的恶性循环,被称为金融危机中的"顺周期效应",它对加重金融危机起了推波助澜的作用。

由于相信是公允价值"惹的祸",银行家甚至政治家们均纷纷干预公允价值的使用,要

求会计监管机构作出重大改革。2008 年 9 月，美国银行家协会主席在致美国证券交易委员会(SEC)主席考克斯的一封信中指出，美国财务会计准则第 157 号(SFAS 157)"公允价值计量"及其他相关规定存在缺陷，采用公允价值计价加剧了美国的危机。同年 9 月，美国 60 位众议员联名致信 SEC 主席，敦促 SEC 立即暂停使用公允价值会计准则，并用一套能更精准反映资产真实价值的计价方法来取代，以支持国家的银行体系。10 月，美国当时的总统布什签署了美国《紧急稳定经济法案》，特别要求 SEC 研究公允价值会计准则对于金融机构的适用性，并授权 SEC 具有停止应用 SFAS 157 的权利，还要求 SEC 在 90 天内向国会提交研究报告。

　　所幸运的是，面对社会的各种指责以及强大的政治压力，会计界及相关行业还是从专业立场出发，以客观谨慎、坚持真理的态度表达了自己的意见。2008 年 10 月初，美国审计质量中心、机构投资者协会、注册财务分析师协会发表联合声明，反对暂停使用公允价值计价。同时，美国财务会计基金会也专门致函给美国国会，反对将会计准则制定政治化，要求否决有可能威胁准则制定过程独立性的任何提案。作为国际会计准则制定机构的国际会计准则理事会(IASB)随后也致函给美国总统布什，阐述了 IASB 为应对金融危机所起的作用，要求维护 IASB 的独立性，并表态与 FASB 积极合作，共同应对金融危机对会计监管形成的挑战。2008 年 12 月 30 日，SEC 完成并公布了"公允价值会计研究报告"，报告中建议不应暂停使用美国财务会计准则第 157 号"公允价值计量"，并认为公允价值会计并非是引发金融危机的因素，但公允价值的计量方法的确有待完善，特别是对在不活跃、不流动市场情况下如何应用公允价值应提供进一步的指引。至此，金融危机引发的"公允价值"这一公案才得以了结。

　　对会计发展来说，经济危机并非全是坏事。历史证明，几乎每一次经济危机都能促进会计理论的创新、会计制度的变革和会计实务的完善。时任财政部副部长的王军博士认为："现代会计准则模式发轫于 1929 年的经济大萧条，现值会计计量方法诞生于 1973 年的中东石油危机，从哲学角度分析，会计行业总是伴随着经济金融危机的发展而思变、求新、融通。从历史上看，每一次经济金融危机史，都是一部会计反思史、再造史和创新史"。①

　　本次金融危机引起社会各界对会计问题的高度关注，这说明会计理论与实务本身均还存在不足之处。为了应对全球金融危机并及时完善相关会计准则，世界两大会计准则制定机构 IASB 与 FASB 在第一时间内作出了反应，并于 2008 年 12 月联合成立了一个研究金融危机中敏感会计问题以及两委员会应如何发挥作用等问题的专门机构——"金融危机咨询小组"(Financial Crisis Advisory Group，简称 FCAG)。FCAG 的使命是，通

---

　　①　参见王军："迎接挑战、加强合作、共同推进全球高质量财务报告准则体系的建立和完善"，《会计研究》，2009 年第 5 期。

过召开一系列咨询会议等形式,广泛听取各方面意见,共同商讨如何改进财务报告,以增强投资者对金融市场的信心,并及时确定需要 IASB 和 FASB 作出紧急回应的重大会计问题。

在此后的一年多时间内,FCAG 分别于 2009 年 1 月 20 日、2 月 13 日、3 月 5 日、4 月 20 日、5 月 22 日和 12 月 15 日召开了 6 次会议,重点讨论了资产减值、公允价值计量、顺周期效应、金融工具重分类、改进金融工具会计准则及其披露等问题,对稳定资本市场、恢复投资者信心、缓解金融危机发挥了积极作用。

以下我们将回顾 IASB 与 FASB 以及它们联合成立的"金融危机咨询小组"在应对全球金融危机过程中所做的主要工作及取得的成效。回顾这段历史是十分有价值的,因为通过 IASB 与 FASB 等机构的努力,使人们迅速发现并提炼了需要在后危机时代加以变革的重大会计问题,为最近几年会计理论与实务的革新找到了方向。

二、FCAG 成立前 IASB 和 FASB 的合作与努力

尽管究其根本,这场源于美国、随"多米诺骨牌效应"转化为更为严峻的世界性金融风暴,是一场由信用扩张不当和扩张过度所引发的信用危机,但美国政府及其金融监管机构对于场外交易衍生品和结构化资产监管不力,也是危机爆发的重要因素。作为资本市场监管手段之一的美国会计准则也难辞其咎,尤其在公允价值计量、信息披露和会计准则制定等方面都存在着缺陷。在危机面前,作为当今世界上最具有影响力的两大会计准则制定机构 IASB 和 FASB 积极合作,采取了一系列举措,力图缓解金融危机对实体经济造成的影响,提高人们对财务报告的信心。在 FCAG 设立之前,IASB 和 FASB 就已经为应对金融危机专门设立了专家咨询小组,①双方经常进行交流,并在英国伦敦、美国诺沃克和日本东京等地联合举行了 3 次圆桌会议。而在 FCAG 成立以后,则由 FCAG 举办一系列会议,邀请来自各个方面的财务与会计专家共商应对全球金融危机、改进财务报告准则的大计。

2008 年 4 月,IASB 与 FASB 专门就金融危机的应对措施召开首次联合会议,主要探讨了金融危机中备受指责的终止确认(尤其是证券化方面)、企业合并和公允价值计量等问题。FASB 主席罗伯特·赫兹(Robert·Herz)指出,问题的复杂性已远远超出了准则的范围,而危机的产生则来源于商业模式运作的缺陷。

针对终止确认和企业合并问题,FASB 表示将分别修订美国财务会计准则第 140 号(SFAS140)"金融资产转移和服务以及债务清偿的会计处理"和第 46 号解释公告(FIN 46)"可变利益主体的合并",以考虑流动性风险和相关特殊目的主体的合并等事项。

---

① 根据金融稳定论坛(FSF)的要求,IASB 于 2008 年 5 月首先组建了专家咨询小组,专门对不活跃市场上公允价值的应用展开研究。

IASB则组建了"终止确认"小组来研究有关问题,并计划于2008年夏发布一项关于企业合并项目的征求意见稿,目的是形成单一的合并指引。

针对公允价值计量问题,IASB和FASB均收到了国际金融协会(Institute of International Finance,简称IIF)对以下两个问题提出的要求:一是在市场价值不具有代表性的情况下允许从"按市值计价(Mark-to-Market)"转换为"按模型计价(Mark-to-Model)";二是为金融机构从交易账户向银行账户转账提供便利。对于以上要求,IASB和FASB均强调在当前情况下仍应采用市场价值,因为采用某些任意主观的计量属性只能使市场更为混乱,它们同时也表示公允价值计量项目将会重点考虑对非流动性市场和契约市场的会计反应。

2008年9月至10月间,IASB和FASB围绕危机中争议最大的公允价值计量和金融工具披露等问题,为修订和完善相关会计准则开展了一系列活动。FASB发布3项拟对SFAS 140和FIN 46R作出修订的征求意见稿,并联合SEC对公允价值计量发布联合指引,还先后发布FSP 157-d和FSP 157-3对美国财务会计准则第157号(SFAS 157)"公允价值计量"在不活跃市场中的应用进行了解释和补充说明。

与此同时,IASB也积极采取有关行动。10月3日,IASB在宣布应对次贷危机的现状以及将要采取的措施中表示,有必要确保国际财务报告准则(IFRSs)与美国公认会计原则(GAAP)对公允价值计量指引的一致性,并充分考虑美国发布的《2008年紧急经济稳定法案》以及其他相类似的评估资产和负债的国际性规划。同时还指出,金融工具重分类是当务之急要解决的问题,表示将就这一问题与FASB进行讨论,以消除双方的差异。随后,IASB发布了对IAS 39"金融工具:确认和计量"和IFRS 7"金融工具:披露"的修订,并在专家咨询小组多次会议讨论结果的基础上发布了对不活跃市场应用公允价值的补充指引。此外,IASB还发布了"增强对金融工具的披露"的征求意见稿和"使用公允价值计量的教育指南"。

基于双方前期的紧密联系和良好合作,2008年10月16日,IASB与FASB宣布将组建一个由市场管制者、财务报告编制者、审计师、投资者以及财务报表其他使用者组成的全球性咨询小组。10月20日,双方宣布将联合应对全球金融危机产生的财务报告问题,并决定采取以下3项措施:(1)迅速任命一个高级别的咨询小组,以确认当前紧迫的会计问题并考虑长期存在的问题;(2)在亚洲、欧洲和北美召开公开的圆桌会议,收集当前全球金融危机中的会计问题;(3)寻求金融工具报告的共同长期解决办法,以提高透明度和减少金融工具会计处理的复杂性。不久后,IASB与FASB排出了举行公开圆桌会议的日程,打算分别于11月14日、11月25日和12月3日在英国伦敦、美国诺沃克和日本东京举行圆桌会议,讨论全球金融危机暴露的财务报告问题。

在11月14日英国伦敦召开的IASB与FASB圆桌会议上,SEC前委员哈维·高兹奇米德(Harvey·Goldschmid)和荷兰金融市场管理局主任汉斯·胡戈威尔斯特(Hans·

Hoogervorst)被任命为将要成立的咨询小组的联席主席,会议提交并讨论了以下议题:
(1)金融资产减值;(2)根据公允价值选择权指定的金融工具的重分类;(3)公允价值计量;
(4)披露;(5)其他问题。本次圆桌会议最终得出了以下结论:(1)由于 IFRSs 和美国
GAAP 对金融资产减值的触发点和计量方法存在差异,有必要修正现行减值计量指南;
(2)建议修订 IAS 39,使其行使公允价值选择权的条件与美国 GAAP 的相关准则趋同,即
允许对采用了公允价值选择权按公允价值计量且其变动计入损益的金融资产进行重分
类;(3)复核最新的公允价值计量指南,并探讨公允价值会计的顺周期性影响;(4)加强最
新修订的 IAS 39 和 IFRS 7 有关的披露问题。

　　在 11 月 25 日美国诺沃克举行的 IASB 与 FASB 圆桌会议上,继续讨论了金融资产
减值、公允价值选择权、公允价值计量和披露等 4 个问题。而在 12 月 3 日日本东京举行
的 IASB 与 FASB 圆桌会议上,讨论的议题为 3 个方面:减值问题、公允价值计量问题和
其他问题。其他问题则包括套期保值、简化分类、顺周期性(Pro-cyclicality)以及恶性通
货膨胀、外币折算和不活跃市场的定义等。会议重申,支持 IASB 与 FASB 为制定全球会
计准则所做出的趋同方面的努力,要求两个准则制定机构按照"应循程序"(Due Process)
解决有关问题,并确定金融危机所暴露的问题哪些是属于趋同中的问题,哪些是属于急需
解决还是作为长期项目处理的问题。

　　2008 年 12 月 30 日,IASB 与 FASB 宣布成立金融危机咨询小组(FCAG),并公布了
其成员名单,由来自于美国、阿根廷、新西兰、英国、日本、印度、德国、南非、意大利、法国等
国的投资者、监管者、银行家以及其他行业的专家共 16 位成员组成,另外还有来自巴塞尔
银行监管委员会、欧洲证券监管机构委员会、国际保险监管协会、日本金融服务厅、美国证
券交易委员会以及 IASB 和 FASB 准则咨询委员会等机构的代表担任了 FCAG 的观察
员。IASB 与 FASB 宣布,将于 2009 年 1 月 20 日在英国伦敦召开 FCAG 成立后的第一
次正式会议。至此,IASB 与 FASB 筹办金融危机咨询小组的工作宣告完成。

三、FCAG 成立后的咨询会议及工作进展

　　在全球金融危机蔓延之际,IASB 和 FASB 承诺将在国际协调方式之下展开长期共
同合作,以改进财务报告准则。作为该承诺的一部分,双方成立 FCAG,就全球金融危机
和全球监管环境潜在的变化对准则制定的影响展开研究,并向 IASB 和 FASB 提供建议。
FCAG 主要讨论以下问题:①

　　(1)在次贷危机中财务报告能够帮助辨认所关心问题或可能产生不必要关注的
领域;

　　(2)财务报告准则能够提高透明度来帮助预测危机或对危机作出更为快捷反应的

---

① 参见 Financial Crisis Advisory Group (FCAG),http://www.fasb.org.

领域;

(3) 根据危机,哪些是 IASB 和 FASB 需优先重新考虑的;

(4) 为避免将来的市场混乱,IASB 和 FASB 今后需关注的潜在问题;

(5) 危机中资本市场上财务报告的一般需求与监管报告,尤其是金融机构监管报告的相互关系;

(6) 导致危机和危机期间,公允价值会计和资产负债表外会计与当前危机的关系;

(7) 正在进行的多项研究的成果和相关性结论,包括 SEC 根据《2008 年紧急经济稳定法案》所做的研究;

(8) "应循程序"对会计准则制定机构的必要性以及它对及时和包容地解决紧急问题的影响;

(9) 会计准则制定机构的独立性以及政府对全球金融危机采取的行动。

为向 IASB 和 FASB 以及财务报告体系的其他组织提供有益的建议,FCAG 计划召开 5 次公开会议,并于 2009 年 7 月针对所做的工作发布总结报告。后来实际上召开了 6 次会议,最后一次会议的时间是在 2009 年的 12 月。

2009 年 1 月 20 日,FCAG 在英国伦敦召开了第一次会议。FCAG 主席哈维·高兹奇米德指出,自上世纪 90 年代美国发生"储贷危机"(Savings-and-loan Crisis)以来,公允价值正受到日益普遍的应用,因此需要讨论在全球金融危机中公允价值为什么会引起如此广泛关注的原因,以及它到底是否适合"冰冻市场"(Frozen Markets)中的金融工具。他认为应当研究两个主要问题:一是财务报告能否帮助确认有关问题;二是财务报告是否不能起到帮助作用。IASB 和 FASB 主席在回顾各自的委员会对金融危机所采取行动的基础上,共同确认了金融危机产生的五大问题:(1)公允价值;(2)资产负债表外的活动(合并);(3)证券化(终止确认);(4)减值;(5)风险报告(使用者未能发现主体的风险问题)。IASB 表示将尽快发布有关终止确认和公允价值计量的建议,双方表示将继续加快对金融工具会计处理的全面审阅工作。①

2009 年 2 月 13 日,在美国纽约召开的 FCAG 第二次会议上,继续就公允价值计量、金融资产减值以及动态准备金(Dynamic Provisioning)的分配等问题展开了讨论。该次会议还讨论了财务报表的目的以及财务报表与金融稳定的关系等问题。多数与会者认为,会计不能被用来抵消顺周期性的影响,而应当保持中立。

FCAG 第三次会议于 2009 年 3 月 5 日召开。动态准备金在新形势下的概念、模型构建是此次讨论的焦点,FCAG 同意 FASB、IASB 和巴塞尔银行监管委员会成立一个专门工作小组就动态准备金计提的适当方法展开研究。会议还结合 IASB 与 FASB 业已开展

---

① 参见 IASB-FASB Financial Crisis Advisory Group Meeting, January 20, 2009, www. iasplus. com.

的联合项目"金融工具:完善确认和计量",提出金融工具会计模型应趋同和简化的观点,认为应关注金融工具性质的复杂性,讨论公允价值模型和预计损失模型使用的利与弊,来解决实务问题。同时,与会者一致同意,在确定必须满足的特定标准基础上,如主体有充足的现金回购其债务且对方愿意的情况下,以公允价值计量负债时可以确认利得或损失。值得一提的是,与会者同意准则制定者的独立性在确保公正、高透明度准则制定过程中非常重要。

　　基于第三次会议的讨论,3月16日,FASB提出对公允价值以市值估价的两项修改:根据"重要判断"模型在不活跃市场和非亏本交易下的应用,以及非暂时性减值的有关规定,对公允价值计量提供额外指引。

　　2009年3月24日,IASB和FASB继举行联合会议后,宣布了应对危机的进一步举措,表示将在目前开展工作的基础上,共同协作,尽快制定出处理资产负债表表外事项以及金融工具的通用标准,并将致力于分析金融工具项目中有关贷款损失的会计处理。3月31日,FCAG向二十国峰会(G20)发出信函,向其介绍FCAG的使命和迄今取得的进展,呼吁进一步完善全球金融体系。在信函的最后,FCAG附上了两份附件,附件1罗列了FCAG的成员和官方观察员名单,附件2对以下五个方面内容进行了介绍:(1)FCAG的成立背景和主要作用;(2)咨询小组主要征询问题的范围;(3)FCAG的组织结构和会议情况;(4)活动的方式,比如在举行会议时,不建议采用投票的方式促成一致的结论,应让IASB和FASB听到不同成员的意见;(5)联合主题的概况。随后,FASB发布了一份员工立场公告(FSP),用以澄清金融工具的公允价值计量,特别是在低迷市场的应用。4月7日,IASB就G20的建议和FASB最近采取的行动进行答复。在对G20的答复中,IASB表示,将致力于在2009年年底(G20建议的目标日期)之前对G20建议改进的各个项目采取行动,以确保在全球范围内一致而适当地应对金融危机。

　　2009年4月20日,FCAG第四次会议对咨询小组3月份向公众征询的一系列问题的书面意见进行整理和答复。这些问题包括金融危机下的财务报告目标、贷款准备金的确认和披露存在的差异、制定资产负债表表外事项准则的重要性、金融工具复杂计量属性的选择、紧急情况下高质量会计准则制定的标准等。4月29日,FCAG向G20发出了第二份信函,赞同其提出的"准则制定者应当朝着一套单一高质量会计准则前进"的观点,并提出资产估值和企业合并与终止确认(特别是证券化方面)的问题需要马上解决,这几项准则的修订能够提升财务报告的完整性和透明度,同时也能提升金融业应对经济周期变化的能力。FCAG还表示IASB和FASB对于在不活跃市场下公允价值的计量问题具有一致的观点,即在市场价值不具有代表性的情况下,仍应采用市场价值进行计量,它们同时也表示应提高公允价值披露的要求。在信函的最后,FCAG同样附上了两份附件,附件1为FCAG的成员表,附件2以表格的形式对G20在峰会讨论的有关提高透明度和问责制迄今为止完成的工作以及下一步的行动进行了阐述。这也再次证实了IFRSs和美国 GAAP 趋同总目标联合方案的方向。

2009 年 5 月 22 日，FCAG 在伦敦召开了第五次会议并通报了最新工作进展情况。IASB 和 FASB 都表示已尽最大努力消除 IFRSs 和美国 GAAP 之间存在的差异。但在金融工具减值问题上，双方由于分类模型出发点不一致未能达成一致，使得 IASB 对 IAS 39 的修订困难重重。

2009 年 7 月 28 日，FCAG 综合前期工作情况，发布了一份总结报告，对会计准则制定活动和全球金融危机后国际管制环境的变化提出建议。报告阐明了四条原则：有效的财务报告、财务报告的局限性、准则的趋同和准则制定者的独立性和问责制，并分别包含了一系列提高全球准则制定的功能和效力的建议。

FCAG 的总结报告只是阶段性的成果。2009 年 8 月，巴塞尔银行监管委员会针对 IAS 39 的修订发布了一套高水平的指导原则，试图帮助 IASB 解决准备金、公允价值计量和披露等方面的问题。巴塞尔认为，这些原则能够帮助制定可以增强财务报告有用性和相关性的准则，还能确保更关注顺周期性效应和系统风险的会计改革。这些原则的主要内容包括：新准则应能反映尽早确认贷款损失的需要，以保证充足的准备金；承认在市场混乱或流动性差的情况下，公允价值并非有效；在事件的发生将明显导致商业模式发生变化的极少数情况下，允许将某些金融资产从公允价值类重分类到摊余成本类；在不同的司法管辖区之间，促进游戏规则的平等。

2009 年 9 月 25 日，金融稳定委员会（FSB）在向 G20 领导人提交的"提高金融管制"的报告中，敦促 IASB 和 FASB 对金融工具会计准则进行简化、改进和趋同，提出在一定程度上可以不扩大公允价值在金融机构借贷活动（包括借款和借款证券的投资）中的使用。同时，在美国匹兹堡召开 G20 峰会以后，各国领导人发表了一份联合声明，确认了为避免未来全球金融危机、增强国际金融管制体系而应采取的进一步措施的范围，其中一项措施就是要求在 2011 年前在 G20 成员国之间完成会计准则的趋同。G 20 号召国际会计准则的制定机构加倍努力，按照独立的准则制定程序，在 2011 年前完成一套单一的、高质量的全球会计准则以及它们的趋同项目。IASB 的制度框架可以通过各利益关联方的积极参与而获得进一步加强。①

2009 年 12 月 15 日，在总结报告发布五个多月之后，FCAG 在伦敦召开了第六次会议。会议讨论了准则制定的最新进展，主要包括以下六个方面内容：(1)日本的一些上市公司对于国际财务报告准则（IFRSs）的自愿采用性；(2)美国证券交易委员会对"根据国际财务报告准则起草的财务报表潜在使用者路线图"的回应；(3)欧洲委员会对 IFRS 9 "金融工具：分类和计量"的认可；(4)FASB 关于金融工具综合建议书的发布；(5)IASB 和 FASB 持续趋同工作；(6)G20 峰会及其建议。FCAG 还表示，将在会议结束后向 G20 发

---

① 参见 G20 call for global standards by 2011，September 25，2009，www.iasplus.com.

出信函,以更新 FCAG 的最新进展。

三、IASB 与 FASB 共同应对金融危机取得的成效

全球金融危机发生后,IASB 和 FASB 携手合作,积极应对危机,改进相关的会计处理和信息披露,取得了明显成效。可以归纳为以下几个方面:

（一）为公允价值计量发布了额外指南

正如 SEC 关于公允价值对美国金融危机影响的报告显示,美国金融机构的大部分金融资产并未按公允价值计量,只有少量金融资产按公允价值计量并将其变动计入损益之中,公允价值并未在危机中扮演十分重要的角色。IASB 与 FASB 均表示公允价值并非次贷危机爆发的根源,但公允价值计量在非流动性市场上的应用的确存在问题。FCAG 与会者指出,SFAS 157 有关运用重大判断的要求为公允价值计量提供了灵活性,但由于诉讼风险和"第二次猜测风险"(risk of being second guessed)导致了公允价值的不恰当应用。因此,IASB 与 FASB 都强调当前情况下仍应采用市场价值,但同时应针对公允价值在缺乏流动性和契约市场情况下的应用发布额外指南,并认为有必要继续探讨和完善公允价值的方法。

FASB 在 2008 年 9 月联合 SEC 对公允价值计量发布的联合指引中,解答了当前情况下公允价值计量实务所遇到的问题,如相关市场证据不存在情况下是否可用期望现金流量来计量公允价值、如何使用"市场"评估现有资料来计量公允价值、不活跃市场对公允价值计量的影响等。随后 FASB 还发布了两份员工立场公告(FSP 157-d 建议书和 FSP 157-3),对 SFAS 157 在不活跃市场中公允价值计量的应用进行了解释和补充说明。

为确保 IFRSs 与美国 GAAP 对公允价值计量指引的一致性,IASB 于 10 月 31 日发布了"公允价值教育指南",明确了在不活跃市场情况下金融工具公允价值计量的实务处理和披露要求,并于 2009 年 5 月 28 日发布了公允价值计量的征求意见稿,建议就如何按照现行准则的规定为公允价值计量提供指引。该征求意见稿并未扩大公允价值计量的使用范围,而是增加了有关如何确定公允价值的披露要求。如果该建议被采纳,单一并统一的公允价值定义以及有关不活跃市场公允价值计量应用的进一步权威性指引将取代各项国际财务报告准则中所包含的公允价值计量内容。2012 年 5 月 12 日,IASB 最终发布了国际财务报告准则第 13 号(IFRS 13)"公允价值计量"。该准则与 FASB 第 157 号准则实现了实质性趋同,但在披露方面则更为完善。

（二）对金融工具准则进行了完善和简化

美国 GAAP 允许企业在极少数情况下,将交易性投资组合重分类为持有至到期投资,同时还允许一些非证券的债券从可供出售金融资产重分类为持有至到期投资,但 IAS 39 却不允许此类转换。因此,IASB 与 FASB 针对金融工具重分类问题展开研究,试图消除双方存在的差异。2008 年 10 月,IASB 首先发布对 IAS 39"金融工具:确认和计量"和

IFRS 7"金融工具:披露"的修订,并允许采用 IFRSs 的企业在特定情况下,对某些金融工具采用美国 GAAP 规定的方法进行重分类。随后又发布 IFRS 7 的征求意见稿"提高金融工具的披露",对 IFRS 7 公允价值披露和流动性披露方面进行完善。该意见稿引入了类似于 SFAS 157 所采用的对公允价值作出三个等级划分的披露要求。此外,该意见稿还考虑增加对不使用可观察市场因子计量公允价值的披露,以及由于等级变动所造成的公允价值核定数额的变动及其原因的披露。在流动性披露方面,则强调明确金融工具的所属范围,包括对基于企业风险管理的衍生金融负债的流动性风险的披露和对预期剩余到期非衍生金融负债的披露,以及加强流动性风险定量和定性披露之间的关系。FASB还发布了针对 SFAS 107-1 和 APB 28-1 的员工立场公告(FSP),要求对金融工具的公允价值进行季度披露。

　　IFRSs 和美国 GAAP 在对金融资产的减值问题上亦存在差异,双方认为有必要修正现行减值计量指南。国际财务报告准则没有"非暂时性减值"的概念,因此 IASB 表示难以遵从 FASB 于 2009 年 4 月修订的 SFAS 115 和 SFAS 124,但计划于 2009 年底之前对全面更新 IAS39 提出建议。正如 FCAG 表示的那样,金融工具报告的共同长期解决办法的目标是提高透明度和减少金融工具会计处理的复杂性。迫于各方压力,IASB 承诺在2009 年修改会计准则,开展了"降低金融工具会计准则复杂性"的综合性项目以制定取代IAS 39 的计划,分三个阶段逐步实施:

　　第一阶段:修订金融工具的确认和计量。于 2009 年 11 月发布全新的国际财务报告准则第 9 号(IFRS 9)"金融工具",涉及金融资产的分类和计量,拟于 2013 年正式执行。IFRS 9 要求所有的金融资产应运用单一的方法即根据主体管理金融资产的经营模式和金融资产现金流量的特征区分为以"摊余成本计量"和"以公允价值计量"两类,取代 IAS39 复杂的计量方法。

　　第二阶段:改进金融资产的减值计量方法。IASB 于 11 月发布了"金融工具:摊余成本和减值"征求意见稿,建议改变以摊余成本计量的金融资产的减值计量模型,要求贷款人按照扣除预期信用损失后的金额确认利息收入,即采用"预期损失模型"取代现行的"已发生损失模型"。现行模型规定只有在实际损失发生时,才予以确认信用损失计入当期损益,这造成资产减值计提的顺周期性。

　　第三阶段:套期保值会计,目前正在制订过程中。IFRS 9 是 IASB 对各国诉求的快速回应,被视为一个重要里程碑,但历经十几年探索制定出的 IAS 39 仍不尽如人意,因为金融工具实务极其复杂,且其准则具有明显的经济后果性,会计专家预测,整项金融工具准则的替换将是一个困难的、充满争议的过程。欧盟会计监管委员会就表示将推迟认可IFRS 9,认为其会导致更多的金融工具被划分为"以公允价值计量"类型而增加收益的波动性。

(三) 加强资产负债表表外事项的披露

随着次贷危机的发展,"合格特殊目的主体"免于合并报表的规定备受争议,而加强企业对"特殊目的主体(SPEs)"的披露受到信息需求者的关注。①

2008 年年底,FASB 修订了 SFAS 140 和 FIN 46R,解决原规范中没有考虑流动性风险的模型以及难以采用定性证据来评估企业是在持续经营基础上合并等问题,并修订了有关特殊目的主体豁免合并的内容。

IASB 则结合业已开展的"合并"项目和"终止确认"项目,组建"终止确认小组"来明确相关问题。2008 年 12 月 18 日,IASB 发布了修订国际会计准则第 27 号(IAS 27)"合并和单独财务报表"的征求意见稿,旨在加强并完善有关识别受公司控制从而必须纳入合并财务报表的主体的要求,并对控制主体的定义提供建议。IASB 在 2009 年 3 月发布了"终止确认"的征求意见稿,处理 IAS 39"金融工具:确认和计量"和 IFRS 7"金融工具:披露"中的相关问题。

(四) 对动态准备金规范作出研究和探讨

FCAG 在讨论会上认为,在缺乏适当指引或监管的情况下,允许企业建立准备金可能会导致盈余操纵问题。因此,建议监管机构应针对资本充足性制定最低要求,从而促使企业符合有关准备金的要求;市场监管者和准则制定者应共同拟定在资产负债表中反映动态准备金的最佳方式,即计入权益而不影响收益;不应为满足法定资本要求而变更会计处理;监管机构应禁止企业通过股利或股份回购,对记入权益的资本准备金进行分配,以维持充足的准备金。

FCAG 认为动态准备金的概念应是个监管问题而非会计问题,为满足监管要求而变更会计处理将带来不利的影响,并且会引发更多的顺周期性效应。FCAG 同意 FASB、IASB 和巴塞尔银行监管委员会共同成立一个专门工作小组来研究动态准备金产生的各类问题,其中包括确定计提准备金的适当方法和探讨估价模型对更好地体现经济实质的效用。

(五) 进一步明确了财务报告的目标

FCAG 指出,危机环境下监管制度的改革将对财务报告产生一定的影响,财务报告在协助识别有关问题之前最重要的是财务报告的目标必须清晰明了,并强调现行框架下监管者并非财务报告的主要使用者。财务报告应主要面向投资者,还包括贷款者、债权人在内的广泛利益相关者。而通过财务报表列报的联合项目以及可扩展商业报告语言(XBRL)将大大提高和加强使用者对财务报告的看法。

FCAG 同时提出,财务报表必须通过提供透明度高的信息来帮助报表使用者作出合理决策。而且,会计处理应保持中立,不应用于抵消顺周期性。FCAG 同时还强调,确保

---

① 参见中国会计学会:《会计动态》,2008 年第 15 期。

金融稳定是审慎监管机构的工作,若将金融稳定性纳入财务报表将会削弱财务报表的透明度。

（六）致力于高质量会计准则的制定

全球金融监管体系无法有效监管市场上的某些交易、交易缺乏必要透明度等问题,使得作为准则制定机构的 IASB 和 FASB 备受压力。再者,政治家、银行家等市场相关利益者在准则制定过程中施加的影响使得会计处理结果缺乏透明度,将削弱投资者的信心。因此,FCAG 在讨论中强调准则的制定者无论在政治上还是在经济上都必须享有高度的独立性,使得会计信息的提供更为真实、完整、公平。

此外,IFRSs 和美国 GAAP 之间存在的差异导致同一事项会计处理的不同,因此有必要制定一套全球单一的高质量的会计准则体系,特别是在公允价值计量、企业合并以及终止确认方面。这也证实了 IASB 和 FASB 在 IFRSs 和美国 GAAP 趋同总目标联合方案中的发展方向。

同时,FCAG 表示准则制定的"应循程序"非常重要,即使是在紧急情况下也应遵循。任何压缩准则制定过程的行为将削弱投资者对财务报告的信心。因此,准则必须是可执行的,而且准则制定机构在采取进一步措施时应当关注降低财务报告的复杂性,避免信息超载(Information Overload)。

（七）对金融危机的处理形成了最终总结报告

针对金融危机中存在的会计问题,IASB 与 FASB 分别采取措施,除开展联合项目[1]外,FCAG 的工作也是双方积极合作的标志。2009 年 7 月 28 日,FCAG 发布了其总结报告。该报告指出,财务报告能否提供关于企业经营业绩和财务状况的公正、透明和相关的信息,取决于高质量的会计准则及其一致、忠实地应用,严格的独立审计准则及其执行同样不可忽视。但当市场监管标准与准则不同时,将会对财务报告产生重大影响。金融危机虽然不是会计准则引起的,却也暴露了准则及其应用中存在的问题。公允价值计量的应用、减值损失确认不当、表外事项披露不全面、金融工具处理的复杂性等缺陷都降低了财务报告的可信度,也导致投资者对金融系统丧失信心。[2]

在提高财务报告有效性方面,FCAG 对 IASB 和 FASB 提出以下建议:(1)优先考虑金融工具准则的简化和完善;(2)敦促双方在 IFRSs 和美国 GAAP 存在差异的方面(如减值)尽快实现方法的趋同;(3)在金融工具项目中,应使用前瞻性信息对损失准备金采用预计损失模型和公允价值模型;(4)采用预计损失模型时,应避免"盈余管理"而降低透明度;(5)在金融工具项目中,应重新考虑主体因自身信誉的变化导致其债务公允价值的变动而

---

[1]　IASB 与 FASB 于 2008 年 4 月在伦敦讨论了双方联合项目和应对次贷危机的措施,其会议记录资料可参见 http://www.asc.net.cn。

[2]　参见 FCAG Final Report,July 28,2009,http://www.fasb.org.

确认利得或损失的恰当性；(6)应重视金融工具、合并或终止确认以及风险披露准则在会计监管中的重大意义；(7)应制定一套透明度高的方法，不仅能描述监管者任何附加条款或要求，同时也不影响财务报告的完整性；(8)在优先考虑金融工具项目的同时，应在根据双方谅解备忘录进行趋同和完善的合并和终止确认准则(如资产负债表表外问题)以及其他领域取得实质性的进展；(9)FASB新的资产负债表表外事项准则应不加修改和不经拖延地立即执行；(10)在金融工具和合并或终止确认项目上，应着眼于对风险(尤其是复杂金融工具的风险)作出更高透明度的描述而加以完善。

尽管有效的财务报告提供了信息需求者所需的相关信息，但并非完全可靠，因为仅是对短期经济业绩情况的表述，而对宏观经济发展的影响无法体现。而且财务报告还取决于提供信息机构和市场的基础设施和功能。针对财务报告的局限性，FCAG提出以下建议：(1)在概念框架联合项目里应明确承认财务报告的局限性；(2)财务报告的使用者应该根据自己的判断和应尽的职责认识财务报告的局限性；(3)敦促所有场外市场建设稳固的基础设施以促进市场价格的透明度，特别是结构性产品和衍生工具；(4)商业实体，尤其是金融机构，应该采取有效的价格核查程序和其他改善其资产和负债的估值方法，为使价格核查更为可靠，这些功能能应保持独立。

金融市场全球化的性质，使建立一套单一、高质量、全球趋同的财务报告准则极为重要。无论报告主体位于何方，这样的财务报告否将提供一致、公正和高透明度的信息，便于使用者进行经济决策。在准则趋同方面，FCAG提出了以下建议：(1)维持和加强高质量会计准则，促使准则趋同；(2)敦促各国政府、金融市场参与者以及全球商业人士积极支持单一高质量会计准则的发展；(3)鼓励还未设定趋同时间表的国家尽早采取切实可行的计划，与IFRSs趋同；(4)在采取会计准则趋同的地区，由于审计准则或执行方面存在的差异需要国际组织保持密切关注，达成趋同的解决方式和共同的解释，以协调会计准则的制定。

高质量、公正会计准则制定，应消除商业和政治上不恰当的压力，准则制定者享有的高度独立性非常重要，但同时必须有高度的问责制(Accountability)①作为保障，其中包括利益相关者的广泛参与和公众利益的监督。在保持准则制定者的独立性和履行问责制方面，FCAG提出了以下几条建议：(1)对正在进行的金融工具联合和综合项目，应作为IASB和FASB的工作重点及首要任务在2009年底之前完成，尽管如此，却不允许以牺牲应循程序作为代价，在金融工具项目中不能给准则制定者太多的商业和政治上的压力；

---

① 问责制出自对准则制定机构IASB和FASB的监督。对IASB和FASB的监督而言，问责制存在两个层面：其一，它们均受独立的受托人委员会监督；其二，它们均受某一层面的管制机构监督，如FASB需要对SEC履行问责制(或受托责任)，对IASB监督的机构包括证券委员会国际机构(IOSCO)、巴塞尔银行监督委员会等。

(2)为确保在紧急情况下其工作可以被广泛接受,IASB和FASB应事先明确采用加快应循程序是恰当的特殊情况,并确保在这种情况下能获得尽最大可能的咨询;(3)作为公众问责制系统的一部分,政策制定者有权并应当向对准则制定机构表示关注并发表意见,但应限制他们对特定会计准则的结果进行寻租,这种限制对维护公众对准则制定过程的独立性,以至整个财务报告和金融系统的信息均十分重要;(4)为保持独立性,IASB必须有一个永久的基金筹集架构,在公平和强制的基础上提供足够的资金;(5)为加强监督委员会的权力,其代表构成应扩大地域范围,包括更多国家的证券监管机构。

四、影响与展望

如今,在本次金融危机中被称为"计量门"事件的公允价值计量之争已画上了一个句号,IASB甚至在金融危机后还扩大了公允价值的使用范围并发布了与SFAS 157趋同的国际财务报告准则第13号(IFRS 13)"公允价值计量"。然而,公允价值准则在应用过程可能出现的诸多问题仍值得加以密切关注。同时,公允价值估值程序存在的透明度问题也有待解决。

全球金融危机还加速了全球会计准则趋同的步伐,将各种国际力量更为紧密地团结在了一起,以IASB和FASB领衔的国际准则修改、趋同和归一的浪潮正席卷而来。然而,在全球会计准则趋同的进程中,我们也看到了阻力重重的另一面。众所周知,IASB和FASB在2006年就已签订了一份题为"2006-2008年IFRSs与美国GAAP趋同路线图"的备忘录,希望为非美国公司在美国上市直接采用IFRSs扫除障碍。金融危机发生后,G20伦敦峰会要求各成员国支持建立全球统一会计准则,并尽快取得重要进展。随后的匹兹堡峰会又确定了在2011年6月30日前完成主要趋同项目的目标。为此,IASB和FASB在2008年更新了谅解备忘录,对每个趋同目标设定了后续步骤。两家机构还于2009年11月召开了联合会议,再次明确了双方在提高IFRSs和美国GAAP质量以及实现两者趋同方面的责任,同意"加快努力"来实现谅解备忘录上的目标。作为对双方责任的再次明确,IASB和FASB发布了一份联合声明,阐述了双方在2011年需要完成的主要备忘录项目的计划和里程碑目标,这份联合声明还介绍了巩固两家机构合作的价值和原则,同时还包括双方迄今所取得的重要成果。然而,这些努力在近几年却出现放缓的情形。IASB与FASB之间的趋同项目已推迟了几次,至今尚未完成。两者联合开展的"概念框架联合项目"也因需要集中精力完成趋同项目而被迫停止。最近,IASB决定启动唯有IASB参与的财务报告概念框架项目。种种迹象表明,金融危机刚发生后的那几年IASB与FASB之间精诚合作的"蜜月期"似乎已经过去。但是,虽然道路曲折,前途依然是光明的。我们有理由相信,依靠社会各界的共同努力以及G20峰会的全力支持,会计准则国际趋同的大道一定会越走越宽广。

主要参考文献

陈玉媛:"美国次贷危机涉及公认会计原则及其应对措施",《财会通讯》综合版,2008年第 10 期。

徐明棋:"美国次贷危机:水到底有多深?",《文汇报》,2008 年 1 月 9 日第 6 版。

中国会计学会:《会计动态》,2008 年第 15 期。

中国会计学会:"IASB-FASB 金融危机高层顾问组会议综述",《会计动态》,2009 年第 1 期。

"Credit Crunch"in the Global Financial Markets,http://www. iasplus. com.

Deloltte, IAS Plus Update, Exposure draft proposes new classification and measurement guidance for financial instruments,http://www. iasplus. com.

Financial Crisis Advisory Group(FCAG),http://www. fasb. org.

IASB response to the financial crisis,http://www. iasb. org.

4. 后金融危机时代国际财务报告准则的主要发展及我国持续趋同对策

一、引言

全球金融危机爆发对财务会计和报告形成了重大挑战,我们将其主要影响总结为以下两大方面:一是加快了会计准则国际趋同的步伐,国际相关机构包括 G20 峰会和金融稳定理事会(FSB)等均积极倡议建立全球统一的高质量会计准则,世界两大会计准则制定机构国际会计准则理事会(IASB)与美国财务会计准则委员会(FASB)加强了会计准则趋同方面的合作,携起手来共同应对金融危机带来的会计问题,越来越多的国家及企业打算采纳或接受国际财务报告准则(IFRS),一些国家还推出了向国际财务报告准则转换的战略计划或直接采用国际财务报告准则的"路线图";二是推动了全球会计变革与国际财务报告准则的发展,IASB 与 FASB 除继续合作完成原先已列入双方"备忘录"中的"趋同项目"外,还新确立了一批"与金融危机相关的项目"(如金融工具、公允价值计量、合并财务报表、终止确认等),使国际财务报告准则在后金融危机时代得到了快速发展。以下,我们对金融危机爆发以来国际财务报告准则的主要发展或修订情况作出梳理,并对我国会计准则与国际财务报告准则的持续趋同提出有关建议。

二、2007 年以来国际财务报告准则的主要修订及发展概况

全球金融危机始于 2007 年美国的次贷危机,因此我们整理了自 2007 年以来迄今(2013 年底)为止 IASB 对原国际会计准则(IAS)和国际财务报告准则(IFRS)作出修订的情况(详见图表 1-4-1)以及 IFRS 近年来的主要发展和更新情况(详见图表 1-4-2)。

(图表 1-4-1)

国际财务报告准则自 2007 年以来所作的主要修订

完成年份	项目	更新内容	发布时间	备注
2007 年	财务报表列报(绩效报告)	第一阶段 ED:对 IAS 1 的修正案	2006 年 3 月 16 日	第一阶段完成了构成一整套财务报表的内容以及对列报比较信息的需求
		修订的 IAS 1:第一阶段	2007 年 9 月 6 日	
	IAS 23 "借款费用"	ED	2006 年 5 月 25 日	这是 IASB 和 FASB 短期趋同项目
		IAS 23 修正案	2007 年 2 月 29 日	

（续表）

完成年份	项目	更新内容	发布时间	备注
2008 年	金融资产的重分类	IAS 39 和 IFRS 7 修正案	2008 年 10 月 13 日	于 2008 年 10 月 13 日加入到议程中（对金融危机的回应）
	金融工具：符合条件的套期项目（Eligible Hedged Items）	ED	2007 年 9 月 6 日	于 2006 年 3 月加入到 IASB 议程中
		IAS 39 修正案	2008 年 7 月 30 日	
	IFRS 1 和 IAS 27 修正案：母公司单一财务报表中对子公司的投资成本的处理	ED	2007 年 1 月 25 日	
		修正的 ED	2007 年 12 月 13 日	
		IFRS 1 和 IAS 27 修正案	2008 年 5 月 22 日	
	金融工具：可赎回工具	ED	2006 年 6 月	
		对 IAS 32 和 IAS 1 的修正案	2008 年 2 月 14 日	
	IFRS 2 修正案：可行权条件和作废条件	ED	2006 年 2 月 2 日	
		IFRS 2 修正案	2008 年 1 月 17 日	
2009 年	IFRIC 14 修正案：IAS 19-固定收益资产限制、最低资金要求及其交互作用	ED	2009 年 5 月 28 日	
		IFRIC 14 修正案：最低资金要求的预付款项	2009 年 11 月 26 日	
	负债计量中的信用风险	关于自身信用风险讨论稿(DP)和员工草案(SP)	2009 年 6 月 18 日	IASB 决定在"概念框架——计量"项目中考虑该问题，同时也在金融工具综合项目中考虑信用风险
		IASB 中止了该项目	2009 年 10 月	
	退休后雇员福利折现率	ED	2009 年 8 月 21 日	
		IASB 决定不完成这项修正案，而是将该问题纳入综合的退休后福利项目中。	2009 年 10 月	

（续表）

完成年份	项目	更新内容	发布时间	备注
2009 年	关联方披露：IAS 24 修正案	ED	2007 年 2 月 22 日	于 2006 年 7 月加入到 IASB 议程中
		修正的 ED	2008 年 12 月 11 日	
		最终稿	2009 年 11 月 4 日	
	IFRS 1 议题：未来几年将采用 IFRS 的地区的过渡问题	ED	2008 年 9 月 25 日	于 2008 年 3 月加入到 IASB 议程中
		IFRS 1 修正案	2009 年 7 月 23 日	
	IFRS 2 "以股份为基础的支付"修正案：集团以现金结算的股份支付交易	ED	2007 年 12 月 13 日	
		IFRS 2 修正案终稿	2009 年 6 月 18 日	
	金融工具——改进披露问题：IFRS 7 修正案	关于流动性风险和公允价值计量披露问题的 ED	2008 年 10 月 15 日	于 2008 年 9 月加入到 IASB 议程中
		关于债务工具投资披露问题的 ED	2008 年 12 月	
		IASB 放弃关于债务工具投资披露项目	2009 年 1 月	
		关于流动性风险和公允价值计量披露问题的 IFRS 7 修正案	2009 年 3 月 5 日	
	IFRIC 9 和 IAS 39 修正案：嵌入式衍生工具	建议的修正案	2008 年 12 月 23 日	
		修正案最终稿	2009 年 3 月 12 日	
2010 年	IFRS 1 修正案：对 IFRS 7 中可比性披露要求的豁免	ED	2009 年 11 月	于 2009 年 11 月加入到 IASB 议程中
		IFRS 1 修正案	2010 年 1 月 28 日	
	IFRS 1 修正案：将"向 IFRS 过渡的日期"的某些例外更换成"固定日期"	ED	2010 年 8 月 26 日	于 2010 年 6 月加入到 IASB 议程中
		IFRS 1 修正案	2010 年 12 月 20 日	

（续表）

完成年份	项目	更新内容	发布时间	备注
2010 年	IFRS 1 修正案：为避免主体遭受恶性通货膨胀所作的额外豁免	ED	2010 年 9 月 30 日	于 2010 年 9 月加入到 IASB 议程中
		IFRS 1 修正案	2010 年 12 月 20 日	
	收入所得税——IAS 12 "递延税款：标的资产的回收"修正案	ED	2010 年 9 月 10 日	2009 年 10 月，IASB 和 FASB 决定中止收入所得税的综合项目，转而研究对 IAS 12 的修正案
		IAS 12 修正案	2010 年 12 月 20 日	
	IFRS 7 修正案：金融资产转移披露	ED	2009 年 3 月 31 日	于 2008 年 7 月加入到 IASB 议程中
		IFRS 7 修正案	2010 年 10 月 7 日	
2011 年	退休后雇员福利，包括退休金	讨论文件	2008 年 3 月 27 日	这是一项和 FASB 合作的项目，IASB 于 2006 年 6 月加入到议程中。IASB 于 2007 年 3 月成立工作小组，该项目包括以下部分：对 IAS 19 的修正，对"基于提成额提成的承诺"的第二步讨论和一项可能的长期项目
		ED	2010 年 4 月 29 日	
		IAS 19 修正案的接近最终草案（Near Final Draft, NFD）	2011 年 6 月 2 日	
		IAS 19 修正案	2011 年 6 月 16 日	
	退休后雇员福利——离职后福利	ED（IAS 37 修正案的部分）	2005 年 6 月	这是一项和 FASB 合作的项目
		IAS 19 修正案的接近最终草案（Near Final Draft, NFD）	2011 年 6 月 2 日	
		IAS 19 修正案	2011 年 6 月 16 日	
	财务报表列报：其它综合收益项目的列报	ED	2010 年 5 月 27 日	于 2009 年 10 月加入到 IASB 议程中
		员工草案（SD）	2011 年 6 月 6 日	
		IAS 1 修正案	2011 年 6 月 16 日	

（续表）

完成年份	项目	更新内容	发布时间	备注
2011 年	对 IFRS 9 "金融工具" 的强制执行日期及过渡期披露	对 IFRS 9（2009，2010）及 IFRS 7 的修正案	2011 年 12 月 16 日	将 IFRS 9 的执行时间推迟至 2015 年 1 月 1 日
	金融资产和金融负债的抵消及其披露	使用者调查	2010 年 7 月 28 日	于 2010 年 6 月加入到 IASB 议程中
		ED	2011 年 1 月 28 日	
		IAS 32 修正案	2011 年 12 月 16 日	
		IFRS 7 修正案	2011 年 12 月 16 日	
2012 年	过渡指南：IFRS 10 修订案	ED	2011 年 12 月 20 日	于 2011 年 11 月加入到 IASB 议程中
		IFRS 10 修订案 "合并报表、合营安排和在其他主体权益的披露：过渡指南"	2012 年 6 月 28 日	
	合并——投资主体	ED	2011 年 8 月 25 日	于 2010 年 6 月加入到 IASB 议程中
		IFRS 10，IFRS 12 和 IAS 27 修正案	2012 年 10 月 31 日	
	政府贷款	ED	2011 年 10 月 20 日	于 2011 年 9 月加入到 IASB 议程中
		IFRS 1 修订案	2012 年 3 月 13 日	
2013 年	非金融资产的可收回金额披露	ED	2013 年 1 月 18 日	于 2012 年 12 月加入到 IASB 议程中
		IAS 36 修正案	2013 年 5 月 29 日	
	衍生工具的更新和套期会计的延续	ED	2013 年 2 月 28 日	于 2013 年 1 月加入到 IASB 议程中
		IAS 39 修正案	2013 年 6 月 27 日	

资料来源：http://www. iasplus. com/en/projects

　　　　http://www. ifrs. org/Current-Projects/IASB-Projects/Pages/All_projects. aspx

　　　　http://eifrs. ifrs. org/eifrs/Standards

（图表 1 - 4 - 2）

2007 年以来发布的国际财务报告准则及部分更新情况

完成年份	项目	更新内容	发布时间	备注
2008 年	对 IFRS 的年度改进：2006-2008	ED	2007 年 10 月 11 日	这是对 IFRS 的小变动，这一持续的年度改进项目于 2006 年 7 月加入到 IASB 议程中
		最终稿	2008 年 5 月 22 日	

（续表）

完成年份	项目	更新内容	发布时间	备注
2008 年	企业合并（第二阶段）	ED	2005 年 6 月 30 日	该项目于 2002 年 4 月加入 IASB 议程中，分为两个部分：购买法的应用（与 FASB 的趋同项目），非金融工具负债（对 IAS 37 的修订）
		关于企业合并的公开圆桌会议	2005 年 11 月 9 日	
		IFRS 3 "企业合并"最终稿及对 IAS 27、IAS 28、IAS 31 的相关修正	2008 年 1 月 10 日	
2009 年	金融工具：金融资产的分类和计量	关于使用者对公允价值需求的员工调查问卷	2006 年 3 月	这是一项和 FASB 合作的项目，IASB 于 2008 年 11 月加入议程中，并将项目分成了三部分：金融资产的分类和计量，减值、套期会计以及金融负债的分类和计量
		讨论稿	2008 年 3 月 20 日	
		ED：金融工具的分类和计量	2009 年 7 月 14 日	
		IFRS 9 最终稿，包括金融资产的分类和计量	2009 年 11 月 12 日	
	中小型主体国际财务报告准则（IFRS for SME）	讨论稿	2004 年 6 月	
		确认和计量调查问卷	2005 年 4 月	
		公开圆桌会议	2005 年 10 月 13-14 日	
		ED	2007 年 2 月 15 日	
		实地测试	2007 年 6-11 月	
		最终稿	2009 年 7 月 9 日	
	对 IFRS 的年度改进：2007-2009	ED	2007 年 10 月 11 日	重新修订了 IFRS 2，IFRS 5，IFRS 8，IAS 1，IAS 7，IAS 17，IAS 18，IAS 36，IAS 38，IAS 39，IFRIC 9 和 IFRIC 16
		ED	2008 年 8 月 7 日	
		ED：建议对 IFRIC 9 和 IFRIC 16 的修订案	2009 年 1 月 30 日	
		最终稿	2009 年 4 月 16 日	
2010 年	管理层评论	IASB 的准则制定机构合作伙伴编制的讨论文件	2005 年 10 月 27 日	该实务公告是一份最佳实务指南，而不是一项准则
		ED	2009 年 6 月 23 日	
		IFRS 实务公告（Practice Statement）	2010 年 12 月 8 日	

（续表）

完成年份	项目	更新内容	发布时间	备注
2010 年	概念框架第一阶段：目标和质量特征	第一阶段讨论文件	2006 年 7 月 6 日	IASB 和 FASB 的联合概念框架综合项目于 2004 年 10 月加入议程中，最后只有第一阶段项目形成最终稿，其余项目于 2012 年 9 月被只有 IASB 参与的综合项目所取代
		第一阶段 ED	2008 年 5 月 29 日	
		概念框架第一阶段（Phase A）最终稿	2010 年 9 月 28 日	
	对 IFRS 的年度改进：2008-2010	ED	2009 年 8 月 26 日	重新修订了 IFRS 1，IFRS 3，IFRS 7，IAS 1，IAS 27，IAS 34 和 IFRIC 13
		最终稿	2010 年 5 月 6 日	
	金融工具：金融负债会计处理	ED "金融负债的公允价值选择"	2010 年 5 月 11 日	
		金融负债会计处理加入 IFRS 9	2010 年 10 月 28 日	
2011 年	合并财务报告	ED	2008 年 12 月 18 日	这是一项和 FASB 合作的项目，IASB 于 2002 年 4 月加入议程中
		员工草案（SD）	2010 年 9 月 29 日	
		IFRS 10 的接近最终草案（Near Final Draft of IFRS 10 ）	2011 年 4 月 21 日	
		IFRS 10 "合并财务报表" 的最终稿	2011 年 5 月 12 日	
	合并，其他主体权益的披露（IASB 单独的项目）	ED 9 "合营安排"	2007 年 9 月 13 日	IASB 于 2010 年 1 月决定发布一份单独的披露准则，以解决一个报告主体参与没有包含在 IAS 39 或 IFRS 9 范围内的其他主体（包括子公司、联营和合营安排和未纳入合并范围的 SPEs 或结构化实体）的情形下的披露问题
		ED 10 "合并财务报表"	2008 年 12 月 18 日	
		IFRS 12 "在其他主体中权益的披露"	2011 年 5 月 12 日	

（续表）

完成年份	项目	更新内容	发布时间	备注
2011 年	公允价值计量	发布围绕 FAS 157 "公允价值计量"的讨论文件	2006 年 11 月 30 日	这是一项和 FASB 合作的项目，IASB 于 2005 年 9 月加入议程中
		成立研究非活跃市场中的公允价值的专家咨询小组（Expert Advisory Panel）	2008 年 6 月	
		专家咨询小组报告	2008 年 10 月 31 日	
		ED	2009 年 5 月 28 日	
		关于计量的不确定性分析披露问题的 ED	2010 年 6 月 29 日	
		IFRS 13 "公允价值计量"最终稿	2011 年 5 月 12 日	
	合资企业-对 IAS 31 的再审议	ED	2007 年 9 月 13 日	这是一项和 FASB 合作的项目，IASB 于 2004 年 11 月加入议程中
		关于合营安排的接近最终草案（Near final draft of IFRS 11）	2011 年 4 月 21 日	
		IFRS 11 "合营安排"最终稿	2011 年 5 月 12 日	
2012 年	对 IFRS 的年度改进：2009-2011	ED	2011 年 6 月 22 日	重新修订了 IFRS 1, IAS 1, IAS 16, IAS 32 和 IAS 34
		最终稿	2012 年 5 月 17 日	

资料来源：http://www.iasplus.com/en/projects.
http://www.ifrs.org/Current-Projects/IASB-Projects/Pages/All_projects.aspx.
http://eifrs.ifrs.org/eifrs/Standards.

从图表 1-4-1 和图表 1-4-2 可以看到，自 2007 年以来，IASB 为了应对全球金融危机的挑战，除了对原有 IAS/IFRS 作出修订外，还新发布了国际财务报告准则第 9 号至第 13 号，并通过年度改进计划不间断地对 IFRS 作出更新。此外，IASB 还与 FASB 共同开发"概念框架联合项目"，并于 2010 年 9 月发布了第一阶段成果"目标与质量特征"。另外，IASB 还分别于 2009 年和 2010 年发布了"中小主体国际财务报告准则"以及关于"管理层评论"实务公告。

三、IASB 最新的工作计划

IASB 在网站上不定期公布其工作计划及其更新。2013 年 11 月 26 日，IASB 根据其最近召开的一次会议,决定并公布了其最新的更新后工作计划(详见图表1-4-3)。

(图表1-4-3)

IASB 于 2013 年 11 月发布的最新工作计划

项目名称	当前状况	下一计划步骤	预计发布时间
概念框架——IASB综合项目	讨论稿(Discussion Paper)	重新审议	2014 年第一或第二季度
金融工具——减值	重新审议(Redeliberations)	准则终稿	2014 年第一或第二季度
金融工具——宏观套期会计	研究/审议(Research/deliberations)	讨论稿	2014 年第一季度
金融工具——对IFRS 有限度的重新考虑(分类和计量部分)	重新审议(Redeliberations)	准则终稿	2014 年第一或第二季度
保险合同	再次征求意见(Re-exposure)	重新审议	2014 年第一季度
租赁	再次征求意见(Re-exposure)	重新审议	2013 年第四季度
费率管制活动——中期准则	征求意见稿(Exposure draft)	准则终稿	2014 年第一季度
费率管制活动——综合项目	研究/审议(Research/deliberations)	讨论稿	2014 年第二季度
收入确认	重新审议(Redeliberations)	准则终稿	2014 年第一季度

按照以上计划,IASB 最近的工作重点将是与 FASB 紧密合作,抓紧完成金融工具、收入确认、保险合同和租赁这四大准则的全面制定和发布工作。此外,IASB 还决定启动其独立的概念框架修订工作,并已于 2013 年 7 月发布了一份"财务报告概念框架的复核"(The Review of the Conceptual Framework for Financial Reporting)的讨论稿。IASB 还对"费率管制活动"(Rate-regulated Activities)准则的制定作了提前安排。

四、近年来我国在与国际财务报告准则趋同方面作出的努力

2006 年 2 月,我国发布了与国际财务报告准则实质性趋同的新企业会计准则。紧接着,又启动了我国会计准则与世界各主要经济体所执行(或认可)的会计准则之间的等效工作,并分别实现了我国会计准则与中国香港特别行政区和欧盟所实施的国际财务报告

准则的等效认可。近年来,一方面我国积极支持 G20 峰会关于制定高质量全球统一会计准则的倡议,另一方面则稳步推进我国会计准则与国际财务报告准则的持续趋同,取得了明显成效。我们将我国推进会计准则国际趋同的努力总结为六个方面:

(一)我国坚定支持 G20 峰会关于建立高质量全球统一会计准则的倡议

自 2008 年爆发全球金融危机以来,二十国集团(G20)领导人已先后举行八次峰会,共同应对金融危机的挑战,致力于加强金融市场监管和恢复经济增长。在历次峰会上,G20 领导人均积极倡议建立全球统一会计准则,使制定全球会计准则的问题提升到前所未有的高度及政治层面(详见图表 1-4-4)。我国国家领导人参加了历次峰会,表达了我国对建立全球统一会计准则倡议的支持。

(图表 1-4-4)

G20 峰会关于建立全球统一会计准则的倡议

G20 峰会	时间	主要内容
美国华盛顿峰会	2008 年 11 月	发表了《G20 峰会宣言》,提出"提高复杂金融产品的透明性","确保公司财务状况完全和准确无误的公开","评估和修订全球会计准则"。
英国伦敦峰会	2009 年 4 月	发表了《G20 伦敦峰会公告》,呼吁会计准则制定机构尽快与监管机构进行合作,改进资产估值和准备金标准,完成一套高质量的全球会计准则。
美国匹兹堡峰会	2009 年 9 月	发表了《领导人声明》,呼吁在 2011 年前完成会计准则的国际趋同。
加拿大多伦多峰会	2010 年 6 月	金融监管、货币政策和高质量会计准则制定依然是会议主题。
韩国首尔峰会	2010 年 11 月	再次强调建立单一、高质量全球会计准则的重要性,并要求 IASB 和 FASB 在 2011 年底前能够完成它们的趋同项目。
法国戛纳峰会	2011 年 11 月	重申伦敦峰会提出的建立高质量全球统一会计准则的主张,尤其提出要对金融工具估价的准则做出改进,会议号召 IASB 和 FASB 完成其趋同项目,并希望能够在 2012 年 4 月召开的各国财长和中央银行行长会议上看到这一进展报告,同时还期待着 IASB 治理框架改革的建议报告完成。
墨西哥洛斯卡沃斯峰会	2012 年 6 月	本次峰会的主题依然是恢复经济增长,增加就业,提升金融稳定,增强信心及解决欧债等问题。在涉及金融体系改革上,G20 领导人又一次重申为建设单一的高质量全球会计准则而继续努力,并在推进可持续发展的框架下倡导编制可持续报告。

（续表）

G20 峰会	时间	主要内容
俄罗斯圣彼得堡	2013 年 9 月	本次峰会围绕"合作、协调、信心"的主题,旨在促进可持续增长以结束全球金融危机。会议发表的声明再次强调了会计准则趋同对于恢复和提高金融系统工作的重要性,呼吁 IASB/FASB 应当于 2013 年底完成准则趋同中关键项目趋同的实现,基本上在 2013 年底制定出一套高质量的会计准则,并鼓励公共和私营部门进一步加强金融机构在面临风险时的披露,包括支持加强披露任务小组(EDTF)正在进行的工作。

（二）我国在 IASB 的各个层面上积极参与国际财务报告准则的制定

为增强我国在国际准则制定过程中的话语权和影响力,自 2005 年特别是金融危机以来,我国在不断完善自身会计规范体系建设的同时,亦采取多种形式,全方位参与了国际财务报告准则的制定(详见图表 1－4－5)。目前,我国在国际会计准则理事会治理架构的各个层次,包括国际会计准则基金会(IASCF)、IASB 理事会、国际财务报告准则解释委员会和咨询委员会等均已派有代表,并发挥日益重要的作用。

（图表 1－2－5）

我国参与国际财务报告准则制定的活动

与 IASB 建立定期会晤机制	我国与国际会计准则理事会建立了定期磋商机制,每年多次就会计准则国际趋同策略、国际会计最新动态、正在制定或修订中的国际财务报告准则重要项目等进行充分讨论。从 2011 年起将升格为高层趋同会谈,着重讨论国际准则改革方向和具体准则项目中我国所重点关切的问题。
派出专家进入国际会计准则理事会治理的各个层面	包括在国际会计准则基金会(IASCF)中担任受托人、派出代表出任 IASB 理事、咨询委员会委员和解释委员会委员,并在工作层面直接参与国际准则修改或制定工作。财政部会计司还每年派人到 IASB 直接参与有关准则项目技术研究工作,这些代表和人员也为我国加强与 IASB 的沟通增加了渠道,为反馈中国意见、建立与 IASB 的长效合作与趋同机制奠定了扎实基础。
邀请 IASB 就正在制定或修订的准则项目来国内进行实地调研	在研究跟踪国际财务报告准则修订、制定情况及对我国的影响,向 IASB 提出高质量的反馈意见的同时,邀请 IASB 就正在制定或修订的准则项目来国内进行实地调研,直接听取报表编制者、监管者、审计师等各方意见,同时积极要求直接加入国际财务报告准则相关项目工作组,努力服务于全球统一的高质量会计准则的制定。

通过参与国际财务报告准则制定的过程,我国对国际准则的修订和完善开始发挥日益重要的影响。一个典型的例子是,我国按照"趋同互动"的原则,积极与 IASB 沟通,使得 IASB 在"关联方披露"准则的修订中充分考虑了我国的意见及诉求。

(三)我国主导新兴市场经济体参与国际财务报告准则的制定

2009 年,我国倡议成立了亚洲——大洋洲会计准则制定机构组(AOSSG)并发挥主导作用,以推动国际财务报告准则在本地区的一致应用,并更加有效地参与国际财务报告准则的制定工作。成立亚洲——大洋洲会计准则制定机构组的构想最初由中、日、韩三国会计准则制定机构在 2008 年 10 月提出,旨在促进亚洲、大洋洲地区各国会计准则制定机构之间的更紧密合作,协调各国会计准则制定、国际趋同和参与国际财务报告准则制定的立场。

2011 年 7 月 26 日,国际会计准则理事会新兴经济体工作组在北京成立,并举行了第一次全体会议。新兴经济体工作组的成立,将进一步增强新兴经济体在国际财务报告准则制定中的话语权,有助于推动国际财务报告准则在新兴经济体的广泛应用和一致执行,提升国际财务报告准则的全球公认性,进而促进建立全球统一的高质量会计准则。同时这也是响应 G20 要求,在国际准则制定中增加新兴经济体参与度的务实举措,中国积极推动和主导了新兴经济体工作组的成立,并将发挥越来越重要的影响力。

(四)我国通过发布《会计准则解释公告》对企业会计准则作出补充和局部修订

2006 年我国发布新的企业会计准则以后,随着新会计准则的深入贯彻和扩大实施,以及新情况、新问题的不断涌现,客观上要求准则制定部门对此作出及时解释。同时,近年来,尤其是金融危机发生以后,国际财务报告准则也正在经历重大的变革,我国需要根据 IASB 不断发布的新准则或修改后的准则,结合国情作出相应处理。为了深入贯彻实施企业会计准则,解决执行中出现的问题,以及实现会计准则持续趋同和等效,自 2007 年开始我国财政部先后制定发布了 5 号《企业会计准则解释》。这些解释公告对一些新会计问题作出解答并提出了处理方案,虽然未能及时跟上国际财务报告准则的发展进度,却也部分解决了一些"燃眉之急"问题。

(五)我国制定了中国会计准则与国际财务报告准则持续趋同路线图

为了应对全球金融危机,积极响应二十国集团(G20)和金融稳定理事会(FSB)的倡议,顺应会计国际趋同大势,明确我国会计国际趋同的态度和决心,同时为了深化我国会计改革、部署下一阶段我国会计准则建设工作的需要,我国适时发布了会计准则国际趋同路线图。2009 年 11 月,财政部发布了《中国企业会计准则与国际财务报告准则持续全面趋同路线图(征求意见稿)》。在广泛征求意见的基础上,2010 年 4 月 2 日,财政部正式发布了《中国企业会计准则与国际财务报告准则持续趋同路线图》,号召各有关方面深入参与国际财务报告准则的制定,积极推进我国会计准则与国际准则的持续趋同,为建立全球统一的高质量会计准则作出贡献。我国"趋同路线图"的主要内容包括以下四个方面：第一，强调了我国企业会计准则已经实现了与国际财务报告准则的趋同，持续趋同是在已有趋同基础上的后续趋同；第二，肯定 IASB 为应对国际金融危机所采取的改革举措，支持 IASB 为建立全球统一的高质量会计准则所做的努力；第三，明确我国企业会计准则国际趋同立场，坚持持续趋同是在国际互动基础上的趋同；第四，规划我国企业会计准则持续趋同时间安排，部署我国下一阶段会计准则建设工作。

（六）积极谋划我国企业会计准则的修订计划并陆续发布征求意见稿

在我国会计准则持续趋同路线图中，已明确表态将跟随国际财务报告准则的变化以及 IASB 与 FASB 趋同项目的完成，对我国企业会计准则作出全面修订。

在 2011 年 9 月召开的国际财务总裁协会联合会第 41 届世界大会上，财政部会计司司长杨敏女士透露："针对国际会计准则理事会 2011 年发布的合并财务报表、合营与联营、公允价值计量等多项准则，我国正在积极推进相关会计准则修订或制定的前期准备工作，同时谋划我国企业会计准则的修订计划，以保持中国企业会计准则与国际财务报告准则的持续趋同。"杨敏同时表示："在国际政治经济金融格局正在重构的背景下，我们应当根据自身的情况，继续贯彻落实持续趋同路线图，积极参与国际财务报告准则修订工作。"具体而言，一是贯彻落实持续趋同路线图，密切跟踪国际准则最新变化，研究开展中国企业会计准则修订；二是积极做好与欧盟等主要国家或地区的会计准则等效互认工作，促进双边或多边资本市场发展；三是深化国际交流与合作，加强新兴经济体特殊会计问题研究，为制定高质量的会计准则做出努力。这一切均表明，我国已在酝酿准则修订工作，这将是促进我国会计准则国际趋同的有效举措。从 2012 年 5 月开始，财政部对外发布了《财务报表列报》、《公允价值计量》等八项会计准则的征求意见稿（详见图表 1-4-6），正式启动了对 2006 年《企业会计准则》的修订及更新工作。

（图表 1-4-6）

我国最新发布的八份会计准则征求意见稿

序号	征求意见稿名称	发布时间	征求意见截止时间
1	企业会计准则第 30 号——财务报表列报（征求意见稿）	2012 年 5 月 17 日	2012 年 8 月 17 日
2	企业会计准则第×号——公允价值计量（征求意见稿）	2012 年 5 月 17 日	2012 年 8 月 17 日
3	企业会计准则第 9 号——职工薪酬（修订）（征求意见稿）	2012 年 9 月 29 日	2012 年 12 月 31 日
4	企业会计准则第 33 号——合并财务报表（修订）（征求意见稿）	2012 年 11 月 15 日	2013 年 2 月 16 日

（续表）

序号	征求意见稿名称	发布时间	征求意见截止时间
5	企业会计准则第×号——合营安排（征求意见稿）	2012 年 11 月 15 日	2013 年 2 月 16 日
6	企业会计准则第×号——在其他主体中权益的披露（征求意见稿）	2012 年 11 月 15 日	2013 年 2 月 16 日
7	企业会计准则第 2 号——长期股权投资（修订）（征求意见稿）	2012 年 11 月 15 日	2013 年 2 月 16 日
8	企业会计准则第 37 号——金融工具列报（修订）（征求意见稿）	2012 年 11 月 21 日	2013 年 2 月 22 日

五、进一步推进我国准则与国际准则持续趋同的思考与建议

综观我国在推动会计准则国际趋同所作的努力以及所取得的成效，我们也应清醒地认识到后危机时代全球会计变革以及国际财务报告准则的不断发展已经对我国现有会计准则体系形成了严重挑战。这一挑战主要来自两个方面：第一，自我国 2006 年发布新会计准则以来的 7 年多时间内，IASB 为应对全球金融危机已陆续修订或发布了一些准则，但我国至今还未正式出台任何相关的会计准则，也没有对 2006 年《企业会计准则》作出任何更新和修订，从而使我国"新会计准则"已经变得"陈旧"；第二，我国的一些周边国家，如日本、韩国、印度等，近年来纷纷采取了比我国更为激进的"趋同战略"，甚至推出了将"直接采用"国际财务报告准则的计划，这也将对我国会计准则的未来发展产生重大冲击。

为了进一步促进我国会计准则的国际趋同，使我国在全球统一会计准则制定中发挥更为重要的影响力，我们提出以下思考及建议：

（一）保持我国会计准则与国际财务报告准则的持续趋同

在我国直接采用国际财务报告准则的条件还不够成熟的情况下，我国会计准则必须保持与国际财务报告准则持续而全面的趋同。而要保持与国际财务报告准则的持续趋同，仅仅密切关注国际财务报告准则的动态是不够的，还应紧跟国际准则之发展进度，结合我国的具体情况，及时对我国会计准则作出修订或更新，并尽可能与国际准则保持一致，将差异减少到最低程度。我们建议改变我国目前制定及修订会计准则的方式，不再采用成批制的方式推出新会计准则，而是采用"应循程序"有计划地逐项推出会计准则或对已有的准则作出修订。

2009 年 7 月，FASB 对美国公认会计准则体系作出了重大改革，将之前多个机构发布的各类会计准则文告重新整理，发布了《FASB 会计准则汇编》。此后，美国 FASB 通过陆续发布"会计准则更新公告"（Accounting Standards Updates）修订及更新其会计准则，

并尽可能保持与国际财务报告准则的趋同。同时，近年来，IASB也通过"年度改进"（Annual Improvements）方式不断根据新的情况对已有的国际准则作出修订。反观我国目前的会计准则制定及修订方式，并没有完全按照与国际准则"持续趋同"的原则做到与国际准则的同步发展，从而使我国会计准则的内容变得相对"陈旧"。未来改革的思路是，我国可以借鉴美国FASB发布"会计准则更新公告"或IASB发布"年度改进"的方式，对我国会计准则作出及时修订或更新，保证我国会计准则与国际财务报告准则持续全面的趋同。

（二）研究及借鉴各国会计准则国际趋同的路径并对"直接采用"作出再认识

在与国际财务报告准则趋同的路径选择上，世界各国均根据本国国情作出了自己的选择。一些国家选择了"直接采用"方式，另一些国家选择了"逐渐趋同"方式。但是，从世界各国以及G20峰会致力于建立一套高质量的全球统一会计准则的目标来看，一旦这套统一会计准则建成，对这套准则的"直接采用"将成为世界各国的唯一选择。

最近我们注意到这样一种趋势，一些具有东方文化传统的国家和地区，包括日本、印度、韩国、新加坡以及我国台湾地区等，均陆续提出"直接采用"IFRS的计划或设想，并试图将文化及语言等方面的障碍降低到最低程度。这些国家或地区放弃原本"渐进式"而采用"突变式"的趋同举措，无疑深受IASB以及强制采用国际财务报告准则的欧盟国家的欢迎，但同时也对我国会计准则的未来发展形成较大的压力。

我国对国际财务报告准则目前采用的是逐渐趋同政策，先是参照国际财务报告准则制定一套与其实质性趋同的本国会计准则，而后开始寻求我国会计准则在实施国际财务报告准则的一些国家或地区获得等效认可，再进一步按照我国会计准则持续趋同路线图的要求，对我国已有的企业会计准则作出修订或补充，以尽量保持我国会计准则与国际财务报告准则的一致。同时，我国有关管理部门也多次强调，我国不可能"直接采用"国际财务报告准则。但是，我们却认为，会计准则趋同并走向统一应该是会计准则发展的终极目标，而寻求不同经济管辖区内所实施的会计准则之间的等效，最多只能是阶段性目标。并且实现这一阶段性目标的难度很大，理由是：（1）各经济管辖区所实施的会计准则本身也在变化及发展，因此"等效"只能是暂时及相对的，"不等效"则是常态及绝对的；（2）在评价"等效"问题上，存在太多的主观因素，需要为谈判及博弈花费很大的精力；（3）如果要逐个获得不同经济体（如欧盟、美国等）的等效认可，时间成本及货币成本均十分可观。正因为如此，"直接采用"被世界各国公认的会计准则就要简便得多。

那么，我们国家是否也有可能"直接采用"国际财务报告准则呢？我们的观点是，在条件成熟时应该是可以"直接采用"国际财务报告准则的。在全球金融危机发生后的历次G20高峰会议上，制定全球统一的高质量会计准则均成为会议的主要议题。我国政府也承诺为实现这一目标而做出努力。因此，我们设想，如果我国能够在全球统一的会计准则制定中发挥重大影响，如果未来的国际财务报告准则能够充分考虑我国及新兴经济体国家的特殊诉求,那么我们还有什么理由拒绝这套全球性会计准则呢?因此,趋同、持续趋同之后的路径,最终应该走向"直接采用"。至少对上市公司或具有"公共受托责任"以及参加全球竞争的大型企业而言,应该是可以实现这一要求的。我们现在要做的主要工作,应该是在 IASB 的各级机构中充分发挥影响和作用,并希望在未来统一会计准则的制定及实施中能够切实维护我国的政治及经济利益。同时,我们也建议,对"直接采用"IFRS的利弊作出再认识,在我国未来将推出的"国际板"证券市场上也可尝试性开展"直接采用"IFRS 的试点,以此为"试验田"总结其经验或教训。

主要参考文献

财政部:"中国企业会计准则与国际财务报告准则持续趋同路线图",(2010 年 4 月)。

财政部会计司:"深化我国会计对外交流与合作,全面提升中国会计国际影响力",《中国会计报》,2011 年 11 月 25 日。

刘玉廷:《中国企业会计准则改革与发展》,人民出版社,2010 年版。

汪祥耀:"美国会计准则体系的重大变革及启示",《财经论丛》,2010 年第 1 期。

汪祥耀:《与国际财务报告准则趋同:路径选择与政策建议》,立信会计出版社,2006年版。

汪祥耀、邵毅平:《美国会计准则研究——从经济大萧条到全球金融危机》,立信会计出版社,2010 年版。

http://www.iasplus.com/index.htm.

http://www.ifrs.org/Home.htm.

第二部分

国际财务报告准则变革与最新成果研究

5. IASB"公允价值计量"新准则评述及与美国 SFAS 157 的比较

一、引言

2011 年 5 月 12 日,国际会计准则理事会(IASB)发布了关于公允价值计量的最新准则 IFRS 13"公允价值计量",同时美国财务会计准则委员会(FASB)对其《会计准则汇编》第 820 号(即原来的 SFAS 157)也发布了更新公告,从而完成了它们为改善国际财务报告准则(IFRSs)和美国公认会计准则(US GAAP)及促进两者之间趋同的一个重要合作项目。下文将回顾 IASB 公允价值计量准则的发展历程,对 IFRS 13 的核心内容及亮点加以评述,并对 IFRS 和 US GAAP 关于公允价值计量准则仍存在的差异作出分析,最后对我国制定相应的标准提出若干建议。

近十多年来,公允价值在一直是世界会计界的热点和难点问题。问题的主要症结是:公允价值的定义不明确且不统一;公允价值计量属性的地位和关系不清;公允价值难以计量且缺乏足够的可靠性;公允价值计量在全球金融危机时期由于"顺周期"曾带来推波助澜的效应。因此,公允价值计量一直备受争议甚至遭到一些抵制。虽然如此,世界上两大权威会计准则制定机构——国际会计准则理事会(IASB)和美国财务会计准则委员会(FASB)却一直孜孜不倦地推动着公允价值会计准则的研究与改进。从它们本世纪以来发布的会计准则看,大多涉及公允价值的确认和计量问题。事实证明,公允价值即使受到了金融危机的挑战和磨难,但它反而存在着继续扩大使用的趋势。2011 年 5 月 12 日 IASB 发布的关于公允价值计量和披露的新准则 IFRS 13"公允价值计量",既是后金融危机时代 IASB 针对美国 FASB 早先发布的 SFAS 157 的缺陷所作的一次全面修订及更新,同时也是两大准则制定机构为改善国际财务报告准则(IFRSs)和美国公认会计准则(US GAAP)及促进两者之间趋同的一个重要合作项目。IFRS 13 明确给出了公允价值的定义,并确立了计量公允价值及计量基础披露的单一框架。

全球金融危机的爆发有力证明了在 IFRSs 和 US GAAP 之间形成统一的,并以相同的措辞表达的公允价值计量和披露要求是极其重要的。因此,IFRS 13 和 FASB 的更新公告提供了清晰一致的关于公允价值计量和解决市场不活跃情况下估值不确定性的指南。同时,IFRS 13 还增加了以模型计量公允价值时的详细披露要求,从而提高了公允价值计量的透明度。

二、公允价值计量国际准则出台的背景及发展历程

根据公允价值的应用前景及存在的诸多问题,早在 2005 年,IASB 就开始启动一项研究公允价值计量的项目,旨在通过制定一套单一的准则使得在运用公允价值计量原则时能够降低复杂性和提高一致性,通过阐明公允价值的定义使得计量目标更为清楚,通过加强对公允价值计量的披露来提高透明度,以及促进 IFRSs 和 US GAAP 之间的趋同。虽然 FASB 已于 2006 年 9 月发布了较完善的 SFAS 157"公允价值计量",对公允价值作出了较权威的定义,并在其公认会计原则中建立了一个计量公允价值的框架,同时扩大了公允价值计量的披露要求,但 IASB 还是在对 SFAS 157 全面评价和参考的基础形成了自身的初步意见(Preliminary Views),并于 2006 年 11 月发布了"公允价值计量"的讨论文件。2007 年 11 月,IASB 开始着手筹备"公允价值计量"的征求意见稿。

2008,年美国次贷危机引发的金融风暴席卷全球,公允价值计量受到了全社会史无前例的高度重视。美国议会、总统、政治家、银行家、有关国际机构甚至 G20 峰会都在密切关注公允价值的使用及后果问题。SFAS 157 曾一度被要求暂停使用。在此情况下,FASB 采取了一系列措施,先后发布了四项员工立场公告,以进一步完善 SFAS 157。从总体上看,以上措施包括两方面的内容:一是增加公允价值会计的信息披露;二是补充非活跃市场情况下的公允价值计量指南。① FASB 对 SFAS 157 的持续修订无疑给 IASB 制定相应的准则提供了很好的参考。针对不活跃市场上金融工具的估值问题的研究,IASB 于 2008 年 5 月成立了一个专家咨询小组,该小组于同年 10 月发布了关于在不活跃市场上计量公允价值的报告。

2009 年 5 月,IASB 正式公布征求意见稿,其中提出了公允价值的定义,其计量框架和相关披露要求。由于征求意见稿中的建议是在 SFAS 157 的基础上提出的,故两者之间存在很多相似之处但也存在不同,且使用了不同的措辞来表达相似的要求。收到的评论意见最关注的就是两者之间的差异,希望 IFRSs 和 U.S.GAAP 中关于公允价值计量和披露的要求相一致(甚至建议应最大限度地使用相同的措词)。作为对该要求的回应,IASB 和 FASB 在其 2009 年 10 月的联合会议上决定共同开发制定统一的公允价值计量要求。

2010 年 3 月,两委员会完成了最初讨论。根据讨论结果,IASB 在 2010 年 6 月发布了一份对公允价值计量中使用不可观察输入变量的披露要求的二次征求意见稿("公允价值计量的计量不确定性分析披露"),而 FASB 也发布了一份会计准则更新(ASU)"公允价值计量和披露(Topic 820):对 U.S. GAAP 和 IFRSs 中共同的公允价值计量和披露要

---

① 参见汪祥耀、邵毅平:《美国会计准则研究——从经济大萧条到全球金融危机》,立信会计出版社,2010 年版。

求的修正"。

2010年9月,在上述两份文件的征求意见期结束后,IASB和FASB对所收到评论加以分析,最终于2011年3月完成了相关讨论。2011年5月12日,IASB发布了IFRS 13(同时FASB修订了Topic 820),要求主体披露计量公允价值时所使用的估值方法和输入变量的信息,以及公允价值计量中的固有不确定性信息。其中一些披露要求,包括SFAS 157中的公允价值层级,已在2009年3月对IFRS 7"金融工具:披露"的修正案中引入了。而现将在一个单一准则中对公允价值计量作出规定,故将这些已包含在其他IFRSs中的披露要求再次纳入了IFRS 13中。

通过提供单一来源的指南和精确的公允价值定义,IFRS 13实现了以下三个目标:有助于改善一致性和可比性;有助于报告编制者和审计人员履行其职责;有助于使用者了解公允价值代表的是什么。需要强调的一点是,该准则的关键在于解决如何计量公允价值的问题,而不是何时计量的问题。在实务中,这意味着并不需要增加以公允价值列报的事项,但是新引进的计量框架将导致对公允价值原先的计量披露方式的改变。

三、公允价值计量国际新准则的核心内容及亮点

（一）明确提出了公允价值的定义和计量框架的相关概念

1. 公允价值定义

IFRS 13中将公允价值定义为"在计量日,市场参与者之间进行的有序交易中出售一项资产所收到的价格或转移一项负债所支付的价格",即可以理解为脱手价格（Exit Price）。脱手价格观点体现了在当前的市场条件下,从计量日市场参与者的角度对资产或负债相关的未来现金流量的预期。这里需要注意区别的是买入价格（Entry Price,也称重置成本）和脱手价格之间的区别,亦即在一些情况下公允价值不同于交易价格。在实际发生交易的情形下,通常的假设是资产或负债的初始计量以交易日的价格（即买入价格）来代表公允价值（即脱手价格）的。但是对于一项具体交易需要进行评估,以确定这么做是否合适。比如在下列情况下,用交易价格来代表公允价值是不适当的:关联方之间的交易;交易是被迫的或处于卖方不得不接受某一价格的情况下发生的;交易的会计单位（Unit of Account）不同于被计量的资产或负债的会计单位;交易发生的市场不同于主要市场（或最有利市场）。

2. 参照市场

公允价值定义中的有序交易是假定发生在主要市场中的,即相关的资产或负债拥有最大交易量和交易水平的市场。而当主要市场不存在时,则应使用在最有利市场中的价格,其中最有利市场是指该市场能最大化出售资产收到的金额或最小化转移负债付出的金额。在决定拥有最大交易量和交易水平的市场时,即使主体从未在特定市场中参与交易,也假定其可以在计量日进入该市场进行交易。同时准则指出在不存在反证的情况下,

假设主要(或最有利)市场就是主体通常进行交易的市场。虽然并不需要查找所有可能的市场,但是必须将所有合理的可获得的信息纳入考虑范围。

3. 市场参与者

IFRS 13 对市场参与者给出了正式的定义,这是先前发行的准则中所没有的。市场参与者是指在主要(或最有利)市场中相互独立的,了解所交易的资产或负债的,能够并愿意进行资产或负债交易的买卖双方。主体在确定资产或负债的公允价值时应使用市场参与者在该资产或负债交易中的价格,并假设市场参与者是基于其最佳经济利益进行交易的。在应用这些假设时,主体无须辨认特定的市场参与者,但应辨认可区分市场参与者的一般特性,即主要考虑下列特定因素:该资产或负债;该资产或负债的主要或最有利市场;可能在该市场与主体进行交易的市场参与者。而主体的自身意图(如持有一项资产或处置一项负债)在确定公允价值时是无关的。

(二)对于不存在活跃市场情形下的估值技术提供了明确的指引

当交易可直接从市场观测到时,公允价值的确定可能相对较为简单,而当可观测的市场不存在时,应使用估值技术确定公允价值。金融危机时期,如何在不存在活跃市场的情形下确定公允价值,一度成为讨论的热点。IFRS 13 在借鉴 SFAS 157 修订条款的基础上,给出了相关指引。IFRS 13 规定,主体应在计量日使用可获得的足够资料运用估值技术来计量公允价值,并且应当遵循极大化使用相关的可观察输入变量且极小化使用不可观察输入变量的原则。同时,IFRS 13 还给出了三项计量公允价值的估值技术,分别是市场法(Market Approach),收益法(Income Approach)及成本法(Cost Approach)。其中市场法是指主体使用由相同或可比较资产、负债或一组资产和负债的市场交易所使用的价格以及其他相关信息来计量公允价值;收益法是指主体将现金流量或收益及费用等未来金额转换成单一折现值的估值方法,该方法反映的是对未来金额的现时市场预期值,即折现值;成本法是指主体确定一个反映现时取代某资产的服务能力所需投入金额的价值,通常也称为当前重置成本。

主体应当选择并一致地采用一项估值技术。然而,当该方法的变动具备相同或更具公允价值代表性时,则变动估值技术或其应用可被认为是适当的。此项变动应依 IAS 8 "会计估计变动"处理,但不需要依其规定进行披露。

(三)对资产和负债的运用进行了细致规定

1. 提出了对非金融资产公允价值计量的最高效和最佳使用概念

非金融资产的公允价值计量是基于市场参与者对该资产的最高效和最佳使用为基础的,即应考虑市场参与者通过最高效和最佳使用来产生经济效益的能力,或将其卖给另一个能够最高效和最佳使用该资产的市场参与者。最高效和最佳使用是基于市场参与者的角度的,其被假定能够最大化资产或资产组(可能包括负债)的价值。在确定非金融资产的最高效和最佳使用时,主体必须考虑资产的使用是否:(1)物理上可用,即市场参与者关注的任何物理特征都应考虑(如规格和位置等);(2)法律上允许,即如果市场参与者会考虑任何法律对于资产使用的限制,则这些限制也应该纳入主体的考虑范围;(3)经济上可行,即当评估经济上是否可行时,主体必须考虑到市场参与者在考虑了将资产投入使用所需付出的相关成本后应能从该资产的使用中获取合理的投资回报。

非金融资产的最高效和最佳使用确立了其估值前提,换言之,它决定了资产是基于单一基础还是用来进行估值。如果某资产只有在与某一资产组(或某一资产和负债组)相结合时才能达到最高效和最佳使用时,可以基于市场参与者能够获得互补资产(即潜在的相关负债)的假设来计量该资产的公允价值。IFRS 13 同时阐明了最高效和最佳使用的概念以及估值前提并不适用于金融资产或负债的公允价值计量。

2. 将负债及主体自身权益的公允价值确定建立在转让概念之上

负债和主体自身权益公允价值的确定是基于转让概念的,而非处置概念的。换言之,IFRS 13 要求的假设是负债将被转移到一个市场参与者手中,亦即在计量日该负债不会被清偿或处置。而主体自身权益工具也应得以存续且受让的市场参与者将取得相关的权利及责任,亦即在计量日该工具不会被注销或处置。同时,负债的公允价值必须考虑不履约风险,即主体不履行相关义务的风险,包括(但不限于)主体的自身信用风险。在计量负债公允价值时的一个关键点是假设不履约风险在转移前后是不变的,即一个隐含的假设是市场参与者中的受让人具有与报告主体相同的信用状况。

在计量负债或主体自身权益工具的公允价值时,当存在对其转移的限制时,这些限制的影响不应作为一项单独的输入值或因而调整其他输入值。IFRS 13 指出,当进入一项交易时,市场参与者已经隐含或明确地包含了这些限制对价格的影响了。

(四)对溢价和折价的处理提供了指引

阻碍折价(Blockage Discounts)通常被视为对一项资产或负债的报价的调整因素,因为市场正常的日交易量不足以吸收主体所持有的大额权益,这些阻碍因素使得只能以降低价格来实现处置。为解决关于阻碍折价的争论,IASB 和 FASB 决定将阻碍因素严格排除在所有层级输入变量的考虑范围之外。他们所基于的基本原理是对持有规模的调整反映的是主体所特有的关于如何交易的决策,而不是作为资产或负债特有的特征。IFRS 13 还指出其他反映资产或负债特征的,且与相关项目的会计单位一致的溢价或折价可以纳入公允价值计量中。

(五)提出了更多的披露要求

IFRS 13 中提出的披露框架是在包含了目前 IFRSs 和 US Topic 820 中已有的披露要求基础上再增加了一些财务报表使用者建议的有用信息的额外披露要求,是一个扩展的披露框架。披露的目标在于提供相关信息以使财务报表使用者能够评价主体在公允价值计量中所使用的方法及输入变量信息;而对于使用重大不可观测输入变量计量(第 3 层级)且属于连续基础上的公允价值,①披露的目的应该能使报表使用者恰当地评估这类公允价值计量对于损益或其他综合收益的影响。

为达到这些目标,IFRS 13 规定了主体必须提供的每一层级的资产和负债的最低披露信息。对于财务状况表中列示的以公允价值计量或基于公允价值的非金融资产和非金融负债,主体需要提供的公允价值披露要求与目前 IFRS 7 中基于上述公允价值层级的针对金融工具的披露相似,同时这一披露要求同样适用于非连续基础上的公允价值(如持有待售的资产),即 IFRS 13 将此类原来只针对金融资产和负债的披露延伸至了属于其范围的所有资产和负债。对于公允价值层级和估值技术信息的披露要求也扩展到了那些虽在财务状况表中不以公允价值计量,但依据其他准则要求必须披露其公允价值的资产和负债。此外,如果主体并不是以最高效和最佳使用方式来使用某一资产的,则该主体应披露该事实以及该资产的使用方式并未达到其最高效和最佳使用的原因。

同时,IFRS 13 还要求主体披露属于第 3 层级的公允价值的估值过程,包括主体如何决定其估值政策和程序以及如何分析各期之间公允价值的变动。同时主体还需披露第 3 层级公允价值相对于不可观测变量变化的敏感性的叙述性描述,包括不可观测变量之间的相互关系可能如何增大或减少此类变量的变动对公允价值的影响,以及重大不可观测变量对于公允价值计量值的金额影响信息。

四、对美国 SFAS 157 的改进及与 SFAS 157 尚存的差异

如上所述,IASB 在 2009 年发布的公允价值计量征求意见稿中的初步意见是基于美国的 SFAS 157 提出的,但是并不是所有的建议均与 SFAS 157 的要求是一致的。事实上,IASB 发布的征求意见稿中的某些建议与 SFAS 157 存在差异,且另一些建议是使用了不同的措辞提出了相同的要求。鉴于两者之间的差异,IASB 所收到的评论中最普遍的要求就是希望其与 FASB 合作以使 IFRS 和 US GAAP 中关于公允价值计量和披露的要求达成一致,且应尽可能最大限度地使用相同的措辞。为回应这些建议,IASB 和 FASB 才开始联合制定公允价值计量准则的。在其共同努力下的成果就是 IASB 发布了 IFRS 13,同时 FASB 也相应修订了其《会计准则汇编》中第 820 号主题的内容。

在其更新中,FASB 主要是改变了其会计准则中描述有关公允价值计量和相关披露的措辞。其中一些修改阐明了 FASB 对于现有公允价值计量要求的应用意图,其他一些修改是对某些公允价值计量或披露原则进行了更新,主要涉及的就是与上述 IFRS 13 中

---

① 某些披露要求根据公允价值是在连续还是非连续基础上进行计算而有所不同。IFRS 13 中有关资产和负债的连续和非连续公允价值计量的定义如下:"连续基础上的公允价值"是指其他国际财务报告准则要求或允许在每一报告期末的财务状况表中列报的公允价值;"非连续基础上的公允价值"是指其他国际财务报告准则要求或允许在特定情况下在财务状况表中列报的公允价值。

的亮点内容进行了趋同处理。

至此,IFRS 和 U. S. GAAP 对公允价值的定义已完全一致,同时对公允价值的计量和披露要求也已在整体上达成一致,但是从细节来看还是存在略微差别。对两者进行比较后,我们发现,尚存在以下三方面值得关注的主要差异:

1. 当主体存在对一家投资公司的投资时,对于是否以及在何种情况下主体能够以报告的净资产价值作为公允价值的计量基础的要求存在差异。美国《会计准则汇编》中 Topic 946"金融服务——投资公司"要求投资公司在每一报告期间以公允价值计量其潜在的投资。Topic 820 提供了一项实务权益之计(Practical Expedient),即允许向投资公司投资的报告主体在特定条件下以调整的报告净资产价值作为该投资的公允价值。而 IAS 27"合并报表和个别报表"要求投资公司将其达到控制的潜在投资纳入合并范围。由于 IFRSs 并没有对属于投资公司的主体提出特定的会计要求,因此 IASB 认为,鉴于世界各地对净资产价值的计算方法不统一,很难判断什么时候适合于采用这样的实务权益之计。例如,投资公司主体可能遵循其国家公认会计准则来进行报告,其中的确认和计量要求可能不同于相应的 IFRSs(即潜在投资可能并不是以公允价值计量的,或是按照其国家公认会计准则而非 IFRSs 的要求以公允价值计量的)。故 IASB 和 FASB 将对投资公司投资的会计处理作为各自单独的项目加以规定。

2. 对存款负债的公允价值计量存在差异。美国《会计准则汇编》Topic 825"金融工具"和 Topic 942"金融服务——存款和贷款"中将存款负债的公允价值定义为在计量日按需应付的金额。而 IFRS 13 指出对于需求特性的金融负债(如活期存款)的公允价值计量不得低于按需应付金额的现值。这一要求是从 IAS 39 和 IFRS 9 中原本不动地照搬过来的,这也是 IASB 的公允价值计量项目得出的结论。

3. 对于公允价值计量的披露要求也存在如下差异:

(1) 由于 IFRS 通常不允许对衍生工具以净值列报,故对于归类为第 3 层级的公允价值计量金额的披露将与按照 US GAAP 要求的披露存在差异。IASB 和 FASB 将在其关于抵消的联合项目中处理抵消金融资产和金融负债的列报要求。

(2) IFRS 要求对以公允价值计量的金融工具和属于第 3 层级的公允价值进行定量灵敏性分析(这一披露要求原先是在 IFRS 7"金融工具:披露"中提出的),而 US GAAP 中并没有此项披露要求。IASB 和 FASB 以后会考虑将不可观测输入变量之间的相互关系的信息纳入到定量测量中并进行不确定度性分析是否可行,在完成了可行性分析后再决定是否要求提供这一披露。

(3) 对于非上市主体存在不同的要求。在对 Topic 820 所作的修订的过程中,FASB 在考虑了这些主体的财务报告使用者的特征后认为应将其中一些披露要求对非上市主体进行豁免。FASB 主要是从这些报表使用者应用主体财务信息的能力以及修正的披露要求所提供的信息对于他们而言的相关性两方面进行了考虑。而 IASB 于近期完成了一项针对中小型主体的会计处理项目,就此发布了中小主体国际财务报告准则(The International Financial Reporting Standard for Small and Medium Sized Entities),该准则解决了不负有公众受托责任的主体的会计处理问题,以及它们对于公允价值计量的披露要求。故当分别遵循 IFRS 和 US GAAP 时,非上市主体对于公允价值计量的披露要求是不同的。

五、结论与建议

综上所述,在经历了颇多争议尤其是在经受了金融危机对公允价值计量的严峻考验后,国际趋同的新公允价值计量准则终于面世了,这将极大地推动公允价值的规范使用,进一步提高财务信息对使用者的决策相关性。IFRS 13 完善了非活跃市场情况下公允价值计量的规则指引,增加了对资产和负债(包括非金融资产和负债)公允价值计量的可操作性,提高了公允价值计量的披露要求,并对 SFAS 157 存在的问题作了改进,加快了两大机构会计准则国际趋同的步伐,并为我国制定相应的标准提供了有用的借鉴。

然而,我们认为,IFRS 13 亦存在类似于美国 SFAS 157 的缺陷。公允价值本是一种复合的会计计量属性,对于该计量属性的讨论应当不涉及特定交易和事项的会计确认和计量问题。按照 IASB 与 FASB 各自对会计准则的定义,它应该不属于具体会计准则的范围,因为它解决的只是财务报告中一个带有共性的问题,理应将其放在概念框架(CF)文件中加以讨论。因此,我们建议在修订我国会计准则时,可以将公允价值计量及披露的规范放在基本会计准则(或者以后可能制定的我国财务报告概念框架)中,并向国际准则制定机构提出相应的建议。

主要参考文献

德勤(中国):"IFRS 聚焦:国际会计准则理事会发布有关公允价值计量和披露的新准则"(2011 年 5 月),www.casplus.com。

汪祥耀、邵毅平:《美国会计准则研究——从经济大萧条到全球金融危机》,立信会计出版社,2010 年版。

Christian Laux, Christian Leuz, "Did Fair-Value Accounting Contribute to the Financial Crisis?", Journal of Economic Perspectives, American Economic Association, vol. 24(1), 2010.

David Larsen, Carla Nunes, James Palmer, Ruth Garey, Marianna Todorova: "IFRS 13 Fair Value Measurement—What does this mean for valuation?", www.duffandphelps.com.

FASB, "Accounting Standards Update No. 2011-04", May 2011, www.fasb.org.

IASB, "Project Summary and Feedback Statement: IFRS 13 Fair Value Measurement", May 2011, www. ifrs. org.

KPMG, "First Impressions: Fair Value Measurement", June 2011, www. kpmg. com.

IASB. "Project Summary and Feedback Statement, IFRS 15 Fair Value Measurement", May 2011. www.ifrs.org.

KPMG. www.kpmg.com

6. IASB 金融工具准则第一阶段成果 "金融资产与负债的分类与计量" 变革动态及启示

一、引言

金融工具会计准则被公认为是会计准则体系中最复杂、最难以理解并运用的准则之一,最大的问题是其复杂性,而复杂性的根源在于现行的金融工具会计体系是一种基于分类基础之上的混合计量基础或计量属性体系。金融工具会计准则主要包括如下内容:(1)金融工具的分类与计量;(2)金融资产减值;(3)套期会计。我们也将分别从上述三方面来论述国际金融工具会计准则的历史演变、变更动态及其对我国准则制定的启示。2008年全球性金融危机发生后,现有的金融工具会计准则由于不能对表外风险作出及时披露和其极为庞杂的内容而被外界广泛诟病,金融工具会计准则的修订成为焦点及敏感问题。

基于发达资本市场的需要,美国对金融工具的使用不断创新,同时由于金融工具高风险和高报酬的特质,使其成为最早研究金融工具相关准则的国家。美国财务会计准则委员会(FASB)于1981年制定的第52号财务会计准则公告(SFAS 52)"外币交易准则"和1984年发布的第80号财务会计准则公告(SFAS 80)"期货会计"就初步涉及了金融工具问题,但是到了1986年才真正开始对金融工具准则进行研究。从制定顺序来看,FASB首先着眼于披露和列报,自1990年3月开始相继发布了第105号财务会计准则公告(SFAS 105)"具有表外风险和具有集中信用风险的金融工具的信息披露"、第107号财务会计准则公告(SFAS 107)"金融工具公允价值的披露"和第119号财务会计准则公告(SFAS 119)"对衍生金融工具的披露和金融工具的公允价值",这三项公告的制定标志着金融工具披露和列报准则的形成。而1995年之后,FASB开始聚焦于金融工具的确认与计量,并于1998年6月发布了第133号财务会计准则公告(SFAS 133)"衍生工具和套期活动的会计处理",该准则在确认、计量及披露方面均有重大突破,属于衍生金融工具会计发展的里程碑。

1988年,当原国际会计准则委员会(IASC)启动金融工具准则项目时,初衷乃是制定一份涵盖确认、计量、列报与披露等完整程序的综合性会计准则。然而,鉴于诸多原因,IASC最终将此项目分拆为披露与计量两个阶段。1995年6月,第32号国际会计准则(IAS 32)"金融工具:披露与列报"的发布标志第一阶段准则制定工作的完成。为了制定金融工具确认与计量准则,IASC 经过大量的努力,终于于 1998 年 12 月发布了第 39 号国际会计准则(IAS 39)"金融工具:确认和计量"。由于该准则可以称得上是国际会计准则体系中最复杂的一个,使得相关各方无法准确地理解与运用该准则,为了应对 IAS 39 在实施过程中可能出现的问题,IASC 专门组建 IAS 39 实施指南委员会(Implementation Guidance Committee,简称 IGC)。为一份具体会计准则单独成立一个实施指南委员会,在 IASC 历史上是绝无仅有的。然而,IAS 39 是 IASC 为了实现对证券委员会国际组织(IOSCO)承诺的产物,其制定是相当仓促的,注定 IAS 39 只能是一份过渡性而非最终的会计准则。

实际上,在 1997 年 11 月,IASC 就决定与各国准则制定机构合作,组建金融工具准则制定的国际性联合工作组(The International Financial Instruments Joint Working Group of Standard Setters,简称 JWG),共同制定一份综合性、促进国际协调的国际会计准则。经过三年的努力,JWG 于 2000 年 12 月发布了"金融工具与类似项目:准则草案和结论基础",该准则草案为所有主体在财务报表中确认、计量、列报和披露金融工具及类似项目制定了原则,以实现在交易或事项发生当期便在财务报表中反映其对主体财务状况与经营业绩的影响这一目标。IASC 试图在准则草案及其后反馈意见的基础上,发展一份全面深入的准则,以取代之前的 IAS 39。

然而,国际会计委员会机构重组等原因放缓了准则的制定进程,JWG 关于建立全面深入的金融工具会计准则的目标落在了重组后的国际会计准则理事会(IASB)身上。为了增加指导性意见以便消除内部矛盾,IASB 对 IAS 39 进行了一系列的修订:2002 年 6 月发布了一项建议修改 IAS 39 的征求意见稿,并于 2003 年 12 月公布了修订后的 IAS 39;2003 年 8 月对利率进行宏观套期(Macro Hedging)的公允价值套期会计征求意见,并于 2004 年 3 月正式修订了 IAS 39 以反映宏观套期;2004 年 12 月对 IAS 39 中金融工具和金融负债的初始确认作出了有限的修订,过渡性地免除主体追溯运用在第一天的利得和损失确认要求;2005 年 4 月对 IAS 39 中有关集团内预期交易的现金流量套期进行了修订;2005 年 6 月对 IAS39 中的公允价值选择权做出了修订;2005 年 8 月在金融担保合同方面修改了 IAS 39。

实际上,IASB 对金融工具会计准则的制定并不是孤立进行的,2005 年 4 月和 10 月,IASB 和美国财务会计准则委员会(FASB)召开了两次联合会议,开始着手于一个长期的项目;2006 年 2 月,两者达成谅解备忘录"2006－2008 IFRSs 与美国 GAAP 趋同路线图",一项为了降低金融工具会计复杂性的研究项目就被纳入了其中,以求能努力改善和简化财务报告中的金融工具。2008 年 3 月,两者发布了一份综合讨论稿(DP)"减少金融工具报告复杂性",该讨论文件着眼于金融工具及套期会计的计量,旨在简化金融工具财务报告准则并提高其质量,为改善和简化金融工具的会计处理确定了几种可能的方法。

2008 年国际金融危机爆发后,简化金融工具会计准则的呼声日益强烈,二十国集团

(G20)峰会、金融稳定理事会(FSB)也倡议建立全球统一的高质量会计准则,因此,IASB加快了金融工具会计准则修订步伐。2009 年 7 月 14 日,IASB 发布了征求意见稿"金融工具:分类和计量",这是分三个阶段取代 IAS 39 的第一步,因为金融资产和金融负债的分类与计量是奠定有关金融工具报告的准则的基础,IASB 决定首先解决金融资产和金融负债的分类与计量问题,该意见征求截止期为 2009 年 9 月 14 日。在相关方对征求意见稿的反馈意见中,大多数意见认为 IASB 在未解决金融负债中的自身信用风险问题之前,不应急于规范金融负债的分类和计量。因此,IASB 于 2009 年 11 月 12 日发布了第 9号国际财务报告准则(IFRS 9)"金融工具",先是引入了有关金融资产分类和计量的新要求,此类新要求必须自 2013 年 1 月 1 日起实施,允许提前采用;其范围仅限于金融资产,而将金融负债的分类和计量留待自身信用风险问题解决后再处理。同时,IASB 计划在2010 年对 IFRS 9 进行进一步扩充,增加有关金融负债分类和计量、金融工具终止确认、减值和套期会计的新要求。之后,IASB 于 2010 年 5 月 11 日发布了征求意见稿"金融负债公允价值选择权的运用方式",以解决金融负债自身信用风险问题。该征求意见稿并未建议任何有关金融负债的其他变更,因而只会影响到选择对其金融负债运用公允价值选择权的主体。在征求意见结束之后,IASB 于 2010 年 10 月 28 日重新发布 IFRS 9,纳入了有关金融负债会计处理的要求,标志着 IASB 取代 IAS 39 项目的"分类和计量"阶段已经完成。由于金融工具项目余下阶段的预计完成时间有所推迟,为了统一该项目的所有阶段(包括已完成和现正开展的阶段)的生效日期,IASB 于 2011 年 8 月 4 日发布了一份征求意见稿,建议将 IFRS 9 的强制生效日期从 2013 年 1 月 1 日推迟至 2015 年 1 月 1日,主体在 2015 年之前仍然可以选择提前采用 IFRS 9;在获取各方面意见的基础上,IASB 于 2011 年 12 月 16 日发布了推迟 IFRS 9 的强制生效日及修订后的过渡性披露要求。之后,基于下列三方面的原因考虑:(1)解决有关各方提出的具体应用问题;(2)金融资产的分类和计量模式与 IASB 的保险合同项目的相互影响;(3)减少与 FASB 关于金融工具的意向性分类和计量模式之间的主要差异;IASB 又于 2012 年 11 月 28 日发布了征求意见稿"分类与计量:对 IFRS 9(2010)的有限修订",建议的变更将对特定金融资产引入以公允价值计量且其变动计入其他综合收益的计量类别。为了更加直观的反映,IFRS9 关于分类与计量的制定过程,如图表 2-6-1 所示:

(图表 2-6-1)

IFRS 9 关于分类与计量的制定过程

时　　间	进　　程
2009 年 7 月 14 日	发布征求意见稿"金融工具:分类和计量"
2009 年 11 月 12 日	发布第 9 号国际财务报告准则(IFRS 9)"金融工具"
2010 年 5 月 11 日	发布征求意见稿"金融负债公允价值选择权的运用方式"

（续表）

时　间	进　程
2010 年 10 月 28 日	重新发布 IFRS 9,纳入了有关金融负债会计处理的要求
2011 年 8 月 4 日	发布建议推迟强制生效日的征求意见稿
2011 年 12 月 16 日	发布推迟 IFRS 9 的强制生效日及修订后的过渡性披露要求
2012 年 11 月 28 日	发布了征求意见稿"分类与计量:对 IFRS 9(2010)的有限修订"
2013 年 1 月 1 日	IFRS 9 原始的生效日期
2015 年 1 月 1 日	IFRS 9 修改后的生效日期

二、金融工具准则分类与计量变革的原因

IASB 认为,金融工具准则的最突出问题就是复杂性,复杂性的根源在于复杂而模糊地分类以及随之而来的不同计量方法,财务报表编制者可以利用这些人为地分类和计量方法,披露更符合自己意愿的财务结果。因此,IASB 制定 IFRS 9 来替代 IAS 39。现行的 IAS 39 金融工具分类与计量存在以下缺陷:

（一）对金融工具的分类偏于复杂

IAS 39 将金融工具划分为 4 类:(1)按公允价值计量且将其变动计入当期损益的金融资产或金融负债;(2)持有至到期日的投资;(3)贷款和应收款项;(4)可供出售的金融资产。分类的标准是基于管理者的持有意图,划分主观性强,同一金融工具可因持有意图的变化而化为不同类别,相应地采用不同的确认和计量标准,既造成实务操作过于复杂,又严重损害了会计信息的一致性、相关性和决策有用性。

（二）对金融工具价值变动的计量方法不够统一

IAS 39 规定:(1)划分为以公允价值计量且其变动计入当期损益的金融资产或金融负债形成的利得或损失,应计入当期损益;(2)可供出售金融资产形成的利得或损失,应在该金融资产被终止确认之前,通过权益变动表直接在权益中确认,但减值损失和汇兑损益除外;(3)贷款和应收款项以及持有至到期日的投资,应使用实际利率法按摊余成本计量,对于以摊余成本计量的金融资产和金融负债,主体应在它们终止确认或减值时,通过摊销过程将相关利得或损失计入损益中。金融工具价值变动的计量方法不统一的根源在于复杂的金融工具分类体系,从而可能引发一系列的计量问题。

（三）需要对混合金融工具加以分拆

IAS 39 规定:嵌入衍生工具相关的混合工具没有指定为以公允价值计量且其变动计入当期损益的金融资产或金融负债,且同时满足下列条件的,该嵌入衍生工具应当从混合工具中分拆,作为单独存在的衍生工具处理:(1)与主合同在经济特征及风险方面不存在紧密关系;(2)与嵌入衍生工具条件相同,单独存在的工具符合衍生工具定义。混合工具

的分拆确认和计量非常复杂,而且不容易被财务报告的使用者所理解。

(四)金融负债的公允价值计量中包含了主体自身信用变化的影响

IAS 39 规定,当报告主体以公允价值计量其金融负债时,如果主体自身信用风险增加、信用评级下降,则其金融负债的公允价值可能降低,并导致在当期损益中确认一笔收益。这样,经营状况和信用状况恶化的主体反而因负债公允价值下降确认了一项账面收益。这部分金额就是主体自身信用风险对金融负债公允价值的影响。这显然不能正确反映主体的实际情况,并与常理相悖。

三、IFRS 9 对金融工具分类与计量的变更动态

(一)IFRS 9(2009)对金融资产分类与计量的变更

1. 分类(将四分类法改成二分类法)

IAS 39 将金融资产分为四类:以公允价值计量且其变动计入当期损益的金融资产,持有至到期投资,贷款和应收款项,可供出售金融资产。IAS 39 关于金融资产的分类核算标准,是基于管理层持有金融资产的目的与能力并结合金融资产的特征与所处市场环境而判定的。

IFRS 9 将金融资产按计量属性分为以公允价值计量和以摊余成本计量的金融资产,并且在以公允价值计量的金融资产中新增加了以公允价值计量且其变动计入其他综合收益(FV-OCI 模式)的金融资产这一类别。相比过去复杂的分类,IFRS 9 简化了金融资产的分类,提高了会计信息的可比性和一致性。IFRS 9 关于金融资产的分类核算标准,是基于管理层管理金融资产的"业务模式"(Business Model)与金融资产的"合同现金流特征"(Contractual Cash Flow Characteristics)而判定的。

2. 计量(扩大了公允价值的使用范围)

根据 IAS 39 的规定,金融资产初始确认时,应以放弃对价的公允价值计量,通常需要参照交易价格或其他市场价格确定。而金融资产的后续计量,除了以下三种类型:(1)主体发起但不是为交易而持有的贷款和应收款项;(2)持有至到期的投资;(3)在活跃的市场上没有标价且其公允价值不能够可靠计量的金融资产(包括权益工具)按摊余成本计量,其他类型应以公允价值计量(包括衍生金融工具)。

在新的分类体系下,IFRS 9 对金融资产初始计量的规定与 IAS 39 相同。后续计量上,首先,对于债权工具而言,当满足以下条件时:(1)主体业务模式的目标是持有金融资产以收取合同现金流量,而并非在合同到期前出售该工具以实现公允价值变动产生的利得(业务模式测试);(2)金融资产的合同条款导致在特定日期产生仅仅支付本金以及未付本金利息的现金流量(现金流量特征测试);通常采用摊余成本计量,否则采用公允价值计量且其变动计入损益。其次,权益工具在财务状况表中都以公允价值计量,并且在没有做出特别选择的情况下利得和损失均计入损益。仅当权益投资并非为交易而持有时,主体

才能在初始确认时选择,将其指定为以公允价值计量且其变动计入其他综合收益(只有股利收入是计入损益),一经选择,后续不得改变。如果选择公允价值变动计入其他综合收益,则所有利得或损失(股利收入除外)均应计入其他综合收益,不得随后重分类至损益;同时,现行 IAS 39 中进行减值评估以及在处置时将累计公允价值利得或损失进行重分类的要求不再适用,因为所有公允价值变动(股利收入除外)将永久保留在权益中。最后,对于衍生金融工具,所有属于 IFRS 9 范围的衍生金融工具均必须以公允价值计量;因此,与上述有关权益投资的变更类似,IFRS 9 规定与无标价权益投资挂钩并将导致交付无标价权益投资的衍生工具在不能充分可靠地计量公允价值时也按公允价值计量。IFRS 9 同时指出,在限定情况下,可以接受成本作为公允价值的最佳估计。为了便于理解,我们将分类的程序以如图表 2-6-2 列示如下:

(图表 2-6-2)

IFRS 9 下金融资产的分类程序

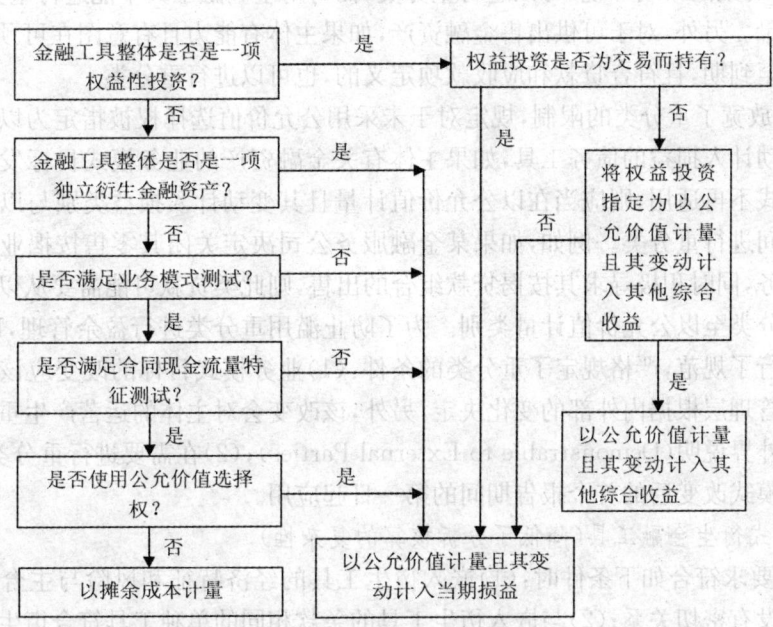

3. 公允价值选择权(减少了满足选择权的条件)

2003 年 12 月,IASB 发布修订的 IAS 39 时,引入了公允价值选择权的概念,它允许主体可以根据自身需要,在后续计量时按照公允价值计量应当以摊余成本计量的金融资产与金融负债。2005 年 6 月,IASB 修订了公允价值选择权的适用,将其限定在如下条件:(1)该指定消除或实质上降低了会计不匹配;(2)主体的风险管理或投资策略的正式书面文件已载明,该金融资产组合或金融资产与金融负债组合以公允价值为基础进行管理和评估;(3)金融工具包含满足特定条件的嵌入衍生金融。

IFRS 9 取消了第(2)、(3)两个条件,只保留了第(1)条,即对于以摊余成本计量的金融工具,可以适用公允价值选择权。主体可以在初始确认时作出不可撤销的选择,将金融资产指定为以公允价值计量且其变动计入损益,前提是该指定将消除或显著减少以摊余成本计量该金融资产时产生的会计不匹配。

4. 重分类(放宽了重分类的限制)

金融资产的重分类往往会牵涉到主体的盈余管理,因此会计准则对于原分类确定之后的重分类进行了限制,以尽可能避免管理层滥用重分类转换。

IAS 39 禁止主体在初始分类后将以公允价值计量且其变动计入当期损益的金融资产重分类为其他三类金融资产,但并未禁止可供出售金融资产与贷款和应收款项之间的重分类。基于金融危机的影响,IASB 于 2008 年 10 月对 IAS 39 进行了修订,规定初始确认时未指定为以公允价值计量且其变动计入当期损益的非衍生金融工具,在罕见情况下(如准则修订时期的市场环境)可以进行重分类;而对衍生金融工具不能进行重分类,仍以公允价值计量。另外,对于可供出售金融资产,如果主体有能力且有意图在可预见的将来持有或持有至到期,且符合贷款和应收款项定义的,也可以进行重分类。

IFRS 9 放宽了重分类的限制,规定对于未采用公允价值选择权被指定为以公允价值计量且其变动计入损益的债务工具,如果主体有关金融资产的业务模式目标发生改变从而之前的模式不再适用,则应当在以公允价值计量且其变动计入损益类别与以摊余成本计量类别之间进行重分类。例如,如果某金融服务公司决定关闭其零售按揭业务并且不再承接新业务,同时积极寻求其按揭贷款组合的出售,则此类贷款可能需要从以摊余成本计量类别重分类至以公允价值计量类别。为了防止滥用重分类进行盈余管理,IFRS 9 从两个层面进行了规范,严格规定了重分类的条件:(1)业务模式目标的改变应该极少发生而且必须由管理层根据内外部的变化决定,另外,该改变会对主体的运营产生重大影响并能用论证向外界说明(Demonstrable to External Parties);(2)在需要进行重分类时,重分类应自业务模式改变后的首个报告期间的第一日起应用。

5. 嵌入式衍生金融工具(降低了分拆核算的复杂性)

IAS 39 要求符合如下条件时:(1)嵌入衍生工具的经济特征和风险与主合同的经济特征和风险没有密切关系;(2)与嵌入衍生工具的条款相同的单独工具符合衍生工具的定义;(3)混合工具不按公允价值计量,公允价值的变动也不计入净利润(或亏损);主体应将混合工具(包含嵌入式衍生工具的金融工具)划分为基本合同和嵌入合同,分别进行核算。另外,如果主体将嵌入衍生工具从其主合同中分开,但主体不能在购买时或在随后的财务报告日单独地计量这项嵌入衍生工具,则主体应将整个组合合同视作为交易而持有的金融工具。

为了解决嵌入衍生工具从主合同中分拆核算的复杂性,IFRS 9 取消了混合金融工具的分拆,混合合同现金流量应作为整体进行评估,采用公允价值或摊余成本对其整体进行计量。如果金融资产的任何现金流量不代表 IFRS 9 所述的本金和利息付款额（即不符合现金流量特征测试），则该资产整体应以公允价值计量且其变动计入损益。

（二）IFRS 9（2010）对金融负债分类与计量的变更

1. 分类与计量

根据 IAS 39，金融负债被分为两类，即以公允价值计量且其变动计入当期损益的金融负债和其他金融负债，其他金融负债按摊余成本计量。第一类金融负债又分为交易性金融负债和指定以公允价值计量且其变动计入损益的金融负债（包括衍生金融负债），具体分类及指定原则与金融资产类似。但对于与未上市权益工具（其公允价值不能够可靠计量）有关，且须通过交付这种权益工具进行结算的衍生负债，应以摊余成本计量。

与金融资产分类体系相比，金融负债的会计规范相对简单，并不是导致金融工具分类体系复杂性的主要原因，因此，IFRS 9 中有关金融负债分类和计量的指引与现行 IAS 39 所包含的针对金融负债的分类标准保持一致。换言之，金融负债将继续（整体或部分）以摊余成本计量或以公允价值计量且其变动计入损益，将嵌入衍生工具从金融负债主合同中分拆的概念也保持不变。另外，为交易而持有的金融负债将继续以公允价值计量且其变动计入损益，而所有其他金融负债将应用 IAS 39 的现行标准以摊余成本计量（除非运用了公允价值选择权）。IFRS 9 仅在如下方面对 IAS 39 作出了变更：（1）删除了通过交付无标价权益工具进行结算的衍生负债可按成本计量的豁免，即交易性金融负债和所有衍生负债都以公允价值计量，其公允价值变动计入损益；（2）归属于负债信用风险的公允价值变动影响的列报。

2. IFRS 9（2010）关于负债信用风险的新增规定

主体运用公允价值选择权将金融负债指定为以公允价值计量且其变动计入损益的，主体将不可以在损益中列报因自身信用风险恶化所产生的利得或者因自身信用风险提升所产生的损失，因主体自身信用变动产生的利得和损失将在其他综合收益中列报。而为交易而持有的金融负债以及运用公允价值选择权进行指定的贷款承诺和财务担保合同将继续以公允价值计量，所有公允价值变动均计入损益。

但是，如果归属于信用风险的公允价值变动计入其他综合收益会产生或增加会计不匹配，则主体应将公允价值的变动全额计入损益。在评估是否存在会计不匹配时，主体应决定其是否将使用另一金融工具（以公允价值计量且其变动计入损益）的公允价值变动来抵销预期负债信用风险变动产生的影响，该预期必须以负债的特征与其他金融工具的特征之间的经济关系为基础。另外，主体应在初始确认时作出该决定且一旦作出后就不得进行重估，同时，主体应在财务报表附注中披露用于作出该决定的方法。

在相关金融负债偿付、结算或终止确认时，已计入其他综合收益的自身信用风险公允价值变动不得转回到损益中，但允许此类金额转入权益的其他组成部分（如留存收益）。当主体根据合同条款在到期时偿还债务，则不需将其他综合收益的金额转出至损益，因为负债信用风险变动的累计影响抵销后将为零。但是如果主体在金融负债到期之前终止确认该金融负债并且其终止确认金额不同于合同规定到期时应付金额时,其他综合收益中的剩余金额可以转入权益的其他组成部分,并且需要披露转入的金额及相应原因。

另外,IFRS 9 基本沿袭了现行国际财务报告准则第 7 号(IFRS 7)"金融工具:披露"中关于如何区分归属于信用风险的负债公允价值变动的规定,允许采用如下技术:(1)不归属于市场风险变化(例如,基准利率、其他主体金融工具的价格、商品价格、汇率、或者价格指数或利率指数的变化)的公允价值变动;(2)更能真实反映信用风险的可替代方法。

四、IFRS 9 的不足之处的评价

虽然 IFRS 9 在降低金融工具准则的复杂性、提供更相关的财务信息、提高决策的有用性等方面具有优越性,但我们认为,其仍然存在以下一些不足之处。

(一)减弱盈余操纵的作用可能有限

IAS 39 规定按照管理层的持有意图划分金融资产的类别,以公允价值计量的金融资产可以作为交易性金融资产,而不为交易短期持有的权益性投资往往作为可供出售金融资产,具有较大的随意性。交易性金融资产的公允价值变动计入当期损益,体现在损益表上;而可供出售金融资产的公允价值变动可以计入资本公积,不对当期损益产生影响,在其处置时再计入损益。因此,主体完全可能为了呈现更好的盈利情况,在经济上扬时期而将金融资产更多的归入交易性金融资产,而在资本市场衰退时偏向于可供出售金融资产。

IFRS 9 将金融资产的分类标准从持有意图改为业务模式测试和合同现金流量特征测试,似乎极大地减弱了管理层操纵盈余的可能性。但实际上,IAS 39 禁止交易性金融资产与其他三类金融资产之间的重分类,IFRS 9 却打开了重分类的"阀门",允许金融资产之间可以进行重分类,增加了主体在摊余成本和公允价值计量之间的选择权。虽然 IASB 为了重分类的滥用而严格规定了重分类的适用条件,在理论上是严密的,但是其对业务模式的界定只是给出了若干示例,而没有准确的定义,也没有对业务模式的判定和改变条件给出更多的指南和解释,需要管理层综合考虑予以确定,可能造成另一种形式的主观判断。因此,在执行中监管部门如果在监控主体进行重分类时可能也无法对其重分类条件的适用性作出准确的判断,给主体以可乘之机。

(二)有悖于成本效益原则

首先,IFRS 9 规定所有的权益工具都必须以公允价值计量,只在无法取得确定公允价值所需的信息、公允价值估值范围较大且成本是公允价值的最佳估计等极少数情况下,主体才能将成本作为公允价值的适当估计;而在更多情况下(如,无标价权益工具),成本不能替代公允价值。对权益工具的该规定需要以较发达的资本市场和主体良好的自身条件为前提,但在实际操作中,尤其是在中国等新兴资本市场,主体可能遇到信息不对称、对没有活跃交易市场的权益工具估计成本高等问题,硬性要求公允价值计量可能导致出现为了评估而

评估的现象,主体为了收集公允价值相关信息可能花费大量成本;同时可能由于主体自身估值技术不成熟,造成估计结果的准确性大打折扣,进而影响会计信息的有用性。

同时,IFRS 9对业务模式的判断、重分类适用条件的判断、公允价值选择权的适用等方面都会涉及主观因素,但 IFRS 9对相关规定缺乏详细的应用指南与解释,可能会增加主体管理层与审计师的分歧,导致审计难度增加。这就要求审计师提高自身的专业胜任能力,扩大审计程序的范围,收集更加充分、适当的审计证据,进而对主体管理层处理相关问题的合理性作出理性的判断,而审计工作量提升必然会导致审计成本增加。

五、IASB 征求意见稿(2012)对 IFRS 9(2010)的有限修订

IASB 征求意见稿(2012)建议,只有已完成的 IFRS 9 版本(包含分类和计量、减值和一般套期会计等)才可在强制生效日期之前提前应用,唯一的例外情况是:一旦已完成的 IFRS 9 版本发布后,主体可选择仅提前应用 IFRS 9 中的“自身信用”规定。这意味着目前对提前应用任一版本的 IFRS 9 的选择权将取消。该征求意见稿的发布一方面是为了明确现有的分类与计量要求,另一方面是为了将特定金融资产归入“以公允价值计量且其变动计入其他综合收益”的计量类别。因此,该征求意见稿在内容上较 IFRS 9 有了一定程度的补充与修改,具体的区别如图表 2-6-3 所示:

(图表 2-6-3)

征求意见稿(2012)与 IFRS 9(2010)的区别

	征求意见稿(2012)	IFRS 9(2010)
金融资产的分类	当满足下列条件时,金融资产可以公允价值计量且其变动计入其他综合收益: (1)使用资产的业务模式既非专门为了持有,亦非专门为了出售; (2)资产的合同现金流量仅仅支付本金和利息。	无相关规定。
	金融资产应以公允价值计量且其变动计入损益,除非该资产以摊余成本计量或以公允价值计量且其变动计入其他综合收益。	金融资产应以公允价值计量,除非该资产以摊余成本计量。
金融资产的后续计量	初始确认后,主体应以摊余成本、公允价值且其变动计入损益和公允价值且其变动计入其他综合收益对金融资产进行后续计量。	初始确认后,主体应以公允价值或摊余成本对金融资产进行后续计量。
	主体应对以摊余成本计量和以公允价值计量且其变动计入其他综合收益的金融资产应用减值要求。	主体应对以摊余成本计量的金融资产应用减值要求。

（续表）

	征求意见稿(2012)	IFRS 92010)
金融资产的重分类	如果主体将以摊余成本计量的金融资产重分类为以公允价值计量且其变动计入损益的金融资产,应以重分类日的公允价值计量。	如果主体对金融资产进行重分类后以公允价值计量,应以重分类日的公允价值计量。
	如果主体将以公允价值计量且其变动计入损益的金融资产重分类为以摊余成本计量的金融资产,应将重分类日的公允价值作为该资产新的账面价值。	如果主体对金融资产进行重分类后以摊余成本计量,应将重分类日的公允价值作为该资产的账面价值。
	如果主体将以摊余成本计量的金融资产重分类为以公允价值计量且其变动计入其他综合收益的金融资产,应以重分类日的公允价值计量。原账面价值与公允价值不同产生的利得和损失计入其他综合收益。	无相关规定
	如果主体将以公允价值计量且其变动计入其他综合收益的金融资产重分类为以摊余成本计量的金融资产,应以重分类日的公允价值进行重分类。 但是,以前计入其他综合收益的利得和损失应从权益中转出进而调整重分类日的公允价值。 这种调整影响其他综合收益但不影响损益,因此不属于重分类调整。	无相关规定
	如果主体将以公允价值计量且其变动计入损益的金融资产重分类为以公允价值计量且其变动计入其他综合收益的金融资产,应将重分类日的公允价值作为该资产新的账面价值。	无相关规定
	如果主体将以公允价值计量且其变动计入其他综合收益的金融资产重分类为以公允价值计量且其变动计入损益的金融资产,应将应将重分类日的公允价值作为该资产新的账面价值。 以前计入其他综合收益的利得和损失应从权益重分类至损益,而且属于重分类调整。	无相关规定

续表

	征求意见稿(2012)	IFRS 9(2010)
利得和损失	以公允价值计量的金融资产或金融负债的利得或损失应计入损益,但如下情况除外: (1)一项投资是权益工具,而且主体以选择将该投资的利得和损失在其他综合收益中列报; (2)金融负债被指定为以公允价值计量且其变动计入损益,而且主体被要求将负债自身信用风险改变的影响在其他综合收益中列报; (3)金融资产属于以公允价值计量且其变动计入其他综合收益的类别,而且主体被要求将该资产公允价值的特殊变化计入其他综合收益。	以公允价值计量的金融资产或金融负债的利得或损失应计入损益,但如下情况除外: (1)、(2)与上述相同; (3)属于套期会计的一部分。
	在金融资产终止确认或将以公允价值计量且其变动其他综合收益的金融资产重分类之前,以公允价值计量且其变动计入其他综合收益的金融资产产生的利得和损失(减值损失和汇兑损益除外)应计入其他综合收益。 当金融资产终止确认时,之前累积的计入其他综合收益的利得和损失应作为重分类调整的方式从权益重分类至损益。 如果将以公允价值计量且其变动计入其他综合收益的金融资产重分类至其他类别,主体应说明之前累积的计入其他综合收益的利得和损失。	无相关规定

针对征求意见稿(2012),相关各方也提出了各自的意见:

1. 关于在 IFRS 9 中引入第三种业务模式,欧洲财务报告咨询小组(EFRAG)技术专家小组成员对 IASB 在征求意见稿中提出的建议存在意见分歧。某些 EFRAG 技术专家小组成员认同 IASB 的建议,而某些其他成员则认为,以公允价值计量且其变动计入其他综合收益的计量类别应当作为公司初始确认时的一项选择权引入 IFRS 9,以避免出现会计不匹配(例如,因 IFRS 9 与未来针对保险合同的国际财务报告准则的分类和计量要求之间相互影响而产生的会计不匹配)。某些 EFRAG 技术专家小组成员同时对新规定的应用不够明确表示担忧。这些成员认为,摊余成本与以公允价值计量且其变动计入其他综合收益之间的分界线、及以公允价值计量且其变动计入损益与以公允价值计量且其变动计入其他综合收益之间的分界线均存在不确定性。

2. 德勤(DTT)对建议修订的目标和第三种业务模式的引入表示支持,这能够更好地体现存在于现实中的业务模式的多样性。但是,DTT 认为,第三种业务模式可被更好地定义为:针对不符合以收回现金流量或出售为目的持有之条件的资产的剩余类别。这应有助于促成更简化、更清晰的应用指南。此外,德勤建议 IASB 和 FASB 对其各自针对该领域的建议应用指南中现存的差异进行调和,以便提升不同国家财务报表之间的可比性。

六、对我国的启示

我国金融工具会计准则体系由企业会计准则第 22 号(CAS 22)"金融工具确认和计量"、企业会计准则第 23 号(CAS 23)"金融资产转移"、企业会计准则第 24 号(CAS 24)"套期保值"和企业会计准则第 37 号(CAS 37)"金融工具列报"组成。其在制定过程中主要参考了 IAS 39,其内容大同小异,根据财政部于 2010 年 4 月 2 日发布的"中国企业会计准则与国际财务报告准则持续趋同路线图",中国企业会计准则将保持与国际财务报告准则的持续趋同,这意味着我国企业也将面临向 IFRS 9 转换的问题。针对上述 IASB 对金融工具分类与计量方面作出的变更,基于我国现实的市场环境,我国应该做好充足的准备,以实现金融工具准则的趋同,以下是几点建议:

(一)完善公允价值计量模式

作为新兴市场与转型经济国家,我国正处于经济高速发展的时期,整体经济环境、资本和产品市场都在不断发生变化;同时,我国目前没有专门针对公允价值出台过相关准则,关于公允价值计量的相关规定也分散在"投资性房地产"、"资产减值"、"企业合并"和"金融工具确认和计量"等多项准则中,使相关各方对公允价值的准确理解产生了一定困难。在我国现有的市场环境下,企业很难获取公允价值的合理估值,完全采用公允价值计量权益工具不具有可操作性。然而,财政部于 2012 年 5 月发布了《企业会计准则第×号——公允价值计量(征求意见稿)》,规范了公允价值定义,明确了公允价值计量方法和级次,对公允价值计量相关信息的披露作了具体要求。在征求意见之后拟将公允价值作为单独的一项准则予以发布,届时就会填补公允价值的规范空白,为实务操作提供理论指引。

同时,由于面临公允价值估值水平和技术相对滞后的问题,我国需要加快资产评估业务的发展。与国际上财务报告相关的资产评估业务蓬勃发展的局面不同,我国实践中对金融工具的评估绝大多数仍然依赖审计师来完成。因此,我国需要由资产评估监管部门会同相关部门、企业共同推进资产评估业务的发展,以提高金融工具估值的专业化水平,为公允价值的确定提供合理的保障,进而提高会计信息的有用性。

(二)不盲目趋同

我国针对国际财务报告准则的态度是趋同而不是直接采用,说明我国并不是全盘接受国际财务报告准则,而是在考虑中国新兴市场特殊性的基础上,有选择性地吸收符合我国资本市场特征的规定。对金融工具会计准则而言,由于其是世界性的难题,我国对 IFRS 9 的趋同过程绝不可能一蹴而就,例如,由于公允价值信息较难获得,在现阶段可以允许企业对于没有活跃市场、公允价值无法可靠计量的权益工具投资采用成本计量。持续趋同是一个系统的过程,这不仅要求我国应密切关注和研究国际金融工具会计准则的变化及其所带来的影响,而且在逐渐靠近的每一步都要有其恰当的理由,需要征求各方意见并给出合理的解释,应基于国内金融工具会计实务的要求,制定有利于我国资本市场有序发展的指引与解释,促进企业的深入理解与一致运用。

（三）加强金融工具信息披露

IFRS 9 简化了金融工具的分类,分类标准也更加客观;同时,其他综合收益的引入使得公允价值变动损益对当期利润的影响更加符合企业的实际经营情况。但实际上,金融工具的计量本身具有复杂性,分类标准的过于简化可能对决策有用性造成了一定的阻碍,而我国现行财务报告总是对披露的内容作出取舍,并没有充分披露金融工具的计量标准和方法等相关信息。

因此,企业应当增强金融工具公允价值分类与计量的信息披露。基于公允价值在金融工具计量中的重要地位,对于没有活跃市场的金融工具公允价值的评估,应作为信息披露的重点内容,包括估值假设、模型选择、输入参数确定等方面的详细信息。同时,由于混合工具(包含嵌入衍生工具)的现金流量应作为整体进行评估,可能使相关各方无法准确理解混合工具的实质内容,就需要增加衍生金融工具披露内容,尤其是加大对衍生金融工具交易过程中流动性风险预测的披露。通过上述披露,有助于投资者更好地理解相关风险与不确定性,增加计量过程的透明度,使会计信息使用者获取足够的信息,进而作出合理的决策。

主要参考文献

杨海峰:"IASB 与 FASB 金融工具会计准则联合改进项目的背景、进展及评价",《会计研究》,2009 年第 8 期。

陆建桥、朱琳:"跟踪国际主动参与积极应对深入研究金融工具会计最新动向与对策——财政部金融工具会计工作组第二次会议综述",《会计研究》,2010 年第 2 期。

陈秧秧:"如何降低金融工具报告中的复杂性——IASB 最新讨论稿解读",《财会月刊》,2008 年第 8 期。

刘永泽、王珏:"我国金融工具两分类的适用性探讨",《金融会计》,2010 年第 8 期。

许志胜:"金融工具分类体系与混合计量模式研究——兼评 IAS 39 与 IFRS 9",《金融会计》,2010 年第 11 期。

德勤,IFRS 聚焦:国际财务报告准则第 9 号——金融工具(2009 年 11 月)。

德勤网站:http://www.casplus.com/home.asp.

IASB,International Accounting Standard 39:Financial Instruments——Recognition and Measurement,1998.

IASB,International Financial Reporting Standard 9:Financial Instruments,2010.

IASB, Exposure Draft ED/2012/4:Classification and Measurement:Limited Amendments to IFRS 9,2012.

7. 后危机时代金融工具减值准则改革进展与"预期信用损失模型"评述

一、引言

2008 年,美国次贷危机引发的全球金融危机将金融工具准则推向舆论的风口浪尖,金融工具的公允价值计量和减值方法遭到外界的质疑和指责,一度被认为是金融危机的罪魁祸首。其中,国际会计准则第 39 号(IAS 39)和美国公认会计原则(GAAP)同样采用的"已发生损失模型"(Incurred Loss Model)在金融危机中更是备受批评,因为其推迟了损失的确认并且未能包含前瞻性信息。作为回应,2008 年 10 月,国际会计准则理事会(IASB)和美国财务会计准则委员会(FASB)建立金融危机咨询小组(FCAG),处理由全球金融危机引发的财务报告问题,研究如何提高财务报告来帮助投资者树立对金融市场的信心。金融危机咨询小组在 2009 年 7 月发布的报告中声明,贷款和其他金融工具损失的延迟确认和多种减值方法的复杂性是会计准则及其应用的基本弱点,要求寻求已发生损失模型的替代模型来提供更多前瞻性的信息。IASB 为了回应金融危机咨询小组的建议和响应 20 国集团领导人峰会的号召"改进并简化金融工具的会计处理",于 2009 年 5 月启动了"替代 IAS 39 项目",该项目包括三个阶段:金融工具的分类与计量,金融工具减值和套期会计。其中第一阶段金融工具的分类与计量的成果已在 2009 年 11 月正式发布的国际财务报告准则第 9 号(IFRS 9)"金融工具"中体现,第二阶段和第三阶段仍处于征求意见阶段,其成果也将写入 IFRS 9,最终完全替代现行的 IAS 39。第二阶段对金融工具减值的改进主要为了解决现行减值模型"已发生损失模型"在此次金融危机中暴露的重大缺陷问题——不允许主体考虑未来预期损失的影响。

二、后危机时代金融工具减值准则的改革进展

2009 年 6 月,IASB 就金融工具减值使用"预期损失模型"(Expected Loss Model)的可行性征求公众意见,考虑以预期损失模型取代现行的已发生损失模型。IAS 39 规定的已发生损失模型是指,仅当有客观证据表明减值已经发生,并且减值金额能够可靠的计量时,主体才能确认金融资产的信用损失。该模型在金融危机下暴露的缺陷更为突出。应 20 国领导人及其他各方的要求,IASB 提出预期损失模型,要求主体在持续经营的基础上评估预期信用损失,并且可能要求提前确认信用损失。IASB 希望通过该模型更好地反

映金融资产的定价方式以及某些公司管理其业务的方式。

2009 年 11 月,IASB 发布了首个征求意见稿"金融工具:摊余成本和减值"关于修订以摊余成本计量的金融工具确认减值损失的方法,建议从"已发生损失模型"改变为"预期损失模型"。根据该建议的计量原则,以摊余成本计量的金融资产的初始账面金额,应以其预计未来现金流量的现值为基础,并考虑对未来信用损失的预期来确定。预期信用损失将在以摊余成本计量的金融资产的存续期内确认,而不是在识别出损失事件后才予确认。IASB 要求通过调整金融工具的实际利率来计量预期信用损失,虽在概念上具有合理性但在实践中缺乏可行性。同时,该征求意见稿提出采用全面的列报和披露要求,帮助财务报表的使用者评价利息收入和利息费用的财务影响,以及金融资产的信用质量。而在此时,FASB 暂时决定保留"已发生损失模型"。

2010 年 5 月,FASB 发布了征求意见稿"金融工具会计以及衍生工具和套期活动的修订",包括对分类和计量、信用损失和套期会计的建议。该征求意见稿中有关信用损失的目标是确保金融工具计提的减值准备余额能反映存续期内预期的所有信用损失。FASB 要求当主体不能收回所有合同金额时,应当确认信用损失。同时,FASB 建议利息收入应当以实际利率和扣除信用损失后的摊余成本为基础计算确认。然而反馈意见表明,股东以及其他财务报表的使用者反对这种利息收入的计算方法,仍然坚持现行GAAP 中分开计算利息收入和信用损失的方法。

自 IASB 和 FASB 发布对金融工具减值的新建议后,外界对其进行激烈的讨论。反馈者基本同意在初始确认时确定预期信用损失,但对计量预期信用损失的方法仍有质疑,呼吁 IASB 和 FASB 就金融工具的减值方法达成一致意见。于是,2011 年 1 月,IASB 和FASB 联合发布了征求意见稿"金融工具:摊余成本和减值"的补充文件"金融工具:减值",专门就其之前各自发布的征求意见稿所收到的反馈意见作出回应。该征求意见稿针对资产的开放式投资组合,建议根据金融资产现金流量可收回性的预期,区分好账(Good Book)和坏账(Bad Book)分别确认预期信用损失。如果主体针对某项资产的信用风险管理目标从向债务人收取合同付款额变为收回全部或部分金融资产,则该资产将转至坏账。好账中资产的预期信用损失将在存续期随时间的推移而确认,转至坏账的资产的预期信用损失将立即计入损益。此外,IASB 还单独编制了附录 Z"列报和披露",建议减值损失应作为单独的费用项目在损益中列报。该补充文件导致利息收入与预期信用损失分离,所以实际利率并不会因为预期信用损失而进行调整。这是 IASB 和 FASB 双方为达趋同作出的妥协。

从 2011 年 6 月到 2012 年 7 月,为了回应补充文件的反馈意见,IASB 和 FASB 致力于对"预期损失模型"进行改进,重点考虑如何反映金融工具信用质量的恶化。最后,IASB 和 FASB 共同研究出了"三组别法"(Three-bucket),建议将所有应当评估的金融资产依照内部信用层级区分为三种组别,信用风险由低到高分为第一组别,第二组别和第三组别。对于归属于第一组别的资产,主体应当确认未来 12 个月的预期信用损失;对于归属于第二组别和第三组别的资产,主体应当确认存续期的所有预期损失。当信用质量发生严重恶化或合同现金流量不能收回时,资产应当从第一组别转移到第二组别或第三组别。之后,IASB 继续研究"三组别法",这将成为今后发布金融工具减值的最新征求意见稿的基础。而 FASB 征求意见后认为"三组别法"内容不易理解、操作有困难且难以计算,决定另行发展一套可行的减值模型。

2012 年 12 月,FASB 发布了征求意见稿"金融工具:信用损失",用以提高信用损失确认的及时性,也提供额外信用风险的透明度。该征求意见稿建议用"当前预期信用损失模型"(Current Expected Credit Loss Model)替代现行美国 GAAP 中的"已发生损失模型"。"当前预期信用损失模型"要求确认金融资产整个存续期内的预期信用损失。该模型采取单一的减值测试方法,不因金融工具自初始确认以来信用质量是否恶化而区别对待,只是根据主体的当前状况,对未来合理和有依据的预测来评估。FASB 采用"当前预期信用损失模型",目的是要求预期信用损失的减值准备余额足以反映管理层对不能收回的合同现金流量的当前预期金额,这与 FASB 最初发布的关于预期信用损失的征求意见稿中要求一致。

2013 年 3 月,IASB 发布了征求意见稿"金融工具:预期信用损失",为财务报表使用者提供理解有关金融资产和信贷承诺的预期信用损失的有用信息。该征求意见稿建议,预期信用损失的确定不再要求"初始确认门槛"(Initial Recognition Threshold)(即识别信用损失事件),而是主体应基于对合同现金流量在报告日的预期缺短金额作出的当前估计值确认预期信用损失。IASB 在"三组别法"的基础上提出金融资产减值的一般方法,具体分三个阶段采用不同的方式确认金融资产预期信用损失,计算及列报金融资产的利息收入。该征求意见稿也要求采用更多合理和有依据的信息来确定预期信用损失。这一期待已久的有关金融工具减值的新会计模式是被"寄予厚望"的。图表 2-7-1 列示了 IASB 和 FASB 在金融工具减值项目上的重大事项汇总。

(图表 2-7-1)

金融工具减值项目的里程碑

时间	组织机构	发展	反馈意见截止日期
2009 年 6 月 18 日	IASB	就"预期损失模型"的发布征求公众意见	2009 年 9 月 1 日
2009 年 11 月 5 日	IASB	征求意见稿"金融工具:摊余成本和减值"	2010 年 6 月 30 日
2009 年 11 月	IASB	成立专家咨询座谈小组	
2010 年 5 月 26 日	FASB	征求意见稿"金融工具会计以及衍生工具和套期活动的修订"	2010 年 9 月 30 日

（续表）

时间	组织机构	发展	反馈意见截止日期
2011 年 1 月 31 日	IASB,FASB	征求意见稿"金融工具:摊余成本和减值"的补充文件	2011 年 4 月 1 日
2012 年 12 月 20 日	FASB	征求意见稿"金融工具:信用损失"	2012 年 5 月 31 日
2013 年 3 月 7 日	IASB	征求意见稿"金融工具:预期信用损失"	2013 年 7 月 5 日

三、最新征求意见稿的解读和模型的比较分析

IASB 和 FASB 分别发布了各自关于金融工具减值的征求意见稿"金融工具:预期信用损失"和"金融工具:信用损失",提出了 IASB 和 FASB 对金融工具减值模型的新建议。双方征求意见稿的具体内容有相似可比之处,且征求意见期间有重合。公众可以对 IASB 建议的"预期损失模型"和 FASB 建议的"当前预期损失模型"进行比较分析,就金融工具减值模型的提交反馈意见。IASB 和 FASB 将在征求意见结束后就收到的反馈意见共同讨论,为金融工具减值的趋同道路清除障碍。

（一）FASB 的"金融工具:信用损失"

FASB 于 2012 年 12 月发布征求意见稿"金融工具:信用损失"。该征求意见稿明确信用损失的目标是指导主体如何以合同现金流量的可回收性的当前预期值为基础,确认和计量金融资产的信用损失。

该征求意见稿的适用范围包括所有主体的以下金融资产:作为债务工具的金融资产,包括以摊余成本计量的债务工具,以公允价值计量且其变动计入其他综合收益的债务工具,收入交易的应收账款,保险交易中的再保险应收账款;出租人确认的租赁应收账款;贷款承诺。

为方便理解该征求意见稿的内容,FASB 对以下术语作出了解释:摊余成本,金融工具的分类,依赖担保的金融资产,信用质量指标,实际利率,预期信用损失,公允价值,信用资产,独立合同,贷款承诺,投资组合部分,购入的信用已受损的金融资产,再保险应收账款。

该征求意见稿对预期信用损失及其减值准备余额的变动和利息收入的确认作出规范。主体应当在每个报告日确认适用范围内的金融资产的预期信用损失金额。预期信用损失是对所有不能回收的合同现金流量的现时评估值。预期信用损失的估计应当以相关的内部和外部可获得的信息为基础,包括过去事项的信息,相似资产的历史损失经验,当前状况,合理和有依据的预测以及它们的影响。主体应当在资产负债表中确认预期信用损失的估计值;在损益表中确认预期信用损失的减值准备余额的变动,包括收益和损失。当主体大体上不能收回全部本金或全部利息时,应当终止确认利息收入。计量方面仅对

核销提出了规范,要求主体对金融资产减值的未来恢复没有合理的期望时应当直接减少金融资产的账面成本。

列报方面要求主体应当在财务状况表中列示预期信用损失的估计值,作为一项减值准备抵减资产的摊余成本。披露方面则要求提供与信用风险和信用损失确认相关的信息。

相比较 FASB 最初发布的征求意见稿"金融工具会计以及衍生工具和套期活动的修订"和与 IASB 联合发布的征求意见稿"金融工具:摊余成本和减值"的补充文件"金融工具:减值",FASB 最新的征求意见稿仍要求确认金融资产存续期内的预期信用损失。最新征求意见稿的目标依然沿用最初征求意见稿的目标。FASB 对预期信用损失确认的要求始终没变,几次征求意见稿的发布主要是对减值模型进行修改,从好账坏账二分类法到研究三组别法,最后采取单一的减值测试方法。当前预期信用损失模型单一的减值测试方法,消除了分类分组法中对类别的区分标准,克服其不易理解、操作有困难且难以计算的问题。这种简单满足股东和使用者需求的减值模型能否真实准确的反映金融工具减值金额还有待考验。

(二) IASB 的"金融工具:预期信用损失"

IASB 于 2013 年 3 月发布了征求意见稿"金融工具:预期信用损失"。该征求意见稿的目的是建立对预期信用损失进行确认、计量、列报与披露的原则,为财务报表的信息使用者评估未来现金流量的金额、时间和不确定性时提供有用的信息。针对要求范围内的所有金融工具确认预期信用损失。预期信用损失被界定为合同现金流量的预期短缺金额。

预期信用损失的适用范围包括以摊余成本计量的金融资产、强制以公允价值计量且其变动计入其他综合收益的金融资产、应收账款及应收租赁款、其他面临信用风险的金融工具如贷款承诺和财务担保合同。

该征求意见稿阐述了确认和计量的一般方法和简化方法。一般方法适用于除应收账款和应收租赁款外适用范围内的其他金融工具。此类金融工具预期信用损失的确认取决于自初始确认以来信用质量是否发生了严重恶化,具体划分为三个阶段。第一阶段,自初始确认以来信用质量未发生严重恶化或在报告日存在低风险的金融工具,应确认 12 个月的预期信用损失,并应按其账面总额(即,不扣除预期信用损失)计算利息收入。第二阶段,自初始确认以来信用质量严重恶化,但是没有客观减值迹象的金融工具,应确认生命周期的预期信用损失,同样按其账面总额计算利息收入。第三阶段,在报告日存在客观减值迹象的金融工具,应确认生命周期的预期信用损失,并应按账面净值(即,扣除预期信用损失后的金额)计算利息收入。图表 2 - 7 - 2 列示了三个阶段的区分标准、预期信用损失和利息收入的确认。

(图表 2-7-2)

预期信用损失模型的三个阶段

	第一阶段	第二阶段	第三阶段
金融工具的信用质量	自初始确认以来,信用质量未发生严重恶化	自初始确认以来,信用损失发生严重恶化;没有客观减值迹象	存在客观减值迹象
预期信用损失的确认	12个月的预期信用损失	生命周期的预期信用损失	生命周期的预期信用损失
利息收入的计算基础	账面总额	账面总额	账面净值

这里我们需要理解12个月的预期信用损失和生命周期的预期信用损失。12个月的预期信用损失是指只考虑未来12个月中可能违约所导致合同现金流量的预期短缺金额。生命周期的预期信用损失是指考虑金融工具在生命周期中任何一个时点上的可能违约所导致合同现金流量的预期短缺金额。

简化方法适用于应收账款和应收租赁款的,主体可以作为会计政策选择,始终按照生命周期的预期信用损失确认减值准备。

该征求意见稿同时还规定了初始发行或购入的信用受损金融资产(Purchased or Originated Credit-impaired Financial Assets),预期信用损失,合同条款修改以及核销的确认和计量要求。对于初始发行或购入的信用受损金融资产,主体应当于报告日将初始确认后生命周期预期信用损失累计变动的金额确认为财务状况表上的减值准备,将生命周期预期信用损失变动的金额作为减值利得或损失计入当期损益。在估计预期信用损失时,主体应当考虑信用损失的概率并纳入可获取的最佳信息,包含历史信息、当前状况以及在报告日对未来情形及经济环境的合理和有依据的预测。主体应当按照修改后合同现金流重新计算该金融资产的账面总额,并将账面总额的差异作为合同修改利得或损失计入当期损益。当主体没有合理的预期能够收回该金融资产时,应直接减少其账面价值,核销金融资产的整体或部分。

列报要求主体将利息收入和减值利得或损失分别在损益表和其他综合收益表中单独列示。披露要求包括对金融工具的分类和披露的层次,预期信用损失的金额,信用风险变化的影响等。

附录中定义了术语:12个月的预期信用损失,金融资产和金融负债的摊余成本,信用损失,信用风险评级,信用调整后的实际利率,实际利率法,实际利率,预期信用损失,金融资产的账面总额,生命周期的信用损失,减值准备余额,修正的利得和损失,客观减值迹象,初始发行或购入的信用受损金融资产,金融资产或金融负债的存续期,交易成本等。

　　IASB 之前对预期信用损失模型发布过两份征求意见稿,首个征求意见稿"金融工具:摊余成本和减值"和与 FASB 联合发布的补充文件"金融工具:减值准备"。在所有征求意见稿中,IASB 对于要求估计预期信用损失的信息是一致的,并已载于最新征求意见稿。此外,在所有征求意见稿中,IASB 提出主体应自金融工具初始确认以来确认预期信用损失,损失确认不再依赖于信用损失事件的发生。然而,对于预期信用损失的确认方式,不同征求意见稿提出了不同的减值方法。IASB 注意到从始至终金融资产最初的预期信用损失都会包含在金融资产的定价中。因此,IASB 认为理想化的处理方法是将初始发行或购入金融资产时的预期信用损失体现在金融资产的实际利率中,而将上述定价中未包含的预期信用损失的后续变化确认为利得或损失。因此,IASB 力求反映该最初估计的信用损失和定价之间的关系。IASB 寻求与最初征求意见稿近似的结果,以反映金融资产定价和预期信用损失之间的经济联系,同时克服实务操作中的挑战。

　　(三)预期信用损失模型、当前预期信用损失模型和已发生损失模型的比较

　　IASB 建议的"预期信用损失模型"和 FASB 建议的"当前预期信用损失模型",相对于现行的"已发生损失模型",对金融工具减值的确认和计量有很大的改进。现行准则包括 IAS39 和 GAAP 采用的"已发生损失模型",要求金融工具存在客观减值迹象或损失已发生时(即确认门槛)确认信用损失。确认门槛被认为已经造成信用损失的延迟确认,减少了对信用损失准备金额的计提。IASB 和 FASB 的最新征求意见稿都要求取消确认门槛,建议主体总是需要确认预期信用损失,并且于预期信用损失发生变化时更新预期信用损失。

　　此外,按现行准则确认信用损失时,主体可以只考虑由历史事件及当前状况导致的信用损失,未来可能导致信用发生损失事件的影响则不应予以考虑。IASB 和 FASB 的最新征求意见稿要求主体在对信用损失估计时考虑更广泛的信息。具体来说,主体应当综合考虑历史信息、当前状况及影响预期现金流量收回的合理和有依据的预测,来确认预期信用损失。因此,主体需要考虑与借款人相关的定量和定性因素,包含主体目前对借款人的信用评估。主体也应考虑整体经济状况,并评估当前经济在经济周期中的位置及预期发展方向。

　　FASB 和 IASB 的最新征求意见稿对于取消确认门槛达成一致要求,但是对预期信用损失的确认和计量方式仍有本质的不同。IASB 建议的预期信用损失模型根据信用质量的不同等级分别确认 12 个月的预期信用损失和生命周期的预期信用损失。FASB 建议的"当前预期信用模型"强调当前状态,不因金融工具自初始确认以来信用质量是否恶化而区别对待。FASB 建议的"当前预期信用损失模型"中对预期信用损失的确认与IASB 建议的"预期信用模型"中生命周期的预期信用损失一致。但是,两种模型对于生命周期的预期信用损失的确认的时点有所不同。在"当前预期信用损失模型"下,初始确认时即确认金融工具到期前所有预期信用损失;而"预期信用损失模型"要求在信用风险

显著增加时才确认金融工具到期前所有预期信用损失。另外,IASB还建议对信用质量较高的金融工具采用12个月的预期信用损失的金额确认预期信用损失准备。

然而,FASB建议的"当前预期信用损失模型"和IASB建议的"预期信用模型"拥有共同的特征,即这两种模型都要求对所有金融工具确认预期信用损失,并且要求在估计预期信用损失时使用相同的信息。此外,对于自初始确认以来信用质量严重恶化的金融工具,两种模型确认的预期信用损失金额应当相同。总的来说,IASB建议的"预期信用模型"更加准确求实地反映金融工具减值金额,但操作复杂;FASB建议的"当前预期信用损失模型"更为保守,最大化的计提减值准备,简单有效且反映股东需求。图表2-7-3列示了"预期信用损失模型"、"当前预期信用损失模型"和"已发生损失模型"的相关比较。图表2-7-4描述了各种模型下损失准备金额的确认。

(图表2-7-3)

预期信用损失模型、当前预期信用损失模型和已发生损失模型的比较

	预期信用损失模型	当前预期信用损失模型	已发生损失模型
确认门槛	无确认门槛	无确认门槛	有,存在客观减值迹象或损失已发生
估计信用损失的信息	历史信息,当前状况以及在报告日对未来情形及经济环境的合理和有依据的预测	过去事项的信息,相似资产的历史损失经验,当前状况,合理和有依据的预测以及他们的影响	历史事件及当前状况导致的信用损失
信用损失的确认	根据信用质量的不同等级具体分为三个阶段,其中第一阶段确认12个月的预期信用损失,第二阶段和第三阶段确认生命周期的预期信用损失	初始确认时即确认金融工具整个存续期内的所有预期信用损失	自发生损失事件后确认剩余寿命周期的信用损失
各个类别转移标准	信用质量严重恶化或存在客观减值迹象	无,采用单一减值测试方法	无
利息收入的计量基础	第一阶段和第二阶段为账面总额,第三阶段为账面净额	账面净额	账面总额
损失确认时点	提前、配比	提前	滞后

(图表 2 - 7 - 4)

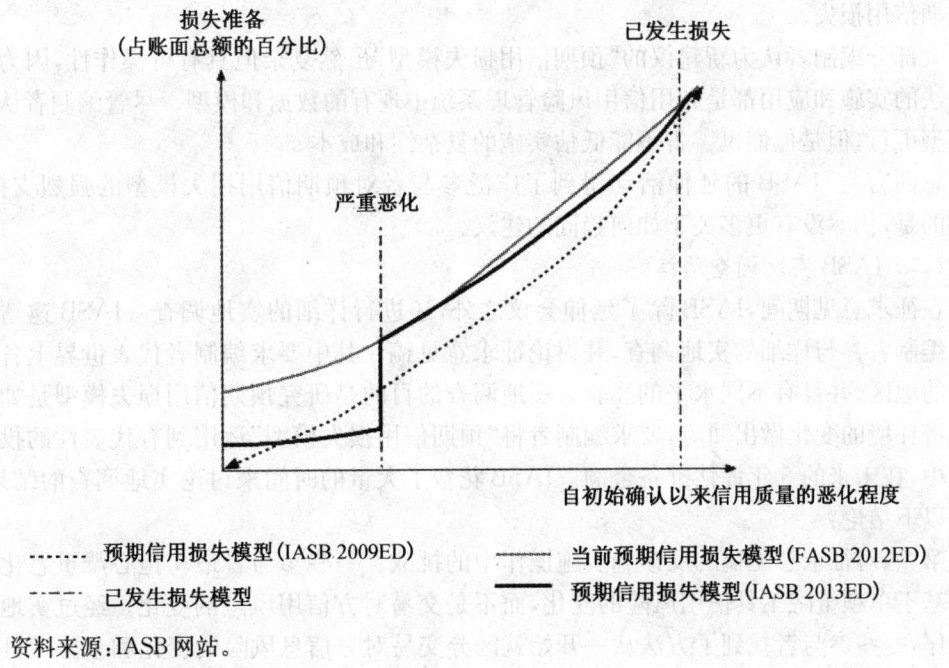

不同模型中损失准备确认的比较

资料来源：IASB 网站。

四、最新征求意见稿的反馈总结

FASB 的最新征求意见稿"金融工具：信用损失"的征求意见期截止于 2013 年 5 月 31 号，IASB 的最新征求意见稿"金融工具：预期信用损失"的征求意见期截止于 2013 年 7 月 5 号。在征求意见期间，IASB 和 FASB 也同时进行实地调查，与各种团体开展延伸活动。IASB 在其 7 月会议中根据 IASB 和 FASB 各自征求意见稿的收到的反馈讨论了 4 份议程文件，包括 IASB 的延伸反馈总结，IASB 的实地调查的延伸反馈总结，IASB 的意见函总结和 FASB 的反馈总结。IASB 和 FASB 通过对反馈意见的共同讨论，希望能促进两种预期信用损失模型更为贴近，最终达到趋同。

（一）IASB 延伸活动总结

延伸活动的目的是为了补充意见函程序，在征求意见期间和大量的利益相关团体互动。IASB 通过多种形式和各种组织机构举行延伸会议，参与者包括来自各国各个地区的编制者、使用者、审计师、国家准则制定者、地方团体和监管者等。

总的来说，大部分参与者在延伸活动中支持 IASB 最新征求意见稿中的建议。他们不支持对所有资产在所有时间确认生命周期的预期信用损失的模型。绝大多数的参与者支持区分金融工具的信用质量是否严重恶化的模型。主要原因有，该模型在贷款的经济性质和"预期信用损失模型"的操作复杂性中找到平衡；与信用风险管理实践紧密结合；提供预期信用损失的有用、相关、及时的信息；只有在信用质量发生恶化时才确认生命周期的预期信用损失。

大部分编制者认为新建议的"预期信用损失模型"虽然复杂但具有可操作性，因为建议方法的实施和应用都是利用信用风险管理系统中现有的数据和模型。尽管编制者认为新模型可行，但是他们也警告不能低估实施的复杂性和成本。

总而言之，IASB 的延伸活动得到了广泛参与者对预期信用损失模型的强烈支持。遗憾的是，仍然没有更多关于如何趋同的建议。

（二）IASB 实地调查总结

在征求意见期间，IASB 除了延伸会议之外，还进行详细的实地调查。IASB 邀请少数的编制者参与详细的实地调查，并讨论征求意见稿。其中要求编制者代表世界上各个主要的地区，并且有不同水平的经验。实地调查的目的是研究预期信用损失模型是如何对经济环境的变化做出回应，要求编制者将"预期信用损失模型"运用到有代表性的投资组合中，在未来的 5 年评估准备金额。IASB 花费了大量的时间来讨论实地调查的结果，得出以下结论：

第一，对征求意见稿的反馈和实施操作中的挑战。一些参与者最初担心严重恶化评估是基于单项金融工具信用风险的变化，而不是交易对方信用风险的变化。经过实地调查程序，一些参与者找到了方法从一开始就区分交易对方信息风险的变化和金融工具信用风险变化的不同。最终不再担心这方面的疑虑。另外，参与者支持包含前瞻性信息的目标，因为这与在"预期信用损失模型"中确认减值准备十分相关。

第二，"预期信用损失模型"和 IAS 39 中"已发生损失模型"的反应性比较。IASB 要求参与者分别按照 IAS 39 和新征求意见稿估计减值准备余额。参与者发现"预期信用损失模型"对经济条件的变化比已发生损失模型更具有反应性。

第三，对减值准备余额的定向影响。几乎所有参与者观察到减值准备余额在过渡阶段和整个经济循环期间显著地增加。其中包括对非抵押投资组合和抵押投资组合的分析。

实地调查仍有一部分结果没有最终得出，IASB 将在 9 月会议上对实地调查的结果进行全面的分析。

（三）IASB 意见函总结

绝大多数的反馈者支持征求意见稿中的建议，认为其合理的平衡了金融工具信用损失的公允反映和生产相关信息的成本。大多数反馈者详细说明了他们同意在初始发行或购入时将最初的预期信用损失包含在金融资产的定价中，也支持信用质量的恶化决定预期信用损失确认的范围。同时许多反馈者也提出了应用问题和疑虑。

支持"预期信用模型"的原因主要有，该模型更加及时地确认预期信用损失，对 IAS 39 中的延迟确认进行批评；当信用严重恶化时，该模型通过确认生命周期的预期信用损失反映了信用损失最初估计值变化引起的经济损失;紧密结合信用风险管理实践,利用现有的程序、模型和数据;与 IAS 39 相比,具有前瞻性且更能对宏观经济条件的变动作出及时反应;能避免过多过早的确认预期信用损失。

少数反馈者,包括一些监管者、编制者和财务报表的使用者,不支持建议的模型,也提出了他们的反对的原因:该模型没有达到提供金融工具有效收益信息的目标;因为前瞻性评估和严重恶化评估的合并,比起"已发生损失模型",该模型更要求判断力;自初始确认以来无论是否发生严重恶化都需要评估,增加了模型的复杂性;管理层和审计师很难去确认信息的可靠性和支持性。需要说明的是,这些少数反馈者同样反对自初始确认以来总是确认生命周期的预期信用损失。图表 2-7-5 列示了反馈者对 IASB 最新征求意见稿的赞成和反对的观点。

(图表 2-7-5)

"金融工具:预期信用损失"的意见函简要汇总

	赞成观点	反对观点
12 个月的预期信用损失	大多数反馈者接受 12 个月的预期信用损失,且有能力用不同的方法计算	一些反馈者担心违约的概率不容易确定,要求说明可以使用的其他方法
信用质量的严重恶化	绝大多数反馈者支持确认生命周期的预期信用损失的标准	反馈者提出了一些具体的问题和疑虑
低信用风险的简单化	大多数反馈者(包括持有基本债务工具的保险公司和非金融主体)强烈支持这种实践性的方法帮助他们应用模型	很多反馈者提出问题和疑虑,包括投资等级在某些情况下与严重恶化原则冲突
30 天可推翻的假定	大多数反馈者同意如果逾期 30 天金融工具应当被认为严重恶化的假定可推翻	一些反馈者认为应该有一条明显的分界线,担心在某些情况下会与严重恶化原则不符
折现率	大多数反馈者相信金融工具的实际利率折现损失准备,而不是其他利率	没有具体问题,但是很多反馈者评论该事项
利息收入	绝大多数反馈者同意第三阶段的金融资产的利息收入应当以账面净额为基础	大多数反馈者更倾向于非应计利息收入,这与监管者的要求一致
披露	大多数反馈者同意披露的目标;一些反馈者支持披露的水平,认为详细披露十分重要	大多数反馈者担心披露要求过多,建议披露以原则为基础,考虑更多与信用风险管理一致的披露
生效日	大多数反馈者表明他们需要 3 年时间来实施建议的要求	
过渡安排	大多数反馈者同意过渡安排,但是要求额外的说明	

（四）FASB 反馈总结

FASB 通过多种方法取得对最新征求意见稿的反馈，包括投资者会议，实地调查和意见函。FASB 通过会议得到来自 70 名分析师和投资者关于如何提高信用损失对投资者利益的反馈意见；安排了 17 次实地调查收集编制者对"当期信用损失模型"可操作性的反馈意见；收到了来自编制者和其他利益相关团体的 362 份意见函。FASB 总结所有的反馈意见归纳于一份文件中。

FASB 发现投资者和其他使用者与编制者的观点有显著的不同。绝大多数投资者和其他使用者希望模型能确认全部的预期信用损失。而大多数编制者则希望模型仅确认一部分预期信用损失，或者是保留确认门槛，在发生损失事件时才确认全部预期信用损失。编制者通常认为"当前信用损失模型"是可操作的，同时也注意到在实施和应用模型中需要大量成本。图表 2 - 7 - 6 列举了投资者和编制者对当前信用损失模型的相关事项的不同观点。

（图表 2 - 7 - 6）

投资者和编制者对当前信用损失模型的观点列举

	投资者	编制者
损失确认的时间和金额	在初始确认时即确认全部预期信用损失	虽然认为生命周期的预期信用损失是可操作的，但是不赞同"当前预期信用损失模型"
评估损失时需要考虑的信息	过去、现在、合理和有依据的预测	过去、现在、合理和有依据的预测
购入的信用已损失资产的方法	一致同意以总额列报资产和减值准备；一部分投资者建议该方法应用至全部购入的资产	大体上支持该方法，同时有一部分编制者建议可以推广至所有购入的资产
以公允价值计量且其变动计入其他综合损益的金融资产的方法	一些投资者支持信用减值的单一模型，另一些投资者认为是否需要一个通过净损益确认信用损失的单独模型	大部分不赞同该方法
非应计	控股银行使用非应计项目，支持将其扩展到所有主体	一部分编制者认为非应计规范不应当添加入美国 GAAP，另一部分编制者认为可以包括但是建议做某些修改
披露	对信用损失更多的充分披露	无

五、展望和启示

在后金融危机时代,IASB 和 FASB 对金融工具减值模型的探索已经走过了 5 个年头。从最初的独立研究到之后的联合发布,再到现在就各自征求意见稿收到的反馈意见共同商讨,IASB 和 FASB 追求金融工具减值准则的协调与趋同从未止步。作为国际上会计界一个重要和热点的问题,金融工具减值的趋同势在必行,不仅有利于国际金融市场的发展和成熟,还对金融工具大行其道的全球经济有一定的影响。IASB 和 FASB 在各自最初的征求意见稿中就提出用预期的信用损失估计金融工具的减值金额,预期信用损失对已发生损失的替代在一定程度上解决了金融工具在金融危机中暴露的问题,预期信用损失的概念也逐渐被广泛接受。然而,如何确认和计量预期信用损失,IASB 和 FASB 一直存在不同的观点,最终导致 IASB 和 FASB 分别就各自的模型发布了最新的征求意见稿。由两份最新征求意见稿的名称"金融工具:预期信用损失"和"金融工具:信用损失"就可以看出 IASB 和 FASB 对预期信用损失足够重视,专门发布征求意见稿就预期信用损失的确认、计量、列报和披露向公众征求意见,渴望能制定出统一、完整、被广泛认同的金融工具减值模型。IASB 提出的"预期信用损失模型"和 FASB 提出的"当前预期信用损失模型"的主要区别是两者对金融工具预期信用损失的确认时点和金额不同。IASB 区分信用质量是否恶化以求更加匹配、准确地估计预期信用损失,而 FASB 则更为保守,以单一减值测试的方法比较提前的估计预期信用损失,力求简单、安全,满足投资者的要求。

IASB 和 FASB 发布新征求意见稿的时间间隔不久,且两者的征求意见期有短期的重合,正好为编制者、专业组织机构、会计师事务所、使用者和监管机构等反馈者提供新模型对比、分析和选择的机会。FASB 因此还特地延长了征求意见期间,使反馈者有充分的时间阅读和理解双方的征求意见稿,最终得出一个谨慎、客观的判断。在征求意见结束后,IASB 和 FASB 在 IASB 的 7 月会议中共同讨论了双方各自收到的反馈意见,包括延伸反馈总结、实地调查总结和意见函总结。虽然会议内容丰富,IASB 和 FASB 就反馈意见做了讨论分析并交换相互意见,但是最终仍没有达成一个共同的决定。综合反馈意见认为,IASB 的"预期信用损失模型"在理论上更符合金融工具减值的实质要求,但同时为达到公允和准确在实际操作上存在难运行和高成本的问题;FASB 的"当前预期信用损失模型"普遍获得易于操作的好评,但反馈者对其单一的减值测试方法存在较大疑虑。FASB 更多地从投资者的角度出发修改"当前预期信用损失模型",因此也获得了大多数投资者对该模型的支持。而编制者更青睐于 IASB 的"预期信用损失模型",同时建议在实际操作上进行可行性改进。大部分反馈者会同时针对两份征求意见稿提出自己的见解,这能清楚明了的反映两个模型的优胜劣汰,为 IASB 和 FASB 在今后模型的改进上提供反馈指引。

我国金融工具准则的发展和金融市场建设都尚未成熟,轻易引进金融工具减值的会计实务只会给金融工具会计准则体系带来冲击,也会对不完善金融市场增加压力。金融工具减值问题向来是会计准则制定中的难题,IASB 和 FASB 多年的研究仍未能达成共识,因此我们更应当谨慎的对待预期信用损失模型。首先,我国的金融企业、上市公司和监管部门等在实务中常会遇到金融工具减值问题,他们的意见考虑了我国金融市场的实际情况,因此具有参考意义。其次,预期信用损失模型更加重视会计监管,我们必须坚持会计监管的独立性,同时提高专业性和权威性。再次,我们应当积极参与国际上对金融工具减值的研究工作,结合我国金融机构的实际运作研究国际准则,并适时启动金融工具相关准则的修订。

主要参考文献

财政部:《〈国际财务报告准则第 9 号——金融工具:减值〉征求意见稿》简介(2013 年)。

郑伟:"预期损失模型缺陷与会计监管独立性问题研究",《会计研究》,2010 年第 5 期。

IASB, Exposure Draft, "Financial Instruments: Expected Credit Losses", March 7, 2013.

IASB, "Snapshot : Financial Instruments: Expected Credit Losses", March 2013.

IASB, Staff Paper, "Financial Instruments: Impairment——Comment Letter Summary", July 2013.

IASB, Staff Paper, "Financial Instruments: Impairment——Outreach Feedback Summary", July 2013.

IASB, Staff Paper, "Financial Instruments: Impairment——Outreach Feedback Summary—Fieldwork", July 2013.

FASB, Exposure Draft, "Financial Instruments—Credit Losses", December 20, 2012.

FASB, Memorandum, "Accounting for Financial Instruments: Impairment—Feedback Summary", July 2013.

8. 套期会计的历史演变、最新进展与启示

一、引言

随着市场经济的深入发展和企业经营全球化程度的加深,衍生金融工具已成为企业经营管理活动的一项重要工具。企业运用衍生金融工具主要有两个目的:(1)通过投机来获取风险收益;(2)通过套期交易以规避风险。传统概念的套期保值是指买进(或卖出)与现货数量相等但交易方向相反的期货合约,以期在将来某一时间通过平仓获利来抵偿因现货市场价格变动带来的实际价格风险。作为套期活动的产物,套期会计也于 20 世纪 70 年代产生并迅速发展。

美国是全球金融创新的集中地,套期保值业务起步较早,美国财务会计准则委员会(FASB)在其 1975 年发布的第 8 号财务会计准则公告"外币交易和外币财务报表折算会计"(SFAS 8)中最先提出了套期会计的概念。之后,又相继发布了与套期会计相关的两项会计准则,分别为 1981 年发布的第 52 号财务会计准则公告(SFAS 52)"外币交易准则"和 1984 年发布的第 80 号财务会计准则公告(SFAS 80)"期货会计"。但是以上准则本身存在内容相互冲突、准则之间缺乏一致性的问题,为此,FASB 在 1992 年至 1998 年之间长达 6 年多的时间里,对套期会计相关的各种问题进行了探讨,最终于 1998 年 6 月发布了第 133 号财务会计准则公告(SFAS 133)"衍生工具和套期活动的会计处理"。SFAS 133 是一个全面阐述套期会计的综合性会计准则,它使得 SFAS 52 的相当部分段落被修改,SFAS 80 则被整体性替代,因此,美国对套期保值业务的会计规范主要是以 SFAS 133 为基础。

为了协调各国金融工具会计实务的需要,国际会计准则委员会(IASC)于 1988 年开始对套期会计进行系统研究,着手金融工具会计准则的制定问题。1990 年 11 月 IASC 筹划委员会(Steering Committee)发布了一份"关于金融工具的原则公告"(Statement of Principles on Financial Instruments),其中讨论了套期会计的相关问题,该公告成为 IASC 处理金融工具确认、计量和披露的基础。之后,IASC 相继发布了两份综合性的征求意见稿,分别是 1991 年 9 月的第 40 号征求意见稿(ED 40)"金融工具"和 1994 年 1 月的第 48 号征求意见稿(ED 48)"金融工具"。ED 40 全面回应了金融工具引起的诸多问题,并对其确认、计量、列报与披露等基本程序都做了相关规定;而 ED 48 对 ED 40 所作的主要改变是对金融资产与金融负债作进一步分类,并在分类的基础上讨论后续计量问

题。在经历了 1988 年至 1994 年的 6 年时间的讨论与研究,IASC 在准则出台方面几乎是"颗粒无收",于是在 1994 年 11 月,IASC 决定将金融工具项目分成两个阶段:(1)对争议较少的金融工具列报与披露部分,尽快形成一份国际会计准则单独对外发布;(2)对备受争议的金融工具的确认与计量,待以后更深入的研究。因此,1995 年 6 月,IASC 发布了第 32 号国际会计准则(IAS 32)"金融工具:披露与列报",该准则对资产负债表内已确认金融工具的列报和表内已确认与表外未确认金融工具的披露等方面作出规范,意味着第一阶段大体完成。为了完成第二阶段的工作,IASC 于 1997 年 3 月发布了一份综合性讨论稿(DP)"金融资产与金融负债的会计处理",该讨论稿不仅提出了金融工具确认、计量、列报以及套期会计等一系列会计处理的全面基本原则,更创造性地提出了全面公允价值计量模式。但是,大量评论者对全面公允价值计量模式的技术性问题、公允价值的可靠性等问题表示了担忧,IASC 不得不广泛举行公开会议以对提出的问题进行大量讨论。然而,IASC 对证券委员会国际组织(IOSCO)作出的在 1998 年底之前完成包含金融工具确认与计量的"最低核心准则"的承诺期限将至,为此,1997 年 11 月,IASC 决定再分两个阶段推进:(1)在 1998 年完成一项过渡性的金融工具确认和计量准则;(2)与各国准则制定机构合作,组建金融工具准则制定的国际性联合工作组(The International Financial Instruments Joint Working Group of Standard Setters,简称 JWG),共同制定一份综合性、促进国际协调的国际会计准则。于是,在讨论稿的基础上,IASC 于 1998 年 6 月发布了第 62 号征求意见稿(ED 62)"金融工具:确认和计量",并在稍微修改的基础上,于 1998 年 12 月正式发布了第 39 号国际会计准则(IAS 39)"金融工具:确认与计量",成为当时国际上第二个关于金融工具的准则,套期会计作为其中一部分得到了规范,新规定的第一阶段任务完成。JWG 虽然于 2000 年 12 月发布了"金融工具与类似项目:准则草案和结论基础",但是,该准则草案对套期会计相关问题采取回避的态度,完全避而不谈,套期会计准则改进的重任就落在了 IASC 改组后的国际会计准则理事会(IASB)身上。

2008 年国际金融危机爆发后,简化套期会计的呼声日益强烈。同时,为了响应二十国集团(G20)峰会和金融稳定理事会(FSB)建立全球统一的高质量会计准则的倡议,FASB 和 IASB 加快了套期会计准则趋同的修订步伐。其实早在 2002 年 10 月,FASB 与 IASB 就已联合发布了"诺沃克协议"(Norwalk Agreement),承诺共同制定适用于国内公司和跨国公司财务报告的高质量、可比会计准则,标志着它们朝会计准则趋同的正式承诺迈出了重要一步。2006 年 2 月,两者又发布了一份谅解备忘录"2006-2008 IFRSs 与美国 GAAP 趋同路线图"并于 2008 年对其进行了更新,该谅解备忘录着重研究了公允价值的计量与公允价值选择权的相关问题,其目标是改进 FASB 和 IASB 各自的多项会计准则并实现它们的趋同。2008 年 3 月,两者又发布了一份综合讨论稿(DP)"减少金融工具报告复杂性",旨在简化金融工具财务报告准则并提高其质量,其中包含了对套期会计准则的改进。

而从近几年 FASB 单方面的努力看,FASB 于 2007 年 2 月发布了第 159 号财务会计准则公告(SFAS 159)"金融资产和金融负债的公允价值选择权",允许主体对当前准则没有要求采用公允价值计量的许多金融工具和其他特定项目使用公允价值计量,即主体拥有公允价值选择权。紧接着,FASB又于2008年6月发布了征求意见稿"套期会计——对第133号准则的修订",该《征求意见稿》较大地简化了套期会计的相关规定,从而对套期会计的可操作性有了一定程度的改善。在考虑了2008年征求意见稿的反馈意见后,FASB于2010年5月发布了综合性的修改建议文件,即会计准则更新"金融工具会计及对衍生工具会计和套期活动会计的修订——金融工具(Topic 825)和衍生金融工具与套期(Topic 815)",而会计准则汇编(ASC)Topic 815确立了当前美国公认会计原则(GAAP)关于套期会计的内容。另外,从IASB方面看,IASB在IAS 39之后虽然也对套期会计的相关规定进行了修订,但只是对个别问题的修修补补,使该项准则修订虽然历时多年却几无实质性的进步。然而,站在全面再检讨的角度,IASB于2010年12月还是发布了征求意见稿"套期会计"(ED/2010/13),该征求意见稿是作为国际财务报告准则第9号(IFRS 9)"金融工具"中关于套期会计的阶段成果而发布的,最终的终稿将会替代IAS 39中的套期会计的内容,对套期会计相关问题做出了较好的完善。此后,为了更好地实现套期会计准则的趋同,FASB又于2011年2月发布了一份"关于套期会计的若干问题"的讨论稿,该讨论稿包含了IASB于2010年发布的征求意见稿,并就其中的相关规定征求各方的意见。基于2010年12月发布的征求意见稿以及在重新审议征求意见稿过程中作出的意向性决定,IASB于2012年9月发布了一份员工草案(Staff Draft)"IFRS 9第6章:套期会计",该员工草案并非官方应循程序文件,其旨在说明IASB的立场,并使利益相关方能够熟悉该文件。但是,相关的"宏观套期"(Macro Hedging)会计主题并未纳入该员工草稿,因此,IAS 39现行关于利率风险的投资组合公允价值套期的要求仍将适用。

二、IAS 39与SFAS 133关于套期会计主要方面的比较

（一）套期会计的定义

美国虽然是最早发布套期会计公告的国家,但对于套期会计,SFAS 133并没有给出明确的定义。IAS 39的第85段虽然指出套期会计应该对称地确认对套期工具和被套期相关项目公允价值变动形成的净利润(或亏损)产生的抵销影响,但实际上,它也回避了套期会计的定义问题。

（二）套期工具与被套期项目

两者关于套期工具的观点没有实质的差别。SFAS 133直接指定金融衍生工具作为套期工具,如期货、远期合约、利率互换等,而对外汇风险的套期,非衍生金融工具也可以作为套期工具。IAS 39也对非衍生金融工具作为套期工具进行了限制,指出非衍生金融资产或负债只有在其是对外币风险进行套期时,才能在套期会计中被指定为套期工具;而非衍生金融工具在符合特定的5个条件时可以作为套期工具。

关于被套期项目，SFAS 133 与 IAS 39 的相关规定也是类似的，它们指出，被套期项目是指已确认的资产或负债、未确认的确定承诺或未确认的预期交易，可以是一项资产或负债、确定承诺或预期交易，一组具有类似风险特征的资产、负债、确定承诺或预期交易，也可以是其中的一部分。但是，下列两类项目不能作为被套期项目：(1)净头寸总额；(2)集团内的各公司或公司内的各个部门之间进行的套期交易。

（三）套期关系的分类及指定

SFAS 133 和 IAS 39 对套期关系类型的规定是相同的，包括公允价值套期、现金流量套期和国外主体净投资套期。公允价值套期是指对已确认资产或负债或这些资产或负债中可辨认部分的公允价值变动风险的套期；现金流量套期是指对现金流量变动风险的套期；国外主体净投资套期是指针对国外主体净投资面临的外汇风险所做的套期。然而，两者对套期关系相关规定的内涵并不完全一样，体现在如下两方面：(1)在确定承诺的归类方面，SFAS 133 规定主体可以将其按公允价值套期会计核算，也可以按现金流量套期会计核算；而 IAS 39 指出应该将其归入现金流量套期。(2)关于非金融资产或负债在套期会计中的使用，SFAS 133 规定其使用范围包括公允价值套期、现金流量套期及国外主体净投资套期；而 IAS 39 规定其使用限于未确认外币确定承诺和国外主体净投资套期，公允价值套期和现金流量套期不包括在内。

SFAS 133 规定在以下 3 种条件下，主体才能按套期会计进行处理：(1)在套期开始时有正式的书面记录，包括对套期关系及主体进行此项套期行为的风险管理目标和策略的描述；(2)该套期预期能够有效地抵销公允价值或现金流量变动，并与主体的风险管理策略一致；(3)套期的有效性能够可靠地计量，主体应对套期的有效性进行持续评价，且确保套期在整个报告期内均有效。

IAS 39 规定了套期关系按照套期会计进行核算的 5 个条件：(1)在套期开始时有正式的文件，涉及套期关系及主体进行此项套期活动的风险管理目标和策略。(2)套期预期能够抵销公允价值变动或可归属于被套期风险的现金流量的变动，并与最初在文件中为特定套期关系而制定的风险管理策略是一致的。(3)对于现金流量套期，套期中的预期交易必须是很可能会发生的，且必须存在最终可能影响报告净利润(或亏损)的现金流量变动风险；(4)套期的有效性能够可靠地计量；(5)套期应以持续的基础进行评价，并切实地确定在整个报告期内套期是很有效的。

（四）套期有效性的评估

IAS 39 在规定评估套期有效性的方法时指出，如果在套期开始时和整个持续期间内，主体可以预期被套期项目的公允价值或现金流量变动几乎全部可由套期工具的公允价值或现金流量变动抵销，且实际比例在 80% 至 125% 的范围内，则该项套期通常被认为是有效的。SFAS 133 在评估套期在开始时的有效性时也作出了相同的规定，但并未要求使用该比例评估套期存续期间的有效性。

（五）套期会计核算

IFSR 133 与 IAS 39 对套期会计核算方法的规定实质上是相同的，都分别从公允价值套期、现金流量套期、国外主体净投资的套期进行说明。

1. 公允价值套期

IFSR 133 与 IAS 39 均规定：(1)以公允价值重新计量套期工具形成的利得或损失应立即在损益中确认；(2)可归属于被套期风险的被套期项目的利得或损失，应调整被套期项目的账面价值，并立即在损益中予以确认。

2. 现金流量套期

IAS 39 的相关规定指出：(1)套期工具利得或损失属于有效套期的部分，应通过权益变动表直接在权益中确认。(2)套期工具利得或损失中属于无效套期的部分，如果套期工具是衍生金融工具的，立即计入损益。如果套期工具不是衍生金融工具的，为交易而持有的金融资产或金融负债形成的利得或损失，应计入形成当期的损益；可供出售的金融资产形成的利得或损失可以计入当期损益，也可以在该资产被转让、收回、处置或减值之前，通过权益变动表直接在权益中确认，而在被转让、收回、处置或减值之时，以前在权益中确认的累积利得或损失应计入当期损益。(3)被套期的确定承诺或预期收益在实际发生时，如果导致资产或负债的确认，在确认资产或负债时，应将在权益中直接确认了的相关利得或损失从权益中转出，计入该资产或负债初始购置成本或其他账面价值，并于之后该资产或负债影响损益时计入损益；如果不确认资产或负债，已在权益中确认的金额应在与被套期确定承诺或预期交易影响损益的同一个或几个期间计入损益。SFAS 133 将第(2)点套期工具利得或损失中属于无效套期的部分直接计入当期损益；另外，对预期收益发生时取得资产或负债的套期，套期工具的损益在取得资产或负债的当期，仍保留在权益中，而不计入该资产或负债初始购置成本或其他账面价值。

3. 国外主体净投资套期

两者对国外主体净投资套期核算都规定与现金流量套期的核算方式类似，即(1)套期工具利得或损失属于有效套期的部分，应通过权益变动表直接在权益中确认。(2)套期工具利得或损失中属于无效套期的部分，SFAS 133 指出应该直接计入当期损益，而 IAS 39 指出应该按照套期工具是否是衍生金融工具分开核算，如果套期工具是衍生金融工具，应立即计入损益；如果是非衍生金融工具，应该按国际会计准则第 21 号"外汇汇率变更的影响"第 19 段的规定报告。

（六）披露

SFAS 133 与 IAS 39 对于套期会计的披露要求也基本相同，具体包括如下方面：(1)描述主体财务风险管理目标和政策，包括其对每类主要类型的预期交易进行套期的政策；(2)单独地披露指定的公允价值套期、现金流量套期和国外主体投资套期的具体内容；(3)披露套期的损益处理。

通过上述比较，我们将 SFAS 133 与 IAS 39 关于套期会计的联系与区别整理成图表 2-8-1，以便更直观的反映。

(图表 2-8-1)

IAS 39 与 SFAS 133 关于套期会计的比较

项目	异同	IAS 39	SFAS 133
定义	相同	无明确定义。	
套期工具	相同	(1)符合条件的衍生金融工具。 (2)对外币风险进行套期时的非衍生金融工具。	
被套期项目	相同	允许： (1)已确认的资产或负债。 (2)未确认的确定承诺。 (3)未确认的预期交易。 禁止： (1)净头寸总额。 (2)集团内的各公司或公司内的各个部门之间进行的套期交易。	
套期关系类型	相同	分类： (1)公允价值套期。 (2)现金流量套期。 (3)国外主体净投资套期。	
	区别	(1)确定承诺的归类：现金流量套期。 (2)非金融资产或负债的使用范围：未确认的外币确定承诺和国外主体净投资套期。	(1)确定承诺的归类：公允价值套期或现金流量套期。 (2)非金融资产或负债的使用范围：公允价值套期、现金流量套期及国外主体净投资套期。
套期会计指定	相同	条件： (1)在套期开始时有正式的书面记录，包括对套期关系及主体进行此项套期行为的风险管理目标和策略的描述。 (2)该套期预期能够有效地抵销公允价值或现金流量变动，并与主体的风险管理策略一致。 (3)套期的有效性能够可靠地计量，主体应对套期的有效性进行持续评价，且确保套期在整个报告期内均有效。	
	区别	(4)对于现金流量套期，套期中的预期交易必须是很可能会发生的，且必须存在最终可能影响损益的现金流量变动风险。	无此条件。

（续表）

项目	异同	IAS 39	SFAS 133
套期有效性	相同	评估方法	
	区别	适用范围:在套期关系成立时和整个持续期间内。	适用范围:在套期关系成立时。
套期会计核算	相同	(1)公允价值套期。 (2)现金流量套期中套期工具利得或损失属于有效套期的部分。 (3)国外主体净投资套期中套期工具利得或损失属于有效套期的部分。	
	区别	(1)现金流量套期中套期工具利得或损失属于无效套期的部分。 (2)现金流量套期中对预期收益发生时取得资产或负债的套期会计核算。 (3)国外主体净投资套期中套期工具利得或损失属于无效套期的部分。	
披露	相同	(1)描述主体财务风险管理目标和政策,包括其对每类主要类型的预期交易进行套期的政策。 (2)披露指定的公允价值套期、现金流量套期和国外主体净投资套期的具体内容。 (3)披露套期的损益处理。	

三、IAS 39 中关于套期会计存在的一些问题

（一）套期会计存在利润操纵空间

1. 公允套期会计和现金套期会计区分界限不清晰

公允价值套期和现金流量套期虽然概念明显不同,但是两种套期的界限在实际操作过程中有时并不太清晰,针对同一个业务,有时可以指定为现金流量套期,有时又可以指定为公允价值套期。根据 IAS 39 规定,对确定承诺的外汇风险进行的套期,主体可以作为现金流量套期或公允价值套期处理。如果归属于前者,则套期浮动盈亏记入当期损益,影响当期利润;如果归为后者,则套期浮动盈亏记入资本公积,影响所有者权益。而到底归属于哪类类取决于主体风险管理的策略以及主体管理者的意图。

2. 主体对套期关系的指定具有选择权

IAS 39 规定,在套期开始时,主体应该准备关于套期关系、风险管理目标和套期策略的正式书面文件。在实务中,主体可以有选择地指定套期关系。对于同样的交易,可指定不同的套期关系,从而运用不同的会计处理方法,得到不同结果。针对相同的衍生金融工具和被套期对象,IAS 39 在针对套期关系的选择方面没有限定,从而使得主体对相同的套期保值业务能够在会计处理上有很大的控制余地和自主性进行利润操控。

3. 主体对套期初始及持续有效性的评价依赖于主观判断

IAS 39 规定,高度有效性的条件是实际抵销结果的数量标准在 80% 至 125% 的范围内。但首先,由于缺乏科学的评价体系和动态跟踪评价制度,主体在实际操作中难以真正、持续地对有效性进行评价并确保某项套期在套期关系指定的会计期间内高度有效,仅仅是根据自己的主观判断来认定套期的有效性。其次,套期会计准则并未明确提出当实际抵销结果超出 80% 至 125% 的范围时,是立即终止按照套期保值会计处理还是超出范围若干次之后再终止。套期工具大都是衍生金融工具,其公允价值处于动态变化中,有可能超出这一数量标准后短时间内又回到 80% 至 125% 范围内。针对这种情况不同主体可能根据自己的需要选择终止套期会计处理的时点。

（二）对预期交易进行套期会计处理的问题

1. 对预期交易运用套期会计有待商榷

对于预期交易使用套期会计和会计报表只能涉及过去的交易或事项的原则存在着矛盾。套期用来处理未来不确定性,但是,会计报表的基本目的是在于反映主体已确认资产和负债的价值及其变化。如果将套期会计运用于预期交易,就暗示着:预期交易在会计报表上提前得到反映,并承认其已经实际发生,显然这是不恰当的。

2. 预期交易的基差调整问题

目前会计上实行的权责发生制,而对预期交易套期的基差调整,有悖于这一原则。套期是为了反映管理当局对风险敞口的管理,基差调整将套期期间发生的利得或损失反映在预期交易执行后各期,导致套期活动与套期损益缺少因果配比,也影响交易执行后各期损益配比。

（三）套期会计执行中的成本问题

IAS 39 被认为是历史上最复杂的会计准则,其详尽的会计规范、复杂的处理方法都使得主体实施难度大、成本高。同时,套期工具的推陈出新、套期方案设计和交易的复杂性,使套期有较高的技术含量。为减少主体操纵利润的可能性,限制主体运用套期会计方法的随意性,套期会计准则对套期会计方法的运用条件、会计处理等作了详尽而严格的规定,这难免会增多主体财务处理环节,增大主体财务处理难度,提高主体的执行成本。

（四）套期会计无法充分反映金融机构的风险管理活动

巴塞尔委员会认为,IASB 面临的主要问题是 IAS 39 套期会计方法无法与大多数银行的银行账户套期活动保持一致。具体表现在如下方面:

银行通常会对净利差进行套期,而为了运用 IAS 39 套期会计方法对利率风险套期活动进行会计处理,银行必须将它们的套期活动分类为公允价值套期或现金流量套期,并将有关的金融资产和负债分成两种方法所要求的组合。这样,为了会计目的而实施 IAS 39,银行利率风险的管理系统也不得不考虑固定利率金融资产和负债的公允价值套期,以及浮动利率金融资产和负债的现金流量套期。同时,IAS 39 不允许银行内部的金融工具作为套期工具,银行不得不寻找并使用外部的衍生金融工具作为套期工具。这将削弱银行抵销内部出现风险的能力,导致外部交易增加,也会给银行利润产生一定的负面影响。

目前许多国家或银行倾向于在宏观的基础上或者在组合的基础上进行套期。而会计准则制定者认为,制定能避免银行进行利己选择的宏观准则不是件容易的事,因此,只有满足特定的条件才允许在宏观上使用套期会计。

四、IASB 征求意见稿(2010)对套期会计的变更动态

(一)首次建立套期会计目标和一般套期会计新模型

1. 套期会计目标的建立

IAS 39 规定,套期就会计角度而言,是指指定一项或多项套期工具,使其公允价值变动能全部或部分抵销被套期项目的公允价值或现金流量变动。不难发现,IAS 39 中套期会计的意义侧重于会计处理规则的需要,主要目标是消除会计处理的差异,却绕开了套期和风险之间的关系问题。而征求意见稿(2010)首次明确提出套期会计的目标:在财务报表上反映主体风险管理活动的影响,风险管理活动是主体使用金融工具来管理由特定风险引起的能够影响损益的敞口。套期会计目标的提出旨在帮助投资者更好地了解主体的风险管理活动,评估未来现金流量的金额、时间和不确定性,并且有助于使套期会计准则的制定由"规则导向"转变为"原则导向",以便达到简化准则,降低准则执行成本的目的。

2. 一般套期会计新模型的建立

由于套题会计目标的提出,使套期会计的中心转移到满足投资者更好地了解主体的风险管理策略的要求,征求意见稿(2010)同时提出了一个新的套期会计模型(如图表 2 - 8 - 2 所示),它旨在把会计和风险管理活动联系起来。新建的模型把从管理层角度使用内部信息来进行风险管理和从会计角度反映有关利得和损失的确认时点的风险管理问题联合了起来。这个模型的建立将会提供给投资者更多的信息,也将会使主体在运用套期会计时把有关风险管理的信息作为基础。

(图表 2 - 8 - 2)

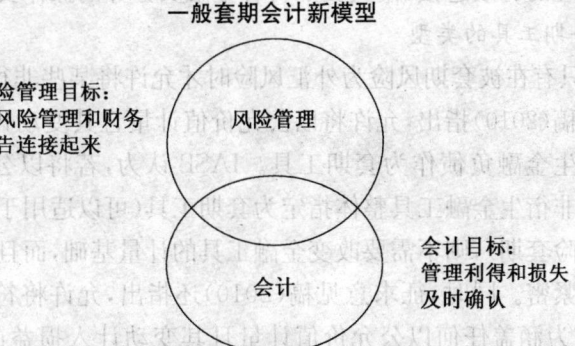

一般套期会计新模型

（二）增加了被套期项目的类型

1. 运用衍生工具对衍生工具进行套期

IAS 39 规定,衍生金融工具只允许作为套期工具,而不能制定为被套期项目。征求意见稿(2010)指出风险敞口和衍生金融工具的组合可被共同指定为被套期项目。根据该建议,在实务中可运用一项衍生金融工具对包含另一项衍生金融工具的汇总风险敞口进行套期。

2. 允许对风险组成部分进行套期

IAS 39 规定,金融工具中符合条件的风险组成部分都可以指定为被套期项目,而非金融工具中只有外汇风险满足条件时可以指定为被套期项目。征求意见稿(2010)统一了有关金融项目和非金融项目中符合条件的风险组成部分的要求,指出,只要风险组成部分满足可单独辨认以及可单独计量的条件,都可以被指定为被套期项目。

3. 允许对项目组进行套期

IAS 39 对项目组套期规定了严格的条件:要求对具有类似风险特征的资产或负债组合进行套期时,该组合中的各项资产或负债应当同时承担被套期风险,且该组合内各单项金融资产或负债由被套期风险引起的公允价值变动,应当预期与该组合由被套期风险引起的公允价值变动基本成比例。征求意见稿(2010)放宽了对项目组套期的条件:(1)项目组内的项目从单独来看都是符合条件的;(2)项目组内的项目是为了风险管理目标而组合在一起的;(3)为了现金流量套期会计的目标,任何项目组内被套期项目现金流量的抵销会暴露被套期风险并只在相同的报告期内影响损益。满足上述条件时,可以将项目组指定为被套期项目。

4. 允许对净头寸进行套期

IAS 39 规定,不允许将净头寸作为被套期项目。征求意见稿(2010)指出,允许净头寸作为被套期项目,当主体对影响损益表内不同单列项目的净头寸进行套期时,计入损益的任何套期工具利得或损失必须在不同于被套期项目的单列项目中列报,该建议提升了会计信息与风险管理的有效连接,使其更加符合金融实务界的操作要求。

（三）增加了套期工具的类型

IAS 39 规定,只有在被套期风险为外汇风险时才允许将某些非衍生金融工具作为套期工具。征求意见稿(2010)指出,允许将以公允价值计量且其变动计入当期损益的非衍生金融资产及非衍生金融负债作为套期工具。IASB 认为,若将以公允价值计量且其变动计入当期损益的非衍生金融工具整体指定为套期工具(可以适用于一切风险的套期,而不仅局限于外汇风险套期),则不需要改变金融工具的计量基础,而且与 IFRS 9 的分类模型将会衔接得更加紧密。同时,征求意见稿(2010)还指出,允许将符合套期工具条件的金融工具类型扩充为涵盖任何以公允价值计量且其变动计入损益的金融工具[卖出期权（Written Options)除外]。这包括应被归类为以公允价值计量且其变动计入损益的金融工具以及运用公允价值选择权被指定为以公允价值计量且其变动计入损益的金融工具。

（四）套期有效性的门槛降低

1. 取消高度有效的标准

IAS 39 规定,使用套期会计要求进行严格的套期有效性数量测试,高度有效的条件是实际抵销结果的数量标准在 80％至 125％的范围内,不能通过测试将不能使用套期会计或停止使用套期会计。征求意见稿(2010)指出,要求保留 IAS 39 中在开始时有正式套期关系指定和关于套期关系、风险管理目标和套期策略的正式书面文件,但是建议删除有效性的数量测试要求,只要套期关系满足两个要求:(1)实现套期有效性评估的目标;该目标旨在将预计套期无效性降至最低,主体需要确定将被套期项目和套期工具的套期无效性降至最低的适当权重,且权重不应故意造成套期无效;(2)实现"非偶然性抵销";例如,某主体利用固定——浮动利率互换对与固定利率贷款的基准利率部分变动相关的公允价值风险进行套期。互换的固定利率部分与被套期项目的条款紧密匹配,因此,主体可预期该套期将实现非偶然性抵销。

2. 定性分析和定量分析相结合

由于征求意见稿(2010)没有对"非偶然性抵销"的定义及抵销程度作出界定,也没有对被套期项目与套期工具之间的关联程度的界定。因此,在确定一项套期关系是否符合套期会计的条件时须运用判断。为确定一项套期关系是否满足套期有效性的要求,主体可能需要执行定量分析。然而,这并非征求意见稿(2010)建议的特定要求,在某些情况下,执行定性分析可能足以确定一项套期关系是否符合条件。

3. 取消了追溯测试

IAS 39 规定,除了前瞻性评估(通常称为预期性测试)外,主体还应执行追溯测试以确定能否运用套期会计。征求意见稿(2010)指出,在确定能否运用套期会计时,无须执行追溯测试。因此,一项指定不可能仅因套期不如预计的有效而在某一期间内无法运用套期会计。

（五）套期关系的变更与终止

1. 套期会计的变更更加灵活

引起套期关系发生变更的原因可能有如下几点:(1)风险管理目标发生变化;(2)套期有效性的预期发生变化;(3)被套期项目或者套期工具发生变化。IAS 39 规定,不允许未在正式的套期文件中注明的套期关系的调整,且当只有部分套期关系发生变更时就要正式终止指定并重新指定一项套期关系。征求意见稿(2010)指出,首先,当套期关系的风险管理目标发生变化或者预计套期不能实现"非偶然性抵销"时,主体应终止套期关系。其次,当套期关系不能满足或预期不能满足套期有效性评价目标,但仍旧符合风险关系目标时,主体可以通过调整套期比例来重新调整套期关系,从而使套期关系重新满足套期有效性目标。套期关系的调整即权重的变化,可能导致被套期项目或套期工具的权重增加或减少。此类变化不应视作初始套期关系的终止指定以及新的调整后的套期关系的重新指定,调整后仍保留的套期关系部分将作为持续套期处理,调整后不再进行套期的部分将作为终止套期处理。而且,如果主体不调整套期关系将无法继续满足套期有效性评估的目标,则应强制主体对套期关系作出调整。

2. 禁止随意终止套期关系

IAS 39 规定,主体可自行终止对一项套期关系的指定(未来适用法),而不需要任何的理由。征求意见稿(2010)指出,当被指定的套期关系没有发生变更且套期的风险管理目标保持不变时,主体不得自行终止套期会计。只有当套期关系在重新调整后仍然不能满足上述定性的要求,及实体的风险管理目标发生变化时才允许终止套期关系。

(六) 公允价值套期和现金流量套期

1. 公允价值套期的列报变更

首先,IAS 39 规定,公允价值套期调整,即由套期风险变化而引起的被套期项目公允价值的变动,应记录为被套期项目账面价值的一部分,这样可能引起摊余成本和公允价值计量的混淆。征求意见稿(2010)指出,通过分离任何公允价值计量的列报方式来保留被套期项目的初始计量基础。因此,为了保留公允价值套期中的被套期项目的计量基础,将需要在财务报表中增加额外的单列项目,而且需要对这些单列项目的金额进行跟踪以确保其终止确认的时间与相关项目相同。

其次,IAS 39 规定,将任何套期工具和被套期项目的利得或损失计入当期损益。征求意见稿(2010)指出,由套期风险变更所引起的套期工具和被套期项目的利得或损失计入其他综合收益,而套期无效部分计入当期损益。

2. 强制要求对特定现金流量套期做出基差调整

IAS 39 规定,当现金流量套期中的预期交易导致确认非金融资产或非金融负债时,主体既可以将递延至权益的现金流量套期中的套期工具的累计公允价值变动计入当期损益,也可以将其确认为已确认资产或负债的一部分。征求意见稿(2010)指出,当预期交易发生确认为非金融工具时,主体必须要进行基差调整,即将转出已在现金流量套期储备中累积的金额,并将其确认为已确认资产或负债的一部分。

(七) 对期权的时间价值的会计处理的变更

IAS 39 规定,对外购期权中的时间价值部分作为交易性持有的金融工具,这会导致损益表的波动。征求意见稿(2010)指出,仅将期权内在价值变动作为套期工具,而将期权的时间价值部分作为套期成本,并在其他综合收益中披露,与采用 IAS 39 相比,降低了损益的波动性。具体来说,对期权的时间价值的会计处理采用"两步法":第一步是在其他综合收益中递延确认(在套期期间内)时间价值部分的公允价值变动金额。第二步是将该金额从权益重分类至损益。重分类的基础取决于被套期项目的性质,即与交易或期间相关。

（八）更广泛的披露

为了如实反映主体开展套期活动的策略及效果,以便于投资者对主体的风险管理策略和风险管理水平做出综合评价,同时鉴于套期会计的复杂性,通常对于套期会计要求在其财务报告附注中披露大量的说明信息。IAS 39 规定,要求披露以下信息:主体总体的风险管理政策;主体持有或发行衍生金融工具的目的;理解这些目的所需的背景资料;实现这些目的的策略;主体对每种套期的风险管理政策,包括对被套期项目或交易的描述。可以发现,这些披露都是一些定性的描述。征求意见稿(2010)指出,要求披露方式为以主体决定对其套期并采用套期会计的风险为基础,按风险类别进行分解;并要求对被套期的金额和风险敞口进行定量分析;还要求以表格形式披露有关因套期会计被纳入主要财务报表的金额的信息,以表格形式提供该信息使投资者能够更好地评价套期活动对主体盈利及财务风险的影响。具体说来,要求集中关注下列信息的列报:(1)主体的风险管理策略;(2)主体的风险管理活动对未来现金流量的金额、时间和不确定性的影响;(3)套期会计对主要财务报表的影响。

通过上述分析,可以发现征求意见稿(2010)在 IAS 39 的基础上进行了大量的改进:首次提出了套期会计目标,为今后套期会计准则的制定指明了大方向;建立了新的一般套期会计模型,针对哪些项目符合套期会计的条件、哪些金融工具可以被指定及有效性测试等方面的要求更为宽松,使风险管理和套期会计更加紧密地结合;可采用套期会计处理的套期保值类型越来越多,与实际中具体的套期活动的操作更加一致,从而主体就可以更好地在财务报告中反映风险管理的效果,产生更有用的会计信息。但是同时,IASB 仍然有许多尚需努力的地方,比如有关组合套期会计的新模型还没有形成,该模型将与从事消费者金融业务的金融机构或公司密切相关;公允价值套期和现金流量套期的界限依然模糊,存在主体管理层利润操控的空间等等。

五、IASB 征求意见稿(2010)的变更与美国 GAAP 的区别

虽然 FASB 与 IASB 在国际财务报告准则(IFRS)与美国会计公认原则(GAAP)的趋同方面作出了不懈努力,但是,IASB 于 2010 年发布的征求意见稿中对套期会计的变更指引与 GAAP 目前及建议的要求仍存在一些不同的地方,具体如图表 2-8-3 所示。

(图表 2 - 8 - 3)

IASB 征求意见稿(2010)的变更与美国 GAAP 的区别

	IASB 征求意见稿(2010)的变更	美国 GAAP
套期工具	任何以公允价值计量的金融资产与金融负债(包括非衍生金融资产与负债)都可以被指定为套期工具,但是某些卖出期权(Written Options)除外。	非衍生金融工具不能作为套期工具,但是外汇风险的净投资套期除外。
	当只有期权的内在价值被指定为套期工具时,最初的时间价值在下列情况下一般通过损益确认: (1) 如果套期是时间期限相关(Time-period-related)时的跨期套期; (2) 如果套期是交易相关(Transaction-related)时影响损益的套期交易。	当只有期权的内在价值被指定为套期工具时,期权时间价值的改变在发生时直接以损益确认。如果主体在现金流量套期时将整个期权指定为套期工具,购买期权的时间价值可能计入其他综合收益并在之后的套期期间摊销至损益。对现金流量套期而言,被套期的预期交易导致资产或负债的确认时,期权时间价值的改变不会被资本化计入该资产或负债的账面价值。
被套期项目	被套期项目可以是已确认的资产或负债、未确认的确定承诺、很可能发生的预期收益或国外的净投资。也可以是这些项目的风险组成部分。	不能将以公允价值计量的权益工具、独立的衍生工具或混合工具指定为被套期工具。 对非金融被套期项目,只能对公允价值总体变化的风险进行套期;不能对其他个别风险进行套期,比如主要成分价值变化的风险。 对非金融被套期交易,只能对外汇风险或现金流量总体变化的风险进行套期,而不能对其他个别风险进行套期。
	单个风险敞口和衍生金融工具组成的汇总风险敞口可以被指定为被套期项目。	不允许。
	项目账面价值的组成层次(Layer Component)可以被指定为被套期项目。但是如果被套期风险的改变影响了期权的公允价值,将包括预付款项期权合同中的组成层次指定为公允价值套期中的被套期项目是不符合条件的。	账面价值的组成层次或成分百分比(Percentage Component)都可以被指定为被套期项目。然而,被套期的预期交易需要提供足够的细节进行说明,以致当预期交易发生时,能够清楚地识别交易是不是被套期交易。

（续表）

	IASB 征求意见稿(2010)的变更	美国 GAAP
	假定单个符合条件的被套期项目为了风险管理目标而被合成一组，该组可以整体被指定为被套期项目组。该组的部分风险可能抵销其他风险并提供套期保值，留下剩余的风险由套期工具进行套期。对交易组的现金流量套期会计，任何组内补偿性的现金流量都会在同一报告期内影响整体的损益。	不能对风险抵销的项目组进行套期，但如果数量是可以确定的，则可以对与项目组剩余风险相当的风险进行套期。然而，如果这些项目具有类似的风险特征，分担被套期的风险，并且项目组中套期风险引起的单个项目公允价值的变化与项目组的整体变化是近似成比例的，项目组也可以被套期。
被套期项目	假如不包括套期工具的套期关系能够能满足如下所有的条件，零净头寸也可以被指定为被套期项目： (1)为应对随着时间变化的被套期净头寸而采取滚动净风险套期策略，套期是该策略的一部分。 (2)滚动净风险套期策略结束后，符合条件的套期工具将会被用于对净风险进行套期。 (3)套期会计通常应用于不为零的净头寸，并且该净头寸被符合条件的套期工具所套期。 (4)不将套期会计应用至零净头寸会引起不一致的会计结果，因为会计不能确认抵销风险的头寸，但是该头寸会在净头寸套期中得到确认。	当套期会计不包括套期工具时，不能将套期会计应用于项目组。
套期有效性	为了符合套期会计的资格，套期关系需要满足下列条件： (1)符合套期有效性评估的目标，即确保套期关系能产生无偏的结果并使预期套期无效最小化。 (2)预期能够实现"非偶然性抵销"(Other-than-accidental)。	目前的 GAAP 规定，为了符合套期会计的资格，套期关系应该能够高度有效(highly effective)地抵销公允价值或现金流量的变化。 建议的 GAAP 将"高度有效"改成"适度有效"(Reasonably Effective) 没有禁止被套期项目与套期工具的比重系系的蓄意不匹配，即使这种不匹配会造成套期不足或过度套期。

（续表）

IASB 征求意见稿(2010)的变更	美国 GAAP
套期有效性 套期开始后,主体必须在前瞻性基础上持续不断地重新评估套期有效性。回顾性的评估不能符合要求的目标。主体在确定套期会计是否满足套期有效性要求时,不具体要求是否需要进行定性或定量的分析。	目前的 GAAP 规定,主体必须在套期开始时以前瞻性基础评价套期有效性;而在套期开始后以前瞻性基础和追溯基准持续不断地评价套期有效性。 建议的 GAAP 将规定只有在情况变化使套期关系不再适度有效时,才要求主体在套期开始后需要以前瞻性基础和追溯基准评价套期有效性。
套期关系的变更 当出现下列任一情况时,主体可以调整现存的套期关系并将修订后的套期关系解释为对现存套期的延续: (1)被套期项目变化 (2)套期工具变化 (3)套期有效性预期变化 (4)上述三种情况的结合 套期关系变更后保持不变的部分在报告时作为持续套期;而变更后变化的部分作为停止套期报告。	目前的 GAAP 规定,任何套期工具或被套期项目的改变都会导致套期关系的终止。 建议的 GAAP 将规定,主体可以通过在现存的套期关系中加入衍生工具来改变套期工具,加入后不会完全抵销现存的套期衍生工具,而且不会减少套期关系的有效性。套期工具的变更不会导致套期关系的终止。
当发生下列情况时,主体必须停止套期会计: (1)套期关系的风险管理目标发生变更; (2)其他资格标准不再满足(在考虑了任何套期关系变更之后)。	目前的 GAAP 规定,可以无限制的选择撤销套期会计; 建议的 GAAP 将规定,撤销套期关系只发生在资格标准不再满足时。如果主体改变风险管理目标但是资格标准还是满足的,不能撤销套期关系。
套期会计和列报 对公允价值套期,套期工具与被套期项目(除了无效部分)的利得和损失应确认计入其他综合收益。	对公允价值套期,套期工具与被套期项目的利得和损失应计入损益。
对公允价值套期,由被套期风险引起的公允价值变动应在财务报表中以单独一行列示。单独列示的项目应该紧接着包括被套期资产与负债的行项目。	对公允价值套期,被套期项目的账面价值需要为由套期风险引起的公允价值变化作出调整。

（续表）

	IASB 征求意见稿(2010)的变更	美国 GAAP
披露	主体应该对下列方面提供套期会计披露： (1)主体的风险管理战略及它如果应用于管理风险。 (2)主体的套期活动如何影响其未来现金流量的数量、时间与不确定性。 (3)套期会计对主体主要财务报表的影响。	要求披露的信息类似。但是，并不要求主体披露每个风险的起因及主体是否为了整体风险对整体项目中的一个项目进行套期或只套期单个项目中的风险成分。

六、IASB 员工草案(2012)与征求意见稿(2010)的区别

IASB2012 年 9 月发布的员工草案是在 2010 年征求意见稿的基础上制定的，在重新审议 2010 年征求意见稿的过程中作出了一些意向性决定，从而使员工草案(2012)对套期会计的有关内容作出了部分变更，表现为套期会计模型与风险管理目标更趋于一致，扩展了被套期项目符合条件的标准，同时也扩展了套期工具符合条件的标准，增加了对特定信用风险进行套期时可予撤销的公允价值选择权，提出了新的符合条件标准和有效性要求，重新平衡套期关系的新概念，确定了终止套期关系的新规则等。具体如图表 2 - 8 - 4 所示：

（图表 2 - 8 - 4）

IASB 员工草案(2012)与征求意见稿(2010)的区别

	IASB 征求意见稿(2010)	IASB 员工草案(2012)
目标中关于风险管理活动的内涵	主体使用金融工具来管理由特定风险引起的能够影响损益的敞口。	主体使用金融工具来管理由特定风险引起的能够影响损益或其他综合收益(前提是主体已选择将权益工具投资的公允价值变动在其他综合收益中列报)的敞口。
范围	按公允价值计入其他综合收益的权益工具投资不能适用套期会计。	无相关要求。
套期工具	以公允价值计量且其变动计入损益的金融工具都可以作为套期工具。	以公允价值计量且其变动计入损益的衍生金融工具可以作为套期工具。以公允价值计量且其变动计入损益的非衍生金融工具也可以作为套期工具，但是由于非金融负债信用风险的变化导致的公允价值变化在其他综合收益列报时，该非金融负债不能作为套期工具。

（续表）

	IASB 征求意见稿（2010）	IASB 员工草案（2012）
套期工具	不以整体作为金融工具的例外情况： (1)分离期权合同的内在价值与时间价值，在其被指定为套期工具时，内在价值变化而时间价值不变。 (2)分离远期合同的利息部分（Interest Element）与现货价值（Spot Price），只将现货元素的变化指定为套期工具。	不以整体作为金融工具的例外情况： (1)与上述相同。 (2)分离远期合同的远期元素（Forward Element）与现货元素（Spot Element），只将现货元素的变化指定为套期工具。 (3)假如非衍生金融工具不属于权益工具投资，而且主体已选择将其公允价值变动在其他综合收益中列报，则该非衍生金融工具的外币风险成分可以被指定为套期工具。 (4)整体套期工具账面价值（Nominal Amount）的比例可以被指定为套期工具。 （征求意见稿未将其列于此处）
套期关系	套期关系满足下列套期会计资格标准： (1)套期关系只由合格的套期工具与合格的被套期项目组成。 (2)套期关系成立时有正式的指定及有关套期关系和主体风险管理目标与战略相关的文档。 (3)套期关系符合下列套期有效性要求： ①满足套期有效性评估的目标； ②实现非偶然性抵销。	套期关系满足下列套期会计资格标准： (1)和(2)与上述相同。 (3)套期关系符合下列套期有效性要求： ①套期工具与被套期项目之间有经济关系； ②信用风险的影响没有主导经济关系引起的价值变化； ③主体实际套期的被套期项目数量与其使用的套期工具数量导致的套期关系的套期比率是相同的。然而，不能反映套期工具与被套期项目比例失衡的指定将产生套期无效，而套期无效会导致会计结果与套期会计目标的不一致。
	无相关规定。	如果被套期项目是一项权益工具，主体已选择将其公允价值变动在其他综合收益中列报，且被套期的风险敞口必须能够影响其他综合收益，只有在这种情况下，确认的无效套期应在其他综合收益中列报。

（续表）

	IASB 征求意见稿(2010)	IASB 员工草案(2012)
公允价值套期	公允价值套期满足资格标准时,套期关系作如下解释: (1)套期工具重新计量引起的利得和损失应该在其他综合收益中确认。 (2)被套期项目的利得和损失应该在财务报表的单独一行作为其他综合收益确认与列报。单独列示的项目应该紧接着包括被套期资产与负债的行项目。如果被套期项目是未确认的确定承诺,其随后公允价值的累计变化应确认为相应利得和损失在其他综合收益确认的资产和负债。 (3)重新计量套期工具和被套期项目引起的利得和损失中无效的部分应从其他综合收益转入损益。	公允价值套期满足资格标准时,套期关系作如下解释: (1)套期工具的利得与损失应该以损益或其他综合收益(如果套期工具对主体已选择将公允价值变动在其他综合收益中列报的权益工具进行套期)确认。 (2)被套期项目的利得和损失应该调整被套期项目的账面价值并以损益确认。然而,如果被套期项目是主体已选择将公允价值变动在其他综合收益中列报的权益工具,其变化量应继续在其他综合收益中确认。如果被套期项目是未确认的确定承诺,其随后公允价值的累计变化应确认为相应利得和损失以损益确认的资产和负债。
期权的时间价值	最初支付给期权卖方的时间价值,在一定程度上涉及被套期项目的,应该以合理的基础在套期关系存续期间进行摊销。	将期权指定为套期工具时的时间价值,在一定程度上涉及被套期项目的,应该以系统及合理的基础在期权内在价值的调整能够影响利润或其他综合收益(如果被套期项目是主体已选择将公允价值变动在其他综合收益中列报的权益工具)的期间内进行摊销。
远期合同的远期元素	无相关规定	当主体分离远期合同的远期元素(Forward Element)与现货元素(Spot Element)且只将现货元素的价值变化指定为套期工具,远期元素的公允价值变动在一定程度上涉及被套期项目并且积累在单独的权益成分上,可以将其在其他综合收益中确认。 远期元素在套期关系成立时就存在,在一定程度上涉及被套期项目的,应该以系统及合理的基础在与远期元素相关的期间内进行摊销。因此,在每一报告期,摊销的数量应该从单独的权益成分中重分类至损益。

(续表)

	IASB征求意见稿(2010)	IASB员工草案(2012)
	项目组套期只有在下列情况下是符合条件的： (1)项目组内的项目从单独来看都是符合条件的。 (2)项目组内的项目是为了风险管理目标而组合在一起的。 (3)为了现金流量套期会计的目标,任何项目组内被套期项目现金流量的抵销会暴露被套期风险并只在相同的报告期内影响损益。	项目组套期只有在下列情况下是符合条件的： (1)和(2)与上述相同 (3)在下列现金流量套期情况下,项目组内项目的现金流量变化与整体项目组的现金流量变化不近似成比例时,会产生抵销风险头寸。 ①外币风险的套期; ②净头寸的指定明确说明预期收益在报告期内能够影响损益及它们的性质和数量。
项目组套期	整个项目组内的组成层次（Layer Component)在满足下列条件时可以应用套期会计： (1)可以分别确认并可靠计量。 (2)风险管理目标是对层组成部分进行套期。 (3)已确定层次的整个项目组内的项目暴露于相同的被套期风险。 (4)对现存的项目套期时,主体可以从已定义的被套期层次中确认和追踪整个项目组内的项目。 (5)项目组内除了那些公允价值不受被套期风险影响的项目外,不包括预付期权(Prepayment Options)。	整个项目组内的组成层次在满足下列条件时可以应用套期会计： (1)、(2)、(3)、(4)与上述相同。 (5)任何包含预付期权的组内项目满足账面价值组成部分的要求。
	列报： 对具有抵销风险头寸的项目组进行套期会影响损益表的不同行项目,任何以损益确认的套期工具的利得和损失应该在受到被套期项目影响的利得和损失之外单独一行进行列报。	列报： 对具有抵销风险头寸的项目组进行套期,其被套期风险会影响损益表中的不同行项目及其他综合收益,任何在损益表中的套期利得和损失应该在受到被套期项目影响的利得和损失之外单独一行进行列报。

（续表）

	IASB征求意见稿(2010)	IASB员工草案(2012)
选择指定信贷敞口(credit exposure)以公允价值计量且其变动计入损益	无相关规定。	如果主体使用以公允价值计量且其变动计入损益的信贷衍生工具来管理所有或部分的信贷风险，它可以在下列情况下指定金融工具(信贷敞口)以公允价值计量且其变动计入当期损益。 (1)信贷敞口的名称符合参照主体的信贷衍生工具; (2)金融工具的资历与能够按照信贷衍生工具交付的金融工具相符。
	无相关规定。	如果金融工具被指定为以公允价值计量且其变动计入损益，但之前并未如此确认，指定前后的账面价值与公允价值的差额应直接计入当期损益。
	无相关规定。	在下列情况下，主体应该终止将引起信贷风险金融工具或其部分比例以公允价值计量且其变动计入损益: (1)不再符合上述所列的资格标准 (2)引起信贷风险的金融工具不再需要以公允价值计量且其变动计入损益。
	无相关规定。	当主体终止将引起信贷风险金融工具或其部分比例以公允价值计量且其变动计入损益时，金融工具的公允价值在终止日计入新的账面价值。

七、对我国的启示

我国财政部于 1997 年 10 月发布了《企业商品期货业务会计处理暂行规定》，规范了以套期为目的的场内商品期货交易的会计处理;于 2004 年 7 月发布了《金融机构衍生金融工具交易和套期业务会计处理暂行规定(征求意见稿)》，其中的套期业务会计处理与国际财务报告准则的原则基本一致;于 2006 年 2 月发布了《企业会计准则第 24 号——套期保值》(以下简称 2006 年准则)，大部分都借鉴了 IAS 39 中关于套期会计的规定，到目前为止，该准则是我国规范套期活动的最新的法规。随着 IASB 大张旗鼓的对套期会计所作出的改进，而中国企业会计准则向国际财务报告准则的持续趋同又是我国准则制定的主旋律,再加上套期业务在国内市场频繁出现,财政部势必需要在 2006 年准则的基础上对套期会计准则的制定做出更好的完善。财政部于 2010 年 4 月发布了《中国企业会计准则与国际财务报告准则持续趋同路线图》,旨在使持续趋同的时间安排与 IASB 的进度保持同步,套期会计作为其中的内容肯定也会做出相应的修订,从而与 IFRS 9 中的套期会计做到趋同。这意味着财政部面临着准则修订的问题,同时,中国国内企业也即将面临实施修订后的套期会计准则的问题。

（一）对准则制定者的启示

1. 降低套期会计实施门槛,扩大其运用范围

我国现行套期保值会计准则对套期工具、被套期项目、套期有效性评价等内容做了非常严格的规定,企业普遍认为在套期会计准则的实施中工作量大,其所规定的要求很难满足,造成实施成本较高,很多企业都会望而却步,即使有套期业务的企业也会刻意回避,例如,本可以适用套期会计的衍生工具业务,由于套期会计的高度复杂性,可能使会计人员将套期的衍生金融工具划分为交易性金融资产和负债。所以我国可以在明确提出套期会计目标的基础上,使套期会计准则的制定由"规则导向"变成"原则导向",从而简化套期会计的使用方法和实施步骤,扩大其运用范围。

2. 加强对企业套期会计处理的审计监督

为了尽可能减少企业管理层的主观判断,降低利润操纵的可能性,我国应该逐步完善对套期会计的审计程序,加强对套期会计的审计程序的监督,明确企业管理层的责任,对违规操纵利润的行为严厉追究相关责任人的法律责任,促使企业真实反映各项套期保值业务。

3. 提高套期会计的信息披露要求——以风险为导向

我国现行套期会计信息披露的重点是企业的套期工具的各方面,而 IASB 在套期会计目目标中明确提出,套期会计需在财务报表上着重反映企业的风险管理活动。因此,我国现阶段在推广套期会计准则的一个核心工作就应该是完善企业套期保值业务的风险信息的披露质量,包括企业的风险管理策略等信息的质量,通过对风险信息的充分披露,套期会计对财务报表的影响将更易理解及更具透明度。

（二）对企业的启示

1. 加强财会人员的专业技能和职业道德教育

鉴于套期会计的复杂性以及高成本,国内比较缺乏运用套期会计的企业,也必然导致财会人员对套期会计各方面的生疏。伴随着套期会计的简化以及金融衍生工具的蓬勃发展,对套期会计的使用或许将成为财会人员必不可少的技能之一,上市金融企业的财会人员尤其如此。这就要求他们掌握套期会计方法、套期有效性的评估、公允价值的估值等技术。同时,由于实施套期会计时有很强的主观性,只有提高高级财会人员的职业道德水平,才能有效地防止人为操纵利润的情况发生。

2. 构建套期会计信息披露的制度框架

针对以风险为导向的套期会计信息披露要求,企业必然要构建一个有关套期会计信息披露的制度框架,来满足会计信息使用者更好地了解企业风险管理活动的要求。要构建该框架要做到以下几点:首先,企业应制定专门用于套期保值的风险管理制度,这些制度应与企业的管理水平、风险承受能力和企业业务性质相适应,在进行新套期业务前,企业可以通过风险管理程序对其中包含的风险进行评估和识别,以减轻市场价值变动对企业带来的风险;其次,结合上述风险管理制度,对衍生工具交易进行监督与稽核,并形成包括内部风险控制机制和外部风险控制机制的独立衍生工具风险控制体系;最后,在衍生工具内部控制体系平台的基础上去构建套期会计信息披露的制度框架。

总而言之,在中国企业会计准则和国际财务报告持续趋同的道路上,我国应当密切关注与深入研究套期会计改革的进展,并为完善和充实我国套期会计准则作出准备。

主要参考文献

财政部会计司:"国际会计准则第 39 号——金融工具:确认和计量(下)",《会计研究》,1999 年第 7 期。

陈若晴:"套期保值会计的几个难点问题探讨",《财政监督》,2009 第 5 期。

陈小悦等:"衍生金融工具的套期会计研究",《会计研究》,2001 第 4 期。

德勤,IFRS 聚焦:国际会计准则理事会发布有关套期会计的征求意见稿(2011 年 1 月)。

德勤,新闻重温:国际会计准则理事会发布关于《国际财务报告准则第 9 号》套期会计部分的工作人员草稿(2012 年 9 月)。

德勤网站:http://www.casplus.com/home.asp.

方周文、黄金旺:"套期会计在美国",《国际视野》,2006 年第 3 期。

傅荣:"关于套期会计基本问题的思考——由未确认确定承诺的套期归属说开去",《财政监督》,2009 第 5 期。

钱润红、熊婷晔:"IAS39 套期会计处理方法规定及其启示",《财会月刊》,2011 第 6 期。

司振强:"对 IASB 发布套期会计修订征求意见稿的解读",《金融会计》,2011 第 4 期。

周松:"套期会计与风险管理的若干思考",《金融会计》,2011 第 2 期。

IASB, International Accounting Standard 39：Financial Instruments——Recognition and Measurement,1998.

IASB, Exposure Draft ED/2010/13：Hedge Accounting,2010.

IASB, Staff Draft：IFRS 9Chapter 6Hedge Accounting,2012.

FASB,Statement of Financial Accounting Standards No. 133,1998.

FASB,Discussion Paper:Selected Issues about Hedge Accounting,2011.

FASB 网站:http://www. fasb. org/jsp/FASB/FASBContent＿C/ProjectUpdatePage&cid
＝1176159271017.

主要参考文献

9. IASB 与 FASB 收入确认准则的进展、评述及启示

一、引言

收入作为企业财务会计中最为重要的一项因素,历来是会计准则制定者所关注的焦点,但是有关收入的会计问题却并没有在世界范围内得到统一。这固然有各国特殊国情的差异,但是主要是因为企业经营活动的多样化和各种复杂的关联交易形式,因此收入确认也就成为一道难以解决的会计难题。这种收入确认的不一致体现在各国不同的会计准则和财务报告概念框架之中,甚至同一机构制定的准则也有很大差异。在美国,FASB 将盈利分为了收入、利得、费用与损失这四种不同的要素,并且在收入准则中添加了收入确认的指南。但美国公认的收入确认会计原则相当广泛,围绕着它的概念已经发展到众多行业和交易中,以满足处理个别类型合同的具体要求。在 GAAP 中,有相当数量的收入确认准则是自相矛盾的,这给企业的财务报告编制造成了较大的困惑。同样,IASB 制定的收入准则也存在类似问题。IAS 18"收入"的确认指南与 IAS 11"建筑合同"的收入确认准则也存在着差异,主要表现在两个准则计量基础的差异,收入确认内容含糊不清,面对复杂的交易活动时会造成误解。

收入确认问题之所以如此复杂的原因是多方面的,根据我国已故著名会计学家葛家澍教授的总结,主要有三个方面的原因:第一,在企业持续经营的前提下,为了显示企业的财务状况和经营成果能够给财务报告使用者提供有用的信息,人为对企业的经营活动进行会计分期。正是这种会计期间的划分,收入与资产负债表中的资产、负债就有所不同。资产(无出售或耗损)、负债(无偿还)上一期的数据与本期应当列示的数据在原则上是一致的。而收入只能在扣除费用之后反映当期的企业经营状况,无论是将收入确认提前一期或者是延后一期都将改变会计期间的经营业绩,这正是"盈余管理"的通用做法。第二,收入确认时点问题是收入确认准则的核心,IAS 18 与我国的会计准则均认为,卖方将商品所有权上的重要风险和报酬转移给了买方,并不再拥有管理权和控制权之时确认收入。而 FASB 规定在收入"已实现"或"已赚得"时进行确认,美国 GAAP 中众多的收入确认规范的不一致正是源于各行各业对于这两种说法有不同理解。第三,在国际全球化的当代,各种营销手段层出不穷,金融衍生品也越来越多样化,使得收入确认问题日益复杂化,比如融资租赁、资产证券化等问题也都与收入确认相关进而成为会计问题研究的重点。

由于收入会计处理存在着较多难点,会计准则制定得不规范和不一致,实务的结果也必然会造成企业利用准则的漏洞进行收入操纵。美国 SEC 前主席亚瑟就对那些以收入操纵为手段实现盈余管理来粉饰公司业绩的行为进行了严厉的谴责。COSO 曾经有一项调查报告表明,在深陷财务丑闻的公司里,大部分公司都利用收入的操纵来粉饰利润。毫无疑问,收入确认已成为当今财务问题的核心。随着 2008 年以来的国际金融危机对现行会计准则质疑的加深,已经有越来越多的会计专家对收入确认问题进行了不断深入的研究,提出很多非常有建设性的看法和意见,当然影响最大的毫无疑问是 IASB 与 FASB 之间的国际趋同,以求构建一个共同的财务报告概念框架,其中就有对收入确认问题的研究项目。为了达到收入确认准则实现趋同的目的,当前最为重要的工作就是调整美国会计准则与国际财务报告准则在收入确认要求上的差异,实现实质性趋同。于是经过长时间的讨论与研究,IASB 和 FASB 于 2010 年发布了"与客户之间的合同产生的收入"的征求意见稿,首先希望在全球两大权威的会计准则制定机构中达成初步统一的意向,修正双方在收入确认问题上的差异,然后希望通过此征求意见稿向各国会计理论和实务领域的专家征求意见,进一步完善收入确认准则的制定。在征求意见稿向公众征求意见之后,由于收入确认问题在会计准则中占据了重要的地位,为了谨慎起见,IASB 和 FASB 于 2011 再次发布"与客户之间的合同产生的收入"的重新征求意见稿,将前期征求意见稿中收集到的各方意见融入新的征求意见稿中,希望对收入确认合同做进一步的完善和修订。至今为止,收入确认准则仍然在深入的讨论与制定阶段,对于这个会计领域的"疑难杂症",IASB 与 FASB 不断努力研究收入确认的会计规范问题,力求推出一份切合实务的全球趋同准则,准则一旦获得定稿,将会作为一项 IASB 和 FASB 会计趋同的重要成果全面取代之前的相关准则在实务中实施。

二、收入确认会计准则的发展与改革

(一)FASB 收入确认准则的发展

FASB 第 5 号财务会计概念公告(SFAC No. 5)"企业财务报表项目的确认和计量"中明确了盈利的四个组成要素:收入、利得、费用和损失,并制定了相应的确认指南,其中"已实现"、"可实现"与"已赚取"成为收入确认的重要时点。当企业已出售商品或劳务并已交换现金或者现金请求权,则收入"已实现";当企业商品或劳务等所交换的资产可随时转化为一定金额的现金或者现金请求权时,则收入"可实现";企业已经完成出售过程中所有应尽的义务,之后不再会有额外的售后成本时,则收入"已赚取"。"已实现"和"已赚取"都表明了未来经济利益流入企业,这就与 FASB 关于资产的定义(资产是主体由于过去的交易或事项而拥有或控制的可能带来未来经济利益的流入)实现了契合。

通过上述定义我们不难发现其中存在的问题,"取得现金或现金请求权"是收入确认的重要时点,但在当今社会企业取得现金时,由于风险报酬未转移而无法确认收入的情况比比皆是。例如,企业售后服务的存在就从很大程度上加大了企业收入确认的难度,因为此时收入确认还取决于消费者的行为,正是这种问题导致 FASB 发布了 FAS 48"存在退货权的收入确认"。同样,准则中"已赚取"的定义也比较模糊,只是起到了原则导向的作用,而各行各业对于"已赚取"的理解各有不同,以至于美国众多会计准则、解释公告等制定机构在 2002 年度发布了 10 多个不同的收入确认规范文件,而且一直以来 FASB 也未对收入确认准则进行进一步说明。

正是因为没有统一规范,使得美国以收入操纵为特征的财务舞弊案件频发,于是 SEC 于 1999 年 12 月发布了员工会计公报第 101 号(SAB 101)"财务报表收入确认",作为收入确认的补充文件。之后,SEC 又于 2000 年 3 月发布了 SAB 101A,同年 6 月 SEC 又发布了 SAB 101B,对 SAB 101 中的要点作出进一步阐释。总体来说,SAB 101 沿袭了 SFAC No. 5 中的原则,进一步指出企业必须在交易中具有以下四个标准才能确认相关收入:有说服力的协议证据存在;产品已交付或已提供服务;从卖方到买方的价格是固定或可确定的;现金的收取有合理保证。我们可以发现在这四条标准中,前两条是 FASB 所称的"已赚取"的进一步解释;后两条是"已实现或可实现"的进一步解释,SAB 101 与 SFAC No. 5 一样并没有取得实质性突破。至此,美国并没有提出一份完整的收入确认准则。

(二) IASB 收入确认准则的发展

国际会计准则委员会(IASC)有关收入确认准则相较于 FASB 更为完善。IASC 的准则更加强调将资产在所有权上的重要风险和报酬的转移作为收入确认的时点,这就是 IASC 于 1994 年推出的 IAS 18"收入"的风险与报酬转移观,这显然更加合理也更容易被接受。并且,IAS 18 还针对不同类型的收入制定了不同的收入确认标准,每一种类型的收入确认标准都进行了详细说明,使之更加方便应用与操作。比如,销售商品收入确认条件是:卖方已向买方转移所有权的重大风险;卖方没有保留继续参与所有权有关的管理或实际控制已售出的商品;收入的金额能够可靠地计量;与交易相关的经济利益很可能流入卖家;就交易产生或将产生的成本能够可靠地计量。在这份准则中需要准确理解"与所有权有关的主要风险和报酬是否转移"这一收入确认的标准,这里包含了四点要求,无疑给会计人员的判断造成了一定的难度。但是,IAS 18 对销售货物、提供劳务和利息、特许权使用费及股息提出了具体的确认要求,并且给出了企业可能保留与所有权相关的主要风险和报酬的四种情形,这样更加适合会计人员对照运用准则。1993 年 12 月发布的国际会计准则第 11 号(IAS 11)"建造合同"提供了合同收入在会计期间内进行建设工作分配上的要求:合同收入应当根据按阶段完成的能够可靠估计的合同活动结果确认计量,否则应当确认的可收回合同收入只限于已产生的成本。由于建造合同比较复杂,为了明确相关收入确认的细节,IAS 11 又指出在合同结果不能可靠计量情况下合同收入确认的具体处理方法,减少在实务操作中的误解,起到了很好的导向作用。

国际会计准则理事会(IASB)成立之后基本沿用了 IASC 制定的收入确认准则。现在,我国和世界上许多国家都采用 IAS 18 中的收入确认基本观点来制定会计准则,IASB/IASC 有关收入确认的观点在世界范围内得到了认可。但 IASB 的收入确认概念也存在着大量的缺陷。其中最主要的便是收入确认的标准"风险与报酬转移的认定"存在着较多困难,虽然 IASB 对其已经有了四个明确的标准,但在执行阶段仍会遇到诸多问题。比如说如何认定交易活动中的风险与报酬;主要与次要风险与报酬的分界线如何设定;风险与报酬是否存在一个明确的比例关系;当风险和报酬与相对应的资产不能一同转移时,如何对风险和报酬进行适当的分割,这些问题都困扰着会计人员。随着当今社会不断发展,各种销售手段层出不穷,加上各跨国集团复杂的关联方交易以及多样化的金融产品不断出现,风险与报酬转移的识别越来越困难。

(三) FASB 与 IASB 收入确认准则趋同项目的改革进展

2008 年金融危机之后,全球对于一份高质量且能被各国接受的收入确认准则的需求越来越迫切,有鉴于此,FASB 与 IASB 决定在深层次上开展合作,力求制定一套高质量的全球趋同会计准则,其中收入确认准则也作为重点合作项目之一成为各方瞩目的焦点。早在 2002 年 1 月,FASB 和 IASB 就已经对收入确认准则展开了实质性讨论,该项目的目的在于:共同制定一份各方认可的收入确认准则,以消除双方在收入确认方面的差异与不一致,提供一个更公平合理的财务概念框架,解决收入问题;提高跨实体、行业、司法和资本市场的收入确认方法之间的可比性;通过改善相关信息披露要求,为财务报表使用者提供更多有用的 财务信息;通过减少实体必须参照的要求数量来简化财务报表的编制。

2003 年 8 月,FASB 与 IASB 负责收入确认准则的两个委员会分别进行了两项准则制定工作,其中一项从理论角度对收入确认准则进行研究,提出收入确认的整体概念;另一项则完成了对现有的收入确认文献和实务运用的考察。2004 年 10 月,FASB 与 IASB 决定在现有基础上制定一个被广泛接受的联合概念框架,该概念框架应当包含对收入的定义、确认和计量方面的探讨,作为收入确认准则的概念基础。2005 年 5 月,FASB 与 IASB 根据联合概念框架中达成的一致意见,提出应当使用公允价值计量相关的资产或负债作为收入确认的基本观点,这就意味着双方决定采用"资产负债观"而不是"收入费用观"作为收入确认准则制定的基础。依据这一观点,2007 年 11 月,FASB 与 IASB 制定的"收入确认联合项目"突破性地采用了"资产负债模型"作为收入确认准则中的基本理念。2008 年 12 月,"关于与客户签订合同中收入确认的初步意见"讨论稿出台,在"资产负债模型"的基础上进一步对以合同为基础的收入确认进行了阐释,认为收入确认的计量基础是交易价格。

2010 年 6 月 24 日,FASB 与 IASB 在经历长时间的讨论与研究之后发布了"与客户之间的合同产生的收入"(征求意见稿)。这份征求意见稿作为双方收入确认准则趋同阶段的重要成果一经发布便备受关注,其目的是建立一个单一的、以合同为基础、以资产负债观为基本理念的全新的收入确认模型,并且消除 FASB 与 IASB 相关准则的不一致,提高收入信息的可比性和可理解性。征求意见稿指出应当基于主体与客户订立的合同,按照预期能够收到的对价金额确认收入,提出了收入确认的五步法,明确收入确认的时点是主体履行了履约义务,即在客户取得对商品或劳务控制权的时点上确认收入。在通过对反馈意见进行汇总并修正了存在缺陷的表述之后,双方又于 2011 年 11 月 14 日发布了"与客户之间的合同产生的收入"再次征求意见稿,该份文件对之前的征求意见稿进行了深化,体现在强调了"单独履约义务"的定义以及区分条件,对收入确认的时点表述得更加详尽,此外对收入确认应该采用的交易价格的确定也进行了详细说明。

在经历了漫长的准则修订过程之后,FASB/IASB 于 2013 年 7 月 26 日宣布:收入确认准则终稿有望在年内完成并发布。收入确认准则终稿原本计划于 2013 年夏天发布,但在准则发布之前 FASB/IASB 计划再次召开联合会议进行最终讨论,再加上 IASB 将在八月份休会,因此,准则终稿现在预计将推迟到 2013 年年底发布。同时,为帮助企业及其会计人员快速适应新准则带来的变化,FASB/IASB 计划成立一个收入过渡联合工作组。这个过渡小组负责将企业、机构以及其他组织在实施收入确认准则过程中可能遇到的问题收集起来,反馈给 FASB 和 IASB,并且征求利益相关者意见,对日常交易中可能导致准则实践出现误解的情况进行分析和讨论。

三、收入确认准则意见函总结及相关问题思考

(一)收入确认征求意见稿意见函总结

2011 年征求意见稿在经历了 4 个月的征求意见期之后,截至 2012 年 3 月 13 日,准则制定委员会已收到 357 个意见函,这些信件涵盖了来自各大洲的企业、会计师事务所、准则制定机构、个人等多个主体,充分显示了此次征求意见稿的受重视程度。从收到的意见函数量、内容长短来看显著小于 2010 年征求意见稿推出之后征集到的意见函,这是多方面原因导致的。首先,2010 年建筑行业发来的意见函几乎占了 2010 年收到的意见函的一半。其次,2011 年委员会没有针对具体意见中的全部事宜征求建议,而是只对 6 个具体问题寻求意见,包括意见稿提出的要求是否明确;是否能够将经济活动的实质与客户的合同有效地表达在实体的财务报表中等内容。最后,由于大多数受访者对收入确认的整体模型及其原则感到满意,所以他们的意见都集中在一个或少数具体的问题上。那些受访者所重点关注的问题或疑问主要是担忧其可能难以实现,或者他们认为没有如实反映交易的商业实质。总体来说,几乎所有受访者对委员会决定再次重新公开征求建议表示了欢迎,并称赞了准则制定委员会及相关人员的职业精神。同时,受访者也认可了委员会对 2010 年 6 月征求意见稿发布后收集到的意见函的反应,这体现在 2011 年征求意见稿内容的显著改善中,包括随着时间的推移,增加确定何时履行责任的标准;删除了考虑信贷风险交易价格的一部分要求;简化申请指导有关的保证和许可证等内容。在宣传会

议上的大多数受访者和参与者也表示支持可应用于不同行业和交易的一般收入项目和单一总体目标的收入模式,但在电信行业几乎所有的受访者都对该模型应用的有效性和实用性提出了担忧,主要的问题集中在征求意见稿所提出的分配方法和成本要求上。一部分受访者还表示支持收入项目的其他目标,包括征求意见稿消除了现行收入准则的差异与不一致,在现有准则的基础之上提高不同实体、行业、司法权和资本市场之间的可比性,并通过改进收入披露为财务信息使用者提供更多有用的信息。正如一位受访者提出的:"……我们相信拟议的准则将是一个更为完善的准则,它改进了现有准则的内容,并为用户提供了更好的财务资料,因为它是一贯运行应用的,并伴随着充分的信息披露和审计原则的应用。"

意见函中仍然存在对收入确认几个关键性问题的争论。首先是针对控制问题,许多受访者和准则编制人员广泛支持收入确认模型的原则,将控制基础上货物或服务的转移作为确认收入的时点。然而,有些人认为,除了评估控制权的转移,一些交易(例如,当有显著的卖方融资)可能需要额外的评估来判断风险或报酬是否已经转移,在这些情况下,受访者还要求委员会考虑在收入模型中包含收回门槛是否是恰当的。少数受访者不同意拟转让控制的收入确认模式,部分原因是他们不相信有强有力的证据可以证实模型基础上的控制权已转移。他们以及那些同意控制转移模型的受访者都要求准则制定委员会在发布以控制权的转移为基础的收入确认标准之前,先要为收入概念框架制定一个共同的"控制"定义。另一方面,质疑者的观点也不是一成不变的,其中一些质疑控制转移模型的受访者在深入了解情况之后观点很可能会发生改变,因为在他们看来现有的标准是有足够说服力的。此类受访者通常是按照国际财务报告准则编制财务报表的人员,在他们看来,现有的收入标准在国际财务报告准则(IAS 11"建造合同"和 IAS 18"收入")中已在有限的范围内进行了修正,他们更容易接受征求意见稿中的内容。其次是针对准则执行问题,少数受访者认为有关内容过于复杂并且难以理解。于是,一些受访者要求在准则定稿之前需要在相关领域进行进一步测试,而其他受访者要求委员会创建实施工作组,以便于监督收入确认标准的持续应用情况,并于准则出现问题时实施解决问题的方案。在他们看来,实施工作组有必要为一个新的标准提供引导和教育,并引入一个不同的框架用以识别客户合同中的收入。除此之外,另一些受访者也表示委员会应该提供额外的应用实例或应用程序进行指导,以促进最终标准的实施。在某些情况下,这些要求涉及一个特定的问题或行业。少数受访者还建议委员会在去除一些现行指导的同时考虑是否应附有额外的应用指导来引导征求意见稿中模型的运用。最后是针对细节方面的问题,尽管受访者们在整体上支持收入确认模型,但许多受访者仍对征求意见稿中提出的问题和模型的其他部分作了详细地评论注释,这种评价往往以尝试将建议运用到具体实例的形式显示。从大体上看,这些评论识别出的模型部分,受访者认为与之相关的原则应当进行改进或进一步说明,而其他一部分模型,他们认为存在实际应用的困难。同时,受访者对模型中一些环节的实际应用效果产生了一些质疑。

我们根据 IASB 官方网站列示的征求意见稿进行了总结,将意见函中存在的主要反馈意见分为以下几个类别。第一类是可能会影响收入确认和计量框架的核心问题,包括满足时间和措施的进度条件下履行义务的确定,单独履约义务的确定,限制累计收入金额的确认,客户信贷风险的会计处理和货币的时间价值等。第二类是征求意见稿中的其他核心建议,主要有繁重的履约义务,中期及年度披露,准则过渡方面存在的问题。第三类是只影响某些特定交易类型行业存在的细节性问题,包括准则适用范围、合同问题、交易价格的分配、合同收购成本、许可证等具体问题及相应的修订。

(二)收入确认征求意见稿相关问题的思考

1. 以合同为基础的收入确认

征求意见稿指出收入确认原则适用于主体与客户签订的合同,这种合同必须具有商业实质。合同可以是书面合同、口头合同和默认合同,且必须在双方或多方之间建立可强制执行的权利和义务。这种收入确认原则是从资产负债观的角度来考虑收入的会计计量问题,它把握了收入确认的本质核心,并与资产、负债的定义具有内在一致性。因此,在企业主要的、经常发生的持续经营交易中使用以合同为基础的收入确认原则是一个创新。征求意见稿的创新还表现在收入确认时点和金额上以"合同"为基础,替换了 FASB 提出的"已实现、可实现"与 IASB 提出的"商品所有权上的主要风险和报酬已转移"等标准,并对"已赚得"的概念进行了重述,使得其标准化和更易于理解。

美国的 GAAP 与国际的 IFRS 在收入确认的立足点上各有不同说法,FASB 与 IASB 根据各自的收入确认准则又制定了繁多的会计规范,但一直以来遭到会计学界的质疑与批评。主要问题在于:(1)FASB 从"收入费用观"的角度来阐释收入的概念,于是美国的 GAAP 遵循这种观点提出收入应该按照"已实现、可实现或已赚得"来确认,这样就会产生不能按照资产和负债确认的递延资产、递延负债等项目。另一方面"已实现、可实现或已赚得"的标准没有得到清晰的界定,这就造成会计人员在具体业务操作中对于收入确认的时点理解上的差异,进而影响到财务报表的编制,结果必然导致当今美国各行各业针对本行业的具体情况制定了大量不一致的收入确认规范,财务报表的可比性原则遭到了破坏;(2)IFRS 收入确认所遵循的"风险与报酬转移"的观点与资产负债定义所采用的观点不一致,同时"风险与报酬转移观"的五个相关条件在实际的操作中会遇到诸多困难,使得会计人员在进行收入确认时要不无章可循,要不通过虚构条款操纵收入,这样容易导致财务报表的舞弊与错误。

我们认为,2011 年征求意见稿的观点对于弥补当前收入确认准则中的问题具有积极的作用,新观点在一定程度上克服了旧准则的缺陷。它放弃了"收入费用观",使用"资产负债观"作为收入确认计量的基本观点。它完整地定义了收入准则中"合同"的含义与范围,在合同签订时到合同履行完毕的过程中,应当按照合同义务的履行来确认相应的收入,这更加符合资产与负债的定义,如实反映了会计信息。另一方面,以合同为基础的收入确认原则虽然弥补了 FASB 与 IASB 各自收入确认准则存在的问题,但是对现行准则中的优点借鉴不足。征求意见稿中认为合同中的收入是基于合同资产负债的变化,然而现有的意见稿没有指明合同中的资产与负债是否从实质上带来未来经济利益的流入或减少未来经济利益的流出,这对于收入是否应当予以确认具有重要的影响。显而易见,当前资产的定义中"导致相关的经济利益很可能流入企业"这一关键点并没有在征求意见稿的以合同为基础的收入确认原则中有所体现。根据资产负债观,如果对经济利益流入企业这一问题不加以重视,那么收入就没有体现资产的核心特征,这就为企业的盈余管理提供了可能。

2. 收入确认的时点

2011 年的征求意见稿指出"主体应当在通过转移承诺的商品或劳务完成履约义务时确认相关收入。所谓转移商品或劳务是指客户取得该商品或劳务的控制权"。这就意味着准则将资产控制权是否转移而非收入实现的可能性和风险报酬转移作为收入确认的时点。之所以 FASB 的"已实现、可实现"与"已赚取"和 IASB 风险报酬的转移不能起到对收入确认的良好规范作用,是因为许多劳务活动是无法可靠计量的,相关的风险报酬转移标准在确认时也同样难以界定,不同行业的不同业务都对这两种观点有不同理解,很容易造成歧义。基于以上原因,征求意见稿认为将商品和劳务控制权的转移作为收入确认的标准是适当的。IASB 和 FASB 在联合财务概念框架中明确指出"控制"是资产定义的重要要素,这就和征求意见稿中以控制权转移为收入确认原则相一致,从本质上体现了"资产负债观"的观点。从核查监督的角度来说,只有企业向客户移交了商品和劳务的控制权,企业才可确认收入,客户才可确认资产。也就是说,客户已控制资产可以证明企业已移交合同中的商品及劳务,从客户取得的外部证据原则上比实现的可能性和风险报酬转移更加易于判断,方便监管机构监督和控制。另一方面,2010 年的征求意见稿也指出"对合同中履约义务进行识别和分解的判断依据,关键是看某项商品或劳务与其他商品或劳务相比是否具有单独性"。合同中不仅仅只包括商品和服务,常常也含有维修、包换等产品质量控制条款,这些款项所应履行的义务显然与合同主体义务相区分。当前的准则规定只有在同时符合若干条件的时候,才可以确认收入。这样可能造成由于不符合某一条件已执行部分的履行义务合同无法确认收入,而部分未执行的待履行义务合同由于与收入确认相关的义务已执行而被提前确认收入。这种做法违背了权责发生制原则,很容易造成财务报表的差异,为企业的利润操纵提供了可能。因此,当合同主体履行义务的时间是逐步完成的时候,就要求合同主体应当根据资产转移的方式在不同时点逐步确认收入。这不但体现了权责发生制的要求,而且根据时间来划分待履行义务,也有助于会计人员解决何时确认收入的问题。

2011 年征求意见稿在收入确认时点上也存在一些问题。一方面,依据当前的收入确认准则,诸如售后维修等售后条款并不确认与之相关的收入,只确认为费用。而以合同为基础的收入确认原则认为这些售后条款和商品劳务一样是待履行义务的一部分。根据征求意见稿,当售后服务与其他商品或劳务相比具有单独性时,会计人员应当将其识别为单独履行义务,根据合同确认售后服务的收入。于是,何时确认售后服务的收入以及如何计量这些售后服务的收入金额就成为亟待解决的难题,一旦处理不好又会增加会计人员的困惑,同时,管理人员也会利用准则的相关漏洞进行盈余管理。另一方面,根据征求意见稿,只要控制权转移,并且商品或劳务相应的履约义务已经完成就可以确认收入。然而,许多销售会形成大量的应收款,那么究竟收入能否最终实现还要考虑客户的资信情况,此时确认收入有一定的风险。因此,在企业收到足够的现金以弥补成本之后才确认收入是否更为恰当是一个非常值得探讨的问题。

3. 收入金额的计量基础:交易价格

IASB与FASB在准则制定过程中对于收入计量基础的看法曾发生过变化。2007年,双方认为将脱手价格作为收入金额的计量基础较为适宜。这种方法将导致只要预期合同很可能带来经济利益流入企业,那么在订立合同时就要确认一项合同资产并确认收入,如果在合同履行期间合同的相关金额有所改变,那么企业也应当调整收入确认的金额。然而,采用脱手价格作为收入计量属性,初始确认的金额必然存在一定的主观性和不确定性。而且很多时候,缔约时合同的脱手价格很难准确区分与计量。不仅如此,在合同订立之初就根据合同资产与负债的脱手价格确认收入金额显然与会计如实反映的信息质量特征相违背,因为合同签订时合同中双方的义务尚未履行并无法反映企业的真实业务活动;同样,缔约时无法识别出待履行义务以及低估或高估合同中资产与负债等错误一旦未予纠正,也会造成财务信息的重大失真。基于以上种种,2008年12月的讨论稿放弃了脱手价格,双方认为应当以交易价格为基础对合同收入进行确认,在存在不确定因素情况下(例如可变对价、客户信用风险等),交易价格指主体因向客户提供承诺的商品或服务而预期有权取得的对价金额,但不包括代第三方收取的款项,而考虑了可变对价、货币的时间价值、非现金对价、应付客户的对价和可回收性等因素。交易价格应当在各项履约义务之间分摊,合同包含多项履约义务的,主体应基于相关商品和劳务的单独售价将交易价格分配至各履约义务。由此可以看出,征求意见稿给出了在资产部分控制权已转移但收入无法可靠计量的情况下,需要合理估计已转移部分资产的价值,及时确认该部分资产的收入,这就与现行的收入准则无法满足所有条件就无法确认收入不同。在目前情况下,收入因应收账款信用风险而失真的现象屡有发生,企业管理者经常运用虚构收入并计入应收账款,再利用坏账准备冲回来操纵利润。征求意见稿以交易价格计量收入符合会计如实反映相关信息的质量特征,提高了财务报告的可信度。

然而,交易价格计量属性同样也会存在着缺陷,因为没有将公允价值作为衡量交易价格是否合理公平的最终标准。为了防止关联方通过操纵价格虚构或隐瞒收入,加上基于货币时间价值的考虑,现行收入确认准则规定当合同或协议中的资产与其公允价值相差较大时,应按照合同或协议中资产的公允价值确定商品和劳务的收入金额,这一点是非常值得新准则沿用的。虽然 IASB 与 FASB 制定的财务报告联合概念框架一直强调在会计计量中公允价值所占的主导作用,但是,在收入准则的制定过程中,因为公允价值在理论和实际运用中的难度大而直接采用交易价格的做法与财务报告联合概念框架的精神相违背,这值得进一步商榷。

四、收入确认准则改革的启示

综上所述,IASB 和 FASB 对收入确认准则进行了理论上的创新,资产负债观下的以合同为基础的收入确认原则和用交易价格作为收入计量属性的观点能够如实反映销售合同中各种权利和义务对企业确认收入的影响,克服了 IASB 和 FASB 各自现行准则中的一些缺陷。总而言之,IASB 和 FASB 的工作取得了一定成果,基本上实现收入确认准则的趋同,从而推动了国际会计准则的发展。但是,这份征求意见稿仍然暴露出了一些在理论和实际执行上的问题。因此,我国也应该紧跟国际步伐,在积极着手对当前准则进行完善的同时,又要注重结合我国的经济环境、资本市场等基本国情,做到会计准则的趋同而不盲从。

第一,积极研究跟进国际收入准则的进展,革新我国当前的收入准则,使我国准则实现与国际准则的实质性趋同。我国当前采用的是 2006 年颁布的企业会计准则第 14 号"收入"(CAS 14)和 15 号"建造合同"(CAS 15),对比原先的国际会计准则中的收入确认相关内容,两者对收入确认原则的表达和内容上已趋于一致。我国准则规定在"商品所有权上的主要风险和报酬转移给购买方"时确认收入,基本上沿袭了 IASB 的"风险和报酬转移观"的收入确认理念,这是我国在资本市场日益完善的情况下对国际会计准则趋同的结果。所以,我国应当延续与国际会计准则趋同的理念,及早开展对收入确认准则最新征求意见稿的研讨,然后不断完善我国相关的收入准则,实现与国际准则持续趋同的目标。

第二,我国海外上市或者在海外从事经营活动的企业将会受此次征求意见稿的重大影响。"与客户之间的合同产生的收入(征求意见稿)"的 2011 年修改版是 IASB 与 FASB 联合制定的收入准则成果,一旦通过将成为各国企业应当遵循的收入确认规范,以替代 FASB 的收入准则以及 IASB 的 IAS 11 和 IAS 13。如今,我国已有大量在香港主板、美国纳斯达克、纽约证券交易所等众多海外证券交易所上市的企业,同时我国跨国经营的公司数量不断增多,规模也日渐壮大,国际收入准则的改变将会极大影响我国以上这些海外企业的财务报表。因此,我国海外企业应当及早研究收入准则的征求意见稿,对相关的会计处理和披露要有较深入的了解,避免在准则变更之后出现措手不及的状况,只有如此才能使收入在会计确认、计量、披露等方面更加合理化。另外,由于海外财务报告使用者一致认为当前的收入确认准则在会计确认、计量和披露等方面并没有起到良好的导向作用,因此,2011年征求意见稿希望企业所披露的收入信息能够显示其与现金流量之间的关系,比如财务报表要显示企业销售商品或提供劳务所确认的收入与该笔收入相关的企业现金流入、流出之间的关系,这就要求我国海外企业不仅要根据修订后的征求意见稿披露财务状况和经营成果,还要特别注重显示企业收入与现金流量之间的关系来满足财务报告使用的需求。

第三,我国应坚持会计目标中的决策有用观,以满足财务报表使用者对财务信息的需求。2011年出台的收入确认准则征求意见稿对收入的确认、计量、披露等方面作了较好的规范,虽然经历了数次大大小小的变更,但究其根源仍然是为了使得财务报表能够满足使用者对于企业财务信息的需求。因此,我国如果要对当前的收入准则进行修订也必须遵循决策有用观的原则,使得企业财务报表显示的收入能更好地反映企业的商业实质,改善不同公司、不同行业、不同市场中收入的可比性,在一致且可比的基础上使得财务报表如实反映企业相关的财务信息,才能让我国的收入准则实现与国际准则的趋同,从而提高财务信息的可信度,降低财务报表使用者的信息风险。

第四,我国应该在提高收入准则适用性的基础上尽可能增强其可理解性,并降低新准则实施后的企业转换成本。此次收入确认准则在制定的过程中曾经对企业做过调查,虽然当前GAAP与IFRS在收入准则上的差异对企业造成许多不利影响,但只有不足一半的企业支持此次新收入准则的制定工作,相反大部分企业对于新准则持怀疑态度。这主要是因为担忧新准则可能会造成企业转换成本上升或者难以理解误用准则而负担法律责任等问题。因此,在对企业的忧虑进行考虑之后,IASB和FASB联合小组对征求意见稿开展了广泛的意见征集活动,并积极汇总各方建议,在坚持以合同为基础的收入原则不变的基础上准则制定委员会对征求意见稿进行不断的修改。当然,由于最终的收入确认准则还未制定完成,所以究竟这份新准则能否更加如实反映企业的经营活动,对于确认企业签订的合同是否具有商业实质,能否解决由于当前收入确认准则的差异导致收入确认困难的问题等,这些还都是未知数。但是,IASB和FASB在准则制定过程中注重实务,聆听多方意见的行为仍然是值得借鉴和学习的。对于我国来说,如果要修订收入准则必须将企业的顾虑考虑进去,新准则必须重点关注如何降低企业采用新准则时的转换成本,并且使得准则简单易懂和不存在较大歧义,只有如此才能减少新准则在制定与应用阶段的阻力。

第五,我国2006年的"企业会计准则"早已在我国企业广泛实行,从当前的施行效果来看,这套准则起到了良好的会计规范作用,尤其是在提高财务信息决策有用性方面的作用尤为突出。当然,监管机构在准则采用期间也发现了准则执行过程中存在的一些问题,但从整体效果来看,对新会计准则应该加以肯定。因此,我国未来如果需要修订收入会计准则,应该以辩证的观点来看待当前这份收入征求意见稿,不应当对我国现行收入准则进行大刀阔斧地改动,在吸收IASB和FASB收入准则新思想的同时要有我国国情方面的思考,制定出适用我国的收入确认准则。

主要参考文献

陈朝琳:"IASB/FASB《关于客户合同收入确认的初步意见》讨论稿之简介——与现行准则的比较及举例分析",《财务与会计》,2010 年第 11 期。

葛家澍:"收入确认的探讨——兼评 IASB/FASB 的最新初步意见",《财会学习》,2010 年第 9 期。

李桂萍:"IASB/FASB 收入准则最新进展及其评价",《商业会计》,2012 年第 5 期。

李月:"IASB/FASB 收入确认准则最新进展及其评价",《财会通讯》,2012 年第 11 期。

宋颖:"收入准则历程与发展趋势简述",《财会通讯》,2008 年第 9 期。

田雯、彭钰:"对 IASB / FASB《客户合同收入准则征求意见稿》的思考",《财会月刊》,2012 年第 1 期。

张金若、桑士俊:"合同基础的收入确认原则探究",《中南财经政法大学学报》,2010 年第 2 期。

张攀:"客户合同的收入确认——基于 IASB/ FASB 初步意见稿讨论",《财会研究》,2012 年第 9 期。

IASB/FASB, Exposure Draft, "Revenue From Contracts With Customer", June 2010.

IASB/FASB, Exposure Draft, "Revenue From Contracts With Customer", November 2011.

IASB/FASB, "Feedback Summary From Comment Letters and Outreach", 2012.

10. 国际租赁准则变革及最新进展研究

一、引言

租赁是一种古老的经济行为和信用形式,其历史源远流长,可追溯到公元前 2000 年,楔形文字撰写的《苏美尔法典》就涉及了租赁的相关内容。随着社会经济的变化和发展,租赁形式不断演变,功能不断扩展,并于二战后迅猛发展。1952 年美国最早的专营租赁公司 US 利辛格租赁公司成立,标志着现代租赁业的产生。此后,融资租赁在 20 世纪 60 年代传入西欧,70 年代扩展到日本,80 年代引进中国。时至今日,作为与银行、证券、保险、信托并列的五大金融业务形式之一,租赁已成为西方发达国家在债权融资的资金市场上,仅次于银行贷款的第二大融资方式。

1980 年初中国国际信托投资公司(下称简称"中信公司")试办了第一批融资租赁业务,从日本租赁进了一批汽车。1981 年 4 月,中信公司与日本东方租赁公司合资成立了中国第一家中外合资租赁公司——中国东方国际租赁公司,同年 7 月与内资机构合作成立了第一家金融租赁公司——中国租赁有限公司,这两家融资租赁公司的成立标志着我国融资租赁业的创立和现代租赁体制的建立。我国的租赁业务虽然起步较晚,但经过三十余年的发展,生机勃勃,方兴未艾。融资租赁业务分布和渗透领域越来越广泛,已在航空航运、铁路、建筑、工程机械、医疗、化工、汽车等与国民经济息息相关的重大领域成为主流融资方式。截至 2012 年年末,我国已有各类融资租赁公司 560 余家,比年初的 296 家增加 264 家,增长 89.2%;全国融资租赁合同余额约为 15 500 亿元人民币,比上年底的 9 300 亿元增加约 6 200 亿元,增长幅度为 66.7%。①

在全球租赁行业发展如火如荼的同时,各国租赁会计准则的制定和修订工作也在紧锣密鼓得进行着,以期能如实地反映其经济实质,并最终促进租赁业的健康发展。

二、租赁会计准则的发展沿革

随着社会和经济全球化的发展,租赁业在各国经济生活中扮演着举足轻重的角色,越来越受到广大承租人的青睐。为了规范租赁业务的会计处理,各国都制定了关于租赁业务的会计准则。

---

① 资料来源:2012 年中国融资租赁业发展报告(概述)。

(一)美国租赁会计准则的发展沿革

美国是世界上租赁业务最发达的国家,企业广泛地将租赁作为融资渠道,因此美国是世界上最早对租赁会计加以研究和规范的国家。1949 年,美国注册会计师协会(AICPA)所属的会计程序委员会(CAP)第一次单独就租赁会计问题颁布了一份研究公报,即会计研究公报第 38 号(ARB 38)"长期租赁在承租人财务报表中的披露"。该公报认为,租金固定、期限很长的租赁业务,其未清偿的负债及其他相关事实均足以影响企业财务报表使用者的判断,因此在财务报表上应予以正式列示或加以说明。1953 年,CAP发布了会计研究公报第 43 号(ARB 43)"会计研究公报第 1 号至第 42 号的重新表述和修订",该公报汇总并取缔了以往的 42 份研究公报,其中第 14 章专述长期租赁在承租人财务报表上的披露问题。此后,随着租赁业务的蓬勃发展,有关租赁在财务报表上列示的问题更加受到重视,并引起了广泛的讨论。讨论的重点是将租赁编列财务报表的理论依据及其列示范围,计量租赁对企业资产、负债、收入、费用等的影响所面临的困难及其解决办法等,但并没有取得一致的意见。1962 年,AICPA 所属的会计研究部(ARD)发布了会计研究文集第 4 号(ARS 4)"财务报表中租赁的报告",集中论述了租赁会计的理论与实务,并提出若干建议。1964 年和 1965 年,美国会计原则委员会(APB)先后发布了两份意见书:APB 意见书第 5 号(APB Opinions 5)"承租人财务报表中对租赁的报告"和第 7 号(APB Opinions 7)"出租人财务报表中对租赁的会计处理"。意见书指出,只具备长期租赁之名而无其实者,均应视同购置资产处理,要求将实质上是以分期付款方式购买的租赁资本化。其后,上述委员会又追发了两份意见书,以解决以后呈现的特殊租赁会计问题。美国财务会计准则委员会(FASB)成立后,将租赁会计的研究作为重要课题之一,并于1976 年颁布了财务会计准则公告第 13 号(SFAS 13)"租赁会计",取代了原有公认会计原则制定机构颁布的一切有关租赁的文件。之后,FASB 先后发布了 8 项财务会计准则公告、6 项解释公告(FIN)和 11 项技术公报(FTB),不断对 SFAS 13 进行修订,从而对租赁业务的会计处理加以规范,如图表 2-10-1 所示:

(图表 2-10-1)

美国租赁会计所依据的主要会计准则

编号	公告(公报)	公告(公报)名称	发布时间
1	SFAS 13	租赁会计	1976 年 11 月
2	SFAS 22	因免税债务还款引起的租赁合约条款变更	1978 年 06 月
3	SFAS 23	租赁起始时间	1978 年 08 月
4	SFAS 27	对现有销售租赁或直接融资租赁的续租或延期的再分类	1979 年 05 月
5	SFAS 28	对售后租回的会计处理	1979 年 05 月

（续表）

编号	公告(公报)	公告(公报)名称	发布时间
6	SFAS 29	或有租金的确定	1979 年 06 月
7	SFAS 91①	与发生或获得贷款有关的不可收回的费用和成本以及租赁初始直接成本的会计处理	1986 年 12 月
8	SFAS 98②	涉及不动产的售后租回,不动产的销售租赁,租赁期的确定,以及直接融资租赁初始直接成本的确定	1988 年 05 月
9	FIN 19	承租人对租赁资产剩余价值的担保	1977 年 10 月
10	FIN 21	企业合并时租赁的会计处理	1978 年 04 月
11	FIN 23	政府机构或有关当局拥有的部分财产的租赁	1978 年 08 月
12	FIN 24	仅涉及部分建筑物的租赁	1978 年 09 月
13	FIN 26	承租人在租赁期间购买租赁资产的会计处理	1978 年 09 月
14	FIN 27	转租损失的会计处理	1978 年 12 月
15	FTB 79-10	租赁协议中的财政基金条款	1979 年 12 月
16	FTB 79-12	最低租赁付款额现值计量中的利息率的应用	1979 年 12 月
17	FTB 79-13	SFAS 13 对现行价值财务报表的适用性	1979 年 12 月
18	FTB 79-14	已担保的剩余价值的升值调整	1979 年 12 月
19	FTB 79-15	不包括部分处置的转租赁项目损失的会计处理	1979 年 12 月
20	FTB 79-16③	所得税率变动对杠杆租赁会计处理的影响	1980 年 02 月
21	FTB 79-17	SFAS 13 的追溯应用产生累计影响的调整报告	1979 年 12 月
22	FTB 79-18	财务会计准则委员会对某些修正的过渡要求和 SFAS 13 的解释	1979 年 12 月
23	FTB 85-3	预订租金增长的经营租赁的会计处理	1985 年 11 月
24	FTB 86-2	租赁资产剩余价值的收益的会计处理	1986 年 12 月
25	FTB 88-1	与租赁会计有关的问题	1988 年 12 月

注:① 财务会计准则公告第 17 号(SFAS 17)"租赁会计——初始直接成本——对 SFAS13 的修正"(Accounting for Leases:Initial Direct Costs—an Amendment of FASB Statement No. 13),1977 年 11 月发布,后被 SFAS 91 取代。

② 财务会计准则公告第 26 号(SFAS26)"对不动产销售租赁的利润确认——对 SFAS13 的修正"(Profit Recognition on Sales—Type Leases of Real Estate—an Amendment of FASB Statement No. 13),1979 年 4 月发布,后被 SFAS98 取代。

③ FTB 79-16"所得税率变动对杠杆租赁会计处理的影响"(Effect of a Change in Income Tax Rate on the Accounting for Leveraged Leases)于 1979 年 12 月发布,后又于 1980 年 2 月发布修订版。

（二）国际租赁会计准则的发展沿革

随着跨国公司风起云涌、跨国经济业务与日俱增，会计国际化成为一种必然趋势。1982 年 9 月，国际会计准则委员会（IASC）发布了国际会计准则第 17 号（IAS 17）"租赁会计"，对承租人和出租人的会计处理和披露进行了规范，这一举措对促进国际间租赁会计制度的统一起到了极大的推动作用。1994 年，IASC 对 IAS 17 进行了重编。1997 年，IASC 又重新修订 IAS 17，改名为"租赁"（Leases），自 1999 年 1 月 1 日起施行，并取代1994 年重编版。IASC 又于之后的两年里先后修订了 IAS 40"投资性房地产"和 IAS 41"农业"中的相关内容。2001 年 4 月，国际会计准则理事会（IASB）取代 IASC 后，继续采用并修订 IAS 17。2003 年 12 月，IASB 发布了 IAS 17 修订版，此次修改明确了既含有土地又含有建筑物成分的租赁的分类方法，还改变了除制造商或经销商出租人以外的出租人发生的初始直接成本的处理方法。2009 年 4 月，IASB 发布了"国际财务报告准则 2009年度改进"（Annual Improvements to IFRSs 2009），其中有一项是关于租赁准则的修订，该修订认为将使用寿命不确定的土地租赁归类为经营租赁的做法不符合 IAS 17 的一般原则，故将其删除，修订后，土地的租赁将按照 IAS 17 的一般原则被归类为"融资租赁"或者"经营租赁"。此外，国际财务报告解释委员会（IFRIC）以及其前身常设解释委员会（SIC）还发布了一些与 IAS 17 有关的解释及解释公告，例如 IFRIC 4"确定一项安排是否包含租赁"、SIC 15"经营租赁：激励措施"、SIC 27"评价涉及租赁法律形式的交易的实质"等。

现行租赁会计准则将租赁划分为"融资租赁"（Finance Leases）和"经营租赁"（Operating Leases）。经营租赁实质上为表外融资，无需在资产负债表中反映，这在 2008年爆发的国际金融危机中暴露出严重的局限性，庞大的表外融资行为被投资者所诟病。融资租赁模式和经营租赁模式的同时存在意味着经济意义相似的交易可能结果不一样，降低了财务报表的可比性。此外，融资租赁和经营租赁之间的"明线"划分，导致现行模型过于复杂。为有效解决上述问题，IASB 和 FASB 发起了一个共同项目，目的是制定一种新的、单一的租赁会计处理方法，确保租赁引起的所有资产和负债都能够在财务报表中得以确认。2009 年 3 月，两委员会发布了租赁准则的讨论稿（Discussion Paper，简称 DP），提出了租赁准则修订的初步意见。在考虑了全球对讨论稿的反馈意见后，两委员会于2010 年 8 月 17 日发布了征求意见稿［以下简称"征求意见稿（2010）"］，规定一项租赁交易不再划分为融资租赁或经营租赁，租赁主体应全面公允透明地反映租赁业务的经济实质，把其产生的权利、义务及可能带来的未来价值变化等信息充分地披露出来。征求意见稿发布后，在全世界引发了广泛争论，对此，IASB 和 FASB 多次召开联合会议就反馈者的重点关注问题展开讨论。2011 年 7 月，两委员会宣布拟定新的征求意见稿。2013 年 5月 16 日，IASB 与 FASB 再次联合发布了租赁准则的征求意见稿［以下简称"征求意见稿（2013）"］，要求除短期租赁外，其余所有租赁资产应计入资产负债表内。同时，征求意见稿还建议将对租赁资产确认、计量、费用表现以及由租赁产生的现金流采取双重处理方法，这与两委员会之前所倡导的引入单一租赁会计准则模式的初衷相背离。国际租赁会计准则的发展简历，如图表 2-10-2 所示：

（图表 2-10-2）

国际租赁会计准则的历史

编号	制定或修订内容	发布时间	生效时间
1	租赁会计（IAS 17）征求意见稿 E19	1980 年 10 月	—
2	租赁会计（IAS 17）	1982 年 09 月	1984 年 01 月
3	IAS 17 格式重排	1994 年	—
4	租赁（IAS 17）征求意见稿 E56	1997 年 04 月	—
5	租赁（IAS 17）	1997 年 12 月	1999 年 01 月
6	修订了 IAS 17 的第 1 段、19 段、24 段、45 段和 48 段，增加了第 48A 段	2000 年 04 月	2001 年 01 月
7	修订了 IAS 17 的第 1 段、24 段和 48A 段	2001 年 04 月	2003 年 01 月
8	IAS 17 修订版	2003 年 12 月	2005 年 01 月
9	"国际财务报告准则 2009 年度改进"修订了租赁准则中土地租赁的分类	2009 年 04 月	2010 年 01 月
10	租赁准则的讨论稿（DP）	2009 年 03 月	—
11	租赁准则征求意见稿（2010）	2010 年 08 月	—
12	租赁准则征求意见稿（2013）	2013 年 05 月	—

三、租赁会计准则的最新进展

（一）租赁准则征求意见稿（2010）的主要内容

2010 年 8 月，IASB 和 FASB 联合发布了租赁准则的征求意见稿（2010），旨在制定一种新的、单一的租赁会计处理方法。

本征求意见稿的主要内容包括目标、范围、承租人的会计处理、出租人的会计处理、短期租赁、售后租回交易、披露、生效日期及过渡等。

1. 目标

本征求意见稿的目标是对承租人和出租人向财务报告使用者报告租赁引起的现金流量的金额、时点和不确定性的相关和真实信息应当运用的原则作出规定。

2. 范围

本征求意见稿征求意见稿(2010)适用于所有租赁的会计核算,但不适用于下列项目:

(1) 无形资产的租赁;

(2) 开采或使用矿产、石油、天然气和类似的非再生资源的租赁;

(3) 生物资产的租赁;

(4) 租赁开始日和租赁期开始日之间的租赁满足负有法律义务的合同的定义,则不适用于本征求意见稿。

本征求意见稿适用于包含服务成分和租赁成分的合同,但以下情况除外:

(1) 如果包含服务成分和租赁成分合同中的服务成分是单独的而且承租人能够明确区分,则承租人应当对该合同中的服务成分适用"与客户的合同所产生的收入"准则;

(2) 如果包含服务成分和租赁成分合同中的服务成分是单独的而且出租人能够明确区分,则出租人应当对该合同中的服务成分适用"与客户的合同所产生的收入"准则。

(3) 如果出租人采用终止确认法,则即使包含服务成分和租赁成分合同中的服务成分不是单独的,出租人也应当对该合同中的服务成分适用"与客户的合同所产生的收入"准则。

本征求意见稿适用于租赁下持有的投资性房地产,但是:

(1) 在进行初始计量之后,承租人应当根据 IAS 40"投资性房地产"中的公允价值模式确认一项使用权资产。承租人应当根据 IAS 40 将初始计量之后产生的租金支付义务的变动确认为损益。

(2) 对按照 IAS 40 采用公允价值计量的投资性房地产,出租人应当适用 IAS 40,而不适用本征求意见稿。

本征求意见稿不适用于代表购买/销售标的资产的以下合同:

(1) 合同导致某一主体将标的资产的控制权和与标的资产相关的几乎全部风险和收益转移给另一主体;

(2) 承租人已经行使购买选择权的租赁。当承租人已经行使购买选择权时,该合同不再是一项租赁,而成为一项购买(承租人)/销售(出租人)。

3. 承租人的会计处理

(1) 确认

在租赁期开始日,承租人应在财务状况表中确认一项资产"租赁资产的使用权"(Right-of-use Asset)和一项负债"租金支付义务"(Liability to Make Lease Payments)。

承租人应在综合收益表中确认以下项目,除其他国际财务报告准则要求或允许计入资产的成本外:

a. 租金支付义务的利息费用;

b. 使用权资产的摊销;

c. 使用权资产的重估收益或损失；

d. 或有租金、期限选择罚款和担保余值重估所导致的当期或前期租金支付义务的变动；e. 使用权资产的减值损失。

（2）计量

① 初始计量

在租赁开始日,承租人应按以下要求进行计量：

a. 租金支付义务以租赁付款额按承租人的增量借款利率（Lessee's Incremental Borrowing Rate）折现后的现值进行初始计量,如果租赁内含利率易于取得,也可以采用租赁的内含利率进行折现。

b. 使用权资产以租金支付义务金额与承租人发生的初始直接成本之和进行初始计量。

② 后续计量

在租赁期开始日之后,承租人应按以下要求进行计量：

a. 租金支付义务按照摊余成本,采用实际利率法进行后续计量；

b. 除非对使用权资产进行重估或计提减值,否则使用权资产按照摊余成本进行后续计量。

在租赁期开始日之后,如果有事实或情形表明租金支付义务自上一报告期有重大变动,承租人应当重新评估每项租赁引起的租金支付义务的账面价值。当存在上述迹象时,承租人应当：

a. 重新评估租赁期,并对使用权资产进行调整,以反映租赁期变化所引起的租金支付义务的变动；

b. 重新评估或有租金和期限选择罚款和担保余值下的预期支付。承租人应确认所导致的租金支付义务的变动。

如果承租人按摊余成本计量使用权资产,则应在租赁期和租赁资产经济寿命两者孰短的期间内依据系统的基础进行摊销。承租人应按照 IAS 18 的要求选择摊销方法、复核摊销期间和摊销方法。

如果承租人按照 IAS 16"不动产、厂房和设备"对某类不动产、厂房和设备的所有自有资产进行了重估,则同类租赁资产对应的使用权资产应以重估日的公允价值扣除摊销额和重估日后发生的减值之后的余额来进行计量。对于此重估目的,在确定公允价值时不需要参考活跃市场。如果承租人采用重估价值计量某项使用权资产,则承租人需要对与该项租赁资产所在固定资产类别相关的全部使用权资产进行重估。

在每个报告日,承租人应根据 IAS 36"资产减值"判断使用权资产是否发生减值并确认相应的减值损失。

（3）列报

在财务状况表中，承租人应按照以下要求进行列报：

a. 租金支付义务与其他金融负债分别列报；

b. 使用权资产归入不动产、厂场和设备类，并与企业自有资产分别列报；

在损益表及报表附注中，承租人应将使用权资产的摊销和租金支付义务的利息与其他摊销和利息费用分别列报。

在现金流量表中，承租人应将租赁引起的现金支付归为筹资活动，并与其他筹资活动的现金流分别列报。

4. 出租人的会计处理

在租赁开始日，出租人应评估确定该租赁应采用"履约义务法"（Performance Obligation Approach）还是"终止确认法"（Derecognition Approach）进行会计处理。

如果出租人保留了与租赁资产相关的重大风险或收益，出租人应当采用"履约义务法"。如果出租人未保留与租赁资产相关的重大风险或收益，出租人应当采用"终止确认法"。在租赁开始日之后，出租人不应变更租赁的会计处理方法。履约义务法和终止确认法的比较，如图表 2-10-3 所示：

（图表 2-10-3）

履约义务法和终止确认法的比较

	履约义务法	终止确认法
	在租赁期开始日，出租人应当在财务状况表中确认一项资产"向承租人收取租金的权利"和一项负债"履行租赁的义务"。租赁资产仍然保留在出租人的财务状况表上。	在租赁期开始日，出租人应当：a. 在财务状况表中确认一项租金支付收取权；b. 在财务状况表中终止确认租赁资产中代表承租人在租赁期内对租赁资产的使用权的那部分账面价值；c. 将租赁资产中代表出租人仍保留的权利的那部分账面价值重分类为剩余资产。
确认	出租人应在损益表中确认以下项目：a. 租金支付收取权相关的利息收入；b. 履行租赁义务产生的租赁收入；c. 当出租人履行义务时，重估或有租金、期限选择罚款和担保余值所导致的租赁义务的变动；d. 租金支付收取权的减值损失。	出租人应当在损益表中确认以下项目：a. 租金收入——租金支付现值和租赁费用——租赁期开始日终止确认的部分租赁资产成本；b. 租金支付收取权的利息收入；c. 与重新评估租赁期相关的租金收入和租赁费用；d. 重新评估或有租金、期限选择罚款和担保余值所导致的租金支付收取权的变动；e. 租金支付收取权或剩余资产的减值损失。
	出租人应将租赁收入归为日常经营活动产生的收入。	出租人应将租赁收入和租赁费用分别归为日常经营活动产生的收入和费用。

	履约义务法	终止确认法
计量	（1）初始计量 在租赁开始日，出租人应当按照以下要求进行计量：a. 租金支付收取权以租金支付按租赁内含利率折现后的现值和出租人发生的初始直接成本之和进行初始计量；b. 租赁履约义务以租金支付收取权的金额进行初始计量。 （2）后续计量 在租赁期开始日之后，出租人应按以下要求进行计量：a. 除非对使用权资产进行重估或计提减值，租金支付收取权应按摊余成本进行后续计量（采用实际利率法）；b. 剩余租赁履约义务应以承租人使用租赁资产的模式为基础来确定。如果出租人不能以承租人使用租赁资产的模式为基础系统合理可靠地确定剩余租赁履约义务，则应采用直线法。 在租赁期开始日之后，如果有事实或情形表明租金支付收取权的账面价值自上一报告期有重大变动，出租人应当对每项租赁引起的租金支付收取权的账面价值进行重新评估。当存在上述迹象时，出租人应：a. 重新评估租赁期，并对租赁履约义务进行调整，以反映租赁期变化所引起的租金支付收取权的变动；b. 重新评估出租人能可靠计量的或有租金、期限选择罚款和担保余值。出租人应按以下要求确认所导致的租金支付收取权的变动：将归属于已完成的租赁履约义务的变动确认为损益；将归属于未完成的租赁履约义务的变动视为对租赁履约义务的调整。但出租人应当将导致租赁履约义务减至零以下的变动确认为损益。 在每个报告日，出租人应根据 IAS 36"资产减值"判断租金支付收取权是否发生减值并确认相应的减值损失。	（1）初始计量 在租赁开始日，出租人应当按照以下要求进行计量：a. 租金支付收取权以租金支付按租赁内含利率折现后的现值和出租人发生的初始直接成本之和进行初始计量；b. 剩余资产按照分配的租赁资产账面价值进行初始计量。 （2）后续计量 在租赁期开始日之后，除非对租金支付收取权进行重估或计提减值，出租人的租金支付收取权应按摊余成本进行后续计量（采用实际利率法）。 除非对租赁期进行重估或者按照 IAS 36 计提减值导致剩余资产变动，否则出租人不应对剩余资产进行重新计量。 在租赁期开始日之后，如果有事实或情形表明租金支付收取权的账面价值自上一报告期有重大变动，出租人应当对每项租赁引起的租金支付收取权的账面价值进行重新评估。当存在上述迹象时，出租人应当：a. 重新评估租赁期。当重估结果将导致剩余资产发生变动时，出租人将变动金额分摊至终止确认的权利和剩余资产，同时相应地调整剩余资产的账面价值；b. 重新评估出租人能可靠计量的或有租金、期限选择罚款和担保余值。出租人应将导致的租金支付收取权的变动确认为损益。 在每个报告日，出租人应根据 IAS 39 判断租金支付收取权是否发生减值并在损益表中确认相应的减值损失；根据 IAS 36 判断剩余资产是否发生减值并在损益表中确认相应的减值损失。

（续表）

	履约义务法	终止确认法
列报	出租人应在财务状况表中同时列报以下项目：a.租赁资产；b.租金支付收取权；c.租赁履约义务；d.以上三项加总为一项净租赁资产或净租赁负债。 中间出租人应将首次租赁的租金支付义务与转租赁引起的资产和负债分别列报，并在财务状况表中同时列报以下项目：a.（转租赁下租赁资产的）使用权资产；b.转租赁下的租金支付收取权；c.租赁履约义务；d.以上三项加总为一项净租赁资产或净租赁负债。	出租人应在财务状况表中列报以下项目：a.租金支付收取权，并与其他金融资产分别列报，同时区分转租赁下引起的租金支付收取权；b.剩余资产，并与自有固定资产分别列报，同时区分转租赁下引起的剩余资产。
	在损益表中，出租人应将租金支付收取权的利息收入、履行租赁义务产生的租金收入和租赁资产的折旧费用与其他的利息收入、收入和折旧费用分别列报。	在损益表中，出租人应将租金收入和租赁费用在不同的行中进行列报或者在一行中以净额列报，以提供反映其经营模式的信息。 在损益表中，出租人应将租金支付收取权的利息收入与其他利息收入分别列报。
	在现金流量表中，出租人应将收取租金支付产生的现金流入归为经营活动。如果出租人：a.采用直接法，出租人应将收取租金支付产生的现金流入与其他经营活动产生的现金流入分别列报；b.采用间接法，出租人应将租金支付收取权的变动与其他经营应收款的变动分别列报。	在现金流量表中，出租人应将收取租金支付产生的现金流入归为经营活动。如果出租人：a.采用直接法，应将收取租金支付产生的现金流入与其他经营活动产生的现金流入分别列报；b.采用间接法，应将租金支付收取权的变动与其他经营应收款的变动分别列报。

5. 短期租赁

（1）承租人的会计处理

在租赁开始日，短期租赁的承租人可根据每项租赁的情形选择按以下规定进行初始和后续计量：① 租金支付义务按未折现的租金支付进行计量；② 使用权资产按未折现的租金支付与初始直接成本之和进行计量。此类承租人应将租赁期内的租金支付确认为损益。

（2）出租人的会计处理

在租赁开始日，短期租赁的出租人可以根据每项租赁的情形选择在财务状况表中不确认短期租赁引起的资产和负债，也不终止确认租赁资产。此类出租人应按照其他国际财务报告准则继续确认租赁资产并将租赁期内的租金支付确认为损益。

6. 售后租回交易

如果某转让方将一项资产转让给另一方,然后再将该资产租回,当转让合同和租赁合同满足以下条件时,转让方和受让方要按照"正常租赁中的售后回租交易要求"的要求进行会计处理:① 合同是同时或者几乎同时签订的;② 合同是为单一商业目标协商达成的一揽子交易;③ 或者合同是同时或者连续执行的。

(1) 转让方对满足上述条件的交易应进行如下会计处理

如果转让满足出售的条件,转让方应根据适用的国际财务报告准则对该出售进行会计处理,并按照承租人会计准则对该租赁进行会计处理;

如果转让不满足出售的条件,转让方应将该合同作为一项融资活动进行会计处理。转让方不应终止确认被转让资产,同时将收到的款项确认为一项融资负债。

(2) 受让方对满足上述条件的交易应进行如下会计处理

如果转让满足购买的条件,受让方应根据适用的国际财务报告准则对该购买进行会计处理,并采用履约义务法对该租赁进行会计处理;

如果转让不满足购买的条件,受让方不应确认被转让资产。受让方应根据适用的IFRSs 将支付的款项确认为一项应收款。

如果购买、出售或者售后租回交易中租金支付的对价不是以公允价值达成的:

(1) 转让方应当:调整使用权资产的计量以反映该资产的租金支付的当前市场利率;将以租赁合同条款为基础的租金支付的现值与以当前市场利率为基础的租金支付的现值之间的差异确认为租赁资产的处置损益。

(2) 受让方应当:调整转让资产的账面价值和按履约义务法确认的租赁履约义务以反映该租赁的租金支付的当前市场利率。

7. 披露

主体应披露定性和定量的财务信息,如果该信息识别和解释了财务报表中确认的由租赁引起的有关金额;描述了租赁如何影响该主体未来现金流量的金额、时间和不确定性。

8. 生效日期及过渡

(1) 生效日期

主体应对自×年×月×日(该日期将在征求意见之后确定)或以后日期开始期间的年度财务报表适用本准则。

(2) 过渡

在首次执行日,主体应采用规定的简单追溯调整法对所有在本征求意见稿范围内有效的合同进行确认和计量。首次执行日是指主体在财务报表中首次执行本征求意见稿的首个比较期间的起始日。

主体应当调整每项受影响的权益最早列报期间的期初余额和披露的以前各期列示的其他比较数据,如同从最早列报期间的起始日就采用新的会计政策。

(二)租赁准则征求意见稿(2010)引发的激烈论战

2010年颁布的租赁准则征求意见稿将消除"经营租赁"和"融资租赁"之间的区别,并且引入了针对承租人和出租人的新会计模型。在该模型下,承租人确认一项资产(使用权资产——"标的资产租赁期内的使用权")和一项负债(租金支付义务),并且应当在预期租赁期和标的资产使用寿命孰短的期间内摊销使用权资产,同时承担租金支付义务相关的利息费用;出租人应当根据是否保留租赁期内或之后的与租赁资产相关的重大风险或收益,对租赁引起的资产和负债采用"履约义务法"或"终止确认法"进行会计处理。租赁准则征求意见稿(2010)极大地改变了现行租赁会计准则中会计实务的处理方法。如图表2-10-4所示:

(图表2-10-4)

征求意见稿(2010)与现行准则的比较

	会计模型	结果
现行准则:两种租赁类型		
融资租赁	标的资产和租赁负债列入资产负债表; 利息和折旧费用反映在损益表; 披露未来最低租赁付款额。	投资者使用财务报表信息。
经营租赁	资产和负债无需列入资产负债表; 租金费用反映在损益表; 披露未来最低租赁付款额。	投资者作出任意或基于评估的调整。
征求意见稿:两租合一		
单一会计模型	一项资产(租赁资产的使用权)和一项负债(租金支付义务)均列入财务状况表; 摊销和利息反映在损益表; 其他信息在附注中说明。	投资者可以在财务报表中找到租赁引起的未来现金流信息。

征求意见稿在全球引发热议,各国会计师事务所、租赁协会、准则制定机构、企业等纷纷表达自己的声音。在2010年9月举行的国际电话会议上,一些机构对征求意见稿中的承租人会计处理模式修订意见存在疑虑甚至直接表达了反对意见。其中,"欧洲租赁协会联合会"(Federation of European Leasing Association)的代表表示,该协会将与IASB举行公开会议,讨论征求意见稿(2010)对承租人在会计上造成的不利影响。加拿大金融和租赁协会(Canadian Finance & Leasing Association)代表称,该协会90%的成员希望能够保持现行准则,只有能够在资本市场上取得资金的少数公司同意准则修改。中国租赁

协会(China Leasing Association)的代表也在会议上表示,中国的经营租赁业务将受到很大的影响,对会计准则的修改持反对意见。① 美国会计学会下属的财务会计准则委员会(AAA's Financial Accounting Standards Committee)成员 Yuri Biondi、Robert J. Bloomfield 等表示,"为何征求意见稿(2010)允许承租人和出租人之间相同的交易却存在不同的会计处理,这在会计上缺乏可比性和持续性。"同时他们也对征求意见稿中租赁的定义、初始计量和后续重估等存在质疑。② 中国财政部会计司注册会计师处副处长杨国俊指出:"根据提议,原来做的很多融资租赁就不再是租赁了。比如,租赁期末转移所有权或者行使优惠购买选择权,是按照销售处理的。该项目的修订很可能对租赁行业产生巨大的冲击,甚至某些公司的主要业务以后将不复存在。"③

征求意见稿(2010)发布后,IASB 和 FASB 共收到来自全球的 786 封公众评论函。大部分对 IASB 和 FASB 致力于制定一种新的、单一的租赁会计模型所付出的努力表示支持,但也提出了自己的看法。其中讨论的焦点主要在以下几个方面:(1)承租人会计模型:资产和负债的确认;对损益表的影响。(2)出租人会计模型。(3)计量的复杂性。(4)租赁的定义。④ 此外,售后租回交易、合同租赁和非租赁成分的区分、主体的过渡等方面的讨论也有所涉及。如图表 2-10-5 所示:

(图表 2-10-5)

征求意见稿(2010)的反馈意见汇总表

	征求意见稿(2010)	反馈意见	IASB/FASB 的回应
承租人会计模型	资产和负债的确认:建议承租人应确认所有租赁的使用权资产和租赁负债。	对租赁资产和负债的确认大体上表示支持,特别是财务报告使用者、监管者、会计准则制定者和会计师事务所。编报者对资产负债表上报告所有租赁的效益性提出质疑。部分反馈者建议排除特定租赁(如短期租赁及非核心资产的租赁)。其他人建议加强财务报表附注中的披露。	租赁产生的权利和义务符合资产和负债的定义,承租人确认租赁资产和负债将大幅增加财务报表信息。对于最高租赁期为 12 个月及以下的租赁,两委员会允许承租人不确认租赁资产和负债,并简化了其计量方法。

---

① 参见柏亮:"租赁会计准则修订支持率不高",《第一财经日报》,2011 年 1 月。

② 参见 Yuri Biondi and Robert J. Bloomfield,"A Perspective on the Joint IASB/FASB Exposure Draft on Accounting for Leases",Accounting Horizons(December,2011),p. 864.

③ 参见柏亮:"租赁会计准则修订:熟饭能否下咽?",《第一财经日报》,2011 年 1 月。

④ 参见 IASB,"Snapshot:Leases",May,2013.

(续表)

	征求意见稿(2010)	反馈意见	IASB/FASB 的回应
承租人会计模型	对损益的影响: 建议承租人在租赁期内摊销使用权资产,通常使用直线法。此外,租赁负债的利息将单独予以确认。	反馈者意见不一。许多反馈者认为提议不能反映所有租赁的经济实质。不同的利益相关者对于租赁的经济实质有不同的看法:一些人认为所有租赁属于融资交易;另一些人认为几乎没有租赁是融资交易;其他人认为不同的租赁,其经济实质是不同的。	两委员会决定提出一种双重处理方法,来进行承租人租赁费用及现金流的确认和列报,以便更好地反映不同租赁交易的不同经济实质。
出租人会计模型	两种不同的出租人会计模型: 终止确认法和履约义务法。	很少支持履约义务法,许多人认为该方法将不恰当地夸大出租人的资产负债表,即他们不同意租赁应收款和标的资产的确认。同时,质疑允许承租人使用资产的义务是如何符合负债的定义的。	对于大多数设备和交通工具租赁,出租人确认租赁应收款和剩余资产。 不建议出租人确认一项负债。 对于大多数房地产租赁,不建议确认租赁应收款。
计量的复杂性	建议在计量租赁资产和负债时包括所有预期可变租赁的付款额,包括以"宁信其有的基础"(on a 'more Likely than not' Basis)处理在具有选择权的续租期内应付的租赁款。 当承租人的租金支付义务和出租人的租金支付收取权有重大变动时,应当进行重估。	许多反馈者不赞成这些提议。大多数反馈者考虑的是实施成本和操作的复杂性。	两委员会已经改变了关于选择权和可变租赁付款额的提议。 可变租赁付款额不要求包括在租赁资产和负债的计量中,除非这些付款额是实质上已绑定的支付款或与指数或利率挂钩的支付款。 具有选择权的续租期内的应付租金不要求包括在租赁资产和负债的计量中,除非承租人有重大的经济动机行权。
租赁的定义	保留了 IAS 17 中租赁的定义,即在议定期间内让渡一项资产的使用权以获取对价的合同。同时也保留了 IFRIC 4"确定一项安排是否包含租赁"中的要求,但这些要求的措辞有小幅改动。	反馈者普遍赞同租赁的定义,但是许多人担心所阐述的有关如何应用租赁定义的指导意见会囊括他们认为是服务合同的合同。 在征求意见稿的提议下,一些常见的合同被认为难以评估。	两委员会决定保留 IAS 17 中租赁的定义,但是改变应用的指导意见。建议的改变主要涉及运用于定义中的控制概念,即当承租人取得了对该项资产一定期间的使用实施控制的权力,合同包含租赁。 这些改变预期缩小提议中的合同总量,即排除那些按照原先提议被认为是租赁的服务合同(如照付不议合同)。

（三）租赁准则征求意见稿（2013）的主要内容

IASB 和 FASB 对近 800 封公众评论函进行了认真的审阅，并陆续在世界各地举行了 300 多场会议和活动，包括研讨会、圆桌讨论等，对反馈意见进行激烈讨论。2013 年 5 月，IASB 和 FASB 再次联合发布了租赁准则的征求意见稿（2013）。

征求意见稿（2013）的主要内容包括目标、范围、租赁的识别、租赁期的确定、租赁的分类、承租人的会计处理、出租人的会计处理、售后租回交易及短期租赁等。

1. 目标

本征求意见稿的目标是对承租人和出租人向财务报告使用者报告租赁引起的现金流量的金额、时点和不确定性的有用信息应当运用的原则作出规定。

2. 范围

本征求意见稿适用于所有租赁的会计核算，包括转租赁中使用权资产的租赁。但不适用于下列项目：

（1）无形资产的租赁；

（2）开采或使用矿产、石油、天然气和类似的非再生资源的租赁；

（3）生物资产的租赁；

（4）IFRIC 12"服务特许权协议"范围内的服务特许权的租赁。

3. 租赁的识别

租赁是在议定期间内让渡一项资产（标的资产的使用权）以获取对价的合同。在合同开始日，主体应当根据履行合同是否需要使用某项特定资产以及合同是否让渡了对该项资产一定期间的使用实施控制的权利以获取对价来评估一项合同是否是租赁或是否包含租赁。

4. 租赁期的确定

租赁期是指不可撤销的租赁期间，同时考虑以下两方面：（1）在承租人有重大的经济动机行权的条件下，延长租赁选择权所涵盖的期间；（2）在承租人有重大的经济动机不行权的条件下，终止租赁选择权所涵盖的期间。

如果发生以下情形之一，主体应当重估租赁期：

（1）相关因素发生变化，导致承租人具备或不再具备行使延长租赁选择权或不行使终止租赁选择权的重大经济动机。单独的以市场为基础的因素变化（如租赁可比资产的市场利率）不构成重估租赁期的原因。

（2）承租人采取以下行动：① 选择行权，即使先前认为没有行权的重大经济动机；② 选择不行权，即使先前认为有行权的重大经济动机。

5. 租赁的分类

在租赁开始日，主体应当将租赁分为"A 类型"和"B 类型"。在租赁开始日后，主体不能进行重分类。

(1) 如果标的资产不是不动产,主体应当将该租赁划分为"A 类型",除非满足以下任一条件:① 租赁期相对于标的资产的经济寿命来说不重大;② 在租赁开始日,租金支付的现值相对于标的资产的公允价值来说不重大。

(2) 如果标的资产是不动产,主体应将该租赁划分为"B 类型",除非满足以下任一条件:① 租赁期占标的资产剩余经济寿命的大部分;② 在租赁开始日,租金支付的现值几乎相当于标的资产的全部公允价值。

6. 合同修改

修改合同将导致对租赁资产和负债进行重新评估。在旧租赁和新租赁下相关资产和负债的账面金额之间的差额应立即计入损益。

7. 承租人的会计处理

(1) 确认

在租赁开始日,承租人应当确认一项使用权资产和一项租赁负债。

(2) 计量

① 初始计量

在租赁开始日,承租人应按以下要求进行计量:

a. 租赁负债以租金支付按租赁内含利率折现后的现值进行初始计量。如果租赁内含利率难以确定,承租人应采用增量借款利率进行折现;

b. 使用权资产的成本包括:租赁负债的初始计量金额、在租赁开始日或之前支付给出租人的租金扣除从出租人取得的租赁优惠后的余额,以及由承租人承担的初始直接成本。

② 后续计量

在租赁开始日后,承租人应按以下要求进行计量:

a. 按照当期转回的租赁负债折现额增计租赁负债的账面价值,同时按照当期支付的租金减计租赁负债的账面价值。承租人在租赁期内应按照租赁负债的余额乘以一个固定的期间折现率计算每一期间应当转回的折现额,同时考虑有关重估的规定;

b. 按照成本扣除累计摊销、累计减值损失后的金额计量使用权资产,同时考虑有关重估的规定。

(3) 列报

承租人应当按照以下要求在财务状况表中进行列报或在附注中进行披露:

a. 分别列报使用权资产和其他资产;

b. 分别列报租赁负债和其他负债;

c. 分别列报"A 类型"和"B 类型"租赁产生的使用权资产以及按照重估价值计量的使用权资产;

d. 分别列报"A 类型"和"B 类型"租赁产生的租赁负债。

承租人应当按照以下要求在损益和其他综合收益表中进行列报：

a. 对于"A 类型"租赁，单独列报租赁负债折现的转回和使用权资产摊销；

b. 对于"B 类型"租赁，合并列报租赁负债折现的转回和使用权资产摊销；

承租人在现金流量表中应当按照以下规定进行分类：

a. "A 类型"租赁的租赁负债的本金偿还划分为融资活动；

b. "A 类型"租赁的租赁负债的折现转回应按照 IAS 7"现金流量表"中有关利息的要求进行列报；

c. "B 类型"租赁的相关支出划分为经营活动；

d. 未包含在租赁负债中的可变租金和短期租赁租金划分为经营活动。

（4）披露

披露规定的目标是使财务报表使用者能够理解租赁引起的现金流量的金额、时点和不确定性。为达到这一目标，承租人应当披露以下定性和定量信息：租赁的性质、租赁会计处理中所做的重大判断以及在财务报表中确认的与租赁有关的金额。

8. 出租人会计处理

1）"A 类型"租赁

（1）确认

在租赁开始日，出租人应进行以下会计处理：

a. 核销标的资产的账面价值；

b. 确认一项租赁应收款；

c. 确认一项剩余资产；

d. 确认租赁产生的损益。

（2）计量

① 初始计量

在租赁开始日，出租人应按以下要求进行计量：

a. 租赁应收款按照租金现值与初始直接成本之和计量，租金现值按照租赁内含利率进行折现；

b. 剩余资产按照"A＋B－C"计量，其中：A＝租赁期末出租人预期从标的资产可收回金额按照租赁内含利率折现后的现值（总剩余资产）；B＝预期可变租金的现值；C＝未实现损益。

② 后续计量

在租赁开始日后，出租人应按以下要求进行计量：

a. 按照租赁应收款折现的转回额增计租赁应收款的账面价值，同时按照当期收取的租金减计租赁应收款的账面价值。出租人在租赁期内应按照租赁应收款的余额乘以一个固定的期间折现率计算每一期间应当转回的折现额，同时考虑有关重估和减值的规定；

b. 按照初始账面价值与折现转回额之和计量剩余资产,同时考虑有关重估、可变租金和减值的规定。

(3) 列报

在财务状况表中,出租人应当分别列报租赁资产(即租赁应收款和剩余资产账面价值之和)和其他资产。出租人还应当在财务状况表中列报或在附注中披露租赁应收款的账面价值和剩余资产的账面价值。

出租人应当在损益和其他综合收益表中列报或在附注中披露租赁收入。如果出租人不在损益和其他综合收益表中列报租赁收入,则应披露租赁收入被包含在损益和其他综合收益表的哪些项目中。

在现金流量表中,出租人应当将收取的租金作为经营活动产生的现金流入。

2)"B类型"租赁

(1) 确认

a. 出租人应当在租赁期内采用直线法(Straight-line Basis)确认租金收入,如果其他方法能更好地反映从标的资产获取收益的模式,也可采用其他方法。

b. 出租人应当在租赁期内采用与租金收入确认相同的方法将初始直接成本确认为费用。

c. 出租人应当在取得收益的期间将可变租金确认为损益。

(2) 计量和列报

出租人应当按照适用的准则继续计量和列报"B类型"租赁的标的资产。

在现金流量表中,出租人应当将收取的租金作为经营活动产生的现金流入。

(3) 披露

披露规定的目标是使财务报表使用者能够理解租赁引起的现金流量的金额、时点和不确定性。为达到这一目标,出租人应当披露以下定性和定量信息:租赁的性质;租赁会计处理中所做的重大判断;在财务报表中确认的与租赁有关的金额。

9. 售后租回交易

主体在确定一项资产转让是否属于销售时应当运用收入准则中有关确定履约义务是否履行的相关规定进行判断。

存在租回这一事实本身不影响受让人取得标的资产的控制权。但是,如果租回使转让人能够主导标的资产的使用并取得标的资产几乎全部剩余收益,可认为受让人未取得资产的控制权,该项资产转让不属于销售。如果租赁期占标的资产剩余经济寿命的大部分或者租金支付的现值几乎相当于标的资产的公允价值,则可认为转让人能够主导标的资产的使用并取得标的资产几乎全部剩余收益。

(1) 资产转让属于销售

如果资产转让属于销售,转让人应当按照适用的准则确认一项销售,同时按照租赁准则有关承租人的规定对租赁进行会计处理;受让人应当按照适用的准则确认一项购买,同时按照租赁准则有关出租人的规定对租赁进行会计处理。

(2)资产转让不属于销售

如果资产转让不属于销售,转让人不应核销转让资产,而应将收取的金额按照适用的准则确认为一项金融负债;受让人不应确认转让资产,而应将支付的金额按照适用的准则确认为一项应收款。

10.短期租赁

(1)承租人的会计处理

承租人可以选择在租赁期内采用直线法确认租金费用。

(2)出租人的会计处理

出租人可以选择在租赁期内采用直线法或其他能够更好地反映出租人从标的资产获取收益的模式的方法确认租金收入。

短期租赁会计政策的选择应当按照与使用权资产有关的标的资产的类别进行。如果主体选择采用上述方法进行短期租赁会计处理,应当披露这一事实。

(四)租赁准则征求意见稿(2013)引发的激烈论战

IASB和FASB表示,征求意见稿(2013)旨在提高杠杆应用情况的透明度,提供企业运营所使用资产的情况,以及企业进行租赁交易所面临的风险状况,从而提升财务报告的质量和可比性。两委员会提议对租赁的确认、计量、租赁资产相关费用和现金流的列报采用双重处理方法(如图表2-10-6所示),以便更好地反映不同租赁交易的不同经济实质。

(图表2-10-6)

租赁征求意见稿(2013)中的双重会计模型

	"A类型"租赁(大多数设备、交通工具租赁)	"B类型"租赁(大多数不动产租赁)
承租人	在财务状况表,确认一项租赁资产和租赁负债; 在损益表,确认资产的摊销和租赁负债的利息费用; 相关支出划分为融资活动。	在财务状况表,确认一项租赁资产和租赁负债; 在损益表,按直线法确认租赁费用; 相关支出划分为经营活动。
出租人	在财务状况表,确认一项租赁应收款和一项剩余资产; 在损益表,确认利息收入; 在现金流量表,租金收入作为经营活动产生的现金收入。	在财务状况表,继续报告租赁的标的资产; 在损益表,按直线法确认租金收入; 在现金流量表,租金收入作为经营活动产生的现金收入。

IASB 的 14 位成员中有 2 位投票反对颁布征求意见稿(2013);而 FASB 则有 3 位成员表示反对,反对率达 3/7。① 征求意见稿(2013)颁布后,更是引发了新一轮的激烈讨论。IASB 的主席汉斯·胡格沃斯特(Hans Hoogervorst)指出:"目前,投资者不得不利用财务报表所披露的基本信息,再加上一个主观判断的倍数,对租赁交易所隐含的杠杆情况做出大致猜测。显然,如果分析师和其他人士对租赁相关的负债只能进行猜测,那么,这是不符合投资者最佳利益的。而新建议则向前迈进了一大步,有利于提高财务报告在租赁方面的质量和可比性。"同时,FASB 的主席莱斯利·塞德曼(Leslie Seidman)指出:"投资者普遍认为租赁是一项负债,应在资产负债表上反映,我们此次提出的建议正是响应投资者的呼吁。FASB 和 IASB 根据利益相关者的反馈意见,修改了原有的建议,从利润表和现金流的角度,对不同类型的租赁加以区分。"②

欧洲财务报告咨询组(EPRAG)于 2013 年 6 月对外公布了关于征求意见稿(2013)的意见函,对 IASB 和 FASB 的租赁项目表示支持,赞同"使用权"模型的应用。同时 EPRAG 也指出一些租赁应用"使用权"模型是不恰当的,建议两委员会对模型的概念基础作进一步研究。EPRAG 认为承租人和出租人的两种计量模型和不同会计处理方法是矛盾的。③ 国际财务执行官协会(Financial Executives International,简称 FEI)在评论函中表示征求意见稿中的租赁会计模型可能会引起困惑,且实施成本与合规成本大于收益。④ 美国设备租赁和融资协会(Equipment Leasing and Finance Association,简称 ELFA)在意见函中对 IASB 和 FASB 致力于解决租赁交易产生的资产和负债问题表示支持,但同时也表达对新建议的几点担忧。ELFA 总裁兼首席执行官威廉·萨顿(William Sutton)指出:"征求意见稿所提出的租赁会计模型不会显著地提高财务信息的质量或可靠性,不能如实描述设备租赁的经济实质。此外,由于会计处理过于复杂,还可能增加承租人的合规负担。"⑤英格兰及威尔斯特许会计师协会(ICAEW)财务报告部负责人奈杰尔·斯莱·约翰逊(Nigel Sleigh-Johnson)在一份书面声明中指出:"租赁会计准则最终将给世界各地的众多企业带来重大影响。"他补充道:"如果公司的主要资产是通过经营租赁获取的,那么这种影响将更为显著。对于特定行业内的公司,比如航运业、航空业、采矿业和建筑业,所受影响可能要比其他行业内的公司更大。如果要将租赁期限长于 12 个月的

---

① 参见 Ernst & Young, "Leases re-exposed: Another attempt at improving lease accounting", June, 2013.

② 参见 IASB, "IASB and FASB propose changes to lease accounting", May, 2013.

③ 参见 EFRAG, "EFRAG recommends staged completion of leases project, further work on conceptual basis for right-of-use model", July, 2013.

④ 参见 Marie N. Hollein, "Comment Letter", May, 2013.

⑤ 参见 Jason Bramwell, "Feedback Sought for FASB/IASB Lease Accounting Proposal", May, 2013.

所有租赁交易都在资产负债表上进行反映,这可能就意味着许多类型的企业将面临数据收集问题。"①IASB理事兼中国会计准则委员会委员张为国在一次报告中表示对征求意见稿(2013)持反对意见,他认为:"承租人和出租人的两种会计处理模式内在逻辑不统一,且不能真实反映经济实质。新建议较现行准则更复杂,增加了实施成本与合规成本,也可能导致新的操纵行为。"

截至撰稿日,IASB和FASB已收到47封公众评论函,其中不乏反对和质疑声。IASB和FASB将于2013年9月至10月举行若干面向公众的联合圆桌会议,届时,世界各地的财务报表编制人、审计师、准则制定者、投资者和其他相关人员将各抒己见。正式准则颁布时间和生效日期目前尚无定论,不过,IASB和FASB工作人员表示正式准则可能于2014年完成。

四、国际租赁准则变革的影响及应对策略

(一)国际租赁准则变革对我国的影响

征求意见稿(2013)一旦实施,将从根本上改变大多数承租人和出租人的租赁会计处理,也将给世界各地的众多企业带来重大影响。如果公司的主要资产是通过经营租赁获取的,那么这种影响将更为显著。对于特定行业内的公司,比如航运业、航空业、采矿业和建筑业,可能受到的影响要比其他行业内的公司更大。征求意见稿(2013)对我国的影响主要表现在以下几个方面:

第一,阻碍租赁业务的发展。我国的租赁业务经过几十年的发展,虽然取得不少成就,但相对世界发达水平而言仍显落后。国内金融租赁业务中,经营租赁与融资租赁的比例是2比8,经营租赁业务有待发展。征求意见稿(2013)规定除了短期租赁,其他所有租赁均应在财务状况表确认一项租赁资产和负债,这将导致经营租赁表外融资、租金计入当期管理费用的税收抵免优势不复存在,租赁业务的吸引力将大幅降低。这与国内近几年大力发展租赁业的政策方向相悖,也与国内各大租赁公司大力开展经营租赁创新的趋势相悖。

第二,增加租赁公司融资难度。征求意见稿(2013)将现行业务中的经营租赁在表内进行反映,这将使得依赖于经营租赁方式获取效益的公司的资产负债规模显著扩大,相应地,公司的资产负债率、财务杠杆也会大幅度提高,可能使租赁公司的偿债能力及融资能力面临挑战。

第三,增加实施成本和合规成本。征求意见稿(2013)建议承租人和出租人在租赁开始日运用"预期消耗标的资产内含经济利益是否重大"这一原则将租赁分为"A类型"和

---

① 参见 Jason Bramwell, "Feedback Sought for FASB/IASB Lease Accounting Proposal", May, 2013.

"B类型",再分别进行会计处理,后续计量还涉及重估、减值测试等。过于复杂的会计模型给操作带来诸多不便,无疑增加了实施成本和合规成本。

第四,对房地产行业产生影响。IASB提出根据此次发布的租赁征求意见稿将相应修改 IAS 40"投资性房地产"的相关内容。提议的有关修改包括:如果租赁的房地产满足投资性房地产的定义,则租赁该房地产产生的使用权资产应当属于 IAS 40 的范畴。这一变化将允许、但不强制将通过经营租赁取得的房地产在满足投资性房地产定义的条件下采用 IAS 40 中的公允价值模型进行会计处理。

(二)我国应对国际租赁准则变革的策略

我国财政部于 2010 年 4 月发布了《中国企业会计准则与国际财务报告准则持续趋同路线图》,旨在实现我国企业会计准则与国际财务报告准则的持续趋同。在此大背景下,如果 IASB 和 FASB 正式颁布租赁准则,我国租赁准则也将遵循趋同路线图,实行相应改革。但是,我国租赁会计改革路线应选择与我国国情相符的步骤与方向。

第一,充分评估准则改革的影响,积极表达我国诉求。目前征求意见稿(2013)还存在很大的变数,我国应充分发挥财政部门与 IASB 高层趋同会谈机制的作用。理论与租赁实务界需要广泛行动起来,潜心研究租赁准则的修改意见,提出既符合国际惯例,又体现中国国情的真知灼见,积极为财政部建言献策,及时提供有说服力的参考意见。同时,我国应推荐国内会计人员参与 IFRS 的制定,充分反映此次租赁准则修改中所重点关注的问题,积极表达包括中国在内的广大发展中国家的利益诉求。

第二,采用"过渡趋同"的方式进行租赁会计改革。不同的国家,租赁业务的发展程度各有差异。因此,我国在趋同过程中不宜全盘照搬、即刻执行,而应充分考虑我国现阶段的实际发展情况,合理制定企业会计准则与国际会计准则趋同的路线图和进度表。在过渡期内,一方面,重点观察不同经济体下执行新准则的应对情形;另一方面,制定最适合国内执行的准则细节,如建议仍采用利用报表附注进行披露的方式,必要时辅以租赁资产与负债情况表明细反映企业经营租入租出资产,代替征求意见稿(2013)中将经营租赁全部纳入主表的做法。待时机成熟之后,再考虑对我国租赁准则进行深入改革,最终实现与国际财务报告准则的持续趋同。

主要参考文献

柏亮:"租赁会计准则修订支持率不高",《第一财经日报》,2011 年 1 月。

柏亮:"租赁会计准则修订:熟饭能否下咽?",《第一财经日报》,2011 年 1 月。

柏亮:"'两租'拟合并,'致命的'修订?",《第一财经日报》,2010 年 10 月。

胡娟、郭庆:"IASB/FASB 租赁准则变革及其影响分析",《财会月刊》,2011 年第19 期。

罗素清:《租赁会计研究》,上海三联书店出版社,2005 年版。

汪祥耀、邵毅平:《美国会计准则研究——从经济大萧条到全球金融危机》,立信会计出版社,2010 年版。

EFRAG,"EFRAG recommends staged completion of leases project, further work on conceptual basis for right-of-use model"(July,2013).

Ernst & Young, "Leases re-exposed: Another attempt at improving lease accounting"(June,2013).

IASB and FASB,Exposure Draft:Leases,2010.

IASB and FASB,Exposure Draft:Leases,2013.

IASB,Snapshot:Leases,2013.

IASB,IASB and FASB propose changes to lease accounting,2013.

Jason Bramwell,"Feedback Sought for FASB/IASB Lease Accounting Proposal" (May,2013).

Yuri Biondi and Robert J. Bloomfield,"A Perspective on the Joint IASB/FASB Exposure Draft on Accounting for Leases",Accounting Horizons(December,2011).

11. 国际租赁会计准则 2013 征求意见稿与 2010 征求意见稿的比较及启示

一、引言

2008 年,美国次贷危机引发的全球金融危机将会计准则推向舆论的风口浪尖,公允价值计量备受质疑和指责。G20 会议要求建立一套全球统一的高质量的会计准则,国际会计准则理事会大概针对 20 个项目对原有的会计准则进行修订,并重新补充规范一些新的会计准则。国际会计准则第 17 号"租赁"(IAS 17)作为 20 项修订准则之一,引起了广泛的关注和讨论。按照当前的租赁会计准则,把交易上的租赁业务在会计处理时分为两大类,一类是融资租赁,另一类是经营租赁。融资租赁是指实质上转移了与资产所有权有关的全部风险和报酬的租赁(会计准则共规定了五种情形);经营租赁是指除融资租赁以外的其他租赁。按照现行国际财务报告准则(IFRS)和美国会计准则(GAAP),融资租赁的资产才进入资产负债表,经营租赁下发生的租金确认为费用,只在会计报表附注中披露。除非承租人对一项资产拥有特定所有权,否则未来租赁花费所产生的一系列资产负债都将持续游离于资产负债表之外。IASB 认为,将租入资产使用权作为一项资产或负债还是一项执行合同核算,采用不同的会计处理会降低财务报告的可比性,也与当前概念框架的资产和负债的定义不一致。IASB 和 FASB 一直致力于制定一种新的、单一的租赁会计处理方法,确保租赁引起的所有资产和负债都能够在财务报表中得以确认。IASB/FASB 于 2010 年 8 月发布"租赁"首份征求意见稿(下称"征求意见稿(2010)"),拟将经营租赁与融资租赁"两租合一",其会计处理将不再区分经营性租赁与融资性租赁,两类租赁均要计入资产负债表内。2013 年 5 月,IASB/FASB 联合发布了一份经修订的征求意见稿(下称"征求意见稿(2013)"),针对租赁再次广泛征求意见。下文将在征求意见稿(2010)反馈意见以及征求意见稿(2013)发布背景的基础上,对两份征求意见稿进行比较分析,最后提出我国租赁会计准则建设的启示。

二、租赁会计准则改革的背景和过程

现行国际租赁会计准则的统一模式是:承租人在租入一项租赁资产后,应根据租赁协议明确区分融资租赁或经营租赁,若实质上与资产所有权相关的全部风险和报酬已转移至承租人则属于融资租赁,否则确认为经营。租赁融资租赁应视同为购买资产,承租人应确认租赁资产和应付租金义务,对租赁资产计提折旧并按实际利率法对未支付租金义务进行合理分摊和摊销。而对于经营租赁,承租人不需单独确认资产与负债,仅需在租赁期内按直线法确认租金费用。目前的租赁会计模式只在承租人对一项资产拥有推定所有权时才在资产负债表上反映一项租约,这使得现实中存在着通过契约性安排规避将租赁反映在报表中的行为,大量符合资产定义的"使用租赁资产的权利"和符合负债定义的"应支付租金义务"被广泛地通过租约安排游离于报表体系之外,实质上构成了"表外融资"。在安然事件之后,租赁被准则制定机构列为与特殊目的主体、退休福利、或有义务、衍生金融工具等需修订的会计准则项目之一,原因是由于这些都属于"具有资产负债表表外影响"的交易或安排。2006 年,IASB 和 FASB 就租赁会计准则的评估问题进行联合研究并成立了国际工作小组,项目小组的目标是重新考虑租赁会计的政策思路,加快制定新的租赁会计准则,并据此在 2007 年 2 月召开了首次会议。

2008 年金融危机爆发后,金融业、保险业的不少人将危机产生的矛头指向了会计准则,主要是指向公允价值计量准则允许"表外融资"的存在。为此,G20 会议要求建立一套全球统一的高质量的会计准则,IASB 大概列了 20 个项目,其中包括了租赁会计。IASB加快对租赁会计准则的研究和修订主要基于以下四个理由:(1)由经营租赁产生的权利和义务符合概念框架的资产和负债定义,应当在承租人的财务报表中确认;(2)融资租赁模式和经营租赁模式同时存在,意味着经济意义上相同的交易而结果不一样,降低了财报的可比性;(3)现行的模式提供了构建交易以符合特定租赁定义的机会,经营租赁实质上是表外融资。大量的租赁交易在出租方属于融资租赁而承租人却按经营租赁处理;(4)实务中难以用合理的方式准确第界定融资租赁和经营租赁带来的经济后果,对税法制定、监管产生一定影响。IASB 租赁会计准则修订的目标是要建立一种新的、单一的会计处理模式,确保租赁产生的所有资产和负债才财报中进行确认。租赁会计准则修订的核心内容是在承租人的会计处理中不再区分融资租赁和经营租赁。

2009 年 3 月,历时 3 年的研究和反复讨论后,IASB 和 FASB 联合发布了租赁会计讨论稿(2009),首次阐明了租赁准则的改革思路,即:在一项租赁开始时,不再区分融资租赁和经营租赁,而应在资产负债表中对租赁资产和未来租赁负债义务予以确认,并对拟修订的租赁会计准则发出了征询意见。

2010 年,FASB 与 IASB 联合发布了租赁准则征求意见稿(2010),两大委员会在征求意见稿(2010)中提出了全新的租赁会计处理模式。与 IAS 17 的经营租赁与融资租赁的划分不同,征求意见稿(2010)将承租人的会计模式定义为"使用权法"。在租赁合同中承租人一旦获得在特定期内对租赁资产的使用权,应当确认一项资产和负债。资产代表承租人在租赁期内对租赁项目的使用权("使用权"资产),而负债代表租金支付义务。承租人按增量借款的利率或出租人向承租人收取的费率折现后的租赁付款额现值进行初始计量。征求意见稿(2010)与现行经营租赁会计处理对的差异在于,采用实际利率法确认利息费用,相关的租赁费用总额在租赁开始时已确认为一项长期资产。由于在新模式下,当期发生的租赁费用不会再计入期间费用,而是分别作为摊销和利息列报,因此扣除利息、税项、折旧和摊销前利润(EBITDA)将高于采用现行经营租赁会计处理的情况。

征求意见稿(2010)发布后,收到了各方关于利润表影响的反馈意见。包括会计师事务所、贸易团体以及企业,它们都在密切关注着租赁会计的最佳变更方法。其中最多的意见是,交易中有些租赁不能被看作具有商业实质的融资,它们只是短期租入某项资产,例如用于生产的机器设备等,并不牵涉到购买或租赁的条约。但是在"使用权法"下,损益表上呈现的效果却类似于购买或融资,即需要在初期确认较大的租赁费用。尽管 FASB 大多数成员支持这种"利息摊销"模型,但是对于上述意见,有人认为在一些或有租赁的情况下(不转移所有风险与报酬的租赁),融资费用的摊销更采用"直线法"确认更为恰当。与此同时,IASB 提出了一种新的解决方案。同"使用权法"一样的是,新方案也认可将预计租赁费用的现值作为租赁资产的初始价值计入资产负债表。区别是,资产的使用权将根据租赁资产估计使用的价值进行摊销。

2011 年 1 月,IASB 与 FASB 在联合会议上就租赁准则的征询意见稿展开了讨论,再次对租赁会计的分类进行修订。2012 年 6 月,IASB 与 FASB 就租赁费用的核算方法达成一致意见;该建议方法允许按照以下任何一种方法对租赁合同进行会计处理:(1)使用与征求意见稿(2010)中的建议相类似的方法;(2)导致直线法确认租赁费用的方法。

针对征求意见稿(2010)的反馈意见表明,承租人模型对损益产生的影响因所谓的损益"前置"而未能反映有用信息。"前置"是租赁负债不断被偿还而导致利息费用随时间推移而下降与采用直线法摊销使用权资产这两个因素共同作用的结果。另外,就出租人而言,反馈意见表明,现行会计模型反映了对财务报表使用者的决策有用的信息,需要对征求意见稿(2010)提议的"履约义务法"和"终止确认法"进行重新修订。因此,IASB 和 FASB 于 2013 年 5 月发布了征求意见稿(2013),就其建议的租赁确认和计量方法再次征求公众意见。预计租赁会计准则终稿将于 2013 年第四季度公布。

图表 2-11-1 反映了近年来租赁会计准则改革的里程碑事项。

(图表 2-11-1)

租赁会计准则改革的里程碑事项

日 期	里程碑事项	意见截止日期
2006 年 6 月	列入 IASB 议程	
2009 年 3 月 19 日	发布讨论意见稿	2009 年 6 月 17 日
2010 年 8 月 17 日	发布征求意见稿(2010)	2010 年 10 月 15 日
2011 年 6 月 21 日	IASB/FASB 准备发布新的征求意见稿	计划于 2012 上半年发布新征求意见稿
2013 年 5 月 16 日	发布征求意见稿(2013)	2013 年 9 月 13 日

三、征求意见稿(2010)与征求意见稿(2013)的比较

与征求意见稿(2010)一致,征求意见稿(2013)确立了承租人和出租人在报告源自租赁的现金流量的金额、时间和不确定性时应采用的相关原则。核心原则是主体应当确认由租赁产生的资产和负债。征求意见稿(2013)征询意见的内容包括:租赁的识别、承租人会计处理、出租人会计处理、租赁分类、可变租金支付、披露等。与征求意见稿(2010)比较,征求意见稿(2013)有了很大的改进。从征求意见稿(2013)的改进和完善中,我们认识到征求意见、举行公开公议等应循程序对准则制定是至关重要的。下面对征求意见稿(2010)与征求意见稿(2013)进行比较分析。

(一)租赁定义

对租赁的定义,征求意见稿(2010)规定:"租赁是指在一段时间内让渡使用一项特定资产(标的资产)的权利以获取对价的合同"。[①] 征求意见稿(2013)将租赁定义进行了修改:"租赁是在一段时间内让渡使用一项资产(标的资产)的权利以获取对价的合同"。[②]两者的定义只有细微的差别。但修订征求意见稿(2013)还提供了判断一项合同是否包含租赁的标准:(1)履行合同需要使用一项特定的资产;(2)合同让渡了该项资产一定期间的使用权以获取对价。

(二)适用范围

征求意见稿(2013)的适用范围与征求意见稿(2010)基本相同,即不包括无形资产租赁、生物资产租赁、探矿权租赁等。不同的是,征求意见稿(2013)还包括国际财务报告解释公告第 4 号(IFRIC 4)"确定一项安排是否包含租赁"中有关如何对未采用租赁的法律形式但转让了使用一项资产的权利的合同(例如,照付不议协议)进行评估的指引。

(三)租赁的分类

征求意见稿(2013)对租赁进行了分类,征求意见稿(2010)不包含这部分内容。征求意见稿(2013)规定,租赁开始日主体应当将租赁分为"A 类型"和"B 类型";并且在租赁开始日后不能进行重分类。

征求意见稿(2013)规定,如果标的资产不是房地产,主体应当将该租赁划分为"A 类型",但是符合以下条件之一的租赁应当划分为"B 类型":租赁期相对于标的资产的经济寿命来说不重大;租赁开始日租金支付的现值相对于标的资产的公允价值来说不重大。如果标的资产是房地产,主体应将该租赁划分为"B 类型",但是符合以下条件之一的租赁

---

① 征求意见稿(2010)关于租赁的英文定义为:"A contract in which the right to use a specified asset(the underlying asset)is conveyed,for a period of time,in exchange for consideration"。

② 征求意见稿(2013)关于租赁的英文定义为:"A contract that conveys the right to use an asset (the underlying asset)for a period of time in exchange for consideration"。

应当划分为"A类型"：租赁期占标的资产剩余经济寿命的大部分；租赁开始日租金支付的现值几乎相当于标的资产的全部公允价值。

（四）承租人的会计处理

经营租赁和融资租赁在财务状况表中的区分已经消除。征求意见稿（2013）规定，除短期租赁外，所有租赁均须确认一项新的资产（使用权）和新的负债（租金支付义务）。同时，修订征求意见稿提出了两种不同的费用确认模型：（1）当承租人购买或消费标的资产超过不重大组成部分（More Than an Insignificant Portion）时（"A类型"），费用采用前置式的会计处理模式（与目前融资租赁会计处理相似）；（2）对于除了A类型以外的租赁（"B类型"），采用直线法确认费用。征求意见稿（2013）与征求意见稿（2010）承租人会计处理的比较，如图表2-11-2所示：

（图表2-11-2）

征求意见稿（2013）与征求意见稿（2010）关于承租人会计处理的比较

比较项目	征求意见稿（2010）	征求意见稿（2013）	差异比较
确认	在租赁期开始日，承租人应在财务状况表中确认一项资产（租赁资产的使用权）和一项负债（租金支付义务）。	在租赁开始日，承租人应当确认一项使用权资产和一项租赁负债。	基本一致。
初始计量	在租赁开始日，承租人应按以下要求进行计量：（1）租金支付义务以租赁付款额按承租人的增量借款利率折现后的现值进行初始计量。如果租赁内含利率易于取得，也可以采用租赁内含利率进行折现；（2）使用权资产以租金支付义务金额与承租人发生的初始直接成本之和进行初始计量。	在租赁开始日，承租人应按以下要求进行计量：（1）租赁负债以租金支付按租赁内含利率折现后的现值进行初始计量。如果租赁内含利率难以确定，承租人应采用增量借款利率进行折现；（2）使用权资产的成本包括：租赁负债的初始计量金额、在租赁开始日或之前支付给出租人的租金扣除从出租人取得的租赁优惠后的余额，以及由承租人承担的初始直接成本。	征求意见稿（2013）规定租赁负债的折现率优先采用租赁内含利率，规定更为清晰明确。征求意见稿（2013）中使用权资产的成本计量更为详细。

（续表）

比较项目	征求意见稿(2010)	征求意见稿(2013)	差异比较
初始计量	租赁期的确定,应包含可能行使选择权的续租期;租赁付款额的确定,应包含估计发生的或有租金、续租选择权租金、承租人担保的余值,并按概率加权方式计算。	租赁期的确定,只有存在重大经济激励续租时,租赁期才包括可选择的续租期。租赁付款额的确定,租赁付款不包括基于使用情况或业绩的或有租金。	征求意见稿(2013)对"租赁期"和"租赁付款额"定义进行了修改,这些修改将会导致资产和负债的账面价值低于原征求意见稿下的账面价值。
后续计量	在租赁期开始日之后,承租人应按以下要求进行计量:(1)租金支付义务采用实际利率法按照摊余成本进行后续计量;(2)除非对使用权资产进行重估或计提减值,否则使用权资产按照摊余成本进行后续计量。报告日,承租人应当重估租赁期、租赁付款额、折现率,以此调整租赁支付义务。使用权资产的摊销方法取决于与该租赁资产经济利益的实现方式。报告日,对使用权资产运用国际会计准则第16号"不动产、厂房和设备"(IAS 16)按照公允价值进行重估;运用国际会计准则第36号"资产减值"(IAS 36)确定是否减值。	在租赁开始日后,承租人应按以下要求进行计量:(1)按照当期转回的租赁负债折现额增计租赁负债的账面价值,同时按照当期支付的租金减计租赁负债的账面价值。承租人在租赁期内应按照租赁负债的余额乘以一个固定的期间折现率计算每一期间应当转回的折现额,同时考虑有关重估的规定;(2)按照成本扣除累计摊销、累计减值损失后的金额计量使用权资产,同时考虑有关重估的规定。报告日,承租人应当重估租赁付款额、租赁期、折现率,以此调整租赁负债。报告日,承租人应当对使用权资产进行摊销,"A类型"租赁采用直线法;"B类型"租赁采用前置式的会计核算方法。运用国际会计准则第36号"资产减值"(IAS 36)确定是否减值。	征求意见稿(2013)对承租人后续计量规定更为详细。征求意见稿(2013)对使用权资产摊销方式分别区分"A类型"和"B类型"租赁

(续表)

比较项目	征求意见稿(2010)	征求意见稿(2013)	差异比较
列报	在财务状况表中,承租人应按照以下要求进行列报:(1)租金支付义务与其他金融负债分别列报;(2)使用权资产归入不动产、厂场和设备类,并与企业自有资产分别列报。 在损益表及报表附注中,承租人应将使用权资产的摊销和租金支付义务的利息与其他摊销和利息费用分别列报。 在现金流量表中,承租人应将租赁引起的现金支付归为筹资活动,并与其他筹资活动的现金流分别列报。	承租人应当按照以下要求在财务状况表中进行列报:(1)分别列报使用权资产和其他资产;(2)分别列报租赁负债和其他负债;(3)分别列报"A 类型"和"B 类型"租赁产生的使用权资产以及按照重估价值计量的使用权资产;(4)分别列报"A 类型"和"B 类型"租赁产生的租赁负债。 承租人应当按照以下要求在损益和其他综合收益表中进行列报:(1)对于"A 类型"租赁,单独列报租赁负债折现的转回和使用权资产摊销;(2)对于"B 类型"租赁,合并列报租赁负债折现的转回和使用权资产摊销。 承租人在现金流量表中应当按照以下规定进行分类: (1)"A 类型"租赁的租赁负债的本金偿还划分为融资活动;(2)"A 类型"租赁的租赁负债的折现转回应按照国际会计准则第 7 号"现金流量表"(IAS 7)中有关利息的要求进行列报;(3)"B 类型"租赁的相关支出划分为经营活动;(4)未包含在租赁负债中的可变租金和短期租赁租金划分为经营活动。	征求意见稿(2013)对列报进行了大范围的修订,重点是区分了"A 类型"和"B 类型",这样的列报方式保投资者和其他财务报表使用者能够理解租赁交易所产生的现金流量的金额、时间以及不确定性。

（续表）

比较项目	征求意见稿(2010)	征求意见稿(2013)	差异比较
披露	承租人应当披露租赁合同工的性质、合同义务的到期日分析使用权资产和租金支付义务期初期末变动分析等。	承租人应当披露以下定性和定量信息：(1)租赁的性质；(2)租赁会计处理中所做的重大判断；(3)在财务报表中确认的与租赁有关的金额。	披露内容基本一致。

（五）出租人的会计处理

征求意见稿(2013)规定，出租人也需要与承租人采用同样的标准，判断租赁为 A 类型或 B 类型。B 类型的会计处理模型与目前经营租赁的会计处理模型相似。对于 A 类型的租赁，出租人将终止确认租赁资产，并确认一项租赁应收款(以付款的现值计量)和一项剩余资产(以租赁期满时的估计残值的现值加上所有预期可变付款的现值来计量)。任何与应收款部分相关的利润应立即确认，而残值部分相关的利润应当予以递延，直至标的资产由出租人再出租或出售。应收款和剩余资产的利息收入应当在租赁期内确认。征求意见稿(2013)与征求意见稿(2010)出租会计处理的比较，如图表 2－11－3 所示：

（图表 2－11－3）

征求意见稿(2013)与征求意见稿(2010)关于出租人会计处理的比较

比较项目	征求意见稿(2010)		征求意见稿(2013)		差异比较
	履约义务法	终止确认法	A 类型	B 类型	
确认	在租赁期开始日,出租人应在财务状况表中确认一项资产(向承租人收取租金的权利)和一项负债(履行租赁的义务)。租赁资产仍然保留在出租人的财务状况表上。出租人应在损	在租赁期开始日,出租人应当：(1)在财务状况表中确认一项租金支付收取权；(2)在财务状况表中终止确认租赁资产中代表承租人在租赁期内对租赁资产的使用权的那部分账面价值；	在租赁开始日,出租人应进行以下会计处理：(1)核销标的资产的账面价值；(2)确认一项租赁应收款；(3)确认一项剩余资产；(4)确认租赁产生的损益。		征求意见稿(2010)按照风险和报酬是否转移进行租赁分类,具有很强的主观性。征求意见稿(2013)对此进行了修订并区分为"A 类型"和"B 类型"便于核算。

（续表）

比较项目	征求意见稿(2010)		征求意见稿(2013)		差异比较
	履约义务法	终止确认法	A 类型	B 类型	
确认	益表中确认以下项目：(1)租金支付收取权相关的利息收入；(2)履行租赁义务产生的租赁收入；(3)当出租人履行义务时，重估或有租金、期限选择罚款和担保余值所导致的租赁义务的变动；(4)租金支付收取权的减值损失。	(3)将租赁资产中代表出租人仍保留的权利的那部分账面价值重分类为剩余资产。出租人应当在损益表中确认以下项目：(1)租金收入——租金支付现值和租赁费用——租赁期开始日终止确认的部分租赁资产成本；(2)租金支付收取权的利息收入；(3)与重新评估租赁期相关的租金收入和租赁费用；(4)重新评估或有租金、期限选择罚款和担保余值所导致的租金支付收取权的变动；(5)租金支付收取权或剩余资产的减值损失。			

（续表）

比较项目	征求意见稿（2010）		征求意见稿（2013）		差异比较
	履约义务法	终止确认法	A 类型	B 类型	
初始计量	在租赁开始日，出租人应当按照以下要求进行计量：（1）租金支付收取权以租金支付按租赁内含利率折现后的现值和出租人发生的初始直接成本之和进行初始计量；（2）租赁履约义务以租金支付收取权的金额进行初始计量。	在租赁开始日，出租人应当按照以下要求进行计量：（1）租金支付收取权以租金支付按租赁内含利率折现后的现值和出租人发生的初始直接成本之和进行初始计量；（2）剩余资产按照分配的租赁资产账面价值进行初始计量。	在租赁开始日，出租人应按以下要求进行计量：（1）租赁应收款按照租金现值与初始直接成本之和计量，租金现值按照租赁内含利率进行折现；（2）剩余资产按照"租赁期末出租人预期从标的资产可收回金额按照租赁内含利率折现后的现值（总剩余资产）＋预期可变租金的现值——未实现损益"计量。	出租人应当将初始直接成本确认为费用。	征求意见稿（2013）与征求意见稿（2010）采用的处理模式不同，相比较而言修订征求意见稿规定更为清晰。
后续计量	在租赁期开始日之后，出租人应按以下要求进行计量：（1）除非对使用权资产进行重估或计提减值，租金支付收取权应按摊余成本进行后续计量（采用实际利率	在租赁期开始日之后，除非对租金支付收取权进行重估或计提减值，出租人的租金支付收取权应按摊余成本进行后续计量（采用实际利率法）。除非对租赁期	在租赁开始日后，出租人应按以下要求进行计量：（1）按照租赁应收款折现的转回额增计租赁应收款的账面价值，同时按照当期收取的租金减计租赁应收款的	出租人应当在租赁期内采用直线法确认租金收入，如果其他方法能更好地反映从标的资产获取收益的模式，也可采用其他方法。出租人应当在取得收益的期间	征求意见稿（2013）的规定更为清晰明了。

（续表）

比较项目	征求意见稿(2010)		征求意见稿(2013)		差异比较
	履约义务法	终止确认法	A 类型	B 类型	
后续计量	法);(2)剩余租赁履约义务应以承租人使用租赁资产的模式为基础来确定。如果出租人不能以承租人使用租赁资产的模式为基础系统合理可靠地确定剩余租赁履约义务,则应采用直线法。	进行重估或者按照国际会计准则第36号计提减值导致剩余资产变动,否则出租人不应对剩余资产进行重新计量。	账面价值。出租人在租赁期内应按照租赁应收款的余额乘以一个固定的期间折现率计算每一期间应当转回的折现额,同时考虑有关重估和减值的规定;(2)按照初始账面价值与折现转回额之和计量剩余资产,同时考虑有关重估、变租金和减值的规定。	将可变租金确认为损益。	
列报	出租人应在财务状况表中同时列报以下项目:(1)租赁资产;(2)租金支付收取权;(3)租赁履约义务。在损益表中,出租人应将租金支付收取权的利息收入、履行租赁义务产生的租金收入和租赁资产的折旧费用与其他	出租人应在财务状况表中列报以下项目:(1)租金支付收取权,并与其他金融资产分别列报,同时区分转租赁下引起的租金支付收取权;(2)剩余资产,并与自有固定资产分别列报,同时区分转租赁下引起的剩余资产。	在财务状况表中,出租人应当分别列报租赁资产(即租赁应收款和剩余资产账面价值之和)和其他资产。出租人还应当在财务状况表中列报或在附注中披露租赁应收款的账面价值和剩余资产的账面价值。	出租人应当按照适用的准则继续计量和列报B类型租赁的标的资产。在现金流量表中,出租人应当将收取的租金作为经营活动产生的现金流入。	征求意见稿(2013)对征求意见稿(2010)的列报内容作了多项修订,便于相关利益者理解。

（续表）

比较项目	征求意见稿(2010)		征求意见稿(2013)		差异比较
	履约义务法	终止确认法	A类型	B类型	
列报	的利息收入、收入和折旧费用分别列报。在现金流量表中,出租人应将收取租金支付产生的现金流入归为经营活动。	在损益表中,出租人应将租金收入和租赁费用在不同的行中进行列报或者在一行中以净额列报,以提供反映其经营模式的信息。在损益表中,出租人应将租金支付收取权的利息收入与其他利息收入分别列报。在现金流量表中,出租人应将收取租金支付产生的现金流入归为经营活动。	出租人应当在损益和其他综合收益表中列报或在附注中披露租赁收入。如果出租人不在损益和其他综合收益表中列报租赁收入,则应披露租赁收入被包含在损益和其他综合收益表的哪些项目中。在现金流量表中,出租人应当将收取的租金作为经营活动产生的现金流入。		
披露	在附注中,应披露租赁合同的性质,对租赁资产所设的任何限制应收租赁款的到期日分析、收入确认信息、应收租赁款,履约义务负债的期初期末变动等。	在附注中,应披露租赁合同的性质,对租赁资产所设的任何限制应收租赁款的到期日分析、收入确认信息、应收租赁款,履约义务负债的期初期末变动等。	出租人应当披露以下定性和定量信息:(1)租赁的性质;(2)租赁会计处理中所做的重大判断;(3)在财务报表中确认的与租赁有关的金额。	出租人应当披露以下定性和定量信息:(1)租赁的性质;(2)租赁会计处理中所做的重大判断;(3)在财务报表中确认的与租赁有关的金额。	征求意见稿(2013)对租赁的披露要求比较详细。

(六) 售后租回

售后租回,是指资产出让人(承租人)将标的资产出售后再从受让人(出租人)租回的交易。征求意见稿(2013)与征求意见稿(2010)都要求将售后租回合同分拆为销售交易和租赁交易。征求意见稿(2013)规定,如果资产转让属于销售,转让人应当按照适用的准则确认一项销售,同时按照租赁准则有关承租人的规定对租赁进行会计处理;受让人应当按照适用的准则确认一项购买,同时按照租赁准则有关出租人的规定对租赁进行会计处理。如果资产转让不属于销售,转让人不应核销转让资产,而应将收取的金额按照适用的准则确认为一项金融负债;受让人不应确认转让资产,而应将支付的金额按照适用的准则确认为一项应收款。

(七) 短期租赁

短期租赁,是指预计最长租赁期短于 12 个月的租赁交易,任何包含一项购买选择权的合同不属于短期租赁。修订征求意见稿规定,承租人和出租人均可以按照标的类别,对于短期租赁,可以选择与目前经营租赁会计处理类似的方式进行会计处理。承租人可以选择在租赁期内采用直线法确认租金费用。出租人可以选择在租赁期内采用直线法或其他能够更好地反映出租人从标的资产获取收益的模式的方法确认租金收入。

四、展望和启示

21 世纪以来,IASB 和 FASB 对租赁会计准则的研究从未停止过。现行的租赁会计准则在 2008 年爆发的国际金融危机中更加暴露出严重的局限性,庞大的表外融资行为被投资者所诟病。为此,IASB 和 FASB 加快了修订租赁会计准则的步伐。作为 IASB 和 FASB 四大联合项目之一,租赁会计准则国际趋同势在必行。租赁会计准则的修订和完善有利于提高会计信息质量,增强投资者的决策有用性。IASB 和 FASB 一直致力于制定一套新的、单一的租赁会计处理模型,并取得了实质性的成果。2010 年,IASB 和 FASB 联合发布了征求意见稿(2010),拟将"两租"合一,并针对提出了"使用权"会计处理模式,征求意见稿(2010)引起了广泛的讨论和探讨。与此同时,IASB 和 FASB 对租赁准则修订方面尚存在不同的观点。IASB"原则导向"(Principle-based)的理念和 FASB"规则导向"(Rule-based)的理念一直是两大会计准则体系趋同中的障碍之一。现行美国会计准则对于融资租赁和经营租赁的划分规定了许多具体的判别标准。FASB 试图通过征求意见稿(2010),建立一套简单的模型适用于所有租赁,从而摈弃目前琐碎的标准。但在各方意见的妥协中仍难以达成。租赁准则的修订,既是为了改进会计准则的需要,也与全球会计准则的趋同战略息息相关,因此双方都高度重视。最初双方各执一词,为的是在全球会计准则制定过程中争取话语权,来维护各自市场参与者的利益。然而租赁作为一项全球业务,准则的不同会大大降低报表的可比性。因此 IASB 与 FASB 正在共同努力建立一套能兼顾各方利益的、统一的准则。

　　时隔 3 年,IASB 和 FASB 再次联合发布征求意见稿(2013),针对租赁会计准则再次广泛征询意见。征求意见稿(2013)在很大程度上减少企业通过经营租赁进行表外融资的可能,能够更加真实、完整地反映企业的财务状况,提高租赁会计信息的真实性、完整性和相关性。但是征求意见稿(2013)也存在着一些不足和缺陷:(1)新租赁准则内在逻辑不统一。在承租人方面,所有租赁都应当资本化并在财务状况表中列报;损益和其他综合收益表却要区分"A 类型"租赁和"B 类型"租赁两种模式进行列报,而且设备和房地产的处理也不统一。(2)新租赁准则并不能完全真实反映经济业务。按照的征求意见稿(2013)的规定,承租人的所有租赁都应当资本化列入财务状况表,这样的要求可能不能完全反映经济业务的实质,会计处理的基本原则之一就是实质重于形式,企业应当按照经济交易或事项的实质进行会计确认、计量、记录和报告,而不能仅以经济交易或事项的法律形式为依据;企业进行租赁并不都是以融资为目的,如果对租赁业务不加以区分的"一刀切",全部列入财务状况表,可能并不能真实反映经济交易的实质。(3)新租赁准则较现行准则,某些会计处理将更为复杂,也可能会产生新的操纵行为。征求意见稿(2013)中,无论是租赁期续租或终止租赁选择权的判断,还是或有租金、租金支付义务以及使用权资产的重估,都要求会计人员作出职业判断,并相应调整财务状况表和损益表,这一方面会加大财务报告的波动性,另一方面也会降低财务信息的可比性。这些不足和缺陷的地方也是新租赁会计准则发布之前 IASB 和 FASB 需要讨论和修订的方向。

　　我国租赁会计准则研究和制定起步比较晚。我国财政部 2006 年颁布的《企业会计准则第 21 号——租赁》与国际会计准则第 17 号"租赁"已实现了实质性趋同,目前我国的租赁准则借鉴了国际会计准则 IAS 17 和美国会计准则 SFAS 13,对融资租赁和经营租赁的划分,既在会计准则中采用原则导向规定了"大部分"、"几乎相当于"的要求,又在会计准则指南中采用规则导向规定了"75%"和"90%"的要求。征求意见稿(2013)不再区分经营租赁和融资租赁,而是采用一种单一的简化会计处理模型,全部租赁要计入资产负债表内,这样一来我国企业和众多项目将失去一种简便易行的表外融资的重要工具,企业做大做强将受到影响。因此,在保持租赁会计准则持续趋同的前提下我们应当谨慎对待征求意见稿(2013)提出的新租赁会计处理模型。首先,我们应当充分考虑租赁企业、上市公司和监管部门等各方面的意见,并结合我国租赁行业发展的实际情况,对我国现行租赁会计准则存在的不足和缺陷进行重新审视。其次,企业应当基于现状评估租赁会计准则改革对公司的影响。在我国会计准则与国际会计准则趋同的背景下,我国企业特别是境外上市公司应积极评估征求意见稿(2013)提议的新模型给企业带来的影响,特别是对企业融资能力及税赋的影响,把握改革的主动权,紧跟行业发展的步伐。再次,我们应当积极参与国际上对租赁会计准则的研究工作,结合我国现行租赁准则的运行情况,并适时启动租赁会计准则的修订。

主要参考文献

柏亮:"'两租'拟合并,'致命的'修订?",《第一财经日报》,2010 年 10 月。

财政部:《＜国际财务报告准则第 X 号——租赁＞征求意见稿》简介(2010 年)。

财政部:《＜国际财务报告准则第 X 号——租赁＞征求意见稿》简介(2013 年)。

财政部会计司:《企业会计准则第 21 号——租赁》。

汪祥耀等著:《国际会计和财务报告准则——研究与比较》,立信会计出版社,2005 年版。

汪祥耀等著:《美国会计准则研究——从经济大萧条到全球金融危机》,立信会计出版社,2010 年版。

IASB/FASB,Exposure Draft"Leases",ED/2010/9.

IASB/FASB,Exposure Draft"Leases",ED/2013/5.

IASB/FASB,Snapshot:Leases,May 2013.

IASB,IASB and FASB Propose Changes to Lease Accounting,2013.

Jason Bramwell,"Feedback Sought for FASB/IASB Lease Accounting Proposal" (May,2013).

IASB,Staff Paper,Leases—Comment Letter Summary,2013.

12. 后危机时代保险合同会计准则项目的进展与研究

一、引言

随着世界经济的发展和经济全球化的深入,保险要素流动不断加快,为保险业带来了新的发展机遇,保险业在各国经济中占有日益重要的地位,在国际资本市场中也扮演着举足轻重的角色。

保险机构通常将证券投资作为最重要的保险投资方式,保险资金大量进入证券市场。从总体趋势看,1980—1995 年,美国、日本、德国、英国、加拿大等西方国家保险性机构持有证券的资产占总资产比重一直在不断上升。1997 年,美国、欧洲、日本的保险公司持有的上市公司股票市值占股票市场总市值的比重分别为 25%、40%、50%,跨国保险公司在多个国家证券交易所上市的现象也日益普遍。

但是,长久以来,保险公司财务报告一直被视为是无法穿透的"黑匣子"。原因在于,各国保险监管部门为满足监管要求而制定的法定会计原则与为满足通用财务报告要求而制定的公认会计原则要求相去甚远。法定会计原则切合实务操作的要求,保险合同准备金负债通常由精算师按照精算方法进行评估,但这些精算方法在很多方面都与会计原理和方法相矛盾,致使保险公司准备金信息的可靠性、公允性和透明度长期以来备受投资者、分析师和监管者在内的信息使用者的指责。

在此背景下,为有效增强保险业与其他行业、及各国保险合同会计准则之间的可比性,帮助投资者、监管机构等利益相关方做出正确决策,降低保险公司的跨国上市成本,国际会计准则理事会(IASB)的前身国际会计准则委员会(IASC)于 1997 年成立筹划委员会(Steering Committee),正式启动保险合同会计准则项目。

由于保险会计自身的特殊性和复杂性,以及会计准则制定的艰巨性,项目进展缓慢,IASB 将项目分为两个阶段。目前,第二阶段正在紧锣密鼓地进行中,2013 年 7 月,IASB 和 FASB 分别发布了保险合同征求意见稿,并将在对反馈意见进行复核之后确定保险合同准则的终稿。

下文将系统介绍并总结 IASB 在保险合同会计项目上的研究历程和最新进展,进而对保险合同会计的全球趋同提出一些看法。

二、保险合同会计准则项目及溯源

保险合同项目正式启动后,筹划委员会于 1999 年 11 月发布了保险合同的问题报告(Issues Paper),该报告以问题形式列示了保险合同项目所涉及的 20 个主要问题,并阐述了解决这些问题相应的备择方法及其利弊,主要涉及保险合同会计准则的适用范围、保险合同会计处理中的确认、计量以及报告与披露等相关问题。

问题报告发布后,筹划委员会收到了各方反馈意见,在整合意见的基础上,筹划委员会进行了进一步讨论研究,于 1999 年 12 月向 IASC 递交了一份"原则公告草案"(Draft Statement of Principles,简称 DSOP)首稿,该草案主要介绍了保险合同会计相关的具体原则。2001 年 4 月,IASB 取代 IASC,继续授权筹划委员会完成 DSOP 的后续相关工作。原则公告草案接受公众评价后,经修订再次于 2001 年 6 月递交给 IASB 评审,并作为后续保险合同会计准则制定的基础。DSOP 共分为 14 章,每章都阐述了适用于保险会计的具体原则。主要内容如下:(1) 保险合同的定义:DSOP 认为,如果保险人承担了"保险风险",则这份合同就应被视为"保险合同";如果仅存在金融风险,则不能将其作为"保险合同"处理。"保险风险"必须来自于能对投保人产生不利影响的某种具体的未来不确定事件,并且具备合理的可能性,使未来不确定性事件会对合同中保险人现金流量现值产生影响;(2)保险合同计量的基本原则:DSOP 的意见认为,对于所有的保险合同应该采用统一的计量模式来计量,具体是采用公允价值还是实体特定价值,要根据 IAS 39 中对金融工具会计处理的修订结果而定。草案同时指出计量保险资产和保险负债的方法,并对保险合同计量过程中用到的风险调整、折现率等要素给出了可供选择的意见和建议;(3)其他特殊会计问题:业绩挂钩合同(Performance-linked Contract)、分出再保险、递延所得税问题;(4)报告和披露:DSOP 对保险合同的信息披露作了系统研究,提出了对资产负债表和损益表中的多项披露要求,这些要求对保险公司来说是一大挑战。

由于保险会计自身的特殊性和复杂性,以及会计准则制定的艰巨性,保险合同会计准则项目进展一直很缓慢。2001 年 9 月,为了进一步讨论以 DSOP 为基础的相关实务问题,IASB 接受筹划委员会建议,于 2001 年至 2002 年期间对 9 个国家 19 个承保人进行调查研究,考虑到各国法律、文化、监管制度及技术水平的差异,IASB 认识到在 2005 年 1 月 1 日欧盟范围内上市公司执行经欧盟认可的国际财务报告准则之前,IASB 不可能完成保险合同会计准则的全部制定工作,因此,2002 年 5 月,IASB 将保险合同项目分为两个阶段,第一阶段的研究成果是 IASB 于 2004 年 5 月发布的国际财务报告准则第 4 号(IFRS 4)"保险合同",作为一项特定时期的过渡性规范,为 2005 年开始采用国际财务报告准则的公司提供暂时性的保险合同相关指导。

该项目第二阶段的准则制定工作正在紧锣密鼓地开展。2007 年 5 月,IASB 发布了保险合同会计准则项目第二阶段的讨论稿(DP)"保险合同的初步意见"(Preliminary

Views on Insurance Contracts)。2008 年 10 月,美国财务会计准则委员会(FASB)的加入使得该项目演变为一个重要的趋同项目。2010 年 7 月,IASB 发布了保险合同征求意见稿(ED/2010/8)。同年 9 月,FASB 发布了讨论稿"保险合同的初步意见"(Preliminary Views on Insurance Contracts)。征求意见稿及讨论稿引发了广泛争议,对此,IASB 和 FASB 多次召开联合会议就反馈者重点关注的问题展开讨论,并就相关问题得出暂时性决定(Tentative Decision)。

2013 年 6 月 24 日,IASB 发布了第二次征求意见稿(ED/2013/7),对尚存重大争议的五个领域有限地征求意见。征求意见截止期 2013 年 10 月 25 日。IASB 将在完成重新审议后决定准则的生效日期。现预计该准则将在最终版发布后的约三年后生效。同年 6 月 27 日,FASB 也发布征求意见稿。

三、保险合同会计准则项目第一阶段的成果——IFRS 4

DSOP 发布以后,IASB 一直致力于保险合同会计准则的制定工作,并于 2003 年 7 月 31 日发布了保险合同会计准则项目第一阶段的征求意见稿(ED 5)"保险合同",在此基础上,IASB 充分考虑各方反馈意见,最终于 2004 年 3 月正式发布了国际财务报告准则第 4 号(IFRS 4)"保险合同",顺利完成了该项目第一阶段的准则制定工作。IFRS 4 的颁布,一方面使得保险公司现行会计处理得到了有限改进,另一方面也为保险合同会计准则项目第二阶段的研究奠定了基础。

IFRS 4 的目标是在 IFRS 完成保险合同会计准则项目之前,规范所有签发保险合同的实体(承保人)对保险合同的财务报告。它要求:(1)承保人对保险合同的会计处理作有限的改进;(2)披露相关信息,明确承保人财务报表中因保险合同而产生的金额并辅以必要解释,以帮助财务报表的使用者了解保险合同未来现金流量的金额、时间及其不确定性。

基于以上基本要求,IFRS 4 对保险会计的相关处理方法进行了更新。包括保险合同会计准则的适用范围、保险合同定义、要素分拆、确认与计量、披露及相关会计政策。

（一）保险合同会计准则的适用范围

保险合同会计准则项目的适用范围是一个基本问题。IFRS 4 指出,该准则适用于:

（1）主体签发的所有保险合同及其持有的再保险合同;

（2）签发的具有相机参与特征(Discretionary Participation Feature)的金融工具。国际财务报告准则第 7 号(IFRS 7)"金融工具:披露"要求披露金融工具相关信息,包括具有相机参与特征的金融工具。

在会计准则适用范围里,有一点值得注意,即 IFRS 4 并未涉及承保人其他会计方面的处理,如承保人持有的金融资产和承保人签发的金融负债的会计处理应当遵守国际会计准则第 32 号(IAS 32)"列报和披露"、国际会计准则第 39 号(IAS 39)"金融工具:确认

和计量"以及国际财务报告准则第 7 号(IFRS 7)"金融工具：披露"的规定,但涉及会计政策变更的过渡性条款除外。

准则还规定了不适用保险合同的会计处理,包括：(1)制造商、经销商或零销商直接提供的产品保证；(2)雇员福利计划内雇主的资产与负债,以及特定福利退休计划报告的退休福利义务；(3)取决于某一非金融项目(如执照费、版税、或有租赁付款及类似项目)未来使用或使用权的或有合同权利或合同义务,以及嵌入融资租赁中的承租人剩余价值保证；(4)实体在向另一方转让属于国际会计准则第 39 号范围内的金融资产或金融负债时签定或保留的金融担保,不论该金融担保被描述为金融担保、信用函还是保险合同；(5)企业合并中应付或应收的或有对价；(6)实体持有的直接保险合同(即,实体本身即为投保人的合同类型)。然而,分保人持有的再保险合同应当按照国际财务报告准则进行处理。

(二) 保险合同的定义

保险合同的定义是明确准则规范对象的基础。IASB 希望用统一的原则来规范保险合同所涉及的同类交易,因此,保险合同定义在 IFRS 4 中占有非常重要的地位。

IFRS 4 指出,保险合同是指合同一方(承保人)接受合同另一方(投保人)的重大保险风险(Significant Insurance Risk),愿意为投保人或其特定的受益人就不确定未来事件(Uncertain Future Event)(保险事件)带来的不利影响进行补偿的一种合同形式。

保险合同的概念基础是重大保险风险的存在。首先,该定义明确了承保人承担的是来自投保人的保险风险,强调了保险风险与其他风险(尤其是金融风险)的区别。但对判断保险风险是否重大,IFRS 4 并未提供定量的操作指南,仅指出了发生的足够可能性与影响的重大性两条原则性规定。IASB 的考虑是,随意地建立分界线将导致分界线两侧的类似交易采用不同的会计处理。再者,保险合同要求不确定未来事件对投保人产生不利影响,如自然灾害、意外事故或事件等,从而排除了赌博等投机行为。

保险合同的定义否定了保险合同仅指承保人签订的合同的观点,强调业务的经济实质而非法律形式,并帮助规范了行业间保险合同的相关处理。

(三) 保险合同的分拆

1. 嵌入衍生工具(Embedded Derivatives)

在 IFRS 4 发布之前,国际会计准则第 39 号(IAS 39)已要求主体必须将嵌入衍生工具从主合同中分离,以公允价值计量,并将公允价值变动计入损益。

IAS 39 适用于保险合同中的嵌入衍生工具,但两种情况例外。其一,嵌入衍生工具本身即为一份保险合同,而项目第一阶段并未要求保险合同以公允价值计量,作为衍生工具的保险合同依然适用 IFRS 4 而不受 IAS 39 的规范；其二,投保人按固定金额(或按基于固定金额和利率的金额)退还保险合同的选择权,即使履行价格不同于主保险负债的账面金额。

2. 保证金部分(Deposit Components)

某些保险合同可能同时包含保险部分和保证金部分,如果对其进行合并处理,可能造成资产与负债的遗漏。因此,IFRS 4 规定,在特定情况下,要求或允许投保人对这些混合保险合同进行分类计价,保险部分的处理适用 IFRS 4,保证金部分被视为金融工具,其处理适用 IAS 39。

若同时满足以下两个条件,则要求对保险合同进行分类计价:(1)承保人能够单独计量保证金部分(包括嵌入退还选择权(Embedded Surrender Options))(即不考虑保险部分);(2)承保人的会计政策不要求其确认因保证金部分产生的所有义务和权利。如果承保人能够单独计量保证金部分,如(1),但其会计政策要求确认因保证金部分产生的所有义务和权利,则允许但不要求进行分类计价,无论用于计量这些权利和义务的基础是什么。而如果承保人不能单独计量保证金部分,则不能进行分类计价。

3. 相机参与特征(Discretionary Participation Feature)

对于保险合同和金融工具的持有者,除了担保利益(Guaranteed Benefits),他们还享有其他额外的合同权利,主要来自于主体的投资回报、业绩和基金等,这一部分利益即为相机参与特征,持有者对这些相机参与特征的数量及时效具有自由裁量权。IFRS 4 适用于自由裁量权受制合同的情形,若自由裁量权不受合同限制,则属于衍生工具,受限于 IAS 39。

一些保险合同除了有保证条款外,还包含相机参与特征。合同的签发人可以但非必须分开确认保证条款与相机参与特征。若签发人不分开来确认这两部分,则应将整份合同归为负债。若签发人分开来进行确认,则应将保证条款归为负债,将相机参与特征归为负债或权益的一个独立部分。IFRS 4 并未指出如何确定相机参与特征为负债还是权益,仅提出了几项划分要求:(1)签发人可以将相机参与特征划分为负债部分和权益部分,并采用前后一贯的会计政策来进行划分;(2)签发人不应将相机参与特征归为一个既非负债也非权益的中间类别;(3)可以将收到的所有保费确认为收入,而不用将与权益部分相关的保费分离出来。由此带来的保证条款的变动,及被归为负债的相机参与特征的变动,应当确认为损益。如果部分或所有相机参与特征被归为权益,则一部分损益可以归属于该特征(与一部分损益可以归属于少数股权的方式一样)。签发人应当将可归属于相机参与特征中权益部分的那部分损益确认为损益的分配,而不是费用或者收益。

(四)保险合同的确认与计量

国际会计准则第 8 号(IAS 8)"会计政策、会计估计变更与会计差错"第 10—12 段规定了会计政策的制定标准,适用于 IFRS 未对某一具体项目做出规定的情况,但 IFRS 4 豁免了 IAS 8 中第 10—12 段在保险合同中的应用。为限制这种豁免带来的影响,IFRS 4 对确认与计量提出了五个方面的特定要求,其中规定:(1)不应对报告期结束时尚不存在可能性的保险合同未来索赔确认负债(如巨灾准备和均衡准备);(2)应该对已确认的保险负债进行充足性测试;(3)仅当保险负债(或保险负债的一部分)被清偿时,即当保险合同中规定的义务被解除、取消或到期时,才应将保险负债(或保险负债的一部分)从资产负债表中去除;(4)不应将再保险资产与相关的保险负债相抵消,不应将再保险合同产生的收益或费用与相关保险合同产生的费用或收益相抵抵销;(5)应考虑其再保险资产是否发生减值。

(五) 保险合同的披露

1. 已确认金额的解释

承保人应披露确认和解释财务报表中与保险合同相关金额的信息,包括保险合同会计政策以及资产、负债、收益和费用相关会计政策。

2. 现金流量的金额、时间和不确定性

承保人应披露能使财务报表使用者评估保险合同带来的未来现金流量金额、时间和不确定性的信息。

(六) 相关会计政策

1. 会计政策变更

IFRS 4 规定了会计政策的变更原则,即只有在会计政策变更能使得财务报表对其使用者的经济决策更具相关性,且不降低可靠性,或者更具可靠性而不降低相关性时,承保人才可以变更保险合同的会计政策。承保人应按照 IAS 8 的标准来判断相关性和可靠性。

为了证实变更保险合同的会计政策是正确的,承保人应表明这种变更能够使其财务报表更趋于满足 IAS 8 中的标准。针对会计政策变更,IFRS 4 列出了三种情况:(1)承保人可以继续使用,但不允许其新引入实务,包括以非折现基础计量保险负债、以超过公允价值的金额计量取得未来投资管理费的合约权利以及对子公司的保险合同使用不统一的会计政策;(2)不要求承保人变更其会计政策,包括稳健性和未来投资收益;(3)允许但不要求承保人变更其会计政策,包括对指定负债按现行市场利率重新计量和影子会计。

2. 在企业合并或一揽子转让中获得的保险合同

国际财务报告准则第 3 号(IFRS 3)"企业合并"要求,在收购日,承保人应以公允价值计量其在企业合并中背负的保险负债和获得的保险资产。然而,IFRS 4 规定,允许但不要求承保人使用扩展列报的形式,将获得的保险合同公允价值分为两部分:一部分是按照承保人签发的保险合同会计政策计量的负债,另一部分是无形资产。

四、保险合同会计准则项目第二阶段的进展

IFRS 4 为保险合同第一阶段的研究成果,但 IFRS 4 仅对保险合同会计处理做了有

限的改进,并没有深入涉及保险合同根本的会计计量和确认问题,仅属于保险合同会计准则项目的一项过渡性准则,在此基础上,IASB 继续致力于项目第二阶段的准则制定,目前已取得了较大进展。

2004 年 9 月,为项目第二阶段的进一步深入研究,IASB 成立了新的保险工作组 (Insurance Working Group,简称 IWG),为 IASB 提供咨询,其工作人员至今已召开多次会议,提供了多项有用的结论。

2005 年 12 月,IASB 发布了修订后的国际财务报告准则第 4 号"保险合同"应用指南。此次修订是由于 IASB 同年 8 月发布的(IFRS 7)"金融工具:披露",对 IAS 32"金融工具:披露和列报"中的披露要求作了重新规定,并取代了 IAS 30"银行和类似金融机构财务报表中的披露"中所包含的金融工具披露要求。这些变动使其有必要对 IFRS 4 进行相应的修订。此次修订仅涉及 IFRS 4 应用指南的披露部分。

2007 年 5 月,IASB 发布了保险合同会计准则项目第二阶段的讨论稿(DP)"保险合同的初步意见",提出了保险活动中资产和负债的综合计量模型,采用"构建模块法" (Building Blocks Approach)计量所有保险负债的价值。三个模块分别是:(1)与市场价格一致的、现行的无偏期望现金流;(2)反映货币时间价值的贴现率,即无风险的市场利率;(3)市场参与人要求的风险边际(Risk Margin)及服务边际(Service Margin)。根据这种方法计算得出的保险负债结果被称为是"现行脱手价值"(Current Exit Value,简称 CEV)。采用这种计量模式的主要原因有:首先,美国财务会计准则公告第 157 号(SFAS 157)和 IASB 公允价值计量项目将公允价值定义为现行脱手价值,这种计量属性建立在负债转移的基础上,能够提供清晰的计量目的,对所有的估计都能给出明确的指南(基于市场一致原则)。其次,脱手价值是一种计量属性,而其他的计量模式,如现行履约价值 (Current Fulfillment Value)、未实现保费(Unearned Premium Model)、内涵价值 (Embedded Value)等都不是计量属性,使用计量属性能够更有利于信息使用者理解会计信息,也更有利于解决未来可能出现的新问题和新事项。再次,保险公司的资产大多按照公允价值计量,负债采用公允价值计量,将减少会计错配(Accounting Mismatch)问题,更好地揭示经济实质。最后,除了脱手价值外,其他计量模式,特别是履约价值,将会在合同生效日确认保险公司的管理效率,而这些管理效率应当在以后期间逐步反映,因此 CEV 可以向财务报告使用者提供更加决策有用的信息。随后,IASB 针对反馈意见及相关议题与 FASB 展开了多次讨论。

2007 年 8 月,FASB 发布了一份建议文件"有关承保人和投保人的保险合同会计" (Accounting for Insurance Contracts by Insurers and Policyholders),就是否参与 IASB 保险合同会计准则项目广泛征求意见,并于 2008 年 10 月正式参与该项目。

2007 年 11 月,IASB 讨论了保险合同中投保人权利("投保人会计")的处理。对于这一问题,IASB 希望跳过讨论稿,直接以征求意见稿的形式来阐明投保人会计的相关处理。

2008 年 2 月,IASB 对讨论稿收到的 158 条反馈意见进行了分析和初步讨论。大多数反馈意见认为"构建模块法"提供了分析保险合同相关问题的有用框架。同时,几乎所有反馈者都对构建模块法的某些方面提出了看法和建议。根据以上反馈意见,IASB 在 2008 年举行了一系列讨论会议,讨论了现行退出价值、现行履约价值、使用价值和未实现保费这些计量模式间的异同。2008 年 10 月,FASB 加入 IASB 保险合同项目后,针对 IASB 保险合同讨论稿的内容也进行了讨论。

2009 年 2 月,IASB 保险工作组继续探讨备选计量方案,并提出了贴现率、保险负债变动等关键问题。2009 年 6 月,保险工作组向理事会推荐采用修订后的国际会计准则第 37 号"准备、或有负债与或有资产"(Revised IAS 37)中的准备金计量方式来计量保险负债。提议指出,采用这种新模式的目的是要计量保险公司解除债务需要合理支付的金额。在新模式下,当不存在活跃市场时,保险公司可以通过判断公司未来必须履行的义务或设定该债务可以合理预期从第三方收取的金额来估计保险负债金额。而 FASB 则建议采用履约价值模式。

2010 年 7 月 30 日,IASB 发布了保险合同财务报告的征求意见稿(Insurance Contracts Exposure Draft)(ED/2010/8),其一经定稿将取代 IFRS 4。该征求意见稿在"构建模块法"的基础上,综合脱手价值、IAS 37 模式和履约价值的主要观点,提出采用履约现金流现值加剩余边际计量保险合同准备金,要求保险公司充分披露保险合同准备金计量信息,大大提高了保险合同准备金计量的可比性和透明度。但是,ED 中的很多观点和原则仍值得进一步探讨。

2010 年 9 月,美国 FASB 发布了讨论稿"保险合同的初步意见",以征求公众意见。

在综合各方反馈意见的基础上,2013 年 6 月 24 日,IASB 发布第二次征求意见稿(ED/2013/7),对尚存重大争议的五个领域有限地征求意见。同年 6 月 27 日,FASB 也发布了征求意见稿。

(一) 保险合同征求意见稿(ED/2010/8)的主要内容

1. 保险合同的范围

前已述及,IFRS 4 适用于主体签发的保险合同及其持有的再保险合同,以及签发的具有相机参与特征的金融工具。征求意见稿对此进行了一些重要变更:

(1) 财务担保合同(Financial Guarantee Contracts)

财务担保合同符合前述保险合同的定义,征求意见稿建议将财务担保作为保险合同核算,但没有阐明持有保险合同的会计处理,因此此类担保的持有者可以继续按照 IAS 39 进行核算。

（2）固定费率服务合同（Fixed Fee Service Contracts）

固定费率服务合同是一种以提供服务为首要目的，且服务水平取决于不确定事件的合同，属于 IFRS 4 的适用范围，但在征求意见稿中，IASB 表示，其将被纳入新的收入确认准则的适用范围。

2. 保险合同的定义

在拟定征求意见稿的过程中，为寻求保险合同定义的进一步完善，IASB 对比了 IFRS 4 与美国公认会计原则（GAAP）的区别，在建议在继续沿用 IFRS 4 对保险合同定义的基础上引入两处有限的改进：

第一处改进引入了使用现值评估保险风险是否重大的要求。该实务已在承保事项为投保人生存的保险合同中得到应用，因为只能使用生存日到期时利益的现值才能比较生存到期利益和其他时间到期的利益（如保单退保价值）。

第二处改进与在评估保险风险是否重大时考虑的情况应具有商业实质的要求相关。具有商业实质的情况必须是，在考虑承保人可能从合同中收取的所有现金流入后，能够令承保人产生亏损的情况。

对保险合同定义的完善，一方面有益于明确准则规范对象，同时也有助于推动 FASB 对 IFRS 4 保险合同定义的采用。

3. 保险合同的分拆

早在 IFRS 4 的准则制定过程中，有关保险合同的分拆就产生了较大的争论。IFRS 4 仅涉及嵌入衍生工具、保证金部分和相机参与特征的分拆问题，其中仅对保证金部分有强制性分拆要求，即当承保人能够单独计量保证金部分（包括嵌入退还选择权），且承保人的会计政策不要求其确认因保证金部分产生的所有义务和权利的情况下要求分拆保险合同。对此，征求意见稿补充表示，只有单纯的保证金需要分拆，与其相关的所有费用均应视为属于保险成分或未分拆合同的其他部分处理。

此外，在征求意见稿中，IASB 建议承保人应将投资与服务部分从保险部分中分拆，并列出了几种常见的情形：（1）账户结余显示有显性回报的投资组成部分，其回报率基于一揽子相关投资的投资业绩；（2）根据国际会计准则第 39 号（IAS 39）"确认与计量"，从主合同中分离出来的嵌入衍生工具；（3）与保险范围紧密性不大的商品和服务合同条款，仅仅因为不具有商业实质这一原因而与保险范围结合在一起。

另外，对于嵌入的退还选择权，征求意见稿指出，因为退还选择权通常决定了合同整体的取消，所以它们与所有其他成分相互依存，因此与保险范围紧密相关，通常不将它们从保险主合同中分拆出来。

4. 保险合同的确认

征求意见稿建议，当承保人成为保险合同一方时应确认保险合同负债或保险合同资产,具体时点应为以下较早者:(1)当承保人受保险合同条款约束时;(2)当承保人首次承担保险风险,即当承保人无法撤回就保险事件向投保人提供保险保障的义务,不再有权重评估特定投保人的风险之时,不能设定价格来充分反映该风险。

5. 计量模型

在保险合同计量问题中,有关负债的计量一直是准则规范的难点,也是 IASB 与 FASB 最主要的意见相左之处。征求意见稿建议中提出了一个综合计量模型,适用于承保人签发的所有类型的保险合同,对某些短期合同则建议采用"保费分配法"(Premium Allocation Approach)。

在 2007 年发布的讨论稿中,IASB 采用"构建模块法"(Building Blocks Approach),主要包括三个构建模块,即基于市场信息的现金流量、反映货币时间价值的折现率和市场参与人要求的风险边际(Risk Margin)及服务边际(Service Margin)来估计保险负债。构建模块法主要针对保险负债的初始确认提出的。在整合各方反馈意见,及保险工作组建议的前提下,IASB 提出了新的构建模块法。相对于原有的计量模型,征求意见稿做出了修正:①该计量模型重点关注一个事实,即承保人直接履行合同,向投保方支付利益和索赔,而不是将合同转移给第三方,此外,计量模型并不能反映承保人违约风险,禁止合同成立以来利得的确认。② 该计量模型将合同作为一项单独的负债或资产,不是分别计量合同的各个组成部分。在考虑如何测量投保人行为、未来保费及投保人参与度的影响时尤其相关。③ 缩小了风险调整(边际)备选方法的范围,并为其提供其他指导。④ 不包含明确的服务边际。

(1) 保险合同负债的初始计量

对于负债的初始计量,IASB 和 FASB 建议采用的构建模块法存在差异。根据 IASB 征求意见稿,承保人初始计量的保险合同为以下项目之和:

① 履约现金流的现值(承保人履行保险合同期间产生的未来现金流出减去未来现金流入的预期现值,并考虑未来现金流的金额和时间不确定性影响进行调整),具体包括三个构建模块:a. 构建模块 1——承保人履行保险合同所产生的未来现金流出减去未来现金流入的显性无偏概率加权估计值(即预期值)。b. 构建模块 2——对现金流进行货币时间价值调整时使用的折现率。c. 构建模块 3——风险调整(Risk Adjustment)(即对未来现金流金额和时间不确定性影响的明确估计)。

② 用以消除合同首日利得的剩余边际(Residual Margin)。

对于保险合同风险与不确定性的核算,IASB 建议采用风险调整与剩余边际相结合的方法,而 FASB 及部分 IASB 成员倾向于采用"单一边际"(Single Margin)(原"综合边际")。征求意见稿采纳了 IASB 的方法。IASB 与 FASB 建议的计量模型对比,如图表 2-12-1所示:

（图表 2 - 12 - 1）

IASB 与 FASB 建议的计量模型对比

	IASB 建议模型	FASB 建议模型
构建模块	四个模块：预期值、折现率、风险调整、剩余边际	三个模块：预期值、折现率、单一边际
剩余边际或单一边际的计量	未来现金流入现值－未来现金流出现值（包括合同取得成本）－风险调整	未来现金流入现值－未来现金流出现值（不包括合同取得成本）
剩余边际或单一边际是否考虑应计利息	考虑应计利息	不考虑应计利息
风险调整方法	置信区间法（Confidence Level）、条件尾部期望值法（Conditional Tail Expectation，CTE）及资本成本法（Cost of Capital）	
合同取得成本	首日计量时，将保费中弥补合同增量取得成本的部分确认为收入	首日计量时，不确认任何抵消合同取得成本的收入
分红保险现金流	分红特征相关的现金流应当与合同其他现金流采用相同的方式计入负债	承保人应当将法定义务和推定义务的保单红利现金流计入负债

（2）构建模块 1——现金流

① 保险合同边界（Contract Boundary）

保险合同边界区分的是与现有保险合同相关的未来现金流和与未来保险合同相关的未来现金流，因此有必要先明确保险合同的边界。保险合同边界指这样的一个时点：a. 承保人不再需要提供保险保障，或者 b. 承保人有权利或有能力重新评估特定投保人的风险，继而设定价格来充分反映这种风险。在评估承保人是否可以设定充分反映风险的价格时，应忽略无商业实质这一限制。

② 未来现金流的估计

保险合同组合的现金流估计包括合同组合中产生的所有增量现金流入和流出，并且应该：a. 是显性的；b. 应当基于承保实体的角度；c. 应在无偏的基础上包含与现金流相关的所有可获信息；d. 是当前的；e. 仅包括合同边界内现有合同产生的现金流入和流出。

在资产负债表日，承保人应当重新估计履约保险合同而产生的未来现金流出减去未来现金流入的预期现值，其变动额应当计入当期损益。

③ 合同取得成本(Acquisition Costs)的处理

根据征求意见稿建议,合同增量取得成本(即承保人未签发该合同就不会发生的保险合同销售、承保和启动成本)将计入合同履约现金流的现值。而其他所有合同取得成本将在发生时作为费用计入损益。

和其他现金流不同,在判断合同取得成本是否增量成本并因此纳入履约现金流时,应该在单个合同层面考虑,而不是从合同组合层面考虑。

(3) 构建模块 2——折现率

征求意见稿建议,承保人按货币时间价值来调整未来现金流时,使用的折现率应与反映保险合同负债特征的现金流一致,这些特征包括时间、货币和流动性,同时还应排除影响观察利率但与保险合同负债不相关的任何因素。

基于以上原则,若保险合同的现金流不取决于特定资产的表现,则该折现率应反映以适当货币价格标价的、无信用风险或信用风险较小的金融工具进行非流动性调整后的收益曲线。

若保险合同现金流的金额、时间或不确定性完全或部分取决于特定资产的表现,则保险合同计量应反映这一事实。在多数情况下,反映这一联系的最适当的方式为"复制投资组合技术"(Replicating Portfolio Technique)。

(4) 构建模块 3——风险调整

风险调整向财务报表使用者传递了保险合同产生的现金流金额和时间等不确定性影响的信息,其金额应为承保人为解除最终履约现金流超过预期值的风险而合理支付的最大金额。承保人应从保险合同组合的角度来估计风险调整的金额,因此,风险调整反映的是保险合同组合内的多样化影响,而非保险合同组合之间的影响。此外,风险调整应当反映所有与保险合同相关的风险,不应当反映与合同无关的风险,如投资风险、资产负债错配风险(Asset-liability Mismatch Risk)、与未来经营相关的日常营运风险等。

风险调整有以下特点:① 风险发生频率越小、带来的严重性越大,风险调整金额越大;② 对于类似风险,保险期间越长,风险调整金额越大;③ 风险发生的概率分布越广,风险调整金额越大;④ 当前估计金额和未来发展趋势的不确定性越大,风险调整金额越大;⑤ 新经验在一定程度上降低了不确定性,风险调整金额随之减少。

此外,征求意见稿还提出了评估风险调整金额的技术,包括置信区间法、条件尾部期望值法和资本成本法,并相应地明确了各种方法的适用条件。

(5) 剩余边际和单一边际

① 剩余边际

在保险合同负债的初始计量日,若未来现金流出的预期现值与风险调整之和小于未来现金流入的预期现值,即产生首日利得,承保人应将其确认为剩余边际。若未来现金流出的预期现值与风险调整之和大于未来现金流入的预期现值,即保险合同的初始计量导致首日亏损,则承保人要将首日亏损在当期损益中确认为费用。剩余边际的金额在承保期开始时即锁定。

在保险合同负债的后续计量日,承保人应采用最能反映承保风险的系统性方式在保险保障期内的损益中确认,既可以时间为基础,也可以预期发生索赔和给付的时点为基础(若该方式与基于时间的确认方式有明显差异)。

此外,对于剩余边际,承保人应按前述确定的折现率,按期计提利息,调整增加剩余边际的账面价值。

② 单一边际(Single Margin)

FASB模型在保险合同计量中没有对风险调整做出单独、明确的定义,而是将风险调整与未来利润一同作为单一边际,即当未来现金流出的预期现值减去未来现金流入的预期现值小于零时,单一边际就出现了。但如果现金流出的预期现值大于未来现金流入的预期现值,那么该金额将即时在损益中确认为亏损。

单一边际不会被重新计量以反映风险或不确定性的增加,或者风险承担价格的变化,并将同时在保险保障期间和给付期间释放。保险保障期内保险公司需提供保险保障;给付期间内保险公司则需承受最终现金流出的不确定风险。

单一边际将考虑两个因素进行摊销:a. 承保人提供保险保障的风险;b. 承保人未来现金流不确定的风险。而摊销的具体方法为完成比例法,具体计算公式如下:

$$\frac{\text{分配至当期的保费} + \text{当期赔付和给付}}{\text{合同总保费} + \text{总赔付和给付}}$$

(6) 短期保险合同索赔前负债的计量

根据征求意见稿,短期合同理赔前(Pre-Claim)负债应采用"保费分配法"。该方法要求保险合同承保期接近一年或少于一年,且不包含影响现金流变动的嵌入式选择权或其他衍生产品的合同应使用此简化计量方法。

保费分配法要求,承保人初始确认时的理赔前负债应使用合同初始确认时收到的保费与未来保费的预期现值(合同界限内),减去增量取得成本进行计量。

理赔前负债应在保险保障期内,以最能反映风险的系统性方式减少,既可以基于时间,也可以基于发生理赔和给付的预期时点来计量(若该方式与基于时间计量的方式有明显差异)。

承保人应在理赔前负债的账面余额上加计利息,若为有偿合同,承保人应将履约现金流现值与理赔前负债的账面金额差额确认为额外的负债和相关费用。

(7) 再保险合同

根据征求意见稿,再保险分出人(Cedant)对再保险合同的会计处理原则,与承保人对保险合同负债的初始计量原则完全相同,即在初始确认时,再保险分出人应以以下项目之和来计量再保险合同:① 履约现金流的预期现值(即再保险分出人未来现金流入的预期现值,加上风险调整,减去未来现金流出的预期现值);② 剩余边际,即再保险分出人未来现金流入的预期现值与风险调整金额之和,小于未来现金流出预期现值的差额。

分保人在再保险合同初始确认时先对原保险合同进行重新计量,然后以估计原保险合同相应部分履约现金流现值的方法来估计再保险合同履约现金流的现值。另外,在估计履约现金流的现值时,分保人应基于预期值考虑再承保人的违约风险。

此外,剩余边际不能为负。因此,如果再保险合同履约现金流的现值小于零,即未来现金流入的预期现值加上风险调整小于未来现金流出的预期现值,则分保人应在初始确认时将此金额确认为剩余边际;如果再保险合同履约现金流的现值大于零,即未来现金流入的预期现值加上风险调整大于未来现金流出的预期现值,则分保人应在初始确认时将此金额确认为利得。

另外,分保人收到的佣金,应当确认为割让给再承保人的保费减项。

(8) 分红保险合同(Participating Contracts)

征求意见稿建议,根据保险合同的分红特征而对投保人支付的款项,和其他现金流一样属于合同的现金流,在计量保险合同时将其纳入履约现金流的预期现值。

6. 保险合同的列报

征求意见稿建议,对于保险合同的收入和开支报告,应根据边际的概要性列报模型,而不是根据保费、赔付和给付等传统计量指标。

(1) 财务状况表的列报

征求意见稿对财务状况表列报有三点要求:① 承保人应在保险合同资产或负债范围内将每个保险合同组合作为一个单独项目列报;② 承保人不应用再保险资产抵消保险合同负债;③ 承保人应将投连合同(Unit-linked Contracts)相关的一揽子资产作为一项单独项目,与承保人的其他资产分开来列报,并将一揽子资产相关的投连合同负债部分作为一项单独项目,与承保人的其他保险合同负债分开来列报。

(2) 综合收益表的列报

征求意见稿要求,重要业绩计量的详情,必须在综合收益表的正表或附注中披露,除了部分短期合同,保费和理赔一般不在综合收益表中列报。对此,征求意见稿建议,承保人至少应在保险合同涉及的综合收益表中披露以下五项信息:① 承保边际(Underwriting Margin)——包括剩余边际在承保期内摊销产生的收益以及风险调整摊销产生的收益;② 初始确认的利得和损失——包括投资组合转移时蒙受的保险合同损失、再保险分出人购买再保险合同的利得以及保险合同初始确认时的损失;③ 合同非增量取得费用;④ 经验调整和估计变更——包括实际的现金流与这部分现金流的原有估计差异、现金流估计变更与折现率变更以及再保险资产的减值损失;⑤ 保险合同负债的利息。

7. 保险合同的披露

征求意见稿建议的披露目标在于帮助财务报表的使用者了解由保险合同产生的现金流量的金额、时间和不确定性，最高汇总层次为国际财务报告准则第 8 号(IFRS 8)"经营分部"界定的报告经营分部。征求意见稿建议的披露原则要求承保人定性定量地解释由保险合同产生的财务报表中确认的金额，以及与保险合同并存的风险类型及其程度。

IASB 使用 IFRS 4 中的披露要求作为征求意见稿的基础。此外，还扩充了其他方面的披露要求：(1)对披露应采取的格式作出了相对具体的规定。例如，征求意见稿详细阐述了用于解释保险合同账面金额变动的前推表(Roll Forward Table)应纳入的单独列示项目。前推表的结构应表明各构建单元中的变动。(2)征求意见稿要求披露估计风险调整所用的方法和变量，以及风险调整对应的置信水平。

综上可知，征求意见稿并未对 IFRS 4 的披露要求作出重大变更，但要求的披露层次已有所提升，这就要求承保人重新评估其记录和管理数据的方法、系统能力以及财务报告内部控制的适当性。

8. 生效日期

征求意见稿的征求意见截止期为 2010 年 11 月 30 日，原计划准则最终稿于 2011 年 6 月发布，而 IASB 正在制定的保险合同会计准则其实是基于金融资产将会按照国际财务报告准则第 9 号(IFRS 9)"金融工具"来计量的假设上，故预计保险合同准则的生效日期将与 IFRS 9 的强制采用日期(2013 年 1 月 1 日)相一致。征求意见稿指出，如果有关保险合同的国际财务报告准则的强制生效日期晚于 2013 年 1 月 1 日，IASB 将考虑推迟 IFRS 9 的生效日期。

(二)保险合同会计准则项目第二阶段的最新讨论成果

继 IASB 于 2010 年 7 月发布国际财务报告准则"保险合同"的征求意见稿，以及同年 9 月 FASB 发布"保险合同的初步意见"讨论稿之后，双方收到了来自全球约 320 份反馈意见。2010 年 12 月期间，IASB 和 FASB 针对保险合同项目分别在日本东京、英国伦敦和美国康涅狄格州诺沃克举行了三次公共圆桌会议，听取了包括会计准则制定机构、保险公司以及会计师事务所等机构在内的各方面利益相关方的意见和信息。

截至 2011 年 1 月，IASB 共收到 253 份对征求意见稿的反馈意见，FASB 另收到 74 份针对其讨论稿特别问题的反馈意见。对征求意见稿的反馈意见总体上赞同提议的当前计量模型和构建模块法。但是一些重大问题仍有待解决，例如折现率的选择、一个边际还是两个边际、是否锁定剩余/混合(单一)边际、如何列报、短期保险合同简易方法(保费分配模型)的应用、是否以及如何分拆、再保险合同的确认和计量、过渡条款的安排等。报表使用者总体上支持显性的风险调整，但对其可比性表示了担忧。另有部分反馈者对于短期保险合同和非寿险合同是否采用构建模块法尚犹豫不决。IASB 针对反馈意见召开多次会议讨论保险合同会计准则项目，最频繁时一个月内的会议次数达七次，多数的讨论会是与 FASB 联合召开的。为了回应利益相关方提出的关注问题,IASB 和 FASB 对一些争论热点问题,如履约现金流(包括取得成本)、折现率、边际、保费分配模型、列报、适用范围、分拆、再保险、过渡条款等进行了讨论并做出了暂时性结论。

1. 履约现金流

(1) 取得成本为基于保单组合且与合同取得相关的直接成本。

(2) 保单红利的计量基础和列报方式应当与其参与分红标的项目的计量基础和列报方式一致("镜像法")。

2. 折现率

(1) 估算折现率更具灵活性,"自上而下"或"自下而上"方法均可。征求意见稿中提议的无风险利率加流动性调整的思路可被称为"自下而上"方法。而"自上而下"方法是指以某个参照资产组合或实际资产组合的收益率曲线为起点,经必要的调整后达到只反映保险合同负债现金流特征的一个适当的折现率。

(2) 对于保险合同中那些不适用"镜像法"但受资产回报影响的现金流,反映这些现金流特征的折现率应当反映资产的回报对预估现金流的影响程度。

3. 边际

(1) 不再限制风险调整的计算方法,但要求披露置信水平信息;不再规定风险调整的计量单元。

(2) 以未来适用法"解锁"剩余边际,以缓释履约现金流有利和不利两方面的变动,但风险调整的变动不得调整剩余边际。剩余边际永不为负,且应被系统地摊销计入损益。用于确定剩余边际的计量单元为保单组合,但不再规定用于摊销剩余边际的计量单元。

4. 保费分配模型

(1) 适用标准的总体原则:若采用保费分配模型计量的结果能合理近似于采用构建模块法计量的结果时适用。具体标准考虑了现金流的变动性和保费分配的不确定性。对保险期间为一年或更短的保险合同,默认其符合适用标准。

(2) 允许而非要求使用保费分配模型。

(3) 对具有重大融资成分保险合同,扣除赔款前负债应考虑折现和计息,且应采用保险合同签署日的利率并对其锁定;若折现影响重大,则已发生赔款负债须予以折现;对符合一定条件的保险合同可不予折现。

(4) 扣除赔款前负债的摊销采用同构建模块法下剩余边际的摊销相一致的方法。

(5) 当事实和情况表明保险合同可能发生亏损时,应当执行亏损合同测试。执行亏损合同测试时应考虑风险调整。亏损合同测试以及亏损合同负债的计量单元为保单组合。

5. 列报和披露

(1) 综合收益表采用"已实现保费法"列报。

（2）由于折现率变化而引起的保险负债变动额在其他综合收益中列示。列示在损益中的保险负债利息费用应采用在合同首日锁定的折现率进行计算，但是对于保险合同中那些不适用"镜像法"但受资产回报影响的现金流，用于计算其相应利息费用的折现率在预计结算利率发生改变时，应当进行重置。

（3）删除了征求意见稿第71和78段关于投资连结合同的列示要求。

（4）删除了征求意见稿第83段要求的不得将不同报告分部进行合并披露、第89段要求的特别披露以及第90（d）段要求的不确定性分析。要求披露构建模块法下计量保费收入的各项构成。要求披露从保费收款到保费收入的调节。关于在财务报表中确认的与保险合同相关的金额，对其期初调节至期末的细节披露要求，作出了些许修改。要求单独披露每一项计量方法和假设变动的影响及解释该变动产生的原因，且应披露受此影响的合同的类型。要求披露非分红合同所用的折现率曲线。要求披露保险合同的现金价值及其与保险合同负债账面价值的关系。要求保险负债净现金流的到期日分析应基于预期到期日，且要求前5年的现金流需按年披露。不要求对保费分配模型下的扣除赔款前负债提供净现金流的到期日分析。

6. 适用范围

（1）对于财务担保合同，保持现行IFRS 4和IAS 39的处理要求。

（2）对于以提供服务为主的固定收费合同的准则适用问题提供了判断标准。

（3）由保险人签发的含择机分红特征的金融工具应适用保险合同准则。

7. 分拆及分解

（1）参照收入准则项目中识别单项义务的判断标准，以决定是否分拆保险合同中的非保险性质的产品或服务。

（2）只为列报而非计量目的，对保险合同中的投资组成部分（即，无论保险事故是否发生，保险人均有义务支付给保单持有人或其受益人的金额）进行"分解"。

（3）"显著"的投资组成部分应当被分拆出来，并视作一项单独的合同进行会计处理。

8. 再保险

（1）一般应在已确认原保险合同时，再保险分出人才能确认对应的再保险资产，但基于累积损失的再保险安排除外。

（2）再保险首日利得不得当期确认，而应在再保险期间内予以摊销；首日损失的会计处理则视是否为过去发生的保险事故提供保险责任而定。

（3）"总额减分出等于净额"或"总额减净额等于分出"两种方法都可以用于计算再保险分出部分的风险调整金额。

（4）具有损失敏感特征的或有合同现金流作为理赔和给付估计变化处理；非损失敏感的保费调整作为保费估计变化处理。

（5）应采用与评估直保合同一样的方法去评估再保险合同是否适用构建模块法模型

还是保费分配模型。

（6）对于再保险人的违约风险，应考虑预期信用损失，但在具体会计处理上不再适用金融工具减值模型。

9. 过渡条款

（1）总体原则是尽可能地追溯适用至切实可行的最早期间。

（2）追溯适用新的会计政策至以前所有的期间以确定最早列报期间期初的剩余边际。若该全部追溯不切实可行，可以根据具体原因和可获取的客观信息的程度，进行适当的简便处理。

（3）对于在以前期间确定能够反映保险合同负债特征的折现率不切实可行的，提供了一些实务便利的处理方法。

（4）在确定过渡期的剩余边际时，假定初始确认时已经知道当时至最早列报期间的期初之间预计现金流的所有变化，从而也应当假定初始确认时的风险调整近似等于过渡日的风险调整。

（5）与 IFRS 9 的衔接，即视情况而定允许或要求，指定以公允价值计量且其变动计入损益或其他综合收益，或者撤销原先的指定。

10. 其他

（1）合同边界定义的措词已被修改以剔除那些保险人能够基于保单组合层面重新评估定价的合同。这一修改将可使得某些健康保险合同被归为短期保险合同范畴。

（2）在保险责任开始与保单持有人首次应付款孰早之日，而非合同签署时确认保险合同，但要求考虑亏损合同问题。

（3）保单组合是指具有类似风险、对该类似风险具有类似定价的，且作为单一集合、共同管理的一组保险合同。

（三）修订后的保险合同征求意见稿（ED/2013/7）主要内容

IASB 在 2012 年 9 月份的会议中暂时性决定将在 2013 年 6 月发布第二次征求意见稿，但只针对以下五大议题有限度地征求意见：（1）保险合同产生的未赚取利润的调整；（2）明确列明与主体须持有的标的项目回报挂钩的合同的核算；（3）保险合同收入和费用的列报；（4）利息费用在损益和其他综合收益之间的列报；（5）过渡期间采用的全面追溯调整法。

2013 年 6 月 24 日，IASB 发布了修订后的保险合同征求意见稿。鉴于 IASB 仅当完成重新审议后才决定准则的生效日期，因此该征求意见稿不包含建议的生效日期。现预计该准则约在最终版发布后的三年后生效。修订后的征求意见稿就五大关键领域征询利益相关方的意见。该征求意见稿的征求意见截止期为 2013 年 10 月 25 日。IASB 希望在对反馈意见进行复核之后确定保险合同准则的终稿，最终取代国际财务报告准则第 4 号（IFRS 4）"保险合同"。

2013 年 6 月 27 日,FASB 也发布了保险合同征求意见稿,征求意见截止期 2013 年 10 月 25 日。

修订后的保险合同征求意见(ED/2013/7)针对五大议题的提案如下:

1. 保险合同产生的未赚取利润的调整

在初始确认时,合同服务毛利按相当于下列金额总和的对应金额计算:(1)初始确认时保险合同履约现金流量金额;及(2)保险合同初始确认前已支付(已收取)的任何现金流量。

在后续期间,合同服务毛利将在承保人履行义务的承保期内转入损益。合同服务毛利还应针对涉及未来承保期的未来预计现金流量变动采用未来适用法进行调整。并未对合同服务毛利因该等变动而增加的金额设定上限。但是,假如该等变动为不利变动从而导致合同服务毛利出现负值,则该合同视为亏损性合同。在这种情况下,截至变动日的任何超出合同服务毛利账面金额的变动均应立即计入损益。

承保人不得就已发生索赔的估计变动(即假若承保期已届满)和风险调整变动对合同服务毛利进行调整。

2. 明确列明与主体须持有的标的项目回报挂钩的合同的核算

对于合同现金流量与标的资产组合回报挂钩的具有分红特征的合同,承保人计量和列报该等现金流量的方式应当与支持负债的资产的计量和列报方式相同。

具有分红特征的合同中的现金流量存在三种可能形态,其相关的会计处理如下:

(1)如果合同现金流量直接随标的项目的变动而变动,应当参照资产的账面金额来计量和列报该类现金流量,无需对合同服务毛利作出调整;

(2)如果合同现金流量间接随标的项目变动而变动,使用一般构建单元模型(General Building Block Model)计量该类现金流量,按当前折现率进行折现;采用未来适用法调整合同服务毛利;利息相关的变动应始终在损益中确认;

(3)如果合同现金流量并不随着标的项目变动而变动,应按照准则初稿的规定,使用一般构建单元模型计量该类现金流量。

针对上述所有三种现金流量形态,承保人应在损益中确认风险调整负债的变动。

3. 保险合同收入和费用的列报

承保人应按余下承保期内的负债递减比例在每一期间中确认相应收入。

为得出新的收入金额,承保人需要将现金流出划分为与未来承保期相关的现金流出,以及与尚未清偿的以往索赔涉及的现金流出。应将预计在某一特定期间发生的与承保期相关的现金流出金额与上述毛利金额相加,以得出保险收入金额。实际现金流出(如,实际保险利益和费用)应作为保险费用进行报告。

该等收入和费用需作出一项最终调整。如果两者包含在任何情况下均须支付给投保人的现金流量,则此类金额必须从保险收入和费用单列项目中分解出来,因为它们被视为存款组成部分。

4. 利息费用在损益和其他综合收益之间的列报

承保人应将保险合同利息费用分成两个组成部分:以历史折现率(与合同出售时的市场利率一致)为基础的组成部分将在损益中确认,而根据当前利率计算得出的利息费用将在其他综合收益中列报。

对于具有分红特征的合同,按照"镜像法"(Mirroring Approach)确定的列报方式将总是优先于计入其他综合收益的列报方式。

5. 过渡期间的全面追溯调整法

承保人应将建议准则的要求视同为始终一直生效来应用。

修订后的征求意见稿提供了方便实务操作和简化的方法:

(1) 当全面重述合同服务毛利并不切实可行时,允许承保人使用所有能够合理获取的客观信息对合同服务毛利进行估计。此外,承保人须使用事后信息,并无需识别出从初始确认到过渡日期间发生的所有现金流量估计变动。

(2) 作为起点,承保人应当基于对过去至少三年内市场可观察利率收益曲线的调整,追溯确定锁定的折现率。如果不存在市场可观察收益率,则折现率可使用最接近的市场可观察收益曲线来确定。相同的市场可观察参考点必须用于确定追溯期内每一年的锁定折现收益曲线。

(3) 修订后的征求意见稿还要求减少披露要求。承保人无需披露此前未予公布的在采用该准则的首个财政年度结束前的五年(通常规定为十年)之前所发生的索赔进展信息。同时,承保人也无需披露针对每项受影响的财务报表单列项目所作的调整金额(根据国际会计准则第 8 号的要求则需要披露该信息)。

修订后的征求意见稿还就过渡时期金融资产的重新指定作出规定。在所列报最早期间的期初,承保人可以(但不强制要求)将金融资产重新指定为以公允价值计量且其变动计入损益,前提是这样做能够消除或显著减少会计不匹配。如果导致此前作出以公允价值计量且其变动计入损益指定的会计不匹配现已消除,则承保人应当取消之前所作的指定。

6. 生效日期

鉴于 IASB 仅当完成重新审议后才决定准则的生效日期,因此该征求意见稿不包含建议的生效日期。现预计该准则将在最终版发布后的 3 年后生效。

7. 征求意见截止期

关于上述五个特定领域的征求意见截止期为 2013 年 10 月 25 日。

(四) FASB 与 IASB 在保险合同新征求意见稿内容上的分歧

自 2009 年 2 月,FASB 加入了保险合同项目以来,很多关于保险合同模型特征的决定都是由 IASB 和 FASB 共同作出的。但是,2010 年中,FASB 决定在征求意见稿发布前征求额外的反馈信息。因此,2010 年 7 月 IASB 独立发布了征求意见稿,2010 年 9 月,FASB 发布了讨论稿"保险合同的初步意见",表示 IASB 与 FASB 现行保险合同会计准则存在很大差异,双方起点不同,美国现行 GAAP 综合考虑了保险主体的保险合同会计处理,但是 IFRS 缺乏类似指导。美国根据递延匹配原则对长期保险合同和短期保险合同进行会计分期处理。而 IASB 采用资产负债法,对长期保险合同和短期保险合同的资产和负债按照市场价值的方法去评估确定,对保险合同的分类显得没有必要。由于以上不可调和的分歧,IASB 和 FASB 于 2013 年 6 月 24 日和 2013 年 6 月 27 日分别发布了征求意见稿。

尽管征求意见稿中很多关于模型的提案都是双方共同商议决定的,但是 FASB 仍与 IASB 在以下方面存在分歧:(1)对于保险合同风险与不确定性的核算,IASB 采用风险调整与剩余边际相结合的方法,FASB 坚持单一的混合边际,并锁定初始金额。此外,在摊销期间、摊销驱动因子、亏损合同测试、计量单元及过渡安排等细节上同 IASB 的规定也不尽一致;(2) IASB 将保费分配模型定性为构建模块法的简易模型,允许而非要求使用保费分配模型。FASB 则将保费分配模型视为一个单独的收入模型,并在符合规定的适用标准时必须采用;(3) 对于在承保业务过程中发生的取得成本,IASB 不再区分其是否与成功地获取保单有关,而是只要求与获取一组保单直接相关即可。而 FASB 仅考虑与成功地获取保单有关的直接成本;(4)对于财务担保合同,IASB 决定短期内保持现行 IFRS 4 和 IAS 39 的处理要求;FASB 认为含择机分红特征的金融工具不适用保险合同准则,财务担保合同(除了某些特别豁免)适用保险合同准则;(5) 对于合同义务直接挂钩标的项目的公允价值而标的项目却按成本计量的情形,FASB 认为不应当适用"镜像法",而 IASB 已经决定镜像法应适用于所有的分红合同。

五、对保险合同会计准则的思考及对我国的建议

回顾 IASB 十多年来关于保险合同会计准则的发展历程,我们认为,IASB 在保险合同会计处理方面的研究已经相当深入,在保险合同准备金负债计量方面取得了实质性的进步,但它依然延续了某些传统的精算方法,不完全符合会计原则,降低了保险合同准备金信息的有用性。如果要真正揭开保险合同准备金计量的面纱,还需要彻底突破精算理论和方法的束缚,按照会计原则确认和计量保险合同准备金,还原保险合同准备金计量的真实面目。

另外,文化上的差异也是保险合同准则难以迅速趋同的原因。每个国家在历史发展过程中都会形成独特的文化、法律积淀,受其影响,各国对保险合同的会计处理不尽相同。以保险合同的取得成本为例,国际会计准则理事会的中国委员张为国教授 2013 年 7 月在我校的一次讲学时,曾经举过这么一个例子,两年前,他们曾经针对保单的取得成本展开过讨论,有一位美国委员提出,一个孕妇职工产假时发生的职工薪酬也要算到保单的取得

成本上。这与中国保单成本计量方式是完全不同的。每一个国家对保险合同的会计处理都有自己独特之处,国际保险合同会计的趋同依然任重道远。

近年来,我国一直因循保险业和保险市场的发展积极推进保险会计的改革,特别是在 2006 年 2 月 15 日发布的企业会计准则体系中,单独制定并发布了"原保险合同"和"再保险合同"两项会计准则,在保险合同的一些重大会计政策上实现了与国际保险会计通行惯例的协调与趋同。IASB 作为全球公认的、高质量的国际财务报告准则制定机构,其研究成果及准则发展动向代表了国际会计领域的发展方向。为此,我们应当密切跟踪 IASB 保险合同准则项目的发展动向,认真研究项目背景、决策过程及原因以及潜在影响等,做好我国保险会计准则的制定、完善和国际趋同工作。

主要参考文献

郭菁:"揭开保险合同准备金计量的面纱——对 IASB 保险合同会计准则征求意见稿的述评",《会计研究》,2010 年第 9 期。

李荣林、许玉红、王红云:"新型保险合同会计——问题、进展及启示",《会计研究》,2009 年第 4 期。

陆建桥、杨海松:"保险合同会计:国际动态与对策研究",《会计研究》,2009 年第 7 期。

彭玉龙:"保险合同会计——进展、反思与启示",《会计研究》,2005 年第 7 期。

IASB,IFRS4:Insurance Contracts,2004.

IASB,Discussion Paper:Preliminary Views on Insurance Contracts,2007.

IASB,Exposure Draft:Insurance Contracts,2010.

IASB,Exposure Draft:Insurance Contracts,2013.

FASB,Discussion Paper:Preliminary Views on Insurance Contracts,2010.

FASB,Exposure Draft:Insurance Contracts,2013.

Http://www. fasb. org/cs/ContentServer? c = FASBContent _ C&pagename = FASB%2FFASBContent_C%2FProjectUpdatePage&cid=1175801889812.

Http://www. ifrs. org/Current-Projects/IASB-Projects/Insurance-Contracts/Pages/Insurance-Contracts. aspx.

PWC,保险合同联合项目进展快讯(2013 年 6 月)。

第三部分

国际财务报告概念框架的改革发展研究

13. 财务报告概念框架发展沿革及对 IASB 讨论稿"财务报告概念框架的复核"述评

一、引言

2013 年 7 月 18 日,国际会计准则理事会(IASB)发布了一份综合讨论稿"财务报告概念框架的复核"(A Review of the Conceptual Framework for Financial Reporting)。该讨论稿包括:修订资产和负债定义、引入终止确认的相关指引、澄清其他综合收益的目标和目的及建立列报和披露框架。这是继 2010 年 IASB 和美国财务会计准则委员会(FASB)联合发布"财务报告概念框架:报告主体"征求意见稿之后,关于概念框架发展的又一重要里程碑。

财务报告(或财务会计)概念框架(Conceptual Framework,简称 CF)是由财务报告的目标和与之相关的其他基本概念所组成的体系。概念框架的研究可以追溯到佩顿(William A. Paton)的《会计理论》、坎宁(John B. Canning)的《会计学中的经济学》及佩顿和利特尔顿(Ananias C. Littleton)的《公司会计准则导论》等,并于 20 世纪 70 年代得以蓬勃发展,世界上多个国家以及国际会计组织陆续发布了概念框架。FASB 至今共发布了 8 项财务会计概念公告(SFACs),构成了美国财务会计概念框架的核心;IASC (IASB 的前身) 于 1989 年发布了"编报财务报表的框架"(The Framework for the Preparation and Presentation of Financial Statements);英国会计准则委员会(ASB)将其概念框架命名为"财务报告原则公告"(Statement of Principles for Financial Reporting,简称 SP);加拿大特许会计师协会(CICA)制定的概念框架称为"财务报表概念"(Financial Statement Concepts,简称 FSC)等。各准则制定机构的概念框架,不仅名称不同,在形式、内容上也各有差异。2002 年,IASB 与 FASB 正式签署"诺沃克协议"(Norwalk Agreement),逐渐意识到消除各自概念框架差异的重要性,并将"联合概念框架项目"(Conceptual Framework——IASB-FASB Joint Project)列入趋同计划。2004 年 10 月,该联合项目正式启动,分八个阶段进行,包括目标和质量特征、要素和确认、计量、报告主体、列报和披露、目的和地位、对非营利主体的应用及剩余问题。上述各阶段中仅有第一阶段"目标和质量特征"已确定终稿并于 2010 年 9 月纳入联合概念框架作为第 1 章"通用目的财务报告的目标"和第 3 章"有用财务信息的质量特征";第四阶段"报告主体"于 2010 年 3 月发布征求意见稿,但尚未确定终稿;第二和第三阶段"要素和确认"、"计量"进行了广泛讨论,但尚未发布任何咨询文件(仅在 2008 年 10 月对资产要素以会议纪要的形式形成过暂行工作定义);其余阶段则基本上未开展任何工作。

全球金融危机发生后,IASB 与 FASB 因为要集中精力先行研究和制定两者之间更为急迫的"趋同项目"而决定暂时搁置"联合概念框架项目"。2011 年以后,随着美国 FASB 单方面放缓会计准则的趋同进程,重启"联合概念框架"更是变得遥遥无期。然而,要制定高质量的全球会计准则,就必须对过时已久的概念框架加以修订和提升,在这种情况下,IASB 在 2012 年 9 月决定重启仅有 IASB 参与的财务报告概念框架项目(IASB-only Conceptual Framework),新项目不再与 FASB 合作。从积极方面考虑,IASB 独立重启概念框架项目,能够减少诸多不必要的摩擦与争论,可以顺利推进概念框架的改良,加快概念框架发展的进程;从消极方面考虑,IASB 单独制定的概念框架其权威性及认可度可能会比联合概念框架的成果要低,同时还会影响会计准则国际趋同的后续进展,更不符合我们在多年前提出的"会计准则趋同的前提是概念框架趋同"①的理念。IASB 可能也意识到这些问题,因此它为重启独立概念框架项目设定的目标是并不打算对现行概念框架作出实质性的修订,而是着重关注尚未涵盖的主题或因具有明显不足而需要处理的主题。但是,无论如何,2013 年 7 月所发布的综合讨论稿"财务报告概念框架的复核"仍然体现了 IASB 对概念框架发展的最新设想,反映了后危机时代会计理论与实务的进步,因此很有必要对此加以深入研究。

以下,我们将在回顾概念框架发展沿革的基础上,探究现有概念框架存在的问题,阐述和评价"财务报告概念框架的复核",并提出对我国建设概念框架的思考。

二、财务报告概念框架的发展沿革

纵观世界各国及有关国际组织制定的概念框架,美国、英国以及 IASC 的概念框架最具有代表性。因此,我们首先简要回顾一下它们的发展沿革。

(一)美国 FASB"财务会计概念公告"

美国是世界上第一个研究并制定 CF 的国家。早在 20 世纪 50 年代末,美国就开始探索财务会计理论体系。美国注册会计师协会(AICPA)在 1959 年将准则制定机构由会计程序委员会(CAP)改组为会计原则委员会(APB),同时成立了会计研究部(ARD)专门负责会计理论的研究。AICPA 设想 APB 利用 ARD 的研究成果,在会计理论的指导下制定会计准则,即采用"双轨制"的方法来共同发展会计准则。ARD 试图以会计假设为起点构建制定会计准则的理论框架,于 1961 年和 1962 年发布了"会计研究文集"(ARSs)第 1、第 3 号,分别讨论了会计假设和会计原则。然而,由于两者的内在逻辑关系不严密,"假

---

① 参见汪祥耀等著:《与国际财务报告准则趋同——路径选择与政策建议》,立信会计出版社,2006 年版,第 187 页。

设/原则的方法"(Postulates/Principles Approach)并未取得理想效果,最终夭折。在此情况下,"目标/准则的方法"(Objectives/Standards Approach)逐渐引起理论界的重视。1971年,AICPA成立了"特鲁伯罗德小组"(Trueblood Group),专门研究财务报表的目标。该小组于1973年发表的"财务报表的目标"报告,对FASB后来形成SFAC 1具有重要启示。

FASB取代APB后不久,随即展开"概念框架项目"(The Conceptual Framework Project)的研究。1974年6月至1978年1月,FASB发表了"对财务报表目标研究组报告的思考"(Conceptual Framework for Accounting and Reporting: Consideration of the Report of the Study on the Objectives of Financial Statements)等数份重要的讨论备忘录,并举行了一系列听证会,对财务报表的目标及其他财务会计概念展开了激烈讨论。在此基础上,FASB发表了"关于经营企业财务报告目标和财务报表要素的财务会计概念公告的征求意见稿"(The Exposure Draft of Proposed Statement of Financial Accounting Concepts on "Objectives of Financial Reporting and Elements of Financial Statements of Business Enterprises"),该征求意见稿经过多次意见反馈和修订之后,最终形成了以后正式发表的"财务会计概念公告"。

从1978年至今,FASB共发布了8项SFACs(如图表3-13-1所示),①形成了广度和深度均跻身于世界领先地位的财务会计概念框架,一些国家唯美国马首是瞻,先后效尤,发布了各自的CF。

(图表3-13-1)

FASB发布的财务会计概念公告

公告编号	公告名称	发布时间
SFAC 1	经营企业财务报告的目标	1978年11月
SFAC 2	会计信息的质量特征	1980年05月
SFAC 3	经营企业财务报表的要素	1980年12月
SFAC 4	非商业机构财务报告的目标	1980年12月
SFAC 5	经营企业财务报表中的确认和计量	1984年12月
SFAC 6	财务报表的要素	1985年12月
SFAC 7	在会计计量中使用现金流量信息和现值	2000年02月
SFAC 8	财务报告概念框架的第1章"通用目的财务报告的目标"和第3章"有用财务信息的质量特征"	2010年09月

---

① SFAC 6发布后,取代了SFAC 3;SFAC 8取代了SFAC 1和SFAC 2。

（二）英国 ASB"财务报告原则公告"

在很长一段时间内,英国会计理论界和实务界都不支持发展 CF,但随着英国会计准则委员会(ASC)在制定会计准则过程中种种弊端的出现,同时受"龙头老大"美国的影响,英国亦开始制定类似 CF 的文件。1975 年,"会计准则筹划委员会"(ASSC)发布了"公司报告"(The Corporate Report),作为研究英国财务报告的使用者、目的和方法的第一份理论文件,它为以后英国会计准则概念框架的发展奠定了基础。1990 年,ASC 改组成会计准则委员会(ASB)后,开始正式制定 CF。ASB 对英国当时已经流行的会计原则和会计实务进行了广泛调查,发现已有的会计原则存在不少缺陷,必须进行修订和补充,并建立一个一致的、与时俱进的会计原则体系,作为制定会计准则的参考框架,以此代替零散的、相互之间可能不一致的各项会计原则。基于上述考虑,ASB 陆续发布了财务会计概念框架的各个章节的讨论稿。这些讨论稿经过多次修订后,于 1995 年集中在一起重新发布,形成了"财务报告原则公告"第一份完整的征求意见稿。1999 年 3 月,ASB 又发布了第二次征求意见稿。在以上两次征求意见稿的基础上,"财务报告原则公告"最终于 1999 年 12 月获得正式发布。"财务报告原则公告"由引言和八章内容组成,涉及财务报表的目标、报告主体、财务信息的质量特征、财务报表的要素、财务报表的确认、财务报表的计量、财务报表的呈报以及对在其他报告主体中的权益的会计处理等。

（三）IASC"编报财务报表的框架"

IASC 从 20 世纪 80 年代初开始着手研究 CF。1982 年,IASC 在其工作计划中增加了一个研究财务报表目标的项目,但当时 IASC 并没有任何制定完整的概念框架的打算。1984 年 10 月,IASC 决定将研究财务报表目标的项目与对国际会计准则第 1 号(IAS 1)"会计政策的披露"①的评审工作合并加以考虑。此后,IASC 又在工作计划中增加了"负债"、"权益"、"资产和费用"三个对财务报表要素进行研究的项目。最初,这些项目都是分别开展的,但考虑到合并进行能够取得更好的成效,IASC 于 1986 年 11 月决定制定独立完整的与具体国际会计准则内容相分离的 CF,该框架将不再涉及具体会计问题的处理,只是讨论会计的原则性问题。1988 年 5 月,IASC 发布了"编报财务报表的框架"的征求意见稿。1989 年 7 月,IASC 正式发布"编报财务报表的框架",具体规定了财务报表的目标、基础假设、财务报表的质量特征、财务报表的要素、财务报表要素的确认、财务报表要素的计量、资本和资本保全概念等内容。IASC 的 CF 自发布以来,为国际会计准则(IASs)或国际财务报告准则(IFRSs)的制定提供了一个系统的概念基础,并帮助使用者更好地理解按照 IASs(或 IFRSs)编制的财务报表中所包含的信息。

---

① 1975 年发布的 IAS 1"会计政策的披露"在 1999 年 8 月被修订后的 IAS 1"财务报表的列报"取代。

三、现行财务报告概念框架存在的问题

不管是 FASB 的"财务会计概念公告",还是 IASC 的"编报财务报表的框架"、ASB 的"财务报告原则公告",都在会计准则的制定和修订过程中功不可没。CF 本身不属于会计准则,却是指导会计准则制定的理论依据。FASB 在 1976 年发表的"概念框架项目的范围和内涵"(Scope and Implications of the Conceptual Framework Project)这份备忘录中,指出概念框架发挥了以下作用:(1)指导 FASB 制定会计准则;(2)在缺乏特定会计准则的情况下,为解决会计问题提供一个参考框架;(3)在编制财务报表时,确定判断的范围;(4)使财务报表的使用者增加对财务报表的理解和信心;(5)通过减少会计备选方法的数量增强可比性。IASB 关于概念框架的作用的观点与 FASB 大同小异,包括:(1)帮助制定未来的 IFRSs,并对现行 IASs 或 IFRSs 作出评价;(2)为减少 IASs 或 IFRSs 所允许的备选会计处理方法的数目提供基础,借以协助 IASB 促进协调与编报财务报表有关的规定、准则和程序;(3)帮助制定会计准则;(4)帮助财务报表编制者应用 IASs 或 IFRSs 和处理尚待列为国际会计准则项目的问题;(5)帮助审计师形成关于财务报表是否符合 IASs 或 IFRSs 的意见;(6)帮助使用者理解按 IASs 或 IFRSs 编制的财务报表中所包含的信息;(7)向关心 IASB 工作的人们提供关于制定方法的信息。ASB 在"财务报告原则公告"中指出,除了为制定和评价会计准则以及为关心准则制定程序的其他人士提供一个内在一致的参考框架外,CF 可以帮助财务报表的编制者、使用者以及审计师和其他人员理解委员会制定会计准则的方法和通用财务报表中所报告信息的性质和作用,还可以在缺乏适用会计准则的情况下为选择不同的会计处理方法提供依据。

综上所述,CF 在制定和修订会计准则过程中发挥了举足轻重的作用,但是任何国家的 CF 都不可能完美无瑕,我们认为现行概念框架至少存在下列问题:(1)各国的 CF 在名称、内容、格式上存在较多差异。例如,ASB"财务报告原则公告"第七章详细论述了"财务报表的呈报"问题,而 FASB 和 IASB 的 CF 均未涉及"报告"环节;IASB 的 CF"基本假设"一章专门讨论了"权责发生制"和"持续经营"这两项基本假设,而 FASB 和 ASB 的 CF 则未作阐述。各国概念框架的不同将导致以此为理论依据编制的财务报告缺乏可比性。此外,CF 内部某些方面也存在矛盾冲突,这与"构建一个连贯、协调、内在一致的概念框架"理念相悖。(2)未能包含很多重要领域。例如,现行 CF 中"计量"、"列报"和"披露"以及如何确认"报告主体"方面的指引很少,尤其"列报"和"披露"是现行 CF 的重大缺口。(3)某些方面的指引并不明确。例如,资产和负债的定义仍然有改进的余地。现行 CF 规定只有经济资源很可能流入或流出时才确认一项资产或负债。但是,在某些情况下,尽管经济资源流入或流出的可能性较小,确认资产或负债仍然可以提供有用信息。(4)现行 CF 很多方面已经过时,反映的是当时会计理论的研究成果和准则制定者的一些基本思想和理念,与当前的思路脱节。随着"金融工具及衍生金融工具会计"、"特殊目的主体"等经济

现象的出现,企业之间的财务关系更显纷繁复杂,概念框架的改革已迫不及待。

四、"财务报告概念框架的复核"的主要内容及评述

(一)"财务报告概念框架的复核"的主要内容

IASB 发布的讨论稿"财务报告概念框架的复核",共分为 9 章以及 8 个附录。讨论稿主要讨论了概念框架的目标和地位、资产和负债的定义及其额外指引、确认和终止确认、权益的定义及权益和负债的区分、计量、列报和披露、其他综合收益等。相比现有的概念框架,明显增加了关于"终止确认"、"列报和披露"、"综合收益列报"等后金融危机时代人们普遍关注的热点问题的讨论。

1. 概念框架的目标和地位

IASB 对概念框架的目标提出了初步观点,认为修订 CF 主要目的是协助 IASB 识别在制定和修改 IFRSs 过程中会一致应用的概念。此外,CF 可能帮助除 IASB 以外的其他利益方实现以下目标:理解并解释现行 IASs 或 IFRSs;当某一特定交易或事项尚无准则或解释时确定会计政策。

概念框架并非一项准则或者解释,因此不会推翻任何准则或解释的要求。在极少数情况下,为了实现财务报告的整体目标,IASB 可能会发布一项新准则或修订准则,这些准则在某些方面与 CF 相矛盾。在这种情况下,IASB 应当在准则的结论基础上指出新准则或修订准则中哪些方面偏离了 CF 及其原因。

2. 资产和负债的定义

资产和负债在财务报告中的重要地位当之无愧,它们的定义帮助解决了准则制定过程中出现的很多问题。现行定义包含经济利益的"预期"(Expected)流入或流出,有人认为这些指引说明资产或者负债是经济利益的最终流入或流出,而非潜在的资源或义务。为避免产生误解,IASB 认为应该修改定义以更明确地表达:

(1) 资产(或负债)是标的资源(或义务),而非经济利益的最终流入(或流出);

(2) 资产(或负债)必须能够带来经济利益的流入(或流出)。这些流入(或流出)可以是不确定的。

在讨论稿中,IASB 提出了有关资产和负债的新定义:

(1) 资产是过去事项形成的由主体控制的现时经济资源。

(2) 负债是过去事项形成的主体承担的转移经济资源的现时义务。

(3) 经济资源是一项权利或者能够带来经济利益的其他有价值资源。

此外,IASB 还讨论了不确定性(Uncertainty)是否应该包括在资产和负债的定义及确认标准中。IASB 得出的初步观点是:

(1) 资产和负债的定义不应该保留"预期"流入或流出的概念。

(2) 在极少数不能确定资产和负债是否存在的情形下,概念框架不应该设定可能性

门槛。如果某一特定类型的资产或负债存在与否具有高度不确定性,那么在制定或修订相关资产或负债准则时,IASB应做出决议决定如何处理不确定性问题。

(3)确认标准中不应该保留现行准则中关于可能性的内容。

3.支持资产和负债定义的额外指引

额外指引将帮助理解提议的定义中所使用的术语。讨论稿提供了"经济资源"(Economic Resource)、"控制"(Control)含义的额外指引,以支持资产的定义;提供了"转移经济资源"(Transfer an Economic Resource)、"推定义务"(Constructive Obligations)、"现时义务"(Present Obligation)含义的额外指引,以支持负债的定义。额外指引还涵盖了"报告合同权利和合同义务的实质"(Reporting the Substance of Contractual Rights and Contractual Obligations)及"亏损合同"(Executory Contracts),以支持"资产"、"负债"两个定义。

讨论稿详细讨论了"推定义务"和"现时义务"。IASB认为"推定义务"应该保留负债的现行定义,此外应提供更多指引区分推定义务和经济强制。"现时义务"来源于过去事项。但是,如果保留在一定条件下转移主体未来经济资源的规定,那么仍然不能明确过去事项是否足够产生现时义务。关于"现时义务",讨论稿列出了以下三种观点:

(1)现时义务必须来源于过去事项并且严格无条件执行。如果主体在理论上可以避免未来经济资源的转移,那么就不存在现时义务。

(2)现时义务必须来源于过去事项并且实际上无条件执行。如果主体没有实际能力避免未来转移资源的行为,那么认为该义务实际上是无条件执行的。

(3)现时义务必须来源于过去事项,但对主体的未来行为可能是条件性的。

IASB目前反对第1种观点,但对于究竟采纳第2种还是第3种,IASB尚未形成结论并要求反馈者提供意见。

4.确认和终止确认

讨论稿本部分旨在解决主体应该何时在资产负债表中将"经济资源"报告为"资产"或者"义务"报告为"负债",及主体应该何时从资产负债表中移除"资产"或"负债"这两个问题,即确认(Recognition)和终止确认(Derecognition)问题。值得一提的是,现行概念框架并未涉及终止确认问题。

IASB的初步观点为主体应确认所有资产和负债,除非制定或修订某一特定准则时由于以下两种因素的存在主体不需要或者不应该确认一项资产或负债:

(1)确认这项资产(或负债)不能在合理成本内为财务报告使用者提供相关信息或不能提供足够的相关信息;

(2)任何计量方法都不能如实反映资产(或负债)以及资产(或负债)的变化,即使披露了所有必要的说明和解释。

当资产或负债不再满足确认标准时终止确认该项资产或负债。但是,对于主体保留部分资产或负债的事项,IASB 应该在制定或修订特定准则时确定主体如何能更好地描述交易导致的变化,可考虑以下几种可能的方法:增加披露;列报不同于初始权利或义务单列项目的其他权利或义务单列项目,以表明风险的集中;继续确认原有的资产或负债,并将转移中收到的款项作为借款,支付的款项作为授予的借款处理。

5. 权益的定义以及负债和权益要素的区分

讨论稿继续保留对权益的现行定义,即权益为主体拥有的资产减负债后的剩余权益。现行 IFRSs 对于区分金融负债和权益工具并未应用一致的负债定义,这导致在负债的定义上出现例外事项,并给予主体钻空子的机会。因此,讨论稿提议概念框架应该说明 IASB 应根据负债的定义来区分负债和权益工具。

讨论稿建议在每一报告期末重新计量不同类别的权益要求权。当制定或修订某一特定准则时,IASB 确定该计量为直接计量还是对总权益的分配。同时,在权益变动表中确认计量金额的变化,作为不同权益类别之间财富的转移。

如果主体没有发行权益工具,那么将要求权最次级工具作为权益要求权处理并进行适当的披露。IASB 需要在制定或修订特定准则时考虑是否采用这种方法,如果采用何时采用。

6. 计量

现行概念框架对计量(Measurement)的相关指引十分有限。讨论稿描述了可纳入修订后概念框架中的指引,包括财务报告目标和财务信息的质量特征对计量要求的影响,计量属性的类别及选择。

IASB 在讨论稿中提出了以下几种计量基础(Measurement Basis):(1)以成本为基础的计量(Cost-based Measurements);(2)现行市价(Current Market Prices),包括公允价值(Fair Value);(3)其他以现金流为基础的计量(Other Cash-flow-based Measurements)。某一计量属性的相关性取决于投资者、债权人以及其他债务人如何评估资产或负债影响未来现金流的方式。例如,对于持有以供出售的复杂金融资产,公允价值应该是最相关的计量属性;而对于资产,如厂房和机器设备等,折旧成本应是最相关的。

计量的目标是有助于如实反映主体的资源、要求权以及资源和要求权的变化,以及管理层履行义务使用公司资源的效率和效果。讨论稿建议,IASB 应该限制财务报表中使用的计量属性的数量,采用尽可能少的计量基础来提供最相关的信息,提高财务报表的可理解性和可比性。当然,对所有资产和负债采用单一计量基础也未必能提供最相关的信息。因此,选择某一项目的计量属性时,IASB 应当考虑:

(1)资产如何贡献未来现金流或者主体如何结算或履行负债;

(2)计量属性能在资产负债表、损益表及其他综合收益表中提供何种信息。

7. 列报和披露

现行概念框架并没有提供有关"列报"(Presentation)和"披露"(Disclosure)的指引。

讨论稿建议将它们引入修订后的概念框架,以填补历史空白。"列报"是指主体在基本财务报表中披露财务信息,"披露"是指向财务报告使用者提供有关报告主体的有用财务信息的程序。这里,"披露"比"列报"具有更广泛的含义,前者包括后者。财务报表(包括基本财务报表列报的金额和说明)以及财务报表附注中包含的信息,总的来说均属于披露的形式。此外,讨论稿用较长的篇幅解释基本财务报表和财务报表附注的目标,同时还阐述了重要性(Materiality)、沟通原则(Communication Principles)及预测性信息(Forward-looking Information)等。

IASB 对基本财务报表和财务报表附注的目标的初步观点是:

(1)基本财务报表的目标是提供关于确认的资产、负债、权益、收益、费用、权益变动以及现金流量的汇总信息,这些项目的分类和金额汇总有助于财务报表使用者做出是否向主体提供资源的决定。

(2)财务报表附注的目标是提供有关基本财务报表的额外有用信息,以补充基本财务报表的信息。

为了实现披露目标,IASB 建议要求披露相关事项,如图表 3-13-2 所示:

(图表 3-13-2)

财务报表附注中要求披露的事项

有用信息的类型	举例说明
报告主体	组织结构,如子公司、联营公司、母公司等;业务模式;持续经营。
在基本财务报表中确认的金额	项目的分解、结转、调节。
未确认的资产和负债	未确认资产的性质及程度;未确认的原因。
主体资产和负债引发的风险	主体面临的财务风险;风险应对方式;风险对财务报表的影响,包括敏感性分析。
方法、假设和判断	会计政策;计量方法;估计假设和输入变化的敏感性定量分析;替代计量方法。

重要性在现行概念框架中已有清晰的描述,IASB 不提议在概念框架中修订或增加相关指引。不过,IASB 仍考虑在概念框架之外编制重要性的额外指引或教育材料。列报和披露要求应当考虑目标,将披露(包括列报)作为准则规范的一种沟通形式(即"沟通原则"),同时建议采用电子形式发布财务报表。关于预测性信息,讨论稿提议若与现行资产和负债或者对报告期间存在的资产和负债相关,则财务报表附注应包含这些预测性信息。

8. 综合收益表中的列报

现行概念框架并没有明确讨论应该在损益表(Profit or Loss)还是其他综合收益

(Other Comprehensive Income,简称 OCI)中列报财务业绩。讨论稿建议 IASB 应增加指引帮助识别收益和费用的哪些项目在损益表中确认,哪些在 OCI 中确认。IASB 将 OCI 的使用限制在由于计量方法的改变导致资产和负债变化的项目中,但并非所有重新计量都适用于 OCI 的确认。

IASB 还讨论了概念框架是否应该要求列报损益总额或小计,以及是否应该要求或允许转回(Recycling)的存在。IASB 在讨论稿中达成初步观点,认为概念框架应当要求列报损益总额或小计,并列报某些项目收益或费用被转回后的损益总额。

9. 其他问题

讨论稿建议经修订的关于"通用财务报告的目标"和"有用财务信息的质量特征"的章节大致保持不变。但若概念框架其余部分强调这些章节中某些领域需要理清或需要进一步修改时,IASB 可能会对这些章节做出调整。此外,IASB 还讨论了一些学者提出的关于这些章节该如何处理受托责任、可靠性和审慎性的问题。

IASB 在余下部分探讨了有关业务模式(Business Model)、计量单元(Unit of Account)、持续经营(Going Concern)以及资本保全(Capital Maintenance)的问题,得出以下初步观点:

(1)如果在制定或修订准则时考虑主体的业务模式,财务报表可以提供更相关的信息。

(2)在制定或修订特定准则时通常已经确定计量单元,在选择计量单元时应该考虑有用财务信息的质量特征。

(3)已经识别出可能与持续经营假设相关的三种情形,在计量资产和负债时、当确认负债时以及当披露主体信息时。

(4)计划在单独对资本保全立项之前大致沿用现行框架中关于资本保全的描述和讨论。但如果 IASB 启动恶性通货膨胀项目,则可能会重新考虑资本保全概念。

(二)"财务报告概念框架的复核"评述

1. 关于概念框架项目的全球代表性

2010 年,共同实施"联合概念框架项目"的 IASB 和 FASB 分道扬镳,各自发布 CF。如今,概念框架项目不再是"联合项目",这看似出乎意料,却又在情理之中。出乎意料的是,曾经轰轰烈烈的联合项目离全面告捷尚存多个阶段就宣告解散。在情理之中的是,IASB 不再希望 FASB 相对于全球范围内其他准则制定机构而言处于特殊地位,以使概念框架项目可以照顾到更多国家的需要。

实际上,IASB 只选择与 FASB 一起制定"共同的"概念框架,这将导致联合概念框架项目不具有"全球的"、"共同的"代表性。诚然,IASB 在推广 IFRSs 的过程中,积极寻求美国的支持与合作,确实有助于扩大其国际影响,有利于提高 IASB 的声望和 IFRSs 的质量。但是,根据一个带有严重"美国色彩"的财务报告概念框架,必然无法制定出一个权威的、能代表世界各国利益,并引导走向全球"趋同"的国际财务报告准则。① IASB 决定独立开展概念框架项目,必须考虑让更多的国家及利益相关方积极参与,才能提高它的全球代表性。

2. 关于资产和负债的定义

IASB 在讨论稿中建议修订资产和负债的定义。将"资产"定义为"过去事项形成的由主体控制的现时经济资源";将"负债"定义为"过去事项形成的主体承担的转移经济资源的现时义务"。在这里,IASB 提出"资产"是一种"经济资源","负债"是一种"义务",更新了现行概念框架的内容,也部分传承了 IASB 与 FASB"联合概念框架项目"2008 年 10 月对资产作出暂行工作定义中的研究成果,对资产定义采用了"经济资源观"。IASB 建议资产和负债定义中不应保留容易引起误解的"预期的"流入和流出的概念,确认标准中也不再保留关于"可能性"的内容。此外,IASB 在资产的定义中还强调了经济资源是"现时的",其时间既不是过去,也不是未来。在负债的定义中引入了"转移经济资源"的新概念。我们认为,这些修订相对现行概念框架而言,是一大进步。在 IASB 收到的评论函中,有人认为提议的资产定义无法清晰地区分资产和费用。例如,在新提议的定义下,一项保险支出即使不能使主体在超出当前会计期间的时间内受益也可能被当做资产。实际上,资源中含有的经济利益还没有使用时是资产;如果已经使用了,资源就变成了费用,不再是资产了。②还有人认为,资产和负债定义中的"经济资源"应该包含"社会影响资源",该"社会影响资源"能够给报告主体乃至整个社会带来社会效益,如声誉、良好的人际关系、环保绩效等。

IASB 在对"现时义务"的定义进行讨论时,提出了三种观点。我们比较支持第三种观点,即"现时义务必须来源于过去事项,但对主体的未来行为可能是条件性的。"因为现时义务虽然是过去事项形成的,但在履行该义务时,转移未来资源的条件有可能会发生变化。例如,在遇到"债务豁免"的情况下,该转移资源的义务就可能被完全避免;而在"债务重组"或在债务金融工具的公允价值发生变动时,转移未来资源的义务虽然不能完全避免,但其金额可能会发生变化。

3. 关于确认和终止确认

IASB 关于确认的提议中删除了现行概念框架中"未来经济利益很可能流入"及"含有经济利益的资源很可能流出"的表述,而提出主体应确认所有资产和负债,除非确认这项资产(或负债)不能在合理成本内提供相关信息(或不能提供足够的相关信息)或者任何计量方法都不能如实反映资产(或负债)以及资产(或负债)的变化。

---

① 参见汪祥耀,邵毅平:《美国会计准则研究——从经济大萧条到全球金融危机》,立信会计出版社,2010 年版。

② 参见葛家澍:"如何评价美国 FASB 的财务会计概念框架?",《会计研究》,2005 年第 4 期。

现行概念框架并未涉及"终止确认"问题,IASB首次引入相关指引,可谓意义重大。

4. 关于权益和负债的区分

讨论稿提议概念框架应该说明 IASB 应根据负债的定义来区分负债和权益工具,这对金融负债的会计处理起到一定的规范作用。IASB 还颇具革命性地建议在每一报告期末重新计量不同类别的权益要求权,以反映稀释效应。欧洲财务报告咨询组(EFRAG)在草拟的评论函中表示,讨论稿阐述权益和负债的区分是值得肯定的,但是 EFRAG 并非支持其中的所有观点。IASB 可能还需做出进一步的努力,在充分考虑反馈意见的基础上加以修订,以提升概念框架的质量。

5. 关于计量

IASB 在讨论稿中提出了以下几种计量属性:(1)以成本为基础的计量;(2)现行市价,包括公允价值;(3)其他以现金流为基础的计量。

根据 2009 年 1 月的资料,IASB 和 FASB 对概念框架中应包含的计量方法进行了讨论,初步决定采用以下分类:(1)实际的或预计的现行价格(Actual or Estimated Current Prices);(2)调整应计利息、折旧、摊销、减值和类似项目后实际的过去入账价格(Actual Past Entry Prices Adjusted for Interest Accruals, Depreciation, Amortization, Impairments and Similar Things);(3)基于折现的或非折现未来现金流量的其他计算结果(Other Prescribed Computations Based on Discounted or Undiscounted Estimates of Future Cash Flows)。

通过对比,我们不难发现 IASB 基本沿用了 2009 年 1 月的讨论结果,只不过表达有所差别,如"过去入账价格"即"以成本为基础的计量",亦可理解"历史成本"。我们还发现,IASB 没有讨论"现行成本"、"可变现净值"这两种当前流行的计量基础,并且把"公允价值"包括在"现行市价"内。20 世纪 30 年代的经济大萧条以及 21 世纪的金融危机都让我们深刻地认识到选择计量属性的重要性。在一个主体的财务报告中,是真实还是虚假地反映企业的财务状况与经营业绩,关键在于财务报告中的量化的数字。这就涉及所采用的计量基础是否恰当。① 因此,IASB 在讨论稿中建议选择计量属性时,应当考虑(1)资产如何贡献未来现金流或者主体如何结算或履行负债;(2)计量属性能在资产负债表、损益表及其他综合收益表中提供何种信息。欧洲财务报告咨询组(EFRAG)在草拟的评论函中对此表示赞同。但是,对于"公允价值"是否应该包含在"现行市价"中,我们表示质疑。我们认为,公允价值更多的是一种抽象及广义的概念,它可能包含了现行市价所代表的价值;在缺乏现行市价时,它则由估价模型(包括未来现金流折现模型等)计算的数额来代表。将公允价值反过来包括在现行市价之内,不一定合适。

① 参见葛家澍:"试评 IASB/FASB 联合概念框架的某些改进——截至 2008 年 10 月 16 日的进展",《会计研究》,2009 年第 4 期。

6. 关于列报和披露

IASC"编报财务报表的框架"和 FASB"财务会计概念公告"均未涉及"报告"环节独立的概念框架,这一点一直受到非议。IASB 在讨论稿中新增"列报"和"披露",使它们在概念框架中占有一席之地。讨论稿中"披露"比"列报"具有更广泛的含义,前者包括后者。也就是说,IASB 新定义的"披露"是广义的披露,包括基本财务报表"列报"的信息,而狭义的披露通常用于财务报表附注的信息。这也推翻了现行概念框架中"列报"包括"披露"的思想。"列报"和"披露"的研究成果作为一个新的里程碑,不仅完善了整个概念框架的体系,而且对会计准则的发展也有促进作用。

7. 关于其他综合收益

随着财务报表列报新模式的出现,损益表扩大到了综合收益表。"综合收益表"包含了比"损益表"更多的信息,它既包含在传统损益表中确认的收益和费用,也包含在 OCI 中确认的与资产和负债重新计量相关的项目。IASB 还就概念框架是否应该要求列报损益总额或小计,以及是否应该要求或允许转回的存在达成了初步观点。这对于财务报表列报的发展具有划时代的意义。

8. 关于其他问题

讨论稿建议经修订的关于"通用财务报告的目标"和"有用财务信息的质量特征"的章节大致保持不变(也就是说,基本同意 IASB 与 FASB"联合概念框架"第一阶段"目标与质量特征"的成果)。但若概念框架其余部分强调这些章节中某些领域需要理清或需要进一步修改时,IASB 可能会对这些章节做出调整。然而,EFRAG 却不同意这一做法,认为其中关于受托责任、可靠性和审慎性的问题应该再次进行广泛讨论。会计界对于"受托责任观"和"决策有用观"的争论由来已久。葛家澍教授认为将目标定位于"决策有用观"主要取决于投资环境和高度发达的资本市场。但在确定目标时,应该顾全商品经济发展程度差异很大、筹资渠道并非主要来自资本市场的发展中国家的现状。葛家澍教授建议,财务报告的目标首先应突出"受托责任观",第二才是"决策有用观",或者至少两者并重,不分主次。① 我们同意 IASB 与 FASB"联合概念框架"第一阶段"目标与质量特征"的观点,认为"决策有用观"已包含了"受托责任观",因为"决策有用观"要求提供一切对决策有用的信息,其中当然也包括受托责任履行情况的信息。

关于财务信息的质量特征,IASC"编报财务报表的框架"中的主要质量特征包括可理解性、相关性、可靠性和可比性;次级质量特征包括重要性、如实反映、中立性、审慎性等。讨论稿"有用财务信息的质量特征"相关章节暂时决定基本质量特征为"相关性"和"如实反映","如实反映"由次级质量特征升级为基本质量特征,并取代了"可靠性";其次,"可理

---

① 参见葛家澍:"试评 IASB/FASB 联合概念框架的某些改进——截至 2008 年 10 月 16 日的进展",《会计研究》,2009 年第 4 期。

解性"、"可比性"变身为"强化质量特征";IASB还将"审慎性"从质量特征中剔除,因为"审慎性"不属于反映信息质量的特征。以上观点也基本传承了IASB与FASB"联合概念框架"第一阶段"目标与质量特征"的成果。

"基本假设"曾在IASC"编报财务报表的框架"中单独成章,专门讨论"权责发生制"和"持续经营"这两项基本假设。IASB讨论稿删除了"基本假设"这一章,"权责发生制"更是在讨论稿9个章节中销声匿迹。"持续经营"则在第9部分"其他问题"中有所提及。我们认为,IASB实际上是借鉴了FASB的做法,删除"基本假设"并非不承认这些假设,而是因为在市场经济中,基本假设已是不言自明、人人皆知的前提。讨论稿还提到了"业务模式"概念,EFRAG对IASB的初步观点表示赞同。

五、对我国建设概念框架的启示

我国对概念框架的研究起步较晚,目前还没有真正意义上的概念框架。2006年2月,我国财政部颁布的《企业会计准则——基本准则》(以下简称"《基本准则》"),基本上具备了CF的雏形,发挥了CF的类似功能。《基本准则》充分借鉴了IASB和FASB各自的CF,内容涉及财务会计报告的目标、会计假设、会计信息质量要求、会计要素及其确认、会计计量以及财务会计报告,初步实现了国际趋同。但从进一步提高我国概念框架的质量和国际认可度看,《基本准则》仍存在以下不足:(1)我国《基本准则》属于法规,是指导具体准则的准则,基本准则和具体准则共同构成会计准则体系,其使用对象主要为会计准则的执行者和使用者。而其他国家和地区,以及IASB制定的CF均属于理论,主要是为准则制定机构制定和修订会计准则提供理论基础。因此,我国《基本准则》的本质定位存在问题。(2)我国《基本准则》的理论深度、逻辑严密性都不及IASB概念框架和FASB概念公告,以致对会计准则的指导作用发挥不够。(3)CF的研究,是一个继承与发展的过程。近几年来,IASB和FASB对概念框架项目倾注了大量的热情,提出了许多新的看法。这对我国尚未持续趋同的《基本准则》形成了新的挑战。①

我国于2010年发布了《中国企业会计准则与国际财务报告准则持续趋同路线图》,旨在实现我国企业会计准则与国际财务报告准则的持续趋同,而概念框架国际趋同是会计准则国际趋同的前提和必要条件。因此,我国更应当重视符合国际惯例的财务报告概念框架的建设。时至今日,IASB初步决定经修订的关于"通用财务报告的目标"和"有用财务信息的质量特征"的章节大致保持不变,"报告主体"概念也初具雏形。在此大背景下,我国也应紧跟时代步伐,重新审视财务报告目标的定位,重新梳理财务信息质量特征的层次结构,考虑是否将"报告主体"纳入《基本准则》或新建的概念框架中。随着"财务报告概

---

① 参见汪祥耀,叶正虹:"FASB第8号概念公告述评——兼议SFAC 8对我国基本会计准则完善的思考",《财会通讯》,2011年第2期。

念框架的复核"讨论稿的发布,"资产"和"负债"定义、"确认和终止确认"、"权益和负债的区分"、"计量属性"、"列报和披露"以及"其他综合收益"相关内容再次被推到大讨论的风口浪尖。我国应该积极参与概念框架的制定工作,充分反映讨论稿中重点关注的问题,及时提供合理建议,积极表达包括中国在内的广大发展中国家的利益诉求。总之,我国的财务报告概念框架建设大业仍任重而道远。

主要参考文献

葛家澍、陈朝琳:"财务报告概念框架的新篇章——评美国 FASB 第 8 号概念公告(2010 年 9 月)",《会计研究》,2011 年第 3 期。

葛家澍:"试评 IASB/FASB 联合概念框架的某些改进——截至 2008 年 10 月 16 日的进展",《会计研究》,2009 年第 4 期。

葛家澍、张金若:"FASB 与 IASB 联合趋同框架(初步意见)的评介",《会计研究》,2007 年第 2 期。

葛家澍、叶丰滢、陈秋秋、徐跃:"如何评价美国 FASB 的财务会计概念框架?",《会计研究》,2005 年第 4 期。

葛家澍:"实质重于形式,欲速则不达——分两步走制定中国的财务会计概念框架",《会计研究》,2005 年第 6 期。

葛家澍:"财务会计概念框架研究的比较与综评",《会计研究》,2004 年第 6 期。

汪祥耀,叶正虹:"FASB 第 8 号概念公告述评——兼议 SFAC 8 对我国基本会计准则完善的思考",《财会通讯》,2011 年第 2 期。

汪祥耀、邵毅平:《美国会计准则研究——从经济大萧条到全球金融危机》,立信会计出版社,2010 年版。

汪祥耀等著:《与国际财务报告准则趋同——路径选择与政策建议》,立信会计出版社,2006 年版。

汪祥耀等著:《国际会计准则与财务报告准则——研究与比较》,立信会计出版社,2004 年版。

Halsey G. Bullen and Kimberley Crook,"Revisiting the Concepts",May 2005.

IASB,Discussion Paper,"A Review of the Conceptual Framework for Financial Reporting",July 2013.

14. IASB 与 FASB 联合概念框架第一阶段成果"目标和质量特征"评述及思考

一、引言

2010 年 9 月 28 日,国际会计准则理事会(IASB)和美国财务会计准则委员会(FASB)正式发布了双方自 2005 年以来合作开展的概念框架联合项目(以下简称"联合概念框架")第一阶段的成果"目标和质量特征",FASB 同时将其列为财务会计概念公告第 8 号(SFAC 8)"财务报告概念框架"的第一章和第三章,并取代了分别于 1978 年和 1980 年发布的财务会计概念公告第 1 号(SFAC 1)"经营企业财务报告的目标"和第 2 号(SFAC 2)"会计信息的质量特征"。SFAC 8 是继 2000 年 FASB 发布财务会计概念公告第 7 号(SFAC 7)"在会计计量中使用现金流量信息和现值"十年之后发布的一项新的概念公告,它是会计准则国际趋同的产物,对建立全球统一的高质量会计准则具有十分重要的意义。

概念框架(CF)是制定和评价会计准则的理论基础。从上世纪 70 年代开始,世界上多个国家(美国、英国、加拿大、澳大利亚等)以及 IASB 的前身国际会计准则委员会(IASC)均已陆续发布了指导会计准则制定的财务会计(或财务报告)概念框架。然而,各准则制定机构的概念框架在名称、形式和内容上各有差异,以致影响了会计准则国际趋同的进展。例如,美国 FASB 的概念框架由陆续发布的一系列财务会计概念公告(SFACs)组成,但内容分散、时间跨度长;英国会计准则委员会(ASB)将其概念框架命名为"财务报告原则公告",它是 ASB 于 1999 年在对以前陆续发布的"原则公告"各个章节进行重新修订和汇编后,采用"订本式"一起发布的;IASC 的概念框架(现在也称 IASB 概念框架)从一开始发布时就采用了"订本式",1989 年发布时取名为"编制和列报财务报表的框架"(简称为"编报财务报表的框架")。

概念框架的国际趋同是实现会计准则国际趋同的必要前提。自 2002 年 10 月 IASB 与 FASB 正式签署"诺沃克协议"并致力于会计准则国际趋同以来,双方已意识到消除各自概念框架差异的重要性,并将建立"联合概念框架"项目列入其趋同计划中。建立"联合概念框架"的目标,是为制定以原则为导向、内在一致和国际趋同的未来会计准则建立稳固的基础。根据 IASB 与 FASB 的工作计划,"联合概念框架"拟划分若干阶段进行,中间曾经过修订,最终确定分为以下八个阶段:第一阶段"目标和质量特征";第二阶段"要素和确认";第三阶段"计量";第四阶段"报告主体";第五阶段"列报和披露";第六阶段"目的和地位";第七阶段"对非盈利主体的应用";第八阶段"剩余问题"。实际的进展情况是:第一阶段"目标和质量特征"已于 2010 年 9 月正式发布;第四阶段"报告主体"原计划在 2011 年第一季度发布终稿,后因 IASB 与 FASB 急于解决"备忘录项目"的协调而将其推迟,至今仍未发布终稿;第三阶段"计量"将在 2011 年分别发布讨论稿(DP)和征求意见稿(ED);第二阶段"要素和确认"尚未确定发布时间;其余第五至第八阶段尚未开展工作。IASB 与 FASB 商定,每一阶段工作完成后,其相关内容将取代 IASB 框架的相应段落,同时也将取代美国现有的一系列财务会计概念公告。"联合概念框架"第一阶段工作解决的是财务报告中的"目标和质量特征"问题,因此,IASB 修订了其概念框架的相应内容,FASB 则将该工作成果作为 SFAC 8 的内容予以公布,其中将"目标部分"作为 SFAC 8 的第一章"通用目的财务报告的目标",将"质量特征部分"作为第三章"有用财务信息的质量特征",而将以后会发布的"报告主体"留给了第二章。可以预见,当"联合概念框架"项目完成后,美国将以 SFAC 8 充当其概念框架,并分设章节,采用"订本式"来形成一份单一的文件。

以下我们将在对"联合概念框架"第一阶段成果即 FASB 第 8 号概念公告的主要内容及要点作出评述和比较的基础上,对完善我国基本会计准则提出若干思考。

二、"联合概念框架"第一阶段成果的学术贡献

(一) 明确了概念框架的名称、定义和定位

概念框架到底是"财务会计"还是"财务报表"或"财务报告"的概念框架,之前的各类框架文件是不明确的。各准则制定机构使用了不同的名称,例如,FASB 以前使用的是"财务会计概念框架",IASC 使用的是"编报财务报表的框架",ASB 使用的是"财务报告原则公告"。美国著名会计学家亨德里克森曾经指出:"财务会计概念框架应该是财务报告的概念框架,而不是财务会计的概念框架",①这一观点在"联合概念框架"项目中获得支持,目前 IASB 与 FASB 均赞成将概念框架统一命名为"财务报告概念框架"。

SFAC 8 明确了概念框架的定义,并阐述了概念框架与概念公告之间的关系。"概念框架是由相互联系的目标和基本概念构成的内在一致的体系。它规定了财务会计和报告的性质、作用和局限性,并将引导一致的指引。概念框架通过确定财务会计和报告的结构和方向,促进无偏见的财务及有关信息的提供,以达到为公众利益服务的预期。以上信息将在经济与社会稀缺资源分配的过程中帮助资本市场和其他市场有效地运作"。这一定义与 SFAC 2 中给出的概念框架的定义基本相同,但用"内在一致的体系"取代了原先的"内在一致的理论体系"的说法。SFAC 8 正式明确,概念公告由一系列概念公告所组成,

---

① 参见 Eldon. S. Hendriksen and Michael F. Van Breda, Accounting Theory(Fifth Edition)(Boston:Richard D Irwin,Inc. ,1992),pp125.

概念公告旨在确定作为财务会计和报告指引的制定基础的目标和基本概念。同时,与SFAC 1指出的"与财务会计准则公告不同,财务会计概念公告并不制定公认会计原则"一样的是,SFAC 8在前言部分也指出,概念公告不构成《FASB会计准则汇编》的一部分,FASB在2009年6月已将后者确定为适用于非政府主体的公认会计原则(GAAP)的权威性来源。

(二)确立了以"决策有用性"为主导的财务报告目标观

财务报告目标在概念框架中具有举足轻重的地位,因为它形成了概念框架的基础,决定了其他方面的基本概念,包括报告主体、有用财务信息的质量特征与限制条件、财务报表的要素,以及会计确认、计量、列报和披露等,因此在建立"联合概念框架"时,IASB与FASB首先从确定财务报告的目标入手。2006年7月,双方发布了这一议题的讨论稿,收到了179份反馈意见书;2008年5月,双方又联合发布了这一议题的征求意见稿并收到了142份回应。在经过反复讨论后,"联合概念框架"确立了以"决策有用性"为主导的财务报告目标观。

1. 强调为"通用目的财务报告"而不是为"财务报表"建立目标

"联合概念框架"第一阶段成果认为,与IASB和FASB所负责任一致的是,概念框架应该为"财务报告"而不仅只是为"财务报表"建立目标。虽然财务报表构成了财务报告的核心内容,但财务报告比财务报表承担了更多的信息披露责任。"联合概念框架"指出,这里所指的"财务报告"如无特别说明,是指"通用目的财务报告"(General Purpose Financial Reports and Financial Reporting)。

相比之下,之前发布的各种概念框架文件均未强调这一问题。FASB在SFAC 1中讨论的是"经营企业财务报告的目标",而其他准则制定机构所讨论的目标则大多是针对"财务报表"的。IASB概念框架和FASB概念公告主要描述了基于权责发生制编制的资产负债表和损益表、基于收付实现制编制的现金流量表,以及对额外补充信息的披露需求。SFAC 1所作的规范虽然超出了财务报表的范围,对经营性企业(Business Enterprises)的财务报告进行了定义,并认为对外信息还应包括管理层的解释,但FASB的其他几项概念公告却更注重对财务报表的指导。而IASC的"编报财务报表的框架",由标题即可知其涉及的仅是对财务报表编报的指导。随着经济发展和技术的广泛应用,财务报表表外信息对投资者作出经济决策产生重大影响。为满足不同信息使用者对企业财务状况和财务业绩的信息需求,同时提高财务报告的可行性,增强市场有用、有效信息的数量和质量,IASB和FASB一致认为,概念框架的目标范围应有所扩大。因此,"联合概念框架"将目标的名称定为"通用目的财务报告的目标",从而消除了双方原先概念框架在"财务报告"和"财务报表"上的差异。

2. 确定了以"决策有用性"为主导的目标观并避免使用"受托责任"术语

关于财务报告或财务报表的目标,长期以来一直存在"决策有用性"(Usefulness

Decision)和"受托责任观"(Accountability)两种观点的争论,不同的准则制定机构对此也作出了不同的取舍。FASB 在 SFAC 1"经营企业财务报告的目标"中提出,编制财务报告的一般目标是,提供对企业制定经济决策有用的信息,并将该目标具体化为三个方面:(1)提供对投资和信贷决策有用的信息;(2)提供对评价现金流量前景有用的信息;(3)提供关于企业资源、对资源的要求权及其变动情况的信息。其中,在论述第三个具体目标中,SFAC 1 才涉及"受托责任":"编制财务报告,应提供信息,表明企业管理当局是怎样利用其受托使用的企业资源,向业主(股东)履行其受托责任的"。显然,FASB 早在 SFAC 1 中已经采用了"单一目标观"即"决策有用观",而仅仅只是将"受托责任"作为"决策有用性"的具体目标。IASC 在"编报财务报表的框架"中指出:"财务报表的目标是为广大使用者提供制定经济决策有用的关于企业财务状况、经营业绩和财务状况变动方面的信息"。同时,"财务报表还应反映管理当局对托付给它的受托责任或经管责任的实施结果"。可见,IASC 在论述财务报表的目标时,将"决策有用性"作为主要目标,而将"受托责任"作为次要目标(即采用了"双目标观")。① 英国 ASB 在"财务报告原则公告"中,将"决策有用性"和"受托责任"同时列为财务报表的目标,并认为这两个目标不是相互排斥而是相辅相成的。②

　　在关于"联合概念框架"关于"目标和质量特征"的讨论稿(DP)中,IASB 与 FASB 起先仅将财务报告的目标设定为"为资源配置决策提供有用的信息",忽视了"受托责任观",因此曾受到不少回应者(尤其是来自一些欧盟组织)的批评。大多数回应者虽然承认"为决策提供有用的信息"是恰当的目标,但他们同时指出,除资源配置决策外,投资者、贷款人和其他债权人通常还要作出其他方面的决策,也需要获得财务报告信息的帮助。例如,股东除了需要作出是否买卖和保留股票的决策外,还需要作出是否保留或替换董事、是否为管理人员增加薪酬等方面的决策,因此提供有助于评价管理层履行"受托责任"情况的信息也是必要的。准则委员会接受了以上批评并认为,在大多数情况下为资源配置决策提供的信息对评价管理当局的业绩也是有用的。在接下去的 2008 年 5 月发布的征求意见稿(ED)中,准则委员会曾将"财务报告目标"和"决策有用性"分设两小节,还分别讨论了有助于评价未来现金流量前景和管理当局受托责任的财务信息的有用性。前一信息对于资源提供者作出提供资源的决策是重要的,而后一信息对于资源提供者作出管理当局履行受托责任的评价并作出有关的决策也是重要的。由于"财务报告目标"与"决策有用性"实际上是同一性质的话题,并且准则委员会认为"决策有用性"已包含了包括评价"受托责任"在内的各有关决策,于是在"联合概念框架"第一阶段的最终成果中,IASB 与

---

① 我国新会计准则中的基本准则借鉴了 IASC 的概念框架,也采用了"双目标观",但在表述顺序上,则将"受托责任"放在了"决策有用性"前面。

② 参见汪祥耀等著:《英国会计准则研究与比较》,立信会计出版社,2002 年版。

FASB又将"财务报告目标"与"决策有用性"合并,在SFAC 8第2段(OB 2)中对财务报告目标作出以下陈述:"通用目的财务报告的目标是,为现有和潜在投资者、贷款人和其他债权人提供关于报告主体的财务信息,以帮助他们作出向该主体提供资源的决策"。同时,在第4段(OB 4)中指出:"为评价主体未来现金净流入的前景,现有和潜在投资者、贷款人和其他债权人需要关于主体的资源、对主体的要求权以及该主体管理当局及治理委员会(Governing Board)是否有效履行了使用主体资源的责任等方面的信息"。以上目标实际上已经承认使用者在作出资源配置决策的同时,也作出了评价管理当局是否能够有效使用提供给他们的资源的决策。但是,IASB与FASB决定,在"联合概念框架"中,不再使用"受托责任"(Accountability)这一术语,它们认为,这一术语容易产生歧义,翻译成其他语言比较困难,反而愿意容纳这一术语所包含的实际内容。

3. 确立了财务报告的主要使用者

财务报表的编制是为现有的普通股东还是为更为广泛的使用者服务的,这一问题在IASB和FASB开发联合概念框架初期就被认为是有待解决的交叉性问题,是不同准则项目中反复出现、复杂棘手的概念性问题。① IASB和FASB认为,对通用目的的财务报告的主要使用者(Primary Users)明确定义,将使"联合概念框架"避免过分抽象和模糊。

尽管在IASB概念框架和FASB的概念公告中,双方都将"决策有用性"作为框架问题的主要目标,但IASB概念框架强调了一个更为广泛的信息需求的使用者范围,包括投资者、雇员、贷款者、供应商、顾客、政府以及公众,而SFAC 1则更强调于信息对于投资和信贷决策者的有用性。

随着SFAC 8对"决策有用性"财务报告目标的确定,"现有和潜在投资者、贷款人和其他债权人"在第1章中被描述为财务报告的主要使用者。SFAC 8认为,管制者和公众并不是通用目的的财务报告的主要使用者。相比而言,"联合概念框架"所明确的主要使用者的定义虽早已包含在IASB的概念框架之中,但后者更为强调财务信息应满足风险资本提供者的需要,即认为应当优先考虑投资者对财务信息的需求。而SFAC1则认为,由于投资者主要是由股权持有人和债务证券持有人构成,债权人主要由商品和劳务供应商、顾客、贷款机构、个人贷款等构成,因此,贷款人和其他债权人同样也是财务报告的主要信息需求者。

由此可见,IASB概念框架对财务信息使用者的范围设定较为广泛,但对主要使用者范围的设定仅局限于投资者,FASB概念公告则将财务报告信息使用者限定在投资者、贷款人和其他债权人几类。SFAC 8认为,基于现有和潜在投资者、贷款人和其他债权人对财务报告苛求且迫切的信息需求(Critical and Immediate Need),以及IASB和FASB本身负有对资本市场参与者提供信息的责任,同时满足于指定的主要使用者(Specified

---

① 参见 Halsey G. Bullen,Kimberley Crook,Revisiting the Concepts,May 2005.

Primary Users)的信息需求,通用目的财务报告应主要面向现有和潜在的投资者、贷款人和其他债权人。SFAC 8 还指出,原 IASB 概念框架中指出的如雇员、贷款人、供应商和其他商业债权人这些使用者事实上已包括于所定义的主要使用者之中,而其他潜在的使用者,如顾客、政府及其机构、公众,不属于通用目的的财务报告主要使用者之列,并同时表示,由于企业管理层具有获取所有信息的能力,因此管理层的额外信息需求也不属于概念框架的适用范围。

4. 决定了"决策有用"财务信息的具体内容

财务信息对于财务报告使用者的决策有用性在于,有助于使用者对报告主体的预计现金流量进行估计。这不仅有助于评判报告主体向其员工、供应商进行支付、偿付贷款以及向股东发放现金股利的能力,还有助于使用者依据这些能力作出持有或出售股份的经济决策。因此,IASB 和 FASB 认为,估计预计现金流量和财务信息决策有用性的实现取决于报告主体对其经济资源和要求权及其相关变动情况信息的披露。

长期以来,许多人均认为,报告由综合收益(Comprehensive Income)及其组成要素为代表的财务业绩是最为重要的信息。在 SFAC 1 中 FASB 也认为,综合收益及其组成要素所计量的企业业绩是财务报告的主要关注点,需要评判企业净现金流量的投资者、贷款人以及其他使用者都会对此信息特别关注。而 IASB 概念框架则认为,报告主体财务状况和财务业绩所反映的信息一样重要。因此,IASB 和 FASB 在制定"联合概念框架"时一致认为,将单一的任何一种信息作为财务报告关注点都是不恰当的。为有助于决策的有效制定,财务报告应该提供那些能够反映报告主体的经济资源和要求权以及报告主体经济资源和要求权在一段时间内变化情况的信息。如果报告主体不能确定和计量其经济资源和要求权,那么一定也不能提供合理完整的有关财务业绩的信息(比如综合收益、利得和损失等)。因此,SFAC 8 在终稿中采用了"报告主体的经济资源和报告主体的要求权"(Economic Resources of the Reporting Entity and the Claims Against the Reporting Entity)这一术语,明确了财务报告列报和披露信息的具体内容。

5. 解释了"通用目的"的意义及对不同类型报告主体的考虑

"联合概念框架"所描述的目标是为"通用目的的财务报告"设定的,因此 SFAC 8 专门解释了"通用目的"的意义。第 6 段(OB 6)指出,通用目的的财务报告不打算也不能提供现有和潜在投资者、贷款人和其他债权人所需要的所有信息。他们可以考虑从其他来源获取他们所需要的专用信息。第 7 段(OB 7)则进一步指出,通用目的的财务报告没有意图反映报告主体的价值,但可以提供帮助现有和潜在投资者、贷款人以及其他债权人对报告主体价值作出估计的信息。

IASB 和 FASB 在 2005 年携手开展"联合概念框架"项目之初已达成一致性的意见,即要求尽量满足最大数量的主要使用者的共同信息需求,但也不限制报告主体向特定的主要使用者提供额外的信息。同时,IASB 和 FASB 决定,没有必要为任何特殊的主体改变财务报告的目标和质量特征。双方在联合工作中考虑了几种不同类型主体对财务报告目标需求的可能不同,分别是小型主体与大型主体、具有挂牌(或有公开交易)的债务或权益金融工具的主体与不拥有此类金融工具的主体、股权集中的主体和股权分散的主体。结果发现,财务报告的外部使用者不管是投资了什么类型的主体,都对财务报告所提供的信息具有类似的需求。因此,"联合概念框架"认为,对所有类型的主体,其通用目的财务报告的目标都是一致的,没有必要为不同类型的主体设立不同的财务报告目标,只需基于成本限制和活动规模的考虑对不同类型的主体作出不同的报告要求。

(三)建立了有用财务信息质量特征的新层次结构图

IASB 与 FASB 对有用财务信息质量特征的研究是"联合概念框架"建设项目中的一项重要工作,它建立在对双方概念框架以及其他准则制定机构类似文件相关内容的比较及评价基础上。2006 年 7 月,IASB 与 FASB 联合发布了该主题的讨论稿(DP),收到了 179 份回应函。2008 年 5 月,双方联合发布了该主题的征求意见稿(ED),再次收到了 142 份回应函。在充分考虑各种不同意见的基础上,"联合概念框架"最终确定了有用财务信息质量特征的新层次结构图。

1. 将质量特征分为"基本质量特征"与"强化质量特征"两个基本类别

基于质量特征被视为有关确认和计量方法选择的指引,SFAC 8 在第 3 章中对质量特征采取了不同于 SFAC 2(如图表 3-14-1 所示)和 IASB 概念框架(如图表 3-14-2 所示)的划分,将质量特征依据其关键性及需要程度区分为"基本质量特征"(Fundamental Qualitative Characteristics)和"强化质量特征"(Enhancing Qualitative Characteristics)两类(如图表 3-14-3),前一类质量特征是十分关键的,后一类质量特征没有前一类关键,但也是十分必要的。

(图表 3-14-1)

美国 SFAC2 中的会计信息质量特征层次结构图

会计信息的用户	决策者及其特点(例如:理解力或前导知识)	
普遍性约束条件	效益>成本	
针对用户的质量	可理解性	决策有用性
针对决策的首要质量	相关性	可靠性
首要质量的构成成分	预测价值	可验证性
	反馈价值	中立性
	及时性	如实反映
次要和交互作用的质量	可比性(包括一致性)	
质量的起端	重要性	

　　IASB 概念框架和 FASB 的 SFAC 2 均对向使用者提供有助于决策制定的财务（或会计）信息质量进行了定义，双方都包括的质量特征有："可理解性"、"相关性"、"可靠性"和"可比性"。其中，SFAC 2 对财务信息的质量特征划分了清晰的层次结构。FASB 认为，在所有的质量特征中，"决策有用性"是最重要的，属于质量特征的最高层次，因为如果不存在有用性，将不能从信息上得到利益来补偿它的费用；但是，如果要使信息对使用者有用，就必须让使用者能够理解，因此，"可理解性"应作为"决策有用性"的一个前提条件加以考虑；而会计信息要对决策有用，又必须具备两种主要的特征，即"相关性"和"可靠性"，也就是说，它们形成了"决策有用性"的两个主要特征；在"相关性"和"可靠性"下面，还有进一步的次级特征，其中"相关性"由"预测价值"、"反馈价值"和"及时性"等次级特征所组成，"可靠性"则又由"可验证性"、"中立性"和"如实反映"等次级特征所组成；此外，包括"一致性"在内的"可比性"，也是"决策有用性"的一个次级质量，它与"相关性"和"可靠性"交互作用，一起产生信息的有用性。至于在信息的提供上，还有两个可以计量的制约因素：一个是"效益大于成本"，另一个是"重要性"，因此它们也被纳入质量特征的层次结构中。另外，值得一提的是，在 FASB 的质量特征层次结构图中，虽然没有明确列出"审慎性"这一特征，但是，SFAC 2 的第五部分对"可靠性"的讨论中，却涉及了"稳健主义"和"审慎性"等问题。

　　（图表 3 - 14 - 2）

IASB 概念框架中的财务报表质量特征层次结构图

使用者及其信息需求			
财务报表的目标			
基本假设	基本假设		
	权责发生制，持续经营		
财务报表的质量特征			
相关性与可靠性的约束条件	及时性、效益与成本的平衡、重要性		
首要信息的质量	相关性	可靠性	可比性	可理解性
首要质量的构成成分	预测价值 证实价值 重要性	如实反映 实质重于形式 中立性 审慎性 完整性	一致的方法 披露	

（图表 3 - 14 - 3）

联合概念框架中的有用财务信息质量特征层次结构图

基本约束	成本效益原则、重要性			
基本质量特征	相关性		如实反映	
基本质量特征的构成成分	预测价值		完整性	
	证实价值		中立性	
	重要性		避免重大错误	
强化质量特征	及时性	可比性	可验证性	可理解性

　　而 IASB 概念框架对"可理解性"、"相关性"、"可靠性"和"可比性"这四个质量特征一视同仁，认为它们都是财务信息的主要质量特征。此外，还讨论了财务信息的其他质量特征，包括"预测价值"、"证实价值"、"重要性"、"如实反映"、"实质重于形式"、"中立性"、"审慎性"、"完整性"等，并将"及时性"作为相关和可靠信息的制约因素加以考虑。IASB 概念框架虽然是借鉴 FASB 的概念公告加以制定的，但是它所描述的财务信息的质量特征比较简单，各种特征之间的层次结构不够清晰，对"可理解性"和"及时性"的摆放位置也与 FASB 的不同。

　　通过图表 3 - 14 - 1、图表 3 - 14 - 2 和图表 3 - 14 - 3 的比较，可以发现"联合概念框架"的质量特征体系更接近于美国的会计信息质量的层次结构。"基本质量特征"包括了"相关性"（Relevance）和"如实反映"（Faithful Representation），其中，"如实反映"取代了 IASB 概念框架和 SFAC 2 中的"可靠性"（Reliability）。"强化质量特征"包括了"可比性"（Comparability）、"可验证性"（Verifiability）和"可理解性"（Understandability）。IASB 和 FASB 还同时考虑到了"重要性（Materiality）"在决定哪些信息编入财务报告时所起的作用。尽管 SFAC 2 和 IASB 概念框架对"重要性"的讨论和定义是类似的。但 SFAC 2 将"重要性"作为财务报告的一个限制条件，与质量特征一起考虑，尤其是与"相关性"和"如实反映"并行。而 IASB 概念框架则将"重要性"作为"相关性"的一部分，并没有将之与其他质量特征联系起来。SFAC 8 虽然明确指出"重要性"应该作为财务报告编制时的约束条件予以考虑，但它只是将"重要性"作为报告主体需要考虑的相关性方面（Entity-specific Aspect of Relevance）而将其列在"相关性"下面。同时，IASB 和 FASB 还强调到，在考虑潜在的新的财务报告需求收益时，成本对于准则制定者、财务信息的提供者和使用者来说，是一个"无处不在"（Pervasive）的制约。虽然成本限制不是信息的质量特征，却是信息提供过程的特征。"联合概念框架"认为，应发展更多获取信息的结构性方法（Structured Methods），从而使得有用信息的提供可以直接引导成本的降低而不减少相关的收益。

　　由此可见,联合项目第一阶段工作将质量特征从大类上进行了划分,凸显了财务信息必须具备的两个基本质量特征,即"相关性"和"如实反映",并指出即使没有"强化质量特征"也不会影响具有"基本质量特征"的信息依旧对经济决策有用,但不具有"基本质量特征"的信息对决策就不起作用。这种划分进一步加强了财务信息具有基本质量特征的重要性。

　　2. 明确阐释了"相关性"与"如实反映"的含义及其关系

　　SFAC 8认为,有用财务信息的本质是具有"相关性"和"如实反映"这两个基本财务信息质量特征,并认为,具有基本信息质量特征的信息如果是可比和可验证的,并具有及时性及可理解性,那么此信息的有用性将得到加强,而且应该得到最大限度的加强。

　　SFAC 8、SFAC 2和IASB概念框架对"相关性"的定义基本一致,认为只有当信息确实对使用者决策产生影响时,即可认为信息是相关的。而相关性就是用来描述这种财务信息具有改变决策的能力。在IASB概念框架中,"预测或证实价值"(Predictive or Confirmatory Value)"被视为相关性的一个部分;而在SFAC 2中,相关性的其中一部分定义为"预测价值"和"反馈价值(Feedback Value)"。IASB和FASB认为,"证实价值"和"反馈价值"具有相同的含义,因此统一采用"证实价值"来表述。如表3所示,在"联合概念框架"中,"相关性"包含了"预测价值"、"证实价值"和"重要性"。

　　联合项目第一阶段成果"质量特征"中一个最显著的特点,便是将原出现于SFAC 2和IASB概念框架中的"可靠性"用原属于"可靠性"次级特征的"如实反映"取代。IASB和FASB认为,没有一个框架能够清楚涵盖可靠性的含义,并认为会计准则对可靠性缺乏共同理解。因此,它们采用了"如实反映"(Faithful Representation)作为财务信息的基本质量特征,并认为这个词已包含了"可靠性"在早期框架中的各个主要特征。"如实反映"代表着"完整性"(Complete)、"中立性"(Neutral)和"避免重大错误"(Free from Error)。其中,"避免重大错误"首次被纳入概念框架之中。值得注意的是,SFAC8强调,"避免重大错误"并非意味着"完全准确"(Perfectly Accuracy),因为估计的价格或者价值不能被认定其准确与否,但是估价的过程所选择的方法和应用的方式应该是合理恰当的,能如实反映估价。

　　同时,SFAC 8考虑到原归属于"可靠性"的"实质重于形式"、"审慎性"、"可验证性"等质量特征由于不能体现"如实反映"这一意图,因此将这些质量特征剔除在"基本质量特征"之外。其中,将"可验证性"列为"强化质量特征"下的一个次级特征予以保留,"实质重于形式"和"审慎性"即使在"强化质量特征"中也不再保留,因为它们不属于反映信息质量的特征,并与"中立性"理念不符。

　　3. 排除了不属于财务信息质量特征的概念

　　在确定财务信息质量特征时,IASB与FASB还考虑了一些目前被经常使用但不被认为是质量特征的概念。例如,有人建议将"透明度"(Transparency)、"高质量"(High

Quality)、"内部一致性"(Internal Consistency)、"真实和公允的表达"(True and Fair View or Fair Presentation)和"可信性"(Credibility)等也作为财务信息的质量特征。但是,IASB 和 FASB 认为这些概念所包含的内容均已包含在"基本质量特征"和"强化质量特征"之中,只是表述方法不同而已,没有必要再将它们放在在质量特征之中。

IASB 和 FASB 还考虑了另外一些概念,如"简约性"(Simplicity)、"可操作性"(Operationality)、"实用性"(Practicability)和"可接受性"(Acceptability)等。但是,IASB 和 FASB 认为,这些概念也不属于质量特征,它们只是在作出准则制定决策时需要考虑的标准而已,换言之,它们只是为提供有用财务信息作出成本与效益权衡时提供了部分判别标准。此外,IASB 概念框架中原先涉及的另外一些会计假设方面的概念如"权责发生制"、"持续经营"等,也未出现在"联合概念框架"的体系中。

三、SFAC 8 对完善我国基本会计准则的思考

（一）建立或修订与国际趋同的我国概念框架已经势在必行

2006 年 2 月我国发布的修订后的《企业会计准则——基本准则》,部分充当了我国财务报告概念框架的作用。它借鉴了 IASB 概念框架和 FASB 概念公告中的有用成分,涉及了财务会计报告的目标、会计假设、会计信息的质量要求、会计要素及其确认、会计计量以及财务会计报告的内容,初步实现了国际趋同。但从全面与持续趋同的高要求看,我国基本会计准则至少还存在以下不足:(1)财务报告概念框架从其本质定位上讲,它主要是为准则制定机构制定或评价会计准则提供指导原则和理论基础的,在出现新情况并缺乏具体会计准则规范时它也可用来为财务报告编制者、使用者和审计师提供参考框架,而我国基本会计准则却是会计准则体系的一部分,其使用对象主要是会计准则的执行者和使用者,因此定位存在严重换位的情况;(2)我国 2000 年由国务院发布的《企业财务会计报告条例》也涉及概念框架(如会计要素的划分及定义)的部分内容,发挥了概念框架的类似功能,但《企业财务会计报告条例》与基本会计准则之间的关系一直未得到明确;(3)我国基本会计准则的理论深度、逻辑严密性以及对不同概念或选择方案取舍的结论基础等,与 IASB 概念框架和 FASB 概念公告还有相当差距,对会计准则的指导作用还发挥得不够理想;(4)"联合概念框架"项目得到了 IASB 与 FASB 的高度重视,进展顺利并取得了阶段性成果,提出了一些新的适合社会经济发展以及对付全球金融危机的原则和理念,这对我国尚未持续趋同的基本会计准则形成了新的挑战。我们曾多次强调,概念框架国际趋同是会计准则国际趋同的前提和必要条件(汪祥耀等,2006,2007,2009),2010 年 4 月我国财政部发布的《中国企业会计准则与国际财务报告准则持续趋同路线图》进一步表明了我国会计国际趋同的决心,因此我们认为,为了推动我国会计准则与国际财务报告准则的持续趋同,我们应当更加重视与国际趋同的我国财务报告概念框架的建设,重构我国财务报告概念框架或对基本会计准则作出持续和重大修正的时机已经成熟。

（二）重新审视我国财务报告目标的定位

我国 2006 年的基本会计准则第四条指出,财务会计报告的目标是向财务会计报告使用者提供与企业财务状况、经营成果和现金流量等有关的会计信息,反映企业管理层受托责任履行情况,有助于财务会计报告使用者作出经济决策。可见,我国将"决策有用性"和"受托责任观"同时列为财务报告的目标,但更注重于"受托责任",而将"决策有用"排在了次位。采取这种排位的主要考虑是,由于各国资本市场发展程度不一,形成了"受托责任观"和"决策有用观"并存的局面(葛家澍等,2007)。"决策有用观"似乎更适用于资本市场发达的国家,而"受托责任观"则更适用于市场经济和资本市场不够发达的国家。由于我国目前绝大多数经济主体还是未上市的国有企业或民营企业,需要更多地考核这些企业管理当局的受托责任,因此我国将"受托责任观"放在了较重要的位置,同时也形成了与其他准则制定机构概念框架的差异。考虑到我国目前的多元经济结构,我们也曾经设想过为不同类型的经济主体确定不同的财务报告目标。显然,"联合概念框架"第一阶段成果考虑到了这一问题并作出了否定的回答。IASB 与 FASB 认为,虽然不同类型的主体由于成本限制等其他原因可以对它们作出不同要求的财务报告,但它们的财务报告目标应该是一致的,这就是为使用者提供决策有用的财务信息。IASB 与 FASB 在经过反复讨论后,坚持认为"决策有用性"是财务报告的首要甚至是唯一目标,并且认为这一目标已经涵盖了"受托责任观"的要求。如果在理论上我们提不出发展中国家需要有不同财务报告目标考虑的足够理由,那么本着国际趋同的精神,我国在修订基本会计准则时就应该重新审视我国财务报告目标的定位问题。这一问题非常重要,因为只有明确了财务报告的目标定位,才能避免在财务信息质量特征的偏好(偏好相关性还是可靠性)、财务报表观的取舍(采用资产负债观还是收入费用观)、计量属性的选择(选择历史成本还是公允价值)等问题上作出摇摆不定的决定。

（三）重新梳理我国财务信息质量特征的层次结构

我国 2006 年的基本会计准则第二章对会计信息提出了 8 项质量要求(没有使用西方国家概念框架中的"质量特征"一词),人们将其总结为"真实性"、"相关性"、"明晰性"、"可比性"、"实质重于形式"、"重要性"、"谨慎性"和"及时性"。其中在"真实性"中提出以下要求:企业应当以实际发生的交易或者事项为依据进行会计确认、计量和报告,如实反映符合确认和计量要求的会计要素及其他相关信息,保证会计信息真实可靠、内容完整。可见,"真实性"已经同时包含了"如实反映"与"可靠性"的含义,并阐述了它们的因果关系:在行动上首先必须做到"如实反映",才能在结果上保证"真实可靠"。FASB 的 SFAC 2 原先将"如实反映"作为"可靠性"的次级特征处理,而在 SFAC8 中却取消了"可靠性"并将"如实反映"提升到主要特征。因此,即使"联合概念框架"第一阶段成果发布后,在财务信息主要信息特征的认定方面,我国的"真实性"和"相关性"对比"联合概念框架"中的"相关性"和"如实反映"并没有显示太大的差别。但我们认为,我国基本会计准则对财务信息

质量要求(或特征)的研究还需要从以下几个方面考虑是否需要加以改进:

(1)因为服从于"决策有用性"的目标,"联合概念框架"将"相关性"置于"如实反映"之前,认为只有与决策相关的信息才是有用的信息,那么我国是否也需要按照国际趋同的要求将"真实性"与"相关性"做换位思考呢? 虚假信息一时泛滥的现实是否能使"真实性"成为第一质量特征的理由呢?

(2)无论是 IASB 的概念框架还是 FASB 的概念公告,均将财务信息的质量特征作出分类并划分不同的层次,"联合概念框架"第一阶段成果也将财务信息质量特征区分为"基本质量特征"与"强化质量特征",还描述了它们的次级特征。以上划分的好处是,明确了不同质量特征的重要性,当这些特征之间出现矛盾时,概念框架实际给出了优先考虑的质量特征的次序。反观我国的基本会计准则,因为没有区分不同的质量要求层次,也没有阐述它们之间的辩证及逻辑关系,因此使得这一方面的理论基础显得非常单薄,缺乏说服力。

(3)核对我国基本会计准则所罗列的 8 项会计信息质量要求,如果按"联合概念框架"的最新研究成果来衡量,那么,"谨慎性"和"实质重于形式"应该可以去除,"可比性"、"重要性"与"及时性"可以作为"相关性"的次级特征保留,"明晰性"如果保留则可以作为"如实反映"的次级特征。此外,是否还需要增加"预测价值"、"证实价值"、"完整性"、"中立性"、"避免重大错误"、"可验证性"、"可理解性"等作为次级特征? 这些都值得讨论。

(四)严谨界定各种概念并准确选择用词

"联合概念框架"第一阶段成果的发布使我们关注到,IASB 与 FASB 等准则制定机构对财务报告概念框架中各种概念的使用采取了更加严谨的科学态度。例如,在讨论目标时,用"财务报告"代替了"财务报表",并阐述了两者的区别;由于"受托责任"(Accountability)不便于理解和翻译,将这一概念从财务报告目标中剔除;在讨论质量特征时,SFAC 2 当时用的名称是"会计信息"的质量特征,IASB 框架用的是"财务报表"的质量特征,"联合概念框架"统一采用"财务信息"的质量特征,去除了不易于于理解和翻译的"受托责任"概念,并且还去除了若干经常使用但不属于刻画信息质量特征的专用名词。

反观我国基本会计准则及《企业财务会计报告条例》等类似文件,对各种基本会计概念的使用不够严谨且缺乏明确的定义。例如,在有关文件中,我们先后发现"会计报告"、"财务报告"、"财务会计报告"等不同称谓,却没有发现对它们之间区别的明确解释。我国习惯于使用"会计报表"而不是"财务报表",同时习惯于使用"会计信息"而不是"财务信息",这与国际上通常使用的概念产生了一些差异。另外,在定义财务信息质量特征方面,我国基本会计准则也未像国外概念框架那样使用了明确定义的概念,如"相关性"、"如实反映"等,而是采用了隐含这些概念含义在内的解释性语言。概念的缺乏并且不可能获得严格的定义,将影响我国概念框架的理论深度,最终将削弱其对准则制定的指导作用。因此,建立以目标为导向、各会计基本概念严格定义、相互联系、逻辑层次分明、制约关系明确的我国财务报告概念框架已成刻不容缓之事。

主要参考文献

葛家澍、张金若:"FASB 与 IASB 联合趋同框架(初步意见)的评介",《会计研究》,2007 年第 2 期。

沈颖玲、汪祥耀:"构建我国财务会计概念框架的设想",《财会月刊》,2007 年第 10 期。

汪祥耀等:《国际会计准则与财务报告准则——研究与比较》,立信会计出版社,2005 年第 2 版。

Halsey G. Bullen, Kimberley Crook, "Revisiting the Concepts", May 2005.

IASC, "The Framework for the Preparation and Presentation of Financial Statements", July 1989.

IFRS Press Release, "IASB and US FASB Complete First Stage of Conceptual Framework", 28 September 2010.

FASB, SFAC 1, "Objectives of Financial Reporting by Business Enterprises", November 1978.

FASB, SFAC 2, "The Qualitative Characteristics of Accounting Information", May 1980.

FASB, SFAC 8, "Conceptual Framework for Financial Reporting", September 2010.

15. IASB 与 FASB"联合概念框架"第二阶段成果"资产"工作定义的探讨

一、IASB 与 FASB"联合概念框架"修改资产定义的背景及动因

　　风起云涌的 20 世纪,不仅确立了会计在人们经济生活中至关重要的地位,也让它在经济衰退的泥潭中逐渐完善着自己。每一次的经济衰退都无一例外地暴露了会计处理上的一些重大弊病。尤其是美国安然、世通等财务舞弊案件发生以后,伴随着金融界、政治界和公众对财务会计准则的骂声一片,引发了人们对于会计准则制定的原则导向和规则导向之争。FASB 和 IASB 一致同意高质量的会计准则制定模式应该由规则导向转为原则导向。这就意味着原先的一些惯例已经不合时宜,更为重要的是要建立一套内在一致的基本概念。与此同时,2003 年 7 月美国证券交易委员会(SEC)向国会提交了一份名为《对美国财务报告采用以原则为导向的会计体系的研究》的研究报告,不仅首次提出了目标导向的会计准则概念,而且还就概念框架、准则制定机构、公认会计原则(GAAP)的级次等相关问题提出了建议,并提出了 FASB 应不懈地进行会计准则国际趋同的问题。因此,在更为广阔的平台上建立一个单一的、完整的、具有内在一致性的概念框架,作为两个委员会制定准则的理论依据已经迫在眉睫。

　　2004 年 4 月 22、23 日的 FASB 和 IASB 的联合会议首次提出了开展一个通用概念框架联合项目的提议。2004 年 10 月 20 日的联合会议上,FASB 和 IASB 都把此项目添加到它们各自的日程表中,确立启动了"概念框架联合项目"(The Joint Project of Conceptual Framework),并指出要据此建立联合概念框架,使双方的准则制定抛弃主观臆断,以概念框架的基本概念为根本基础。虽然"联合概念框架项目"最终因各种原因而未能完成它全部的使命,但它所取得的阶段性成果,仍然极大丰富了会计理论与会计准则,其中"联合概念框架项目"为修订资产定义所做的努力,至今仍有很好的参考价值。

　　"联合概念框架项目"一共分为八个阶段进行,而资产定义则被归为"第二阶段:要素和确认"中,由于分歧太大,导致该阶段议题最终宣告无限期拖延,足见其重要性。而资产作为要素的中心,不可避免地成为了争议的焦点。资产定义在历史上曾经分歧很大,有许多从不同角度出发、不同学科出发的观点,而它们却都无法严谨地描述资产,因此也就给予了 FASB 与 IASB 修订资产定义的最基本动力,两委员会于 2008 年 10 月联合发布了关于资产的暂行工作定义。除此之外,资产定义的修订大致来源于以下几个方面原因:

首先,FASB 和 IASB 的现行资产定义都曾遭到不同程度的质疑。FASB 的定义遭到的质疑更为激烈,许多学者都曾指出将资产定义为"经济利益"本身就是一种本末倒置的行为,而距今已经 20 年有余的 FASB 资产定义始终没有做出根本性的转变。类似地,IASC(IASB 前身)于 1989 年给出的资产定义在今天看来也已经暴露出许多弊病。综合当今世界的各大资产定义,取长补短,与时俱进已是大势所趋。

其次,为了构建国际通用的财务报告概念框架,促进会计准则的国际化趋同。为了建立单一的、完整的、具有内在一致性的概念框架,就必须在资产概念上达成一致。作为会计确认、计量、记录、报告的基础,又是所有要素中的核心环节的资产,必须在基本认识上达成一致。

再次,环境的变化也迫使人们需要重新考虑现有资产定义的适用性问题。经济环境的变化促使工业经济在短短几十年时间里向知识经济急速转变。知识经济推动了企业经营的粗放型向可持续的集约型转变,并注重生态、社会、经济效益的三重结合,更加关怀以人为最基础单位的企业运营,重视人力资源的开发与培养。这一切都促使会计的核算主体逐渐扩大化,使企业之间的财务关系越来越复杂,给现行的概念框架提出了新的挑战,而对于核心概念的资产,更有进行重新界定的必要。

二、"联合概念框架"资产定义的修订程序及修订要点

(一)暂行工作定义的修订程序

自 2004 年 4 月 22 日和 23 日 FASB 和 IASB 的联合会议上首次提出开展一个通用概念框架联合项目以来,IASB 与 FASB 已就财务报告概念框架问题进行了数十次会议。其中,作为"第二阶段:要素和确认"核心环节的资产定义问题,就进行了 10 次会议进行讨论。纵观这 10 次会议,理事会成员及相关工作人员不仅从个别字句上进行了细致而激烈的讨论,而且在定义的形式、定义及解释文件的内容分配、对于个别字句修改的原则等方面做了一些全局性的约定。对这些内容的探究,有助于我们了解为什么有些东西在资产定义中被剔除而没有说明任何原因。

1. 定义形式

将 2008 年的暂行工作定义与 IASB、FASB 的现行定义相比较,可以发现一个巨大的差别,暂行工作定义已经不再是以往 IASB 或 FASB 那样简单地使用一句式来概括。从第二次会议开始,工作人员对于资产定义的形式经历了许多探索。从最初的一句式定义,到后来的一句式简单定义附加三个基本资产特征来概括资产,到最后的一句式复杂定义①附加三个关键词解释,其历程可谓一波三折。而最终这种发散解释型的定义形式也

---

① 这里的复杂和之前的简单是相对而言,简单一句式定义就如"电脑是家用电器,它包括如下特征……",而复杂定义则如"电脑是 A、B、C 的家用电器",A、B、C 则是对家用电器的限定语。

得到了大部分人的认可,因为一句式定义有助于读者迅速了解资产定义的一些突出特征,而要深入理解使用则需要对关键词解释部分进行解读,满足不同使用需求的人群。

2. 资产定义遵循的原则

会议成员在讨论资产定义时,都遵循了一个定义要素的基本公式,即"主体的一项要素＝一个经济现象(an Economic Phenomenon)＋联系(Link)"。当将这条公式应用在资产的定义上时,这里的"经济现象"就是经济资源,而"联系"就是主体与经济资源之间的联系,即主客体之间的联系。当然,在第一次会议上并没有将经济资源作为定义的客体。对于经济现象具体指代的是经济资源还是权利等的问题,也经历了漫长的讨论。而对它的选择也直接决定了"联合概念框架"资产定义的立场问题①。同时,"联系"也成为众多争论的焦点,"联系"直接决定了在经济资源前所使用的限定语,也确定资产定义的边界问题,诸如一些公认的资产不应该被限定语排除在资产之外,而一些随处可见的资源,如水、空气等,却不应该被囊括在资产定义之内等等。

3. 词语的选用

会议成员广泛参考了其他国家资产定义的合理内核,在充分比较和评价的前提下,基本达成了一致的修改意见,即对于一些敏感词汇,诸如"可能的"(Probable)、"控制"(Control)等可能引起误解或存在不确定性的词语应尽可能避免,如有必要则使用其他词语来代替。但如果新引进的词语会导致更为严重的分歧或原词语已经有充分的理由存在于定义中,那么原提议的工作定义将不被修改。这种定义原则可以称为择优原则,即选择概念明确而并无太多歧义词语的原则。

4. 定义与确认标准和解释文件(Amplifying Text)的关系

一些会议成员认为考虑资产定义的同时将确认条件一并考虑是十分必要的,因为我们最终的目标是测定一个可辨认、可认知的资产。但是也有其他会议成员认为,考虑确认目标并不等同于要在定义中夹杂确认标准。资产定义与确认标准的区别在于,那些符合资产定义的并不意味它们就能在财务报表中被确认,即资产定义涉及的范围大于并包含确认标准所能识别的资产。同时,会议成员声明,他们绝不会使用确认标准作为"后门手段"(Back-door Means)来限制资产的范围,使用确认标准的仅仅是那些需要出现在财务报表中的资产。解释文件则是对定义的解释和补充,它对于定义所使用的单词、短语甚至句子均做出详尽的解释,并且在一定程度对可能涉及的一些交叉议题(Cross-cutting Issues)作出回应。

(二)暂行工作定义的修订要点

我们首先来观察一下,经历了 10 次联合会议后的 2008 年资产暂行工作定义与

---

① 这个立场是指对资产的根本观点,历史上的观点大致有以下几类:经济资源观、未来经济利益观、权利观、服务观、成本观等等。

IASB、FASB 的现行资产定义相比有哪些革新。

IASB 的现行资产定义是：资产是由过去的事项形成的，主体控制的预期会导致未来经济利益流入主体的一项资源。①

FASB 的现行资产定义是：资产是由过去的交易或事项形成的，由特定主体取得或控制的可能的未来经济利益。②

"联合概念框架"的对资产作出的暂行工作定义是：主体的一项资产是该主体拥有排他性权利或其他获取权的现时经济资源。③

从以上的三个定义的比较中，我们可以清晰地看到，工作定义只强调了现在，而没有论及过去和未来，同时工作定义强调了经济资源和权利，这也是与现行定义的重大差别所在。此外，更为细节性的差异还体现在：新的工作定义强调了"主体"（Entity）的概念、增加了"现时"（Present）、"经济资源"（Economic Resource）、"权利（Right）"、"其他获取权"（Other Access）等词语，剔除了"过去的交易或事项"（Past Transactions or Events）、"可能的或预期的"（Probably or Expected）、"控制"（Control）、"未来经济利益"（Future Economic Benefits）等词语，使得定义更为清晰。

三、"联合概念框架"资产暂行工作定义的争论焦点

从上述定义比较中，我们可以看出暂行工作定义与现行定义已然是大相径庭，增加与剔除的词句都成为了工作人员不断考量、评估的焦点，而委员会成员也从未在这些问题上停止过论战。对这些问题的讨论，也正是对资产定义发展百余年来最根本、最基础的真理的探索。在现代经济风起云涌的时代背景下，资产的定义又将面临怎样的一场洗礼呢？

（一）"经济资源观"与"权利观"

这是 10 次会议中最根本性和最为重大的议题。从历史上的定义可以看出，此次联合概念框架资产定义的制定受到来自英国权利观的影响十分显著。这也是在此论述的一个最重要的内容。它实际上决定了上述定义公式中的经济现象到底是用"权利"（Right）还是用"经济资源"（Economic Resource）来指代的问题，关系到工作定义对资产本质属性的理解以及根本立场的问题。

当 2005 年 12 月份的会议将 FASB、IASB 的现行定义与其他准则制定机构的定义比较之后，有人指出英国会计准则理事会（ASB）的资产定义中对于未来经济利益的"权利或

---

① 参见 IASC，"The Framework for the Preparation and Presentation of Financial Statements"，para. 49，April 1989.

② 参见 FASB，SFAC No. 6，"Elements of Financial Statements"，December 1985.

③ 参见 IASB 与 FASB 于 2008 年 10 月 20 日发布的关于资产的暂行工作定义："An asset of an entity is a present economic resource to which the entity has a right or other access that others do not have"。

其他权益"(Right or Other Access)的提法值得加以参考,于是该次会议就将资产定义为一项"权利或其他获取权"。① 这个定义相当于完全摒弃了 IASB 的"资源观"和 FASB 的"未来经济利益观",成为了诸多与会成员争论的焦点。而后的几次会议中也频繁地提及了"经济资源"、"权利"等问题,最终才在第三次会议中确定了"经济资源观"的主体地位。

作为认识资产的根本观点,"经济资源观"或"权利观"等观点实际上是用"经济资源"还是用"权利"来定义资产本质的问题。最早提出"经济资源观"的是美国会计学会(AAA),以后美国会计原则委员会(APB)在其第 4 号公告中也对资产是经济资源作出肯定,受以上理论成果的影响,1989 年 IASC 作出了资产是企业控制的一项资源的定义。IASC 的资产定义属于"资源观"或"经济资源观",这一观点似乎是所有资产观点中接受程度最高的,分别被我国、加拿大、澳大利亚、德国以及日本所采纳。而"未来经济利益观"的代表是 FASB,它在 1985 年发表的第 6 号概念公告(SFAC No. 6)参考了之前 1962 年"会计研究文集"第 3 号(ARS No. 3)的观点,强调资产是可能的未来经济利益。"权利观"则是从法学的角度来看待问题的,它认为资产和财富、财产是存在着重大区别的,资产应当是对收益的一种权利,因而这种观点称之为"权利观",英国会计准则委员会(ASB)则是"权利观"的代表。早在 1776 年亚当·斯密就强调个人财产权利的重要性,而这一观点也为英国资本主义的发展扫平了道路,因而权利观念深入人心,并形成了资产权利观的历史基础。

在探讨三大观点的优劣时,"未来经济利益观"明显处于劣势,几乎没有人赞同应该用未来经济利益来定义资产,甚至有人认为未来经济利益也不应该以定语的方式应用在资产定义中。资产应该是产生未来经济利益的载体而非经济利益本身,从基本逻辑关系考虑,"未来经济利益观"就无法成为资产定义的候选。"经济资源观"则从经济学本质出发,充分揭示了资产的本质特征是资源(稀缺性),而且能够帮助主体进行一些活动以带来经济利益(效用性),无论在逻辑上或是在现实中都能印证它是最为接近资产本质的。然而它绝非完美无瑕,经济资源和会计资产究竟是什么样的关系,这完全取决于对经济资源的定义,而这一概念却仍没有得到清晰的界定。"权利观"的合理之处在于认为资产背后的权利关系是资产的法律本质,而实物存在与货币表现只是它的形式,这一权利要由企业控制才能够形成未来的经济利益,而且产权并不属于企业本身,应该归于投资人、债权人等等,因而从法律上看就是权利义务的关系。但是,由于"权利"这一概念尚未得到清晰的、广泛认可的界定,从而导致了资产权利观被会计界的质疑。同时,"权利观"仅强调了"资产的归属"问题,而并非"什么是资产"本身,也无法为计量带来便利。例如,某企业拥有一台生产机器,那么按照"权利观"的逻辑,企业对其的产权应该确认为资产而非机器本身,

---

① 该次会议的定义是:"主体的一项资产是对现存的一项能够为主体产生经济利益的经济资源所拥有的现时权利或其他获取权"。

光从定义出发,就可能对其计量造成巨大的困扰,因为"权利"本身难以计量。

通过上述分析可以看出,"联合概念框架项目"的工作人员仍然是在"经济资源观"和"权利观"的抉择中徘徊。这两种观点从不同角度对资产的特性进行了归纳与反映,各自都存在着优缺点。但是就目前资产定义的适用性来说,我们持有与工作人员相同的意见,即认为应当最终选择"经济资源观"。理由是:

首先,"经济资源"较"权利"而言更容易辨认。"经济资源观"承认的是资产作为"物"的存在一面,它可以具体表现为许多实物形态(当然经济资源也可以没有实物形态),更容易得到辨认,例如存货、车间、设备、矿床、专利、服务、现金等。而"权利"则是资产中蕴含的社会法律属性。从会计是客观的反映角度看,会计更强调研究资产的自然属性而不是社会属性。"权利观"无法反映资产的自然属性即"物"的一面,它仅仅能够反映主体对于资产的关系问题,同时这种关系问题只能细化为使用权、占有权等,就具体的量化计量上没有详细的科目归属,就会使该定义流于形式而起不到指导性的作用。最终的资产暂行工作定义兼顾了"经济资源观"和"权利观"的优点,在自然归属上选择了经济资源(一种自然存在),在社会联系、经济联系上选择了从法律角度出发的权利(只有这种主客体的联系,自然存在才能成为主体的资产),就逻辑角度而言,可谓已经双管齐下、无懈可击。

其次,人们对经济资源的认识逐渐成熟。虽然"经济资源观"仍存在些许问题,然而IASB、FASB持有的对经济资源特性的定义始终没有改变,即经济资源是稀缺的,而且它有助于主体进行一些经济活动,例如生产、消费和交换,它必须拥有稀缺性和效用性两大特征。同时经济资源包含着经济上的利益,即暗含能够带来经济利益的能力,只要在资产负债表日存在着非零(Non-zero)可能性或期望的经济利益,那么这项物品就能成为经济资源。而对于权利的认识却远远不及经济资源,由于"权利观"对于 FASB 和 IASB 而言是一种崭新的观点,双方都是首次尝试将"权利观"的元素加入到资产定义中,加之"权利观"仅仅只在英国得到广泛应用,除此之外的其他国家更加缺乏实践经验,选择"权利观"可能会产生更多意料不到的问题,而且这也不符合上述定义制定的择优原则,因此贸然选择"权利观"可能需要花费更多的人力物力去拓展新一轮的研究论证,而效果也可能不是最理想的。

(二)"资源"与"经济资源"

对经济资源做出明确的界定一直是理论界悬而未决的难题,如何通过经济资源的定义选好资产的候选定义,并通过必要的关键词解释将资产的界限限制在个别候选定义上,这是 10 次联合会议中另一重要的议题。

FASB 的 SFAC No.6 根据 1976 年 FASB 讨论备忘录的一段话,提炼出了"经济资源"更为精确的特征要求,即稀缺性和效用性。财富具有类似的涵义,但仍然有别于经济资源。相对于人类无限的需求和人口的不断增长两方面而言,"资源"(包括可再生的和不可再生的)具有稀缺性。从一般意义上去理解,只要具有一定的效用,能够满足人类某种特定需要就可以冠之以"资源"之名。而"经济资源"则是考虑到财务报表所需要确认和计量的资产范围无可避免地要小于定义所规定的"资源"范围,因而加上"经济"一词就将一些难以辨认其内涵和外延以及难以确认和计量的资源排除在资产这一要素之外,同时也将一些诸如空气等也能为企业所用的自然资源却几乎没人承认它是资产的这部分资源排除掉了。

经济资源的效用性和资源的有用性仍有一定的区别。资源的有用性在于能够满足人类的某种需求,包括生理需求、心理需求等等,当然也包括当人类在企业中生产活动的需求。而这部分需求正是经济资源效用性的体现,经济资源能够帮助企业进行一些活动,生产、消费或者交换。它对于企业来说具有经济上的价值,或能带来经济利益的流入或能减少经济利益的流出,因此,增加了"经济"一词就完全可以省略"有产生未来经济利益的能力",只需要在解释文件或关键词解释中加以辅助说明即可。

需要指出的是,上面所述的价值是经济资源的必要条件而非充分条件。因为资产暂行工作定义的解释中就指出,经济资源是稀缺的,而且它能够单独或同其他资源一起直接或间接地产生现金流入或减少现金流出,这就表明要成为经济资源,具备正的经济价值(Positive Economic Value)是先行条件。经济价值是现金流入与现金流出相减后的结果,它是一项存量,经济价值要想获取正的存量结果就只有两种途径:增加现金流入或减少现金流出。当现金流出大于现金流入时,经济价值就成为负值,例如处理报废机器时,残值低于清理费用,于是该机器只能称之为企业资源而绝非经济资源,更不能称之为资产。根据以上讨论,我们用图表 3-15-1 可进一步辨析资源、企业资源、经济资源的关系。

(图表 3-15-1)

资源、企业资源、经济资源的关系

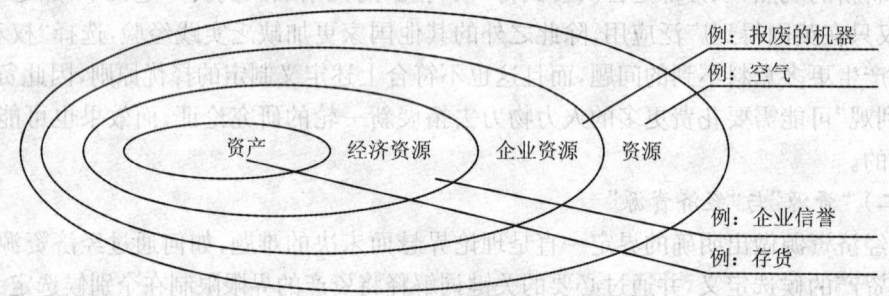

(三)"未来经济利益"与"过去的交易或事项"

就"未来经济利益"、"控制"与"过去的交易与事项"三个词语而言,从未来、现在和过去三个角度来定义资产显然已经不合时宜。

"未来经济利益"在现行资产定义中的使用受到诸多质疑与批评,我们认为使用以现金流衡量的未来经济利益的流入,本身就不符合资产负债观的根本理念,表明了曾经的FASB无法彻底摆脱20世纪40年代起收入费用观的束缚。当今的经济社会环境决定了贯彻资产负债观是大势所趋。由于资产负债观更强调经济交易的实质,要求在交易发生时弄清该交易或事项产生的相关资产和负债或者其对相关资产和负债造成的影响,然后根据资产和负债的变化来确认收益。因此,它可以克服收入费用观不考虑环境因素对资产、负债造成的价值变动,收益反映的仅仅是企业账面的业绩,破坏了会计信息之间的相关性等等一系列造成财务报告信息失真的致命缺点。而资产负债观与收入费用观根本区别在于以静态要素或动态要素来考虑收益的问题。总而言之,一项资产本应该是由过去的交易或事项取得的一种静态的事物,而未来经济利益的流入则是动态的。资产负债表的要素是存量要素,而利润表的要素则相反,以动态来定义静态,就相当于将现金流入和未来经济利益的流入等同起来,且不说其本身的动静逻辑问题,以流量的方式定义静态的资产就难免让人觉得FASB贯彻资产负债观并不十分彻底。因此,对资产定义中"未来经济利益"的剔除是有充分理由而且必要的。与此同时,对经济资源内涵的补充——具备经济上正的价值,有产生未来经济利益的能力,也为企业能从中收益的角度补上了缺口。

"控制"一词一直是广受争议的焦点。几乎没有人能直接从字面角度看出"控制"究竟指的是什么,它无法表现主体与资产具体的关系,因而会议成员将"权利"引入到定义中,从法律实质的角度来考察主体与资产的联系。从一般意义上说,当报告使用者解读"控制"一词时,通常会将其理解为法律意义上的"所有权"、"使用权"以及非法律意义上的"限制"、"干涉"他人的使用、占有等等。"控制"一词无非是为了表达主体对该经济资源产生经济利益能力的排他性的独家占有,而"权利"和"其他获取权"能更为直接地从字面表现出主体对客体的法律与非法律意义上的强制性独占或非强制性限制的概念,比起"控制"而言更为直观,而且易于理解。因而,当"控制"显得既不精炼也不易理解时,它就失去了存在于资产定义中的必要性。

"由于过去的交易或事项"这一短语强调了资产形成的缘由,但是也同时带出了"什么是资产产生的时间"的争论。从实际意义上说,过去的交易或事项仅仅是为了将未来不可预知的或无法控制的部分排除而已。因此,当初这一短语在FASB现行定义中应用的合理之处就仅仅只能局限在逻辑紧密上了。不仅如此,当作为定义的一项特征限定语时,必须是能描绘这一事物的必要条件,如果没有这一限定语,就会显得定义有遗漏、不完整。白马是白色的马,没有白色的限定,白马是马但不等于马。因为马有很多种,无法用马来描绘具有特征的白马,因而白色是必要的。而当我们着眼于"过去的交易或事项"时,它实际上却并非必不可少,没有这一短语的限定也绝不能断定一项资源就一定不是资产。

（四）"现时的"（Present）经济资源

"现时的"这一单词的使用,表明了联合会议已经对资产定义的认识跨出了实质性的一步,它改变了当前大部分主流观点中过分关注"过去的交易或事项"以及通过估计不确定的"未来的经济利益"来计量现在的错误观念,将所有人的眼光重新集中在现在,给予了"经济资源同权利或其他专有权应共存于资产负债表日"充分的关注,彰显了这一新定义的合理性与科学性。

IASC"编报财务报表的框架"第 58 段规定,"企业的资产源自过去的交易或事项","预期在未来发生的交易或事项本身不一定形成资产,举例来说,购买存货的意图本身并不符合资产的定义"。我们认为,在持续经营的会计假设之下,按照时间序列来安排,经济资源应当是作为一段时间区间而存在,而并非是一个时点上的经济资源。因此,从经济资源的取得(由交易或事项引起)开始,到这项经济资源因其投入生产使用而使其经济价值为零(即报废处理)、出售转让、失去从中获益的能力为止,这一时间区段即是经济资源的存在时间,这也是确认经济资源为资产的时间前提。因此,我们按照这样的思路可以将经济资源进行分类,分为过去的经济资源、现时的经济资源和未来的经济资源。IASC 框架的第 58 段中已经告诉我们存在购买意图本身无法确认为资产,因此未来的经济资源也就无法认定为资产。而过去的经济资源由于它的存续期间已经在于过去,相对于现在(即确认时点)而言,它的经济价值或许已经为零甚至为负①,因此无法确认为资产。这也解释了 IASC 概念框架使用"过去的事项"受到诸多质疑的原因。实质上关注资产如何取得的方式以及什么时候取得的并不是资产存在的必要条件,相反这种提法反而会使人们误解以为因过去的事项而取得的资源就能够确认为资产。IASB 的本意应是经济资源的存续期间已经是过去的不应该确认为资产,而经济资源虽然是因过去的交易或事项取得的,在资产负债表日仍在处于存续期间,并且其经济价值为正的,应该成为确认资产的条件。

然而划分过去、现在以及将来的标准又将成为一个难题。第四次会议中关于资产特征的"经济资源同权利或其他专有权应共存于资产负债表日"给了我们答案。虽然 2008 年 10 月最终的暂行资产定义的特征中没有强调这一点(因为现时经济资源本身就暗示了它处在的存续期间以及它当前是具备正的经济价值的,且能够为企业带来经济利益,因而没有必要重复说明),但是它却彻底摆脱了现行定义可能产生的歧义,未来的经济资源与过去的经济资源一样,它们的存续期间不可能包含当前的资产负债表日②,因此无法确认为资产。与此同时,主体对经济资源的权利或其他获取权也以同样的方式存在于资产负债日。只有现时的经济资源才具备确认为资产的条件,它为我们提供了一个良好的评判标准(如图表 3-15-2 所示)。因此,无论是从逻辑、实际操作角度还是从用词精练角度,将"现时的"一词用于"经济资源"之前作为其限定条件,应予以充分的肯定。

---

① 经济价值可以为零,甚至为负,例如,处理报废机器时机器报废残值仍不及报废清理费用的,这项企业资源的经济价值就是负值,在报表中就表现为负债项目。

② 这是建立在会计分期假设的基础上的,资产负债表日一般指会计期末,如 1 月 31 日、12 月 31 日。由于资产负债表是静态报表,报表日数据是此前经济业务的最后体现。

（图表 3 - 15 - 2）

过去、现在、未来经济资源的存续期

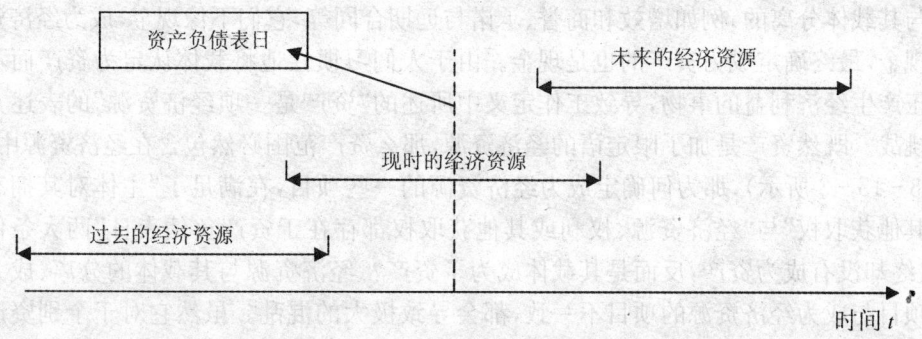

（五）权利、专有权（Privileged Rights）、其他获取权（Other Access）

从 10 次会议纪要中我们可以看到,联合会议对这部分的改动是最为频繁的。而这部分的内容又能延伸出许多法理问题、翻译问题等,因此它也是最具争议性的内容。但资产的暂行工作定义最终将资产定义为具有排他性"权利"或"其他获取权"的经济资源,用"其他获取权"替代了"专有权",用词相对更为严谨。因为对经济资源的"专有权"可能既包括了法律保障的权利,也包括了对经济资源的其他获取权利,将"专有权"与"权利"并列,可能会出现词义重叠的情形。

（六）可能性（Likely、Probably）

"可能性"一直也是现行定义中问题比较集中的地方。关于将现行定义中的"可能性"剔除应该说更有利于对资产的准确定义。首先,FASB、IASB 对现行定义的缺陷认识中就提到:"Probably"表明一些十分有可能为企业带来经济利益的才能算做资产,那么一些可能性比较小的资产就被排除在资产定义之外了,涵盖面就被限制了,当这些资产需要面临在财报中反映时,却不符合资产定义,就会大大降低定义的实用性。其次,"可能性"实际上是一种不确定性,而"可能性"的大小也仅仅只是人为的估计。以何种标准来衡量这种可能的大小,估计也是需要花巨大人力、物力去探索研究的一项议题。此外,不确定性的短语出现在定义中也比较容易引起人们对资产准确范围的理解不尽相同,根本无法起到"通用"、"规范"的作用。最后,当"可能性"应用在期权合同中时,未来的经济利益的确很有可能流入主体,但同样也很有可能流出主体。当主体拥有期权并不行使权力时,所有的收益、损失都是隐性的,那么它该归为资产抑或是负债,这也是一个相当不确定的问题。

四、"联合概念框架"资产暂行工作定义存在的问题

迄今为止,仍没有任何一个定义能够完美契合资产所能表达的范围。暂行工作定义也或多或少地存在一些问题。尽管官方给出的问题大都集中在定义的字面措辞方面,但是仍有一些语义上的问题需要斟酌。

（一）成为资产的竟不是经济资源

在辨认资产的过程中可以发现，后危机时代产生的金融衍生品，它们中的许多项目本身是与其载体分离的，例如增效和商誉、承诺与远期合同等，它们不像现金，成为经济资源的是现金，最终确定成为资产的也是现金。由于人们习惯性地将载体认定为资产而不认定真正产生经济利益的事物，导致工作定义中所述的"资产是一项经济资源"的表述方式受到挑战。既然资产是加了限定语的经济资源，那么资产范围必然包含在经济资源中（如图表3-15-3所示），那为何确定成为经济资源的一些项目，在满足了"主体对其拥有权利或其他获取权"与"经济资源、权利或其他获取权都存在于资产负债表日"两大条件之后，最终却没有成为资产，反而是其载体成为了资产？经济资源与其载体的分离、成为资产的项目与成为经济资源的项目不一致，都会导致极大的混乱。虽然它对于个别资产具备很好的解释能力，但是这种逻辑与措辞问题，将十分可能引起定义失效，而且无助于计量，甚至有碍于计量。

（图表3-15-3）

资产的构成

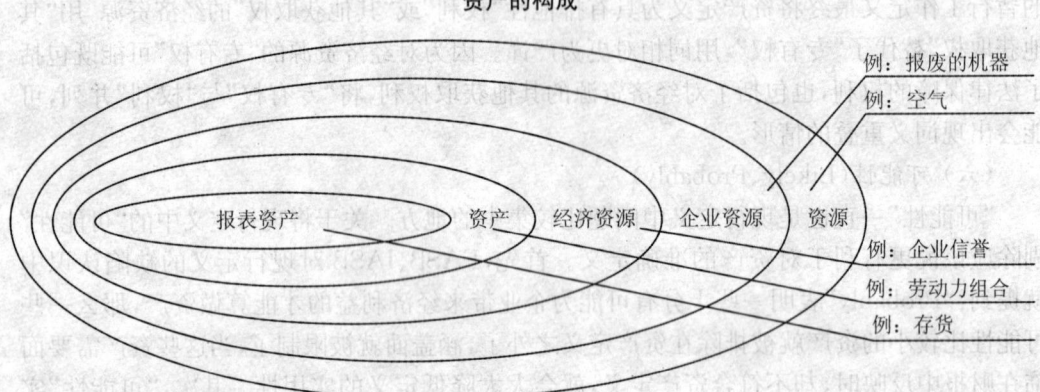

（二）无形物的权利与无形物之淆

资产暂行工作定义中始终无法摆脱英美法系固有观念的影响。按照英美法系本身的观念来说，企业财产（Property），可以是有体物，也可以是无体的权利。确定了资产是经济资源之后，将所有"权利"都归为经济资源与主体的联系本是题中之意，但仍不乏见到将诸如"提供服务的权利"归在经济资源之中。因此，需要在定义解释文件中从法律根源上阐明企业资产不包括任何形式的权利，仅仅只包括物——有形物与无形物。这种区分将使得权利与客体的界线更为清晰，也能避免因评估权利的价值而在计量问题上产生的重大不便。

（三）"Rights"所指不明及"Other Access"过于抽象

工作人员将"Control"剔除的一个最重要的原因是因为它无法直接读出主体与客体的具体联系，但资产工作定义中新提出的"Right or Other Access"也未必能够做到。由于"Right"所指不明,"Other Access"词语又过于抽象,使得该定义在一定程度上又蒙上了一层雾纱。尤其是对于"Other Access",至今尚无权威的解释与翻译方法。

五、结语

从"联合概念框架项目"第二阶段暂时结束到现在已经有约5年的时间了,资产的界定仍然有很长的路要走。IASB在重启只有IASB参与的独立概念框架项目后,于2013年7月发布了"财务报告概念框架的复核"的讨论稿,其中给出了关于资产的最新建议性定义:"资产是由过去的事项形成的,主体控制的现时经济资源"。① 相比5年前IASB与FASB在"联合概念框架项目"中提出的资产暂行工作定义来说,IASB最新定义保留了"经济资源观"的立场,继续强调了"现时的"这一限定语,但恢复了早先定义中存在的"过去的事项形成的"、"控制的"等措词。这说明关于资产定义的争论远未结束。IASB的讨论稿目前还在广泛地征求意见阶段,相信真理能够越辩越明,对资产定义的深入讨论一定能够推进概念框架及会计理论的发展。

对于IASB与FASB的资产工作定义来说,它的一些观点及论据虽然未被IASB新的资产定义完全采用,但通过回顾"联合概念框架"阶段对资产定义的争论,仍然可以发现不少智慧与思想的闪光,因此"联合概念框架"第二阶段所提出的资产工作定义,仍然不失为一份会计理论的重要里程碑文件,值得进一步深入研究和探讨。

主要参考文献

财政部会计准则委员会:《会计要素与财务报告》,大连出版社,2005年版。

陈辉:"FASB和IASB概念框架联合项目动因探析",《中南财经政法大学学报》,2005年第6期。

成小云、任咏川:"IASB/FASB概念框架联合项目中的资产概念研究述评",《会计研究》,2010年第5期。

葛家澍:"试评IASB/FASB联合概念框架的某些改进——截至2008年10月16日的进展",《会计研究》,2009年第4期。

葛家澍、杜兴强:《会计理论》,复旦大学出版社,2005年版。

王清刚、胡丽君:"财务会计概念框架国际趋同的动态及成果",《中南财经政法大学学报》,2010年第3期。

FASB,Elements 1-8: Asset Definition. http://www.fasb.org.

---

① 参见IASB,DP,"A Review of the Conceptual Framework for Financial Reporting", para.. 2. 11,July 2013.

FASB,Elements and Recognition: Definition of an Asset and of a Liability. http://www. fasb. org.

FASB,Elements and Recognition: Elements and Recognition: Asset Consultation, Status and Priorities. http://www. fasb. org.

FASB,Project Updates-Conceptual Framework[EB/OL]. http:www. fasb. org.

FASB,Conceptual Framework-Joint Project of the IASB and FASB. http:www. fasb. org.

FASB,SFAC No. 6:"Elements of Financial Statement",December 1985.

IASB/IASB Agenda Project. http://www. iasplus. com/agenda/framework-b. htm.

IASB,DP,"The review of conceptual framework",para. . 2. 11,July 2013.

IASC, "The Framework for the Preparation and Presentation of Financial Statements", para. 49,April 1989.

16. 财务报告概念框架中核心概念"资产" 定义研究的最新进展及启示

一、研究资产定义的重要性

资产是财务报告概念框架中最为重要的一个财务报表要素,探索资产之本质并对其作出科学定义,会计理论界与实务界一直在为其作出孜孜不倦的努力。以下我们将在对各大会计准则制定机构的现行资产定义作出分析比较的基础上,对 IASB 与 FASB"联合概念框架"给出的资产工作定义作出进程描述和理论评述,进而对 IASB 最近在"财务报告概念框架的复核"中提出的资产定义新建议加以探讨,最后提出了相关的结论与启示。

财务会计概念框架,"是由一部章程、一套目标与基本原理组成的、互相关联的内在逻辑体系。这个体系能够导致前后一贯的会计准则,并指出财务会计和财务报表的性质、作用与局限性"。① 这里的基本原理,即会计的基本概念,构成了概念框架的主体。从概念框架构建之初起,"财务报表要素"作为概念框架的基本概念一直备受关注,财务报表要素的设定以及对它们的确认和计量,对财务报表信息的传递是至关重要的。纵观各会计准则制定机构的概念框架,虽然对财务报表要素类别的划分不甚相同,但是不外乎资产、负债、所有者权益、收入、费用等。其中资产的定义是最核心、最基本的,其他要素都可以看作是资产的延伸拓展。

有不少学者研究了资产定义在概念框架中的重要性。首先,财务报表要素在概念框架中具有举足轻重的地位,杜兴强(2007)认为,"在财务报告体系中,财务报表是核心;财务报表要素设置是否恰当、财务报表要素的定义的导向(资产负债观或收入费用观)是否合理,直接关系到财务报表的逻辑性和财务报表的可理解性"。② 其次,各个要素之间是相互联系的,理清它们的关系可以帮助确定财务报表要素的焦点是资产。葛家澍、杜兴强(2003)认为,"要素与要素之间不是孤立的,而且资产在所有要素中总是占据最重要的位置;传统会计概念认为,资产是企业可控制的一种资源,没有资产企业就无法实行持续经营,其他要素也不能生产,负债被看成是企业的'负资产',而所有者权益是'净资产';资产的定义既然在一切要素定义中起决定作用,那么解决了这个主要矛盾,其他矛盾(其他要

---

① 参见葛家澍、杜兴强:《会计理论》,复旦大学出版社,2005 年版。
② 参见杜兴强:"关于会计要素几个问题的思考",《上海立信会计学院学报》,2007 年第 4 期。

素的定义)也就迎刃而解"。① 再次,我们还意识到当前规范资产定义的必要性和紧迫性,成小云、任永川(2010)认为,"至少从 20 世纪初完善的复式簿记体系建立起来以后,资产概念就显得日益重要。FASB 更认为资产概念是最重要、最基本、也是最核心的会计对象要素概念,而负债、所有者权益、收入、费用等要素概念都是衍生、次要的概念,都可以以资产为基础推导出来、可以用资产进行诠释或者表述;因此,准确定义资产,具有至关重要的意义"。② 孙玉甫、刘泽荣(2005)认为,"资产是财务会计中最重要的概念,是财务会计理论与方法构建的基础;但是,随着社会经济环境的发展,资产的内容和形式发生了巨大的变化,这些变化必然使得在工业经济背景下形成的资产概念发生变化,研究新经济形势下的资产概念的重新表述,必将对财务会计理论与方法的发展起重要作用"。③

随着概念框架的发展,资产的定义也在不断地进行探索并尝试更新。国际会计准则理事会(IASB)和美国财务会计准则委员会(FASB)现行概念框架中均有对财务报表要素及资产定义的讨论,并且较长时间未得到修改。但进入本世纪以来,随着社会经济的飞速发展,实体经济向虚拟经济扩展,会计理论需要不断创新,很多新兴的金融工具和商誉等是否能够满足资产的定义都需要进一步探讨。2001 年"安然事件"的爆发引发了公众对财务报告真实性和可靠性的怀疑,促使 IASB 和 FASB 考虑是否需要建立统一、完整和高质量的概念框架来指导会计准则和规范会计信息。2002 年 IASB 和 FASB 启动趋同项目,并于 2004 年 10 月召开联合会议正式启动了"联合概念框架项目"(The Joint Project of Conceptual Framework)。该项目原计划分为八个阶段进行,其中第二阶段为"要素和确认"。在此阶段,IASB 和 FASB 举行了一系列会议,重点探讨资产的定义,最终在 2008 年 10 月提出了资产的暂行工作定义(Working Definition of Asset),但并没有形成实质性的文件成果。2008 年美国金融危机的爆发,又一次将会计推上风口浪尖,在金融危机的冲击下,IASB 和 FASB 致力解决金融危机中突显的问题,因而于 2010 年中止了"联合概念框架项目"。2012 年 9 月,IASB 决定开展仅 IASB 参与的综合项目(IASB-only Comprehensive Project)继续制定概念框架,并于 2013 年 7 月发布了题为"财务报告概念框架的复核"(A Review of the Conceptual Framework for Financial Reporting)(下称"概念框架的复核")的讨论稿,重新又将资产定义的修改提到了议事日程。

以下我们首先将选取具有代表性的概念框架中有关资产的定义,如美国 FASB 第 6 号财务会计概念公告(SFAC NO. 6)、IASC"编报财务报表的框架"(下称"IASC 概念框架")和英国会计准则委员会(ASB)"财务报告原则公告"(下称"英国原则公告")等概念框

---

① 参见葛家澍、杜兴强:"财务会计的基本概念、基本特征与基本程序(四)",《财会通讯》,2003 年第 11 期。

② 参见成小云、任咏川:"IASB/FASB 概念框架联合项目中的资产概念研究述评",《会计研究》,2010 年第 5 期。

③ 参见孙玉甫、刘泽荣:"资产要素概念的科学表述",《天津商学院学报》,2005 年第 1 期。

架中提出的资产定义,分析比较 FASB、IASB 和 ASB 定义资产概念的立场观点,批判其各自资产定义的缺点;然后在此基础上研究 IASB 和 FASB"联合概念框架"第二阶段"要素和确认"中对资产定义修订作出的一系列努力,评价它们所提出的资产的暂行工作定义;最后,对 IASB 最新发布的"财务报告概念框架的复核"讨论稿中提出的资产新定义加以讨论,并提出我们的认识与结论。为了方便讨论与比较,我们通过图表 3 - 16 - 1 列出了当前各权威会计机构的资产定义和观点。

(图表 3 - 16 - 1)

概念框架中的各种资产定义

	SFAC NO. 6	IASC 概念框架	英国原则公告	联合概念框架	概念框架的复核
资产的定义	资产是由过去的交易或事项形成的,由特定主体取得或控制的可能的未来经济利益	资产是由过去的事项形成的,主体控制的预期会导致未来经济利益流入主体的一项资源	资产是由过去交易或事项形成的,主体控制的对未来经济利益的权利或其他获取权	主体的一项资产是该主体拥有排他性权利或其他获取权的现时经济资源	资产是由过去的事项形成的,主体控制的现时经济资源
观点	经济利益观	资源观	权利观	经济资源观	经济资源观
中心词	未来经济利益	资源	权利或其他获取权	经济资源	经济资源
限定语	"过去的交易或事项形成的"、"拥有或控制的"	"过去的交易或事项形成的"、"控制的"、"预期导致未来经济利益流入的"	"过去的交易或事项形成的"、"控制的"、"对未来经济利益拥有的"	"主体拥有排他性权利和其他获取权的"、"现时的"	"过去的事项形成的"、"控制的"、"现时的"

二、现行概念框架中有关资产定义的表述及分析

对于资产是属于一种作为现时"存量"(Stock)的"资源",还是一种作为"流量"(Flow)且具有不确定性的"未来经济利益",抑或是一种对未来经济利益的"权利或其他获取权"(Rights or Other Access),各大会计准则制定机构的现行概念框架对资产定义形成了三种具有代表性的观点:"资源观"、"未来经济利益观"和"权利观"。

(一)美国 FASB 第 6 号财务会计概念公告中的"未来经济利益观"

FASB 于 1985 年 12 月发布的第 6 号财务会计概念公告(SFAC NO. 6)保留了被替

代的第 3 号财务会计概念公告(SFAC NO. 3)中资产的定义,在第 25 段中提出:"资产是由过去交易或事项形成的,某一特定主体取得或控制的可能的未来经济利益"①。FASB 认为资产具有三个基本特征,必须同时满足才能确定为资产:一是该资产体现了可能的未来经济利益,它能够单独或与其他资产一起直接或间接地为主体未来的现金净流入作出贡献;二是特定主体可以从该资产中取得利益以及控制对利益的其他获取权(Others' Access);三是要求导致特定主体取得对利益的权利或其他控制权的"交易或其他事项"已经发生。FASB 还指出,资产通常还有一些其他的特征(例如它们在取得时可能会发生成本,它们可能是有形资产,可以被交换或者具有司法处置能力等),但这些特征都不是资产的本质特征。

FASB 概念框架中的资产定义是"未来经济利益观"的典型代表,虽然存在争议(因为在第 6 号概念公告第 27 段中 FASB 指出,符合第 25 段资产定义的各类项目通常也被称为"经济资源",它们是从事消费、生产和交换等经济活动中有用的稀缺资源),但是毕竟 FASB 是第一个将资产正式定义为"未来经济利益"而不是"经济资源"的准则制定机构。因此一般仍将 FASB 的资产定义归为"未来经济利益观"。由于 FASB 本身及其概念框架的影响力和认可度,其资产的定义也曾经被一些国家效仿。例如,澳大利亚于 1995 年在其概念框架中曾对资产作出如下定义:"资产是由过去的交易或其他过去事项形成的,主体控制的未来经济利益。'资产的控制'意味着主体在追求其目标时从资产中获利的能力,并且避免或监管其他人对此项利益的接近"②。因此,澳大利亚概念框架的资产定义也曾是"经济利益观"的另一个代表。

然而,"未来经济利益"毕竟不能等同于"经济资源"。由于"未来经济利益"过于抽象且具有太多的不确定性,在现实社会中很少人愿意用"未来经济利益"来描述资产。正如曾任美国证券交易委员会(SEC)首席会计师的舒尔茨(Schuetze)指出,几乎没人会赞同"企业拥有货车,因货车拉货可能带来现金收入(经济利益)而将经济利益确认为资产,却不将货车本身确认为资产"这一做法。

FASB 的资产定义自提出后近 30 年未发生改变,质疑和争议之声也一直不断。其一,舒尔茨于 1993 年在"什么是一项资产"一文中指出:"FASB 的定义过于复杂、抽象、包罗万象而且含糊不清",会计人员无法用其解决问题,也不能用于区分资产。其二,著名经

---

① 参见 FASB,SFAC No. 6,para. 25,"Assets are probable future economic benefits obtained or controlled by a particular entity as a result of past transactions or events", December 1985.

② 参见 AAUF/AASB,SAC 4,para. 14,'Assets' are future economic benefits controlled by the entity as a result of past transactions or other past events; and 'control of an asset' means the capacity of the entity to benefit from the asset in the pursuit of the entity's objectives and to deny or regulate the access of others to that benefit.

济学家萨缪尔森于 1996 年在"会计理论中的资产概念"一文中批评 FASB 的资产定义实际上并没有摆脱"收入费用观",要求 FASB 按照"资产负债观"独立地制定资产和负债的定义。其三,"未来经济利益"本身难以计量,并且使用"很可能"(Probable)来确定,更加依靠会计人员的个人判断。由于无法定量化,FASB 的资产定义的可操作性不强。

（二）IASC"编报财务报表的框架"中的"资源观"

1989 年 4 月,IASB 的前身国际会计准则委员会（IASC）正式发布了"编报财务报表的框架",对资产提出了以下定义:"资产是由过去的事项形成的,主体控制的预期会导致未来经济利益流入主体的一项资源"①。改组后的 IASB 沿用了 IASC 概念框架和其中资产的定义。与 FASB 的资产定义相比,IASC 把资产定义为一项"资源",并明确指出这种资源预期会导致"未来经济利益"流入主体。"未来经济利益"被解释为现金或现金等价物直接或间接流入主体的潜力,在这里仅作为"资源"的条件限定语之一。IASB 的资产定义还强调资产是"过去的事项"的结果,忽略了"过去的交易";另外,仅强调"主体控制的",删除了"主体取得的"。

IASC 认为资产的本质是一项资源,这是"资源观"的体现。加拿大和中国等均赞成采用资产定义的"资源观"。加拿大特许会计师协会（CICA）在 1991 年发布的概念框架"财务会计概念"中,将资产定义为"由过去的交易或事项形成的,一个主体控制的能够取得未来经济利益的经济资源"②。CICA 首次提出了"经济资源"的概念,将"资源观"进一步明确为"经济资源观"。2006 年 2 月,我国财政部发布的《企业会计准则——基本准则》中提出"资产是指企业过去的交易或者事项形成的,由企业拥有或者控制的,预期会给企业带来经济利益的资源"。我国的资产定义基本参照了 IASB/IASC 的定义,只是在表述上略有修改,更加符合我国的语言习惯,两者实质上是相同的。

"资源观"相比较"未来经济利益观"而言,只是略有改进。一方面,"资源观"是从经济学角度出发,把资产看作是"物"的存在,拥有稀缺性和效用性两大特征。有了"物"的概念,不论是否存在实物形态,都更加容易辨认。前提是需要区分物、资源、经济资源和资产之间的包含关系。另一方面,IASC 和 CICA 的"资源观"仍然深受 FASB 的资产定义的影响,强调"过去交易或事项的结果"、"未来的经济利益"的特征,这些限定语对资产计量产生不当影响,也模糊了资产的定义。

---

① 参见 IASC,"The Framework for the Preparation and Presentation of Financial Statements", para. 49,"An asset is a resource controlled by the entity as a result of past events and from which future economic benefits are expected to flow to the entity",April 1989.

② 参见 CICA,"Financial Accounting Concepts",para. 29,"Assets are economic resources controlled by an entity as a result of past transactions or events and from which future economic benefits may be obtained".

（三）英国 ASB"财务报告原则公告"中的"权利观"

1999 年 12 月，英国会计准则委员会（ASB）发布了"财务报告原则公告"，在第四章"财务报表的要素"中提出了资产的定义："资产是由过去交易或事项形成的，主体控制的对未来经济利益的权利或其他获取权"①。该定义的中心词和解释难点是"权利或其他获取权"（Rights or Other Access），一项资产不是财产本身，而是从财产中获得部分或全部未来经济利益的权利或其他获取权。这里的"未来经济利益"被解释为能产生未来经济利益的财产项目。与 FASB 相同的是，ASB 的资产定义也强调资产是"过去的交易或事项"的结果。与 IASC 相同的是，ASB 的资产定义也只强调"控制"，而没有使用"取得"。

ASB 的资产定义属于"权利观"。首先需要理解"权利或其他获取权"，资产的"权利"最根本的是所有权即产权，产权对经济利益一般拥有法律规定的保障权利；"其他获取权"是指对未来经济利益拥有的除产权规定之外的其他获取权、控制权、使用权等。如要求另一方付款的权利或要求另一方提供劳务的权利，或取得使用专利或商标的权利等。"权利观"是从法律的角度来阐述，注重的是法律关系。英国原则公告认为其核心概念是"真实与公允"，是否符合真实与公允，不仅要求通过高水平的职业判断，而且最后要由法庭来判决。因此，ASB 将资产定义为一种权利也不足为奇了。

ASB 资产定义"权利观"的合理性也一直受到会计界的质疑。主要的批评有以下两点：第一，"权利观"的定义需要依存于产权的概念，而产权本身的界定也是模糊和有争议的。第二，以权利作为资产定义的核心，会将人力资源、知识产权或其他无形资产等排除在财务报告之外，最终会影响到会计信息的充分披露。

三、"联合概念框架"中资产的暂行工作定义评述

针对上述各概念框架中资产定义的不足与缺乏统一性，IASB 和 FASB 决定在"联合概念框架"的第二阶段"要素和确认"中，首先对资产本质开展深入研究，并重新对资产作出统一定义。从 2005 年年底到 2008 年 10 月约 3 年的时间中，双方就资产、负债等要素的概念界定进行了 10 次会议（其中绝大部分会议的中心议题为资产定义问题），终因资产定义的复杂性和分歧太大，一直未能达成一致意见。IASB 和 FASB 一再推迟相关讨论稿的发布，以至于"联合概念框架项目"最终夭折在"要素与确认"环节，因为资产等要素的定义不能明确，就无法讨论后续的确认、计量和报告问题。这也是 IASB 后来不得不放弃"联合概念框架"项目而另起炉灶重新单独启动只有 IASB 参与的（IASB-only）概念框架

---

① 参见 ASB,"Statement of Principles for Financial Reporting", para. 4. 6,"Assets are rights or other access to future economic benefits controlled by an entity as a result of past transactions or events", December 1999.

项目的原因之一。然而,不可否认的是,这10次会议的讨论对加深资产等要素的认识以及丰富会计理论的成果均有重要的意义。在这些会议上,IASB和FASB对现行的资产定义进行了分析批判,并在此基础上提出了新的暂行工作定义,还对资产的新的特征进行了详细解释。

（一）IASB 和 FASB 对现行资产定义的分析批评

IASB 和 FASB 先是对 IASB 概念框架(即 IASC 概念框架)和 SFAC NO. 6 中的现行资产定义作出分析批评,观察到两个资产定义具有一些共同特征:都提及了"未来经济利益";都认为一项资产是被主体"控制"的东西;都要求资产是"过去的(交易或)事项"形成的;每个概念都包括了某种程度的"可能性"描述,如 IASB 的"预期的"(Expected),FASB 的"可能的"(Probable)。同时 IASB 和 FASB 的资产定义也存在以下差异:IASB 认为资产的本质是一项"资源",而 FASB 认为资产的本质是"未来经济利益",这是二者最基本的区别;FASB 要求未来经济利益是被"取得或控制"的,IASB 仅仅要求"控制";IASB 着重强调"过去事项",FASB 着重"过去的交易或事项";IASB 对可能性的表述为"期望的",FASB 对可能性的表述为"可能的"。

IASB 和 FASB 的现行资产定义自提出以后就面临着诸多非议,尤其是 FASB 的"未来经济利益观"遭到更严重的抨击。双方在制定"联合概念框架"伊始就进行了自我批评,承认现行定义的缺陷。首先,过分强调"未来经济利益",IASB 和 FASB 都把"未来经济利益"作为资产最重要的特征列明,FASB 尤甚,把"未来经济利益"作为资产的中心语。"未来经济利益"实际上是与未来现金流密切相关,未来现金流本身存在不确定性和难以计量的特征,导致"未来经济利益"流入的可能性很大,用此来定义资产的确不够严密。其次,IASB 和 FASB 现行的资产定义中均含有不确定性的词语"期望的"和"可能的",征求意见表示这类不确定的词语容易引起使用者的误会,在一定程度上模糊了资产的定义,理应删除。再次,用"控制"将主体和资产联系起来,控制的对象究竟是"未来经济利益"还是能够带来未来经济利益的"资源",控制对象也存在争议之处;另外,还需要明确"控制"的含义,它常常来源于法定权利,但也有可能产生于其他方式,"控制"是否能够包括"取得";"控制"的概念也是财务报表使用者容易误解的地方。最后,IASB 和 FASB 都提及"过去的(交易或)事项",过于关注交易取得的凭证和资产的成本,而不是资产负债表日资产是否存在。

（二）"联合概念框架"第二阶段关于资产定义的讨论

在深刻认识和自我批评现行资产定义的基础上,IASB 和 FASB 的工作人员就资产的定义及修订问题展开了深入讨论,先后召开了 10 次单独或联合会议,图表 3-16-2 汇总了各次会议的时间和针对资产定义议题的讨论情况。

（图表 3 - 16 - 2）

"联合概念框架"第二阶段关于资产定义讨论的进程

会议时间	建议的资产定义	
	IASB	FASB
第一次会议 (IASB：2005-12-13) (FASB：2005-12-14)	主体的一项资产是对能够为主体产生经济利益的现存的经济资源的现时权利或其他获取权。	
第二次会议 (IASB：2006-02-23) (FASB：2006-03-01)	关键要素（Key Issues Relating to the Working Definition）： (1) 该与特定主体联系在一起； (2) 现时权利或其他获取权； (3) 现存的经济资源； (4) 能够产生经济利益。	主体的一项资产是指： (1) 主体所持有的现金； (2) 当前主体兑现的权利； (3) 主体对于一项资源现时的权利或其他现时的特许权（Other Present Privilege），这项资源能够直接或间接地为主体产生经济利益。
第三次会议 (IASB/FASB 共同会议： 2006-04-28)	资产是主体的一项现时经济资源，它的特征包括： (1) 是一项基本的(Underlying)经济资源； (2) 主体对于这一经济资源拥有权利或其他特许的获取权（Other Privileged Access)； (3) 权利或其他特许的获取权存在于资产负债表日。	
第四次会议 (IASB：2006-06-22) (FASB：2006-06-20)	资产是主体的一项现时经济资源，拥有三个基本特征： (1) 是一项基本的(Underlying)经济资源； (2) 主体对于这一经济资源拥有权利或其他特许的获取权（Other Privileged Access)； (3) 这项经济资源与权利或其他特许的获取权共存于资产负债表日。	
第五次会议 (IASB：2006-07-18) (FASB：2005-07-26)	资产是一项现时的经济资源，主体对于这项经济资源拥有权利或其他特许的获取权。主体的一项资产有三个基本特征： (1) 是一项经济资源； (2) 主体对于这一经济资源拥有权利或其他特许的获取权； (3) 这项经济资源与权利或其他特许的获取权共存于资产负债表日。	
第六次会议 (IASB：2006-09-21) (FASB：2006-09-27)	主体可能拥有的唯一资产就是主体在该资产上持有的选择权，而不是该标的资产本身。	如果选择权得到行使，资产就是主体对交付合同规定事务的合同承诺的现时权利。

（续表）

会议时间	建议的资产定义	
	IASB	FASB
第七次会议 （IASB：2006-11-16）	资产是一项现时的经济资源，主体对于这项经济资源拥有权利或其他特许的获取权。	
第八次会议 （IASB：2007-10-16） （FASB：2007-10-17）	资产定义应该着眼于当前，而非过去的交易或事项，应当强调现时权利或其他获取权，同时要包括"其他主体除外"这一短语。	一项资产是一项现时的经济资源，主体对其拥有现时权利或其他特许的获取权。
第九次会议 （IASB/FASB共同会议： 2007-10-22）	主体的一项资产是一项现时的经济资源，主体通过强制性权利或其他方式拥有或限制其他主体拥有获取权（Access）。	
第十次会议 （IASB/FASB共同会议： 2008-10-20）	主体的一项资产是指该主体拥有排他性权利或其他获取权的现时经济资源。	

从这 10 次会议给出的资产定义建议和相关解释可以发现，"联合概念框架"赞同并沿用了 IASB 概念框架中有关资产定义的"资源观"，更将其发展为"经济资源观"。建议的资产定义也从分别列示资产的特征到用一句话来高度集中概括。这浓缩的一句话中既包含了资产的基本特征，又强调了资产的本质。采用严谨且具有高度概括性的资产定义，能够完善财务报告概念框架的质量，从而更好地指导具体会计准则的制定。IASB 与 FASB 关于资产定义的每次修订都集中在词句修订上，最终于 2008 年 10 月提出了"联合概念框架"的资产暂行工作定义。

（三）对 IASB 和 FASB 资产暂行工作定义的评析

资产暂行工作定义认为，"主体的一项资产是该主体拥有排他性权利或其他获取权的现时经济资源"①。该定义将资产的本质确定为"经济资源"，并用"现时的"、"主体拥有而其他主体不拥有"（即"主体拥有排他性的"）的"权利或其他获取权"来限定"经济资源"，相比较现行的资产定义，摒弃了"过去的交易或事项"、"可能的"或"期望的"、"控制的"、"未来经济利益"等限定词。资产的暂行工作定义比现行的资产定义更加简明，IASB 和 FASB 为了便于财务报表使用者的理解，还专门就暂行工作定义中的关键词给予解释说

---

① 参见 IASB/FASB，Agenda Paper 2 for October 2008 Joint Meeting，para. 8，"An asset of an entity is a present economic resource to which the entity has a right or other access that others do not have"。

明。我们可以从这些关键词入手,进一步分析该工作定义的优点和不足。

第一,"现时的"(Present)意味着经济资源和主体所拥有的排他性权利或其他获取权都存在于资产负债表日。暂行工作定义首次提出"现时的"的特征,摒弃了"过去的交易或事项形成的"和"未来经济利益",更加注重资产负债表日资产是否存在。区分过去、现在和未来的时点,强调关注"现时的",是暂行工作定义的一个新的进步。

第二,"经济资源"是稀缺的,而且能够单独或同其他经济资源一起直接或间接增加现金流入或减少现金流出。"经济资源"确定了资产"物"的性质,使之具有实物感,避免了"未来经济利益"和"权利"等抽象、不易理解的认识。但是"经济资源"是根据现金流量来确定,导致在判断是不是一项资产时仍存在不确定性。

第三,"权利或其他获取权"能够使主体直接或间接地使用现时经济资源以及阻止或限制其他人使用该经济资源,是通过法律强制性地或同等方式(Equivalent Means)赋予的。从经济学的角度来讲,突出了"产权"、"财富"的概念,同时符合法律的"权利"的含义。但是"权利或其他获取权"的含义仍然不够明确,IASB 和 FASB 没有单独区分解释"权利"和"其他获取权",也没有对其中提及的"同等方式"进行说明。

四、IASB"概念框架的复核"中建议的新资产定义解读

IASB 和 FASB 的"联合概念框架项目"因金融危机的爆发而中止,"要素和确认"阶段仅仅取得阶段性成果——资产的暂行工作定义。于是,2012 年 9 月 IASB 以只有 IASB参与的综合项目的形式重新启动概念框架项目,意在制定一份涉及财务报表要素、计量、报告主体和列报与披露等所有基本问题的概念框架。2013 年 7 月 18 日,IASB 发布了该项目的初期成果——"财务报告概念框架的复核"的讨论稿,包括引论、财务报表的要素、支持资产和负债定义的额外指引、确认和再确认、权益的定义及权益工具与负债区别、计量、列报和披露、综合收益在报表中的披露、其他事项等 9 个部分。该讨论稿的第二部分"财务报表的要素"和第三部分"支持资产和负债定义的额外指引"阐述了建议的新资产定义和相关解释。讨论稿十分重视资产的定义,用了很大的篇幅来描述,甚至用单独的一个部分来解释资产的额外指引。

(一)IASB"概念框架的复核"中的新资产定义

资产的现行各种定义多年来作为在制定准则时解决问题的有用工具,关注的是现实世界中与财务报表使用者相关且易于理解的经济环境(资源)。然而,现行资产定义与预期经济利益流入等有关阐述,导致有人误解资产是经济利益的最终流入,而不是一项资源。为了避免这种误解,IASB 认为应当明确资产定义的下列观点:资产是一项基础性的资源,而非经济利益的最终流入;资产必须能够产生经济利益流入,但这些流入可以是不确定的。因此该讨论稿给出了建议的新资产定义,"资产是由过去的事项形成的,主体控

制的现时经济资源"①，并首次在概念框架中采用了资产定义的"经济资源观"，而经济资源则是"能够产生经济利益的权利或其他价值资源"②。该讨论稿建议的负债定义也与经济资源有关，"负债是由过去的事项形成的，主体承担的转移经济资源的现时义务"③。IASB 在定义了资产和负债的概念后，紧接着给出了经济资源的概念，有助于简化和理解资产和负债的概念。

该讨论稿的第三部分阐述了 IASB 对资产和负债概念的"进一步指引"。针对建议的资产和负债概念的变化和调整，"进一步指引"可以帮助理解其中所使用的术语。由于 IASB 不断制定新准则，发布新指引，近些年来对资产定义的认识变得逐渐清晰，IASB 认为将这些具有指引性质的基本原则纳入讨论稿能够改善或更新概念框架。"进一步指引"还详细说明了"经济资源"和"控制"的含义，可以帮助理解新建议的资产定义。

第一，建议的新资产定义认为资产的本质是"经济资源"，这延续了暂行工作定义的"经济资源观"。经济资源有多重形式：合同、法律或其他相似方法的强制性权利；另一主体推定义务产生的权利；能够产生经济利益的其他价值资源；收到后即刻消费(That Are Consumed Immediately on Receipt)的一些资产，特别是一些服务。资产的经济利益是能够用很多方式直接或间接取得的潜在现金流量。对于像不动产、厂房、设备这样的物体，经济资源不是基础性的物体，而是取得物体产生的经济利益的权利。将资产定义为经济资源，首先要理解经济资源的含义。经济资源要求能够产生经济利益，间接地把资产和经济利益联系在一起。

第二，需要理解对经济资源的"控制"。现行的概念框架中没有定义"控制"，IASB 只是在收入准则的征求意见稿和 IFRS 10"合并财务报表"中有提出过控制的概念。收入准则中将控制定义为"直接使用资产和实质上取得资产剩余利益的能力"。IFRS 10 给出控制的定义是："当投资者有权利从与被投资方的关系中获得多种收益，或者有能力通过被投资方的力量影响这些收益时，投资者控制了被投资者"。显然，两者的控制定义有显著的差别，收入准则定义的是对资产的控制，IFRS 10 定义的是对另一主体的控制。但是这些定义都有相同的基本概念："主体有能力直接使用资产(或主体)以取得利益(收益)"。讨论稿也用这一基本概念来定义对经济资源的控制，"如果主体有现时能力直接使用经济

---

① 参见 IASB,DP,"A Review of the Conceptual Framework for Financial Reporting",para. 2. 11,"An asset is a present economic resource controlled by the entity as a result of past events",July 2013.

② 参见 IASB,DP,"A Review of the Conceptual Framework for Financial Reporting",para. 2. 11,"An economic resource is a right, or other source of value, that is capable of producing economic benefits",July 2013.

③ 参见 IASB,DP,"A Review of the Conceptual Framework for Financial Reporting",para. 2. 11,"a present obligation of the entity to transfer an economic resource as a result of past events",July 2013.

资源以获得来自经济资源的经济利益,我们就说主体控制该项经济资源"①。主体控制一项经济资源,经济利益必须(直接或间接地)流向该主体,而不是其他主体。

(二)最新资产定义的评析和反馈

建议的新资产定义是IASB对资产定义多年探索的结晶,有对现行资产定义的继承,也有新特征的创新,最主要的是抓住了资产的本质,坚持"经济资源观"。建议的新资产定义在形式上和内容上有很大的进步,同时也存在一些尚未明确的问题需要改进。首先,IASB意识到概念框架最重要的是指导作用,因此建议的新资产定义简洁、严谨,具有指导性,而非直接框定资产的内容。其次,强调资产的本质是经济资源,并首次对经济资源单独提出正式的定义,以帮助理解资产的本质。IASB把经济资源定义为一种"权利或其他价值资源",并在"进一步指引"中列举了经济资源的形式,经济资源的定义仍然需要我们消化吸收并在实践中加以检验。再次,建议的新资产定义同时关注"过去的事项"和"现时",既要求资产来源于"过去的事项",又强调资产"现时"在资产负债表中的存在状态,明确区分过去和现在的时点。最后,"控制"一词在暂行工作定义中被删除后,在建议的新资产定义中被重新使用也值得关注。"控制"在现行概念框架中没有给出正式定义,导致"控制"的使用一直存在争议。建议的新资产定义强调"控制"一词,"进一步指引"为了让大众理解并接受"控制"的使用,初步探析了"控制"已有准则中的应用并演绎了对经济资源控制的定义。我们也期待"概念框架的复核"能正式把"控制"的定义纳入概念框架,这对理解资产的定义和相关涉及"控制"定义的具体准则皆有益处。

IASB新资产定义发布后,欧洲财务报告咨询组(EFRAG)第一时间于2013年9月27日发布了意见函的草稿,对IASB"概念框架的复核"的讨论稿作出回应。EFRAG认同IASB建设概念框架项目的优先权,也对该概念框架讨论稿给予高度关注,并及时在意见函中提出了肯定和建议的内容。对于讨论稿的第二部分和第三部分,EFRAG大体上同意建议的概念和额外指引,也提出了一些看法。现行的资产概念解释不一致,确实需要新的资产概念来规范。建议的资产概念比现行的资产概念拥有一致性解释,更容易理解且包含了更广的资产,但EFRAG认为建议的资产概念更应当受到检验。EFRAG赞成讨论稿中强调"主体的",把建议的资产概念和主体相联系,定义"主体的资产"的概念。但是对建议的"经济资源"概念是否也应当强调"主体的"表示质疑,因此对"经济资源"的概念仍然存在分歧。同时也赞成资产的概念不应当包括可能性门槛,即"可能的"、"预期的"。EFRAG注意到额外指引中对"控制"的解释和现行的控制解释有所不同,现行的一些解释更加强调法律的所有权、拥有权和出售资源的能力,而建议的控制解释强调从中获取经

---

① 参见 IASB,DP,"A Review of the Conceptual Framework for Financial Reporting",para. 3. 23, "An entity controls an economic resource if it has the present ability to direct the use of the economic resource so as to obtain the economic benefits that flow from it".

济利益,这一改变会导致很多不同类型的资产被确认。

自"概念框架的复核"讨论稿发布以来,IASB 也在积极收集来自各方的反馈意见,并持续就讨论稿的内容进行讨论更新。2013 年 10 月 8 日,IASB 就"概念框架的复核"举行圆桌会议,其中包括对建议的新资产定义的议题。议程文件涉及的建议的新资产定义的问题讨论有二。其一,关于未来现金流入或流出的不确定性,IASB 的初步观点认为资产和负债的定义都不应当保留"预期的"现金流入或流出,要求资产必须能够产生经济利益。其二,是否赞同 IASB 在"概念框架的复核"讨论稿中建议的新资产定义和经济资源的定义,这仍然是讨论的重点。

五、结论和启示

资产作为最关键的财务报表要素在概念框架中有着举足轻重的地位,但概念框架中现行的资产定义自提出以来从未发生改变。进入 21 世纪后,市场愈发成熟,会计问题引发的矛盾也随之激增,迫切需要统一、完整和高质量的概念框架来规范会计准则的制定。IASB 和 FASB 在重新建立"联合概念框架"的过程中也试图修订更新资产的定义,虽然最终未达成一致意见,但形成了阶段性结果——"联合概念框架"中资产的暂行工作定义,丰富了人们对资产本质的认识。最近,IASB 独立重启概念框架项目并发布"概念框架的复核"后,浓墨重彩地探讨了资产定义,对资产定义的描述也逐渐聚焦,由最初的"经济利益观"、"资源观"、"权利观"发展到现在的"经济资源观",资产定义的内容也由繁变简。

我们认为,资产定义的未来发展仍然会坚持"经济资源观",它是目前比较成熟且是易被大众所接受的观点。"经济资源观"以"资源观"为基础,纠正了"经济利益观"和"权利观"太过抽象、不易理解的缺点,认为经济资源是资产的本质,并专门给出经济资源的定义,还强调经济资源是"现时的"经济资源。同时,也包括现行定义中一直使用的"过去的事项形成的",明确区分过去、现在、未来的时点。"控制"的重新回归也预示着 IASB 对控制的重视,它作为一个重要的会计术语需要对其作出正式的定义,此次讨论稿中已对"控制"定义作了初步探索,但仍需要对其进一步深入讨论。资产的定义还应当是高度概括的,由中心词和限定语两部分组成,强调指导性作用。中心语体现资产的本质(如资产是"经济资源"),使用限定语强调资产的特征即符合资产定义需要满足的条件(如"过去的事项形成"和"主体所控制的"等)。总之,要建立强有力的财务报告概念框架,对现行资产定义的变革势在必行,但任何新建议的资产定义,都还需要经得起理论和实践的检验。

主要参考文献

奥喜平:"论资产定义的不足及资产的本质",《财会月刊》,2013 年第 31 期。

成小云、任咏川:"IASB/FASB 概念框架联合项目中的资产概念研究述评",《会计研究》,2010 年第 5 期。

杜兴强:"关于会计要素几个问题的思考",《上海立信会计学院学报》,2007 年第 4 期。

葛家澍:"试评 IASB/FASB 联合概念框架的某些改进",《会计研究》,2009 年第 4 期。

葛家澍、杜兴强:《会计理论》,复旦大学出版社,2005 年版。

葛家澍、杜兴强:"财务会计的基本概念、基本特征与基本程序(四)",《财会通讯》,2003 年第 11 期。

葛家澍、杜兴强:"财务会计理论:演进、继承与可能的研究问题",《会计研究》,2009 年第 12 期。

孙玉甫、刘泽荣:"资产要素概念的科学表述",《天津商学院学报》,2005 年第 1 期。

ASB, "Statement of Principles for Financial Reporting", December 1999.

EFRAG, Discussion Paper, "Draft Comment Letter on the Conceptual Framework", September 2013.

FASB, Conceptual Framework-Joint Project of the IASB and FASB, www. fasb. org.

FASB, SFAC NO. 6, "Elements of Financial Statements", December 1985.

IASB, Board discussion and papers of Conceptual Framework, www. ifrs. org.

IASB, Discussion Paper, "A Review of the Conceptual Framework for Financial Reporting", July 2013.

IASB, Staff Paper, "Asset and liability definitions, recognition and derecognition", October 2013.

IASC, "Framework for the Preparation and Presentation of Financial Statements", July 1989.

17. 财务报告概念框架"报告主体" 的最新进展及评述

一、引言

"报告主体"（Reporting Entity）概念和财务报告目标有着密不可分的联系。长期以来，会计实务界普遍认可这一概念，但美国财务会计准则委员会（FASB）的八份财务会计概念公告与国际会计准则理事会（IASB）的概念框架（Conceptual Framework）中均未包含这一内容。IASB 与 FASB 自 2002 年 10 月正式签署"诺沃克协议"（Norwalk Agreement）并致力于会计准则国际趋同以来，双方已经认识到这一问题，并将"报告主体"列为概念框架联合项目中的一部分，这是概念框架发展中的一大进步。

下文将在回顾"报告主体"概念修订演进历程的基础上，进一步探讨这一概念的内涵及其对我国会计准则制定的影响。

二、"报告主体"概念提出的必要性

在"报告主体"概念提出之前，IASB 和 FASB 的概念框架中均未包含"报告主体"部分的内容。IASB 的"编报财务报表的框架"中仅用一句话定义了"报告主体"：是指存在依靠主体的财务报表作为其对主体财务信息主要来源的使用者的主体。FASB 的一系列财务会计概念公告对"报告主体"却只字未提。事实上，美国的财务会计概念公告尽管不明确，但其隐含地运用主体假设作为自己的概念是随处可见的。例如第 1 号财务会计概念公告就题为"经营企业财务报告的目标"，而企业即属于个别主体；第 2 号财务会计概念公告涉及会计信息的质量特征，也是指企业即主体提供的会计信息应具备的质量；第 3 号（以及后来由第 6 号所取代的）财务会计概念公告也十分明确地用主体代表企业。但凡提出财务报表的要素时，每一个要素的定义，几乎都与主体有关。因此，我们可以认识到"报告主体"概念的提出，是客观环境的需求决定的。

根据联合概念框架项目（The Joint Project of Conceptual Framework）"目标与信息质量特征"部分的论述，通用财务报告的目标是向现在和潜在的权益投资者、债权以及其他信息使用者提供有关报告主体的财务信息，以帮助他们进行投资、信贷和类似资源配置的决策。按照通常理解，报告主体即是一套具体财务报表的"主语"（即谁有资格对外提供通用目的的财务报表），只有当该"主语"符合一定的条件——即"报告主体"的定义，才能说它编制的财务报表遵循了会计准则,且符合财务报告的目标要求。我们知道,财务报告概念框架是把若干有助于指导、评估和发展会计准则的基本概念汇成一个连贯、协调和一致的体系,对"报告主体"概念的界定与通用财务报告目标紧密关联,并将使通用财务报告概念框架保持协调一致,因此,提出"报告主体"概念的必要性可见一斑。但值得注意的是,如果"报告主体"的定义过于严格,可能会导致实现财务报告目标的失败。例如,如果要成为一个报告主体,它必须有调度资源的能力。但如以这种方式定义,也许会使某些企业活动不满足这个定义。例如,"特殊目的主体"(Special Purpose Entity),一般有预先确定的财务和经营政策,因此其调度资源的能力在一定程度上受到限制,然而其投资者、债权人或其他出资人都需要有关报告主体的信息,主体却缺少描述他们所需要信息的能力。可见,"报告主体"概念的提出是非常必要的,但同时对"报告主体"的定义也不能过于具体化,而应当停留在概念层次上。

三、IASB 与 FASB 关于"报告主体"概念修订的演进历程

自 2005 年 12 月的首次讨论起到 2010 年 3 月征求意见稿的发布,IASB 和 FASB 举行了 17 次讨论,对财务报告主体的明确定义进行了详细而周密的研讨。

最早在 2006 年 3 月的讨论会上,IASB 认为以财务报告为目的的主体不应局限于法律主体,并首次给出了"报告主体"的定义:"主体是指拥有与其他主体进行交易能力的经济个体"。同时,还提出以下建议:(1)概念框架应包括个别报告主体,但对其概念的深究是不必要的;(2)理事会投票决定应采用综合方法,即合并主体和母公司主体都可成为独立报告主体;(3)理事会同意"控制"概念,但不排除暂时性控制。如果主体必须得到其他方面的同意才能决定另一主体的财务和经营政策,则该主体不具备对另一主体的控制权力;单独考虑利用期权来控制另一主体是不充分的,应将期权与其他事实和环境一起考虑。

2007 年 6 月,IASB 发表了投票前草案(Pre-ballot Draft),向公众征求意见。2007 年 9 月,为期 120 天的征求意见期结束后,IASB 根据收到的各方意见着重修订了关于"个别报告主体"(Individual Reporting Entity)的概念。修订后的版本更清楚地阐明了理事会决定定义"报告主体"的原因。

2008 年 2 月,IASB 讨论了是否需要发布文件来探讨"主体观"(Entity Perspective)和"母公司观"(Parent Company Perspective)。同年 4 月,在 FASB 与 IASB 的联席会议上,双方讨论了母公司主体提供的个别财务报表的有用性,形成了三种观点。由于不能达成一致意见,最后双方同意发布第二次投票前草案。

2008 年 5 月,FASB 与 IASB 形成了关于报告主体的初步意见并发布讨论稿"关于改进财务报告概念框架:报告主体的初步意见"(Preliminary Views on an Improved Conceptual Framework for Financial Reporting:The Reporting Entity)(DP),征询公众

意见。理事会收到84份对讨论稿的反馈意见。在考虑了这些反馈意见和从其他渠道收到的意见的基础上,2009年1月,IASB会议讨论了各方对于初步意见的征求意见稿的回复。

2010年3月11日,IASB与FASB联合发布关于"财务报告概念框架:报告主体"的征求意见稿(Conceptual Framework for Financial Reporting:The Reporting Entity)(ED),共收到反馈意见112份,IASB和FASB在2010年10月的联合工作会议中对反馈意见进行了初步整理,并给出了讨论计划。但由于有更紧急的谅解备忘录项目(MoU Projects)须优先处理,IASB和FASB决定暂缓完成"报告主体"章节的终稿。

在2012年5月的联合会议上,IASB和FASB一致决定把概念框架的制定列在所有工作的首位。并决议不再对每一个项目出具单独的讨论稿,而是制定一个单独的讨论稿涵盖所有剩余的部分。因为概念框架中的各个因素是有内在联系的,出具一个综合的讨论稿可以减少时间和精力的耗费。

2012年9月,IASB决定新项目不再作为IASB和FASB的联合项目,而仅仅由IASB独立完成。原因在于,IASB决定不再试图对现行框架作出本质性的改变,只希望涵盖尚未涉及的部分(如列报与披露)以及对显示出明显缺陷的部分予以改进,导致项目难度大大降低;同时,IASB不再想给FASB优于世界上其他准则制定组织的特权。

2013年7月,IASB发布了一个综合性的讨论稿"财务报告概念框架的复核"(A Review of the Conceptual Framework for Financial Reporting),总共分为九章以及八个附录,涵盖了对之前概念框架修正和补充的提议,包括修正了资产和负债的定义,引入了终止确认的指南,澄清了其他综合收益的目标和目的,并且建立了列报和披露的框架。考虑到IASB已经针对"报告主体"部分发布了一份讨论稿和一份征求意见稿,在本次讨论稿中,IASB仅将涉及"报告主体"的部分列示在附录B中。附录B总结了"报告主体"征求意见稿中的提议及其收到的反馈。IASB意图在未来的概念框架新的征求意见稿中加入2010年征求意见稿收集意见之后更新的内容。本次征求意见截止期是2014年1月14日。在对讨论稿征求意见结束后,IASB计划在2014年第三季度发布征求意见稿,并最终在2015年9月前完成新的概念框架。

四、对2010年征求意见稿中"报告主体"概念的解读

由于在新发布的讨论稿"财务报告概念框架的复核"中对"报告主体"的概念仅仅进行了一个汇总概括,因此我们讨论的内容仍将以2010年3月的征求意见稿(ED)为准。在2010年3月IASB与FASB联合发布的"财务报告概念框架:报告主体"(征求意见稿)中,将"报告主体"定义为"现有及潜在权益投资者、贷款人及其他资源提供者所关注的经济活动的特定领域,而且这些资源提供者不能直接获得是否需要向主体提供资源和这些资源是否被管理层有效利用的决策有用的信息"。

由定义我们可以看到,"报告主体"具有以下三个特征:(1)主体正在从事、已经从事或者将从事经济活动;(2)这些经济活动能够与其他主体的经济活动和主体所在的经济环境客观地区分;(3)有关主体经济活动的财务信息是资源提供者决定是否需要向主体提供资源和这些资源是否被管理层有效利用的决策有用的信息。这三个特征是界定"报告主体"的必要条件但非充分条件。根据以上的定义和特征,我们可以从以下几个方面来深入理解"报告主体"的内涵。

(一)报告主体与法律主体的区别和联系

征求意见稿指出,法律主体不是"报告主体"界定的必要条件也不是充分条件。"报告主体"可能包括不止一个法律主体,也可能包括一个法律主体的某一个部分。大多数情况下,法律主体很可能是报告主体,但是,单一的法律主体也可能不是报告主体,例如,一个法律主体与其他法律主体的经济活动混合在一起且不能客观地分离时,该法律主体很可能就不是报告主体。该种情况下,报告主体就包含两个或两个以上的法律主体。如果主体的一部分经济活动能够与主体剩余部分客观地区分开,且与主体该部分有关的财务信息对于是否应向其提供资源是决策有用的,那么主体的这一部分也可能作为报告主体。对此,葛家澍教授(2011)指出,这个定义的一个重要特点是不从法律层面而只从经济层面来定义报告主体,所有的报告主体都是一个经济活动的区域,但它的边界和范围却由现在的和潜在的投资人、借款人和其他债权人所要求和该主体也可能提供的、对决策有用信息所界定。因此,这个报告主体定义包括一切法人企业或企业集团,但也包括非法人主体的特殊分支机构和企业内部有重要特色的分部。我们认为,"报告主体"不应局限于一个法律主体的活动。报告主体的概念首先要反映经济现象和实质,而非企业的法律结构形式。这也符合会计实质重于形式的要求。

(二)报告主体与会计主体的区别和联系

当前 IASB 的概念框架和 FASB 的概念公告都对"会计主体"进行过明确定义。但要注意报告主体和会计主体的区别,不可混为一谈。两者的主要区别在于:(1)会计主体强调的是确定会计核算的空间范围、会计系统边界的空间维,而报告主体不仅强调报告主体的空间范围,有时也对报告主体的时间维度进行了规定,例如,某一主体是否以及何时纳入集团报告主体,通常以其是否为集团报告主体所控制为判断标准;(2)会计主体概念强调会计的确认、计量、记录和报告四个基本程序,而报告主体概念则着重强调会计的报告,例如需要根据母公司和子公司的会计确认、计量、记录和报告等财务资料,编制集团报告主体的合并财务报告,因此,如果会计主体不存在,报告主体也难以存在。

(三)控制权构成了集团报告主体的基础

在征求意见稿中,IASB 和 FASB 认为当一个主体具有主导另一个主体的活动并能从中获得利益(或者止损)的权力时,一个主体就控制了另一个主体。如果一个主体控制另一个主体,那么控制主体给权益投资者、贷款人及其他资源提供者带来的现金流量和其他收益显著地取决于从被控制主体取得的现金流量和其他收益,相应地取决于主体的活动和控制主体对于活动的主导。因此,如果主体控制一个或者多个主体,那么该主体就应当编制合并财务报表。合并财务报表很可能给最大数量的报表使用者提供决策有用的信息。这从"决策有用观"的角度解释了为什么控制权构成了集团报告主体的基础。这里要注意的是,重大影响不等于控制。正如征求意见稿指出,如果一个主体对其他主体有重大影响,表示该主体不控制其他主体。实际上该主体并不具有能够主导其他主体活动的能力,不能构成对其他主体的控制权。

如图表 3-17-1 所示,报告主体和其他主体的关系因"控制"判断而泾渭分明。报告主体在其他主体中的权益,是子公司,还是合营安排、联营公司或者投资于权益性工具的金融资产一览无余。

(图表 3-17-1)

报告主体与其他主体关系图①

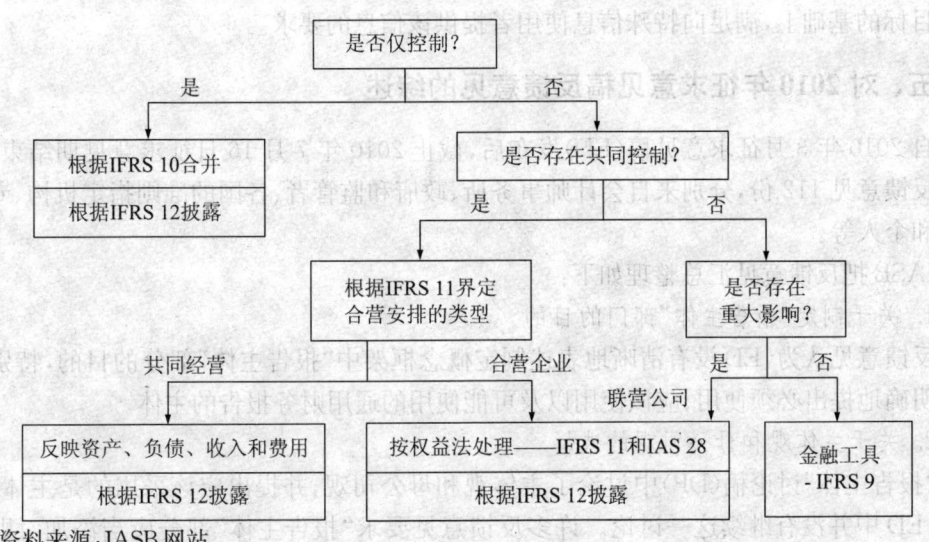

① 资料来源:IASB网站。

(四)一个主体的一部分也可以成为报告主体

征求意见稿表明,如果主体的一部分的经济活动能够与主体的剩余部分的经济活动客观地区分,并且与主体该部分有关的财务信息对于是否应向其提供资源是潜在决策有用的,那么主体的这部分可能作为报告主体。在一个主体的内部,有一些机构和部门,它们的经济活动明显区别于其他部门,对外部资源提供者来说,这些部门提供的财务信息特别能帮助他们进行相关决策,那么这些主体内部的特殊经济活动部门也可以视为"报告主体"。分部报告主体可以独立对外呈报分部财务信息,这无疑是对报告主体概念理解的深化。

（五）其他类型财务报告

征求意见稿要求，当母公司控制一个或多个主体时必须列报合并财务报表，但同时，IASB 和 FASB 承认其他类型财务报表也可能提供有用的信息。因此，联合工作组允许编制母公司单独财务报表，条件是该报表须与合并财务报表一起列报。同样，联合工作组承认包含两个或多个同一控制下主体的汇总财务报表可以提供有关该组同一控制下主体的有用信息。但是汇总财务报表并不能取代合并财务报表。我们认为，母公司个别财务报表和汇总财务报表虽然能提供相关的财务信息，但这些信息只针对部分信息使用者，因此不符合通用财务报告的目标。与合并财务报表相比，母公司财务报表尽管将母公司的资产、负债和经济活动等都进行了反映，但实质上，已有部分项目被加总和抵销，因此并没有反映潜在的资产和负债，其提供的信息并不完整。我们建议，在合并财务报表的附注中披露有关母公司财务报表的补充信息，即在合并财务报表附注各项目之后紧跟母公司本身的主要项目或者以补充信息等其他形式反映，如此可以在合并财务报表反映通用财务报告目标的基础上，满足向特殊信息使用者提供该信息的要求。

五、对 2010 年征求意见稿反馈意见的综述

自 2010 年 3 月征求意见稿（ED）发布后，截止 2010 年 7 月 16 日征求意见期结束，共收到反馈意见 112 份，分别来自会计师事务所、政府和监管者、各国的准则指定机构、专业组织和个人等。

IASB 把反馈意见汇总整理如下：

1. 关于制定"报告主体"部门的目的

反馈意见认为，ED 没有清晰地表述制定概念框架中"报告主体"部分的目的，特别是没有明确地提出必须使用、应该使用以及可能使用的通用财务报告的主体。

2. 关于主体观和母公司观的选择

"报告主体"讨论稿（DP）中讨论了主体观和母公司观，并提出应该采用的是主体观。但是，ED 中并没有继续这一讨论。许多反馈意见要求"报告主体"部分应当添加对财务报表应该通过哪一种观点列报的讨论。反馈意见对选用哪一种观点仍然存在分歧。一些反馈意见支持主体观，另一些支持母公司观。

3. 对报告主体的描述

大多数对 ED 的反馈意见肯定了征求意见稿中的描述。但是，也有其他的提议：①采用原概念框架中对报告主体的定义；②将报告主体定义为法律主体；③让政府和监管者来定义报告主体。

很多反馈意见表示，所有要求报告的法律主体都应该是报告主体。也有些反馈意见表示，所有法律主体都应该是报告主体，不管它们是否被要求报告。

大多数反馈意见同意，只要一个主体的一部分的经济活动可以被客观地从该主体的

其他部分中区别出来,该部分的财务信息有可能对财务报告使用者的决策有用,那么主体的该部分就可以是报告主体。

另外,反馈意见提议对报告主体的描述进行一些澄清和补充。

4. 关于合并财务报表部分的反馈

大多数反馈意见同意"对一个主体实施控制"的说法。但是,很多反馈意见指出"控制"是一个普遍的概念,因此,不应该再在"报告主体"部分给出定义。在概念框架中,应该给出的控制定义,应该是更高级的、更泛义的概念。

同时,大多数反馈意见同意控制一个或者多个其他主体的主体应该列报合并财务报表。但是,一些反馈意见表示,IASB 并不需要负责决定哪些主体必须编制合并财务报表,因为这些完全是政府和监管者的责任。

5. 关于其他类型的财务报表的讨论

(1) 母公司财务报表

一些反馈意见反对 ED 中的所说的母公司财务报表只有在和合并财务报表一起列报的时候才是决策有用的。他们反对的理由如下:①他们认为主体有权列报与合并财务报表不同报告日的母公司财务报表(欧洲部分地区合并财务报表和母公司财务报表的截止提交日期不一致);②他们认为母公司财务报表本身也是有用的;③有些政府和监管者要求单独列报母公司财务报表。

(2) 汇总财务报表

对于编制汇总财务报表仅限于在两个或多个同一控制下的主体中的规定,有很多反对意见。反对者列举了以下两种情况,并称汇总财务报表在这两种情况下可能有用:①在同一管理层下的主体;②互助银行群体。

(3) 两地上市公司

少数反馈意见表示,很难把报告主体概念运用到两地上市公司和类似主体上。

总的来说,反馈意见要求 IASB 进一步丰富"报告主体"的概念,明确提出必须使用、应该使用以及可能使用通用财务报告的主体。"报告主体"概念的提出,并不是来自准则制定机构的主观臆断,而是会计赖以存在发展的客观环境本身的要求。因此,基于对客观现象的认识和深化,才能不断加深我们的理论认知和丰富我们的知识积累,进一步指导我们的行动。因此,有必要对"报告主体"概念在概念框架层次上予以加强。但对于其他已经讨论并形成基本结论的内容,再花费大量人力物力进行探讨也可能收效甚微。基于"成本——效益原则",建议暂时搁置,以待未来完善。

六、"报告主体"概念的贡献和局限性

(一) 对概念框架中引入"报告主体"概念的评价

首先回顾美国财务会计概念框架的制定过程。

美国财务会计概念框架的制定,最早应是由负责GAAP制定的美国注册会计师协会(AICPA)开始的。不过,当初AICPA并没有采用概念框架(CF)这个名称。AICPA在1959年将准则制定机构由会计程序委员会(CAP)改组为会计原则委员会(APB),并成立了会计研究部(Accounting Division)专门负责研究指导改进会计准则的理论。根据AICPA的一个研究项目专门委员会的报告,建议指导会计准则的基本理论是先从"会计基本假设"开始,再通过演绎,推导出直接指导会计准则的"广泛会计原则"。会计研究部遵循了AICPA的上述要求,分别于1961年和1962年提出了ARS No.1和ARS No.3两份报告,以上报告被认为是虽无概念框架之名、却有概念框架之实的启蒙文件,却立即遭到APB的否定。原因在于:首先,会计假设与会计原则之间的内在逻辑关系不紧密;其次,基本假设主要研究会计与所处环境之间的关系,往往与会计实务相去甚远,在此基础上构建的概念框架难以起到指导准则制定的作用。在上述情况下,以会计目标为起点的新型构建思路逐渐引起理论界的重视。

随后,AICPA也改变了看法,认为指导会计准则的概念应从财务会计的"目标"开始,着重研究三个问题:首先,财务信息的使用者是谁? 其次,他们需要什么信息? 再次,财务会计能够提供什么信息? 这就是AICPA交给新成立的"特鲁伯罗德小组"(Trueblood Group)的研究任务,该小组于1973年10月发表的"财务报表的目标"的报告,后来成为FASB制定概念框架的重要起点。1973年,FASB成立后不久,随即展开"概念框架项目"(The Conceptual Framework Project)的研究。FASB发表了数份重要的备忘录,并举行了一系列听证会,对财务报表的目标及其他财务会计概念展开了热烈的讨论,并在此基础上,发表了"关于经营企业财务报告目标和财务报表要素的财务会计概念公告的征求意见稿"(The Exposure Draft of Proposed Statement of Financial Accounting Concepts on "Objectives of Financial Reporting and Elements of Financial Statements of Business Enterprises"),该征求意见稿经过多次意见反馈和修订之后,最终形成了以后正式发表的"财务会计概念公告"。

以上是美国财务会计概念框架制定的基本过程。我们认为,在最早研究财务报告的目标时,AICPA理事会只要求"特鲁伯罗德小组"研究三个问题:第一,谁是财务信息的使用者? 第二,使用者需要什么信息? 第三,现在财务报表能提供什么信息,如何克服其局限性? 当时可能出于忽略,漏掉了一个重要问题:第四,应由谁提供财务信息,所提供的信息的边界是什么? "特鲁伯罗德小组"按照前三个问题,通过大量调查研究,召开各种座谈会征求意见,最后形成了FASB财务会计概念框架的基础文件"经营企业财务报表的目标"。只是第四个问题没有研究:财务报告即财务信息总是由主体提供的,财务报告产生于主体,严格区分该主体的资源、资源所有权和两者的变动不同于主体的所有者,更不同于其他主体,是极为重要的。"报告主体"理所当然地应提到概念的水平上来研究。严格地说,"报告主体"乃财务报告目标的组成部分。如果把对投资人、债权人和其他资金供应者提供决策有用信息作为目标的中心,那么,实际上这个目标只是三角形的一角,另两角是信息的提供者(主体)和信息的使用者(如图表3-17-2所示)。由此可见,报告主体概念不但来自于早期的主体假设,也是财务报告目标所固有的。然而这一概念在过去的概念框架中被默认,准则中也在广泛使用,但是没有明确作为概念框架的一部分。新的概念框架把"报告主体"的概念明确列入了概念框架中,算得上是一个突破和进步。

(图表3-17-2)

决策有用信息提供与使用三角关系图[①]

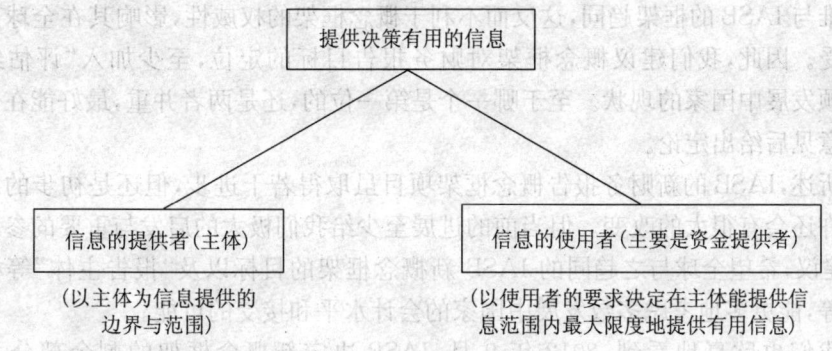

(二)报告主体概念的局限性

"报告主体"的概念和财务报告目标紧密相连。而新的概念框架对财务报告目标的论述,字里行间无不体现面向市场的"决策有用观"。虽然征求意见稿中也提到财务报告信息也应该有助于评估企业经理层的经管责任(Stewardship)或受托责任(Accountability)。不过,"受托责任观"并不是最主要的目标,它与"决策有用观"不能并驾齐驱。简单地说,"决策有用观"在新的概念框架中虽不是唯一、但也是最主要的目标。

这与FASB的财务会计概念公告的基本观点是一致的。我们认为,这一结果的产生多少是受到FASB的影响。

美国是市场经济高度发达的国家,美国企业筹集资本主要通过公开发行权益证券和债券。这些证券的转让,主要借助于在资本市场上转手交易。大量持有各种证券的投资人和债权人经常要评估买卖证券的机遇和可能的风险,从而作出投资(买进、抛售或持有)与信贷(贷出或收回)决策。美国的概念框架把财务报告的目标定位于"决策有用性"上,是由美国的投资环境和高度发达的资本市场所决定的。

即便如此,美国有些权威会计组织如美国会计学会(AAA)也持反对态度。它认为,全美国约有490万个企业,而公开发行证券、受SEC监管的不过17000家。所以,AAA对FASB和IASB 2006年11月29日"联合概念框架有关财务报告目标的初步观点"讨论

---

① 参见葛家澍:"论财务会计概念框架中的报告主体概念",《会计研究》,2011年第6期。

稿的评论就主张扩大财务报告的用途,并建议突出比"决策有用性"更重要的"评估经管责任"。

现在,我们所讨论的新财务报告概念框架,在确定其用途时,更应该顾及全世界商品经济发达程度较低、筹资渠道并非主要来自于资本市场的发展中国家的现状。美国是世界上经济最发达的国家,它的概念框架当然比较先进,但它更多反映的是发达市场经济的特点。IASB 是国际性的准则制定机构,它所制定的概念框架应当面向全球。而在全球,经济欠发达的国家占 90%左右,如果 IASB 未来应用的概念框架过于向美国倾斜,将使其他国家很难与 IASB 的框架趋同,这反而不利于概念框架的权威性,影响其在全球范围内被广泛接受。因此,我们建议概念框架对财务报告目标的定位,至少加入"评估经营责任",以兼顾发展中国家的现状。至于哪一个是第一位的,还是两者并重,最好能在全球范围内征求意见后给出定论。

综上所述,IASB 的新财务报告概念框架项目虽取得若干进步,但还是初步的。最后的定稿也许还会有很大的改变。但当前的进展至少给我们极大的启发与重要的参考。为此,我们建议,希望全球与之趋同的 IASB 新概念框架的目标以及"报告主体"等相关概念的定义等,能更多地考虑多数发展中国家的会计水平和接受的可能。

当然我们也欣喜地看到,2012 年 9 月,IASB 决定新概念框架的剩余部分不再与FASB 合作,而是由 IASB 独立完成,理由之一是为了避免概念框架过于向美国倾斜。尽管国际上不少学者都认可,会计准则的制定过程不是一个纯技术过程,而是一个政治化的过程。但我们至少开始看到 IASB 为摆脱政治影响做出的努力。国际报务报告概念框架至少在保证其"权威性"、"科学性"、"规范性"和"全面一致性"以及充分发挥其"知识渗透力"的魅力等方面做出了不懈的努力。我们也有理由相信,它将成为排除政治干扰、降低政治成本的一项有力措施。

七、"报告主体"概念的提出对我国会计准则制定的影响

会计理论与实务的不断发展,促使 IASB 制定出一套单一的、协调的、内在一致的以及高质量的概念框架,指导和评价现有的会计准则,并实现国际会计准则的趋同,这对参与国际会计准则趋同的国家和组织都是有百利而无一害的。我国财政部于 2006 年 2 月15 日发布了新企业会计准则,包括三十八项具体准则和一项基本准则。但关于"报告主体"部分的内容,我国现行基本准则基本没有涉及。通过以上对"报告主体"概念的分析与评述,我们认为,尽管对是否修订我国基本准则仍然存在争议,并且具体实施也有相当的难度,但无论是我国会计准则制定者,还是会计界学术界与实务界,都应充分认识到"报告主体"这一概念在基本准则(或者概念框架)中的必要性和重要性,这些相关概念对于指导"企业合并"、"合并财务报表"等准则的制定及实施具有举足轻重的作用。

同时我们认为,我国应该积极参与国际财务报告准则和概念框架的制定工作,积极向

概念框架工作小组反馈和提出自己的意见。特别是与美国以及其他一些欧洲国家相比，在我国资本市场仍不发达的现状下，我们更应站在发展中国家的角度给予合理建议，避免国际会计准则趋同过于偏颇，推进会计准则真正意义上的全球趋同。

主要参考文献

葛家澍："试评 IASB/ FASB 联合概念框架的某些进展——截至 2008 年 10 月 16 日的进展"，《会计研究》，2009 年第 4 期。

葛家澍："论财务会计概念框架中的报告主体概念"，《会计研究》，2011 年第 6 期。

汪祥耀等著：《美国会计准则研究——从经济大萧条到全球金融危机》，立信会计出版社，2010 年版。

傅颀、俞淑倩："联合概念框架下财务报告主体概念的最新演变及其对我国的启示"，《财会研究》，2010 年第 24 期。

IASB，"Conceptual Framework for Financial Reporting：The Reporting Entity"（ED），March 2010.

IASB，"A Review of the Conceptual Framework for Financial Reporting"（DP），July 2013.

航空运输业不但没有做出自己的贡献，相反还享受着美国国内及⋯⋯⋯⋯⋯⋯⋯⋯⋯⋯⋯⋯
在其盈亏的技术上发，取得技术，机体业的成长中国家的加度给予有理念于⋯⋯⋯⋯⋯⋯⋯

18. 从 CI 到 OCI 及分类列报：IASB 与 FASB 财务业绩报告规范的历史变迁与最新改革述评

一、引言

财务会计的两大重要使命是收益确定（Determination of Income）和资产计价（Valuation of Assets）。收益确定为企业财务业绩衡量奠定了基础，资产计价成为评估企业价值的主要手段。两者相互关联，互为调节。在"关联观"（Articulated View）下，关于先确定收益还是先进行资产计价，存在"收入费用观"和"资产负债观"两种观点。而采用不同的收益观（如当期经营收益观或总括收益观），又会产生截然不同的财务业绩衡量后果。近半个世纪以来，世界上各主要会计准则制定机构，如英国会计准则委员会（ASB）、美国财务会计准则委员会（FASB）、原国际会计准则委员会（IASC）、2001 年改组后的国际会计准则理事会（IASB）以及我国会计准则委员会等，均致力于财务业绩报告项目的改革，凸显出这一改革项目的重要性。尤其是近年来，在国际上逐渐取得采用"资产负债观"和"总括收益观"的共识下，财务业绩报告改革的重点又进一步从"综合收益"（Comprehensive Income，简称 CI）列报转向"其他综合收益"（Other Comprehensive Income，简称 OCI）列报，IASB 和 FASB 将其作为主要的趋同性项目加以研究，取得了较明显的进展。下文将追溯国际会计界关于财务业绩报告改革的最新进程，并分析对我国会计准则的影响以及应当采取的策略。

二、财务业绩报告规范改革的理论溯源

财务业绩报告理论的发展可以追溯到一百年前。上世纪初，随着一战结束和美国政府对战时所发行"自由债券"的回购，投资者手头的现金一下子变得充裕起来。人们寻找收益较高的项目进行投资，因此就更为重视企业的经营业绩。在此情况下，"收入费用观"占据了主要地位，收益表也因此取代资产负债表成为投资者关注的第一报表。然而在对收益的认识上，经济学家认可的"经济收益"和会计学家认可的"会计收益"却不相同。虽然"经济收益"更为接近"真实收益"（True Income），但在非理想状况下，"会计收益"却是"真实收益"更为现实的代表。上世纪 30 年代，即使在会计界，关于如何定义"会计收益"，也形成了"当期经营收益观"（Current Operating Income View）和"总括收益观"（All-inclusive Income View）两大理论流派。前者支持狭义的收益定义，强调收益仅为当期经

营活动的结果,企业业绩更多地反映为"经营业绩"。后者支持广义的收益观,即认为除业主投资和派给业主款项外,当期确认的所有收入、费用、利得和损失均应属于收益范畴。后一观点已经产生了"综合收益"和"财务业绩"的思想萌芽。

1980年,FASB在财务会计概念公告第3号(SFAC No.3)中首次对"综合收益"作出正式定义,即指"一个主体在某一期间与非业主进行交易或发生其他事项和情况所引起的权益(净资产)的变动。它包括这一期间内除业主投资和向业主分派以外的所有的权益的变动"。显然,FASB提出的"综合收益",不仅包括了当期已实现并确认的经营性收益,而且还包括了当期未实现但已确认的利得和损失,甚至还包括非经营性收益。这一定义贯彻了"总括收益观"的思想,并推动了定义收益从"收入费用观"向"资产负债观"的转变。

虽然FASB在SFAC No.3中已明确建议采用"总括收益观",但在20世纪80年代至90年代,某些经营活动的成果仍被强制要求直接计入权益(如SFAS 115中对某些资产和负债的评估),将这些交易绕过收益表直接计入权益,导致资产负债表和收益表不再匹配,由此引发美国GAAP的一致性问题,再次掀起了收益概念之争。同时,随着资本市场的迅速发展,会计目标由传统的受托责任观向决策有用观转变,评价会计信息有用性的质量特征也由可靠性主导渐而向相关性靠拢。此外,随着资产负债表表外业务的不断增加,传统的财务报表已不能充分披露决策有用的会计信息,会计界要求改革财务报告的诉求也日益高涨。在此背景下,以ASB、FASB和IASB为首的世界各主要准则制定机构,纷纷着手对财务报告体系进行改革,且将改革重点放在业绩报告身上。

1992年10月,英国ASB率先发布了财务报告准则第3号(FRS 3)"报告财务业绩",规定企业业绩信息由损益表和"全部已确认利得和损失表"(STRGL)共同反映。损益表仍是反映企业业绩信息的主要报表,包含了所有已实现损益。STRGL不同于损益表之处在于其将以往绕过损益表直接计入资产负债表"储备"(Reserves)①的项目纳入单独列报范围,包括已确认未实现的利得和损失,以便更全面地反映企业财务业绩信息。ASB这一准则的出台揭开了财务报告体系改革的大幕,世界各国及地区会计准则制定机构纷纷效仿。

1997年6月,美国FASB正式发布SFAS 130"报告综合收益"(Reporting Comprehensive Income)。SFAS 130沿用了SFAC No.3对综合收益的定义,并首次提出其他综合收益(OCI)的概念,将综合收益划分为净收益和OCI两个组成部分。SFAS 130保留了传统净收益的概念及构成,其仍由收益表提供,仅反映已确认已实现的收入和费用,而OCI则反映已确认但未实现,平时绕过收益表直接计入资产负债表所有者权益的

---

① 根据当时有关法律和会计准则的特殊规定,某些利得和损失可以或必须被直接计入资产负债表"储备"项目,如固定资产重估盈余。

项目。SFAS 130 虽然鼓励企业对综合收益作业绩计量,但对此并不作强制要求。① 与此相对应,SFAS 130 在单表式和两表式这两种业绩报告表式的基础上增加了所有者权益变动表式的选择。

受英、美等国的影响,1997 年 8 月,IASC 对国际会计准则第 1 号(IAS 1)进行了重大修订,并将 IAS 1 更名为"财务报表列报",同时也提出了改革业绩报告的目标。修订后的 IAS 1 要求财务报表中应有一个独立部分,突出显示企业的所有利得和损失。也就是说,IASC 同样要求企业报告所有已确认的利得和损失,并推荐了两种可选择方式:在所有者权益变动表中单独反映已确认但未列入收益表的其他利得和损失,或采用"已确认利得和损失表"。可以看出,IASC 借鉴了同期英国 ASB 和美国 FASB 的经验,对于未在收益表中确认的未实现利得和损失,IAS 1 建议的处理方式与美国 SFAS 130 相似。

综观上述英国 ASB、美国 FASB 和 IASC 对财务业绩报告模式的初期改革尝试,可以发现其总体路径是一致的,即在不改变传统收益表(或损益表)地位的前提下,增加"第四财务报表"("全面已确认利得和损失表"或"综合收益表"),将不允许在收益表中列报的未实现利得和损失集中起来,与收益表中确认的已实现净收益合并,以反映企业业绩全貌;或者是通过改造收益表或所有者权益变动表的方式,补充列报财务业绩信息。

三、FASB 与 IASB 对财务业绩报告项目的改革进展

为了向投资者和债权人提供更好且更有意义的信息,本世纪初在 IASC 改组后不久,FASB 和 IASB 各自在其议程中增加了财务业绩报告(或业绩报告)项目,以便于公众更好地评价公司业绩。在这一期间,其他综合收益(OCI)的概念及列报问题受到了更大的重视。

(一)美国财务业绩报告项目的改革进展

SFAS 130 虽有力推动了财务业绩报告模式的发展,但仍存在诸多弊端:(1)净利润与综合收益两种业绩计量指标共存,导致使用者困惑;(2)重分类调整处理复杂,且必要性不大;(3)OCI 项目划分标准模糊。此外,FASB 工作人员注意到,无论是 IASB 与 ASB 曾开展联合项目的活动,或是 1999 年 G4+1 特别报告与英国 FRED 22 的前期工作,均聚焦于包括所有综合收益项目的单一业绩报表。FASB 项目在当时虽未达成技术性结论,但工作人员预测,这将会是全球会计准则趋同背景下的必然走势。基于这一背景,2001 年 8 月,FASB 启动财务业绩报告项目,并于 2001 年 12 月至 2002 年 2 月期间对 56 名报表使用者进行了采访。调查结果显示:使用者强烈希望财务报表能披露更多具有预测价值的信息,但并不愿意看到财务报表列报产生颠覆性变化;对综合收益在单一报表中列报

---

① 以财务报表编制者为首的反对者认为,如果将综合收益作为业绩计量,将降低财务报表的可理解性,因为其提供了净收益和综合收益两种业绩计量,使用者通常很难判断哪种计量对决策更有用。

的需求较小,但 OCI 项目的透明度如能提高,也不反对列报综合收益。

基于上述调查结果,FASB 同意综合收益要素应在单一综合收益表中进行列示,并认为综合收益表的分类有助于提高报表的可理解性和有用性。在对综合收益分类的讨论中,FASB 提出若干可供选择的分类方式:(1)AICPA 特别委员会(Special Committee on Financial Reporting,也称 Jenkins Committee)提出的核心/非核心分类方案;(2)G4+1 及 ASB 建议的经营/筹资和财务/其他(Operating/Financing and Treasury/Other)分类方案;(3)IASB 讨论的经营/筹资(Operating/Financing)分类方案。经过反复讨论,FASB 成员一致认为报表至少应分为三大类:营业活动、筹资活动、其他利得和损失。

2003 年 10 月,FASB 对报表总计和小计展开讨论,并作出暂时性决定:(1)保留 OCI 项目分类与列示标准,如 SFAS 130 规定,OCI 应反映会计原则变更的累计影响,而这一内容在此前一直在净收益中反映。(2)要求列示持续经营产生的净收益(损失)小计,具体由营业、筹资、非营业/非筹资和所得税分类中报告的数额组成,并要求在非持续经营(税后净额)和 OCI(税后净额)的报告数额后立即列示小计。(3)不要求在综合收益表内列示盈利(Earnings)小计,这一规定与 SFAC No. 5 的要求一致。①

(二)IASB 与 ASB 业绩报告项目的改革进展

2001 年 7 月,为增强收益表信息的有用性,IASB 与 ASB 联合启动业绩报告项目。双方首先集中讨论了业绩报告的九大原则,并以概念书(Concepts Paper)形式发布。双方认为,业绩报告应遵从单一"首要原则",即"投资者观点建议,财务报表使用者用以预测报表项目变动率相关的信息应为业绩报表组成部分的分类标准"。此外,业绩报告还应遵从五项"次要原则"和三项"实践限制原则"(Practical Limitation Principles),前者为首要原则的施行提供概念性指导,后者有效规范了业绩报表格式。双方还对当时 ASB 和 FASB 的业绩报告格式进行探讨,在此基础上,IASB 于 2003 年 12 月对 IAS 1 进行了第一次修订。值得注意的是,此次修订中,IASB 从投资者需求出发,提出了对综合收益报告各组成部分的划分标准,并主张取消净收益和 OCI 指标,采用统一格式报告综合收益。

(三)FASB 与 IASB 财务业绩报告(或业绩报告)改革模式的比较

2003 年 10 月,FASB 和 IASB 召开联合会议,讨论了各自财务业绩报告项目改革的进展。双方强调了该项目趋同的重要性,并对其异同展开讨论。具体而言,双方讨论了 FASB 决定保留 OCI 的做法,这与 IASB 的要求背道而驰。另外,双方还就再循环和每股收益(EPS)等内容进行了讨论,并决定成立联合工作小组进一步深入研究,以减少双方分

---

①　FASB 在 SFAC No. 5 提到了列示"盈利"(Earnings)"的要求,并对综合收益与盈利做了区分:"包括在综合收益中而不属于盈利范畴的项目有前期调整和会计政策变更的累积影响(后者和前者的部分内容在现行实务中属于净收益范畴)。"SFAC No. 5 对盈利做了描述:"盈利关注主体已收到或合理期望收到的资产流入(收入),以及在生产和分配过程所做的对应牺牲(费用)。"

歧。双方业绩报告改进模式的具体区别,如图表 3-18-1 所示:

(图表 3-18-1)

FASB 和 IASB 建议的综合收益表改进模式的异同

	FASB	IASB
	• 单一报表 • 旨在为使用者提供决策相关的数据分类 • 不支持收益表和其他已确认利得与损失的持续分离	
总体目标	首要目标(Primary Objectives): • 提高财务报表信息质量,以助于投资者、债权人及其他相关方更好地评估企业财务业绩 • 确定财务报表信息的充分列报,允许投资者和债权人使用关键的财务计量	主要目标(Main Focus): 制定单一的综合收益表,以报告所有已确认的收入和费用。项目将指定综合收益表的格式,以及收入和费用的分类与排列基础。预计权益变动表和现金流量表会相应地发生变化
建议的业绩报告组成	六大部分:营业、筹资、非营业/非筹资、税金、非持续经营和 OCI	四大部分:营业、筹资、税金和非持续经营
净收益和再循环	• 接受 OCI 和再循环的概念 • 要求列报持续经营收益(损失)小计	拒绝再循环基础上的净收益概念(现金流套期部分例外)
"综合收益"概念的使用	综合收益与概念框架(Conceptual Framework)一致	使用综合收益作为暂定名称(Working Title),IASB 框架并未给出定义
每股收益	尚未讨论	• 不支持每股收益的标准定义 • 允许主体生成自己的每股收益,但其列示地位不应高于每股综合收益,且必须透明地协调两者

四、IASB 与 FASB 财务业绩报告及 OCI 列报规范的趋同进展

在联合工作小组的前期努力下,IASB 与 FASB 于 2004 年终止了财务业绩报告项目各自为政的局面,携手组建联合国际小组(JIG)及金融机构咨询小组(FIAG),正式启动财务报表列报(FSP)的联合项目研究,对财务报表列报进行大刀阔斧的改革。双方将该项

目分为三个阶段:第一阶段旨在构建一套完整的财务报表体系,并要求列报可比信息,IASB已完成这一阶段工作,FASB则表示同时考虑前两个阶段的工作,因此并未在第一阶段发布相关文件;①第二阶段则会关注FSP相关的更为基础的问题,其中重点讨论OCI列报这一子项目(已完成);②第三阶段,FASB将考虑美国GAAP中期财务信息列报相关问题,同样,IASB将在这一阶段斟酌IAS 34"中期财务报告"的有关要求,这一阶段研究工作尚未启动。IASB与FASB财务报表列报联合项目的历史进程如图表3-18-2所示:

(图表3-18-2)

IASB与FASB财务报表列报联合项目历史进程

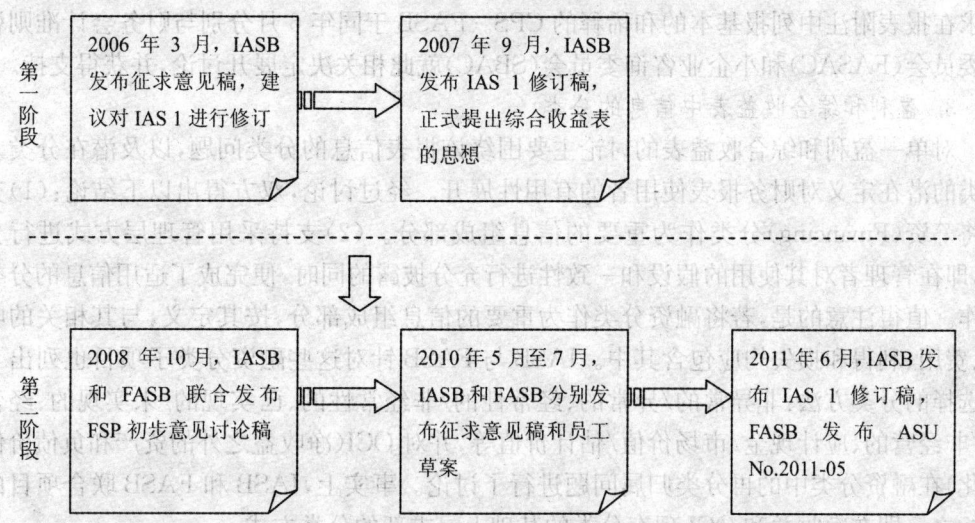

（一）IASB与FASB财务报表列报联合项目第一阶段成果述评

联合项目第一阶段讨论的议题主要包括:(1)财务报表体系的构成;(2)每股收益(EPS)和每股综合收益(CPS);(3)盈利和综合收益表(Statement of Earnings and Comprehensive Income)中信息的分类;(4)综合收益的有用性。

1. 财务报表体系的构成

从2004年4月开始,双方即着手对财务报表体系构成进行讨论,并在一年后的联合会议上就此问题达成共识:一套完整的财务报表体系应包括:期初财务状况表、期末财务状况表、盈利和综合收益表、权益变动表、现金流量表5张报表,且每张报表同等重要。其

---

① FASB关于第一阶段的暂时性结论在其2010年7月的员工草案(Staff Draft)中载明。

② 第二阶段另两个项目"IAS 1和IAS 7更新"(Replacement of IAS 1 and IAS 7)和"终止经营"(Discontinued operations)已暂停。

中,盈利和综合收益表采用单一报表模式,排除了传统收益表(或损益表)和其他综合收益表同时列报的两表模式。值得注意的是,这里的单一报表模式对原始模式进行了修正,要求列报来自非业主的财务状况变动(综合收益)总计和净收益/净损益小计,这一修正模式允许综合收益和净收益在同一位置同等列报,不失为一大突破。

2. 每股收益(EPS)和每股综合收益(CPS)

IASB 与 FASB 在前期讨论中赞同盈利和综合收益表采用单一报表模式,随之而来的即 EPS 和 CPS 的披露问题。在 2005 年 5 月的工作会议上,双方决定第一阶段不考虑 CPS 的计量问题,且免于修订各自的 EPS 准则,暂时只讨论 EPS 与 CPS 的列报问题,并作出初步决定:必须在盈利和综合收益表中列报基本的和稀释的(Diluted)EPS;允许但不要求在报表附注中列报基本的和稀释的 CPS。FASB 于同年 6 月分别与财务会计准则咨询委员会(FASAC)和小企业咨询委员会(SBAC)就此相关决定展开讨论,并获得支持。

3. 盈利和综合收益表中信息的分类

对单一盈利和综合收益表的讨论主要围绕该报表信息的分类问题,以及潜在分类及分类的潜在定义对财务报表使用者的有用性展开。经过讨论,双方得出以下结论:(1)支持将筹资(Financing)分类作为重要的信息组成部分。(2)支持采用管理层方式进行分类,即在管理者对其使用的假设和一致性进行充分披露的同时,便完成了适用信息的分类工作。值得注意的是,若将融资分类作为重要的信息组成部分,按其定义,与其相关的收入、费用、利得和损失均应包含其中。IASB 与 FASB 针对这些融资分类子项目也列出了可选择的分类方法:非异常的/异常的、经常性的/非经常性的、已实现的/未实现的、经营的/非经营的、应计现金/市场价值/估计价值等,并对 OCI(净收益之外的资产和负债价值变化)在融资分类中的再分类归属问题进行了讨论。事实上,IASB 和 FASB 联合项目的目标之一即在净收益和 OCI 现有分类的基础上寻求新的分类方式。

4. 综合收益的有用性

IASB 和 FASB 要求盈利和综合收益表列报综合收益总计和净收益/净损益小计,这也意味着要将单一报表分为净收益项目和 OCI 项目。然而,相关各方对综合收益有用性的理解却各持己见。在 2005 年 6 月与 IASB、FASB 召开的工作会议上,JIG 成员表示,综合收益不具有反馈(确证)价值,对母公司股东是毫无价值的。并由经验证据指出,OCI 项目明显没有被当做相关的业绩计量。JIG 成员声明,他们不介意列报 OCI,但应增加其透明度,即 OCI 项目应以合适的标题单独列报,并在报表附注中对其性质和实现的状态予以解释。但尽管如此,他们就 OCI 对使用者的有效性仍持怀疑态度。

欧洲 CFO 工作小组总结了收益的两种观点,即作为业绩计量观和作为价值增量计量观,他们认为未来业绩报告的发展方向应为满足两种收益观点的混合模型。财务报告框架体系应包括作为业绩计量基础的收益表,以及提供相关财富增量信息的单一所有者权益变动表。

综述之,相关各方对是否应将综合收益纳入业绩计量,以及净收益和综合收益同时作为业绩计量时的有效性情况仍存在不同看法。

(二) IASB 与 FASB 财务报表列报联合项目第二阶段成果述评

继 2007 年 9 月 IAS 1 修订版的发布,财务报表列报联合项目第一阶段的研究工作正式落下帷幕。修订后的 IAS 1 与美国 SFAS 130 达成基本一致,但仍存在诸多缺陷,如缺乏通用的列报方式、报表间信息缺乏内在一致性、功能分类较为混乱等。IASB 与 FASB 继续就这些问题展开第二阶段的联合研究。

1. 财务报表列报初步意见讨论稿——主要针对财务报表结构和列报方式的讨论

2008 年 10 月,IASB 和 FASB 联合发布财务报表列报初步意见的讨论稿,相较于第一阶段研究成果,讨论稿的变动主要体现为三点:(1)对财务报表列报提出了新的模式,即取消企业拥有在一张综合收益表或在两张报表中列报的选择权,以及在所有者权益变动表中单独反映 OCI 的选择权(仅美国 GAAP 允许),要求列报单一的综合收益表,将其构成三大基本财务报表之一。(2)建议采用管理层分类法,将信息分为部分(Sections)和类别(Categories),首先根据活动类型,将财务状况表、综合收益表和现金流量表分为营业(包括经营与投资)、筹资、所得税、终止经营、所有者权益等五大部分,然后进一步细分类别。(3)建议根据功能和性质,对综合收益表及现金流量表的费用项目进行分解。

讨论稿发布后,在 6 个月的意见征求期内,IASB 和 FASB 展开投资者研究调查(Research Study)及实地测试(Field Test)。研究调查结果显示,信息分类和分解具有相关性,将其放在同一位置反映有助于分析人员进行预测和判断。其中,将信息分类和分解同时置于财务报表内,不但有助分析判断,还能增强透明度;将信息分类与分解均置于附注中也可增强业绩分析能力,但其透明度不及前者。实地测试的主要研究结论包括:(1)大部分反馈者表示,他们作出财务分析所依赖的信息 50% 来自年度报告,在年报内部,其对主要报表及报表附注的依赖程度相当。(2)57% 的反馈者采用净收益作为收益表首要业绩指标的创建基础,仅 6% 的反馈者选用综合收益进行业绩计量。(3)针对讨论稿提及的五类分类方式,82% 的反馈者认为"增量分解"(Increased Disaggregation)方式最为有用,而讨论稿中建议的管理层方式收效甚微。(4)多数反馈者同意讨论稿中对经营活动和筹资活动的定义,但对投资活动的定义却存有争议。多数反馈者认为重塑的财务报表能更好地列报企业经营活动和投资活动成果,然而,他们中只有半数认为重塑报表能更好地列报主体筹资活动。(5)内聚性增强了收益表和现金流量表的有用性,然而并未受到反馈者关注。(6)多数反馈者认为重塑的报表相较原始报表而言流动性和财务弹性并未增强。

上述实地测试显示,讨论稿的核心建议并不符合其列报原则且收效甚微;另一方面,IASB 和 FASB 收到的 227 份反馈意见中多数持反对态度。同期,学术界从用户角度对讨论稿建议的有效性展开了各种评估,双方与报表编制者、使用者等相关方亦展开了一系列拓展活动。基于此背景,IASB 和 FASB 决定,对上述拓展活动的结果、讨论稿反馈意见和学术研究成果进行重新考虑。第二阶段关于财务报表结构和列报方式改革的讨论稿也受到了包括我国在内的众多国家的反对,因此这一项改革至今仍未完成,被无限期押后。

2. IASB 征求意见稿及 FASB 员工草案——主要针对制定单一综合收益表的讨论

在 2009 年 7 月召开的金融工具项目联合会议中,FASB 提出单一综合收益表的列报要求,并准备启动综合收益表项目,作为金融工具的子项目,IASB 对此表示同意,但这就意味着 IASB 必须对 IAS 1 作出相应修订。对此,双方展开讨论,并就保留净损益小计等要求达成一致意见。IASB 还表示,综合收益表应对可重分类的 OCI 项目与不可重分类项目进行区分。在同年 10 月的联合会议中,双方一致决定共同为单一综合收益表列报制定操作指南,但由双方各自发布。

在同期召开的 FSP 联合会议中,IASB 和 FASB 采纳了分析师代表小组(Analyst Representative Group)和准则咨询委员会(Standards Advisory Council)的建议,并考虑到了以下背景情况:(1)OCI 具体项目目前尚无分类指引。一系列项目被毫无区别地列示于 OCI 项下,而其中某些项目对企业整体财务业绩有重大影响。(2)缺乏列报一致性。IFRS 和美国 GAAP 均允许企业采用不同的方法列报 OCI。若企业选择在单一报表中进行 OCI 列报则将增加不必要的复杂性,且将导致使用者难以理解报表所意欲反映的内容及报表间的相互联系。(3)IFRS 和美国 GAAP 缺乏可比性。目前美国 GAAP 不强制要求企业在单一报表中列报 OCI 项目,同时允许企业在权益变动表中进行列报。后者与 IFRS 的规定具有差异,且可能会对相关方理解利得和损失的性质产生障碍,因为权益变动表从严格意义上说并非业绩报表。不同的列报方式使得使用者对按照 IFRS 和美国 GAAP 编制的财务报表难以进行比较。同时也是为了配合 IAS 19“雇员福利”和 IFRS 9 “金融工具”的修订步伐,IASB 和 FASB 决定将 OCI 与再循环相关问题从 FSP 项目独立出来,成为第二阶段研究的子项目。事实上,近 20 多年来,随着金融创新日新月异,金融工具、尤其是衍生金融工具的会计处理问题早已迫在眉睫,与此相关的收益对企业整体财务业绩有重大影响。在 FSP 联合会议中,双方一致同意保留综合收益表中对 OCI 相关项目的分类要求,这也就意味着某些 OCI 项目(如现金流套期准备)可能被分割在不同的类别中,工作人员就该影响进行了讨论。IASB 暂时同意在单一报表内分别列报损益(Profit or Loss)和 OCI 的要求,对于后者,应区分将来有可能在后续期间重分类至损益的项目,以及不会在后续期间重分类至损益的项目进行列报。

2010 年 5 月,IASB 和 FASB 召开联合会议,讨论综合收益表名称问题。经过一番简短讨论,IASB 通过多数投票决定将其称为“损益和其他综合收益表”(Statement of Profit or Loss and Other Comprehensive Income),并认为这一变动将更好地反映报表本质,FASB 却坚持使用原名称。这些暂时性结论在 IASB 与 FASB 分别于 2010 年 5 月和 7 月发布的“其他综合收益项目的列报(对 IAS 1 的建议修订)”征求意见稿、“财务报表列报征求意见稿员工草案"中得到了很好的体现。然而,双方并未对 OCI 子项目的列报问题进行讨论。

2010 年 10 月,IASB 和 FASB 召开联合会议,就 IASB 征求意见稿及 FASB 会计准则更新"综合收益议题(Topic)220"的反馈意见展开讨论。反馈者普遍同意循环和非循环项目的单独列报,以及 IASB 提出的"损益和其他综合收益表"名称等决定,但对其核心建议,即对单一业绩报表列报的要求仍存有一定的反对意见。

(1) 关于 OCI 的列报

对于征求意见稿中单一、持续综合收益表的列报要求,以报表编制者为首的多数反馈者持反对态度,且基于以下证据:第一,缺乏趋同的 OCI 概念框架;第二,使用者对单一综合收益表的需求较小;第三,单一综合收益表忽视了净收益这一重要业绩指标的重要性;第四,收益的双计量方式将给报表使用者带来困惑。然而,投资者认为,持续的综合收益表有助于提高财务报告的可比性,且突出了 OCI 的重要性,故对其表示强烈支持。

对于这一争议焦点,超过半数的 IASB 成员支持在单一连续的综合收益表中保留列报 OCI 的要求,并排除其他列报选择。FASB 则倾向于 IASB 当时的做法,即允许报告主体在单一综合收益表或在两张单独但连贯(Consecutive)的报表中作出列报 OCI 的选择(相较于美国 GAAP 当时的要求,排除了允许主体在权益变动表中列报 OCI 项目的选择)。此外,还有部分 FASB 成员赞成采用两表法列报 OCI。鉴于分歧较大,双方在征求意见稿发布后展开了一系列扩展性研究,最终决定允许主体在单一连续报表或两张单独连贯报表中列报净收益与 OCI。

(2) 关于 OCI 的概念基础

虽然征求意见稿并未就区别损益与 OCI 项目的概念基础发起讨论,但绝大多数反馈者对此表示关注,并建议予以明确,这不仅关系损益与 OCI 项目的区分,而且影响 OCI 再循环项目的判断。基于这些考虑,反馈者建议暂缓该项目的其他研究工作,先行制定区别损益与 OCI 项目的概念基础。

对此,联合会议工作人员表示,尽管趋同的 OCI 概念基础有助于完善财务报告,但该项目的范围仅限于综合收益列报。考虑到 OCI 项目的日渐增长,工作人员表示,短期内应将工作重点放在列报问题上,现阶段定义概念基础不合时宜。

结合反馈意见,IASB 及 FASB 作出一些确认决定:第一,保留 OCI 及净收益中的重分类调整要求,且双方均允许采用扣除所得税影响后的净额,或包含所得税影响的税前基础列报;第二,保留净收益(损益)基础上的 EPS 计量要求;第三,OCI 项目中区分可重分类及不可重分类的单独列报要求(仅 IASB);第四,Topic 220 中要求区分公司非控制性权益(Non-controlling Interests)及控制性权益下的 OCI 项目分配要求(仅 FASB)。

3. IASB 的"修订"和 FASB 的 ASU No. 2011-05——对 OCI 列报和分类作出指引

2011 年 6 月,IASB 发布了"其他综合收益项目的列报(对 IAS 1 的修订)"(以下简称

"修订"),就 OCI 子项目的列报及这些项目在 OCI 中的分类提供了指引。修订要求将 OCI 分为后续将重分类至损益及不会重分类至损益两类,并确认了可在单一连续报表,或在两份连贯报表中分别列报损益与 OCI 的选择。同期,FASB 发布了"会计准则更新——综合收益(议题 220):综合收益列报"(ASU No. 2011-05),有力推动了 OCI 项目列报在 IFRS 和美国 GAAP 之间的趋同步伐。然而,两份修订均没有明确哪些收入费用项目应在 OCI 中进行列报,也没有指出哪些项目应再循环至损益以及何时进行再循环。

经过以上多年努力,IASB 与 FASB 等世界权威会计准则制定机构为财务业绩报告的改革,基本完成了从综合收益列报到其他综合收益(OCI)列报,再到要求对 OCI 作出分类报告的过渡,不断增加了财务业绩信息的决策有用性。

五、我国企业业绩报告规范的发展及进一步国际趋同的思考

按照我国企业会计制度(2001),企业财务报表体系包括三张报表:资产负债表、利润表和现金流量表,所有者权益变动表仅为资产负债表的附表。与西方发达国家相比,我国收益确认实行的是更为严格的历史成本原则和实现原则。为了保证收益信息的可靠性和可验证性,利润表只反映企业在当期已实现的收益。对于已确认但不符合实现原则的项目,都必须在资产负债表所有者权益项下反映。但随着会计准则国际趋同形势的迅速发展,IASB 与 FASB 关于财务业绩报告项目的改革势必对我国相关的会计准则或规范产生影响。

2006 年 2 月,财政部颁布了与 IFRS 实质性趋同的新企业会计准则,对收益报告内容和格式等做出改革,并引入了先进的财务报表列报相关理念。主要表现为:(1)财务报告目标由受托责任观向决策有用观转变,并全面应用于交易和事项的确认与计量;(2)将所有者权益变动表纳入基本财务报表体系,由原来的三主一附扩展为四主表,在一定程度上体现了综合收益观;(3)首次引入并明确定义了利得和损失概念;(4)将收益理念由原来的收入费用观向资产负债表观转化,视收益为企业会计期间内所有者权益即净资产的增加,摈弃了传统意义上仅重视利润的观念;(5)取消了利润分配表,增设所有者权益变动表,并要求列报"直接计入所有者权益的利得和损失"项目及其总额;(6)将公允价值作为计量属性,并要求在利润表中列示资产减值损失、公允价值变动损益等资产负债价值变动对利润带来的影响;(7)营业利润内容更为宽泛,不仅反映企业经营活动带来的利润,也包含企业投资及筹资活动的财务成果。上述具体措施及理念转变为后期引入综合收益及 OCI 铺平了道路。

2009 年 6 月,在我国对国际财务报告准则持续趋同的背景下,财政部发布《企业会计准则解释第 3 号》,对利润表作了新的重要调整。其重大特点之一即是引入了综合收益理念,要求企业在利润表"每股收益"项下增列"其他综合收益"项目和"综合收益总额"项目,并要求企业在附注中详细披露 OCI 各项目及其所得税影响,以及原计入 OCI、当期转入

损益的金额等信息。此外,与 IAS 1 相同,解释第 3 号要求企业在合并利润表的"综合收益总额"项下单独列示"归属于母公司所有者的综合收益总额"和"归属于少数股东的综合收益总额"项目。这表明,我国对企业业绩的认识,已经产生了从"经营业绩"向"财务业绩"的飞跃。还应值得注意的是,解释第 3 号发布后,我国企业应同时在利润表及所有者权益变动表中"其他综合收益"项下同步列报 OCI,与 FASB 及 IASB 的做法均有所差异,这一独特模式表明我国会计准则制定机构对该项目的重视。

2012 年 5 月,财政部发布《企业会计准则第 30 号——财务报表列报(征求意见稿)》,进一步要求将 OCI 项目划分为"后续期间不能重分类至损益的项目"和"后续期间在满足规定条件时将重分类至损益的项目"两类区别列报,还尝试性对"以后会计期间在满足规定条件时将重分类进损益的其他综合收益项目"的几种情形做出举例说明,这在一定程度上已比国际准则关于 OCI 列报的要求有所超前。

综观近半个世纪财务业绩报告规范的变迁,国内外各准则制定机构对企业业绩的认识都在不断加深,从最初的经营业绩报告向财务业绩报告扩展,并最终将改革聚焦于净损益与 OCI 的分类列报,增强了财务信息的功效,也顺应了金融工具不断创新的时代大潮。尤其是,OCI 概念的提出突破了传统收益表的局限,把已确认未实现的这部分利得和损失纳入业绩范围,帮助相关方更准确地把握企业业绩全貌,从而作出正确的经济决策。可以预测,OCI 项目在综合收益中的权重将不断增加,对传统净收益的影响也将日趋显著。

主要参考文献

汪祥耀:《英国会计准则研究与比较》,立信会计出版社,2006 年版。

周萍:"FASB 和 IASB 财务业绩报告项目研究回顾与评价",《会计研究》,2007 年第 9 期。

ASB,FRS 3,"Reporting Financial Performance",October 1992.

FASB,SFAS 130,"Reporting Comprehensive Income",June 1997.

FASB,Task Force on Financial Performance Reporting by Business Enterprises,Discussion Paper:"Classification of Items of Comprehensive Income",June 2002.

FASB,Financial Performance Reporting Project:"Statement of Comprehensive Income-Operating,Financing,and Other Gains and Losses Categories",April 2003.

FASB,Financial Performance Reporting Project:"Statement of Comprehensive Income-Purpose of the Performance Statement and Discussion of Totals and Subtotals within the Statement",October 2003.

FASB,"History of the Performance Reporting Project",January 2005.

FASB,"Required Financial Statements & Comparative Financial Statements",

May 2005.

IASB&FASB,"Issues Related to the FASB and IASB Joint Project on Performance Reporting Discussed with Members of the Joint International Group（JIG）on Performance Reporting",August 2005.

IASB&FASB,"FSP, FASRI Experimental Study","FSP, Analyst Field Test Results",September 2009.

IASB,"Presentation of Items of Other Comprehensive Income,Proposed amendments to IAS 1",Exposure Draft,May 2010.

FASB,"Staff Draft of an Exposure Draft on Financial Statement Presentation",July 2010.

IASB, Staff Paper, "Presentation of Items of Other Comprehensive Income, Comment letter analysis",November 2010.

IASB,"Presentation of Items of Other Comprehensive Income（Amendments to IAS 1 Presentation of Financial Statements)",June 2011.

19. IASB 与 FASB 关于财务报表列报方式改革的建议及其影响分析

一、引言

随着金融危机的发生,IASB 与 FASB 认为现有的财务报表列报方式存在许多问题,决意修改国际会计准则第 1 号(IAS 1)"财务报表列报"准则。2001 年,IASB 和 FASB 均将修订业绩报告提到议事日程,并且各自启动了该项目。2001 年 4 月,IASB 采纳了 IASC 于 1997 年 9 月发布的 IAS 1"财务报表列报",并于 2003 年 12 月对其进行了修订。2004 年 4 月,FASB 和 IASB 决定加强合作,致力于制定一套国际趋同的高质量会计准则,其中的关键项目"财务报表列报"也于同年启动。FASB 和 IASB 决定分三个阶段修订 IAS 1"财务报表列报"。第一阶段:研究一套完整的财务报表构成以及提供可比信息的要求;第二阶段,研究整套财务报表项目应如何彼此联系以及财务信息的分解和汇总,包含三大财务报表中分解和汇总信息、小计数与合计数的定义、使用直接法还是间接法披露现金流量;第三阶段,修订中期财务报告准则。2007 年 9 月,IASB 发布了修改后的国际会计准则第 1 号,包含了所有者权益变动的列报和综合收益的列报以及财务报表名称中的术语变动。此项成果作为财务报表列报改革的第一阶段工作,提出一套完整的财务报表应包括的组成部分和列报应涵盖的期间。2008 年 10 月 16 日,IASB 与 FASB 联合发布了"财务报表列报的初步意见"(Preliminary Views on Financial Statement Presentation),提出了财务报表列报方式改革的建议方案。2010 年 7 月,IASB 和 FASB 联合工作小组又发布了"财务报表列报征求意见稿员工草案"。2011 年 6 月,IASB 修改了国际会计准则第 1 号,对其他综合收益项目的列报进行了改进。

在以上文件中,试图对现行财务报表列报方式作出根本性变革,同时也引发最广泛争议的文件是"财务报表列报的初步意见"讨论稿。IASB 与 FASB 在此提出新的财务报表列报模式,主要目的是为了修正现行财务报表列报方式的缺陷,要求主体提供更为详细的信息,以更清晰的方式传递主体内在一致的财务景象,使财务报表信息更加有用。以下,我们将对"财务报表列报的初步意见"讨论稿加以分析和解读,指出其改革建议遇到的争议和挑战。IASB 和 FASB 在发布该讨论稿后共收到 229 份来自世界各个国家和地区的反馈意见函,我们将在对这些反馈意见进行分析、评价和总结的基础上,提出相关建议。

二、财务报表列报方式改革的背景和意图

（一）顺应会计准则国际趋同形势的需要

伴随着世界经济、国际贸易、国际投融资、跨国公司的迅速发展,会计准则的国际趋同获得了越来越高的呼声。它顺应了国际环境发展的需要,是大势所趋。在一个日趋活跃和开放的金融市场中,良好的会计准则和披露原则能够降低企业信息不对称,减少交易成本,提高财务报告的有用性。然而,目前各国对财务报表的定义、内容、结构以及编制方式的要求不尽相同,这不仅会影响财务信息的可比性,同时也会影响会计准则国际趋同的进程。因此,对财务报表列报准则作出改革,对进一步推进会计准则国际趋同具有重要的意义。

（二）克服现行财务报表列报方式缺陷的需要

根据 IASB 和 FASB 的归纳分析,目前财务报表列报方式主要存在以下缺陷:

第一,由于财务报表列报有不同的准则,以至于根据现行准则编制财务报表时,会计主体可以选择不同的列报方式来对财务信息进行操纵,这不免降低了不同会计主体所提供财务报表的可比性。比如,现金流量表的编制方法就存在着多种选择。

第二,各财务报表之间的联系不紧密,内在结构不一致,项目分解不充分,列报方式不统一。比如,在现金流量表中披露的企业经营活动现金流量,在综合收益表和财务状况表中却没有单独的反映,这无疑会大大降低不同报表之间的相互联系。财务状况表主要包括资产、负债和所有者权益这三种主要的要素,综合收益表则是由收入、费用、利得和损失等要素汇总组成,而现金流量表则是以经营活动、投资活动和筹资活动为基础进行列报。因此,三大财务报表缺少一个统一的标准,降低了可比性,这样不仅对财务信息使用者进行财务状况、经营成果和现金流量之间的横向分析造成了一定阻碍,而且也不便于报表使用者对企业产生重大影响的各种经济活动加以深入理解。

第三,在一些情况下,财务信息分解程度不够详尽,现行财务报表倾向于将不同的项目汇总成一个数字列示,这样容易为盈余管理创造条件。例如财务费用中既包括融资活动的费用,又包括了融资活动的收入,这样做就会掩盖一些重要的差异性信息。

第四,现行财务报表对企业未来产生重大影响的各项经济活动披露不充分,并且财务报表的框架和具体内容也存在许多问题。现行财务报表更加关注企业的历史信息,对于当前甚至未来的财务信息却缺乏关注,这就使财务报表披露的信息与企业实际情况之间形成较大的差异,降低了财务报表的有用性。

第五,忽视了报表使用者对报表信息需求的变化,即对财务报表列报结果的关注转变为注重报表编制的过程。现行财务报表体系虽能提供关于企业财务状况、经营成果和现金流量方面的信息,但不能提供关于企业的实际价值、完整而全面的真实收益以及能够反映企业竞争优势和企业持续发展能力、财务适应性等方面的信息,已经不能满足财务信息

使用者日益增长的信息需求。

（三）应对金融危机挑战的需要

金融危机加强了全世界对高质量统一会计准则的诉求。G20峰会、金融稳定委员会（FSB）均强调建立全球统一的高质量会计准则，提高会计信息的透明度，将会计准则的重要性提高到一个前所未有的高度，同时也为各方完善相应的准则提供了机会。"财务报告作为财务信息的载体，是会计准则直接作用的结果，财务报表列报方式的改进将有助于提高会计信息的透明度和可比性。因此，在建立全球统一的高质量会计准则的过程中，对财务报表列报进行变革和完善也就成为了必然"。[①]

三、财务报表列报改革的建议模式与社会反响

（一）财务报表列报方式改革的原则

根据IASB和FASB讨论稿的初步意见，财务报表列报必须满足以下三个原则：一是内在一致性（Cohesiveness），即会计主体应刻画一个完整的财务景象，报表之间的逻辑关系应该清晰，其反映的财务信息应尽量能够相互补充。二是项目分解性（Disaggregation），即会计主体应恰当地分解信息，使报表使用者能够预测企业未来的现金流量。三是能够帮助报表使用者评估企业的流动性和财务弹性。

（二）财务报表列报改革的建议模式

根据上述原则，在讨论稿中，IASB和FASB将"管理法"引入了财务报表列报的建议模式。管理法就是将财务信息按照管理层意图进行分类的方法。讨论稿提出了财务报表列报的新模式，即把价值创造方面的信息（业务活动）和筹集资金方面的信息（融资活动）分开列报。具体如图表3-19-1所示：

（图表3-19-1）

IASB和FASB讨论稿建议的财务报表列报模式

财务状况表	全面收益表	现金流量表
业务项目 　经营资产和负债 　投资资产和负债	业务项目 　经营收入和支出 　投资收入和支出	业务项目 　经营现金流 　投资现金流
融资项目 　融资资产 　融资负债	融资项目 　融资资产收入 　融资负债收入	融资项目 　融资现金流 　融资现金流

---

① 参见江笑云："财务报表国际趋同的重大进展"，《税务与经济》，2010年第5期。

（续表）

财务状况表	全面收益表	现金流量表
所得税	持续经营的所得税	所得税
终止经营	终止经营 扣除所得税后的净额	终止经营
	其他综合收益	
所有者权益	综合收益总额	所有者权益

讨论稿提出现金流量表只能采用直接法编制，并且建议列报模式应包括一张新的明细表（包含在财务报表附注中）将现金流量调节为综合收益。该调节表将收入分解为现金收入、除重新计量以外的应计数以及重新计量项目（例如，公允价值变动）产生的收入。报表使用者应当单独分析这些构成项目，因为这些项目在帮助报表使用者预测未来现金流量和评估盈利质量时体现的作用不同。

IASB 和 FASB 希望通过获取该讨论稿的反馈意见函并与相关利益方在征求意见期间进行讨论等方式，了解该项目的成本和效益。此外，一些企业还将在征求意见期间对该列报模式进行实地测试。

（三）财务报表列报讨论稿的社会反响

讨论稿提出的财务报表列报方式变革产生了正反两方面的社会反响。赞成变革的观点认为，变革后的财务报表列报方式不仅能够反映主体总体的财务状况、综合收益和现金流量情况，而且还能细化反映主体经营、投资、融资等持续经营下核心活动所形成的财务状况、财务业绩与现金流量情况。它既潜在地反映 1994 年美国注册会计师协会（AICPA）在"改进财务报表"中提出的建议要求——即要求在财务报表中分别列示核心业务（持续经营活动）和非核心业务（包括中止经营的活动），又将"经营"、"投资"、"筹资"等相关部分的财务状况、财务业绩与现金流量也向外部的报告使用者公开。毫无疑问，这一变革能够增加财务报表的信息含量，提高财务报表对决策的有用性，使财务报告目标的实现向前迈进了一步。

然而凡事都具有两面性，虽然讨论稿在理论上基本符合 IASB 和 FASB 所提出的三大原则，但在反馈意见过程中仍然可以听到众多的反对声音。其原因可能有以下四点：

一是三大原则过于理想化。内在一致性原则，就是要求将不同报表的相似项目可以对应起来，但由于存在表外项目，并且某些项目有多种用途以及某些项目的用途在不同期间会发生变化，这种报表间项目逐条对应基本上是无法实现的。项目分解性，虽然能从业务功能和性质的视角出发提供更全面的信息，但这无疑也会导致报告主体披露成本的大幅度升高。流动性和财务弹性的原则要求企业提供更多有关现金流量的信息，但大量研究表明,相对于现金流量信息,会计盈余信息应该更能反映企业价值。

二是新建议的报表格式已经不能直观体现"资产＝负债＋所有者权益"的会计恒等式,这无疑对已经深入人心的会计传统观念提出了严重挑战。同时,它也背离了 IASB 和 FASB 在制定概念框架时所坚持的"目标——信息质量特征——要素及其定义——确认与计量"的内在逻辑关系,即要素要引领确认与计量,而报表中的分类与列报,应该属于第二步确认。若是按照讨论稿中所提出的列报方式,那么,在传统的会计要素中,就还需要加入"业务项目"、"融资项目"等要素,这无疑会使得财务报表体系产生紊乱。

三是使用者将面临巨大的学习成本。本次改革将使原有的财务报表发生重大的变化,使得报表的编制者和使用者都将需要花费大量的时间和精力去学习才能掌握,新报表形式的推广和普及将面对很多障碍。同时,改革后的财务报表也使会计信息更为复杂化了。既有研究表明,信息复杂化至少有两方面的影响:对复杂信息,分析师倾向于采用简化的方式处理;而信息越复杂,分析错误的可能性也就越大。

（四）来自中国方面的反馈

对于 IASB 和 FASB 提出的财务报表列报方式改革意见,中国方面表示并不完全赞同。财政部在 2009 年 9 月 2 日发布了《中国企业会计准则与国际财务报告准则持续全面趋同路线图（征求意见稿）》,其中特别对财务报表列报方式改革问题发表了观点。一方面,我国认为将综合收益表引入财务报表体系是可取的,它在很大程度上满足了投资人、债权人预测企业经营、投资与理财前景的信息需求。另一方面,对于财务报表列报第二阶段讨论稿提出的列报结构和项目的改革,我国并不赞成。理由包括:将业务活动和筹资活动区别列示,人为地将业务活动和筹资活动分开,并不符合企业一体化管理的实际,在操作上也存在困难;目前所提出的建议并没有很好地解决内在一致性问题;采用新的报表模式将增加企业成本,而现有列报模式已能满足各方需要,对其再进行大幅改动似无必要;新的列报模式与我国很多法律法规相冲突。财政部企业司司长刘玉廷认为,财务报表列报准则第二阶段所提出的改革,完全打乱了我国现有财务报告结构体系,若是加以实施,那么企业偿债能力、营运能力、发展能力等一系列财务指标将难以计算。IASB 理事会考虑推进的财务报表列报准则改革,将利润表改为综合收益表,将资产负债表改为财务状况表,并且两表的结构参照现金流量表进行调整,这完全借鉴了美国的做法。为了加强报表间的内在联系,便于财务报表使用者（主要是专业财务分析师）分析企业各类业务活动的财务状况,需要将所有的财务报表将按业务活动和筹资活动分类列示,这使得财务报表的结构较之以往发生了重大的改变。但这一改变却很难在实务操作中予以贯彻,因为许多企业的筹资活动本身就紧密服务于业务活动,从而许多资产及负债项目往往会涉及多类活动,根本无法区分。刘玉廷还认为,中国列报准则规定了统一的报表格式,有效解决了各行业的列报问题,主要项目的变动都有附表。这套列报格式已被广泛接受和熟悉,能够满足各方需求,符合中国的实际。"如果按照理事会的思路修改我国列报准则,必将打乱我国财务报告体系,各种综合性财务指标将难以计算。而且,采用新的列报格式将大幅增加各类企业培训、软件更新等转换成本"。可见,对于财务报表列报方式的变革,我国总体上是持反对意见的。

四、财务报表列报改革对传统会计理论与实务的挑战

自 IASB 和 FASB 发布"财务报表列报的初步意见"讨论稿并提出财务报表列报方式的改革建议后,从反馈情况看,不同意新建议的反馈者占了绝大多数,达到 80％以上,包括公司、行业协会、金融机构、银行、政府部门等,其中反对最为激烈的是会计师事务所等鉴证与评级机构,它们反对的主要原因是基于自身业务层次和执行成本方面的考虑。而持赞同意见的主要是会计学者和咨询公司人员等,因为他们更多的是从理论层面上考虑了相关内容。

对讨论稿的具体挑战主要包括以下几个方面:(1)对三大财务报表按经营活动、投资活动和融资活动这三种活动划分存在争议,对此持不同意见者占到了一半以上。由此可见,对于财务报表能否按照三大活动进行划分列报,在实务界和理论界存在着较大的争议,并没有得出统一的意见。(2)对三大财务报表按管理层意图和业务性质、功能进行分类存在疑问。其中,争议主要集中在综合收益表和现金流量表能否按业务性质和功能分类这一方面,并且大部分的受访者持反对意见,达到了 80％以上。出现这种情况的原因一方面可能是因为担心执行成本过高而造成实施上的困难;另一方面,则是对按管理层意图进行分类表示担忧,说明会计界对于财务报表编制的主观性依旧保持一种谨慎的态度。(3)对讨论稿要求采用直接法编制现金流量表,并将现金流量引入综合收益调节表的建议具有较多的反对声音。而且,不同意将现金流量引入综合收益调节表的反对意见达到了全部反馈意见的 86.40％,超过了反对按直接法编制现金流量表的反对意见数目。可见,对于三大财务报表中以收付实现制为编制基础的现金流量表应该怎样与以权责发生制为编制基础的资产负债表和综合收益表相结合,仍然处于一种摸索阶段。同时,如何提高现金流量在财务信息中的作用,这也是财务报表列报方式改革所面临的挑战之一。

此次财务报表列报方式的改革,毫无疑问是改变财务报表编制理念的颠覆性变革,目的是提高财务报表的决策有用性,增强三大财务报表之间的联系,提高财务信息的质量。从表面上看,这是对现行财务报表体系中各项目列报方式进行的分类改革,是一种技术层面上的改革;但从其本质上来看,却是对一直以来的会计理论与实践体系进行的深层次挑战。财务报表列报方式改革可以说是会计准则全球趋同进程中最具争议和最热门的话题之一,或许是改革条件尚不充分,这场改革暂时未能进行下去,但它的变革思想与勇气仍具有重要的历史价值与启迪意义。如果需要加以反思,财务报表列报方式改革的建议之所以未被大众所接受,主要是以下几个原因:

1. 财务报表列报方式改革的时机尚未成熟

研究财务报表列报改革一般来说需要经过两个步骤：第一是制定财务报表列报的原则和依据，这涉及财务报告概念框架中有关重要问题的讨论与确定；第二则是针对财务报表格式和列报方式等方面的改革，这才是 IASB 与 FASB 颁布的"财务报表列报的初步意见"讨论稿中所涉及的内容。由于 IASB 与 FASB 合作开展的"联合概念框架项目"在财务报表要素及确认、计量以及列报和披露等方面最终都没有形成任何实质性的进展，贸然开展对财务报表列报方式的改革，在思想和原则尚未取得统一的情况下，失败也就在所难免。任何改革都应该有改革条件与改革时机问题的考虑，因此大多数研究者均认为，最好能够在概念框架基本成型的基础上再来讨论财务报表列报的变革问题。财务报表列报方式变革的思路不一定存在大错，只是改革条件目前尚未成熟。

2. 财务报表编制者和使用者的学习、转换成本过高

如果要对财务报表结构及其列报方式做出重大变革，无论是财务报表的编制者还是使用者，都将付出巨大的转换成本，不仅要摆脱长久以来的思维定式，并且要花费大量的时间精力对新财务报表列报方式进行研究，以适应这种根本性的变革。因此，按照财务信息的成本效益原则，在考虑财务报告改革、提供更为有用的决策支持信息的同时，还应关注改革本身增加的交易成本，更应广泛征求意见，了解大众尤其是财务报表编制者和使用者对此改革的接受程度。如果财务报表列报改革的成本远大于其效益，这场改革就难以成功。

3. 取消编制现金流量表的间接法未必适当

"财务报表列报的初步意见"建议不再采用间接法编制现金流量表，然而，并没有特别有说服力的证据可以表明采用直接法编制的现金流量表比采用间接法在预测企业未来现金流方面更加准确、可靠。当今世界上许多企业仍采用间接法编制现金流量表，一旦改变同样会加大企业的转换成本，并有可能造成会计人员不熟悉新的列报方法而错误列报，最终引发法律问题。此外，在许多学者的研究中显示，会计盈余信息与企业价值比现金流量信息相关性更高，那么在改革中过分强调现金流量信息的重要性而忽略会计盈余信息是否适当也存在争议。

4. "业务"活动的定义存在争议

一部分研究者对于"财务报表列报的初步意见"讨论稿中将企业的实体活动分为"业务"（Business）和"融资"（Financing）两大类并不认同，认为应当将"业务"替换为"经营"（Operation）更为合理，这一观点主要基于以下三个理由：（1）现行财务理论通常的做法就是将企业的实体活动分为"经营"和"融资"两类，"经营"主要包括增加企业价值的活动，而"融资"则是指企业资金和资本等的筹集活动，若把企业实体活动分成"业务"和"融资"就会和财务理论不一致，容易产生误解。（2）"业务"活动对应的是"非业务"活动，而"经营"应与"融资"相对应。"财务报表列报的初步意见"讨论稿将"业务"分为"经营"和"投资"，

并且将是否为企业的核心活动作为区分"经营"和"投资"活动的标准,那么直接将"业务"划分为"核心"和"非核心"业务,是否比划分为"经营"和"投资"活动更为清晰,更易于财务报表使用者理解?(3)财务报表列报改革仍然将现金流量表划分为"经营、投资、融资"三类活动,但这三类活动中的具体项目的划分有了重大改变。比如,固定资产的支出由"投资"活动改为"经营"活动,交易性金融资产的买卖由"投资"活动改为"融资"活动等。因此,如何让财务报表使用者接受并理解新的项目划分方式,也是 IASB 和 FASB 应当多加考虑的问题。

5. 所得税和现金列报的要求也存在争议

财务报表列报改革中要求所得税不能被分为"业务"和"融资"活动,但是财务报表使用者常常需要一些扣除所得税的财务数据。比如,如何确定所得税对经营活动和融资活动的影响对于财务报表使用者来说尤为重要,如果没有准确的所得税资料(由于信息不对称,管理层作为内部人士拥有更多关于企业经营的内部信息),无疑会影响财务报表的有用性。于是,一些学者纷纷认为,所得税不分配到企业实体活动中而单独列示与"管理法"的要求并不相符,也不符合信息分解的目标。同样地,现金只能选择列示于"经营"或"融资"活动中,但不能对其来源进行分类后分别归入两种活动中,也遭到了一定的质疑。现金需要区分经营性现金和融资性现金,经营性现金指的是企业持续经营所必须持有的现金,融资性现金则是为了满足投机等活动的需要而持有的剩余现金。此次改革采用了"管理法",将交易活动或事项划分为五大类,那么现金也应当加以区别进行分类,这样才能提供更有用的信息。

除了上述问题值得商榷之外,财务报表列报方式改革还存在其他方面的不足之处,值得 IASB 和 FASB 工作小组在今后改革过程中加以改进。第一,新财务报表包含庞大的数据内容,但许多数据难以取得,这无疑加大了财务报表的编制难度。第二,企业对外公布财务报表是为了方便财务报表使用者通过数据在各企业、各行业间进行比较分析,但新财务报表包含的内容越来越多,这无疑降低了可比性,加大了分析比较的难度。第三,通过观察新三大财务报表的内容和结构,我们发现各财务报表数据之间存在着很强的关联性,再加上数据的繁杂性,很容易使不同报表之间出现差异,增加了财务报表错报的几率。第四,"财务报表列报的初步意见"将企业活动分为"业务"和"融资"两类,但当今企业活动类型错综复杂,并处于不断变化发展中,常会有新型的业务活动出现,而且有时一种业务活动可能同时具有两种分类活动的属性,难以将其明确归入相应的活动中,这无形之中又加大了企业分类活动的难度。

IASB 与 FASB 提出对财务报表列报方式的改革建议,目前已经过去 5 年多的时间,这场改革是否能够延续,现在看来并不乐观。一则是受到了较多的反对,因为它对传统的会计理论与实务形成了颠覆性的挑战,二则是因为 IASB 与 FASB 的"联合概念框架项目"目前也面临夭折,IASB 已启动其独立的财务报告概念框架项目。财务报表列报的改革需要以概念框架改革的完成作为基础，因此，对财务报表列报未来改革的动向我们只能拭目以待。

主要参考文献

陈敏：《财务报表列报研究——过去、现在、未来》，经济科学出版社，2011年版。

高玲："对 IASB 及我国其他综合收益列报的述评"，《财会月刊》，2013年第2期。

葛家澍："关于财务报表列报问题——兼评 IASB&FASB 关于在财务报表中列报信息的讨论稿"，《财会学习》，2011年第3期。

耿建新、李志坚："财务报表列报准则的新变化与相关问题探讨——基于对征求意见稿的学习"，《财会学习》，2013年第4期。

王仲兵："论财务报表列报方式变革：动因、挑战与趋同路径"，《上海立信会计学院学报》，2010年第1期。

张金若、宋颖："关于企业财务报表分类列报的探讨"，《会计研究》，2009年第9期。

朱莲美："IASB/ASB'关于财务报表列报的初步观点'讨论稿之评价"，《财会月刊》，2010年第7期。

FASB&IASB, Discussion Paper, "Preliminary Views on Financial Statement Presentation", October 2010.

FASB, SFAC 8, "Conceptual Framework for Financial Reporting", September 2010.

IASB, IAS 1 "Presentation of Financial Statements", December 2003.

20. 财务报告概念框架中"列报"和"披露"理论的演进及其探究

一、引言

财务报告概念框架的早期研究主要由会计学者、会计学术团体所推动,当时先是以会计假设、基本原则和准则公告的框架层次来建立理论基础。自 20 世纪 70 年代以后,各个会计准则制定机构主导了概念框架的建设,采取非准则的独立公告的形式规定一些重要的基本概念,为会计准则的制定提供评价标准、概念引导和理论依据。一些国际惯例向由基本概念组成的概念框架的过渡表明"规则导向"向"原则导向"的转变,极大地促进了会计准则的发展和完善。

然而,作为财务会计重要程序的"列报"和"披露",虽在各准则制定机构的概念框架文件中有所涉及,但均未见有任何文件对它们的含义、概念界定有过深入的讨论,甚至几乎未将其作为概念框架的独立部分而列其中。因此,"列报"和"披露"均形成了广义和狭义的解释,它们相互之间互为包容的关系不清、边界不明,并且各准则制定机构的解释还互为矛盾,已严重影响了会计准则的质量。随着概念框架的演进,"列报"和"披露"在概念框架中该如何定义、该如何区分其边界,以及该如何将其应用到会计准则之中的问题逐渐凸出,并最终使其成为概念框架中一个重要的组成部分加以规范。

"列报"和"披露"在概念框架中的发展主要分为两个阶段:第一阶段是 20 世纪末的初步探索阶段:美国最早开展对概念框架的研究,财务会计准则委员会(FASB)在 1984 年发布的第 5 号财务会计概念公告(SFAC No. 5)"企业财务报表的确认和计量"中曾谈到"列报"和"披露"的概念和使用,但未将其作为独立部分加以深入讨论;1989 年国际会计准则委员会(IASC)在"编报财务报表的框架"中也广泛应用了"列报"和"披露"的名词但仍未对其做严格定义;英国会计准则委员会(ASB)1999 年发布的"财务报告原则公告"首次将财务报表列报作为第九章内容进行单独讨论,它是第一份将"列报"作为概念框架独立组成部分的文件。但这里的"列报"既包括基本财务报表的列报,又包括财务报表中的披露,仍然没有理清"列报"与"披露"之间的关系。第二阶段是 21 世纪的深入探究阶段:国际会计准则理事会(IASB)和 FASB 在 2005 年正式将列报和披露作为单项阶段项目纳入"联合概念框架项目";公共部门会计准则委员会(PASASB)则在公共部门会计概念框架中率先对列报和披露下了正式定义;2013 年 7 月 IASB 在重新启动的"财务报告概念框架的复核"中分别对列报和披露下了权威定义,使得它们之间的关系逐步澄清。

20世纪末,列报和披露在概念框架中引起了准则制定机构的关注并展开研究;进入21世纪后,列报和披露的规范提上日程,被赋予极大重视。如此迅速的发展,主要有来自以下两方面的原因:

一是从财务报表使用者的角度来看,财务报表和财务报告的信息超载。列报和披露源于产权分离导致的投资者对财务信息的需求。随着经济的发展,信息也迅速膨胀,财务报表列报的信息已不能够满足使用者的需要,财务报表扩展为财务报告。使用者对财务报表和财务报告也提出了更高的期许,不仅要求在财务报表附注中对财务报表的信息进行详细解释,还期望附注和其他财务报告中能覆盖资产负债表日后事项、管理人员对预测目标经营状况的阐述和分析、财务和经营预测、重要会计政策的总结说明以及涉及历史成本之外的分部披露等对决策有用的相关信息。使用者的呼吁日益高涨,要求对列报和披露进行切实的改进,控制财务信息的数量和质量,以提高财务报表和财务报告的有用性。

二是从准则制定机构的角度来看,实践中制定会计准则缺乏概念框架中有关列报和披露的指导。现行的会计准则,例如财务报表列报、金融工具的列报和披露等,都会涉及列报和披露,需要统一的规范和指导。举一个例子,IASB和FASB为了解决金融危机残留问题,致力于具体实务准则的制定,从而推迟了联合概念框架中第5阶段"列报和披露"项目。但是,实际上概念框架列报和披露规范的缺失给具体准则的制定带来了一定阻碍,因此IASB不得不重新启动概念会计项目。准则制定机构对于列报和披露仍然有很多工作要做,不仅需要在概念框架中规范列报和披露这一基本概念,还要将其应用到会计准则中,对相关准则的列报和披露部分进行改进和更新。

二、20世纪末的初步探索阶段

(一)美国FASB第5号财务会计概念公告

美国最早于1976年启动财务会计概念框架的研究工作,并且率先形成了以企业财务报告目标为主导的一整套概念体系,其影响力大,认可度高。美国的概念框架由FASB发布的8项财务会计概念公告(SAFCs)组成,但这不单单是FASB独立的研究成果,改组之前的会计原则委员会(APB)发布的会计原则委员会第4号公告(APB NO.4)和Trueblood报告为概念框架(尤其是SFAC NO.1)的发布奠定了坚实基础。因此概念框架中对列报和披露的基本应用可以说在APB时代就有所体现。

在1970年发布的APB NO.4中指出,确认程序应分为两步走:第一步确认为正式记录即运用复式簿记机制在账户体系中分类,为加工成财务报表信息做准备;第二步确认为财务信息在报表中列报。这里的确认应理解为财务会计的确认,不局限于财务报表,是指广义的确认。相应的列报是指在记录之后的报告过程,即信息传递。另一方面,APB NO.4对公认会计原则给出权威定义,"公认会计原则代表某一特定时期有关下列事项的一致意见:何种经济资源及其义务应由财务会计作为资产予以记录;资产与负债的何种变动予以记录,这些变动应予何时记录;资产和负债及其变动应如何计量;何种信息应予披露,应如何披露以及应编制何种财务报表"。其中,最后一句明确提到"何种信息的披露以及如何披露",把披露与记录、计量并列阐述来定义公认会计原则,体现披露的重要性,为披露在之后发布的 SFAC NO. 1 中成为一项独立的程序提前做了铺垫。

1978 年,FASB 发布财务会计概念公告第 1 号(SFAC NO. 1)"企业财务报告的目标",把传统意义上财务报表(Financial Statements)的概念扩展到财务报告(Financial Reporting)的概念,即财务报告=财务报表(中心部分)+ 报告财务信息的其他手段(附注、补充信息和其他财务报告)。与此同时,原先适用于编报财务报表的确认、计量、记录和报告(编报财务报表)①四个程序也被扩大为五个程序,即增加了披露程序,用于报告相关的财务和非财务信息。披露作为独立程序的出现,一方面是财务报表所提供的信息已不能够满足使用者的需要,大量财务信息出现亦使得财务报表超载,从而财务报表扩展为财务报告;另一方面是因为需要对其中各种财务和非财务的、定性和定量的相关信息给予规范。

直到 1984 年发布的 SFAC NO. 5"企业财务报表的确认和计量",FASB 第一次对确认给出定义,"确认是把一个事项作为一项资产、负债、收入和费用等正式加以记录并列入财务报表的过程"。此时,确认应理解为财务报表的确认,相应的列报强调对财务信息在财务报表中的传递。我们把列报看成是一个再确认的过程,它包含在确认程序中,作为一种方法而非一个独立的会计程序存在。通过三张基本财务报表向使用者列报并传递与特定主体财务状况、经营成果和现金净流量相关的、对投资者决策有用的信息,这就是我们常说的"表内列报"。

向外界使用者传递的有用信息,一部分是由财务报表提供,另一部分则是在财务报表附注、补充信息和其他财务报告中披露。② 披露的财务信息可以满足确认的条件,但是披露不能替代确认。因为确认应当包括一个项目同时用文字和数字的描述,并将其总数包括于财务报表的总计之中,披露不满足该要求。财务报表正表以外的,用附注、补充信息和其他财务报告等形式进行披露通常被称为"表外披露",它包括财务和非财务的信息,强制披露和自愿披露。

SFAC NO. 5 对表外披露的具体内容作了如下说明:附注中披露的信息以及财务报表字面上附带说明的信息,例如重大会计政策和资产负债的可选择计量方法,被用来解释

---

① 对"报告"还有一种广义的解释,认为其包括"列报"与"披露",那么,"披露"也就不再单独成为财务会计的一个程序了。

② 但这里仍然存在一个模糊且未统一的问题,就是"财务报表"的概念是否包括"附注";如果包括,"附注"中补充信息的传递是否可以用"披露"解释。

财务报表中确认的信息,这类信息对于理解财务报表中确认的信息是必不可少的,被看作依照公认会计原则编制财务报表完整的一部分;补充信息(例如价格变动的影响)和其他财务报告(例如管理层讨论与分析)为财务报表和附注的信息提供详细说明,其中也包括了不符合所有确认条件的相关信息。FASB虽然对表外披露的内容进行了列举,但它并没有为表外披露下一个明确的定义,只是把除确认之外的其他手段推断为表外披露。

综上所述,FASB在SFAC NO.5中最早对列报和披露进行说明,并率先解释了表外披露的含义,虽然未对它作出精确定义。FASB认为表外披露顾名思义是指财务报表扩展为财务报告后,在三张基本报表之外传递财务信息的一种形式。SFAC NO.5对列报和披露的说明有现实依据且合情合理,被大众广泛认可,我们在下文中也将此作为基准对比分析其他概念框架的列报和披露。

(二) IASB"编报财务报表的框架"

IASC(IASB的前身)尝试制定概念框架的最早努力可以追溯到上世纪80年代初。1982年11月,IASC在其工作计划中增加了一个研究财务报表目标的项目,但当时IASC并没有任何制定完整的概念框架的打算。直到1986年11月,IASC决定制定独立完整的与具体国际会计准则内容相分离的概念框架,该框架将不再涉及具体会计问题的处理,只是讨论会计的原则性问题。为了改进国际会计准则的质量,提高财务报表的可比性,IASC于1989年7月正式发布了"编报财务报表的框架"(The Framework for the Preparation and Presentation of Financial Statements)。①

IASC概念框架明确了编报财务报表的基础概念,包括财务报表的目标、假设、质量特征、要素、确认和计量等。IASC要求其概念框架和通用目的财务报表有关,这里的财务报表包括资产负债表、利润表和财务状况变动表,以及各种附注、补充报表和其他作为财务报表有机组成部分的解释资料。IASC定义的财务报表与FASB在SFAC NO.5中定义的财务报告范围基本一致,包含了三张基本报表和附注及其他,因此我们可以暂且把IASC财务报表概念看作财务报告的概念。IASC的概念框架的名称直接用财务报表列报的字眼,实质上是关于财务报告的列报。因此我们可以理解这里的列报为广义的列报,包含了基本财务报表的列报和附注及其他的披露。②

IASC的概念框架中列报和披露被广泛应用,但是并没有对此其进行专门解释,因为它认为列报、披露的含义和用法是简单易懂且约定俗成的。我们从字里行间可以看出列

---

① 严格地说,应该是"编制和列报财务报表的框架",因为涉及"编制"与"列报"两个部分,但照顾我国习惯译法,将此缩简。

② 这里似乎存在一种悖论,我们通常所理解的会计信息披露包括"表内列报"与"表外披露","披露"是一个广义的概念,包括"列报",但这与IASC将"列报"包括"披露"的理解相悖。然后,我们有幸地看到,在后文阐述的IASB"财务报告概念框架的复核"文件中,拨乱反正,纠正了IASC概念框架(1989)中的将"列报"包括"披露"的不正确认识。

报主要与财务报表相挂钩,例如财务报表的信息列报,财务报表的要素列报等;披露涉及的信息一般是附注的信息,包括会计政策,价格变动,风险和不确定性等。

"编报财务报表的框架"自 1989 年建立以来,为国际会计准则(IAS)的制定提供了理论依据,帮助使用者更好的理解 IAS。2001 年改组后的 IASB 也沿用了此概念框架,继续对国际财务报告准则(IFRS)提供指导。"编报财务报表的框架"对 IAS 和 IFRS 的发展以及获得国际认可意义重大。但我们也不可否认,IASB 概念框架和 FASB 概念框架中存在的列报和披露这一基本差异,在一定程度上阻碍了两者会计准则的趋同。

(三) 英国 ASB"财务报告原则公告"

英国会计准则理事会(ASB)于 1990 年由原会计准则委员会(ASC)改组而来,自其创建初期就确定要研究一个概念性的框架,目的是确保会计准则有严格和一致的理论基础。ASB 整合了自 90 年代初一系列非正式参考框架构成的讨论稿,于 1995 年发布了"财务报告原则公告"第一份完整的征求意见稿。1999 年 3 月,ASB 又发布了第二次征求意见稿,最终于 1999 年 12 月正式发布了"财务报告原则公告"。ASB 概念框架的一个最重要的特征是,它是由一些基本概念组成一个概念框架,各章内容都围绕单个基本概念来展开。其中就提及到一个重要、创新的概念——列报,ASB 首次将列报作为基本概念纳入概念框架。

ASB 制定"财务报告原则公告"以 FASB 和 IASB 的概念框架为基础,是对国际趋同的认可和支持。"财务报告原则公告"在结构上与 IASB 和 FASB 概念框架相比,增加了"财务信息的列报"(Presentation of Financial Information)和"对在其他报告主体中的权益的会计处理"。ASB 率先将列报的概念引入概念框架,将财务信息的列报列为"财务报告原则公告"的第 7 章单独进行规范。ASB 的概念框架没有给"列报"下正式的定义,但是它阐述了列报的性质以及应当列报的具体内容。

ASB 的概念框架要求好的列报应当确保清楚有效的、以一种尽可能简单和直接的方式传递财务报表的基本信息。首先对财务报表的范围给出了限定,包括主要的财务报表以及进一步阐述和解释基本财务报表的支持性附注,其中主要的财务报表本身是指财务业绩表、财务状况表即资产负债表和现金流量表。其次分别对各个报表应当列报的信息给出规范:财务业绩表的列报主要面向业绩组成和组成项目的特征;财务状况表的列报主要面向持有的资产与负债的类型和作用以及在两者之间的关系;现金流量表的列报将表示主体各种活动产生的现金及其用途并应在经营结果产生的现金流量和来自其他活动的现金流量之间特别区分。最后说明了财务报表附注中的信息披露的性质,规定披露不能代替确认,也不能为在主要财务报表中梗阻或为任何错误表述或遗漏寻找理由。

ASB 最早认识到列报作为一个重要的会计程序在概念框架中进行规范的重要性,并将其付诸实际,这是对概念框架的一个伟大创新。ABS 将列报描述为清楚明了地传递主要财务报表基本信息的一种必要程序,将披露描述为对附注信息的非确认性的描述。遗憾的是,ASB自此以后,没有再继续对其概念框架进行补充和更新,对列报的研究也就戛然而止。从现在的角度来看ASB的概念框架是不完善的,但我们也肯定它当时的社会价值,以及对概念框架的发展历史研究的意义。

三、21世纪的深入探究阶段

(一) 联合概念框架

2002年IASB和FASB启动趋同项目,从对立走向趋同是双方共赢的选择。2004年10月,IASB和FASB召开联合会议,正式启动"联合概念框架项目"(The Joint Project of Conceptual Framework)。联合概念框架以现行的IASB概念框架和FASB概念框架为基础编制,最终将成为双方制定会计准则的共同基础。该联合框架与财务报告有关,表明IASB接受财务报告包含了基本财务报表和附注及其他的概念,这是IASB向FASB的妥协与趋同。

联合概念框架项目分8个阶段进行,包括目标和质量特征、要素和确认、计量、报告主体、列报和披露(包括财务报告的边界)、目的和地位、在非盈利组织中的应用以及其他问题。其中第5阶段"列报和披露"试图确定财务信息列报和披露的概念,包括这些信息的边界,使之达到通用财务报告的目标。该阶段还明确指出定义财务报告的边界,这是区分列报和披露的关键点。IASB和FASB意识到列报和披露在财务报告编报中的重要性,为了消除各自概念框架中列报和披露存在的差异,把列报和披露列为联合概念框架中一个阶段性项目。

最终,联合概念框架项目只进行了前4个阶段,其成果是发布了"通用目的财务报告的目标和有用财务信息的质量特征",更新了IASB和FASB各自的概念框架。实际上,由于缺乏良好的研究基础和相关经验,IASB和FASB一直未曾开展列报和披露的项目。直到2010年底,它们决定把重心放在金融危机后产生的更加急迫的趋同项目,从而推迟了联合概念框架项目。值得欣喜的是,列报和披露得到了IASB和FASB足够的重视,最近又被提上概念框架建设的日程,列报和披露在概念框架中的规范指日可待。

(二) 国际公共部门会计概念框架

国际公共部门会计准则委员会(IPSASB)于2006年启动了公共部门会计概念框架项目,用来规范支撑国际公共部门会计准则制定的相关概念、定义和原则。公共部门概念框架是以IASB概念框架概念和定义为基础,同时结合IASB和FASB的联合概念框架编制,考虑到公共部门的环境,体现公共部门的需求和特点。公共部门概念框架项目共分为4个阶段,其中第4阶段为"通用目的财务报告中的列报"。IPSASB于2013年1月发布了"通用目的财务报告中的列报"咨询稿(Consultation Paper),又于2013年4月22号发布了概念框架征求意见稿4(CF‐ED4)。

该征求意见稿说明了通用目的财务报告中的列报适用于包括政府和其他公共部门主

体的通用目的财务报表,但亦扩展至涵盖对财务报表进行强化、补充和增补的额外信息和报告,并且阐述了其他部分和列报概念之间的关系。IPSASB 将列报定义为"对通用目的的财务报告中列示(Display)和披露信息的选择、定位和组织作出决策"。由此可见,IPSASB 定义的列报应当包括信息的列示和信息披露。征求意见稿中列报的概念不仅涉及如何将信息纳入相关报告,还涉及除财务报表外有必要提供哪些报告。因此,其考虑了是否应提供新的报告、相关信息是否应在各种报告之间移动,以及现有报告是否应予合并以实现财务信息的目标和质量特征。IPSASB 定义的列报的含义更广,与 IASC 概念框架对列报的规定基本一致,这是因为公共部门会计概念框架是以 IASB 概念框架,也就是IASC 概念框架为基础编制的。

征求意见稿中同时还对"列示"和"披露"下了定义。"列示"传递通用财务报告中的关键信息,要求简明、可理解,让使用者可以集中在列报的关键信息上,而不被过多的详细的迷惑类信息打扰。列示的信息要求显著地列报,通过使用像明显的标签、边框、表格和图表等合适的列报技术。"披露"的信息通过提供详细资料帮助使用者更好地理解列示的信息,使之更有用,但不应认为披露的信息可以取代列示的信息,二者同样重要。披露的信息包括列示信息的基础;适用的政策和方法;列示信息的终止确认;与列示信息无关的但能带来其他重要信息的项目等。这里的列示我们可以理解为狭义的列报,即对基本财务报告信息的列报,这与 SFAC NO.5 中的列报具有同等的含义。

IPSASB 在"通用目的的财务报告中的列报"中创造性地提出了"列示"(Display)一词。查阅其他概念框架发现,"列示"一词可以表示财务报表信息的传递,但并不常用,也算不上会计术语。"通用目的财务报告中的列报"尚处于征求意见阶段,我们会持续关注这一概念框架的发展,以及列示的"命运"。

(三)IASB"财务报告概念框架的复核"

2012 年 9 月,IASB 重新启动概念框架项目,但是只是以只有 IASB 参与的综合项目的形式。IASB 规定概念框架应当重点关注财务报表要素、计量、报告主体和列报与披露等问题,意在制定一份涉及上述所有领域的概念框架。2012 年 12 月 20 日,IASB 为了回应外界对财务报告简单合理披露的要求,开展披露调查,启动了披露框架项目;IASB 于2013 年 1 月 28 日召开披露论坛,5 月 28 日发布了披露论坛的反馈声明,其汇总建议最后将应用到 IASB 概念框架中的披露部分。IASB 在 2013 年 3 月 20 日关于加速制定概念框架联合项目的会议上,重点讨论了概念框架的部分内容,包括列报和披露、财务报表要素和资本保全等,指出现行的概念框架没有关于列报和披露的部分,呼吁应该为列报和披露提供指导。

2013 年 7 月 18 日,IASB 发布了一份概念框架的讨论稿"财务报告概念框架的复核",试图从财务报告的角度对 IASB 原有的概念框架作出一些改变。该讨论稿说明了该概念框架为编报财务报表制定基础概念,主要目的是帮助 IASB 在发展和修改 IFRS 时识别基本概念。该讨论稿是发布修订的概念框架的第一步,在收到对重要事项的意见和评论后,IASB 计划于 2014 年第三季度发布修订的概念框架的征求意见稿。

"财务报告概念框架的复核"中的第 7 部分是"列报和披露",它指出现行的概念框架没有对列报和披露提供指导。该部分的内容将可能包含在修订后的概念框架中,用来帮助 IASB 在新的或修订的准则中规范"列报和披露"的要求。第 7 部分阐述了"列报"和"披露"的含义及其区别,基本财务报表的列报,财务报表附注的披露,重要性以及列报和披露的形式等内容。

IASB 首次给出了精确定义,"列报"是指主体在基本财务报表的正表中披露财务信息,而"披露"比"列报"具有更广泛的含义,是指向使用者提供有关报告主体有用的财务信息的程序。可见,IASB 在这里明确界定了"披露"与"列报"的关系,并指出前者包括了后者。财务报表包括基本财务报表列报的金额及说明以及财务报表附注中包含的信息,总的来说都属于披露的形式。IASB 定义的"披露"作为一项程序是广义的披露,其中还包括"列报"用于基本财务报表信息,而狭义的披露通常用于财务报表附注的信息。

在基本财务报表中列报信息的目标是提供关于已确认资产、负债、所有者权益、收入、费用、所有者权益变动和现金流量的总结性信息,这些信息要求以合适的方式分类和合计,且对财务报表使用者的决策有用。在财务报表附注中披露信息的目标是提供基本财务报表中已确认项目以及未确认资产和负债的额外有用信息,用来补充基本财务报表的信息。IASB 还说明了通常需要披露的信息,包括报告主体,基本财务报表中已确认金额及其变化,未确认资产和负债的性质和范围,风险的性质和范围,方法、假设、判断和前瞻性信息等。① 重要性的概念在现行概念框架中已有清晰的描述,然而 IASB 仍考虑在概念框架之外发展额外指导和培训资料。列报和披露要求应当有一个明确的目标,将披露(包括列报)作为准则规范的一种信息传递形式(即"信息传递原则"),同时建议采用电子形式的财务报表便于快速得到信息。

IASB 还汇总了调查对象关于列报和披露的问题,包括是否认同应当包含在概念框架中"列报和披露"的范围和内容;关于重要性的额外指导和培训资料在概念框架之外规范是否合理;披露形式要求的"信息传递原则"(Communication Principles)是否应纳入概念框架之中。

IASB 概念框架关于列报和披露的规范已相对成熟,其中不仅说明了列报和披露的基本定义、范围和内容,还涉及相关的重要性概念。IASB 在制定概念框架的同时还开展了"披露框架"项目,积极面对与披露有关的广泛挑战,将"披露框架"的成果补充概念框架的披露部分。IASB 在此讨论稿中给列报和披露下了权威定义,该定义与 SFAC NO. 5 中

---

① 请注意,这里已将基本财务报表与附注相分离,列报与基本财务报表挂钩,披露与附注及其他补充信息挂钩,广义的"披露"也包括基本财务报表中信息的披露。

对列报和披露的解释大致相同,但是更为完整、准确和具有条理。并且,推翻了 IASB 前身 IASC 在 1989 年"编报财务报表的框架"中将"列报"包括"披露"的认识。这将是"列报和披露"理论发展的一个新的里程碑,不仅完善了概念框架的体系,而且对会计准则的发展也有不可磨灭的作用。

综上所述,"列报"和"披露"定义的提出经历了解释型定义,列举型定义和描述型定义,语言越来越精简,以达到概念框架的指导性作用。各个概念框架中的"列报"和"披露"定义存在一定差异,主要争议点有以下几个方面。其一,列报和披露是否具有广义和狭义两层含义,相对应就引申出列报和披露之间的包含关系。通过上文的分析我们发现狭义的列报与基本财务报表相挂钩,狭义的披露与财务报表附注相挂钩。FASB 和 IASB 使用广义的披露,包含基本财务报表的列报和财务报表附注的披露(狭义的),而 IASC,ASB 和 IPSASB 则使用广义的列报,同样包含基本财务报表的列报(狭义的)和财务报表附注的披露。其二,财务报表和财务报告的范围界定仍然模糊。列报和披露定义的关键在于明确财务报表和财务报告的界定,这是规范列报和披露定义的基础。明确列报和披露与财务报表和财务报告的勾稽关系的前提在于严格区分定义基本财务报表、财务报表和财务报告的范围,这也是 IASB 和 FASB 致力于消除的重大差异之一。列报和披露定义的发展在很大程度上也推动了财务报表和财务报告范围的规范。其三,列报和披露是否能够作为基本程序。列报和披露作为会计程序目前是获得认可的,但是是否单独作为一项基本程序存在,抑或只是"报告"程序的两个部分,或者列报是作为"确认"程序再确认的一部分,仍然存在争议。列报和披露如若上升到基本程序的高度,这对会计理论界和实务界都带来巨大的冲击。

四、"列报和披露"理论的影响及意义

列报和披露在概念框架中不断地探索和丰富,主要集中于对定义的探究,也逐渐延伸至列报和披露的性质、要求和内容等,由此可见"列报和披露"理论①初步形成。"列报和披露"理论可以说是近三十年来在会计理论中发展最快,变化最大的。从会计术语到会计程序再到一个相对成熟体系的理论,概念框架的积极研究和社会公众的大力推动必不可少。"列报和披露"理论补充了会计理论,同时完善了概念框架,进而对会计准则和会计实务也提供了指引。

首先,"列报和披露"理论补充了会计理论中对信息传递的理论指导。由于资本市场信息不对称,高信息含量的财务报告成为信息传递的主要媒介。随着资本市场的成熟和扩大,财务报告的信息严重超载,早先会计理论中关于列报和披露的零星规定早已不能满

---

① 列报和披露两者密切相关,且有互相包含,我们暂且把列报和披露放在一起作为一种理论来研究。

足日益复杂的会计信息。"列报和披露"理论的建立为财务报表和财务报告的信息传递提供理论支持,控制财务信息的数量和质量,规范非财务信息的披露形式和要求,以提高决策有用性。

其次,"列报和披露"理论完善了概念框架的结构和内容。概念框架作为一个完整的体系,应当符合佩顿和利特尔顿在《公司会计准则导论》中提出的连贯、协调、内在一致的理论体系的要求。现行的概念框架基本囊括了会计目标、会计信息的质量特征、会计要素、确认和计量等主要内容,也部分提及了列报和披露的内容,但是并没有单独作为一章节或一份公告加以规范。列报和披露作为一个完整会计循环的最后程序是十分重要且不可或缺的。"列报和披露"理论在概念框架中的形成的原因,一方面是会计准则制定机构意识到概念框架中列报和披露规范的缺失给具体准则的制定带来了一定阻碍,另一方面也是财务报表使用者的切实需求和强烈呼吁。"列报和披露"理论丰富了概念框架的内容,使得概念框架整体更加饱满,避免"头重脚轻"——过于强调确认和计量而忽视了列报和披露。同时,在确认和计量之后增加列报和披露的规范,使得概念框架的结构更加完整。

最后,"列报和披露"理论同时指导会计准则、会计实务以及会计管制。会计准则制定机构除了在概念框架中发展和完善"列报和披露"理论,强调其原则性和指导性,更重要的是要将其应用到会计准则中,对相关准则的列报和披露部分进行改进和更新。"列报和披露"理论更多的是基于满足使用者的需求,对财务报表的编制者提出了更高的要求。列报和披露形式内容的改变会对编制财务报告产生实质性的影响。再者,会计信息的管制也是以信息的列报和披露为基础的,"列报和披露"理论同样为信息传递的监督提供指导。

五、对我国的经验与启示

我国企业会计准则体系由 2006 年 2 月财政部新颁布的 1 项基本准则和 38 项具体准则组成。我国会计准则体系最大的缺陷就是缺乏具有理论指导意义的财务会计概念框架。虽然,基本准则以法律条文的方式规定了财务报告的目标、会计信息质量特征、要素、计量、报告等基本概念,但它在形式、内容、结构上都和国际上现有的概念框架存在差异,因此基本准则仍然不能替代概念框架。

我国基本准则中第 41、44 和 48 条分别提到"列报"、"披露"和"列示"这些术语。其中规定,财务会计报告是指企业对外提供的反映企业某一特定日期的财务状况和某一会计期间的经营成果、现金流量等会计信息的文件,包括会计报表及其附注和其他应当在财务会计报告中披露的相关信息和资料。会计报表至少应当包括资产负债表、利润表、现金流量表等报表。企业在将符合确认条件的会计要素登记入账并列报于会计报表及其附注时,应当按照规定的会计计量属性进行计量,确定其金额。附注是指对在会计报表中列示项目所作的进一步说明,以及对未能在这些报表中列示项目的说明等。可以明显看出,我国基本准则的补充和更新是以 IASC 早期概念框架"编报财务报表的框架"为参考。IASB 之后将概念框架改为财务报告的概念框架，而我国基本准则也没有及时跟进。

我们在此简要追溯一下我国会计准则发展史，进一步探究"列报"与"列示"之间存在微妙的关系。我国企业会计准则对"列示"①一词早已情有独钟，在企业会计准则中广泛适用。追踪使用"列示"的历史发现，我国在《企业会计制度》(1992)就明文指出"……应在资产负债表中列示"，这里的列示通常表示财务报表信息的传递，实际上与列报有相同的含义。财政部在《企业会计准则中英文对照》(2001)中把列示翻译为"Show"，在企业会计准则(2006)中对列报和列示均翻译为"Present"，均缺乏严谨性和统一性。"列示"准确的对应词应为"Display"，不过当时的国际会计准则却鲜用该词。"Presentation"早期常被译为"呈报"，一般反映基本财务报表的整体情况；相应的，"列示"反映财务报表中的具体项目。"呈报"一词一直沿用，直至 2006 年财政部发布新的企业会计准则引入"列报"一词，才被替换掉。

在我国具体会计准则中，"财务报表列报"和"金融工具列报"准则同时包含了对"列报"和"披露"的规范，我们通过对具体准则的分析来理解我国会计准则中"列报"和"披露"的应用。"财务报表列报"准则解释"列报"为交易和事项在报表中的"列示"和在附注中的"披露"。在财务报表的列报中，列示通常反映资产负债表、利润表、现金流量表和所有者权益变动表等报表中的信息，披露通常反映附注中的信息。"金融工具列报"准则将"列报"分为"列示"和"披露"两部分，分别规范金融资产或金融负债、金融工具的列示，以及如何披露重要会计政策和计量基础信息、套期保值信息、公允价值信息、金融工具及其风险信息等。在这两项准则中，我国会计准则制定机构显然区别使用了"列示"与"列报"，并对"列报"作了广义解释，使其包含"披露"。但是，我们注意到，在我国"金融工具列报"准则中，"列示"和"披露"两部分的内容又分别对应了国际会计准则中的 IAS 32"金融工具：列报"和 IFRS 7"金融工具：披露"，这不仅形成我国准则与国际准则的一项较大的差异，同时又再次将"列示"与"列报"的概念搞模糊了。

究其原因，我国会计准则的制定没有概念框架给予指导，而财政部制定的以法规名义颁发的基本会计准则又不能提供详细的评价标准和理论依据。另外，我国基本会计准则也不能像国际概念框架那样根据需要不断作出及时更新，在制定准则时本身又缺乏"应循程序"的使用，最终导致了我国"列报"和"披露"规范的缺失，影响了我国会计准则的发展和趋同。因此，建立我国自身的概念框架确实迫在眉睫，这对我国会计准则体系的完善和国际趋同均至关重要。同时，我们建议，在我国日后会计准则的修订中，去除"列示"这不规范的概念，明确"列报"与"披露"的区别，及时吸收国际会计界的最新成果，进一步推动

① 还不能确定当时我国会计准则中使用的"列示"一词是否与"Display"的含义对应，抑或只是对"Presentation"的另一种译法。

我国会计准则与国际准则的持续趋同。

主要参考文献

财政部:《企业会计准则——基本准则》(2006 年)。

财政部:《企业会计准则第 30 号——财务报表列报》(2006 年)。

财政部:《企业会计准则第 37 号——金融工具列报》(2006 年)。

葛家澍:"财务会计概念框架研究的比较与综评",《会计研究》,2004 年第 6 期。

葛家澍:"关于财务会计中确认与披露概念问题",《当代财经》,2008 年第 5 期。

汪祥耀:"英国会计准则的演进与最新发展",《财经论丛》,2002 年第 2 期。

ASB,"Statement of Principles for Financial Reporting",December 1999.

IASC,"Framework for the Preparation and Presentation of Financial Statements", July 1989.

IASB,Discussion Paper,"A Review of the Conceptual Framework for Financial Reporting",July 2013.

FASB,SFAC NO. 1,"Objectives of Financial Reporting by Business Enterprises", November 1978.

FASB,SFAC NO. 5,"Recognition and Measurement in Financial Statements of Business Enterprises",December 1984.

PASASB,Exposure Draft,"Conceptual Framework for General Purpose Financial Reporting by Public Sector Entities: Presentation in General Purpose Financial Reports",April 2013.

21. IASB 准则变革中"控制"概念
的转变及影响

一、引言

国际会计准则理事会(IASB)是在 2001 年由国际会计准则委员会(IASC)重组更名而来。在其制定和推动高质量会计准则的进程中,各项准则以及解释公告①也在进行不断的改进和修正。其中,"控制"(Control)一词的释义也在相关准则和解释公告的变迁中得到了不断的修正。"控制"在准则和解释公告的多处均有涉及,主要体现在两个方面:一是两个主体之间关系的体现,二是一个主体对其自身资源的关系。而这两方面对应的会计事项分别涉及合并中的会计处理和收入中的会计处理问题。

合并中的会计处理方面,在 IFRS 10"合并财务报表"和被取代的 IAS 27"合并财务报表和单独财务报表"(原"合并财务报表和对子公司投资会计")中对"控制"均有专门的定义,在 IAS 28"对联营企业的投资"(原"对联营企业投资会计")、IAS 31"合营中的权益"(原"合营中权益的财务报告")、后来新发布的 IFRS 11"合营安排"及 IFRS 12"对其他主体中权益的披露"中,也均涉及"控制"变化下的会计处理问题的变化。同时,主体之间的"控制"问题还涉及 IFRS 3"企业合并"、被 IFRS 3 取代的 IAS 22"企业合并",以及相关解释公告 SIC 12"合并——特殊目的主体"、SIC 13"联合控制主体——合资控制者之非货币性投入"、SIC 33"合并和权益法:潜在表决权和所有者权益的分摊"等等。收入的会计处理方面,主要是收入的确认,涉及的准则主要是 IASC 发布的 IAS 18"收入"以及 IASB 后续对其的更新。同时,还涉及特殊收入事项——IAS 11"建造合同"以及相关的解释公告,诸如 IFRIC 13"顾客忠诚度计划"、IFRIC 15"房地产建造协议"等等。以下我们将从这两个方面对"控制"的转变及影响进行具体的分析。

二、合并中"控制"定义的转变及影响

(一)相关准则及解释性公告中关于"控制"释义的演进

1976 年,IASC 发布了 IAS 3"合并财务报表",主要规范合并财务报表的列报问题,并

---

① 此处的准则和解释公告包括国际会计准则(International Accounting Standards, IAS)、国际财务报告准则(International Financial Reporting Standards, IFRS)、国际财务报告解释公告(IFRIC Interpretations)、解释公告(SIC Interpretations)以及其他公告。

规定运用权益法处理对联营企业的投资;1987 年 12 月,IASC 发布了征求意见稿第 30 号(ED 30)"合并财务报表和对子公司投资会计",并于 1989 年 4 月正式发布了 IAS 27"合并财务报表和对子公司投资会计",对自 1990 年 1 月 1 日起或以后日期开始的报告期的财务报表有效。即从 1990 年 1 月 1 日起,IAS 3 已被 IAS 27 取代。其中,IAS 3 中关于对联营企业投资的部分则被 IAS 28"对联营企业投资会计"所取代。1998 年 12 月,因为发布 IAS 39"金融工具:确认和计量",IAS 27(1998)得到了修订,2001 年 1 月 1 日生效。同时,还有两项与 IAS 27 有关的常设解释委员会的解释公告,1998 年发布的解释公告第 12 号(SIC 12)"合并:特殊目的主体"和 2001 年第 33 号(SIC 33)"合并和权益法:潜在表决权和所有者权益的分摊"。

2001 年 4 月,IASB 取代了 IASC 后正式运作,它开始积极研究关于合并项目的会计处理。2003 年 12 月 18 日,IASB 发布了修订后的 IAS 27(2003),更名为"合并财务报表和单独财务报表",并于 2005 年 1 月 1 日有效。IAS 27 导致了对原 IAS 28"对联营企业的投资会计"和原 IAS 31"合营中权益的财务报告"相应规定的修订,改进后的 IAS 27 取代了 SIC 33。同时,国际财务报告解释委员会(IFRIC)也对第 12 号解释公告(SIC 12)进行了修订,使得对于纳入合并范围的标准采用了风险报酬法,因此造成了与 IAS 27 之间的差异。2008 年,IASB 再次对 IAS 27 进行修订,IAS 27(2008)于 2009 年 1 月 1 日生效,但 IAS 27 和 SIC 12 之间依然存在差异。在此基础上,2011 年 5 月,IASB 发布了IFRS 10"合并财务报表"、IFRS 11"合营安排"和 IFRS 12"对其他主体中权益的披露",2013 年 1 月 1 日生效,对涉及的合并问题进行了统一的规范:要求对所有合并采用统一的会计处理模式——以"控制"作为合并的基准,并确立了控制原则,原 IAS 27(2008)和SIC 12 被取代。图表 3 - 21 - 1 列示了相关准则及解释公告中关于"控制"释义的主要变动时间和内容。

(图表 3 - 21 - 1)

准则及解释公告中关于"控制"释义的演进

时间	准则及解释性公告	与"控制"相关的内容及变动
1998 年 12 月	IAS 27"合并财务报表和对子公司投资会计"	控制是指统驭一个企业的财务和经营政策,并借以从该企业的经营活动中获取利益的权力。
2003 年 12 月	IAS 27(2003)"合并财务报表和单独财务报表"	控制是指统驭一个主体的财务和经营政策,并借以从该主体的经营活动中获取利益的权力。
2004 年 11 月	SIC 12(2004)"合并:特殊目的主体"	纳入合并范围的标准采用风险报酬法,合并主体与 SPE 之间关系的实质显示主体控制该 SPE 时,主体控制该 SPE。

（续表）

时间	准则及解释性公告	与"控制"相关的内容及变动
2008 年 1 月	IAS 27(2008)"合并财务报表和单独财务报表"	增加"非控股权益"(Non-controlling Interests)的处理,修订"失去控制"。
2011 年 5 月	IFRS 10"合并财务报表"	纳入合并范围的标准采用控制原则,当投资者因参与被投资方活动而对因此产生的可变回报承担风险或拥有权利,并有能力运用其对被投资方的权力来影响回报的金额时,投资者控制被投资方。

在合并相关的会计准则及解释公告的演进过程中,主要围绕 IAS 27 进行修订,到现今的 IFRS 10,"控制"原则基本确立,"控制"在准则中的重要性也越来越高。下文也主要以 IAS 27 为主线,进行"控制"转变的分析。

（二）与合并相关的"控制"概念的转变

1. IAS 27(1998)"合并财务报表和对子公司投资会计"

IAS 27(1998)对"控制"下的定义是:"控制"是统驭一个企业的财务和经营政策,并借以从该企业的经营活动中获取利益的权力。控制的存在迹象包括 5 个方面:(1)所有权:母公司直接或间接拥有子公司 50% 以上的表决权;(2)表决权:通过与其他投资者协议,拥有 50% 以上的表决权;(3)政策:根据章程或协议,有权统驭企业的财务和经营政策;(4)董事会:有权任免董事会多数成员;(5)董事表决权:有权在董事会会议上投多数票。

对母公司合并的子公司,当"控制"存在两项例外情况:(1)购入和拥有子公司只是为了随后在近期内出售;(2)子公司在严格的长期性限制条件下经营,从而大大削弱了其转移资金的能力。在这些情况下,此类子公司应作为投资,并根据 IAS 25"投资会计"进行处理。

2. IAS 27(2003)"合并财务报表和单独财务报表"

原 IAS 27 于 2003 年修订并更名后对"控制"的定义基本保持不变,但是将"企业"(Enterprise)更改为"主体"(Entity),即统驭一个主体的财务和经营政策,并借以从该主体的经营活动中获取利益的权力。该项改动是 IASB 对 IASC 整个准则体系的改动,不再仅仅限于"企业",将"非企业"主体也包含进来,适用主体的范围扩大,对报告主体的用词也更加精确。对于"控制"的存在,依然是从所有权、表决权、政策、董事会和董事会表决权这五个方面进行的阐释,但在表述方面有所变化:如果母公司拥有、直接或间接通过子公司拥有一个主体半数以上的表决权即视为控制,除非在例外情况下,能清晰表明这种所有权并不形成控制。在母公司拥有一个主体半数或不足半数的表决权,但具备下列条件之一时,也视为存在控制:(1)通过与其他投资者的协议,拥有 50% 以上的表决权;(2)根据章程或协议,有权统驭企业的财务和经营政策;(3)有权任免董事会或类似权力机构的多数成员,并通过董事会或类似权力机构控制该主体;(4)在董事会或类似权力机构的会议上占多数表决权,并通过董事会或类似权力机构控制该主体。同时,IAS 27(2003)在14～15段增加了判断"控制"是否存在时,应考虑股票期权、可转换债券等潜在表决权的影响。在确定潜在表决权是否对控制存在影响时,应该与潜在表决权是否可以在当期实施的相关合同条款或实施期限等一同考虑,但是IASB特别强调管理层是否将潜在表决权转换为实际表决权的意愿以及是否具备转换的财务能力不在考虑之内。理由是管理层是否准备实施的意愿和能力并不影响控制是否存在的事实。有关潜在表决权对控制的影响体现在原国际会计准则委员会常设解释委员会SIC 33的结论中,改进后的准则将这一结论引入准则正文,该解释公告同时被取消。

IAS 27(2003)中关于"控制"的例外情况分为两种:"暂时性控制"(Temporary Control)和"失去控制"(Loss of Control)的会计处理。其中,"暂时性控制"是对IAS 27(1998)的改进,条件更加严格:(1)购买和持有该子公司就是准备在购买后十二个月内处置,因而控制是暂时性的;(2)管理层正在积极地寻找购买者。对于这种"暂时性控制"的子公司应当根据IAS 39中关于为交易持有的金融工具进行处理。IAS 27(2003)同时还规定,当暂时性控制的子公司未能在购买后十二个月内处置出去时,应将其纳入合并财务报表,视同对该子公司从购买之日起就进行合并,并重新表述相关期间的财务报表。如果在12个月内找到了买主,但在资产负债表日,由于等待监管者批准等原因未能完成相关手续,不要求主体合并这类准备出售的子公司。而IAS 27(2003)取消了IAS 27(1998)中例外情况的第(2)点"子公司在严格的长期性限制条件下经营,从而大大削弱了其转移资金的能力",原因是经营受到长期严格限制并不一定能表明母公司失去控制权,因而不能排除在合并范围之外。"失去控制"是IAS 27(2003)新增加的内容,对其的解释是,母公司失去统驭一个被投资公司的财务和经营政策并从其经营活动中获取利益的权利。母公司除因处置而失去对子公司的控制外,还可能会因子公司清算、被债权人接管等原因失去控制权。即失去控制权可能发生或不一定发生所有权水平上的变化,例如当一家子公司被政府、法院、管理人或监管机构所控制或者出现合约协议而丧失控制权。一旦这种情况发生,则认为母公司不再控制该子公司,也就不应该再将其纳入合并范围。

针对特殊主体的"控制"上的处理,IAS 27(2003)在19～20段还进行了专门的强调:不能仅因为投资者是风险资本投资者、共同基金、单位信托或其他类似的主体,而将子公司排除在合并范围之外;也不能因为子公司的经营活动与集团的其他主体不同而被排除在合并范围之外。

总体上看,改进后的概念比较清晰,政策相对合理且具有较好的操作性。IAS 27(2003)主要以"控制"作为确定合并范围的基础,但是对控制概念的解释并不完整,特别是没有对无多数表决权情况下的控制加以明确界定。

3. SIC 12"合并:特殊目的主体"(Consolidation- Special Purpose Entities)

1998 年发布的解释公告 12 号(SIC 12),在 2004 年被国际财务报告解释委员会(IFRIC)作出全面修订,2001 年"安然事件"暴露出会计准则对"特殊目的主体"会计处理的缺失通过此项修订而得到弥补。该解释公告第 4 段认为 IAS 27 对合并主体所控制的报告主体作出了要求,但对"特殊目的主体"(SPE)的合并却并没有提供明确的指导。因而该解释公告规定:当合并主体与 SPE 之间关系的实质显示主体控制该 SPE 时,主体应合并该 SPE。在 IAS 27 第 13 段中列示了一些一个主体拥有另外一个主体一半或不足一半表决权情况下仍对另一个主体具有控制权的情形。同样地,当一个主体在对一个 SPE 具有很少或没有权益的情况下也可能对该 SPE 存在控制。需要说明的是,对于特殊目的主体,"控制"的实现更多考虑的是其风险与报酬。主体可能通过预先设定 SPE 的活动,即行使"自动驾驶"(Autopilot))或其他方式来实现对其控制,因而在每一种情况下,控制理念的应用,应在考虑所有相关因素的情况下做出判断。其中,有五个指标可能显示主体控制了某一特殊目的主体:(1)该 SPE 的活动系为符合主体特定业务需求而执行,主体可从其活动中获利;(2)主体拥有可取得该 SPE 活动大部分利益的决策权;(3)主体通过"自动驾驶"机制拥有该 SPE 活动的大部分利益;(4)主体拥有可取得该 SPE 大部分利益的权利,并因而可能暴露于该 SPE 活动附属的风险中;(5)主体保留了与该 SPE 或其资产相关的大部分剩余风险或所有权风险,以从其经营活动中获取利益。

与 IAS 27 相比,SIC 12 对 SPE 的处理虽然也建立在"控制"的基础上,但两者的定义和表述有一定的差别。IAS 27(2003)强调统驭一个主体的财务和经营政策,而 SIC 12 对此则没有作出完全要求。这主要是因为,相对于一般主体,SPE 的设立主要是基于发起者(或代表其创建 SPE 的主体)的特定经营需要,例如:设立一个 SPE 主要为报告主体筹措长期资金以支撑其持续的、核心的经营活动;再或者设立一个 SPE 来对外提供商品或劳务,而这些商品或劳务如 SPE 不提供,则报告主体就必须自己提供。也就是说,SPE 设立的目的与一般主体不同。这也导致了在对 SPE"控制"的判断上,表决权并不能起到关键作用。表面上看,报告主体对 SPE 没有决策权或对 SPE 的资产不能加以控制,但实质上,SPE 的经营决策权往往为报告主体拥有。因为报告主体对 SPE 所拥有的这种权利通常表现在可以单方面地终止 SPE、改变 SPE 的章程或规章制度、否决提议等。同时,由于 SPE 不一定有股权投资,绝大部分资金都来源于债权投资,基于股权的投票原则难以适用;当其处于"自动驾驶"状态时,其业务活动仅限于章程规定,没有独立的管理层,难以找出基于决策意义的控制权。此外,SIC 12 中,主体对 SPE 的控制更加强调风险和报酬,从经营活动、决策、利益和风险考虑 SPE 是否被报告主体所控制,主要是因为 SPE 往往结构复杂,而且由于涉及方相互妥协,甚至是合谋,其运作具有很大的隐蔽性,因而 SPE 的风险可能高于一般主体。

4. IAS 27(2008)"合并财务报表和单独财务报表"

IAS 27 于 2008 年再次加以修订,本次修订是 IASB 与美国 FASB 关于企业合并项目第二阶段的一部分工作成果。IAS 27(2008)保留了 IAS 27(2003)关于控制的定义和判断标准,主要增加了"非控股权益"(Non-controlling Interests)的处理,并对"失去控制"的规定进行了修订。其中,"非控股权益"主要承接 IAS 27(2003)中的"少数权益"(Minority Interests),是与 FASB 共同协商确立的。IAS 27(2008)同样要求对"非控股权益"必须在合并财务报表中作为所有者权益项目单独列示。但 IAS 27(2008)增加了一项要求:综合收益必须在控股股东和非控股权益之间进行分配,即使这种结果可能导致"非控股权益"出现负数。在"失去控制"的处理上,IAS 27(2008)认为当一个主体失去对一家子公司的控制时,应终止确认该子公司的资产和负债以及相关权益部分。任何收益或亏损在损益中进行确认,对该子公司保留的其他投资在失去控制的当天应按照 IFRS 9"金融工具"视为金融资产以公允价值进行初始确认,或者在适当的情况下,按照联营或共同控制主体进行初始成本的计量。

IAS 27(2008)对"控制"的概念为未作任何修改,只是增加了"非控股权益"和"失去控制"的相关处理。在"失去控制"问题上,IAS 27(2008)删去了关于"暂时性控制"的规定,统一按照当前时点"控制"存在与否来进行规范,更加有利于实务操作。总体而言,IAS 27(2008)是对 IAS 27 的补充和完善,有利于准则之间的衔接。但 IAS 27(2008)与 SIC 12关于"控制"概念不一致的问题仍未得到解决,在一些情况下主体在应用"控制"概念时依然存在分歧,如一个报告主体控制另一主体但并又不持有其多数表决权、涉及代理关系等等。

5. IFRS 10(2011)"合并财务报表"

2011 年 5 月 IASB 发布的 IFRS 10,主要是为了解决 IAS 27 和 SIC 12 在实务应用中的分歧。该准则中,定义了控制原则,并建立了以控制为基础的合并财务报表处理规范。

(1)控制的定义及控制三要素

IFRS 10 对控制定义做了一些修改,使其更为详细、更有利于判断和操作。IFRS 10对控制的定义是:当投资者因参与被投资方活动而对因此产生的可变回报承担风险或拥有权利,并有能力运用其对被投资方的权力来影响回报的金额时,投资者控制被投资方。同时,控制原则要求控制必须同时包含三个因素:

① 权力,拥有对被投资方的权力。"权力"是指"投资者现有的权利,该权利能赋予其操控被投资者相关业务的当前能力",其中的"相关业务"被定义为"被投资者那些会显著影响其回报的业务";"统驭财务和经营政策"只是"指挥"的手段之一,报告主体的权力取决于报告主体和其他投资者所拥有的所有有关被投资公司活动的表决权、潜在表决权和其他合约安排主导权利,包括主动主导与非主动主导的权利。例如,一个持有 70% 表决权益的主体(假设不存在其他因素),即使未行使其表决权利,仍然拥有主导被投资方活动

的现时能力。而另外 30% 表决权益的单一持有者,即使积极行使其表决权,而由于是少数股东,无权做出最终决策,因而也未拥有权力。IFRS 10 同时指出"权力"来源于"权利",但"权利"中只有"实质权利"(Substantive Rights)才值得考虑。"实质权利"需要考虑的因素有:实施该权利是否能带来利益;有没有财务或法律上的障碍影响该权利的实施;实施该权利是否还需要其他股东的同意等。

② 回报,对可变回报承担风险或拥有权力。通过参与被投资方,承担或享有其可变回报。回报是一个广泛的定义,它不仅包括直接回报,如股利,而且包括了协作效应的回报,如规模经济、节省成本、专有产品、专利知识、协同效益,或者其他权益持有者无法拥有的其他回报。投资者的回报可能是单纯的正数,单纯的负数,或者全部的正数和负数。IASB 强调,投资者必须承担风险和报酬,以获得对被投资方的控制。不承担风险和报酬,投资者将不能从其拥有的任何权力中获得利益,从而无法控制被投资方。投资者通过涉入被投资方的活动承担的风险和报酬越大,就越激励投资者去获得作出决策的权力。承担风险和拥有报酬是控制的必要评价条件,但并非充分条件,风险和报酬并不能独立确定一个投资者是否控制了被投资方,它必须和权力因素和回报因素同时运用。也就是说,"对可变回报承担风险或拥有权力"只是控制的一个方面,而非控制本身,这里的关键是第三个要素,即权力与可变回报之间的关系。

③ 权力和回报的关联。能够行使对被投资方的权力,以影响回报的金额。投资者不但拥有掌控被投资方的权力,通过涉入被投资方经营活动,有权接受其可变利益即回报,而且还具备掌控被投资方经营活动的能力从而可以影响其回报。该要素上的要求对权力和回报之间的关系做了明确规定,在判断"控制"的存在上具有重要意义。尽管报告主体拥有指挥被投资方活动的权力是为了使其所获得的可变回报最大化,但是其所得到的回报份额不一定与权力的数量直接相关。同时,IFRS 10 基于控制定义的"权力和回报关联"要素也规范了委托代理关系(Agency Relationships)下的控制权判断。其核心主旨是如果存在委托代理关系,代理人虽有权力但是实际上未获得与权力相关的可变回报,那么就不能控制该主体;相应地,授予决策权的委托人才是实施实质性控制的真正控制方。至于如何判定委托代理关系的存在,IFRS 10 要求综合考虑"决策者对被投资者的决策权力范围(如自由决断力)、其他主体持有的权利(如免职权利)、决策者按照报酬合同有权获得的报酬(如报酬与其所提供服务的相称性)、决策者从它在被投资者中持有的其他权益中获得的可变回报"等要素。

(2) 控制原则的实施要点

在 IFRS 10 中专门强调了"评估控制"(Assessing Control)。投资者在评估其是否控制被投资方时,必须同时满足上述"控制"存在的 3 个要素。以下五点有利于判断是否存在控制:①被投资方设立的目的和风险敞口;②被投资方的主要经营活动为何,如何作出此类活动的决策;③投资者现有权利是否使其有能力决定被投资方的经营活动;④通过涉入被投资方经营活动,投资者是否有权接受其可变利益;⑤投资者是否具备掌控被投资方的能力从而可以影响其利益的金额。此外,投资者在评估是否控制被投资者时,还应考虑与其他各方关系的性质。在综合考虑各方面因素的情况下,控制可能存在于但不限于以下情景:

情景1:拥有多数表决权(股权)且现时能够决定被投资方经营活动的投资者拥有以下权力时控制了被投资方:被投资方的经营活动被拥有多数投票权的投资者所决定或有权任免被投资方权力机构(如董事会等)的多数成员,而该权力机构的多数成员可决定被投资方的经营活动。反之,拥有多数投票权(股权)但现时不能决定被投资方经营活动的,则不能对被投资方形成控制。

情景2:拥有非多数表决权(股权)但现时能决定被投资方经营活动的投资者拥有以下权力时控制了被投资方:①拥有非多数表决权一方通过与其他方合同协议,获得了表决权;②通过其他特殊合约获得的权利;③该少数投票权实质具备了控制被投资方经营活动的权力;④潜在投票权;⑤以上4点的组合。

情景3:在存在代理协议的情况下,需要判断拥有决策权的投资者是否为委托人、代理人时,应当从以下四个方面考虑委托人是否控制了被投资方:①决策人对于被投资方所作出决策的范围;②其他利益方拥有的权利;③根据报酬协议,决策人所拥有的报酬;④决策人所具有的来源于被投资方的其他可变收益。

情景4:投资者与其他投资者之间的关系,即考虑以下各方是否为事实上的代理人(De Facto Agents):①投资者的关联方;②接受被投资方捐赠或接受被投资方贷款从而取得收益的一方;③在未得到投资者事先批准的前提下,拥有被投资方权益的一方不会出售其权益(除了投资者和其他方拥有优先批准的权利且这种权利是在与独立意愿的第三方共同协商的基础上确立的);④在没有投资者财务支持的前提下,不能继续经营的其他投资者;⑤其他投资者的权力机构的多数成员或关键管理人员来源于投资者;⑥与投资者有着密切的商业联系的其他投资者,比如投资者是其重要的客户。

情景5:对于特定资产的控制:投资者需要考虑被投资方的一部分是否为"被认定的独立主体"(Deemed Separate Entity)。在某些情况下,投资者可能因为法律或合约协议而对一组特定资产及负债(被投资方的一部分)具有权利。此外,在某些地方,法律个体可能被区分为单独部分或分支(Silo)。在此种情况下,应判断是否有可能将个别分支或被投资方的一部分(而非整个法律主体)进行合并。被投资方的一部分满足以下条件时可视为事实上独立的个体:指定资产(包括其信用增级资产)是用来偿付其指定负债、其他指定利益的唯一来源,而其他方对该指定资产或来源于指定资产的剩余现金流不具备任何所有权。实质上,该"被认定的独立主体"的所有资产、负债和权益均与被投资方整体形成了业务分隔(Ring-fenced)。也就是说,若被投资方的一部分在经济上独立于被投资方整体的,且投资者控制了被投资方的该部分,则该部分应该视同被投资方所控制,并纳入合并财务报表范围。

此外,IFRS 10 提出了"持续评估"(Continuous Assessment)的要求,即持续评估投资者是否控制了被投资方。投资者在进行重新评估时,应同时考虑其对被投资方权力的变动以及投资者承担风险或是拥有可变回报的权力的变动。此项评估是基于事实及情况的改变而进行的评估。

(3)"非控股权益"和"失去控制"

在"非控股权益"的会计处理方面,IFRS 10 依然要求在合并财务报表的权益部分将"非控股权益"区别于"母公司权益"进行单独列报。全面综合收益(Total Comprehensive Income)和其他综合收益(Other Comprehensive Income)都应在控股公司和非控股权益之间进行分配。IFRS 10 对子公司拥有大量累积优先股的情况进行了特别说明:该累积优先股被划分为权益且持有者是非控股股东,则控股主体应该在对相关股份的股息作出调整后计算其损益的份额,不论是否已宣布这些股息。同时,在非控股权益的股权比例发生变化时,主体应该调整它们所持有的控制和非控制利益的份额以反映在附属公司中相对利益的变化情况。

IFRS 10 对"失去控制"的会计处理更加详细和具体,增加了对失去控制的多重安排是否属于单个交易的判断。在母公司失去对一个子公司的控制时,母公司应重新确认该子公司的资产(包括商誉)和负债的账面金额、对该子公司拥有的所有非控股权益的账面金额;确认从导致失去控制的交易、事项或其他情形中收到的对价(如果有)的公允价值,以及对该子公司保留投资的公允价值等。如果其他国际财务报告准则要求重分类相关收益和损失或直接转为留存收益,则应确认产生的差异是否应作为损益归属于母公司的收益或亏损。同时,如果以前在其他综合收益中确认的重估盈余将直接转入资产处置上的留存收益,母公司应当在失去对该子公司控制权时将重估盈余直接转入留存收益。

(4) IFRS 10 对"控制"释义主要变化小结

IFRS 10 打造了一个适于所有主体的单一的控制定义,从而使"控制主体模式"成为合并的唯一基础。从 IFRS 10 对"控制"的定义和实施要点的规定可以看出以下四点变化:

第一,成为控制者的主体不必在被控制者中拥有一定比例的所有者权益,即拥有最低比例的所有者权益不再是判断控制存在的必要条件之一。IAS 27 为了方便实务操作,列举了控制存在的情形,出现了例如拥有被投资方 50%以上表决权或 50%以上损益等定量标准,但这一做法会导致局部片面倾向和单纯量化倾向。在 IFRS 10 中,更多考虑的是定性方面的标准,无论报告主体对被投资方是否拥有半数以上投票权、潜在投票权,还是存在代理协议或是结构性主体(例如 SPE),均应以定性分析眼光、秉持控制概念的实质进行判断。

第二,更加强调"实质重于形式",即使不拥有法定控制权,也同样可以成为子公司的控制者。IFRS 10 更加注重实质控制,实质控制的判断关键在于拥有大部分表决权的其他股东是否因表决权分散而无法通过联合投票实施控制。因为上市公司的股权结构在不断变化,大股东持有的表决权不足 50% 的情况也越来越多,但是股权分散使得其他股东持股比例很低或极低,这样大股东实际上在提名董事或其他重大事项的决策中具有重要作用。因而在形式上的控制越来越难实现的情况下,应当考虑股东实际上拥有的指挥被投资方"相关活动"的权力,而不只是仅仅考虑其法律形式。同时,在考虑来源于"权利"的"权力"时,更加注重了"实质权利",考虑了持有人的实施能力。这与之前的准则不同,之前准则规定只要是目前可以实施的潜在投票权就需要考虑,而 IFRS 10 强调了"实质权利",即属于"实质权利"的潜在投票权才需要考虑,这也是"实质重于形式"原则的体现之一。

第三,利益的形式不应再局限于诸如股利之类的剩余所有者利益上,它可以有多种多样的表现形式和实现形式。因为投资者对被投资方控制形式的变化,其利益的表现形式和实现形式也变得越来越多样。例如上文提到的协作效应,如规模经济、节省成本、专有产品、专利知识、协同效益,或者其他权益持有者无法拥有的利益等。

第四,不再单独对 SPE 进行规定,适用于统一的控制原则。对于 SPE,也应从"控制"的三要素着手,判断其是否应纳入合并范围。

6. 其他相关准则

IFRS 11"合营安排"(Joint Arrangements),取代了 IAS 31 和 SIC 13,重现定义了"共同控制"(Joint Control)的概念。"共同控制"是指按照合同约定共享对某项安排的控制,且只有当与相关业务的决议需要所有合营者一致同意时才存在共同控制。而原先IAS 31 中对"共同控制"的解释是:"合同安排的对某项经济活动所共有的控制,只有当与该项经济活动有关的战略性财务与经营政策需要所有合营者一致同意时才存在共同控制"。通过对比这两个定义可以发现,IFRS 11 也是从"控制"与"经济实质"出发来界定"共同控制"的,并与 IFRS 10 的"控制"定义相吻合,不再仅仅局限于财务与经营政策的表决权,而"相关业务"也表述得更加贴切,与 IFRS 10 中"控制"三要素中的"权力"要素一致。

IFRS 12"在其他主体中权益的披露"(Disclosure of Interests in Other Entities)是与IFRS 10 和 IFRS 11 相配套的准则,旨在对 IFRS 10 和 IFRS 11 中未加规范的报告主体在子公司、合营公司、联营公司或其他非合并的结构性主体中拥有的权益的会计处理加以规范。其中,对于"非控股权益"和股权交易是否导致"失去控制"的会计处理也都进行了进一步规范。同时,对于未形成控制的权益的披露也提供了更多的操作指南。

此外,还有一些其他国际财务报告准则也涉及"控制"概念对合并财务报表或长期股权投资的处理问题。例如,IAS 28"对联营企业的投资"中涉及"联营",针对的是"控制"不存在,但对被投资方拥有重大影响时的会计处理;IAS 24"关联方披露"中关联方的判断涉及"控制"或"共同控制"的情况;IFRS 3"企业合并"(取代 IAS 22"企业合并")对企业合并处理中也涉及不同"控制"下的会计处理;还有一些解释公告,包括 SIC 和 IFRIC 中还涉及大量关于"控制"及其影响下的会计处理问题,在此不再赘述。

（三）合并中"控制"转变的影响

从上述"控制"概念在准则中的变化可以发现,其对合并中会计处理的影响程度在不断加深,范围也不断扩大。特别是统一的控制原则的确立,使得整个合并财务报告体系中的会计处理更加统一,在一系列合并事项上的会计处理也更加利于的操作。同时,因为合并事项的处理是在 IASB 和 FASB 的通力合作的基础上进行的,是为了响应 2007 年金融危机后财务信息更加透明化和高质量会计准则的要求而研究并制定的,对准则优点的继承及缺点的改进和各地区实际情况的考虑更加具有参考价值。也就是说,"控制"概念的转变,在准则意义上讲,使准则更加的统一和更具权威,影响更广更深。具体来讲,因为"控制"概念更加注重"实质"和现实权力,在"控制"的判断和处理上都更加符合实际,一定程度上减少了未来复杂情况的不确定影响和合并权益的不完全,对实质的重视将利于对合并范围的确定及操作上的透明性。尽管可能导致合并范围的扩大,但也能更好更完全地反映主体的实际控制权益。

三、收入中"控制"的转变及影响

（一）相关准则及解释性公告中关于"控制"释义的演进

1982 年,IASC 发布 IAS 18(1982)"收入的确认"(Revenue Recognition),1984 年 1 月 1 日生效。1993 年,作为"财务报表可比性"项目的一部分,IASC 发布了修订后的 IAS 18(1993),并更名为"收入"(Revenue),1995 年 1 月 1 日开始生效。1998 年,由于 IAS 39"金融工具:确认和计量"的发布,IASC 对 IAS 18 的第 11 段进行了相应的修订;1999 年,IAS 10"资产负债表日后事项"修订,相应修订了 IAS 18 的第 36 段;2001 年,IAS 41"农业"发布后又修订了 IAS 18 的第 6 段;2009 年,IFRSs 的年度改进项目修改 IAS 18 的附注。

同时,对于特殊事项收入的规范还涉及 IAS 11。IASC 于 1979 年批准通过了 IAS 11"建造合同会计",1980 年 1 月 1 日生效;1993 年修订并更名为——IAS 11"建造合同"。为解决 IAS 18 自身收入确认及与 IAS 11 中的分歧,并实现 IASB 和 FASB 之间收入确认上的趋同,IASB 和 FASB 在 2010 年 6 月联合发布了名为"源自客户合同的收入"(Revenue from Contracts with Customers)的征求意见稿,2011 年 11 月再次发布"源自客户合同的收入"的重新征求意见稿(下称"修订后的征求意见稿")。

此外,与"收入"相关的解释公告比较多,包括 SIC 27"评价涉及租赁法律形式的交易的实质"、SIC 31"收入:涉及广告服务的易货交易"、IFRIC 12"服务特许权协议"、IFRIC 13"顾客忠诚计划"、IFRIC 15"不动产建造协议"以及 IFRIC 18"顾客资产的转入"等。

（二）与收入相关的"控制"的转变

1. 收入（Revenue）是收益（Income）的主要来源，是主体正常经营活动中形成的、导致本期内权益增加的经济利益的总流入，但不包括与权益参与者出资相关的权益的增加。从收入的定义可以发现，收入的最终落脚点是经济利益的流入。也就是说，收入最终的表现形式是主体可以控制的经济利益，而该过程的实现是以主体牺牲对原有资产（商品或者服务）的控制为前提的。

2. IAS 18（1993）之后的修订基本上不涉及对"控制"的变化，下文仅以 2010 年 1 月 1 日生效 IAS 18 对控制的相关概念进行简要的分析。

IAS 18 适用于对销售商品、提供劳务、提供他人使用资产所产生的利息、特许使用费和股利收入的会计处理，不涉及建造合同直接相关劳务合同收入的确认，也不涉及以下活动收入的确认：租赁协议、按权益法核算的投资所产生的股利、保险公司的保险合同、金融资产和金融负债公允价值的变动或其处置、其他流动资产价值的变动、与农业活动相关的生物资产的初始确认及其公允价值的变动、农产品的初始确认、矿产的开采等。收入的会计处理中，最主要的问题是收入确认的时间。IAS 18 要求在未来经济利益很可能流入主体且这些利益可以可靠地计量时，才对收入加以确认。

（1）商品销售收入的确认

IAS 18 规定在对销售商品收入进行确认时，必须同时满足五个条件：①主体已将与商品所有权有关的主要风险和报酬转移给买方；②主体既没有保留与所有权相联系的继续管理权，也没有对已售出商品实施实际的控制；③收入的金额能够可靠地予以计量；④与该交易有关的经济利益很可能流入主体；⑤与该交易有关的已发生或将要发生的费用能够可靠地予以计量。其中，前两条主要是在讲"控制权"的转移问题。主体对商品的控制主要体现在所有权和实际的控制：所有权即承担商品的风险和报酬以及具有对其管理的权力；实际的控制包括拥有所有权和没有所有权的控制，即可能存在没有所有权但主体依然保留或者可以对其进行利用。而前两条是后三条进行的前提，只有主体不再对商品实施控制的情况下，才能考虑相关经济利益的流入和发生的费用。

对比前述投资者对被投资方的"控制"实质，主体对"商品"的控制其实也可以从"权力"、"回报"以及它们之间的关联三个方面来考虑。首先，主体对商品的"权力"是一种拥有权，利用该权力可以决定商品的使用、处置等。但与对被投资公司不一样，该种权力应该是一种完全的权力，不与其他主体分享，也不受其他主体影响。其次，商品的"回报"也是多种形式的，包括货币资产的流入、非货币资产的置换，甚至合作和名誉等无形资产的提升等等。最后，也是相对重要的，"权力"和"回报"的关联，即有权通过不同的形式影响与该商品相关的"回报"。

（2）提供劳务收入和其他收入的确认

IAS 18 认为只有当提供劳务的交易结果能够可靠地估计时，与此项交易有关的收入才应在资产负债表日根据该交易完成程度予以确认。其中,交易结果能可靠估计的条件包括:收入的金额能够可靠地计量;与该交易相关的经济利益很可能流入主体;在资产负债表日,该交易完成的程度能够可靠地计量;交易过程中已发生的费用和完成交易所需的费用能够可靠的计量。提供劳务的收入的确认更加注重"交易的进度"的判断,但在通常情况下,主体各方一旦就劳务的提供和获取具有强制执行权、交换的对价以及结算方式和条件与交易的另一方达成了一致意见,便视为能够作出可靠地预计。而其他收入——利息、特许使用费和股利的确认主要基于两个条件的满足:与交易相联系的经济利益很可能流入主体;收入的金额能够可靠的计量。

"控制"在劳务收入和其他收入中的应用并不明显,主要是选择收入是否得以实现作为判断基础。结合上文对"控制"的分析,由于这些收入中不存在特别需要依托的主体或实物,在判断上有一定的难度。

3. IAS 11"建造合同"主要规范的是与建造合同相关的收入和成本的会计处理。由于建造合同涉及的周期长、合同形式多样,因而在实际操作中涉及权责发生制下的合理判断。在确认合同收入和合同费用时分为合同结果能可靠估计和不能可靠估计两种进行分别处理,但无论何种形式下的收入的确认,均是以将来可能流入的经济利益为基础,以收入实现为原则,并不涉及"控制"或"控制权"的纷争。

4. 2010 年 6 月,IASB 发布了"源自客户合同的收入"的征求意见稿,试图对收入的确认制定一致的标准,即以商品和服务控制权的转移(向顾客转移商品或劳务的履约责任得到满足时)作为收入确认的必要条件,而非原有的风险报酬转移观以及收入实现原则。但是,以控制权的转移为基础,尽管使原则更加明确而单一,但是在具体实践中可能遇到许多的问题,例如:控制权转移的界定,商品和劳务的区分以及转移的标准,如何运用完工百分比法进行持续转移,在义务不可分的情况下收入的确认以及在具有质量担保要求或退货责任的前提下,如何准确划分履约责任即控制权的转移等等。一方面解决这些问题会不可避免地出现各利益相关方的博弈;另一方面,实践上的确认习惯和判断已经形成,改变必然导致成本的增加。因此,2010 年征求意见稿的反馈意见只是核心原则得到了普遍支持,但是在某些具体应用领域还要求进一步明确和细化。

2011 年 12 月,考虑到收入信息在财务报表中的重要性和受关注程度,IASB 再次发布了收入准则的征求意见稿,总体上保留了 2010 年征求意见稿的核心原则,提出了一个分五步骤确认收入的框架,包括确定与顾客的合同,确定独立的履约责任,确定交易价格,分配交易价格,以及在满足履约责任时确认收入。相对于 2010 年征求意见稿,新增了一项表明控制权转移的指标,即所有权上的风险和报酬的转移;新增了一项如何判断履约义务是否持续满足履行的准则;并简化了交易价格的计量方法,减少了繁琐的测试。此外,修订后的征求意见稿对已确认的累计金额做出了额外限制,即:该金额不得超过主体可以合理确定的有权获得的金额,当收到该项金额或该项金额可以合理估计时,主体才能合理确定有权获得的分摊至已履行的履约义务的对价金额。

　　5. 其他准则和解释性公告。上文提到了 SIC 27"评价涉及租赁法律形式的交易的实质"，主要解释 IAS 17"租赁"，在一项安排的实质未包含一段协议期间内转移资产的使用权时，企业若收取费用，则依据 IAS 18 决定何时确认收益；SIC 31"收入：涉及广告服务的易货交易"，主要规范在广告服务易货交易中无法按所取得广告服务的公允价值进行收入确认的会计处理；IFRIC 12"服务特许权协议"，涉及按服务特许权协议的权利范围的不同，列为"金融资产"或"无形资产"的处理；IFRIC 13"顾客忠诚计划"，主要规范是企业销售时给予顾客奖励积分的处理、IFRIC 15"不动产建造协议"，解释不动产建造在不同情况下适用 IAS 11 或 IAS 18；以及 IFRIC 18"顾客资产的转入"，明确企业收取客户资产的确认以及提供劳务收入的确认问题等。这些相关规范多为特殊项目收入或是收入确认中的特殊问题，其中，对于资产或经济利益的流入流出均可能涉及主体对相关客体"控制权"的转移或变化。

　　（三）收入中"控制"转变的影响

　　在收入准则的变迁中可以发现，"控制"概念并没有发生太多的变化，但"控制"的意义却得到不断地深化。"控制"在收入确认的条件中起到了重要作用，在一定程度上影响了收入确认的时点。由于收入确认目前只是 IASB 与 FASB 准则改进工程中的一部分，并没有形成真正意义上的准则和解释公告，因而对于"控制权"的定义和相关的会计处理还没有形成真正意义上的统一。

　　若控制权的转移成为收入确认的唯一标准，一方面是收入准则本身确认意义上的统一，另一方面也是与合并准则中的会计处理的统一。也就是说，该项转变将有利于 IASB 整个准则体系的一致性，从而使整个会计处理上的原则导向更加明确。但正如上文已经提到的，实践中的具体处理必然存在更多的问题，对收入确认也会带来更多判断上的难题，同时，还可能增加更多的准则实施的成本。此外，控制权的转移高度依赖专业判断，对交易事项中的条件的考虑、会计人员的专业能力都提出了较高的要求。在实践中还应考虑利润操纵和财务舞弊的可能性，以免影响收入信息的可靠性。

四、结论与启示

　　从以上的分析可以发现，在 IASB/IASC 准则及解释性公告的演进中，"控制"从单纯而零散地出现在若干准则中，到形成一个统一而规范的"控制原则"，其发挥的作用越来越大。同时，也因为这种统一，使得 IASB 的准则及解释性公告更加利于理解和应用。"控制"概念的变化以及其在准则中重要性的不断转变也是随实际需要不断变化的，例如 IASC 重组后对准则的统一修订，2007 年金融危机后对"资产负债表外工具"、"特殊目的主体"等活动或事项进行的规范及披露等，这些都导致准则修订的加快，促使一个统一的以"控制"为原则的准则基础形成。

随着经济业务复杂化,对会计信息透明化的要求越来越高,会计准则的统一规范日益迫切,但统一的会计准则制定与实施,必然受到不同力量团体不同程度的阻挠。IASB 与 FASB 对会计准则的推进项目还在继续,诸如收入等准则还有待进一步的研究和最终制定与实施。各国在准则的趋同中能否更好地领会"控制"原则,将给未来准则的实施以及实践中的业务处理带来极大的影响,如何贯彻落实主体运用"控制"的实质而非形式依然任重道远。

主要参考文献

罕尼·梵·格鲁宁等著:《国际会计准则使用指南》,中国财政经济出版社,2001年版。

刘玉廷:"金融危机后国际财务报告准则的重大修改及对我国的影响",《财务与会计》,2011 年第 11 期。

王霞:"国际财务报告准则修订评析与前瞻",《会计研究》,2012 年第 4 期。

张象至,李红霞:"《改进国际会计准则》项目 13 项国际会计准则主要变化(三)",《会计研究》,2004 年第 3 期。

IASB, IFRS 10 "Consolidated Financial Statements", May 2011.

IASB, IFRS 11 "Joint Arrangements", May 2011.

IASB, IFRS 12 "Disclosure of Interests in Other Entities", May 2011.

IASB, IAS 27 "Consolidated and Separate Financial Statements", January 2008.

IASB, IAS 18 "Revenue", December 2008.

IASB, SIC-12 "Consolidation-Special Purpose Entities", December 2009.

IASB, Exposure Draft IFRS, "Revenue from Contracts with Customers", December 2011.

第四部分

其他财务会计与报告变革问题研究

22. IASB"管理层评论"实务公告的发展与探讨

一、引言

　　1968 年,美国证券交易委员会(SEC)首次引入"管理层讨论与分析"(Management's Discussion and Analysis,简称 MD&A),是美国对财务信息披露进程的一个重大贡献,主要针对公司经营中固有风险、不确定性、流动性以及会对未来引起变化的因素进行叙述性的解释。MD&A 的目的就是使投资者有机会通过管理层的眼光来分析公司财务状况及其变化以及经营成果的历史和前瞻性信息。通过 MD&A 所披露的一些管理层已知的趋势和不确定性信息或许在财务报表及附注中并不能得到充分反映和披露,但它们对投资者所做的决策却有着重要影响。通过上市公司管理层对重大历史性事项的理解、对重大风险的评价以及对未来重大事项的预测信息,投资者能更好地评价公司未来发展趋势。

　　有观点认为德国的"管理层报告"(Management Reporting)历史最悠久,可追溯到1897 年的《德国商法典》,但是国际上普遍把美国的 MD&A 作为开端。德国会计准则委员会(Deutsche Rechnungslegung Standard Committee,简称 DRSC)在 2005 年发布了第15 号会计准则"管理层报告"。英国会计准则委员会(ASB)在 1992 年 4 月发布了"经营与财务评述"(Operating and Financial Review,简称 OFR)。而国际会计准则理事会(IASB)发布的"管理层评论"(Management Commentary,简称 MC),无论是讨论稿、征求意见稿,还是实务公告,都是基于以上的文件展开的。并且 IASB 发布的"管理层评论"中明确指出,管理层评论是一种总称,它包含美国的管理层讨论与分析(MD&A),英国的经营与财务评述(OFR),德国的管理层报告。因此,要了解管理层评论,必须先对美国的MD&A,英国的 OFR 和德国的管理层报告有清晰的解读。但是,由于德国的证券市场发展水平和市场经济发达程度与欧洲整体、美国有一定的差异,IASB 制定的管理层评论更多参照的是英国的 OFR 和美国的 MD&A,因此下文主要对美国的 MD&A 和英国的OFR 进行参照、分析。

二、"管理层评论"发展的国际进程

　　1968 年,美国证券市场爆发危机,会计职业界受到谴责,因而美国证券交易委员会(SEC)开始对"管理层讨论与分析"(MD&A)作出披露要求,要求对影响盈余的异常情况和表明最近一期经营成果发生逆转的附注作出讨论和分析。1980 年,SEC 正式发布了

MD&A披露制度,并在随后相继发布了十余个MD&A解释指南。其中,1989年发布的解释指南,对前瞻性信息披露、长期短期流动性、资金来源、财务报表项目重大变化、中期报告披露、分部报告、投融资和兼并协议等八个方面作出详细的MD&A披露指南。2002年安然事件后,美国上市公司财务丑闻接连爆发,对美国会计界产生很大影响,SEC通过《萨班斯——奥克斯利法案》,特别加强了对MD&A的关注程度与审查力度,成为美国目前为止最详尽的MD&A披露规范。例如,SEC要求扩充MD&A的内容,增加披露"任何关联公司整体财务状况与经营成果、主观性较强、性质较复杂、判断较困难的会计政策"。

美国不仅在信息披露方面引领MD&A的发展,而且在鉴证制度方面也日趋完善。1987年,美国注册会计师协会(AICPA)下设的审计准则委员会(ASB)成立了MD&A小组,计划起草一份鉴证业务准则公告(SSAE),并发布了第一份MD&A征求意见稿"管理层讨论与分析的审核"。1997年3月,ASB发布了第二份征求意见稿"鉴证业务准则公告建议——管理层讨论与分析"。而1998年3月在第二份征求意见稿基础上正式发布的鉴证业务准则公告第8号"管理层讨论与分析",标志着美国MD&A鉴证制度的正式形成。公告包含11个部分114个段落,为注册会计师对MD&A的审核、审阅工作提供了广泛而具体的指导。2002年,SEC也开始关注MD&A鉴证问题,发布了一份专门的提案防范征求意见,并明确指出需要独立审计师对MD&A信息进行审核的情况。

英国会计准则委员会(ASB)于1992年4月首次提出"经营与财务评述"(OFR)作为年度报表的组成部分,建议采用自愿、灵活、非强制性的披露方式。2002年7月,英国发布的"公司法的现代化"白皮书中,为了提高公司治理和推进公司现代化,将OFR作为提高信息透明度和可说明性的重要举措。2004年ASB发布了OFR的征求意见稿,建议从2005年起实行OFR的法定披露,随后发布了关于"经营与财务评述"的第1号报告准则(RS 1)和OFR的报告声明。其中RS1是ASB被赋予新的法定权力后发布的第一份报告准则。

国际会计准则理事会(IASB)在2002年10月设立了由加拿大、德国、新西兰和英国四个国家准则制定机构的代表组成的项目组,其努力结果促成了2005年10月27日发布的"管理层评论"的讨论稿。经过对讨论稿反馈意见的征集、整理和分析,结合法律法规及概念框架项目的发展情况,遵循应循程序,IASB在2009年6月23日发布了关于"管理层评论"的征求意见稿。征求意见稿的目标是建立一个编报"管理层评论"的框架,以补充和完善按照国际财务报告准则编制的财务报表。2010年12月8日,IASB发布了一份关于"管理层评论"的实务公告(Practice Statement,简称PS),它虽然不属于一项正式的国际财务报告准则(IFRS),却为伴随着遵循国际财务报告准则编制的财务报表一起列报的叙述性报告提供了一个宽泛的、不具约束力的框架。IASB关于管理层评论进程表,如图表4-22-1所示:

（图表 4 - 22 - 1）

IASB 关于管理层评论（或称管理层讨论与分析）进程表

时间	事件
2001 年 7 月	与前国际财务报告准则咨询委员会讨论相关事项
2005 年 2 月	继 2002 年 10 月会议中提出发布"管理层评论"的指引或准则的设想，项目组提交了一份讨论稿，包含概述、执行动机、重要性及关键问题的解决和进程
2005 年 6 月	要求提交"管理层评论"的初步讨论意见稿
2005 年 10 月 27 日	IASB 发布"管理层评论"的讨论稿，评估 IASB 对提高伴随财务报表的管理层评论质量产生的作用
2007 年 1 月	分析发布的"管理层评论"讨论稿的意见函
2007 年 12 月	工作人员呈报了一份日程提议，把"管理层评论"讨论稿中得出的结论作为从研究议程转为行动议程的基础。并提议以非强制性 IFRS 形式发布指引
2008 年 7 月	主要目的是完成起草征求意见稿中某些专题的初步意见
2009 年 4 月	围绕应循程序等问题展开讨论，并确定征求意见稿发布的大致时间
2009 年 6 月 23 日	IASB 提出对"管理层评论"的指导意见
2010 年 5 月	分析"管理层评论"征求意见稿的意见函
2010 年 9 月	就最后文件的定位、细节进行讨论
2010 年 12 月 8 日	IASB 发布国际财务报告准则关于"管理层评论"的实务公告

　　IASB 发布实务公告后，部分国家相继发布相关指导意见或征求意见稿。2013 年 3 月 1 日，马来西亚会计准则委员会发布"管理层评论"（SOP3），与 IASB 发布的关于"管理层评论"的实务公告等效。该准则为马来西亚企业提供非强制性规范，由企业自行选择披露管理层评论，包括原则、质量特征和要素。2013 年 4 月 16 日，国际整合报告理事会（IIRC）发布国际整合报告框架征求意见稿，其中包括对"管理层评论"中特定信息的披露、非披露后果的讨论。2013 年 5 月 6 日，苏格兰特许会计师协会发布征求意见稿，建议审计师对"管理层评论在年报中是均衡的、合理的、无偏的"提出明确的意见。

三、"管理层评论"讨论稿（Discussion Paper，2005）

　　2002 年 10 月 IASB 首次提出立项，考察制定"管理层评论"的准则或标准的可能性，并委托新西兰特许会计师协会负责，英国、加拿大和德国等都参与了这个项目的研究。到 2005 年 10 月，IASB 项目研究组发布"管理层评论"讨论稿。讨论稿就管理层评论信息披露的要求、目标、原则、质量特征、内容和安置标准等方面提出 9 个重要问题向全世界征求意见。"管理层评论"讨论稿主要分为以下六大块部分。

（一）财务报告

财务报告主要涉及财务报告的范围（The Scope of Financial Reporting）和其他信息的重要性（The Importance of Other Information）。其中，IASC 基金会章程对前言、框架以及它们与财务报告之间的关系作出如图表 4-22-2 所示的解释。概念框架的范围仅限于财务报表，主体在财务报表外评论的信息已超出了现在国际财务报告准则的范围，属于其他重要的信息。

（图表 4-22-2）

"管理层评论"讨论稿关于管理层评论与财务报告关系的解释

财务报告		
管理层评论	财务报表	
	基本财务报表	报表附注

（二）管理层评论

这部分界定了"管理层评论"的定义、使用者及其目标。首先提出的是"什么是管理层评论"。IASB 认为"管理层评论"是财务报表外的其他财务报告信息的主要构成部分。"管理层评论"与财务报表一起作为企业财务报告的一部分，它解释了财务报表期间企业发展、经营绩效及地位的主要趋势和因素；它还解释了可能影响主体未来发展、绩效、地位的主要趋势和因素。该定义有别于加拿大及英国对管理层的定义，其主要差异在于：（1）IASB 没有用"叙述性"（Narrative）这个词。"叙述性"可能被理解为"管理层评论"不需要量化的方式，而 IASB 认为量化的绩效评价及指标是"管理层评论"的基本要素。（2）IASB 在定义中没有使用"透过管理层的视角"（Through the Eyes of Management）这个短语，而是把它作为"管理层评论"的一个原则。（3）定义中增加了"可能影响主体未来的主要趋势和因素"（The Main Trends and Factors That Are Likely to Affect the Entity's Future）这个短句。因为 IASB 要明确"管理层评论"不仅仅局限于财务报表所覆盖的时间段。

对"管理层评论"的使用者范围的界定，IASB 认为应主要满足投资者的需要，区别于概念框架中对财务报表的使用者进行的广泛的认定。

IASB 总结了"管理层评论"目标的三要素，认为"管理层评论"提供以下信息来帮助投资者：（1）在主体经营环境下，对相关财务报表进行解释和评估；（2）评估管理层视角下主体会面临的重大问题以及解决这些问题的方法；（3）评估主体采取的战略及其成功的可能性。

（三）管理层评论的质量特征

"管理层评论"的信息质量特征主要分为披露原则和具体质量特征两个层次。其中，从"管理层评论"信息的本质特征出发将披露原则分为 3 个，具体质量特征包含 5 项。

披露原则。（1）作为财务报表信息的补充和完善（Supplement and Complement Financial Statement Information）。"补充"是因为管理层评论包括对财务报表中数据的额外解释以及财务报表中信息形成的特定时间和情况，"完善"是因为管理层评论包括未在财务报表中反映出来的关于主体经营、绩效的财务信息及非财务信息；（2）透过管理层的视角（Through the Eyes of Management）；（3）以未来为导向（An Orientation to the Future）。要求在管理层评论中披露可能对主体未来产生变化的因素等，而不是仅仅站在历史角度上来看主体的发展。

具体质量特征。（1）可理解性（Understandability）。即管理层评论应以平实的语言和表述来满足投资者的需要，可采用图形、图标和表格的方式；（2）相关性（Relevance）。管理层应该决定哪些信息是对投资者了解主体财务报表同时满足管理层评论目标都很重要的。IASB 认为尽管对管理层评论披露的数量没有做出限定，但主体应围绕 5 个主要的风险领域或者重要的非财务计量方式展开；（3）可支持性（Supportability）。这是概念框架的质量特征"可靠性"（Reliability）中"无重大错误"（Free from Material Error）和"如实反映"（Represents Faithfully）的概括；（4）平衡性（Balance）。这亦是"可靠性"中"无偏性"（Free from Bias）的提取。既管理层评论中"可支持性"和"平衡性"两者相加正是对应概念框架中"可靠性"质量特征，而"可支持性"、"平衡性"更切合"管理层评论"信息的叙述性特征；（5）时间上的可比性（Comparability over Time）。概念框架的质量特征"可比性"具有时间和空间两个维度，即时间上的可比性和不同实体间的可比性。管理层评论则重点关注同一家企业不同时期披露信息的差异。

（四）管理层评论的内容

该部分由"管理层评论"的框架、例证、未来的指引或准则三部分构成，其中核心是管理层披露的框架。为满足管理层评论的目标，IASB 建议主体应当披露以下信息：主体业务的性质；主体的目标和战略；主体的关键资源、风险和关系；经营结果和经营预期；经营绩效评估和指标等五方面。后附的案例则为企业提供了一个较为规范的模板，披露的信息也是最基础最必要的部分。

（五）管理层评论的实践

"管理层评论"的实践分为两大部分，分别是"放置标准"（Placement Criteria）和"保证程度和认知的可靠性"（Assurance and Perceived Reliability）。实践中碰到的主要问题是一些信息应该在财务报表中披露还是在管理层评论中披露（Where），哪些信息应该在管理层评论中披露(What),而讨论稿中主要探讨了 Where 的问题,即"放置标准"问题。并没有证据表明将信息放在"管理层评论"而不是财务报表中的附注中披露会影响使用者作出决策时运用信息的方式。IASB 给出在"管理层评论"中披露的信息的主要标准是:如果信息能帮助投资者更好地了解特定主体及其经营环境下的财务报表,则该信息应在"管理层评论"中披露;如果信息对理解主体已确认或未确认的主要财务报表及要素有重要帮助,则该信息应在财务报表附注中披露。

而对于"管理层评论"的保证程度,IASB 尚未提出一个明确的结论,主要的困难在于:(1)要保持"管理层评论"信息的及时性和平衡性往往会有悖于成本收益原则;(2)尚未存在一个合适的标准;(3)归因的认定困难。

(六) IASB 对管理层评论的要求

IASB 对"管理层评论"的要求是通过以下四方面展开的:在成本收益原则下的要求、提供一个准则还是非强制性的指引、提供什么样的准则或指引、"管理层评论"准则或指引的应用。

IASB 对"管理层评论"总结了三个主要的优点:(1)"管理层评论"可以帮助提高财务报告的质量。主体往往在一些陈述性报告中只披露利好信息,带有一些偏见,而"管理层评论"要求从"平衡性"出发,即从正面和负面两方面信息进行披露,更有利于投资者进行决策;(2)有利于增强一个主体尤其是跨国公司的财务报告的一致性和可比性,帮助实现国际趋同,以减少其成本;(3)"管理层评论"为某些信息提供了披露位置,增强披露的信息的合法性。"管理层评论"的缺点主要在于,其信息的披露会增加财务报告的规模,一些报告编制者会披露过多而非有价值的"管理层评论"信息。

尽管从上面的对比可以看到"管理层评论"的优点远大于其缺点(成本),但在实施的过程中仍会存在障碍,最可能发生在下面两种情况:(1)如果一个国家还没有采用国际财务报告准则,那么要求强制性实施"管理层评论"准则或指引对其来说任务比较繁重;(2)各国对"管理层评论"的要求与 IASB 对"管理层评论"的要求之间本身就存在较大的差异。

对"管理层评论"应该作为一项强制性的准则还是非强制性指引的问题,其选择主要有以下几种:(1)修订国际会计准则 1 号,将"管理层评论"作为其增加的内容;(2)仅规定符合条件的部分企业需要披露"管理层评论",类似于国际会计准则 14 号"分部报告",要求权益或债券公开发行的企业披露相关信息;(3)将"管理层评论"作为一项单独的国际财务报告准则,但在国际财务报告准则要求之外,不同国家或企业有权选择是否披露;(4)将"管理层评论"作为一项区别于会计准则的其他规范;(5)将"管理层评论"作为非强制性披露的指引。其中前 4 种选择都将"管理层评论"作为一项准则来处

理,如图表4-22-3所示:

（图表4-22-3）

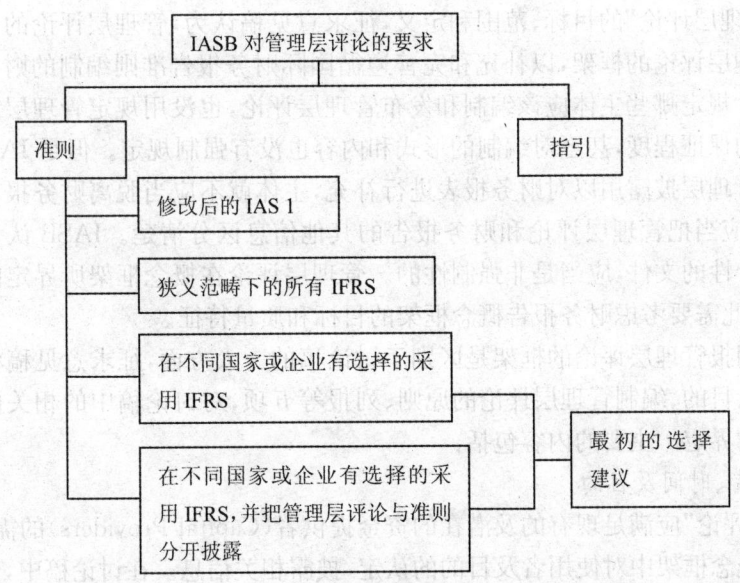

IASB 对管理层评论的要求

I　　ASB在"管理层评论"的讨论稿中,认为"管理层评论"的列报是非强制的,披露与否由主体自行决定。如图表4-22-4所示:

（图表4-22-4）

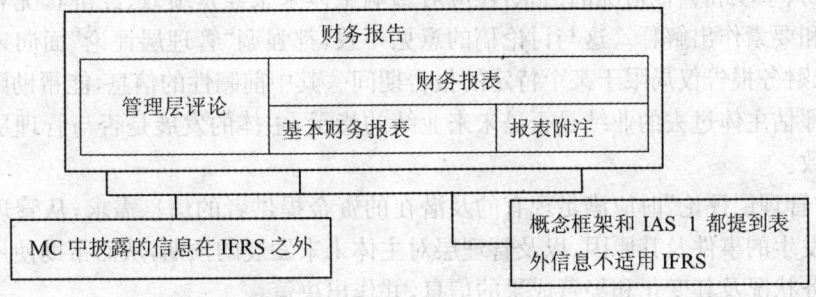

IASB 对管理层评论的列报

四、"管理层评论"征求意见稿(Exposure Draft,2009)

IASB在2009年6月23日发布了关于"管理层评论"的征求意见稿(ED)。征求意见稿在讨论稿的基础上进行了重新梳理和归纳总结,具体通过五大部分进行阐述,分别是目标(Objective)、范围(Scope)、"管理层评论"的定义(Identification of Management

Commentary)、编制和列报"管理层评论"的框架(Framework for the Preparation and Presentation of Management Commentary)、决策有用观下"管理层评论"的内容要素(Content Elements of a Decision-useful Management Commentary)。

对于"管理层评论"的目标、范围和定义,征求意见稿认为,管理层评论的目标是建立一个编报管理层评论的框架,以补充和完善遵循国际财务报告准则编制的财务报表。框架没有强制性规定哪些主体应该编制和发布管理层评论,也没用规定管理层评论编制的频率或提供的保证程度,甚至对编制的形式和内容也没有强制规定。但是 IASB 建议,如果主体编制管理层披露用以对财务报表进行补充,主体就不应当脱离财务报表发布管理层评论,同时应当把管理层评论和财务报告的其他信息区分清楚。IASB 认为管理层评论是一份指导性的文件,应当是非强制性的。管理层评论在概念框架所界定的财务报告范围之内,因此需要考虑财务报告概念框架的目标和质量特征。

编制和列报管理层评论的框架是区别于讨论稿的一大方面,征求意见稿将框架分为使用者、时间、目的、编制管理层评论的原则、列报等五项,对讨论稿中的相关内容进行重述和更准确的界定。主要的内容包括:

1. 使用者、时间及目的

"管理层评论"应满足现有的及潜在的资金提供者(Capital Providers)的需求,并结合财务报告的概念框架中对使用者及目的的认定,披露相关信息。在讨论稿中,使用者的界定主要是投资者(Investors),更明确地讲是现有的股东。征求意见稿改变了原来的观点,认为管理层评论的使用者应该与财务报告概念框架的规定相一致。财务报告信息提供给所有的资金提供者,不仅仅是一部分特殊群体。

"管理层评论"不仅应反映主体的经济资源、资源的所有权及可能影响这些资源和所有权的交易、事项和其他情况的信息,还应对影响主体未来经营绩效、经济状况和发展的主要趋势和要素作出解释。这与讨论稿的意见一致,都强调"管理层评论"面向未来的特点,不应像财务报告仅局限于某个特定的报告期间。其中前瞻性的信息,能帮助财务报告的使用者评估主体过去的业绩是否是未来业绩的指示,主体的发展是否与管理层的期待目标相一致。

编制"管理层评论"时应满足现有的及潜在的资金提供者的信息需求,从管理层角度解释已经发生的事件及其原因,以及管理层对主体未来发展的预期,从而帮助使用者解读主体的财务状况及其变化和经营成果的信息,并作出决策。

2. 编制管理层评论的原则

在框架下编制"管理层评论"应能帮助财务报告的使用者评估主体的经营业绩,以及管理层对既定战略和发展计划的实施情况,至少包含下列信息:(1)主体的风险敞口,管理风险的策略,以及这些策略的成效;(2)财务报表中未列报的资源如何影响主体的经营;(3)非财务因素如何影响财务报表中列报的信息。

同时,"管理层评论"应遵循以下原则:(1)以管理层的视角对主体的业绩、状况及发展进行讨论和分析;(2)补充和完善列示于财务报表中的信息,其中"补充"侧重于对财务报表中列报的金额提供额外的说明,"完善"侧重于提供未在主体财务报表中列示的关于其业绩的财务和非财务信息;(3)立足于未来。如果管理层意识到任何可能影响主体财务状况或业绩的因素,应当包含这些前瞻性的信息,并讨论前期的前瞻性披露时间发生的程度。这三个原则与讨论稿中的披露原则是一致的。

3. 质量特征

征求意见稿认为,"管理层评论"的质量特征应与概念框架中的规定相一致。相关性(Relevance)和如实反映(Faithful Representation)作为最基本的质量特征,同时最大程度的加强可比性(Comparability)、可验证性(Verifiability)、及时性(Timeliness)和可理解性(Understandability)。两个普遍的约束性条件是重要性(Materiality)和成本效益性(Cost-benefits)。

讨论稿中也强调要与财务报表的质量特征一致,当时的质量特征还没有经过修改,主要是相关性、可理解性、可靠性和可比性,而"管理层评论"把可靠性和可比性以可支持性、平衡性、时间上的可比性替代,使得更恰当。

4. 列报

"管理层评论"列报的形式应当反映业务的性质、管理层采取的战略及主体经营所处的法律法规环境。因此,IASB没有对"管理层评论"的具体格式提出建议,只提供一般性指导。征求意见稿认为,"管理层评论"的表述应清晰、直白,与相关的财务报表相一致,即如果财务报表包含分部信息,"管理层评论"中就应当提供反映该分部的信息。并且,"管理层评论"应避免与财务报表附注的内容重复,对了解主体特点并无帮助的一般性披露(Generic Disclosures)也应避免。

决策有用观下管理层评论的内容要素为主体披露"管理层评论"的内容提供了指导,征求意见稿认为,主体提供的信息应当能够令使用者了解:

(1)业务的性质,通常包含宏观(行业、社会经济及法律环境)及微观(业务模式、产品组合等)层面的讨论;

(2)管理层的目标及实现这些目标的战略,包括优先采取的行动和如何应对市场机遇与挑战;

(3)主体最重要的资源(财务及非财务资源,如人才)、风险(主要的战略、商业、经营和财务风险)及关系(可能对主要的业绩和价值产生影响的关系,如对客户基础组成的讨论);

(4)经营结果(包括经营结果可能反映未来业绩的程度)以及管理层对主体前景的评估(包括财务及非财务计量指标);

(5)管理层评估主体业绩与既定目标时所采用的关键业绩计量和指标。

IASB 在征求意见时，主要围绕着以下三个方面。

第一，理事会建议"管理层评论"作为一项指导性文件来规范"管理层评论"的编制和列报，而不是作为一项国际财务报告准则。理事会希望通过"管理层评论"报告的有效行使，让主体管理层酌情定制符合主体特定环境下的评论。无论是欧洲证券监管委员会（CESR）还是证券委员国际组织（IOSCO）都支持以指导性文件形式发布"管理层评论"。英国由 ASB 在 2006 年 1 月发布的 OFR 也是采用类似的形式。

第二，对"管理层评论"征求意见稿中具体的内容进行讨论、修正。理事会认为，拟议中的"编制和列报管理层评论的框架"属于一般意图。灵活的方式能鼓励主体在编制"管理层评论"时选择与它们个体环境密切相关的事项，提供更有意义的披露。因此，希望只提供原则、质量特征和关键内容，用以协助现有的和潜在的资本提供者获取决策有用的信息。

第三，理事会不打算在最终"管理层评论"的指导文件中包含应用指南或举例说明。因为这些详细的指导可能被理解成最低披露要求或唯一要求披露的内容，从而影响"管理层评论"作用的发挥。

我们可以参照美国 MD&A 的发展历程，历经多年变迁，其披露内容愈加广泛，其中一个突出特点是：MD&A 的指引必须具有充分的灵活性，避免拘泥于固定形式，变得千篇一律。正如 SEC 所强调的，每一家公司都有其个性，适合一家公司的 MD&A 并不一定适合另一家；同一家公司不同年度的 MD&A 也有不同的侧重点。这种以原则为导向的指引不需要用例子或应用指南这种呆板的形式给禁锢住。并且由于"管理层评论"以叙述性为主，具有前瞻性的特点，披露的信息很难量化、评估其准确性。并且每一家主体都有它独特的经营环境、战略定位，很难用固定的框架去规范其披露。若硬要变成一项准则，主体管理层可能会出于保护自身考虑，不再客观、全面的披露信息，而是以稳健为主，那么管理层评论就失去它应有的特性。

在征求意见稿的附注中，IASB 也披露了其他声音。有三名理事会成员反对发布征求意见稿，主要基于以下几点原因：

（1）如果管理层评论最终以非强制性的形式发布，财务报告可能不会有所改进。

（2）透过管理层的视角编制的"管理层评论"违反了概念框架中的中立性原则。

（3）拟定非强制性的公告将无法像遵循应循程序的国际财务报告准则一样体现对 IASB 的资源或准则制定机构的时间的适当使用。

（4）其中一位理事会成员 Mr Kalavacherla 认为，没有应用指南，前瞻性信息将会误导投资者，不会对财务报告的使用者提供帮助。

反对的原因主要集中于是否强制性披露。强制性披露容易造成披露的信息无用，由于影响披露质量的因素有很多，简单来说有主体的经营业绩、融资需求、市场竞争环境、公司规模、行业特点等等。对于经营业绩良好，有融资需求，规模较大的主体，充分披露"管理层评论"信息能帮助增强投资者信心,更容易获得资金,增加市场竞争力。但是,对于没有融资需要且当年存在亏损的主体来说,不愿意去披露更多的不利消息。还有害怕泄露公司机密信息的主体和对外部因素敏感性很强的行业,倾向于少披露甚至不披露前瞻性信息。若必须强制披露,就有可能披露一些不相关、不痛不痒的信息,既增加了成本又不能为使用者提供切实的好处。

五、"管理层评论"实务公告(IFRS Practice Statement, 2010)

2010 年 12 月 8 日,IASB 发布了国际财务报告准则关于"管理层评论"的实务公告,它为伴随遵循国际财务报告准则编制的财务报表——叙述性报告的列报提供了一个宽泛的,不具约束力的框架。该实务公告是为上市公司主体制定,但仍适用于编制的 IFRS 财务报表中包含"管理层评论"的其他主体。它阐述了向财务报表使用者提供决策有用信息所必需的原则、质量特征和要素。管理层应提供管理层对主体业绩、现状和发展的评论,以补充和完善财务报表所列报的信息。该实务公告自 2010 年 12 月 8 日起采用未来适用法应用。

需要注意的是,实务公告不是一项国际财务报告准则,因此遵循国际财务报告准则的主体不需要必须遵循该实务公告。但是,管理层应当解释对该实务公告的遵循情况。并且,IASB 认为"管理层评论"满足国际财务报告准则(IFRS)前言第 7 段"其他财务报告"的定义,因此认为"管理层评论"包含在财务报告内,属于概念框架的范畴,受 IASB 的管辖。

IASB 当时的主席大卫·泰迪对"管理层评论"很重视,他认为管理层披露是年报中最有意思的部分之一,它给予管理层一个机会去增加所公布的财务信息的景况,去解释他们未来的战略和目标。同时,它也在像可持续发展和环境报告这类非财务指标的报告那样变得日益重要。的确,对于很多主体来说,"管理层评论"已经成为他们与资本市场交流的重要因素,帮助补充和完善财务报表的信息。

"管理层评论"实务公告的内容是基于"管理层评论"讨论稿、征求意见稿及其反馈情况所修订的,因此和 2009 年发布的征求意见稿没有大的变动。包括目标(Objective)、范围(Scope)、管理层评论的定义(Identification of Management Commentary)、管理层评论的使用者(Users of Management Commentary)、列报管理层评论的框架(Framework for the Presentation of Management Commentary)、管理层评论的要素(Elements of Management Commentary)六部分。与征求意见稿相比,实务公告将"管理层评论"的框架仅限于列报,并将原归属于"编制和列报管理层评论框架"中的"使用者"独立成为一部分,并删除了管理层评论要素的"决策有用观"前缀。其中,框架部分主要包含目的、原则、列报三方面,删除了使用者、时间。

关于"管理层评论"的范围及定义,IASB 虽然主要考虑上市公司主体,但实务公告没有强制要求哪些主体必须编制和公告"管理层评论",亦未对编制"管理层评论"的频率或其应提供的保证程度作出规定。但是明确提出,当主体把"管理层评论"作为财务报表的补充时,主体应将财务报表连同管理层评论一并提供,或列明与"管理层评论"相关的财务报表。同时,应明确认定"管理层评论",将其与其他信息区分开来,并附有一项有关管理层对该实务公告的遵循情况的声明。

"管理层评论"使用者的认定,管理层应考虑财务报告主要使用者的需求,主要使用者包括现在的和潜在的投资者、贷款人和其他债权人。

实务公告的列报框架与征求意见稿相比,最大的差别在于删除了编制框架的部分,主要包含了目的、原则和列报。其中,目的和列报与征求意见稿的内容相一致,原则部分有些许表述上的差异。实务公告将认为,"管理层评论"应当:

(1) 以管理层的视角对主体的业绩、状况及发展进行讨论和分析,披露对管理层指导主体经营而言是重要的信息;

(2) 补充和完善列示于财务报表中的信息,包括对财务报表中列报的金额提供额外的解释,并披露未在财务报表中列报的信息;

(3) 前瞻性信息(Forward-looking Information),从管理层的角度沟通主体的发展方向。管理层认定可能影响主体财务状况或业绩的任何因素,应纳入前瞻性信息,并讨论前期作出的哪些前瞻性披露已获印证;

(4) 财务报告概念框架中描述的性质特征。

以往使用的"立足于未来"(Orientation to the Future)的提法在实务公告中用"前瞻性信息"(Forward-looking Information)替代,同时在对质量特征的描述中特别强调了"重要性"。认为重要性是主体相关性的具体方面,即若信息是相关的,那它一定也是重要的。

关于"管理层评论"要素的表述,与征求意见稿的内容相一致。尽管"管理层评论"会根据企业的实际情况和环境有不同的侧重点,但"管理层评论"应包含下述几个主要要素,以满足使用者的需要。如图表 4-22-5 所示:

(图表 4-22-5)

"管理层评论"的要素及使用者需求

要素	包含内容	使用者需求
业务性质	包含宏观层面(如行业、社会经济及法律环境)及微观层面的讨论(业务模式、产品组合等)	主体经营范围及外部环境等信息
管理层目标及实现目标的战略	包括行动的优先次序以及如何应对市场趋势的威胁和机遇	评估主体战略的实施情况及效果是否达到管理层预期设定的目标

（续表）

要素	包含内容	使用者需求
主体最重要的资源、风险和关系	主体最重要的财务及非财务资源（如，员工）；主要的策略、商业、经营和财务风险与不确定性；以及可能对主要的业绩和价值产生影响的关系（如，有关其客户群结构的讨论）	确定可供主体使用、转移，能为主体产生长期、稳定的现金流的资源，以及使用这些资源开展业务活动存在的短期、长期风险
主体经营成果和前景	经营成果及此类成果在多大程度上可用于预测未来的业绩，管理层对主体前景的评估（包括有关财务及非财务计量指标的目标，以及，如果予以量化，风险及所使用的假设）	了解主体经营成果是否与预期一致，管理层对外部市场、实施的战略以及对主体资源、风险、关系的掌控程度
管理层评价使用的关键绩效考核方法和指标		管理层用来评价和管理主体绩效和战略的关键绩效评价方法和指标

　　实务公告中存在较大操作困难的地方是，由于 IFRS 和概念框架都没有对披露要求作出原则上的指导，有时会无法区分信息是应该归到财务报表的附注部分还是"管理层评论"中。尽管在 2007 年 12 月，IASB 决定把精力集中在概念框架的 E 阶段"财务报告的列报和披露"上，并认为这部分包含了披露原则的进展，能够解决财务报告披露问题的处置。但是，披露在财务报表附注部分的信息类型和属于"管理层评论"的信息类型仍有重叠部分。目前，理事会强调"管理层评论本身就是一种披露工具"这样的观念非常重要，但是有关如何审计这部分信息的问题还没有得到解决。

六、关于 IASB"管理层评论"的进一步探讨

（一）关于 IASB"管理层评论"质量特征的探讨

　　从讨论稿到征求意见稿再到实务公告，IASB"管理层评论"经历了一次又一次的修订，许多细节方面更加完善。但是对于质量特征的修改，我们更倾向于讨论稿中的意见。讨论稿虽然也是以财务报告概念框架中的质量特征为基础制定，但因做了适当的变化使其更符合"管理层评论"的特征。讨论稿中将质量特征分为可理解性、相关性、可支持性、平衡性和时间上的可比性。其中，"可支持性"包括"可靠性"中的"没有重大错误"和"如实反映"，而"平衡性"代替"无偏性"，强调披露内容中积极信息和消极信息的均衡，反映了"管理层评论"的叙述性特征。而"时间上的可比性"比总括的"可比性"更为准确，出于对各企业个体情况的差异性考虑，从而强调同一主体前后期，即纵向上的可比性。这些质量

特征主要是对英国 OFR 质量特征的继承和发展,较符合"管理层评论"自身的特性。和美国 MD&A 披露高度强调"可理解性"一样,讨论稿中也重视信息的可理解性。这主要是从"管理层评论"信息的使用者需求出发,建议简单明了的信息,让更多的非专业使用者能看懂"管理层评论",从而帮助其制定决策。

但是从征求意见稿开始,IASB 认为"管理层评论"符合"其他财务报告"的定义,因而属于财务报告概念框架的范畴,自然就要将两者的目标和质量特征统一起来。但是由于"管理层评论"独有的特点,我们认为应制定更切合其本质的质量特征以引导其披露。同时,"管理层评论"信息的质量特征与其披露质量紧密相关,而披露质量又为监管者和投资者所关注,因此"管理层评论"信息的质量特征非常重要。

(二) 关于 IASB"管理层评论"有用性的探讨

由于 IASB 发布"管理层评论"实务公告的时间并不长,目前未有相关的文献或数据对管理层评论的应用情况进行研究。已有学者对美国 MD&A 的实施效果进行研究,近期较有代表性的是 Stephen V. Brown & Jennifer Wu Tucker 发表在国外核心刊物《会计研究杂志》(Journal of Accounting Research)的一篇论文"公司 MD&A 历年修正的大样本证据"(Large-sample Evidence on Firms' Year-over-Year MD&A Modifications),以及 Darren T. Roulstone 对于该文章的评论。

Stephen & Jennifer 认为,MD&A 的价值/有用性正是在于披露的信息能帮助投资者了解企业过去的业绩以及现在的财务状况,并对未来的现金流量作出预期。只有当MD&A 中披露的信息随着时间的变动而变化,尤其是当重要的经济形势发生转变时,其才能体现出价值。因此,引入一种针对叙述性披露的测量方式,即本年 MD&A 区别于以往年度的等级,来论证 MD&A 的有用性。根据这样测量方式,作者发现了三大特征,分别是:(1)遇到重大经济变化的企业比遇到较小经济变化的企业更大幅度修正 MD&A;(2)根据 10-k 文件,股价的变动与 MD&A 修正呈正相关,但是分析师盈利预测的修正与MD&A 修正不相关。由此显示出主要是投资者而非分析师会使用 MD&A 的信息;(3)尽管近年来 MD&A 的披露越来越详细,但由于其他信息来源的增加,如电话会议、网络广播、新闻发布、经营预期和投资者会议等,其效应日趋下降,股价对 MD&A 修正的反应也越来越弱,从另一方面论证了 MD&A 有用性的降低。Darren T. Roulstone 高度赞扬及认可 Stephen & Jennifer 提出的这种新的计量方式,认为对今后关于 MD&A 信息披露的研究有重大的借鉴意义。以往的文献主要关注于 MD&A 披露的内容和可理解性,而 MD&A 修正的计量则关注于当企业本身发生变化时其披露的内容是否发生变化。尽管 MD&A 对于投资者来说其有用性在降低,但是修正这个工具可能对以后文件、报告、信息披露的变化计量有很大的用处。

Stephen & Jennifer 在美国资本市场的大样本研究中发现分析师使用 MD&A 的信息较少,股价对 MD&A 修正的反应在削弱,由此得出 MD&A 的有用性下降的结论。我们认为,随着电话会议、新闻发布等信息来源的增加,"管理层评论"的有用性可能会被其他信息所替代。分析师对该类信息的使用较少,原因可能是其包含的前瞻性信息与实际情况出入较大,对企业预期经营状况的有用性不大。因此,管理层评论是否能如 IASB 预期发挥企业与资本市场的沟通桥梁作用,还有待进一步的观察和研究。

七、"管理层评论"未来发展的重点

2010 年发布的"管理层评论"实务公告是 IASB 自 2002 年开始设立这一项目以来取得的一个阶段性成果,预计在今后几年内考察了这一实务公告在上市公司的实际应用情况,并对其进行分析、评估后,会再次进行修订。但是,对于"管理层评论"的鉴证制度,IASB 仍然还是空白。一方面,由于"管理层评论"是非强制披露的信息,实务公告也只提供了一个宽泛的、不具约束力的框架,没有统一的内容和格式规范要求,因此不易对其进行审计。另一方面,"管理层评论"叙述性、前瞻性的特点使其具有较大的主观性,难以用客观的标准去鉴证。

目前,美国关于 MD&A 的鉴证制度较为成熟,对 IASB 制定"管理层评论"的鉴证制度有指导性作用。根据 SSAE No.8 的规定,审计师要对 MD&A 的准确性和完整性进行评价。同时,SEC 在 2002 年发布的提案中,明确指出在下列情形时需要独立审计师对 MD&A 信息进行审核:(1)首次公开发行股票(IPO)时;(2)发生大比例资产重组或并购的公司,编制模拟财务信息时。

鉴证制度的产生和发展源于 MD&A 信息缺乏可靠性,无法如实反映。2001 年 12 月,SEC 的公司理财分部对全球财富 500 强企业的 2002 年财务报表进行评价,发现半数以上公司在非一般公认会计准则的财务信息、收入确认、分部报告、证券化金融资产和表外业务安排、环境保护和产品责任的披露等方面存在问题。2003 年 2 月,理财分部主管 Allan Beller 专门就 SEC 已经审查的 MD&A 披露情况进行评论说:"MD&A 披露没有它应用的那样好"。Epstein and Pava(1995)对投资者的调查显示,63%的被调查者认为,应由外部审计师对公司的 MD&A 信息进行审计。投资者希望通过加强对 MD&A 的监管、审计力度,使管理层更加注意披露内容的准确性和完整性。这样必将提高 MD&A 的披露质量和它在投资者心目中的可信程度。

但是,MD&A 本身的特点使得对其审计的难度性较高。首先,MD&A 以叙述性为主要形式,对于不能量化的信息具有很强的主观性。管理层对于同样一条信息,能够因措辞表述、利益导向而采取不同的方式进行披露,从而形成的 MD&A 也将截然不同。投资者担心管理层会对事实避重就轻,对好消息夸大其词,而对坏消息含糊其辞。其次,MD&A 鲜明的前瞻性和预测性特征也不利于审计。SEC 规定在 MD&A 中必须披露前瞻性信息,鼓励但不强制要求披露预测性信息。其区别在于已知趋势或事件的确定程度的强弱。简单地说,预测性信息比前瞻性信息具有更大的不确定性。美国采取"双重否定"标准进行判断,即只有在管理层能确信该事件发生的可能性很小时才不予披露;如果管理层不能肯定事件发生可能性的大小,就必须评估发生时可能会对公司造成的影响,只有在造成的影响较小时才可以不予披露。即使是前瞻性信息,SEC 采取的监管主要也是事后监管,即只有在发现问题后再进行处罚。事前和事中的监管几乎不可能存在,因此只能靠严惩起到威慑作用。

值得借鉴的是美国的"安全港"原则。它为强制性前瞻性信息披露和自愿性预测性信息披露提供了免责制度,包括 MD&A 在披露未来经济运行状况时,只要这些陈述是建立在合理的基础之上并且以诚实信用的方式披露或确认的,便不视为虚假或误导,即使现实与陈述并不符合。该原则保护预测性信息披露者免于遭受不合理的诉讼,鼓励了上市公司管理层对信息的充分披露。IASB 在"管理层评论"的叙述中也提到了"安全港"原则。这对于一些对外部因素敏感性很强的企业管理层,将不会因为害怕发生无法掌控的变化而减少前瞻性信息的披露。

主要参考文献

李燕媛:"美国管理层讨论与分析鉴证制度的发展",《中国注册会计师》,2008 年第10 期。

李常青、林晓丹:"管理层讨论与分析信息披露制度的跨国比较及借鉴",《财会通讯》,2009 年第 5 期。

李燕媛、李晓东:"'管理层评论'信息质量原则的国际比较与启示",《会计研究》,2009年第 1 期。

IASB,Management Commentary Discussion Paper,October 2005.

IASB,Management Commentary Exposure Draft ,June 2009.

IASB, IFRS Practice Statement:Management Commentary-A Framework for Presentation,2010.

US Securities and Exchange Commission,Commission Guidance Regarding Management's Discussion and Analysis of Financial Condition and Results of Operations Release Nos. 33-8350;34-48960;FR-72, 2003.

Deloitte,IASB Research Agenda Project:Management Commentary. http://www.iasplus. com/agenda/mda. htm.

Stephen V. Brown & Jennifer Wu Tucker ,"Large-sample evidence on firms' year-over-year MD&A modifications",Journal of Accounting Research(Vol. 49 No. 2 May 2011).

Darren T. Roulstone,"Discussion of large-sample evidence on firms' year-over-year MD&A modifications",Journal of Accounting Research(Vol. 49 No. 2 May 2011).

23. 碳排放权交易国际会计准则问题研究

一、引言

1992 年,全球 150 多个国家共同制定了《联合国气候变化框架公约》(UNFCCC),并于 1997 年 12 月通过了《京都议定书》(Kyoto Protocol)作为 UNFCCC 的补充条款。《京都议定书》强调共同而又有区别的责任,它规定:"发达国家和经济转轨国家在 2008－2012 年的第一承诺期将温室气体排放量比 1990 年平均削减 5.2％"。鉴于《京都议定书》的通过,各个国家和政府都在发展鼓励碳减排计划的进程中。为了实现减排计划,参与国致力于将碳排放权形成一种有价资产在市场上进行交易,以达到在不加剧全球环境恶化的前提下,促进各国经济发展的目的。而关于碳排放权的会计处理规范探讨也日益加剧,IASB 也出台了相关处理草案或准则,试图对碳排放权的会计问题做出一个统一的会计处理规范。

目前,国际上对于碳排放权交易机制大致分为两类:"基准及信用交易机制"(Baseline & Credit Scheme)与"总量控制交易机制"(Cap & Trade Scheme)。不同的交易机制会产生不同的会计问题。由于基准及信用交易机制产生的信用配额很少,并且国际上大多采用总量控制交易机制,所以下文将主要针对"总量控制交易机制"下的会计问题进行讨论。

二、碳排放权交易概述

(一) 碳排放权交易的形成

由于各国都在发展实施促进碳减排的计划,而且各国之间以及每个国家各个企业之间的碳减排成本都存在差异,所以各个国家、各个企业的碳排放量也会存在巨大差异。在总量控制及交易机制下,一个政府或者政府机构给每个参与减排计划的企业主体都规定一个特定的碳排放额度(政府可能会免费发放这些配额,也有可能会索取一定的相关费用)。企业主体可以买进或者卖出这些减排量,所以,就形成了一个可以自由交易碳排放权的活跃市场。但是在每个会计期末,企业主体所拥有的排放权必须至少与其实际排放量相等。也就是说,如果企业主体的碳排放量低于年初它所获得的配额,则它可以将节余的排放配额在市场上出售获利或者用以抵补以后年度的排放;如果企业主体的碳排放量超出了它所分配的排放配额,则必须在市场上购买以抵补差额。

碳排放权交易的本质是希望尝试建立一种市场机制,来把碳排放量变成一种有价资产进行交易,以实现在把全球碳排放量控制在一定限额的情况下,降低碳减排活动对经济发展的负面影响,从而达到帕累托最优状态。IASB 在其 2008 年 5 月的会议中,将碳排放权交易计划定义为:"碳排放权交易计划,是一个旨在改善环境的计划。在该计划下,参与主体可能被要求向其管理者汇报一定数量的可交易的减排额,这些减排额会对环境产生直接或者间接的影响"。

(二) 我国的碳排放权交易概述

我国的碳排放权,与国外的碳排放权概念有着本质的区别。我国虽然签署了《京都议定书》,但作为发展中国家,我国目前并不需要开始承担减排责任。我国的"碳排放权",实质上只是简单地借用发达国家的名词概念,是由"清洁发展机制"项目所产生的"核证的减排量"的一个代称。所谓"清洁发展机制"(Clean Development Mechanism,简称 CDM),是由参与国在通过《京都议定书》时并同时规定的三种灵活减排机制之一。清洁发展机制是这三个机制中唯一一个由发展中国家参与的国际合作机制。它的核心内容,是由发达国家向具有碳排放权配额的发展中国家提供资金和先进技术设备,在发展中国家境内共同实施有助于缓解气候变化的减排项目。发达国家的主要操作方式有两种,一种是投资于可再生能源的项目,直接向发展中国家实施节能项目的企业购买碳减排量;另一种是投资于提高能效的项目。这样,通过清洁发展机制的实施,既可以协助发达国家实现其减排承诺,又可以协助发展中国家实现可持续发展及公约的目标。所谓"核证的减排量"(CERs,Certified Emission Reductions),是指 CDM 项目经过第三方独立机构,审定和核证,并通过联合国气候变化框架公约 CDM 执行董事会所批准的碳减排量。

我国企业碳排放权交易的基本流程,是企业先支付一定的费用,申请 CDM 项目,然后找到发达国家的买家,获得资金或技术,开展减排活动,最后企业确认收益,并上交一部分收益给国家政府。这是因为我国的碳减排量属于国有资产,所以企业要按照《清洁发展机制项目运行管理办法》的规定,向国家交纳一定比例的碳减排量所得税,而留存部分则作为国家对企业 CDM 项目所给予的政府补助。所以我国的碳排放权,实质上只是国家对企业发展 CDM 项目的政府补助。

三、国际上关于碳排放权交易机制及会计处理问题的聚焦

(一) 国际上碳排放权交易机制类型

目前,国际上对于碳排放权交易机制大致分为两类:"基准及信用交易机制"(Baseline & Credit Scheme)与"总量控制交易机制"(Cap & Trade Scheme)。所谓"总量控制及交易机制",是指监管者(通常是政府)制定一个履约年度的排放总量并确定相应的排放配额。监管者在期初向主体发放一定量的排放配额,在年度结束前主体需要向监管者上缴

与其排放量等量的配额。在总量控制及交易机制下,如果主体的排放量低于年初所获得的免费排放配额,则可以将节余的配额在市场上出售获利或者用以抵补以后年度的排放;如果主体的实际排放量超过了初始分配额,则需要在市场上购买,以补足差额。

"基准及信用交易机制"与"总量控制及交易机制"的主要差别在于,在"基准及信用交易机制"下,监管者是在期初为主体设定一个排放基准,如果主体的排放额在该基准以内,则主体不需要为其排放行为支付额外的成本,而且可以获得与差额相等的信用配额(Credits)。如果主体的实际排放超标,则需要在市场上购买以抵补差额。

相比之下,"总量控制及交易机制"更具有优势。因为在"基准及信用交易机制"下,基准线的制定需要支付较高的成本,而且企业主体在临近期末时才能获得配额,然后在市场上买卖。在期初是没有分到配额的,只是确定了基准线,所以总的来说能够交易的配额很少,交易时间也很短暂。然而在"总量控制及交易机制"下,企业主体能够在期初就获得配额并可以马上在市场上交易,交易时间相对比较长。所以长期情况下来看,"总量控制及交易机制"下将会更有利于碳排放权交易市场的发展。

（二）国际上碳排放权交易的会计困扰

碳排放权交易市场的形成和发展为全球应对气候变化和可持续发展提供了条件。但同时也给现有的会计体系带来了极大的困扰:排放权应该如何进行确认,是该确认为资产还是负债;如果属于资产,应该确认为何种资产,并该如何进行计量,采用何种计量属性进行其初始和后续计量,外购的排放权和政府无偿分配的排放权分别该如何登记入账;如果属于负债,应该确认为何种负债,并且该在何时被确认,是主体参与了交易计划后就该被立即确认,还是在主体产生实际排放行为后才被确认;排放权是否应在会计报告中被披露,如果需要进行披露的话又该披露哪些内容? 在这些困扰下,IASB 出台了相关处理草案或准则,试图对碳排放权的会计问题制定一揽子的规范。

（三）IASB 对碳排放权交易处理的历史进程

IASB 下辖的国际财务报告解释委员会(IFRIC)于 2003 年 5 月 15 日发布了解释公告草案第 1 号(Draft 1)"排放权"。对此草案,大多数反馈者表示赞同,认为需要对该领域进行会计处理指导。但同时也指出,由于排放权交易市场本身还处在起步阶段,还很不成熟,所以 Draft 1 的指导还有很多需要完善的地方。

2004 年 12 月 2 日,IFRIC 在 Draft 1 的基础上推出国际财务报告解释公告第 3 号(IFRIC 3)"排放权",该公告对 2005 年 3 月 1 日起的财务报表具有规范效应。IFRIC 3 指出:排放权是一种无形资产,需要按照国际会计准则第 38 号(IAS 38)"无形资产"的规定计入资产负债表;如果主体从政府或者政府代理机构处所获得的排放额的价值低于其公允价值,则其差额应当作为政府补助,参照国际会计准则第 20 号(IAS 20)"政府补助会计和对政府援助的披露"进行处理;因为主体会产生碳排放,所以转让排放权义务应被确认为负债。该负债按照国际会计准则第 37 号(IAS 37)"准备金、或有负债和或有资产"的规定,应当属于准备金,并通常以需要排放的排放量的市场价值估计。

欧洲财务报告咨询组(EFRAG)提出了 IFRIC 3 所带来的混合计量模式的问题,鉴于此,IFRIC 在 2005 年 6 月的会议上讨论了以下两个方面的内容:(1)提出对 IAS 38"无形资产"的修改建议,新增一项以公允价值计量的排放权的项目,并把排放权的价值波动确认为损益;(2)关于如何处理 IFRIC 3 引起的混合计量模式的问题。IFRIC 认为只有通过对 IAS 38 的修改,才能让排放权资产和排放义务负债在稳定的基础上与所有应同时报告的对象一起进行计量,以确认其损益,继而减轻混合计量模式给企业损益的波动所带来的影响。

欧盟对于 IFRIC 3 的发布并不认可,EFRAG 对其发布了否定的签注意见,对外宣称将计划进行更广泛的评估而对撤销 IFRIC 3 的使用进行投票,并最终以 12 票赞成、1 票反对和 1 票弃权的结果决定推迟 IFRIC 3 在欧洲的全面使用。考虑了来自欧盟的压力,IASB 在 2005 年 6 月的会议上迅速地撤销了 IFRIC 3,并要求 IFRIC 停止对 IAS 38 修改计划的讨论。

从 2005 年开始,持续到 2007 年,IASB 的工作计划表明,由于对 IFRIC 3 的重新诠释有赖于其他相关项目的工作进程,所以这一计划将会被推迟。

再到 2007 年 12 月,IASB 的成员提出一个建议议程,希望能够重新开启该项目,对排放权交易计划如何进行会计处理这一问题提供指导。该成员表示,排放权交易计划正在变得越来越普遍,而自从 IFRIC 3 被撤销后,关于排放权会计处理的明确会计指导就不存在了。鉴于此,IASB 在其碳排放权交易计划的议程中加进了一个项目,这个项目仅仅解决以下几个关键问题:(1)排放权交易计划的碳排放权(排放配额和信用配额)是否属于资产;(2)如果属于资产,那么主体以低于公允价值的价格从政府处获得的排放额该如何计量;(3)排放配额和信用配额该如何计量;(4)由排放交易计划所引起的资产和负债的改变,该如何在损益中反映? IASB 表示,这个项目的结果预计不会导致一份新的国际财务报告准则,而是通过以下方式解决:(1)对 IAS 38"无形资产"或者 IAS 39"金融工具:确认和计量"进行修订,使可交易的排放权能够进行合理的会计处理。(2)对 IAS 20"政府补助会计和对政府援助的披露"进行修订,使政府免费发放的排放权(和类似资产)能够进行合理计量。因此,这个项目仅仅解决排放权交易的问题,包括任何和排放权交易相关的政府补助,而其他的政府补助问题不在其讨论范围内。

FASB 也在其议程中加进了类似的项目,并于 2008 年 5 月通过视频连接参加了 IASB 的会议。这次会议的目的是要阐述清楚与 FASB 的关于排放权交易计划的联合项目的范围。根据 IASB 的调查,它们确定了三种可供选择的范围:(1)政府仅仅制定总量控制及交易机制,这是最为狭窄的一种范围;(2)政府规定所有的排放权交易计划和可交易的排放权,这是最为广泛的一种范围;(3)介于第 1 种和第 2 种范围之间的一种范围。IASB 出于以下几个方面的考虑,选择了第 2 种最广的范围:因为在这一领域中,财务报表的编制需要指导；目前在国际财务报告准则或者美国通用会计准则中，没有解决这一问题的权威文献。因此，恰当的会计处理是否已经在实践中发展起来，这还不能确定；权威指导的缺失可能会在不同计划和排放权交易计划之间产生冲突；如果选择有限范围的项目的话，可能会导致财务报表的编制者和审计师，因为不知该如何计量项目范围以外的排放权而指责 IASB；全世界越来越多的城市、企业和政府将会越来越关注环境问题，所以排放权交易计划的数量和种类也将会逐渐增多。

IASB 在 2009 年 3 月的会议上表示同意将碳排放权确认为一项资产，因为它符合 IASB 概念框架中资产的定义。根据 IASB 的概念框架的规定，一项资源被确认为资产需要满足以下三个方面的要求：(1)该资源能够由主体拥有或者控制；(2)该资源是由过去的交易或者事项形成的；(3)该资源的使用预期会给主体带来经济利益的流入。由于主体可以用已经核定的排放权抵补以前年度的排放负债，或者它可以在开放市场上将排放权出售获利，而且排放权的获得来源于过去的事项（接收政府核定的可交易的排放权），并且是主体现有的一项资源，所以排放权完全符合以上以上定义，应该将其确认为一项资产。IASB 认为，不论排放权是应该用成本（面值）计量还是用公允价值计量，在排放权的初始计量时采用公允价值属性，这将会比采用历史成本属性提供更为透明和更具决策有用性的财务信息。

2009 年 11 月，IASB 就有关排放权的负债事项进行了讨论。它提出了两种关于主体何时才能拥有一项现时义务的观点：(1)主体的实际排放行为构成了义务事项；(2)主体加入排放权交易计划即构成了一项义务事项。在非正式表决中，第 2 种观点得到了 IASB 和 FASB 大多数成员的支持。但是这样一来就会产生一个问题，配额资产是期初监管者分配给主体的配额，企业主体取得排放权时确认，而负债却是在主体实际排放行为发生时才确认，这必然就会导致资产与负债确认的时间点存在差异。这种差异会影响到主体的损益情况，进而对主体的财务报告产生一定的影响。虽然当主体加入计划即确认负债可以避免这一情况的发生，但是 IASB 和 FASB 的大多数成员都认为，在实务中即使企业主体取得了排放权，但是在主体产生污染之前，主体其实不需要承担净化的义务，也就是说主体是有能力不产生污染从而不需承担相应义务，以避免未来经济利益的流出的，所以他们还是坚持应该在企业主体实际发生碳排放行为时再确认负债。这样一来，资产与负债的确认时点不相同的问题就很难得到解决。我国有学者建议："能否在监管者核实主体实际排放行为发生时（即主体确认负债那个时点）再把配额分给企业主体从而达到确认时点一致的效果呢？"①我们认为，虽然这种方法在现实操作中肯定可以实现资产与负债确认时点匹配的效果，但是也将会产生一定的核实成本，在实务中未必具有可行性。

---

① 　参见阮鹏熙："碳排放权交易国际会计准则问题研究及借鉴"，《中国注册会计师》，2012 年第 12 期。

2009 年 12 月,IASB 就企业主体是否该确认分期付款的排放权为资产这一问题进行了讨论,并提出了两种观点:(1)主体只有在款项付清后,才算拥有了排放权这项资源的控制权,才能确认为资产;(2)主体在获得排放权时即已控制了这项资源,就可以确认为资产。就这一问题,IASB 也没有给出统一意见。

IASB 在其 2010 年 10 月的会议上表示,在碳排放权交易计划下,不论是外购的还是政府无偿分配的排放权都应当确认为资产。而且,义务事项是由排放权的分配引起的。会议还讨论了对于超标排放主体应该在什么时候确认负债的问题。对此有两种观点,一种认为主体只有在排放额超过了分配额时,才确认这一新增的负债,另一种则认为该在排放权超标之前进行确认。IASB 一致同意第二种观点,而 FASB 就此问题未达成统一意见。IASB 和 FASB 决定将在以后的会议中就此问题再做讨论。

2010 年 11 月,IASB 继续就"总量控制及交易机制"下的排放权的会计处理展开讨论,讨论围绕以下几个话题进行:(1)超标排放的负债的确认,以及排放权交易计划下负债的计量;(2)总量控制及交易机制下,被确认为资产的外购排放权的初始计量和后续计量;(3)排放权交易计划中的资产和负债在资产负债表中的反映。

就第一个话题,IASB 提出了三种观点,第一种认为主体应该上缴其整个计划的排放权,而且应该根据它的预期排放额对负债进行初始计量。第二种认为主体应该仅仅上缴其被分配的排放额,因此它的负债也仅限于它的初始分配数额。如果主体预期排放的比初始分配额所确认的数量多,则应在加入计划时就确认负债。第三种认为主体应上缴其初始分配额,它的负债也仅限于其初始分配额。对于超标排放的负债应在主体实际排放额超过其初始分配额时,再确认负债。IASB 在对每种观点的优缺点都进行了讨论后,大部分成员表示赞同第二种以及第三种观点。那些赞同第二种观点的成员认为,这一观点反映了主体整个排放权交易项目内的成本,而且使排放权的上缴额与其实际排放额相等。而支持第三种观点的成员则表示,这一观点是与 IASB 概念框架最为一致的。由于第一种观点几乎无人支持,所以被 IASB 撤销了。至于第二种及第三种观点,由于一直争议不下,所以有成员提出在现实中,主体应根据其预期收益和决定上缴的排放额的终止确认方法,分别采用这两种模型。IASB 和 FASB 对这一观点都表示赞同。

就第二个话题,IASB 提出两种处理模式:(1)在初始和后续计量中都采用公允价值属性;(2)对排放权按照持有目的分为持有备用和持有以备出售的两类。对于持有备用的排放权是被用来抵补负债的,初始确认应按公允价值计量,而在后续期间不再计量。对于持有以备在市场上出售的排放权,应按照模式 1 进行计量。通过投票,IASB 和 FASB 表示支持采用公允价值计量的第一种模式。

就第三个话题,IASB 也提出了三种观点:(1)在净额基础上呈报有相关负债的排放权,这应该被禁止;(2)当主体想要抵消有相关负债的排放权时,这应该被允许,因为最新的指导正在被写入准则;(3)当主体想要抵消排放权和相关负债时,排放权和相关负债应该用一种相关的报表的形式,在净额基础上被呈报。理事会成员对于第一种的总资产负债表观点和第三种的净资产负债表观点争议不定。支持第一种观点的认为它能够为财务报表使用者提供更为有用的信息,而支持第三种观点的则认为,要求主体对外表明它的目的,这是很有必要的。有些理事会成员还指出,报表披露可以被包括在财务报表的脚注中。在进行投票后,IASB 和 FASB 的大多数成员表示不反对观点三。

综合上述情况可以看出,尽管 IASB 和 FASB 尚未对碳排放权交易会计问题得出结论,但可以对未来碳排放权交易国际会计准则的几个基本走向做出初步判断。首先,无论碳排放权的配额是否有偿取得,都应确认为资产。这一点从概念框架的角度来看符合资产的定义及其基本确认原则。其次,在确认资产的同时也要考虑到相应的控制排放义务,即负债的确认。但是,究竟是在企业主体取得排放配额、确认资产的同时立即确认负债,还是在主体实际发生碳排放行为时才予以确认? 这点国际上仍寻在争议,尚无结论。再次,从碳排放权交易的计量来看,可能未来也会存在一定争议,比较实用的做法是采取成本与公允价值并用的模式,因为未来碳排放权配额的性质及其市场的特征可能有很大不同,特别是很可能涉及衍生金融工具领域,所以分别采用不同的计量属性也许才是现实可行的。

四、我国关于碳排放权交易会计处理问题的学术探讨

将碳排放权认定为一项资产计入资产负债表,这在目前并无异议。但是具体是该将确认为何种资产,这在目前还并未得到解决。我们通过研读有关文献,将学者们的观点大致分为以下几类:

(一) 将碳排放权确认为无形资产

这一观点与 IFRIC 3 所表达的观点相一致,而且这也得到了我国业内多数学者的支持。王虎超、夏文贤在"排放权及其交易会计模式研究"一文中提到:"IASB 在 IFRIC 3 (已撤销)中明确表示,由于不具备实物形态,主体从政府处获得的免费配额应当作为无形资产入账"。

而关于碳排放权交易的会计处理方式,目前在"总量控制及交易机制"下,应用最广的是在初始获得排放配额时,按照其初始获得成本进行计量。其中,对于政府免费发放的排放配额,它的入账成本为零。在后续期间,配额仍然按照其成本进行后续计量,并检查其是否发生减值。而王虎超和夏文贤认为,如果对被确认为无形资产的碳排放权按照活跃的市场价值进行确认,这将会是更合理的。

(二) 将碳排放权确认为存货

美国联邦能源监管委员会(FERC)认为企业主体分配的配额应该确认为存货。它主张企业主体的碳排放量可以看作是主体在日常生产经营活动中发生的一种生产成本,随着排放量的发生配额要被消耗,所以认为配额实质上是一种待消耗的存货。

我国学者张姗和刘静建议将碳排放权的会计处理分成两个阶段来进行考虑。她们认为,根据我国《企业会计准则第 1 号——存货》的定义,"存货是指企业在日常活动中持有以备出售的产成品或商品,处在生产过程中的在产品、在生产过程或提供劳务过程中耗用的材料、物料等。"所以企业持有存货的最终目的就是为了出售。而在我国,碳排放权属于国有资产,而且对于现阶段我国的 CDM 项目而言,持有排放权的最终目的就是为了出售,所以应该将碳排放权确认为存货。她们还认为,在我国现阶段下,市场交易机制并不十分完善,而且也没有实质性的条约来约束我国的排放权问题,我国的碳排放权只是与CDM 项目有关,需要 CDM 项目经过第三方独立机构审定和核证,并通过联合国气候变化框架公约 CDM 执行董事会所批准的碳减排量。所以张姗和刘静将我国现阶段认定为我国碳排放权的第一阶段,并认为在此阶段下,排放权应该作为存货来进行确认。

关于被认定为存货的排放权的计量问题,她们表示我国目前还处于排放权交易的初级阶段,不宜采用公允价值进行计量,其具体的计量问题,应该参照存货的会计处理。

(三)将碳排放权确认为金融资产

针对这个观点,里面又存在两个分支。秦军和赵赟赟在"碳排放权会计计量模式研究"一文中提到:"对于中国参与 CDM 项目的企业而言,其持有碳排放权的目的就是为了近期内出售或回购。"所以,应将排放权确认为交易性金融资产进行核算,并且用以价格指数反映的公允价值对其进行计量。

而另一种观点,则认为不能将排放权作为交易性金融资产进行核算,而应将其计入"可供出售金融资产"账户。根据我国《企业会计准则第 22 号——金融工具确认和计量》关于可供出售金融资产的定义,"可供出售金融资产是指初始确认时即被定为可供出售的非衍生金融资产,以及除下列各类资产外的金融资产:(1)贷款和应收款项;(2)持有至到期投资;(3)以公允价值计量且其变动计入当期损益的金融资产。"石军和王艳龙认为碳排放权不是考虑近期出售而持有的短期资产,因此应该作为可供出售金融资产入账。至于其计量,他们认为尽管次贷危机的爆发导致了大家对于金融创新的质疑,但是从能让公众及时准确地掌握资产变动价值来考虑,公允价值仍然是一种值得应用的会计计量方式。因此,排放权应在获取时或报告期末按照不同时点的公允价值进行计量,即按照碳交易所的价格指数来确定排放权的入账价值,并于报告期末按该价格指数的实时数据进行后续计量。

此外,也有很多学者考虑到,将碳排放权单独确认为一项无形资产、存货或者金融资产,均存在不足。因此从我国的碳排放权交易的阶段性、排放权交易的买卖方以及排放权的交易过程和交易主体目的等角度出发,提出新的观点。例如上文中提到的张姗和刘静的两阶段性观点,她们认为,在第一阶段,应将排放权确认为存货,而在第二阶段,则应作为金融资产进行核算。而同样是从阶段性角度考虑的邵翠丽则认为在我国的现阶段,应将排放权作为无形资产进行核算,而在日后市场体制完善后,则应将其确认为一项交易性金融资产。阮鹏熙把我国碳排放权的会计处理分为基于项目交易和基于配额交易的两个阶段,并认为第一阶段指的是 CDM 项目交易阶段,在该阶段下碳排放权应该被确认为交易性金融资产,设立二级科目"交易性金融资产——碳排放权"进行确认。在初始确认时他主张不将碳排放权确认为损益,而是确认为权益,计入资本公积;期末时,碳排放权的公允价值变动也将计入资本公积,待出售该项资产时,再转入损益核算。至于碳排放权的计量问题,他主张应该以授予日的市场价格进行初始计量,以及在报告期末按照当时的市价进行后续计量。随着我国碳交易市场的发展,进入第二阶段后,他认为应该按照 IRFIC 3 的处理方法,将碳排放权确认为一项无形资产,在初始确认时将排放权按授予日的市场价计量,对应的科目记政府补助,并且在企业主体实际发生碳排放行为时确认负债。张勇认为,由于碳排放权的买卖方持有排放权的目的不同,因此买方应将排放权确认为无形资产,而卖方则将其计入"交易性金融资产"账户进行核算。夏琴华和张敏静考虑到排放权对于不同的交易主体的不同经济性质,从交易主体的交易过程和持有排放权的不同目的两方面来进行分析,提出 CDM 项目下的排放权,不论是买方还是卖方都确认为无形资产,而对于 CDM 项目外的排放权则属于交易性金融资产的观点。

五、促进我国碳排放权交易会计发展的若干建议

尽管我国碳排放权及其交易市场才刚刚起步,《京都议定书》也没有对发展中国家作出减排要求,我国在 2012 年之前不存在约束性的减排指标,但作为碳排放大国和国际市场上碳减排量(基于 CDM 项目)的供应大国,在后《京都议定书》时代,我国承担相应的减排责任已经成为必然趋势。2009 年 11 月我国政府自主宣布了温室气体减排的约束性量化目标,到 2020 年,单位 GDP 二氧化碳排放比 2005 年下降 40％至 45％。我国政府还决定在今后五年将单位 GDP 二氧化碳排放减少 17％。我国的实体未来也将面临与发达国家的实体一样的强制减排义务。所以在国内需求和国际压力的双重推动下,我国碳排放权及其交易市场的快速发展将是不可避免的趋势。但是国内关于碳排放权会计的研究才刚刚起步,尚未发布过相关的会计准则或指南,远远跟不上国际排放权交易的发展。为配合我国排放权交易体系的建立和有效运行,更好地维护我国在参与全球应对气候变化行动中的利益,我国需要加强相关的会计、金融、法律等配套制度建设。其中,建立与国际衔接的、具有公信力的排放监测体系,特别是可靠的排放权计量和披露会计标准,发展相应的信息系统,将是一项关键的基础性工作。为此,当前需要结合我国节能减排工作的实际,加强排放权及其交易的会计问题研究,制定相关的会计确认、计量和披露准则,并积极引导环境会计行业发展,大力培养环境会计人才。利用环境会计完善排放监测的指标体系、标准体系、考核体系等,为排放权及其交易市场的发展创造良好的环境。同时尽快推动我国排放权交易会计的相关研究和规则体系的建立,并积极重视国际参与。

（一）尽快启动排放权交易会计准则项目

无论从国内的可持续发展还是参与应对气候变化的全球行动角度看,都需要进一步完善排放权交易的制度体系,排放权也将因此成为影响企业发展和效益的一项重要资源。为此,应尽快制定相应的会计准则,以提供与排放权及其交易相关的高质量会计信息。在财政部启动新一轮准则修订工作之际,建议将排放权交易会计准则列为项目之一。同时,鉴于排放权是一种特殊的权利资产,而且具有政府补助性质,因此还应在准则修订过程中考虑相关准则的同步衔接和协调。

（二）积极参与我国排放权交易体系的设计过程

不同的排放权交易体系引发的会计问题也有所不同。为使我国排放权及其交易的会计准则更具有适应我国国情的针对性,会计准则制定机构应当积极参与我国排放权交易体系的设计过程,与相关部门加强配合与协作,使会计准则成为整个排放权交易体系的一个有机组成部分。这样不但能够保证会计准则对我国排放权交易体系的针对性和实用性,也有利于推进会计工作更好地服务于经济发展,提高会计在整个经济运行体系中的地位和作用。

（三）以会计信息为基础,建立排放监测指标体系

在制定排放权交易相关会计准则的基础上,应当建立和发展以会计信息为基础的排放监测指标体系,充分利用排放权交易的会计信息,实时监测、考核、评价企业的排放情况。在为发展低碳经济提供有用信息的同时,提高企业和公众的气候变化意识,并培养一支高素质的环境会计和审计专业人才队伍,为排放监测体系的有效运行奠定坚实的基础。

（四）积极参与排放权交易国际会计准则的制定进程

减少温室气体排放是一项全球性议题,只有各国共同努力、一致行动才能实现最终的目标。全球统一的减排目标、交易体系和交易市场将是未来的发展方向。这在客观上提出了对建立全球统一的排放权交易会计准则的需求。同时,排放权不仅是一个环境议题,更是一个经济和政治议题,背后隐含着重大的经济利益和国际政治关系。为此,我们应积极参与正在进行的排放权国际准则的制定过程,使之充分考虑包括我国在内的发展中国家的实际情况,反映我国的正当利益和要求。

（五）对排放权会计准则基本内容的初步构想

我国的排放权交易相关准则制定应包括排放权有关资产、负债等要素的确认、初始计量和后续计量以及披露要求,并需要前瞻性地考虑到衍生产品的影响,以便于金融工具相关准则的制定和修订衔接,同时还要考虑我国交易体系以总量排放交易为主的特点。关于排放权交易的会计确认,基本思路是应当确认排放权形成的资产,确认的基本原则应与概念框架相一致,即符合资产的定义和一般确认标准(可获得排放权提供的未来经济利益且成本能够可靠计量),确认的要素归属可以作为无形资产中的一项权利资产。同时应将由排放权交易引起的经济义务确认为负债。关于排放权资产和负债的计量,可根据未来

交易市场的活跃程度和发展状况,选择以公允价值或是成本为基本计量属性,在初始确认阶段,公允价值在多数情况下应当是更为合理的选择。关于排放权交易的报告,可以从企业报告的目标、如何识别企业需要报告的事项以及通过何种方式披露等方面加以规范。

主要参考文献

安崇义、唐跃军:"排放权交易机制下企业碳减排的决策模型研究",《经济研究》,2012年第8期。

陈蕾嫣、张白玲:"碳排放会计研究述评",《财会通讯》,2010年第10期。

吕小亚、夏云飞:"碳减排量会计确认与计量研究——基于清洁发展机制环境下的分析",《财会通讯》,2011年第4期。

秦军、赵赟赟:"碳排放权会计计量模式研究",《经济研究导刊》,2011年第24期。

阮鹏熙:"碳排放权交易国际会计准则问题研究及借鉴",《中国注册会计师》,2012年第12期。

宋晓华、李甫:"清洁发展机制项目——碳排放权会计核算方法述评",《财会研究》,2010年第23期。

粟德琼:"碳排放权及其交易会计问题探析",《财会通讯》,2011年第8期。

涂毅、郝玲:"IASB碳排放权交易会计处理回顾及影响",《财会通讯》,2008年第7期。

王虎超、夏文贤:"排放权及其交易会计模式研究",《会计研究》,2010年第8期。

王钰、孟全省:"企业碳排放权交易的会计核算研究",《商业会计》,2011年第11期。

邬展霞、王周伟、陈云:"碳关税壁垒下的碳排放权交易会计问题研究",《会计之友》,2011年第1期。

张建平、余玉苗:"低碳经济下碳排放权的会计确认与计量",《财务与会计》,2011年9月。

张鹏:"CDM下我国碳减排量的会计确认和计量",《财会研究》,2010年第1期。

张姗、刘静:"低碳经济时代我国碳排放权会计处理的两阶段性",《会计之友》,2011年第3期。

FASB,Press Release on IFRIC D1,May 2003.

FASB,Press Release on IFRIC 3,December 2004.

EFRAG,EFRAG recommend,June 2005.

FASB,Public Statement on Withdrawal of IFRIC 3,June 2005.

24. IASB"费率管制活动"准则的最新发展及影响分析

一、引言

费率管制,也称价格管制,是指政府对某些特殊产业(主要是公用事业,如电力、煤气、自来水、管道运输业、通讯业等)所提供的商品或劳务的价格进行控制。国外对公共事业的价格管制经历了投资收益率管制和价格上限管制等阶段。20世纪后期,投资收益率管制被广泛地应用于美国的公用事业,这种管制可以保证弥补历史成本。但是,在投资收益率管制下,被管制企业倾向于过多地使用资本,缺乏节约成本的动力。因此,近年来,又出现了激励性管制方法,比如价格上限管制,价格上限管制作为一种典型的激励性管制手段,可以弥补收益率管制容易过多使用资本的弊端。在实践中,服务成本管制和价格上限管制两种方法可以一起使用。垄断企业或在市场中居于支配地位的企业,往往缺乏效率竞争,企业对商品或劳务收取的价格以此方式得到约束。政府设立管制机构并赋予其管辖特定企业费率设定的工作,从而一方面保证消费者能获得"公正合理"的价格,另一方面也使企业获得一个合理的收益率。

二、"费率管制活动"准则的演进和阶段性成果

早在1962年,美国通用会计准则就对受费率管制的企业要求确认费率管制带来的经济后果。1982年,美国财务会计准则委员会(FASB)颁布财务会计准则第71号(SFAS 71)"对某些管制结果的会计处理",规范了受管制企业的会计实务。与费率管制活动相关的会计准则还有1986年颁布的财务会计准则第90号(SFAS 90)"受管制企业:废置和厂场成本不予列支的会计处理"、1987年颁布的财务会计准则第92号(SFAS 92)"受管制企业分阶段实施计划的会计处理"和1988年颁布的财务会计准则第101号(SFAS 101)"受管制企业:终止应用SFAS 71的会计处理"。但在缺乏具体指引的情况下,很多国家仍然遵循SFAS 71进行会计处理。

费率管制在很多采用国际财务报告准则(IFRSs)的司法管辖区有广泛而重要的影响,但在实务中,对管制资产和管制负债的确认也存在分歧。2005年6月,国际财务报告准则解释委员会(IFRIC)收到对SFAS 71的指引请求后,2008年12月,国际会计准则理事会(IASB)将费率管制活动会计问题列入议事日程,并于2009年7月22日发布了征求

意见稿"费率管制活动",要求确认由特定费率管制活动产生的资产和负债,并对此类资产和负债的计量提供指引。征求意见截止期为 2009 年 11 月 20 日,IASB 计划于 2010 年发布准则终稿。但是由于多种原因,该项目于 2010 年 9 月被暂行中止。2012 年 12 月,IASB 决定重新将费率管制活动项目纳入议程。2013 年 4 月 29 日,IASB 发布了征求意见稿"管制递延账户",允许首次采用国际财务报告准则的主体继续按照其原有公认会计原则确认管制资产和管制负债,直至费率管制活动长期项目完成为止。因此,IASB 至今已为费率管制活动先后发布了两次名称不同的征求意见稿,而准则终稿计划在 2014 年第一季度完成。以下我们将在讨论 2009 年与 2013 年征求意见稿的基础上,分析该准则将带来的影响及启示。

三、2009 年"费率管制活动"征求意见稿及反馈意见

2009 年发布的"费率管制活动"征求意见稿指出,费率管制旨在确保给予主体赚取合理投资回报机会的同时针对服务或产品向客户收取合理的价格。这一目的一般通过政府管制机构在受管制主体提供产品或服务的成本的基础上设定价格来实现。

（一）准则适用范围

征求意见稿指出,如果主体的经营活动符合以下两项标准,则必须采用建议的指引:(1)主体向其顾客收取的费率必须由经授权的机构设定;以及(2)该设定的费率应在收回主体提供受管制商品或服务所发生的特定成本基础上,加上不需确定或保证的特定回报。

在不符合上述两项标准(相关标准将在最初和每个报告期末进行评估)的情况下,主体不能采用本征求意见稿的指引并且必须终止确认任何之前已确认的管制资产或负债。

（二）管制资产及管制负债的确认和计量

根据"费率管制活动"征求意见稿,主体应针对"收回之前发生的特定成本和赚取特定回报的权利"确认管制资产,针对"返还之前收取的金额和支付特定回报的义务"确认管制负债。此类资产和负债应在主体"因管制机构的实际或预期行动而在未来期间有权利增加或有义务降低费率"时确认。除上文范围部分提及的标准外,征求意见稿没有规定单独的确认标准,但指出如果主体的活动在征求意见稿的范围内,则"主体应确认除根据其他国际财务报告准则确认的资产和负债之外的管制资产和管制负债"。然而,如果"与受管制的经营活动有关的项目已根据其他国际财务报告准则确认为资产或负债",那么主体就不应采用本征求意见稿。

在某些情况下,管制机构要求将某些根据本征求意见稿应确认为管制资产的金额作为自建不动产、厂房和设备或内部产生的无形资产成本的组成部分予以资本化。如果基于费率设定的目的,"极有可能"(Highly Probable)需要将这些金额纳入成本,那么主体应根据财务报告的目的将其纳入不动产或无形资产的成本。否则,此类金额应根据本征求意见稿的要求作为管制资产核算。本征求意见稿附带的"结论基础"还指出,该方法的

建议者认为"如果管制资产从属于其他资产并且具有相近的使用寿命,则无须单独核算"。

由受管制的经营活动产生的资产和负债应按其在初始确认时及每一后续报告期末的预计现值进行计量。本征求意见稿要求使用概率加权的现金流量法,并指出在计量时应考虑以下要素:(1)对一系列可能的结果将产生的未来现金流量的估计;(2)对每一结果发生可能性的估计;(3)按当期市场无风险利率所反映的货币时间价值;(4)包含在管制资产或管制负债中内在不确定性的价格。

主体必须在每个报告期末评估费率管制对现有管制资产和负债的影响。本征求意见稿包括管制资产的可收回性指引。根据本征求意见稿,当主体认为它无法从顾客取得足够收入以收回成本时,这将是一种减值迹象。因此,应根据国际会计准则第 36 号(IAS 36)对管制资产所属的现金产出单元进行减值测试,并将减值损失在该现金产出单元所包含的资产中分摊。

(三)管制资产及管制负债的列报与披露

"费率管制活动"征求意见稿要求管制资产和负债应与其他资产和负债分开列报(允许纳入不动产、厂场和设备或无形资产成本的除外)。但征求意见稿指出,"受同一管制机构管制的各类资产或负债可以用净管制资产或净管制负债加以列报"。

主体提供的信息必须使财务报表使用者能够了解费率管制的性质及其对主体活动的财务影响,并明确财务报表中确认的管制资产和负债以及相关收入和费用的金额。除其他披露事项外,征求意见稿还要求提供各类管制资产和负债从期初至期末的调节表。本征求意见稿的结论基础指出,"此类调节表有助于使用者了解费率管制对主体报告的财务成果和财务状况的影响"。

(四)生效日期和过渡性规定

生效日期将在准则终稿发布时确定,允许提前采用。征求意见稿指出,主体在应用该国际财务报告准则终稿时应将准则应用于"期初就已经存在的管制资产和管制负债"。采用准则终稿引起的任何调整都应在留存收益的期初余额中反映。

"费率管制活动"征求意见稿发布后,收到的反馈意见存在较大分歧。分歧主要集中在"管制资产"及"管制负债"是否符合概念框架中"资产"及"负债"的定义,以及是否应将其在财务报表中单独确认的问题上。关于"管制资产"是否符合"资产"定义的问题,反对者提出主体已经提供的产品或服务实际发生的成本小于期初预期成本的差额构成了"未开单应收款"(Unbilled Receivable),该应收款名义上是"无形资产",实质上更接近于"金融资产"。争论的焦点更是集中在"管制资产"及"管制负债"是否应单独确认的问题上。在北美的一些司法辖区,如加拿大,按照该国现行会计准则,费率管制活动产生的"管制资产"(未来收取更高价格的权力)以及"管制负债"(未来降低价格的义务)均应直接在受费率管制主体的财务报表中确认。而在已采用 IFRS 的一些辖区,如欧洲国家,"管制资产"及"管制负债"已包含在特许权里。由于反馈意见存在较大分歧,2010 年 9 月,IASB 表示,按照 IASB 准则制定的应循程序,在短时间内不可能从所有利益相关方获得合适的信息并完成对该项目的调查分析,因此该项目被暂时搁置。

四、2013 年"管制递延账户"征求意见稿及反馈意见

2012 年 12 月,作为对 2011 年议程咨询的回应,IASB 公布了修改后的工作计划,重新将费率管制活动项目纳入议程,并将其分为两个阶段完成:国际财务报告准则临时版本(征求意见稿拟于 2013 年第一季度或第二季度发布)和综合项目(讨论稿拟于 2013 年下半年发布)。上述分两个阶段开展的计划是对这一争议性主题进行多次讨论后的结果。IASB 设法在以下两者之间找到平衡:(1)令加拿大(该国拥有费率管制活动的公司仍未采用国际财务报告准则)和其他司法管辖区在不作修订的情况下全面采用国际财务报告准则的愿望;(2)已采用国际财务报告准则的司法管辖区的观点。因此,除了在议程咨询流程中决定继续开展费率管制活动的综合项目外,IASB 经多次讨论后决定,为首次采用国际财务报告准则的国家提供一定程度的豁免,并发布临时准则的征求意见稿。

2013 年 3 月 29 日,IASB 发布了针对费率管制的信息征询,以识别应被纳入相关讨论文件制定范围的费率管制活动。发布信息征询是 IASB 重启计划的前期步骤。信息征询连同其他研究将用于讨论文件的制定。讨论文件的目的是"识别哪些关于费率管制结果的信息对按照国际财务报告准则编制的财务报表使用者而言是最为有用的,以及 IASB是否应当就此类结果的会计处理制定具体指引"。信息征询截止日期为 2013 年 5 月30 日。

信息征询中主要提出了以下问题:(1) 哪些类型的商品或服务需遵循讨论文件所阐述的应予以考虑的费率管制? (2) 费率管制目标是什么以及这些目标如何影响费率管制机构、受费率管制的主体和客户之间的互动关系如何? (3)管制产生了何种权利或义务? (4)针对(3)识别的权利或义务,受费率管制的主体应如何行使其权利,或费率管制机构应如何使受费率管制主体履行其义务? (5)费率管制应如何确保收回或返还未足额收回或超额收回的允许发生的成本(即,可变金额)(如适用)? 相关机制能否确保主体在目标时间框架内有效收回或退回此类金额?

2013 年 4 月 29 日,IASB 发布了临时准则的征求意见稿"管制递延账户"。建议的临时准则允许首次采用国际财务报告准则的主体继续按照其原有公认会计原则确认管制资产和管制负债,直至费率管制活动长期项目完成为止。征求意见截止日期为 2013 年 9 月4 日。

(一)准则适用范围

建议的临时准则仅对首次采用国际财务报告准则的主体适用。此前已采用国际财务报告准则的主体不可以采用该建议的临时准则,而采用该临时准则(如获通过)的主体必须符合特定的资格标准:必须设有一个授权机构(即具有费率管制机构),限定主体就其提

供的商品或服务向其客户收取的金额,该金额应涵盖主体提供受管制商品或服务所允许发生的成本。

(二)该建议的临时准则的核心原则

1. 临时准则允许(但不要求)首次采用国际财务报告准则的主体继续使用其所在当地司法管辖区接纳的原公认会计原则下的会计政策对管制递延账户余额进行确认、计量和减值处理;

2. 临时准则要求主体将管制递延账户余额作为财务状况表中的单独项目加以列报,并将账户余额的变动作为损益或其他综合收益表中的单独项目加以列报;以及

3. 临时准则要求提供特定披露,以明确确认管制递延账户余额所依据的费率法规的性质及与其相关的风险。

(三)其他准则的运用

临时准则要求首先应用所有其他国际财务报告准则,从而使财务报表中确认的每一项资产和负债(例如,不动产、厂场和设备、所得税和雇员福利)均遵循其他国际财务报告准则的要求。管制递延账户代表了高于根据其他准则确认的资产或负债的增量金额。

该建议的临时准则包括了国际会计准则第 12 号(IAS 12)"所得税"、国际会计准则第 36 号(IAS 36)"资产减值"和国际财务报告准则第 5 号(IFRS 5)"持有待售的非流动资产和终止经营"等其他准则应如何应用于管制递延账户余额的具体指引。

(四)管制递延账户的列报

2013 年"管制递延账户"征求意见稿指出,主体应列报计入管制递延账户金额前资产或负债总额中各项目的小计金额,然后列报管制递延账户的借方或贷方余额,随之再是资产或负债总额。总而言之,财务报表应按下列方式列报资产(如图表 4 - 24 - 1 所示),而对负债也提出了类似的列报要求。

图表 4 - 24 - 1

管制递延资产的列报

科 目	余 额
流动资产	×××
长期资产	×××
计入管制递延借方余额前的资产总额	×××
管制递延借方余额	×××
资产总额	×××

损益和其他综合收益表也要求单独列报管制递延账户金额的变动。因此,损益和其他综合收益表也应在列报所有管制递延账户净变动额之前列报损益各项目的小计金额。

损益和其他综合收益表除按照国际会计准则第 33 号(IAS 33)"每股收益"的规定列报基本和稀释每股收益金额外,还须额外列报扣除管制递延余额变动净额后的基本和稀释的每股收益金额。这两项金额必须列报于同等显眼的位置。

(五)管制递延账户的披露

该建议的临时准则包含提供特定披露的要求,以使财务报表使用者能够评价特定费率管制机制的性质及与之相关的风险,以及该费率管制对主体财务状况、财务业绩和现金流量的影响。该类披露包括:(1)对每一类单独重大的管制递延账户(和其他管制递延账户的合计)期初和期末账面金额的具体调节;(2)管制机构准许的回报率或折现率,以反映适用于每一管制递延余额的货币时间价值;(3)主体预期收回或摊销每一管制递延账户借方余额的账面金额或转回每一管制递延账户贷方余额的账面金额的剩余期间。

(六)其他事项

对符合相关规定并选择应用该临时准则指引的主体,该建议的临时准则提供了有关确认和计量管制递延余额的会计政策变更的指引。同时,临时准则列明了需对 IFRS 1 "首次采用国际财务报告准则"作出的相应修订。

征求意见稿发布后,引起了各方积极广泛的关注。一部分反馈者对建议的临时准则表示支持,认为该临时准则可以帮助计划采用国际财务报告准则、但因对费率管制核算心存疑虑而却步的一些司法管辖地区消除疑虑,加快这些司法管辖地区采用 IFRS 的步伐,从而促进全球进一步采用 IFRS。然而,由于该建议的临时准则允许国际财务报告准则首次采用者仍然保留其原有会计政策可能导致与已采用国际财务报告准则的主体的会计实务的不一致,因而受到英国财务报告委员会(FRC)、欧洲财务报告咨询小组(EFRAG)以及欧洲证券市场管理局(ESMA)等机构的反对。FRC 认为临时准则对英国等早已采用国际财务报告准则的国家而言显然有失公平。FRC 会计委员会主席罗杰·马歇尔在写给 IASB 主席汉斯·胡格沃斯特的一封亲笔信中强调,该临时准则并不是以原则为基础制定的。IASB 在推出该临时准则的同时,应首先根据会计准则制定的概念框架对受费率管制主体的递延账户余额是否属于资产与负债进行确认。如上述递延账户余额不属于资产或负债,IASB 应采取反制措施,提防受费率管制主体将其列入财务报表中。欧洲财务报告咨询小组(EFRAG)以及欧洲证券市场管理局(ESMA)等组织则也表示不支持该费率管制的临时准则。2013 年 9 月 11 日,EFRAG 发布了针对 IASB"管制递延账户"征求意见稿的意见函终稿,明确指出 EFRAG 的利益相关方反对执行该临时项目,原因在于:(1)该征求意见稿导致利用该征求意见稿的主体与已采用国际财务报告准则的主体或不希望采用该征求意见稿的主体之间缺乏可比性;(2)该征求意见稿可能导致首次采用 IFRS 但又采用该临时准则的一些主体借此将一些原有的会计政策无限期的保留。EFRAG 在其意见函中指出,如果 IASB 希望继续发布基于上述征求意见稿的临时准则,该临时准则务必仅限于作为首次采用者的一项选择权,以避免现行应用 IFRS 的主体对它的采用而给实务带来不必要的差异。

截至 2013 年 9 月 18 日,IASB 收到关于"管制递延账户"征求意见稿的各方反馈意见合计 113 项,其中 59 项意见支持仅为首次采用国际财务报告准则的主体发布该临时准则,30 项意见反对发布该临时准则,剩余 24 项意见反对仅为国际财务报告准则首次采用者发布该临时准则。相比于 2009 年"费率管制活动"征求意见稿得到不足一半的支持率,2003 年"管制递延账户征求意见稿得到了 52% 的支持率,表明费率管制活动会计准则制定在摸索中迈出了前进的一步。

五、影响分析及政策建议

(一)"递延管制账户"征求意见稿的影响

2009 年"费率管制活动"征求意见稿发布后,由于对费率管制活动产生的资产和负债是否符合资产和负债定义及是否应予确认等问题存在很大争议,导致该项目于 2010 年一度暂停。由于该问题短期内难以达成定论,2013 年发布的临时准则征求意见稿为首次采用国际财务报告准则的主体提供一定程度的豁免,允许其继续使用所在当地司法管辖地区接纳的原有公认会计原则对管制递延账户余额进行确认、计量和减值处理。

在"递延管制账户"征求意见稿发布之前,加拿大、印度等司法辖区一度因国际财务报告准则缺乏对费率管制结果会计处理的明确指引,而决定暂缓采用国际财务报告准则。新征求意见稿的发布为上述司法管辖地区消除了疑虑。该建议的临时准则一经通过,必将加速上述辖区受费率管制主体采用国际财务报告准则的步伐。建议的临时准则在为上述主体提供一定程度的豁免的同时,为了充分表明费率管制活动对财务报表的影响,又提出了明确的列报和披露规定,要求主体将管制递延账户余额作为财务状况表的单列项目列报,并将账户余额的变动作为损益和其他综合收益表中的单列项目列报。同时,还要求主体提供特定的披露。这无疑有助于增强费率管制活动会计信息的透明度,从一定程度上提高了受费率管制企业间会计信息的可比性。

(二)对我国相关准则制定的建议

迄今为止,我国会计准则还未对费率管制活动相关会计处理进行规范。在缺乏制度约束的情况下,一些受管制主体可能会从自身利益出发,通过各种手段蓄意增加成本,降低消费者剩余和社会福利,转嫁企业低效经营结果,阻碍整个社会的经济发展。为此,制定费率管制活动会计准则已迫在眉睫。我国准则制定机构应在向国际上其他准则制定机构借鉴"费率管制活动"准则制定经验的同时,充分考虑我国国情,分析具有中国特色的管制问题。我国目前对垄断性行业的定价原则基本上采用补偿成本加合理利润的方法。该方法没有对企业的利润率水平进行明确的约束,同时,对企业经营成本的构成标准、计算依据和具体管制办法也缺乏明确的规定。成本是定价的基础,也是费率设定的依据。因此,我国在制定费率管制活动会计准则时,应以统一产品成本核算为基础和先决条件。同时,财政部在制定费率管制活动会计准则时,应充分考虑不同行业的特点。某些受政府管制的行业,如医疗保健行业,因其具有非盈利的性质,准则制定时应将其排除在适用范围之外。

由于费率管制项目的复杂性,IASB 费率管制活动会计准则的建立和健全必将是一个长期的过程,只有各国共同努力、一致行动才能实现最终的目标。值得注意的是,费率管制准则的制定不仅仅是一个会计议题,更是一个经济和政治议题,其背后隐含着复杂的经济利益和国际政治关系。为此,我国应积极参与正在进行的 IASB 费率管制活动会计准则的制定过程,积极反映包括中国在内的广大发展中国家受费率管制主体的实际情况,充分表达广大发展中国家的利益诉求。

主要参考文献

王俊豪等著:《深化中国垄断行业改革研究》,中国社会科学出版社,2010 年版。

王俊豪、王岭:"国内管制经济学的发展、理论前沿与热点问题",《财经论丛》,2010 年第 6 期。

宋迎春:"费率管制活动相关规定及会计问题研究",《财会通讯》,2011 年第 19 期。

IASB,Exposure Draft:Rate-regulated Activities,July 2009.

IASB,Exposure Draft:Regulatory Deferral Accounts,April 2013.

http://www.iasplus.com/en/projects/major/rate-regulated-activities.

http://www.casplus.com/home.asp.

25. 后危机时代公司整合报告的构想及创新

——基于 FESG 四维信息与 SWOT 分析的思考

一、引言

后金融危机时代对"降低报告复杂性"提出了强烈要求,同时对企业社会责任和可持续发展的关注度也日益提升,公司报告改革已刻不容缓。正是在这种背景下,国际会计界提出了"整合报告"的新概念,并于 2010 年 8 月成立一个致力于发展"整合报告"框架及编制标准的国际机构——国际整合报告委员会(IIRC)。然而,整合报告的理论及实践目前都还处于初创阶段,国内在此领域的研究也几乎处于空白。我们在关注 IIRC 和世界各国有关整合报告研究动态的基础上,对整合报告的发展前景作了 SWOT 分析,同时提出了以 FESG 四维信息作为整合报告基本内容等有关设想。

二、后危机时代公司报告改革的背景

21 世纪是一个信息流充斥的时代,网络技术的不断发展使得世界各地的信息和知识都处于大爆炸状态,造成信息量大、信息质量差、信息价值低等问题,信息超载(Information Overload)的现象也随之而生。特别是经济发展飞速的背景下,公司报告作为向外界传达信息的主要媒介,其内容和形式已达到了无法接受的规模。随着人们关注的角度越来越宽泛,公司发布的信息也越来越多样化,具体分为财务与非财务信息。对于财务信息来说,除了传统的财务报表外,公司还会提供各种各样的财务数据分析报告;而对于非财务信息的种类就更为繁多,诸如智力资本报告、无形资产报告、员工报告、环境报告、社会责任报告、内部控制报告、公司治理报告、可持续发展报告、各类调研和咨询报告等。而这只是以定期或不定期报告形式发布的信息,其他以网络、报纸、电视等媒体渠道发布的信息更是数不胜数。这其中不乏重复的、不相关联的,甚至是互斥的信息,使得股东、顾客、供应商、政府和社会大众等利益相关者从中准确了解企业的真实状况变得越来越困难,这就是所谓的信息超载造成的信息不足问题。

随着后金融危机时代的到来,全球对"降低报告复杂性"提出了更高的要求,会计准则制定的复杂性问题备受关注。国际会计准则理事会(IASB)也一直致力于降低财务报告的复杂性而在不断地完善国际财务报告准则(IFRS),特别是金融危机把金融工具会计问题推到了风口浪尖上,故 IASB 和 FASB 于 2008 年年底联合启动了"金融工具确认和计

量"改进项目,旨在降低金融工具会计的复杂性,以改善财务报告的质量。同时对公允价值的计量和披露也进行了研究,并于 2011 年 5 月发布了公允价值计量的最新准则 IFRS 13"公允价值计量"。其他各项会计准则的制定过程中也均将降低复杂性作为了其中一个目标,从而体现了后金融危机时代对降低财务报告复杂性的重视程度。

与此同时,气候变化、全球生态系统的加剧破坏以及有限自然资源的过度使用可能是目前全世界面临的最大挑战。若想有效解决这些挑战,需要深层次地改变我们当前的经济模式。目前会计准则和上市规则要求下的信息并不能完全反映重要的环境和社会因素,诸如气候变化、资源的利用和人权等,尽管这些因素的基本影响已经纳入到公司当前和未来业绩表现及对创造可持续发展经济的贡献的评估中了。虽然一些公司已经在尝试披露这一方面的信息,但是很少是以与战略方向和财务业绩相关且有助于公司间和年度间比较或表明风险和机会的方式提出的。全球报告倡议组织(GRI)①于 2006 年公布了一份具有广泛影响的"可持续发展报告框架",其核心部分是可持续发展报告指南(现为第三版,称"G3 指南"),主要为各类组织和企业披露可持续发展绩效提供指引,目前已被全球数以千计的企业所应用。它促进了公司报告的透明度和可靠性,并为利益相关者提供了一个普遍适用且可比的框架使其能够理解报告中披露的信息。可持续发展报告是一个广义的概念,指企业报告其经济、环境、社会方面的绩效,它有时又被称为三重底线报告(ESG 报告)或企业社会责任报告。G3 指南对可持续发展报告作出以下定义:企业可持续发展报告是以可持续发展为目标,衡量及披露机构的绩效并向机构内外的利益相关者解释的一项活动。然而,我们看到,编制单独的可持续发展报告在为使用者提供更多增量信息的同时,也为企业带来更多的负担,同时也会产生信息超载问题。因此,在当前情况下,很有必要在分析和整理现有各类财务报告与非财务报告基础上,设计并编制一份更为综合及精要的"整合报告"(Integrated Reporting),以满足报告使用者对企业多方面信息的需求。

2010 年 8 月 2 日,GRI 和英国威尔士亲王的可持续发展会计项目(A4S)宣布成立一个致力于发展整合报告框架及编制标准的国际机构——国际整合报告委员会(IIRC)。"整合报告"旨在将财务、环境、社会和治理(Financial, Environmental, Social and Governance)等方面的信息加以整合,集中反映在一张综合报告中,以提高企业报告的有用性并能够满足新兴的、可持续的、全球的经济发展模式的需要。IIRC 指出发展整合报告框架的目标包括:提供更广泛和更长久的决策后果以支持长期投资者的信息需求;明确

---

①　全球报告倡议组织(Global Reporting Initiative,GRI)成立于 1997 年,是由美国的一个非政府组织"对环境负责的经济体联盟"(Coalition for Environmentally Responsible Economies,简称 CERES)和联合国环境规划署(United Nations Environment Programme,简称 UNEP)共同发起的,秘书处设在荷兰的阿姆斯特丹。

可持续发展和经济价值间的联系以反映影响长期表现和情况的环境、社会、治理和财务因素之间的相互关系；提供将环境和社会因素系统地考虑到报告和决策中去的必要框架；调整业绩指标以避免过度强调短期财务业绩；使报告更接近管理当局在日常经营时所使用的信息。

综上可见，公司报告未来的发展趋势，将是在重视可持续发展及企业长期战略的框架下，以原有的三重底线报告（ESG 报告）为基础，融入财务报告中的经济及财务信息，将财务绩效（F）、环境保护（E）、社会责任（S）和公司治理（G）四个方面的信息整合在一份单一的报告中，形成所谓的"整合报告"。我们将这种报告称为 FESG 报告。FESG 虽然是我们首提的新概念，但它是在可持续发展理念和整合报告创意的基础上形成的。

二、整合报告理论研究及实践的国际进展

IIRC 呼吁改进现行财务报告体系，并提出了建立可持续会计与整合报告框架的设想。整合报告框架和可持续会计讨论的是，未来的公司报告应该整合财务的和非财务的信息、历史的和预测的信息，全面反映企业与环境、社会及其他相关方面的联系，为领导者决策提供更加全面、相关、精确的支持，由此促进企业与经济社会共同的持续发展。因此，应当如何整合现有的各种财务和非财务报告，将历史信息披露纳入实时报告体系，提供满足商业战略需要的高质量的分析及预测，就成为可持续会计与整合报告需要解决的主要问题。随着 IIRC 于 2010 年 8 月的成立，全球都掀起了一场实践可持续报告和整合报告的热潮。

IIRC 成立后，先后在中国北京、印度孟买、瑞士达沃斯、美国纽约等地召开会议，来自全球企业界、会计界、监管机构、非政府组织以及准则制定机构等方面的代表汇聚一堂，共同研究建立国际整合报告框架，探索全球经济可持续发展的新路径。2011 年 1 月 17 日，英国威尔士亲王和康沃尔女公爵殿下首席私人秘书迈克尔·皮特爵士在北京召开的 IIRC 第一次会议上指出，整合报告是协助全球经济迎接 21 世纪挑战的一个重要基石，即摒弃当前过度利用有限自然资源的不可持续模式，帮助已经享受高质量生活的人们，发展可维持高标准生活水平的经济，并帮助数亿未能享受高质量生活的人们，创造可维持高标准生活水平的经济。在 2011 年 1 月 27 日瑞士达沃斯举行的世界经济论坛（WEF）年会上有一个关于整合报告（IR）方面的会议，名为"新现实下的会计：重构公司报告"。该会议试图回答这个问题：随着人们对与全球商业相关的环境、社会和道德风险越来越感关注，公司报告应该怎样重新设计才能将这些风险的关键信息整合在一个通用框架中？与会者讨论了在 21 世纪采用一项全新的公司整合报告框架将带来的优势及面临的挑战。全球金融危机的渐渐褪去，掀起了一场关于公司报告相关性的争论以及是否应该将诸如环境、社会和治理绩效等外部效应纳入到公司报告中去。会议得出了以下三点结论：现行的企业报告模式存在一定程度的缺陷；任何一种新的会计格式都应将注意力集中在内部

化外部效应,如环境和社会影响;相关机构需要进一步推进有关简洁、可比的整合报告框架的讨论。

在 2011 年 5 月召开的纽约会议上,与会者一致认为要实现 IIRC 将整合报告作为主要报告形式这一目标,需要相关各方的重大努力,并对即将发布的讨论文件中的关键要素达成一致意见。同时 IIRC 呼吁感兴趣的公司参与其整合报告的试点项目,旨在协助 IIRC 在未来几年中完善其整合报告框架。IIRC 希望通过试点工作测试整合报告的原则和可行性,并通过应循程序制定一项整合报告的全球新准则。2011 年 6 月,欧洲会计师联合会(FEE)主持了 IIRC 关于整合报告的欧洲圆桌会议。讨论的内容包括如何实现整合报告的可操作化(包括与 XBRL 的可能联系),整合报告的必要框架,以及 IIRC 的管理等问题。

与此同时,一些国家的证券监管机构及交易所也开始积极推动可持续会计和整合报告的信息披露,如新加坡、加拿大、南非等国家的交易所陆续作出了相关规定。2011 年 1 月,南非整合报告委员会(IRC)发布了"整合报告框架"讨论稿,向公众广泛征求意见。它是世界上第一份"整合报告指南",并强制性要求在约翰内斯堡证交所上市的 400 余家公司用整合报告代替年度报告,这势将对传统的财务报告形成一场新的革命。讨论稿包含了整合报告创建原则和指引,例如内容、范围及认证等。IIRC 原本已计划在 2011 年颁布一份国际讨论文件,并将其纳入 2011 年 11 月 G20 峰会的议程。然而,南非对指南的迫切需求使其在全球倡议前发布了讨论文件,为全球倡议的内容提供了一个有用参考。南非的这份讨论稿指出:"整合报告的主要目的是使利益相关者能够评估一个组织创造和维持其短期、中期和长期价值的能力。整合报告的使用者应该能够从报告中识别对组织业务有影响的社会、环境、经济和财务问题,以及这些问题是否已经适当地纳入其战略中来确定,该组织的治理结构是否能充分体现其集体意志等。一份整合报告并不是对财务报表和可持续性报告的简单整合,它应该是用清晰的语言融合来自各方来源的重要信息,以使利益相关者能够评价组织的表现,以及对其创造和维持价值的能力作出适当的评价。一个完整的报告应该为利益相关者提供组织的简洁概况,整合并连接关于其战略、风险与机遇的重要信息,并将这些信息与社会、环境、经济和金融问题联系起来。"

国际会计师联合会(IFAC)在访问了世界各地的商业领袖后指出,有必要对财务报告作出重大改革。据此 IFAC 于 2011 年 3 月 9 日发布了一份题为"整合业务报告供应链"的报告。该报告指出:"财务报告当前格式中的相关要素需要进行改变,以增加其相关性和利益相关者价值,同时可以遏制近年来困扰财务报告的复杂性剧增问题"。这些改变应该包括:"开发一种报告新格式,将组织的社会、环境和经济绩效以一种简化的方式综合起来。"

2011 年 4 月,国际审计与鉴证准则委员会(IAASB)发布了一份经修正的国际鉴证业务准则意见稿 ISAE 3000"除历史性财务信息审计和审阅业务以外的其他鉴证业务",以征求公众意见。该意见稿是一份原则导向的准则,目的是为了有效地应用于广泛的鉴证业务中。这些业务包括内部控制有效性审计、绩效审计、验资,以及未来可能的整合报告或企业社会责任报告审计。可见,IAASB 也已开始关注整合报告的审计鉴证问题。

2011 年 5 月,澳大利亚注册会计师公会、特许会计师协会,与 IFAC 下属的工商业界职业会计师(PAIB)在墨尔本举办了一个论坛,其焦点在于专业会计师如何在报告中整合财务及非财务信息,包括关注环境、社会,以及治理(ESG)因素,在经营上支持其组织以改善治理实务。最后得出以下关键结论:整合报告需要反映一个组织的战略和价值,以及它是如何管理社会、环境和经济方面的绩效的;反之,整合报告的过程也是一个功能强大的工具,能促进组织的战略管理,为改善绩效增加核心驱动力;整合报告必须是开放和透明的,而且需反映绩效改进及弱点两方面;投资者正越来越多地关注 ESG 因素的财务影响,以了解组织的战略和运营是如何影响绩效的数字和关键措施的。同年 7 月,澳大利亚注册会计师公会发布了一份题为"企业社会责任——促进负责的商业实践的最近趋势和未来发展"的报告,建议政府支持有关推进综合和可持续发展报告的事项,并建议澳大利亚财务报告委员会(FRC)也成立了一个研究整合报告的特别工作组。

2011 年 9 月,IIRC 发布了拟向 G20 戛纳会议提交的讨论稿,题为"迈向整合报告——在 21 世纪传递价值"(Towards Integrated Reporting-Communicating Value in the 21st Century),并计划于 2012 年发布征求意见稿。该讨论稿试图以国际趋同的会计准则、GRI 的可持续报告指南以及 IASB 的实务公告和管理层评论等文件为基础,将不同的报告内容(财务报告、管理层评论、治理和薪酬报告,以及可持续发展报告等)融合在统一的报告中,以阐释报告主体的创造和维持价值能力。整合报告旨在比传统报告披露更广泛的绩效信息,它将描述和计量价值创造的主要组成,并展示报告主体的财务绩效与社会、环境和经济等营运因素之间的联系。IIRC 认为目前编制的很多信息(包括详细的财务报告信息、运营数据和可持续发展信息)将会转移到一个技术可行的网络环境中,同时可以降低主要报告的复杂性,从而使该报告能够聚焦于报告主体取得长远期成功所需要考虑的最关键事项上。该讨论稿列出了编制整合报告的 5 项指导原则,如关注战略(Strategic Focus)、信息连通(Connectivity of Information)、着眼于未来(Future Orientation)、应答和利益相关者的包容性(Responsiveness and Stakeholder Inclusiveness),以及简洁性、可靠性和重要性(Conciseness, Reliability and Materiality)等。同时,讨论稿指出了整合报告关键要素及主要内容的大致设想,包括:(1)组织概况及商业模式;(2)运营环境(包括风险和机会,组织创造和维持价值的能力);(3)战略目标和实现目标的策略;(4)公司治理及薪酬方案;(5)绩效及关键指标;(6)未来展望。

IIRC 计划于 2011 年 10 月启动一个为期两年的试点项目,宣布已有来自世界各地超过 40 家的公司被选定为试点项目的参与者,并鼓励更多的公司积极参与。开展该试点项目的目的在于:鼓励公司进行报告实务的创新;收集报告实务的未来改进动态;促进国际报告指南的趋同。在目前已被 IIRC 确定的 43 家试点公司中,中电控股有限公司(CLP Holdings Limited)是唯一的一家中国公司。

三、对整合报告发展前景的 SWOT 分析

作为未来公司报告发展趋势的整合报告(我们称之为"FESG 报告"),虽然 IIRC 已经对其编制原则和内容框架发布了初步的讨论稿,世界上一些公司也开始了编制公司整合报告的实践尝试,并出现了为数不多的"先行者",如美国的爱德曼公关公司(Edelman)、瑞士的沃尔沃集团(AB Volvo-Volvo Group)、荷兰全球人寿保险集团(Aegon Group)、英国的汇丰控股有限公司(HSBC Holdings plc)等。但从总体上看,整合报告的理论和实践还处于初创阶段,仍需要不断地加以探讨和摸索。我们认为,将原有的 ESG 报告与传统财务报告整合成单一的 FESG 报告使得该报告既有优势(S)也有劣势(W),并且机遇(O)与威胁(T)共存。以下我们将采用 SWOT 分析法对整合报告的优劣势及机遇和挑战作出全面分析,以期对我国作出是否发展整合报告的决策提供参考。

(一)整合报告的优势(S)

1. 提高了企业信息披露质量,有利于利益相关者决策

FESG 报告将企业的财务、环境、社会及治理四方面的绩效信息纳入一份报告中,这绝不是简单地将其拼凑,而是经过有组织、有系统的整合过程而生成的,将有效地解决目前各种报告充斥市场的现象。多报告互存的信息传递方式虽然看起来内容丰富和全面,但实质上却造成了信息使用者的负担,从而不能有效获取关键信息。FESG 整合报告的采用将提高企业的信息披露质量,通过清晰、有条理的表述改善信息透明度,有助于利益相关者在短时间内掌握企业的核心信息,从而能及时作出正确的决策。

2. 使企业为可持续发展致力于价值创造,更为关注企业长远利益及发展战略

从企业内部看,FESG 报告将使编报者的视野更为广阔,从企业价值创造出发,更为综合地看待企业各方面的绩效,有利于董事会和高级管理层从整体上把握企业的真实状况,作出有效的战略决策,将企业的长、中、短期利益结合起来。同时,将环境、社会和治理绩效与传统财务信息纳入同一报告中将促使企业提高对环境、社会和治理方面的重视程度,有效地利用社会资源,加强环境保护和社会责任意识,以实现企业和经济社会共同的长期可持续发展。

3. 有利于推动会计师角色转变,在未来的经济社会发展中发挥更重要的作用

对外报告是企业向外界传递信息的重要媒介,不断受到社会的关注。当 FESG 报告成为普及的报告形式时,会计师的角色将从提供传统的财务信息向提供更多维度的价值信息扩展,其重要性也将日益显现。2010 年 12 月在马来西亚召开的第 18 届世界会计师大会上,"持续价值创造"成为大会主题,与会代表认为,世界已进入后危机时期,各类企业和机构都需要调整战略,将环境、社会、经济等问题嵌入日常商业活动,以实现企业和经济

社会共同的长期可持续发展。会计师必须完成由传统的单纯会计事务管理职能向参与战略、关注可持续发展导向职能的转变，以领衔这些战略团队，主导价值创造和资产保值，成为组织治理当中的重要力量，并且为监管者和社会提供按照最高水平准则运作的商业活动的鉴证服务。当今社会需要更多向前看、看未来、看整体的信息，还需要有共同的语言来帮助公司完成这些报告。会计师作为专业人士，从中可以体现其对全球发展的巨大价值。

（二）整合报告的劣势（W）

1. 编制难度提高，会增加编制成本

FESG 报告的综合性很强，在将财务、环境、社会和治理四方面的信息有机整合在单一报告的过程中，需要收集和加工大量的数据和信息，这将对报告编制者提出更高的要求。企业需要为信息获取、人力资源招聘、配置和培训付出更多的成本，而企业披露的信息具有公共产品的性质，按照成本效益原则若增加的巨额费用没有使企业得到相应效益回报的话，将打击企业的信心，信息披露的质量也会受到影响。

2. 报告信息的多元化和综合化，会增加外部审计的难度

作为四维信息的整合，FESG 报告从本质上将不同于公司原先的各式报告，其所含的信息量巨大，综合性极强，对外部审计师也提出了更高要求。传统的会计、审计知识将远远不足以应付整合报告的审计，外部审计机构必须吸收至少具备环境、社会和公司治理方面知识的人才，才能应对整合报告的审计问题。2011 年 4 月，国际审计与鉴证准则委员会（IAASB）发布了国际鉴证业务准则意见稿 ISAE 3000"除历史性财务信息审计和审阅业务以外的其他鉴证业务"，表明 IAASB 已开始关注整合报告的审计鉴证问题。

（三）整合报告所面临的机会（O）

1. 后金融危机时代对改善公司报告质量提出了强烈需求

2008 年金融危机的爆发引起了人们对于企业信息披露问题的深刻反思，也引发了人们对公司报告价值的担忧，财务报告的有效性受到质疑。可见传统的财务报告最终将被淘汰，公司报告改革势在必行。同时，全球环境问题的日益恶化使得环境保护意识越来越强烈，排放量计划、保护物种多样性以及防止污染等方面都要求企业不得不重视自身的环境绩效，重视可持续发展。这些背景都为 FESG 整合报告的出台奠定了坚实基础，因为FESG 报告既是对传统财务报告的改革，也是对可持续发展信息披露的完善，是一项"一箭双雕"的方案。

2. 国际社会对整合报告的发展态度积极

自 2010 年 IIRC 提出整合报告的概念以来，国际社会对此展开了积极的研究开发活动。从上述对整合报告国际发展动态的论述中可以看到，各有关国家和相关的国际机构目前正在积极改进可持续发展报告或在尝试性应用整合报告。IIRC 为创建整合报告框架也正在进行不懈的努力，并计划开展试点项目来测试整合报告的可操作性。全球逐渐形成了对整合报告的重视氛围,这将为其发展提供有力的推动。

3. 先进的 IT 技术为整合报告的实现提供了技术支持

整合报告的综合性决定了其形式和内容编排上的困难,但这一问题将由于 IT 技术的发展得到解决。目前,先进的 IT 技术可实现报告的网络发布、图文并茂,从而使整合报告能以形象生动的形式展现出来,同时互联网的发达使得报告的网络传播方便又快捷,能使信息使用者及时获取公司报告,并能更直观地理解其中传递的信息。这将极大地降低报告的复杂性,解决企业和信息使用者之间的信息沟通问题。此外,通过互联网等手段,可以进一步推进可扩展商业报告语言(XBRL)的应用,实现无纸化报告及实时报告,从而有效地提高公司报告的有用性。

(四)整合报告所面临的威胁(T)

1. 企业参与的积极性有待提高

上文提及 FESG 报告的编制需要企业付出更多的努力和成本,这将损害企业的积极性。传统的财务思维使得部分企业可能会抵制编制整合报告,因为这需要它们花费更多的费用,而短期内并不可能从中获益的。故作为实践主体的企业的参与积极性问题,将成为整合报告推广的最大障碍。

2. 整合报告的规范尚不完善

为在全球范围内推行公司整合报告,必须制定出台相应的框架和准则。IIRC 虽然为此作出了积极努力,但仍处于探索阶段。整合报告的发展有赖于各国政府及企业的支持,有条件的企业应该积极参与整合报告的试点项目,为 IIRC 的发展提供宝贵的实践经验。

四、对我国研究及应用公司整合报告的建议

综上所述,整合报告是后危机时代企业会计和报告改革的产物,代表了公司报告未来的发展趋势,使越来越多的国家、有关机构和企业开始正视其编报问题。它与可持续发展、推动社会和谐进步的理念相吻合,使得企业在追求自身利益的同时,需要更多地考虑相关者利益及履行社会责任,通过财务信息与各种非财务信息的有效整合,提高了企业的透明度,增强了社会公众对企业的信心,从而促进了经济社会发展。

面对公司报告未来发展这一趋势,我国应如何应对?

第一,我国应密切关注国际社会关于整合报告理论及实践的发展,在整合报告框架的构建中充分发挥我国的作用。金融危机发生后的历次 G20 峰会都涉及生态保护、防止大气污染和天气变暖以及有效利用各种资源等问题,对建立全球统一高质量的会计准则也达成了共识。公司整合报告的出现,又将制定全球统一的整合报告标准提入了 G20 峰会的议程,世界及主要国家的监管机构、会计准则制定机构等都积极参与整合报告的讨论和制定,IASB 前主席戴维·特迪也成为 IIRC 理事会成员。因此,虽然整合报告还处于初创阶段,我国也应该积极投身其中,为国际整合报告框架的形成作出贡献。

第二，我国应组织力量开展整合报告相关理论的研究。前已叙及，整合报告如果能够如其所愿地加以披露，无论对于企业还是社会的可持续发展，对于增强企业治理及价值创造能力，以及增加企业透明度并保护相关者利益等均能发挥重要的意义。然而，即使是IIRC 最新发布的整合报告讨论稿，也还只是停留在理念和构想阶段，大部分实质性问题均未得到解决。如整合报告的内容框架是否需要建立全球统一的标准？应该由哪一个世界各国共同认可的机构采用什么方式来制定该标准？是否需要在资本市场强制披露整合报告？整合报告是在企业原有各种报告的基础上形成还是另起炉灶？谁承担编制整合报告的责任？整合报告是否需要外部审计师进行审计等等，这些问题均有待未来进一步的研究。我国如果能及早开展这些问题的研究，将使我国关于整合报告的研究水平处于世界领先水平。

第三，我国应该重视整合报告的实用性和可操作性，认真考虑整合报告的内容和形式及其信息质量和评价指标等问题。从内容上看，我们认为整合报告可采取 FESG 报告的名称，其内容应涵盖财务、环境、社会和公司治理四方面的绩效信息，以保证其内容的完整性。从形式上看，由于整合报告是在后金融危机时代对报告复杂性问题的批判中作为应对措施提出的，故其内容应具有极强的综合性，同时还应解决报告的复杂性问题，这就要求在形式上进行创新，在保证内容的完整性基础上降低报告形式的复杂性。从信息质量特征考虑，整合报告所披露的信息在满足必要的相关性、可靠性、可比性、可理解性等质量特征基础上至少还需具备综合性和明晰性等特征。从整合报告的关键绩效业绩指标（KPI）考虑，应分别从财务、环境、社会和公司治理四方面进行分析，选择有代表性的指标来衡量绩效，从而形成一个四维信息的指标库，并透过专家调查及层次分析法（AHP）等来遴选适当数量的评价指标，以综合反映企业的全貌。

第四，我国应该鼓励各类大中型企业积极开展整合报告的试点，为整合报告的完善及推广积累更多的实践经验。在 2011 年 10 月 IIRC 公布的全球首批共 43 家愿意进行整合报告试点的企业中，我们发现欧洲企业占了绝大多数，中国企业仅有 1 家。我们认为，像中国这样的发展中国家，更应重视企业的可持续发展，应对企业承担社会责任、环境和资源保护等提出更高的要求，因此更应当鼓励包括民营企业在内的各类企业积极开展整合报告的试点，以实际行动落实科学发展观，推进和谐社会的发展。

主要参考文献

GRI, " Sustainability Reporting Guidelines " (Version 3. 0), http://www.globalreporting. org.

IIRC Press Release, " Formation of the International Integrated Reporting Committee", http://www. theiirc. org.

IIRC Press Release, "IIRC Meets in China", http://www. theiirc. org.

WEF, Session Summary, "Accounting for New Realities: Redesigning Corporate Reporting", http://www. weforum. org.

IFAC Press Release, "Key Business Leaders from Around the World: Recommend Fundamental Changes to Business Reporting in IFAC Report", http://www. ifac. org.

IFAC Press Release, IFAC PAIB Forum: "Integrated Reporting Can Result in Better Governance", http://www. ifac. org.

IIRC Discussion Paper, "Towards Integrated Reporting-Communicating Value in the 21st Century", http://www. theiirc. org.

The Integrated Reporting Committee of South Africa, "Framework for Integrated Reporting and the Integrated Report", http://www. sustainabilitysa. org.

26. 可持续发展理念下企业整合报告框架与结构探讨

一、引言

全球金融危机和气候变化加剧了人们对传统企业报告价值的担忧,如何改进企业报告体系已成为理论界和实务界共同关心的问题。传统的企业报告以提供财务信息为主,主要反映企业的盈利、偿债、现金流动能力等财务指标,但随着人类居住环境的日益恶化,企业和社会的可持续发展问题日益受到了全世界的普遍关注,非财务报告应运而生。各种财务与非财务报告的出现,一方面完善了企业报告的理论及实践;但另一方面,由于缺乏各种报告之间的整合,信息泛滥,内容重复,不仅降低企业报告的决策有用性,而且还极大地加重了企业负担,也增加了使用者阅读和理解报告的困难。在后金融危机时代,国家、企业以及社会的各相关方面都在调整战略,将企业的经济发展与战略定位、控制治理以及履行社会责任等联系起来,旨在实现企业和社会共同的可持续发展。

我国"十二五"规划《纲要》也明确要求发展循环经济,坚定不移走可持续发展之路,在当今生态环境成为解决经济可持续发展主导性问题的背景下,应在已有企业报告整合的基础上,创建第二报告体系,保障全球社会的可持续发展(郭道扬,2008)。基于可持续发展战略的考虑,人们已认识到,企业应当整合现有各种报告中繁冗、复杂、重复的信息,以披露综合信息的观点来看待企业利益如何与相关者利益乃至整个社会的利益相一致的问题,研究并建立一种整合报告框架,向社会各界提供关于企业财务与非财务、长远发展战略、控制和治理、履行环境与社会责任以及致力于可持续发展等方面的经整合的、一致的和精要的信息。正是在这种背景下,国际会计界提出了"整合报告"(Integrated Reporting)的新概念,并于2010年8月成立了一个致力于发展"整合报告"框架及编制标准的国际机构——"国际整合报告委员会"(International Integrated Reporting Commission,简称IIRC)①。此项倡议还得到了国际会计准则理事会(IASB)和美国财务会计准则委员会(FASB),以及发展和促进金融市场国际监管标准的国际证监会组织

---

① 该机构也被译为"国际综合报告委员会",但从忠实其原意和出发点的角度,我们认为,译为"国际整合报告委员会"更为恰当。2012年,"国际整合报告委员会"(International Integrated Reporting Commission,IIRC)更名为"国际整合报告理事会"(International Integrated Reporting Council,IIRC)。

(IOSCO)的支持。此外,2011年1月底,企业整合报告的先行国家——南非发布了世界上第一份"整合报告指引",强制性要求在约翰内斯堡证交所上市的400余家企业用整合报告代替年度报告。法国也要求雇员人数超过5000人的企业自2012年起提交整合报告。2011年9月,IIRC发布了一份关于整合报告的讨论稿,首次提出了建立整合报告的一些设想及原则。IIRC还在2011年11月G20戛纳峰会上正式公布了这一框架,以求得到G20的支持。以上迹象表明,编制企业整合报告已逐渐成为国际经济及会计领域的一个具有前沿性、全局性的热点议题,并将对传统财务报告制度形成很大的冲击。

然而,目前企业整合报告的理论及实践还处于初创阶段,国内在此领域的研究更几乎处于空白。整合报告该如何编制,其内容框架如何,是否需要建立一套统一的编制和呈报标准,该标准是否需要在资本市场强制实施,整合报告应当如何进行审计?这些都是当前迫切需要考虑的现实问题,在会计理论和实务界都尚未得到很好解决,一切都还在探索之中。有鉴于此,我们基于"十二五"规划和G20峰会明确要求"绿色发展",走可持续发展之路的背景以及现有的企业报告已无法满足信息使用者需要的严峻现实,对如何构建我国企业整合报告体系作出探索,并将采用问卷调查和AHP层次分析法,尝试建立整合报告的四维信息指标体系(即整合了财务、环境、社会责任和公司治理信息的FESG四维报告),同时采用实证分析法验证这种整合信息对于企业价值的有效性,为我国上市公司整合报告的编制提供经验证据,以弥补目前我国理论界和实务界对整合报告问题研究之不足,期望能够对国际统一整合报告框架的建设做出来自于中国的贡献。

二、企业整合报告的理论框架及 FESG 概念的提出

从企业报告的历史发展考察,随着所有权和经营权逐渐分离,经理人开始承担日益复杂和繁重的受托责任及报告责任。从主要向资本提供者服务的财务报告出发,在可持续发展理论、利益相关者理论等主导下,衍生出各种需要为政府、社会及利益相关者服务的非财务报告,如雇员报告、环境报告、社会责任报告、可持续发展报告等。近年来,"非财务信息"正越来越频繁地被使用,但它仍然缺乏一个被普遍接受的定义,致使承载非财务信息的非财务报告亦形式多异。国际公司治理网络(2008)认为,非财务信息就意味着可持续性和环境、社会以及公司治理信息。这个词还用于指叙述性的情景信息,比如证交所要求的管理层讨论与分析(MD&A),或是指与无形资产和智力资本相关的信息,甚至有人还直接将非财务信息与关键业绩指标(KPI)画上了等号。如前述及,非财务报告的发展,一方面完善了企业报告的理论和实践;另一方面,由于非财务报告"汗牛充栋"、"五花八门",且缺乏编制规范,严重影响了企业报告的有效性。在社会可持续发展理念的支配下,逐渐地,非财务信息被整合在环境、社会和治理(Environmental, Social and Governance, 简称ESG)这三个方面,也称"ESG三重底线报告",目前ESG报告大有取代单独的环境报告、社会责任报告的趋势。然而,仅是非财务信息的整合还是不够的,非财务信息还需

要进一步与经济或财务的信息作进一步整合。因此,全球报告倡议组织(GRI)在 2006 年 10 月发布的《可持续发展报告指南》第三版(G3)中,推荐了与经济、环境和社会关键绩效相关的一些特定的信息。普华永道(澳大利亚)公司也在 2007 年的一份报告中,提到了公司年报中应包含环境、社会和公司治理等方面的信息。在实践方面,做出开拓性尝试的是加拿大电力公司发布的 2003 年的年报:三重底线业绩报告,将社会业绩、环境业绩和财务业绩指标结合。此外,荷兰化学生物制药公司、DSM 公司、Natural 公司、SAS 集团等也编制了环境和财务相融合的统一的报告(田朋,2007)。

2010 年 6 月,GRI 在荷兰首都阿姆斯特丹召开的可持续发展和透明度全球大会上表示,投资者要求企业增加 ESG 方面的信息,以提高报告的透明度。这次会议号召"整合报告的先行者"应以自愿的方式公布它们所认为的衡量企业财务和非财务信息关键指标及其指标设立的基础与标准。这些将对未来简化财务报告,降低发布多份报告的成本,增强信息之间的关联性以及制定"整合报告"信息披露的指导方针具有重要的意义。随后,全球数家最具创新性能力的企业,如美国电力公司、荷兰飞利浦、丹麦诺和诺德等陆续发布了整合报告,显示了对可持续发展战略及其与董事会沟通的格外关注。

在 2010 年 11 月马来西亚召开的第十八届世界会计师大会上,推广整合报告框架成为会议的核心议题之一。威尔士亲王可持续性会计 A4S 项目执委会主席 Charkham 在大会中指出,应由传统的财务视角转向环境、社会与公司治理的整合视角,报告应着眼于信息价值链,着眼于未来,注重灵活性、战略性及其公正性。编制企业整合报告首次被提到有助于企业价值创造的高度。2011 年 1 月,IIRC 在北京召开会议,其代表来自全球企业界、会计界、监管机构、非政府组织以及准则制定机构,财政部王军副部长出席会议并致辞,会议审议了整合报告研究取得的重要成就,研究建立国际整合报告框架,探索全球经济可持续发展新的路径。据此,我们认为,企业整合报告应该是企业实施的一种"整合战略",是体现可持续发展战略和价值创造最好的报告方式,是进行对外沟通的有效手段。未来的企业整合报告应当是涵盖企业财务、环境、社会责任和公司治理这四个方面综合信息的报告,即在原有 ESG 报告的基础上,融入了传统财务报告中的经济及财务信息,形成了新的 FESG 报告。FESG 虽然是我们总结的一个新的概念,但是它却是在可持续发展理念①和整合报告②的创意的基础上形成的。

三、FESG 信息披露维度及其价值相关性

企业报告的有用性通常体现在相关性、可靠性、可比性和可理解性等方面。不仅财务

---

① 主要缘于企业整合报告中有包括社会责任和环境保护等方面的信息,而这两部分信息的理论基础就是"可持续发展理论"。

② "整合"的内涵主要是缘于目前的财务报告、社会责任报告、环境报告和公司治理报告相互之间可能存在信息重叠的问题,"整合报告"有助于降低企业报告的成本,增强信息之间的关联性和可读性。

信息如此,非财务信息亦是如此。有用性中的首要质量特征相关性又可理解为所披露信息对企业价值的相关性,进而言之是影响企业价值的方向和程度。前人的不少研究已从财务信息披露、环境保护信息披露、社会责任信息披露以及公司治理信息披露这四个维度分别阐述了信息披露与企业价值之间的相关性。具体而言,(1) 从财务信息披露维度分析,有学者认为,增加财务信息的披露,将有利于促进上市公司与投资者有效的沟通,降低资本成本,从而提升企业价值(陆正华和黄加瑶,2007)。(2) 从环境保护信息披露维度分析,有学者认为,充分、及时与可靠的环境信息披露将有助于提高社会对企业的评价及公众对企业的信心,使得企业出现正的环境商誉,从而提高企业的价值(邹立和汤亚莉,2006)。(3) 从社会责任信息披露维度分析,有学者指出,在我国,投资者对企业社会责任信息披露日益重视,其重要性也日益凸现,这将会影响到企业价值(沈洪涛等,2008)。由于企业的众多利益相关者都能对企业价值产生影响,只有那些积极履行社会责任并披露社会责任信息的企业才能获得众多利益相关者的认可,才能实现可持续发展(李莎和游嘉悦,2009)。(4) 从公司治理信息披露维度分析,目前国内外大量的研究成果都已经证实,良好的公司治理会使企业价值最大化(Gompers et al. ,2003;Durnev and Kim,2005;Black et al. ,2006;白重恩等,2005;南开大学公司治理评价课题组,2003,2004,2006)。完善的公司治理能够理顺各种委托代理关系,保障企业决策的科学性,从而实现企业价值的最大化。而公司治理信息的披露则进一步促进了公司治理,一般来说,公司治理信息披露、公司治理结构与企业价值之间存在正向的依存关系。

以上研究可以说明财务、环境保护、社会责任和公司治理这四个维度的信息披露都能单独提升企业价值,即这四个维度的信息都具有价值相关性,为此,我们有必要将这四维信息整合到整合报告中。但接下去我们需要做的进一步研究则是,如果将财务、环境保护、社会责任和公司治理这四个维度的信息同时整合在一份整合报告中,形成一份新的FESG 四维信息报告,那么,该报告的框架该如何设计,每一个维度的信息披露该设置哪些关键指标,该整合报告是否能够比单一维度的报告更有效地提升企业价值等。

四、企业整合报告框架的构建及关键指标设计

企业整合报告是在后金融危机时代人们纷纷发出降低报告复杂性的呼吁的背景下提出来的,因此既要保证信息披露的有效性,又要对有关的信息作出高度的整合,概括性、明晰性、简要性等都可以成为评价整合报告信息的质量特征。与一般的财务或非财务信息所要求的相关性、可靠性、可比性及可理解性相比,我们认为,整合报告信息还应强调并增加综合性①这一个特殊的质量特征。IASB 咨询委员会在一份为 IFRS 公开会议准备的讨论稿②中曾提出整合报告的三个质量特征:相关性、可靠性和简明性。此外,IIRC 在描

---

① 我们认为,综合性已包含了概括、简要、明晰等含义。

② 参见 http://www.iasplus.com/sustain/sustainability.htm/ 2011-06-10。

述整合报告的目标时也曾提出清晰性、简明性、综合性和可比性等方面的信息质量要求。在参考 IASB 概念框架及整合报告目标的基础上,我们选取了综合性、相关性、可靠性、可比性及可读性这五项作为整合报告信息的质量特征,并通过专家调查法及 AHP 层次分析法等确定它们的相对重要性,据此确定 FESG 信息指标的数量并加以筛选。

(一)FESG 指标数量的确定和权重分配

鉴于信息含量的适度性以及决策有用性的双重考虑,我们所构建的企业整合报告(FESG 四维报告)框架是在可持续发展理念下设计的,将以往各种财务与非财务报告中的相关指标加以整理和凝练,最终设立了 50 个指标(该数量主要参考了已有的研究文献以及当前正在实施整合报告的典型企业的情况)。50 个指标向财务信息(F)、环境保护(E)、社会责任(S)以及公司治理(G)各维度和项目的分配则按照 AHP 的权重计算获得。AHP 是一种定性与定量相结合的多标准决策问题的方法,它要求决策者对各标准的相对重要性做出判断,并利用每个标准做出其对每种决策方案的偏好程度,其输出体现为一个按优先级排列的决策方案列表,列表是在对决策者总体评价的基础上形成的。我们运用 AHP 决策模型为企业整合报告的构建提供了一种较为科学的理论依据,其主要步骤包括:构造层次;计算各标准(质量特征)的权重;一致性检验;计算 FESG 的综合权重。

1. 构造层次分析结构模型

运用 AHP 作决策,首先要考虑整合报告框架的整体目标,即实现企业价值的最大化。根据"目标——信息质量特征"之间存在的内在逻辑关系,以及专家意见和相关机构建议,我们选取综合性、相关性、可靠性、可比性与可读性这五个质量特征作为实现企业整体目标的决策标准。这些质量特征相互依存,共生互动,对企业价值提升影响重大。此外,信息披露需要通过整合报告 FESG 的四个维度来体现,如果表述不清晰,将影响信息的决策有用性。整合报告框架中的层次结构关系,如图表 4-26-1 所示:

(图表 4-26-1)

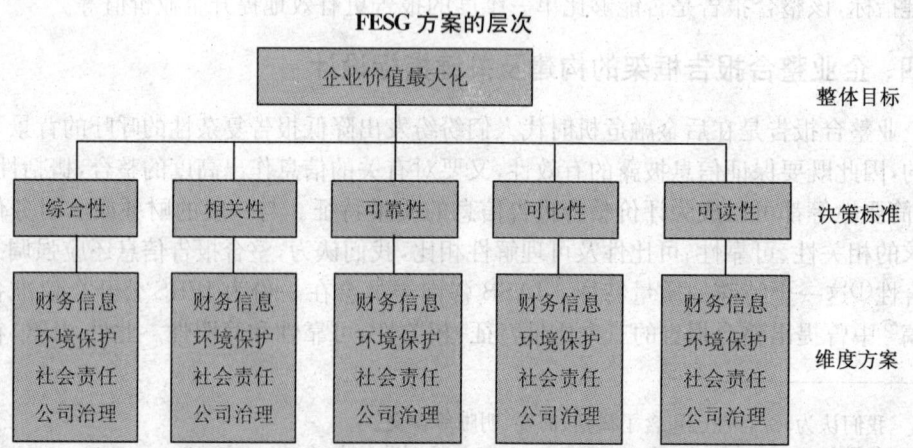

FESG 方案的层次

2. 构造标准比较判断矩阵

利用专家评分法对系统决策中的五个质量特征的相对重要性做出调查及比较,比较的对象包括五个质量特征之间的逐一对比:综合性与相关性、综合性与可靠性、综合性与可比性、综合性与可读性、相关性与可靠性、相关性与可比性、相关性与可读性、可靠性与可比性、可靠性与可读性、可比性与可读性。为了构造标准比较判断矩阵,层次分析法中通常采用 9 级标度法给判断矩阵的元素赋值,其状况如图表 4 - 26 - 2 所示:

(图表 4 - 26 - 2)

运用 AHP 对各标准重要性的衡量尺度

重要程度	极重要		非常重要		很重要		较重要		同等重要
数值等级	9	8	7	6	5	4	3	2	1

从图表 4 - 26 - 2 可见,这种评分标准的确定,往往与个人的经验判断有关,在实际操作中利用问卷调查并结合专家意见与实际经验对给定的标准比较矩阵进行评分。我们对整合报告各质量特征的比较评价亦采用了问卷调查的方式。本次调查共向企业、金融机构、研究机构和政府部门的 30 位专家(覆盖经济、社会和环境等领域)发出了“整合报告质量特征优化级调查问卷”,在要求时间内共有 28 名专家作出了反馈,其结果如图表 4 - 26 - 3 所示:

(图表 4 - 26 - 3)

决策标准专家评分成对比较表

标准比较	更重要的标准	重要程度	数值等级
综合性 VS. 相关性	综合性	较重要	2
综合性 VS. 可靠性	综合性	较重要	3
综合性 VS. 可比性	综合性	很重要	4
综合性 VS. 可读性	综合性	很重要	5
相关性 VS. 可靠性	相关性	较重要	2
相关性 VS. 可比性	相关性	较重要	3
相关性 VS. 可读性	相关性	很重要	4
可靠性 VS. 可比性	可靠性	较重要	2
可靠性 VS. 可读性	可靠性	较重要	3
可比性 VS. 可读性	可比性	同等重要	1

从图表 4 - 26 - 3 中可见,层次分析结构模型中各质量特征的重要程度依次为:综合性、相关性、可靠性、可比性和可读性。通过对图表 4 - 26 - 3 的打分,可以得出各质量特

征权重的比较矩阵,如图表 4 - 26 - 4 所示:

(图表 4 - 26 - 4)

各质量特征权重的成对比较矩阵

	综合性	相关性	可靠性	可比性	可读性
综合性	1	2	3	4	5
相关性	1/2	1	2	3	4
可靠性	1/3	1/2	1	2	3
可比性	1/4	1/5	1/2	1	1
可读性	1/5	1/4	1/3	1	1

3. 综合处理

根据图表 4 - 26 - 4 的比较矩阵,按照各个质量特征对于实现"企业价值最大化"目标的重要性,计算每个质量特征的优先级。其计算过程如下:计算成对比较矩阵中每一列的值,将成对矩阵中每一项都除以它所在列的总和;得出的矩阵即所谓的标准成对矩阵,计算标准成对矩阵中的每一行的算术平均值,即这些标准的优先级。按照该步骤,最后得出各质量特征权重的成对优先级矩阵,其结果如图表 4 - 26 - 5 所示:

(图表 4 - 26 - 5)

各质量特征权重的成对优先级矩阵

	综合性	相关性	可靠性	可比性	可读性	优先级
综合性	0.439	0.490	0.439	0.364	0.357	0.418
相关性	0.219	0.245	0.293	0.273	0.286	0.263
可靠性	0.145	0.123	0.146	0.182	0.214	0.162
可比性	0.110	0.081	0.073	0.091	0.071	0.085
可读性	0.088	0.061	0.048	0.091	0.071	0.072

从图表 4 - 26 - 5 可见,按照每个质量特征对总目标的重要性分别确定了它们的优先级,通过 AHP 得出综合性以 0.418 的优先级成为企业价值最大化目标选择中最重要的质量特征,其次是相关性、可靠性和可比性,而最低为可读性。

4. 一致性检验

由于成对进行比较的数量比较多,故一般很难做到完全一致。测量成对比较一致性的方法就是计算一致性指标 CR。若 CR 小于或等于 0.10,则成对比较的一致性设计就比较合理,进而就可以继续 AHP 的综合计算,否则需重新调整矩阵。在以上检验中,CR = 0.014/1.12 = 0.0125 < 0.10,一致性是可接受的,即说明两两比较的一致性程度达到了

要求(具体计算步骤因篇幅限制而省略)。

5. 层次综合排序

在上述单标准排序的基础上,可计算每一层次中各个质量特征相对于总目标的综合权重,并进行综合判断一致性检验。因此需要确定在不同的质量特征——综合性、相关性、可靠性、可比性和可读性下的优先级。该优先级的确定要求一次只能用一个标准,对方案进行成对比较,如综合性标准,可以得到以下成对比较:财务维度与环境维度、财务维度与社会责任维度、财务维度与公司治理维度、环境维度与社会责任维度、环境维度与公司治理维度、社会责任维度与公司治理维度。同样,利用专家评分标准,用9级标度法给判断矩阵的元素赋值。如图表 4-26-6、4-26-7、4-26-8、4-26-9、4-26-10 所示:

(图表 4-26-6)

综合性标准下的成对比较矩阵

综合性	F	E	S	G
F	1	4	3	2
E	1/4	1	1/2	1/3
S	1/3	2	1	5
G	1/2	3	1	1

(图表 4-26-7)

相关性标准下的成对比较矩阵

相关性	F	E	S	G
F	1	4	3	2
E	1/4	1	1/4	1/3
S	1/3	4	1	1
G	1/2	3	1	1

(图表 4-26-8)

可靠性标准下的成对比较矩阵

可靠性	F	E	S	G
F	1	4	5	3
E	1/4	1	3	1
S	1/5	1/3	1	1/2
G	1/3	1	2	1

(图表 4-26-9)

可比性标准下的成对比较矩阵

可比性	F	E	S	G
F	1	3	4	2
E	1/3	1	3	1/2
S	1/4	1/3	1	1/3
G	1/2	2	3	1

(图表 4-26-10)

可读性标准下的成对比较矩阵

可读性	F	E	S	G
F	1	1/3	1/2	4
E	3	1	1	3
S	2	1	1	5
G	1/4	1/3	1/5	1

通过对上述图表矩阵的优化级计算,得出优化级排名表如图表4-26-11所示。从图表4-26-11中可见,在考虑综合性的因素下财务维度是最佳选择(0.472);在只考虑相关性的因素下财务维度是最佳选择(0.462);按可靠性的标准来看,显然财务维度是最佳的选择(0.548);按可比性同样可以得到财务维度是最佳的选择(0.460);但如果只考虑可读性的标准,则环境维度为最佳的选择(0.364)。

(图表4-26-11)

以质量特征为标准对每个比较方案作出的优先级排名

	综合性	相关性	可靠性	可比性	可读性
F	0.472	0.462	0.548	0.460	0.194
E	0.097	0.082	0.188	0.180	0.364
S	0.193	0.228	0.087	0.087	0.363
G	0.238	0.228	0.177	0.273	0.079

至此,可以根据上述图表的数据计算,得到各维度的综合优先级系数,如图表4-26-12所示:

(图表4-26-12)

FESG整合报告各信息维度的综合优先级计算

F	$0.418*0.472+0.263*0.462+0.162*0.548+0.085*0.460+0.072*0.194$	$=0.462$
E	$0.418*0.097+0.263*0.082+0.162*0.188+0.085*0.180+0.072*0.364$	$=0.151$
S	$0.418*0.193+0.263*0.228+0.162*0.087+0.085*0.087+0.072*0.363$	$=0.177$
G	$0.418*0.238+0.263*0.228+0.162*0.177+0.085*0.273+0.072*0.079$	$=0.210$

通过AHP的权重计算,可以将FESG整合报告中所设定的50个指标向各信息维度作出以下分配:F占0.462,即为23(50×0.462)个指标;E占0.151,即为8(50×0.151)个指标;S占0.177,即为9(50×0.177)个指标,G占0.210,即为10(50×0.210)个指标。而各维度中的项目间的权重分配也是通过"企业整合报告质量特征优化级调查问卷"的结果和AHP计算获得的。[①] 接下去的问题是需要考虑如何确定各信息维度下的具体指标。

(二)FESG各信息维度下具体指标的确定

整合报告各信息维度下的具体指标是依据"企业整合报告具体指标确定的调查问卷"[②]的反馈结果加以选择的,问卷中所有指标项目的设计主要参考了当前正在实施整合

---

① 鉴于篇幅的限制,文章对于各维度中项目的AHP权重计算过程省略。

② 该问卷调查涉及的对象及回收问卷的份数同"企业整合报告质量特征优化级调查问卷",不再赘述。

报告的典型企业近三年的报告,如美国联合技术公司、荷兰飞利浦、丹麦诺和诺德等,并结合我国资本市场的发展状况。根据专家的问卷调查反馈结果对各个项目中的指标进行优先排序,选取规定数目中的最优指标。如在财务信息维度的多项指标中选定了最优的23个指标,在环境信息维度的多项指标中选定了最优的 8 个指标等等,最终形成了如表 12 所示的共包含 50 个 FESG 四维信息指标的整合报告框架。

包含以上 50 个指标的整合报告从理论上来说,应当可以最综合地反映企业关于财务、环境保护、社会责任和公司治理四个维度的信息(如图表 4 - 26 - 13 所示),相比单一维度的信息披露有更好的决策有用性,但这一结论尚需经验证据予以证明。为此,本文试图通过我国上市公司的数据进一步实证检验整合报告信息的有效性,寻找建立整合报告体系必要性的经验证据。

(图表 4 - 26 - 13)

企业 FESG 整合报告的指标体系

维度	项目	指标	指标定义及计量方式
财务信息披露(F)	资产负债	资产总计	对应资产负债表中的总资产项目;
		股东权益合计	对应资产负债表中的股东权益合计项目;
		未分配利润	对应资产负债表中的未分配利润项目;
		盈余公积	对应资产负债表中的盈余公积项目;
		资本公积金	对应资产负债表中的资本公积金项目;
		流动比率	期末流动资产/期末流动负债;
		速动比率	(期末流动资产－期末存货)/期末流动负债;
		资产负债率	期末总负债/期末总资产;
	损益	营业利润	对应损益表中的营业利润项目;
		利润总额	对应损益表中的利润总额项目;
		净利润	对应损益表中的净利润项目;
		净资产收益率	净利润/期末净资产;
		营业收入同比增长率	(本期营业收入－上期营业收入)/上期营业收入;
		净利润同比增长率	(本期净利润－上期净利润)/上期净利润;
	现金流	现金及现金等价物净增加额	对应现金流量表中的现金及现金等价物净增加额项目;
		经营活动产生的现金流量净额	对应现金流量表中的经营活动产生的现金流量净额项目;

（续表）

维度	项目	指标	指标定义及计量方式
财务信息披露（F）		投资活动产生的现金流量净额	对应现金流量表中的投资活动产生的现金流量净额项目；
		筹资活动产生的现金流量净额	对应现金流量表中的筹资活动产生的现金流量净额项目；
	每股指标	每股收益	净利润/总股数；
		每股经营活动净现金流	经营活动产生的现金流量净额/总股数；
		每股未分配利润	未分配利润/总股数；
		每股公积金	公积金/总股数；
		每股净资产	期末净资产/总股数；
环境保护信息披露（E）	污染控制	废气排放	处理各种废气所支付的金额；
		废水排放	处理各种废水所支付的金额；
		废物排放	处理各种废物所支付的金额；
	节约能源	单位能耗	单位产品各能源的消耗量；
	资源循环利用	废气循环利用	各废气循环利用产生的效益；
		废水循环利用	各废水循环利用产生的效益；
		废物循环利用	各废物循环利用产生的效益；
	其他环境信息	绿色环保产品	研发各绿色环保产品的支出；
社会责任信息披露（S）	股东	股利分红	本年度股票现金股利；
	债权人	偿债情况	本年度共偿还债务本息；
	员工	员工薪酬	公司本年度员工薪酬的总额及增长率；
		合法权益	公司为员工缴纳保险及员工的平均带薪休假情况；
		工作环境	公司本年度人均劳保费及办公室改造支出；
	供应商	供应商关系及管理	截至本年底公司拥有固定合作伙伴的家数；
	消费者	产品及服务质量	公司本年度用于技术改造及提高产品质量的支出；
	社区	慈善捐赠	公司本年度各项捐赠支出；
		对政府履行的纳税责任	公司本年度各项税费缴纳；
公司治理信息披露（G）	股权结构	股权集中度	第一大股东持股比例；
		股权制衡	第二至第五大股东持股比例之和与第一大股东持股比例之比；
		拥有母公司	拥有母公司为1，否则为0；

（续表）

维度	项目	指标	指标定义及计量方式
公司治理信息披露（G）	控股股东	控股股东担保金额	公司为控股股东担保金额；
		控股股东占用资金	控股股东占用公司的资金；
	董事会	独立董事比例	独立董事占董事会人员比例；
		专业委员会个数	各专业委员会设立情况,设立为1,否则为0；
	监事会	独立监事比例	独立监事占监事会人员比例；
		监事会规模监事会次数	年度监事会次数；
	其他信息	高管人员的薪酬	各高管的薪酬。

注：资料来源：作者根据问卷调查自行整理

五、企业整合报告体系的有效性检验与分析

（一）研究设计

1. 模型设计

以下部分主要是通过验证 FESG 信息披露对企业价值的影响,来证明我们所设计的整合报告信息的有效性。结合夏立军等(2005)研究公司价值的模型,我们将研究模型设计如式1所示：

$$TobinQ_{j,t} = \beta_0 + \beta_1 FESG_{j,t} + \beta_2 Size_{j,t} + \beta_3 Year + \beta_4 \sum Industry + \varepsilon_{j,t} \qquad (1)$$

式 1 中 $TobinQ_{j,t}$ 是企业市场价值与重置价值之比,$FESG_{j,t}$ 包括：$FRI_{j,t}$ 财务信息披露指数、$ERI_{j,t}$ 环境信息披露指数、$SRI_{j,t}$ 社会责任信息披露指数和 $CGI_{j,t}$ 公司治理信息披露指数,$Size_{j,t}$ 是公司规模,Year 为年份因素,Industry 是行业因素。

2. 变量设计

我们将采用实证研究方法并结合统计模型,重点研究与分析上市公司整合报告信息与企业价值之间的关系,为我国上市公司发布整合报告的必要性提供经验证据。基于以上研究内容,设计以下计量指标：

（1）托宾 Q 值（$TobinQ_{j,t}$）：这是一种被广泛应用的测度企业市场价值的方法。其代表公司市场价值与公司总资产重置成本的比值。

（2）财务信息披露指数（$FRI_{j,t}$）：财务信息披露指数的度量常用的替代指标有信息透明度、信息质量等,但由于信息透明度常选用"诚信档案"（深圳证券交易所披露）作为替代变量（方军雄,2007）,缺乏对数据来源的客观性的考证,所以学者较常选用信息质量来替代财务信息披露指数,常用的模型是修正的 Jones 模型以及 DD 模型（于李胜和王艳艳,2007）,而 DD 模型常用于考查长期的信息质量（又称为会计信息风险）,不适合考查周期

较短的信息质量研究。由于本项研究中的样本是 2006～2010 年的数据,属于短期区间研究。为此,选用修正的 Jones 模型来计量财务信息披露指数,DA_t 为可操纵应计额,其绝对值 $AbsDA_{j,t}$ 即为财务信息披露指数的替代变量,其数值越大表明公司盈余管理程度越高,财务信息披露质量便越差。

(3) 环境信息披露指数($ERI_{j,t}$):根据国外和国内对环境信息的内容界定,结合我国实际、中国证监会和原国家经贸委发布《上市公司治理准则》①的相关内容,在本项研究中我们将样本公司年报中环境信息披露定义为有关控制污染、保护环境和自然资源等活动的披露,具体包括污染控制、环境恢复、节约能源、废旧原料的回收、有利于环保的产品、其他环保信息六方面。同时,对货币化信息、非货币化信息和无信息三种披露赋值,并分别记分值为 2、1、0。

(4) 社会责任信息披露指数($SRI_{j,t}$):我们通过具体分析现行上市公司年报中所披露的社会责任信息,并参考李正(2006)对于现行中国上市公司的社会责任信息披露的分类打分标准,将其分解如下:①股东,股利分红情况;②员工,工作环境和住宿条件、薪酬与合法权益、员工培训和职业健康;③消费者,产品的安全和质量提高;④社区,捐赠现金或产品、为社区提供服务、鼓励员工参与社区活动;⑤其他利益相关者,供应商、债权人。同时,对货币化信息、非货币化信息和无信息三种披露赋值,并分别记分值为 2、1、0。

(5) 公司治理结构信息披露指数($CGI_{j,t}$):我们全面考察反映中国公司治理水平的各种因素,借鉴白重恩等(2005)对公司治理综合披露指数的方法,选择代表每个因素的相应变量,具体包括 CEO 兼任董事会主席或副主席、独立董事的比例、五大高管人员的持股比例、第一大股东持股比例、第二至第十大股东持股比例的集中度、企业拥有母公司、交叉上市、国有控股等几个方面。并在搜集相应披露数值的基础上通过主成分分析,选择与理论预期符合的因子,计算出上市公司的公司治理综合披露指数。②

(6) 控制变量:$Size_{j,t}$ 是公司规模,选取公司总资产的自然对数;Year 为年份因素,按样本年限设立 4 个虚拟变量;Industry 是行业因素,按采掘业、造纸业和电力行业设立 2 个虚拟变量。

(二) 样本选择与数据来源

本项研究选取了中国沪深两市 2006～2010 年 A 股的采掘、造纸和电力行业上市公

---

① 本准则第 86 条指出,"上市公司在保护公司可持续发展、实现股东利益最大化的同时,应关注所在地区的福利、环境保护、公益事业等问题,重视公司的社会责任。"

② 通过主成分分析得出 CEO 兼任董事会主席或副主席、独立董事的比例、五大高管人员的持股量、第一大股东持股比例、第二至第十大股东持股比例的集中度、企业拥有母公司、交叉上市、国有控股的因子分别为 0.3712、0.2332、0.4069、−0.6935、0.494、−0.0238、−0.0082、−0.6891,其中有 CEO 兼任董事会主席或副主席和交叉上市与理论预期不吻合,为此,文章在计算 CGI 指数时采用剩余的指标。

司作为研究对象,①共选取样本 299 个,其中 2006 年 68 个,2007 年 64 个,2008 年 67 个,2009 年 69 个,2010 年 31 个,行业分布为采掘业(B)71 个,造纸业(C3)72 个,电力行业(D)156 个。样本筛选过程中剔除财务数据缺失的样本,环境、社会责任和公司治理等报告信息的数据均由作者手工收集,主要来源于上市公司年度报告等,而财务数据来自 CSMAR 数据库,数据处理均由 Stata 11.0 和 EXCEL 软件完成计算和分析过程。

（三）研究结果

我们对模型 1 进行多元回归检验,②得出的结果如图表 4-26-14、4-26-15 所示:

（图表 4-26-14）

整合报告中各部分信息的回归检验结果

Var.	Panel A TobinQ	Panel B TobinQ	Panel C TobinQ	Panel D TobinQ
Constant	7.049***	7.255***	7.261***	6.878***
	(8.598)	(8.625)	(8.851)	(9.144)
AbsDA	−0.836*			
	(−1.678)			
ERI		0.181		
		(0.836)		
SRI			0.583**	
			(2.093)	
CGI				0.197*
				(1.675)
Size	−0.191***	−0.208***	−0.219***	−0.182***
	(−5.227)	(−5.406)	(−5.826)	(−5.424)
Year	—	—	—	—
Industry				
Obs	299	299	299	299
Adj R^2	0.425	0.421	0.428	0.450

注: 其中*** $p<0.01$,** $p<0.05$,* $p<0.1$,在检验结束都进行膨胀因子(VIFs)分析,均未发现严重的共线性。

---

① 其中前两者为环境重污染行业,后者为较早进行社会责任信息披露的行业。
② 我们对选取样本的主要考察变量已进行初步描述统计分析和相关系数分析,限于篇幅,在此省略。

从图表 4-26-14 中可见，财务信息披露指数与企业价值间存在显著的负相关关系，即在公司盈余管理程度越低，或所谓公司财务信息质量越高的情形下，企业的价值将越高。而社会责任信息和公司治理信息披露指数与企业价值间存在显著的正相关关系，即在当公司社会责任信息和公司治理信息披露越好的情形下，企业的价值将越高。然而，环境披露指数与企业价值间存在不显著的正相关关系，可能的解释是本文所选用的样本主要为环境保护重点行业，公众认为其环境保护的行为是必需的，对于企业价值的提升是有限的，信息含量的边际增量相对较低，同时，社会责任信息中可能包括了部分环境信息，也可能导致环境信息披露对企业价值影响的不显著。如图表 4-26-15 所示：

(图表 4-26-15)

整合报告中信息的回归检验结果

Var.	Panel A TobinQ	Panel B TobinQ	Panel C TobinQ	Panel D TobinQ	Panel E TobinQ
Constant	6.925***	6.985***	6.985***	7.037***	7.049***
	(9.050)	(9.317)	(9.133)	(9.387)	(9.407)
FESG					1.139***
					(2.745)
AbsDA	−0.606	−0.598			
	(−1.322)	(−1.309)			
ERI	−0.0875		−0.0763		
	(−0.406)		(−0.354)		
SRI	0.597**	0.551**	0.634**	0.594**	
	(2.130)	(2.151)	(2.271)	(2.333)	
CGI	0.211*	0.209*	0.209*	0.208*	
	(1.806)	(1.798)	(1.789)	(1.783)	
Size	−0.194***	−0.198***	−0.201***	−0.204***	−0.195***
	(−5.401)	(−5.656)	(−5.649)	(−5.894)	(−5.889)
Year	—	—	—	—	—
Industry	—	—	—	—	—
Obs	299	299	299	299	299
Adj R^2	0.458	0.459	0.457	0.458	0.459

注：其中*** $p < 0.01$，** $p < 0.05$，* $p < 0.1$，在检验结束都进行膨胀因子(VIFs)分析，均未发现严重的共线性。

从图表4-26-15四种信息的组合多元回归结果可见,社会责任信息和公司治理信息对企业价值有显著的正向影响,财务信息披露对公司价值的影响不显著,可能的解释为相对于社会责任和公司治理信息,财务信息披露对企业价值的边际信息增量较低,而环境信息披露对企业价值的影响不显著可能的解释如上所述,不再赘述。

通过加权等式 FESG＝ −0.46 * AbsDA ＋0.16 * ERI ＋0.18 * SRI ＋0.2 * CGI① 计算获得整合信息,从 PanelE 中可见,FESG 较单维信息更为正向显著,即整合报告所反映的信息含量比某一维度的信息反映具有更高的价值相关性,从而为外部投资者提供更多企业内部信息,降低信息不对称程度和交易费用,能更有效地提升企业价值,也在一定程度上说明了整合报告的有效性和必要性。

六、研究结论与建议

当前,世界各国均十分重视企业与社会的良性治理及可持续发展问题。有关国际机构和知名企业正在积极研究开发能够综合财务、环境、社会和公司治理等方面信息的企业整合报告,其目标设定一方面是为了提高企业报告的决策有用性,另一方面,也是引导企业关注长期发展战略、重视相关者利益和社会责任、提升企业价值和可持续发展能力的需要。目前,建立全球统一的高质量整合报告框架已得到 G20 峰会的关注。在这一背景下,我们通过探讨 IIRC 及其世界各主要国家有关整合报告的研究进展,依据我国企业和资本市场的发展现状,提出构建我国企业整合报告的设想,并针对全球统一整合报告框架建设提出建议。本研究运用 AHP 层次分析法与问卷调查方法尝试构建了我国企业整合报告的初步框架。我们得到的研究结论及其可能的贡献在于:(1)将企业整合报告的内容确定在财务、环境、社会和公司治理四方面,并首次提出并应用了 FESG 的概念;(2)提出了企业整合报告的五个质量特征,即综合性、相关性、可靠性、可比性和可读性,并按照 AHP 层次分析法确定了它们的相对重要性;(3)选择了 50 个能够涵盖 FESG 四维信息的指标项目,初步建立了企业整合报告指标体系及其框架;(4)通过我国资本市场数据,实证检验了 FESG 四维信息和整合后的信息对企业价值的相关性。研究发现,FESG 信息整合程度越高,意味着整合报告的质量越好,因为整合报告清晰、完整地解释了企业的财务与非财务信息之间,以及 FESG 信息与企业价值之间的因果关系,使得相关数据和信息关联,使信息质量得到明显提高与使得股东与其他利益相关者达到良性互动,从而提升了企业价值,促进企业的可持续发展。同时,本文研究过程中还发现当前我国在非财务信息披露方面还存在着定量信息不足、范围不一致、形式化和随意性等问题,通过改进性建议

---

① FESG 等式权重计算如下:从图表4-26-13中可得 F 维度为 23 个指标,占总指标的比例为 0.46(23/50),同理,E 维度占总指标比例为 0.16(8/50),S 维度占总指标比例为 0.18(9/50),G 维度占总指标比例为 0.2(10/50)。

有利于增强改进企业报告的决心。

主要参考文献

艾博思等著、赵伟韬译:《统一报告:企业可持续发展战略整合报告体系》,上海格致出版社、上海人民出版社,2010 年版。

白重恩、刘俏、陆洲、宋敏、张俊喜:"中国上市公司治理结构的实证研究",《经济研究》,2005 年第 2 期。

葛家澍、杜兴强:"财务会计理论:演进、继承与可能的研究问题",《会计研究》,2009年第 12 期。

郭道扬:"论中国会计改革三十年",《会计研究》,2008 年第 11 期。

李正:"企业社会责任与企业价值的相关性研究——来自沪市上市公司的经验证据",《中国工业经济》,2006 年第 2 期。

田朋:"可持续发展报告和财务报告的融合",《国际商务财会》,2007 年第 4 期。

汪祥耀:"论我国会计准则发展的国际化路径",《会计之友》,2010 年第 12 期。

夏立军,方轶强:"政府控制、治理环境与公司价值——来自中国证券市场的经验证据",《经济研究》,2005 年第五期。

专题报道:"第 18 届世界会计师大会:持续价值创造",《中国会计报》,2010 年 12 月。

Anderson J. , A. Frankle, "Voluntary Social Reporting: An Iso — Beta Portfolio Analysis", The Accounting Review, July 1980.

Black B. S. , H. Jang , W. Kim, "Does Corporate Governance Predict Firms' Market Values? Evidence from Korea", Journal of Law, Economics and Organization, Vol. 22, 2006.

Connelly J. T. , P. Limpaphayom, "Environmental Reporting and Firm Performance: Evidence from Thailand", Journal of Corporate Citizenship, Vol. 22, 20064

Durnev A. , H. Kim, "To Steal or Not to Steal: Firm Attributes, Legal Environment and Valuation. Journal of Finance, Vol. 60, 2005.

Gompers P. , J. Ishii , A. Metrick, "Corporate Governance and Equity Price". Quarterly Journal of Economics, Vol. 118, 2003.

Marlene P. , "The Impact of Voluntary Environmental Disclosure Quality on Firm Value", 2008, Available at SSRN: http://papers. ssrn. com/sol3/papers. cfm? abstract_id=1140221.

Michael C. J. , "Putting Integrity into Finance: A Positive Approach", 2011, Available at SSRN: http://papers. ssrn. com/sol3/papers. cfm? abstract_id=876312.

Robert G. E. , P. K. Michael, "One Report: Integrated Reporting for a Sustainable Strategy", 2010, John Wiley & Sons, Inc.

Shane P. , B . Spice, "Market Response to Environmental Information Produced outside the Firm", The Accounting Review, July 1983.

27. IASB"中小主体国际财务报告准则"的最新发展与启示

一、引言

　　无论发达国家,还是发展中国家或地区,中小企业都是国民经济中不容小觑的力量。据资料统计,目前美国约有中小企业 2800 多万家,约占企业总数的 99.7%,它们贡献了 40% 的 GDP,被誉为美国新经济的助推器。欧盟企业总数的 99.8% 是中小企业,撑起了欧盟经济的半边天。我国中小企业占企业总数的 98% 以上,为中国新增就业岗位的贡献是 85%,是农村富余劳动力、国有企业下岗职工再就业和高校毕业生就业的主渠道。单独一家中小企业虽然犹如沧海一粟,但这个群体扮演着举足轻重的角色,不仅推动了经济的发展,而且创造了就业机会、加快了城市化进程,对维护社会稳定起到了重要作用。

　　随着中小企业的作用日益突出,中小企业会计准则制定问题也引起了世界各国及国际组织的瞩目。众所周知,各国的企业会计准则都是针对大型企业、上市公司而设置的,几乎涵盖企业可能发生的所有业务类型,是一个相对完整、复杂的会计准则体系。中小企业由于其规模、经营业务、会计核算等方面的特殊性,较难适用于通用的会计准则。因此,世界各国及国际组织都致力于为中小企业量身定做一套单独的准则体系,以期能够规范中小企业的会计核算、提高中小企业的会计信息质量,并最终促进全球中小企业的健康发展。早在 1952 年,美国会计职业界就意识到应根据企业规模的大小或所有权的不同进行有差别的计量、列报和披露,之后的半个多世纪,以美国注册会计师协会(AICPA)和美国财务会计准则委员会(FASB)为代表的相关机构陆续开展了多项研究和讨论,但收效甚微,美国至今尚未正式发布适用于中小企业的会计准则。但值得庆幸的是,美国以外的一些国家或地区已为中小企业制定了专门的会计准则或制度。例如,1990 年,澳大利亚会计准则审查委员会(ASRB)发布了"会计概念公告第 1 号"(Statement of Accounting Concepts 1,即 SAC 1),其目的之一在于降低小企业财务报告的负担。新西兰特许会计师研究会于 1994 年发布了"差别报告框架"(Differential Reporting Framework),将无公众责任、所有者与经营者合一、规模较小的报告主体纳入差别报告主体,可以按照差别报告原则简化执行会计准则,从而降低编报成本。1997 年,英国颁布了"小企业财务报告准则"(Financial Reporting Standard for Small Entities,简称 FRSSE),旨在真实与公允地反映小企业财务状况、收入支出情况。1999 年,加拿大会计准则委员会(AcSB)完成了一份名为"关于小企业财务报告的研究报告"(Financial reporting by Small Business Enterprises-Research Report)，在此基础上，AcSB 于 2002 年发布了会计准则 1300 节（Section 1300）——差别报告（Differential Reporting），允许非公众责任企业在所有者一致同意的情况下可以采用不同于 GAAP 的差别报告选择。国际会计准则理事会（IASB）为了提高全球中小企业财务报表的质量和可比性，于 2009 年 7 月发布了"中小主体国际财务报告准则"(International Financial Reporting Standards for Small and Medium-sized Entities，简称 IFRS for SMEs)。该准则的发布，既减轻了中小企业编制财务报表的负担，同时也满足了投资者、债权人及其他利益相关者的需求。① 2013 年 10 月 3 日，IASB 发布了"中小主体国际财务报告准则修订建议"(Proposed amendments to the International Financial Reporting Standard for Small and Medium-sized Entities)征求意见稿，建议对 IFRS for SMEs 作出 57 处修订，其中大部分涉及对现行准则要求作出的澄清，而不构成对特定交易和事项采用的核算方法的变更。② 我国也于 2011 年 10 月颁布了《小企业会计准则》，自 2013 年 1 月 1 日起施行。了解中小企业会计准则的国际发展现状，从中总结经验，并结合我国国情得出相关启示，对于我国小企业会计准则的完善具有重要意义。

以下，我们将在回顾 IFRS for SMEs 发展沿革的基础上，介绍 IFRS for SMEs 的主要内容，探究其与我国小企业会计准则的主要差别，并对完善我国小企业会计准则提出一些思考和启示。

二、中小主体国际财务报告准则的发展沿革

（一）中小主体国际财务报告准则的研究和制定过程

IASB 对中小主体国际财务报告准则问题的研究可以追溯到 21 世纪初。2000 年 12 月，IASC（IASB 的前身）在一份向 IASB 过渡的报告中指出："存在为小企业制定特定国际会计准则的需求"。③

2001 年，IASB 启动了制定适用于中小企业会计准则的项目，IASB 成立了一个专家工作小组，就有关议题、备选方案和潜在的解决方案提供意见。至 2004 年初，IASB 形成了一些关于制定中小企业准则基本方法的初步观点，但对于制定中小企业会计准则问题并非信心十足，他们尤其对是否确实需要单独制定中小企业会计准则、是否应该由 IASB 作为制定者心存疑虑。④ 2004 年 6 月，IASB 发布了一份讨论稿"关于中小主体会计准则

---

① 参见汪祥耀、邵毅平：《美国会计准则研究——从经济大萧条到全球金融危机》第 123 页，立信会计出版社，2010 年版。

② 参见 Deloitte，"IFRS in Focus：IASB exposes proposals on amendments to IFRS for SMEs"，October 2013.

③ 参见 IASB，"Basis for Conclusions on Exposure Draft：IFRS for Small and Medium-sized Entities"，June 2007.

④ 参见任永平、毛丽娟："中小企业会计准则：国际现状与经验启示"，《会计之友》，2011 年第 20 期。

的初步意见"(Preliminary Views on Accounting Standards for Small and Medium-sized Entities)，其目的是探索由 IASB 制定全球统一中小主体会计准则的可能性。该讨论稿向全球广泛征求意见，IASB 共收到了 120 份反馈意见，其中许多国家都表示希望采用全球统一的 IASB 中小主体会计准则而不是地区或区域性的会计准则，这给了 IASB 极大的鼓舞。2005 年 4 月，IASB 发布了一份调查问卷，题为"关于中小主体可能的确认与计量修正"(Possible Recognition and Measurement Modifications for Small and Medium-sized Entities)，IASB 又于 10 月召开了公开圆桌会议，用以专门讨论确认与计量问题。2006 年 1 月，IASB 拟订了近乎完整的中小主体会计准则初稿，并于 7 月深入讨论了金融工具部分。2007 年 2 月，IASB 发布了"中小主体国际财务报告准则"(征求意见稿)，该征求意见稿基于信息使用者需求和成本效益原则，继承了国际财务报告准则(IFRS)中的基本概念和基本框架，并从多个方面对 IFRS 进行了简化：删除了通常与中小企业中无关的主题、减少了会计政策可选择性、简化了确认与计量原则、显著减少了信息披露要求、运用通俗易懂的表达等。征求意见稿发布后，IASB 又于 2007 年 6 月在其官方网站上开展了一项实地测试，其目的主要是了解征求意见稿的可理解性、评价议题范围的适当性、评估实施 IFRS for SMEs 可能给中小企业带来的负担、评估准则可能给测试者当时使用的会计准则带来的冲击和变化程度、评估各国对中小企业会计政策的选择、评估微型企业在使用 IFRS for SMEs 时可能面临的问题、评估现有准则实施指南的充分性等。① 征求意见结束后，IASB 收到了来自 20 个国家的 116 家中小企业测试报告和 162 封评论函，集中反映了以下八个方面的问题：准则独立性问题、会计政策选择问题、准则的动态修正问题、信息披露问题、适用范围问题、公允价值问题、准则执行指南问题以及对特定准则内容的评论等。之后，IASB 陆续召开了 14 次公开委员会会议，对反馈意见进行了激烈讨论，最终对征求意见稿又进行了大约 34 处主要修改。2009 年 7 月，IASB 正式发布了"中小主体国际财务报告准则"。中小主体国际财务报告准则的发展简史，如图表 4 - 27 - 1 所示：

(图表 4 - 27 - 1)

中小主体国际财务报告准则的发展简史

编号	制定或修订内容	发布时间
1	讨论稿"关于中小主体会计准则的初步意见"	2004 年 6 月
2	调查问卷"关于中小主体可能的确认与计量修正"	2005 年 4 月
3	"中小主体国际财务报告准则"(征求意见稿)	2007 年 2 月
4	中小主体国际财务报告准则	2009 年 7 月

① 参见 IASB，"International Financial Reporting Standard for Non-publicly Accountable Entities (Formerly IFRS for SMEs)"，February 2009.

（二）中小主体国际财务报告准则的最新进展

IASB"中小主体国际财务报告准则"自 2009 年发布以来，受到了越来越多国家或地区的青睐。IASB 的主席汉斯·胡格沃斯特（Hans Hoogervorst）指出："IFRS for SMEs 已经取得了非凡的成就，全世界已有 80 多个国家采纳了 IFRS for SMEs。"①为了评估中小主体最初两年的实施经验，以及考虑是否有必要对 IFRS for SMEs 作出任何修订，IASB 在 2012 年对 IFRS for SMEs 开展了首次综合复核（Initial Comprehensive Review）。其实，早在发布 IFRS for SMEs 时，IASB 就计划大约每三年对其执行一次复核。这一方面可以确保 IFRS for SMEs 的规定与完整版 IFRS 的规定大体上保持同步；另一方面，则可以减轻因定期对准则作出变更而造成的负担。

2012 年 6 月，复核项目正式启动。IASB 发布一项信息征询（Request for Information），该信息征询旨在就 IASB 在修订时应考虑哪些主题向利益相关者征求意见。与此同时，IASB 还咨询了其下属的中小主体实施小组（SMEIG）的意见。在之后的 2013 年 3 至 6月，IASB 举行会议审议了相关反馈意见，并得出结论认为：由于 IFRS for SMEs 属于新准则且刚在众多主体中实施，不建议对其作重大改革。因此，IASB 建议，只对 2009 年版的 IFRS for SMEs 作出有限的修订。作为复核的第二阶段，IASB 于 2013 年 10 月 3 日发布了"中小主体国际财务报告准则修订建议"（征求意见稿），建议对现行准则 35 个部分中的 21 个部分作出较细微的变更。建议修订的各部分概况，如图表 4-27-2 所示：

（图表 4-27-2）

"中小主体国际财务报告准则修订建议"（征求意见稿）修订建议一览表

部　　分	修订建议
1. 中小主体	新增针对公众受托责任作出的澄清
2. 概念和一般原则	新增有关"不必要的成本和努力"豁免的指引
4. 财务状况表	新增有关无需披露特定比较信息的豁免
5. 综合收益表和收益表	新增就终止经营作出的澄清，以及为与国际会计准则第 1 号（IAS 1）的重分类变更保持一致而作出的修订
6. 权益变动表和收益与留存收益表	新增与 IAS 1 作出的有关其他综合收益组成部分的变更协调一致的修订
9. 合并财务报表和单独财务报表	新增各类澄清事项、有关如何处理不同报告日的指引以及经修订的"合并财务报表"的定义
11. 基本金融工具	新增若干澄清事项以及有关按公允价值计量权益工具投资的"不必要的成本和努力"的豁免

---

① 参见 IASB,"Press Release:IASB proposes limited amendments to the IFRS for SMEs",October 2013.

（续表）

部　　分	修订建议
12. 其他金融工具问题	新增若干澄清事项以及有关按公允价值计量权益工具投资的"不必要的成本和努力"的豁免
17. 不动产、厂房和设备	新增修订以与 IAS 16 作出的有关备件、备用设备和维修设备的分类变更保持一致
18. 商誉以外的无形资产	经修订的要求规定，当主体无法可靠地估计使用寿命时，无形资产的使用寿命不得超过 10 年
19. 企业合并及商誉	构成某些澄清事项的若干细微修订、新增指引以及经修订的规定（即当主体无法可靠地估计使用寿命时，商誉的使用寿命不得超过 10 年）
20. 租赁	新增就哪些安排（不）构成租赁作出的澄清
22. 负债和所有者权益	新增某些指引、豁免，以及有关国际财务报告解释公告第 19 号（IFRIC 19）和 IAS 32 的为与整套国际财务报告准则协调一致而作出的修订
26. 以股份为基础的支付	新增若干澄清事项以及范围，与国际财务报告准则第 2 号（IFRS 2）相一致
27. 资产减值	就是否适用于建造合同形成的资产作出澄清
28. 雇员福利	新增澄清事项和删除了有关辞退福利的会计政策披露要求
29. 所得税注	新增与 IAS 12 中有关递延所得税的确认和计量的主要原则协调一致的修订和有关抵销所得税资产和负债的"不必要的成本和努力"的豁免
30. 外币折算	澄清有关范围
33. 关联方披露	与 IAS 24 相统一的"关联方"定义
34. 特殊活动	新增某些生物性资产的披露豁免以及针对采掘活动的核算作出澄清
35. 向《中小主体国际财务报告准则》的过渡	将 IFRS 1 若干变更引入本部分，并简化了有关措辞
术语汇编	修订了某些定义并新增了 5 个新术语

注：制订该部分时，IASB 已提前考虑了将有关 IAS 12 的建议变更确定终稿，但至今尚未就 IAS 12 的
　　这些变更确定终稿且该项目已被搁置。为了消除 IFRS for SMEs 和 IAS 12 中有关核算所得税的
　　主要原则之间的差异，IASB 现建议将 IFRS for SMEs 与 IAS 12 中的现行处理方法相统一。

三、中小主体国际财务报告准则的主要内容

（一）前言

在前言中，IFRS for SMEs 对 IASB、IFRS 进行了简要说明，并解释了通用财务报表和其他财务报告的区别及联系，指出了通用财务报表旨在充分满足广大使用者（比如股东、债权人、雇员和公共部门）的一般信息需求和满足那些无权要求主体按其特定信息需

求编报报告的广大使用者的一般信息需求,包括单独列报的报表或在其他公开文件(例如年报或招股说明书)中列报的报表。此外,IFRS for SMEs 还在前言中指出了根据本准则编报的财务报表不可能完全符合各个国家或地区税收法律和法规所规定的所有计量要求,每个国家或地区可以通过构建税收报告对根据 IFRS for SMEs 及其他方式确定的损益进行调节,以减轻 IFRS for SMEs 下的"双重报告负担"。最后,该准则阐述了 IFRS for SMEs 的权威性、结构及维护问题。

(二)正文

正文的内容共 35 章,主要是根据完整版 IFRS 简化而成的,约为 IFRS 的十分之一。

第 1 章"中小主体"明确了中小主体的概念和特征。IFRS for SMEs 规定中小主体是这样的主体:一是不负有公共受托责任;二是向外部使用者公布通用财务报表。外部使用者包括诸如不参与管理业务的所有者、现有和潜在的债权人以及信用评级机构等。同时规定,如果符合以下条件,则主体负有公共受托责任:一是其债务或权益工具已在公开市场(国内或国外的证券交易所或场外市场,包括当地的和地区性的市场)交易或者正发行这样的工具以备在公开市场交易;二是作为其主要业务之一,以信托方式持有广大外部人士的资产,如银行、信用合作社、保险合作社、保险公司、证券经纪人和经销商、共同基金和投资银行。此外,IFRS for SMEs 规定,采用完整版 IFRS 的母公司(或合并集团)的子公司,不会被禁止在其自身财务报表中使用本准则,只要该子公司不负有公众受托责任。

第 2 章"概念和一般原则"确立了相关概念和一般原则,IFRS for SMEs 指出中小主体财务报表的目标是提供有关主体财务状况、经营业绩和现金流量的信息,以有助于那些无权要求主体按特定的信息需求编制报告的广大使用者作出经济决策,财务报表也体现了管理层受托责任的结果;明确了财务报表信息的质量特征,包括可理解性、相关性、重要性、可靠性、实质重于形式、审慎、完整性、可比性、及时性、效益和成本之间的平衡;还阐明了财务状况和业绩的报表要素,包括资产、负债、权益,收益、费用;同时,IFRS for SMEs 阐述了确认和计量资产、负债、收益和费用的要求。

第 3 至 10 章确定了财务报表编报的标准。该部分提出财务报表应公允地列报主体的财务状况、财务业绩和现金流量;阐述了财务状况表、综合收益表和收益表、权益变动表和收益与留存收益表、现金流量表以及财务报表附注中列报的信息以及如何列报;界定了主体应列报合并财务报表、单独财务报表和联合财务报表的相关情形及编制这些报表的程序;还提供了对编制财务报表过程中所使用的会计政策的选择和应用、会计估计变更和前期差错的更正的相关指南。

第 11 至 31 章规定了具体业务的会计处理。规定了金融工具(包括基本金融工具和其他金融工具)的确认、终止确认、计量和披露;还规定了存货、联营中的投资、合营中的投资、投资性房地产、不动产、厂房和设备、商誉以外的无形资产、企业合并和商誉、租赁、准备和或有事项、负债和所有者权益、收入、政府补助、借款费用、以股利为基础的支付、资产减值、雇员福利、所得税、外币折算、恶性通货膨胀的会计处理原则。

第 32 至 35 章定义了报告期后事项，并规定了确认、计量和披露这些事项的原则；规定了关联方披露的范围和内容；提供了关于中小主体涉及农业、采掘活动及服务特许权这三种特殊活动时的财务报告指南；还规定了首次采用"中小主体国际财务报告准则"的主体的过渡办法。

（三）其他

IFRS for SMEs 剩余部分包括术语汇编、对照表、结论基础、解释性财务报表以及列报与披露一览表。术语汇编对准则中涉及的术语进行了归纳；对照表确定了 IFRS for SMEs 中各章原则在完整版 IFRS 中所依据的主要对照；结论基础对该准则的立项、讨论过程、讨论的问题进行了总结分析；解释性财务报表以及列报与披露一览表对财务报表的列报与披露给出了详细说明。另外，IASB 还规定，为了更好地减轻中小主体的负担，初步定于每隔三年对 IFRS for SMEs 做一次有限的调整，修改的生效日期与其发布日至少间隔一年的时间。

四、中小主体国际财务报告准则与我国小企业会计准则的比较

IASB 发布 IFRS for SMEs 两年之后，我国财政部也于 2011 年 10 月发布了《小企业会计准则》，这是继我国《企业会计准则》建成并实施之后的企业会计标准体系建设的又一重大里程碑。《小企业会计准则》由正文和附录组成。正文部分主要规范小企业通常发生的交易或事项的会计处理原则，为小企业处理会计实务问题提供具体而统一的标准，共 10 章 90 条，包括总则、资产（流动资产、长期投资、固定资产和生产性生物资产、无形资产及长期待摊费用）、负债（流动负债和非流动负债）、所有者权益、收入、费用、利润和利润分配、外币业务、财务报表（资产负债表、利润表、现金流量表及附注）以及附则。附录涉及会计科目表、主要账务处理举例、财务报表的种类及格式和编制说明，为小企业执行《小企业会计准则》提供操作性规范。我们将我国《小企业会计准则》与 IFRS for SMEs 进行比较，为今后完善我国小企业会计准则奠定基础。

（一）IFRS for SMEs 与《小企业会计准则》的结构框架不同

关于结构框架，IFRS for SMEs 与我国《企业会计准则》较为相似，这主要是因为 IFRS for SMEs 是以 IFRS 为基础简化而来的，同时《企业会计准则》与 IFRS 已基本实现趋同。IFRS for SMEs 中资产的各要素、要求编制的报表均独立成章，除了第 1 章"中小主体"、第 31 章"恶性通货膨胀"等，其他章节在《企业会计准则》中均可以找到相应内容。而我国《小企业会计准则》则把相应的内容进行整合，如资产负债表、利润表、现金流量表及报表附注都囊括在第 9 章"财务报表"中，存货、长期投资、固定资产和生物性资产、无形资产等都包含在第 2 章"资产"中，因此，无法与 IFRS for SMEs 的章节一一对应。

（二）IFRS for SMEs 与《小企业会计准则》的适用范围不同

IFRS for SMEs 规定中小主体不负有公共受托责任，且向外部使用者公布通用财务报表。我国《小企业会计准则》规定准则适用于在中华人民共和国境内依法设立的、符合《中小企业划型标准规定》所规定的小型企业标准的企业，但以下三类小企业除外：股票或债券在市场上公开交易的小企业；金融机构或其他具有金融性质的小企业；企业集团内的母公司和子公司。从中我们不难发现两者在适用范围方面的差别：(1)我国的中型企业执行《企业会计准则》，而 IASB 的 IFRS for SMEs 适用范围包括中型企业。(2)IFRS for SMEs 仅从定性角度对中小企业进行界定；而《小企业会计准则》将定性和定量相结合来界定小企业。(3)IFRS for SMEs 规定，采用完整版 IFRS 的母公司（或合并集团）的子公司，不会被禁止在其自身财务报表中使用本准则，只要该子公司不负有公众受托责任；而《小企业会计准则》的适用范围不包括企业集团内的母公司和子公司。我们认为，由于各国所处的环境不同，IASB 提议可以根据自身需要对中小企业做出定义，准则应用上允许各国有一定的灵活性，这将有助于 IFRS for SMEs 在全球成功推行。① 再者，我国小企业点多面广，规模参差不齐，从定性和定量两个角度对小企业进行界定比较符合我国国情。

（三）IFRS for SMEs 与《小企业会计准则》的财务报表编制要求不同

IFRS for SMEs 明确提出，一套完整的财务报表应当包括：财务状况表、单一的综合收益表（或一张单独的收益表和一张单独的综合收益表）、权益变动表、现金流量表和附注。如果财务报表列示的报告期权益的变动仅仅是由于损益、股份支付、前期差错更正和会计政策变更所产生，则中小主体可以列报单一的收益与留存收益表，代替综合收益表和权益变动表。而我国《小企业会计准则》规定，小企业的财务报表至少应当包括资产负债表、利润表、现金流量表及附注，无需编制所有者权益变动表。我们认为，我国小企业规模较小、业务单一，权益变动主要还是来源于报告期的损益，引起权益变动的其他事项较少，不强制要求编制所有者权益变动表符合成本效益原则。此外，IFRS for SMEs 采用"综合收益"概念；而《小企业会计准则》只提及"净利润"概念，利润表未涉及"综合收益"。对于我国小企业而言，产生其他综合收益的情况不多，传统的利润表能够满足企业的信息披露要求，也体现了成本效益原则。

（四）IFRS for SMEs 与《小企业会计准则》的确认和计量原则不同

IFRS for SMEs 表明两种常用的计量基础是历史成本和公允价值；而《小企业会计准则》只要求小企业采用历史成本计量。毋庸置疑，公允价值计量要有一定的条件，要具备完善的评估市场和高素质高技能的专门人才，否则评估出来的数据就存在人为操纵的可能，无法公允地反映其真实的价值。但目前我国大部分小企业资产和负债的公允价值难以取得，摒弃公允价值计量是最佳选择。

---

① 参见蔡海静、汪祥耀："中小企业国际财务报告准则浅析"，《财会月刊》，2010 年第 4 期。

除了计量基础方面的差异,IFRS for SMEs 与《小企业会计准则》的另一个较大区别就是:IFRS for SMEs 另辟章节"资产减值",用以规范存货、固定资产等资产的减值;而《小企业会计准则》规定所有资产不计提减值准备。

IFRS for SMEs 与《小企业会计准则》确认和计量所涉及的交易事项也有所不同。IFRS for SMEs 涉及了许多《小企业会计准则》不涉及的内容,如其他金融工具问题、投资性房地产、递延所得税资产和递延所得税负债、准备和或有事项等;而只列报于《小企业会计准则》的项目则仅有"长期待摊费用"。此外,IFRS for SMEs 与《小企业会计准则》关于具体业务的会计处理也存在很多差异,如长期股权投资,IFRS for SMEs 允许采用成本法和权益法,而我国只保留了成本法。总体而言,我国《小企业会计准则》的确认和计量原则比 IFRS for SMEs 精简许多。

(五) IFRS for SMEs 与《小企业会计准则》的附注披露要求不同

我国《小企业会计准则》与 IFRS for SMEs 均要求在报表附注中披露财务报表的编制基础所采用的会计政策、财务报表中列报项目的支持信息及不确定性信息等。但是,IFRS for SMEs 披露的内容较多,也能够提供更相关、更可靠的信息。其特别要求披露联营中的投资、担保义务准备、或有负债、融资租赁义务、长期雇员福利义务、关联方交易等;也要披露收入的明细和融资成本的明细(主要包括银行贷款利息、融资租赁利息)。而《小企业会计准则》要求披露的信息大大简化,但也有自己的特色,如需要披露营业税金及附加的二级分类,如消费税、营业税、城市维护建设税、资源税、土地增值税、房产税、教育费附加、排污费等,这些处理满足税法要求,便于小企业纳税申报。我们认为,小企业外部会计信息使用者主要为税务部门和银行,《小企业会计准则》与税法保持协调具有现实意义。

五、完善我国小企业会计准则的思考与启示

从以上的比较分析可知,我国《小企业会计准则》是以 IFRS for SMEs 为蓝本,又兼顾本国国情而制定的。总体而言,我国《小企业会计准则》基本实现了国际趋同。但是由于我国政治、经济、法律、社会等各方面因素,《小企业会计准则》与 IFRS for SMEs 存在着诸多不容忽视的差异。随着经济的不断全球化、中小企业国际间经济合作的不断增长,我国应将这些差异逐步消除,以降低国际化进程的成本,增强小企业的软实力。因此,我们对完善我国小企业会计准则提出一些思考与启示。

第一,在准则的适用范围方面。我国从定性和定量两方面对小企业进行界定是较为合理的。2011 年 7 月,工信部、统计局、发改委、财政部四部委联合发布的《中小企业划型标准规定》以行业为标准进行划分,对定量界定小企业而言是一大进步。但是地区因素也同样对企业规模有影响,这也正是世界各国划分标准不同的根本原因。因此,在划分中、小、微企业的时候,我国应尽量考虑到地区因素的影响,特别是该地区的经济因素,经济越发达,界定标准就应该越高。我国可以考虑先将地区划归为发达城市、中等城市、欠发达

地区三类,再分别制定划型标准,这样能够使企业划型标准更加贴合实际,更加合理。

第二,在公允价值计量方面。考虑到我国小企业的现状,《小企业会计准则》摒弃了公允价值计量,这在现阶段是合理的。但我们认为取消公允价值计量只是权宜之策,而非长久之计。完全摒弃公允价值计量虽然降低了操作难度,但同时也降低了会计信息的可靠性和相关性。我们认为,我国可以借鉴 IFRS for SMEs 的做法,提高使用公允价值的门槛:"使用公允价值计量应限于有市场报价或无需付出过度成本和努力就易于确定市场价格的状况以及所有衍生产品",符合这一条件的要求采用公允价值计量,不符合的则一律采用历史成本计量。我们相信,随着我国市场体系的逐步健全、会计人员专业素质的逐步提高,炙手可热的公允价值计量对于小企业而言将不再是可望而不可即。

第三,在减值准备计提方面。关于取消资产减值准备的规定,我国很多会计人员认为不太合理。纵观世界各国的小企业会计准则,几乎都没有专门取消减值准备的规定,ASB、IASB 也都对减值准备的计提做出了相关的规定,比如合理确定不动产、房产的减值,并计提相应的减值准备。我国一些资产特别是大型设备,如果不合理估计其减值,可能会带来较大的风险;而且不计提减值准备的行为可能会虚增小企业的利润,对财务报表信息使用者决策产生一定的影响。我们建议,我国可以对存货、固定资产、无形资产等资产数额界定一个临界值,对超出此临界值的资产计提减值准备,而未超出的不予计提。总之,对于取消减值准备,不能"一刀切",应做到因地制宜。

主要参考文献

蔡海静、汪祥耀:"中小企业国际财务报告准则浅析",《财会月刊》,2010 年第 4 期。

蔡秋玉:"我国小企业会计准则的研究——基于与《中小主体国际财务报告准则》的比较",《福建江夏学院学报》,2012 年第 3 期。

财政部:《小企业会计准则》(2011 年)。

财政部会计准则委员会译:《中小主体国际财务报告准则 2009》,中国财政经济出版社,2010 年版。

刘丽华:"《中小主体国际财务报告准则》解析及启示",《财务与会计》,2010 年第 11 期。

刘永丽:"中小主体国际财务报告准则解读及启示",《财会通讯》,2010 年第 25 期。

任永平、毛丽娟:"中小企业会计准则:国际现状与经验启示",《会计之友》,2011 年第 20 期。

任永平、张爱琳:"我国《小企业会计准则》与《中小主体国际财务报告准则》比较",《财会月刊》,2012 年第 31 期。

孙光国:《中小企业会计准则问题研究》,东北财经大学出版社,2009 年版。

汪祥耀、邵毅平：《美国会计准则研究——从经济大萧条到全球金融危机》，立信会计出版社，2010 年版。

汪祥耀、史开瑕："小企业会计准则的历史纷争与未来展望——兼论美国经验对我国小企业会计准则的启示"，《财会通讯》，2012 年第 16 期。

Deloitte，"IFRS in Focus：IASB exposes proposals on amendments to IFRS for SMEs"，October 2013.

IASB，"Press Release：IASB proposes limited amendments to the IFRS for SMEs"，October 2013.

IASB，"Exposure Draft：Proposed amendments to the International Financial Reporting Standard for Small and Medium—sized Entities"，October 2013.

IASB，"Basis for Conclusions on Exposure Draft：IFRS for Small and Medium—sized Entities"，June 2007.

IASB，"International Financial Reporting Standard for Non—publicly Accountable Entities(Formerly IFRS for SMEs)"，February 2009.

第五部分

我国会计准则与国际财务报告准则持续趋同及对策研究

28. 论我国会计准则发展的国际化路径及对 "趋同"与"直接采用"战略的思考

一、引言

自从我国借鉴国际经验、制定会计准则以来,我国会计准则始终沿着国际化的路径发展,先是提出了与国际准则"接轨"、"协调",近年来又提出了"趋同"、"等效",2010 年起草并发布了我国企业会计准则与国际财务报告准则趋同的"路线图",向全球高质量的统一会计准则迈进。在国际化的发展路途上,经常需要处理好的一对矛盾就是"国际化与国家化的关系"问题。我国在经历了过分强调"中国特色"、"国情需要"的阶段以后,提出了更为积极的"与市场经济体制相适应"和"互动趋同"等观点,目前正响应 G20 高峰会议的号召,全面参与全球会计准则的制定,加快了我国会计准则的国际化进程,塑造了良好的国际形象。以下我们将对"会计趋同"、"等效"等提出独立见解,认为一旦条件成熟,在我国有能力与美国、欧盟等国共同承担制定全球会计准则的重任时,我国离直接采用全球会计准则的日子也就不远了。"趋同"最终将向"统一"发展。

二、我国会计准则的国际化发展经历了曲折道路

"文革"浩劫之后,中国走上了改革开放之路。会计制度亦步亦趋,不断变革。三十年来,我国会计制度改革的总体目标是:服务于中国的改革开放事业,建立起与我国社会经济体制相适应的会计制度。

会计制度改革的一条红线是:不断吸收和借鉴国外的先进技术和管理经验,积极推动我国传统的会计核算制度向会计准则这一会计创新规范形式演化。因此,我国会计制度改革,选择了发展会计准则之路,并沿着国际化的路径前进。

然而,我国会计准则的发展并非一片坦途。围绕着我国会计发展方向,是否国际化、如何国际化等,曾先后出现过多种主张。

大约在 20 世纪 90 年代前后,当时的主流观点是:建立"既与国际会计惯例接轨、又保持中国会计特色的会计规范体系"。对此主张,理论界有争议。我们也在多种场合发表过以下质疑:(1) 何为"国际会计惯例"? 英美国家的会计准则、国际会计准则,以德法为代表的大陆法系会计规范形式,究竟谁更能代表"国际会计惯例"?(2) "中国会计特色"是什么,体现在哪些方面? 中国特有但并不比国外先进的做法是否也能归结为"中国特色"

而需要特意保留? (3) 过分强调"中国会计特色"是否会影响我国会计发展的国际化进程? (4) 在不排除中国会计有其特色的情况下,是否也应该承认美国、英国、德国、日本等国会计也各有其自身特色? 如果各国均强调自身特色,又何来"会计国际大同"? 以上问题引带出一个至今仍然争论不休的国际会计热点话题:如何正确处理好会计国际化和国家化的关系?

1992 年以后,为适应我国社会主义市场经济建设和发展资本市场的需要,我国开始正式制定和发布会计准则,但在转轨经济时代,会计制度还不能一时废止,于是出现会计制度与会计准则并存的特有现象。如何概括这种兼容会计制度和会计准则的会计规范体系? 有人提出"中国会计标准体系"的概念。另外,虽然可以选择会计准则这种规范形式了(不再继续强调中国类似于大陆法系国家而坚持参照德法会计模式),但仍然有美国会计准则(世界上最早制定且最为完善的会计准则)、国际会计准则(代表世界多极化、各国博弈结果的会计准则)等,谁更能代表"国际会计惯例"。再者,由于"中国特色会计"存在颇多争议,"中国国情"的概念则取而代之。于是,"建立既与国际会计惯例接轨(协调)、又照顾我国国情需要的中国会计标准体系"这一提法,就成为上世纪 90 年代末至本世纪初我国会计发展的主旋律。但新的问题又产生了:(1)"中国国情"体现在哪里? 在中国会计发展的国际化进程中,需要照顾哪些"中国国情"? 有学者为此总结了我国国情具有以公有制为主体、市场经济不完善、资本市场还处于培育阶段、存在"一股独大"、法人治理结构不健全、会计人员素质较低等特征,并归纳了我国会计准则与国际准则协调存在着"制度障碍"、"法律障碍"、"市场障碍"、"人员素质障碍"等制约。(2)如果使用"会计标准体系"这一概念,它与"会计规范体系"又有何不同? "标准"和"准则"在英语中都使用"Standards"这一单词,我国官方文件在将"会计标准体系"翻译成英语时,实际上也翻译成了"会计准则体系"。虽然我们大家都知道,我国使用的"会计标准体系"这一概念,其含义比"会计准则"更为广泛(实际上已类似于美国的说不明、道不清的 GAAP 的概念)。

另外,我们还注意到,我国从 1992 年 11 月发布基本会计准则、1997 年 5 月发布第一项具体会计准则以后,至 2001 年共发布了 1 项基本准则和 16 项具体准则。在 2001—2005 年这段时间内,我国制定会计准则的工作几乎处于停滞状态,未出台任何新的会计准则,而这一期间我国却相继发布了《企业会计制度》、《金融企业会计制度》、《小企业会计制度》等会计制度,似乎会计准则又开始向会计制度回归。2001 年在世界会计史上是一个具有里程碑意义的年份,当年国际会计准则委员会(IASC)成功改组为国际会计准则理事会(IASB)。IASC 的使命是制定国际会计准则(IAS),其目标是推动各国会计实务的"协调"(Harmonization);而 IASB 的使命是制定代表全球会计准则的国际财务报告准则(IFRS),其目标是促进各国会计准则向 IFRS 达到高质量的"趋同"(Convergence)。因此,IASB 的"野心"要比 IASC 大得多。令人遗憾的是,在 2001—2005 年这段期间,正当世界上许多国家相继宣布直接采用 IFRS 或向 IFRS 趋同时,我国却更多地强调了应用国际准则的障碍,并且仍在频繁使用"接轨"、"协调"等一些不合时令的概念。

二、我国新会计准则的制定加快了与国际准则趋同与等效的步伐

2006 年 2 月,我国出台了由 1 项基本准则和 38 项具体准则形成的新会计准则体系,我国会计准则重新回到健康发展之路。我国新会计准则的制定目标是:"建立起既与我国社会主义市场经济相适应,又与国际财务报告准则趋同的会计准则体系"。从这一目标中我们起码看到了以下进步:(1)困扰我国会计界多年的问题终于解决了,我们可以理直气壮地将"国际财务报告准则"作为"国际会计惯例"看待,作为我们接轨、趋同的目标;(2)我国明确以"趋同"代替了"协调"的提法,并提出了国际趋同的四点主张(趋同是进步、是方向;趋同不等于等同;趋同需要一个过程;趋同是一种互动);(3)不再刻意强调"保持中国特色"或"照顾国情需要",取而代之的是"与社会主义市场经济相适应"。

平心而论,我国确定向国际财务报告准则趋同的目标,符合当前世界会计发展的潮流。理由是:其一,在强调政治多极化的时代,各国都很难接受某一个国家制定的规则,而向国际机构制定的规则靠拢,却是一项现实的选择;其二,2001 年美国发生安然财务丑闻事件后,已使美国会计准则大伤元气,在谁能更好代表"国际会计惯例"的竞争中,国际财务报告准则已经胜出;其三,国际财务报告准则获得了许多国际性组织(包括证券委员会国际机构、国际贸易组织、世界银行等)的支持;其四,最新的数据表明,世界上已有 123 个国家和地区要求或允许采用国际财务报告准则;其五,国际财务报告准则也已今非昔比,它由代表各国政治经济利益的"会计联合国"制定的全球统一会计准则已经从技术层面上升到政治层面,并在全球金融危机后得到了二十国峰会(G20)和"金融稳定理事会"(FSB)的高度重视。

对于日趋强势的国际财务报告准则,一些国家选择了"直接采用"(如欧盟成员国家等);一些国家制定了与国际财务报告准则等同的会计准则(E-IFRS)(澳大利亚、新西兰、新加坡等);美国采取了与国际财务报告准则消除差异、逐步趋同的战略,并率先发布了趋同路线图(Roadmap);而日本先是采用逐步趋同战略,后在 2009 年 12 月决定允许上市公司直接采用国际财务报告准则(即采用了先趋同、后直接采用的路径)。

这里需要进一步说明美国的情况:在 IASB 设立之前,美国对于国际准则采取的是消极抗拒的态度,而在 IASB 改组后,由于美国占据了这个"会计联合国"的"主发言人"地位,同时由于安然事件使美国会计准则声誉受损等原因,美国希望借助共同制定全球统一会计准则这个平台对国际财务报告准则施加影响。在此情况下,美国财务会计准则委员会(FASB)与 IASB 开展合作,努力消除差异,积极推动了两者会计准则的趋同。期间,发生了以下具有里程碑意义的事件:(1)2002 年 10 月,FASB 与 IASB 签订著名的"诺沃克协议",标志两者合作的开始(包括互派常驻人员、召开定期会议等);(2)2006 年 2 月,FASB 与 IASB 签订了一份谅解备忘录(MOU),即"2006-2008 年准则趋同路线图"(A

Roadmap for Convergence between IFRSs and U. S. GAAP—2006－2008),希望为非美国公司在美国上市直接采用 IFRS 扫除障碍;(3)2008 年 9 月,FASB 和 IASB 签署了一份更新后的备忘录"完成 2006 年 2 月备忘录:进展报告和完成时间表"(Completing the February 2006 Memorandum of Understanding: A Progress Report and Timetable for Completion),进一步细化美国 GAAP 与 IFRS 趋同的措施和时间安排;(4)2009 年 11 月,IASB 与 FASB 发表"联合声明",重申双方对改进 IFRS 和 U. S. GAAP 并实现两者趋同的承诺。该声明确认,将 2011 年 6 月作为完成双方 2006 年发布并于 2008 年更新的谅解备忘录中主要项目的目标日期,并描述了具体项目的特定里程碑目标,同时承认需要强化双方的准则制定工作以完成上述目标;(5)2010 年 6 月, FASB 与 IASB 联合发布了"关于承诺会计准则趋同和建立全球统一的高质量会计准则的进展报告"。该报告回顾了双方在趋同工作方面的进展,并针对当前所面临的主要挑战,调整修改了双方拟在 2011 年 6 月前完成的重要项目议程。由此可见,在未来的全球统一会计准则制定中,FASB 与 IASB 将共同担当举足轻重的角色,并且在 G20、FSB 的倡议下,会计准则国际趋同以及全球统一会计准则的制定将在不久的将来有可能实现。

面对会计准则国际趋同趋势的加快,我国也在不断调整我国的趋同战略和措施。2006 年新会计准则出台后,财政部一方面积极扩大其使用范围,另一面及时启动了我国会计准则与国际准则的等效工作。会计准则等效是指我国企业在那些实施国际财务报告准则的国家或地区上市,按照中国会计准则编制的财务报表不再进行调整,即使调整也只对个别项目做出说明或者编制极少项目的调节表,无须再按国际财务报告准则进行全面转换。实现"等效"后,可为我国企业跨国上市大幅降低报表调整费用。2007 年 12 月和 2008 年 11 月,香港会计师公会和欧盟证券委员会(ESC)先后承认我国会计准则与在香港地区和欧盟国家实施的国际财务报告准则等效,等效工作取得了良好进展。2012 年 4 月,欧盟委员会发布了关于中欧会计准则最终等效的决定。至此,我国与欧洲关于中欧会计准则等效的谈判已经画上了一个完美的句号。然而,客观地评价,追求"等效"也只是权宜之计:首先,"等效"就是要求世界各主要经济体国家承认我国会计准则已经与国际财务报告准则没有太大差别,可以在这些经济体国家使用我国会计准则编制的财务报表,这项工作的难度极大,花费的精力极多;其次,只有采取趋同战略的国家才有可能寻求"等效",而直接采用国际财务报告准则的国家(如欧盟国家)就不存在要求"等效"问题;其三,如果在不久的将来,在各国(包括我国)的共同努力下,最终完成了一套单一的、高质量的全球会计准则,通过 G20 峰会或其他比 IASB 更有权威性的国际机构的倡议,大家都一致同意采纳这套全球会计准则(或是现在的 IFRS,或是采用一个新的名称都无关紧要),在这种情况下,再寻求我国会计准则与国际准则的"等效"就显得毫无意义了;其四,IASB 对"完全遵守"(Full Compliance)国际财务报告准则设定了很高的门槛,其在国际会计准则第 1 号"财务报表列报"中早就有这样的规定:"除非财务报表遵循了国际财务报告准则的所有要求,否则不应描述为遵循了国际财务报告准则"。因此,即使要让 IASB 来决定某个国家的会计准则是否与其"等效"也是相当困难的(当然,在 IASB 看来,最好世界各国都能够完全地不折不扣执行其国际财务报告准则)。

三、"趋同"与"等效"不是会计准则国际化的终极目标

由于我国采取的是与国际财务报告准则"趋同"而不是"直接采用"的战略,这里必然会涉及对"趋同"的理解问题。前已叙及,我国在 2006 年推出新会计准则时,就不失时机地提出了关于国际趋同的四点主张。对于"趋同是进步和方向、趋同不等于等同、趋同是一个过程"这三点主张可能不会有太多异议,但对于"趋同是一种互动",可能就会有人产生曲解。有人认为,在我国与国际财务报告准则趋同的过程中,应当坚持"双向趋同原则",即在我国会计准则向国际准则趋同的同时,也应当让国际财务报告准则向我国会计准则趋同。我们认为,这种想法未免天真。从"趋同"英语字眼"Convergence"的本意看,它是指"收敛"或"集中",《现代高级英汉双语辞典》将其解释为"将线条、运动的物体、意见等从四面八方向一点汇合"的过程,因此"Convergence"本意是单向趋同的;从 IASB 将 IASC 的"协调"目标改为"趋同"目标,将 IASC 制定"国际会计准则"的使命改成制定"全球会计准则"的使命看,IASB 是想雄心勃勃地制定一套可在全球资本市场统一使用的会计准则,并希望世界各国的国家会计准则均向其趋同。此外,随着近年来 IASB 地位的日益提高,实难指望国际财务报告准则会向我国会计准则靠拢。

我们可将 IASB 比喻为"会计联合国",联合国的宪章和决议各国可以积极参与制定,但要其符合某管辖地的法律规定或向某国制定的规则靠拢,恐为难事(即使美国贵为"世界霸主",也做不到这一点)。早在 2001 年 5 月 IASB 改组成立不久,我们就在《会计研究》发表的"全球会计准则:离我们还有多远"一文中指出:"全球会计准则的制定代表了一种趋势,并且将成为现实,它将无情地影响会计的国际化进程,影响世界每一个国家的经济利益。在这种形势下,我们应采取积极措施,尽量参与 IASC 的改组活动,并努力争取一定的地位,为包括我国在内的发展中国家赢回一定的利益。"因此,我们所理解的"互动",不是要让国际财务报告准则向我国会计准则趋同,而是应当通过积极参与 IASB 制定或修改会计准则的机会,充分发表我们的意见,由此对国际财务报告准则施加影响,改变其规则走向,为我国以及其他发展中国家争回利益。事实上,随着中国的崛起我们已经做到了这一点。想当初,在 2001 年 IASB 改组设立时,这个"会计联合国"的 14 位理事中,居然没有中国代表(整个亚洲只有日本的代表)和发展中国家的代表,而在现在 IASB 的 16 位理事中,已经有了中国及其他发展中国家的代表。不仅如此,我国代表还进入了 IASC 基金会的"受托人委员会"、"提名委员会"、"准则咨询委员会"和"国际财务报告解释委员会"等各个层面,已经可以充分反映我国对国际财务报告准则的意见。另外,在关联方披露以及改制上市企业以资产重估价作为认定成本等问题上,我们通过"互动趋同机

制"已经实质性地影响了相关国际会计准则或国际财务报告准则的制定,成为成功互动的典型案例。因此,我们呼吁我国会计理论界和实务界的同仁们时刻关注国际会计发展动态,积极参与国际财务报告准则的制定,使未来的国际财务报告准则不能忽视我国及发展中国家的利益,这才是"趋同互动"的现实选择,但是,企望国际财务报告准则在整体上同时向我国会计准则趋同却是不现实的。

四、我国在"全球会计准则"制定中应发挥更重要作用并审慎考虑对之"直接采用"的可能性

全球金融危机发生后,会计准则趋同的步伐明显加快,"国际趋同"(International Convergence)进一步向"全球趋同"(Global Convergence)演化。G20领导人在华盛顿、伦敦和匹兹堡等地举行的峰会中,为了维护金融秩序稳定,促进全球经济复苏,均强烈呼吁尽早建立高质量的全球统一会计准则。我国作为G20的代表国家之一,对上述呼吁作了积极回应。2009年11月,我国财政部发布了"中国企业会计准则与国际财务报告准则持续全面趋同路线图"(征求意见稿)。2010年4月2日,财政部正式发布了"中国企业会计准则与国际财务报告准则持续趋同路线图"(比征求意见稿去掉了"全面"两字)。我国"趋同路线图"在高度评价新会计准则已有成效的基础上,认为我国新会计准则在2006年已经实现了与国际财务报告准则的趋同(以前是提"实质性趋同",因为还存在企业合并、资产减值、关联方披露等准则的"三大差异"),现在则是强调已经实现了趋同后的"持续性趋同"。我国"趋同路线图"充分肯定了IASB为应对国际金融危机所采取的改革举措,支持IASB为建立全球统一的高质量会计准则所做的努力。同时,再次明确了我国企业会计准则国际趋同的立场,坚持持续趋同是在国际互动基础上的趋同,并对我国企业会计准则持续趋同时间安排作了规划,对我国下一阶段会计准则建设工作作了部署,并曾经设想配合G20匹兹堡峰会提出的在2011年6月底前完成会计准则国际趋同的要求,在2011年底前完成对我国企业会计准则的全面修订。我国"趋同路线图"的发布,向世界发送了一个积极信号,进一步表明了我国会计改革的决心和对外开放的姿态。

近来,我们时常在考虑一个问题,在实现趋同以后再干什么?那应该就是实现会计国际大同。会计国际化沿着"交流——协调——标准化"的路径发展,最终应该走向标准化,也就是实现会计国际大同。这本来是一个遥远的梦,却因为IASB的成功改组、安然事件后的会计变革以及全球经济危机的鞭策,有可能提前实现(至少在全球资本市场上实现)。如果我国能够在制定全球统一会计准则的活动中发挥重要影响,如果未来的国际财务报告准则能够充分考虑我国及新兴经济体国家的特殊诉求,那么我们还有什么理由拒绝这套全球性会计准则并刻意强调"中国会计特色"或"我国国情需要"。因此,趋同、持续趋同之后的路径,最终还是应该走向"直接采用"。

2010年6月30日至7月1日,我国财政部与IASB在北京举行了一次高层会议。本

次会议为贯彻落实我国"趋同路线图",深化中国与 IASB 的互动交流创造了良好平台,有助于我国全面参与国际财务报告准则制定,提升国际财务报告准则质量。会后,财政部会计司发表了"贯彻落实会计准则持续趋同路线图取得重大进展,中国全面参与国际财务报告准则制定掀开新篇章",对 IASB 与 FASB 正在加快趋同的合作项目提出了我国的主张。IASB 认为,中国与国际准则的趋同在新兴市场经济体处于领先地位,在具体准则技术方面,中国与其他新兴经济体面临的问题具有共性,确立中国主导新兴经济体参与国际准则制定格局的时机基本成熟。理由有以下方面:一是中国建成并有效实施与国际财务报告准则趋同的准则体系,已经在新兴市场经济体处于领先地位,成为其他国家参考借鉴的范例。世界银行、苏格兰特许会计师协会等独立地对 2005 年以来中国会计准则建设与实施取得的成就进行了评价,得到的一致结论是:中国会计准则与国际财务报告准则的趋同及其成功实施,使得中国成为致力于建立全球统一的高质量会计准则的领先国家,中国会计准则建设、趋同和实施的经验,可以被其他国家借鉴。二是中国与 IASB 之间近年来的趋同互动,为促进 IASB 考虑新兴市场经济体的特殊情况,更好地提升国际财务报告准则质量做出了积极的贡献。三是中国会计准则面临的许多技术问题,在新兴市场经济体中具有普遍性,中国可以成为国际准则考虑新兴市场经济体情况的重要平台。四是中国会计准则国际趋同培养了一批通晓国际准则和中国实务的专业团队,积累了丰富的会计国际交流与合作经验,具备代表新兴市场经济体参与国际准则制定的能力。五是中国主导新兴经济体参与国际财务报告准则的制定,是建立全球统一高质量会计准则的内在需要,并得到国际社会的认可。全球统一高质量会计准则必须考虑新兴经济体的情况和意见,这是 G20 领导人峰会形成的共识。基于上述理由,我国财政部充满了自信,认为中国主导新兴市场经济体参与国际准则制定的格局已基本确立。应该说,这是可喜、可贺之大事!

综上所述,不管我国早先提出的"与国际惯例接轨",还是后来提出的与国际准则的"协调"、"趋同"、"等效",甚至将来有可能实现的对全球统一会计准则的"直接采用",三十年来,我国会计准则的发展方向始终是正确的,那就是采用了一条"国际化路径"。尤其是近年来,我国采取更加积极的会计准则国际趋同战略,体现了一个大国在制定全球会计准则中的责任和信念,我们有理由相信,中国在未来全球会计的发展潮流中,一定能够跻身于世界强林。

主要参考文献

财政部:《中国企业会计准则与国际财务报告准则持续趋同路线图》(2010 年 4 月 2日)。

财政部会计司:《贯彻落实会计准则持续趋同路线图取得重大进展,中国全面参与国际财务报告准则制定掀开新篇章》,《中国会计报》,2010年7月9日。

王军:"加强区域经济交流与合作,推动会计国际趋同与发展——在亚欧国际财务报告准则研讨会上的致辞"(2006年3月25日)。

汪祥耀:"全球会计准则离我们还有多远",《会计研究》,2001年第5期。

汪祥耀:《与国际财务报告准则趋同——路径选择与政策建议》,立信会计出版社,2006年版。

汪祥耀:《美国会计准则研究——从经济大萧条到全球金融危机》,立信会计出版社,2010年版。

29. 金融工具列报准则的国际发展及对我国征求意见稿的比较与完善

一、引言

随着金融工具的不断创新和广泛应用,金融工具的会计处理和报告问题也越来越受到人们的重视。近十多年来,国际各大准则制定机构发布的会计准则,许多与金融工具有关。同时,近年来发生的安然等财务丑闻事件以及 2008 年爆发的全球金融危机,金融工具滥用以及会计规范对其披露的不足,也备受世人指责。因此,在后危机时代的会计变革中,金融工具会计准则的改革就尤为引人注目。2012 年 11 月,我国财政部在充分吸收国际会计界关于金融工具准则最新成果和要求的基础上,就金融工具的列报问题专门发布了《企业会计准则第 37 号——金融工具列报(修订)(征求意见稿)》及修订说明。下文将在阐述金融工具会计准则在列报和披露等方面最新发展的基础上,将我国征求意见稿分别与国际会计准则第 32 号(IAS 32)和国际财务报告准则(IFRS 7)作出深入比较,并对我国征求意见稿的完善提出相关探讨。

二、金融工具列报准则的国际发展及我国趋同概况

美国 FASB 从 1981 年开始研究金融工具的会计规范问题,在这个领域一直走在世界的前列,这与美国超越其他国家的金融创新是分不开的。FASB 关于金融工具会计准则的研究制定过程大致可分成四个阶段:一是初始阶段;二是列报和披露阶段;三是确认和计量阶段;四是修订和完善阶段。其中,在第二阶段,FASB 对衍生金融工具信息披露的早期研究成果主要体现在 SFAS 105、SFAS 107 和 SFAS 119 中。上世纪 90 年代初,随着衍生金融工具在资本市场的兴起和发展,对其表外风险的披露和监管显得日益重要。FASB 于 1990 年 3 月发布了 SFAS 105"对具备资产负债表表外风险的金融工具以及集中信用风险的金融工具的信息披露",该准则对金融工具作出了会计学定义,并对金融工具的范围、性质和风险披露分别作了规定。1991 年 12 月,FASB 发布了 SFAS 107"金融工具公允价值的披露",规定所有金融工具的公允价值均应予以披露,还应披露公允价值确定的依据、方法及其相关的重要假设。1994 年 10 月,FASB 发布了 SFAS 119"衍生金融工具和金融工具公允价值的披露",该准则修订了 SFAS 105 和 SFAS 107,给出了衍生金融工具的定义,同时,还从用于交易目的和用于非交易目的两个角度,对衍生金融工具

的信息披露分别作了规定。该准则也标志着金融工具披露和列报准则的形成。1996 年 12 月,FASB 发布了 SFAS 126"对某些非上市主体有关金融工具的某些披露要求的豁免(对 SFAS 107 的修订)",这使得对衍生金融工具和金融工具公允价值的披露更进一步。显然,对衍生金融工具仅在附注中披露还是远远不够的,社会各界对其在表内列报的呼声越来越高。于是,FASB 于 1998 年 6 月发布了 SFAS 133"衍生工具和套期活动会计"以取代 SFAS 119,要求所有衍生金融工具均需按其公允价值列示在资产负债表中,并对其公允价值的变动作出相应的会计处理。该准则突破了衍生金融工具确认和计量问题的限制,使衍生金融工具交易形成的金融资产或金融负债顺理成章地成为"表内事项"在财务报表中列报。2008 年的美国次贷危机引发的会计讨论引起了各方关注,社会对公允价值会计的质疑迫使 FASB 于 2008 年 3 月发布了 SFAS 161"衍生工具和套期活动的披露(对 SFAS 133 的修订)"。全球金融危机的爆发进一步推动 FASB 和 IASB 联合制定高质量的会计准则,其中金融工具准则是备受关注的项目。与 IASB 的"分阶段逐个击破"不同的是,FASB 设想通过发布"单独的综合准则"来实现金融工具准则的根本变革。

国际会计准则制定机构对金融工具会计处理的研究也是从上世纪 80 年代开始的。IASB 的前身——国际会计准则委员会(IASC)于 1986 年 3 月发布的 IAS 25"投资会计"最早涉及了原始金融工具的相关会计处理,使之成为后续深入研究金融工具会计问题的基石。在金融工具尤其是衍生金融工具不断发展壮大的背景下,IASC 与加拿大特许会计师协会(CICA)开展合作,并于 1990 年 3 月发布了一份关于金融工具的原则公告草案,随后于 1991 年 9 月发布了 ED 40"金融工具",于 1994 年 1 月发布了 ED 48"金融工具"。1995 年 6 月,IASC 将 ED 48 中首先达成共识的金融工具披露与列报部分抽取出来先行发布,于是形成了 IAS 32"金融工具:披露与列报",标志着 IASC 制定金融工具会计准则第一阶段工作的完成。之后,IASC 对金融工具的确认与计量问题进行相关探索,并于 1998 年 12 月发布了 IAS 39"金融工具:确认与计量"。2003 年 12 月,改组后的 IASB 发布了对 IAS 32 的修订,该修订版由准则正文和作为附录的实施指南组成,一并发布的还有结论基础及示例。考虑到表内列报和确认与计量有着不可分割的关系,IASB 整合了 IAS 32 中披露方面的内容以及 IAS 30"银行与类似金融机构财务报表中的披露",于 2005 年 8 月发布了一份独立的金融工具披露准则,即国际财务报告准则第 7 号(IFRS 7)"金融工具:披露"。IFRS 7 强调将金融工具披露与列报相分离,相应地,IAS 32 被更名为"金融工具:列报",仅对已确认金融工具的表内列报问题作出规范。2008 年 2 月,IASB 发布了"可回售金融工具和清算义务",对 IAS 32 作了新的修订,规定可以将满足条件的"可回售金融工具"(Puttable Instruments)和清算义务确认为"权益"。2008 年 10 月,IASB 就金融工具的"重分类问题"对 IAS 39 和 IFRS 7 作出修订。2009 年 3 月,IASB 发布了"改进金融工具的相关披露(对 IFRS 7 的修订)",此次修订是在金融危机背景下提出关于改进公允价值计量和流动性风险披露的要求而作出的。2009 年 10 月,IASB 就"配股分类"问题对 IAS 32 再次作出修订,以应对全球金融危机导致的一些主体越来越多地通过配股来筹集更多资本的情况。2010 年 10 月,IASB 修订了有关金融资产转让的披露,加强了 IFRS 7 对于已转让但未终止确认的金融资产的现行披露要求,并对已终止确认但主体在出售后仍然继续涉入的金融资产引入了新的披露要求。2011 年 12 月,IASB 发布了"金融资产和金融负债的抵销"(对 IAS 32 的修订),同时修订了 IFRS 7 的相关披露条款。2012 年 5 月,IASB 发布了 2009—2011 年周期的年度改进(权益分配的税收影响)对 IAS 32 的修订。

综上可见,国际金融工具准则的制定大致可以分为两个时期。首先是在 IASC 时期,金融工具主要通过 IAS 32 和 IAS 39 加以规范,前者规范列报和披露问题,后者规范确认和计量问题。其次是 2004 年以后,IASB 开始全面制定国际财务报告准则,将金融工具准则分为披露、列报和确认计量三个阶段进行。由于对 IAS 32 的修订始终与 IAS 39 的任何变动紧密相关,IASB 意识到,金融工具的表内列报应紧随确认与计量程序,而非与披露同时规范。于是,IASB 于 2005 年 8 月通过发布独立的金融工具披露准则 IFRS 7"金融工具:披露",专门规范金融工具的披露事宜。同时,IASB 将 IAS 32 改造为单独的金融工具列报准则,主要涉及金融工具的表内列报以及已确认项目的附注披露。另外,IASB 设想通过单独的 IFRS 9 替代 IAS 39,以规范金融工具的分类、计量以及减值和套期等问题。从 2009 年 11 月起,IASB 发布和修订了 IFRS 9"金融工具",先后规范了金融资产和金融负债的分类和计量,而余下的减值和套期会计等问题仍处于征求意见阶段。

我国对金融工具会计处理的研究始于上世纪 90 年代,早期的规范大多散见于《企业会计制度》、《金融企业会计制度》和相关部门的规章制度中。为了进一步规范企业对金融工具的会计处理,财政部于 2006 年发布的新会计准则体系中包括了 4 项涉及金融工具的会计准则,即 CAS 37《金融工具列报》、CAS 22《金融工具确认和计量》、CAS 23《金融资产转移》、CAS 24《套期保值》。新会计准则发布后,国际经济和金融形势发生了重大变化,国际金融工具会计准则的体系结构和内容也发生了许多变革,按照我国会计准则与国际准则持续趋同的要求,财政部在广泛征求各方面意见的基础上,分析了我国现行 CAS 37 及相关应用指南实施 5 年以来在实务中存在的问题和不足,决定全面修订金融工具列报准则,并于 2012 年 11 月发布了《企业会计准则第 37 号——金融工具列报(修订)(征求意见稿)》。我国征求意见稿在金融工具"列报"的名下,实际上包括了"表内列报"和"附注披露"两部分内容,分别对应于国际金融工具准则中的 IAS 32 与 IFRS 7。本文余下部分将在比较分析的基础上,对我国征求意见稿的完善作出一些探讨。

三、我国金融工具列报准则(修订)(征求意见稿)与 IAS 32 和 IFRS 7 的比较

我国《企业会计准则第 37 号——金融工具列报(修订)(征求意见稿)》共分为 5 章 54 条,包括第一章总则、第二章金融工具列示、第三章金融工具披露、第四章衔接办法和第五章附则,相较原准则《金融工具列报》(2006)的 3 章 45 条,篇幅有所增加,修订了 6 个方面

的内容,全面反映了国际会计界对金融工具列报的最新规范要求。图表 5-29-1、图表 5-29-2 详细列示了我国征求意见稿与 IAS 32 和 IFRS 7 最新修订结果的异同。

(图表 5-29-1)

我国金融工具列报准则(修订)(征求意见稿)与 IAS 32 的比较

IAS 32 (2003 年版及截至 2012 年更新的内容)	我国金融工具列报准则 (修订)(征求意见稿)	差异比较
第一部分 目标(第 2—3 段)(第 1 段已删除):本准则的目标是为金融工具列报为负债或权益以及金融资产和金融负债的抵销制定准则;强调从发行人的角度将金融工具进行分类;本准则的原则同时补充 IFRS 7 和 IFRS 9 的原则。	第一章 总则(第 1—4 条):包括准则制定目标(是为了规范金融工具的列报,根据《企业会计准则——基本准则》,制定本准则)、内容(金融工具列报,包括金融工具列示和金融工具披露)和准则的适用范围。	· IAS 32 对目标描述较为详细,同时强调了原则;我国征求意见稿规定金融工具列报分为列示和披露两部分。
第二部分 范围(第 4—10 段)(第 5—7 段已删除):本准则适用于所有主体的所有金融工具,同时列出适用其他相关会计准则的例外情况。		
第三部分 定义(第 11—14 段):对本准则中的金融工具、金融资产、金融负债、权益工具、公允价值、可回售工具、合同、主体等作出了定义。	我国征求意见稿中的关键名词定义散见于各章中。	· 我国征求意见稿并没有单独对关键名词给予详细定义。
第四部分 列报 (第 15—50 段)	(一)负债和权益(第 15—27 段):对以下内容作出了相关规定:(1)初始确认时应将其分为金融负债、金融资产或权益工具;(2)可回售工具;(3)仅在清算时主体有义务向另一方交付按其净资产某一试算比例计算的份额的工具或其组成部分;(4)可回售工具与仅在清算时主体有义务向另一方交付按其净资产某一试算比例计算的份额的工具或其组成部分的重分类;(5)无交付现金或其他金融资产的合同义务的情况;(6)以主体自身权益工具结算的情况;(7)不确定的结算条款;(8)结算的选择权。	第二章 金融工具列示(第 5—19 条): (一)金融工具的分类与确认(第 5—14 条):对以下内容作出了相关规定:(1)初始确认时应确认为金融资产、金融负债或权益工具;(2)回购自身权益工具义务的合同;(3)可回售工具;(4)发行方仅在清算时才有义务向另一方按比例交付其净资产的金融工具;(5)满足(3)或(4)的金融工具,发行方不得持有其他金融工具或合同的情况;(6)满足(3)或(4)金融工具的重分类条件和会计处理;(7)应当基于合同实质和定义来合理分类;(8)对未来不确定事项的考虑;(9)可供选择的结算方式。	· IAS 32 阐述了是否具有交付现金或其他金融资产的合同义务为区分金融负债和权益工具的关键特征,并专节讨论了无此类合同义务的情况。 · IAS 32 详细解释了主体以自身权益工具结算的情况。 · IAS 32 分别讨论了具有不确定性结算条款和具有结算方式选择权的金融工具的列报,我国征求意见稿也讨论了类似问题,但小节的名称不够明确。

（续表）

IAS 32 （2003 年版及截至 2012 年更新的内容）	我国金融工具列报准则 （修订）（征求意见稿）	差异比较
第四部分 列报 （第 15— 50 段）		
（二）复合金融工具（第 28—32段）：规定非衍生金融工具发行人应评估该金融工具的条款，以决定是否同时包含负债和权益的组成部分；主体应在其财务状况表中分别列示负债和权益的组成部分；根据 IFRS 9 计量各组成部分初始确认的账面价值。	（二）复合金融工具中负债和权益的分类（第 15 条）：规定企业发行的非衍生金融工具包含负债和权益成份的，应当在初始确认时将负债和权益成份进行分拆，分别进行会计处理；确定初始确认金额及交易费用的会计处理。	• IAS 32 较详细阐述了复合金融工具及其组成部分，并提出列报要求。 • 我国征求意见稿中对交易费用分摊的确认，IAS 32 在第 38 段中说明。
（三）库藏股（第 33—34 段）：规定回购自身权益工具时应从权益中减除，另外需按 IFRS 1 和 IAS 24 的相关规定披露。	（三）库藏股的处理（第 16 条）：规定企业在发行、回购、出售或注销自身权益工具时的会计处理。	• 我国征求意见稿中没有提及对库藏股的相关披露要求。
（四）利息、股利、损失和收益（第 35—41 段）：规定归类于金融负债的金融工具或其组成部分，其相关的利息、股利、损失和利得应确认为当期损益；规定了主体发行或取得其本身权益工具时产生的交易费用和复合金融工具产生的交易费用的会计处理和相关披露。	（四）相关利息、利得和损失的处理（第 17 条）：规定金融工具或其组成部分属于金融负债的，其相关利息、利得或损失等，计入当期损益。	• 我国征求意见稿未涉及归类为金融负债的金融工具的股利应如同债券利息作为费用处理。 • 我国征求意见稿对主体向权益工具持有人的分配和权益工具交易费用的处理，规定较简单。
（五）金融资产和金融负债的抵销（第 42—50 段）：规定了金融资产和金融负债相互抵销的条件，并于财务状况表中用净额列示；当金融资产和金融负债互相抵销以净额列示可以反映主体结算两项或以上单个金融工具预期产生的未来现金流量时，应当以净额列示；净额列示不等同于终止确认；债权人法定权利的抵销问题；抵销金融资产和金融负债可执行权利存在，结算特定资产和负债的意图以及两项金融工具同时结算对主体风险的影响和应做的披露；金融工具和金融资产互相抵销不适当的情况列举；主体与单一交易方进行多项金融工具交易的情况。	（五）金融负债和金融资产相互抵销的情况（第 18—19 条）：规定金融资产和金融负债应当在资产负债表内分别列示，不得相互抵销。但是，同时满足相关条件的，应当以相互抵销后的净额在资产负债表内列示；企业应当区分以抵销后净额列示的金融资产或金融负债和终止确认的金融资产或金融负债；抵销不应当产生利得或损失；终止确认应当转销资产负债表列示项目，并可能产生利得或损失。	• 我国征求意见稿在以相互抵销后净额列示需满足的条件中，详细解释了"法定权利"和"净额结算"；相对应的内容 IAS 32 在第 45—46 段中说明。 • 我国征求意见稿没有涉及两项金融工具同时结算、多项金融工具交易和不应抵销的举例说明。

（续表）

IAS 32 （2003 年版及截至 2012 年更新的内容）	我国金融工具列报准则 （修订）（征求意见稿）	差异比较
第五部分　披露（第 51—95 段已删除）	第三章　金融工具披露（第 20—51 条）：该部分将于表 2 中和 IFRS 7 进行对比。	·修订后的 IAS 32 已不包括披露的规范性要求。
第六部分　生效日期与过渡性规定（第 96—97 段）：规定了本准则和以后修订内容的生效日期，并要求提前适用本准则和修订内容，应披露这一事实；规定本准则应追溯适用。	第四章　衔接办法（第 52—53 条）：要求企业采用追溯调整法应用本准则处理。	·我国准则尚处于征求意见稿阶段，未规定具体日期。
	第五章　附则（第 54 条）：本准则自 201×年×月×日起施行。	
第七部分　其他准则的撤销（第 98—100 段）：规定本准则取代的准则和解释公告以及撤销的解释公告。		·我国征求意见稿未涉及此内容。
第八部分　附录（共 39 段）：本附录是本准则的一部分，提供相关应用指南。		·我国征求意见稿未涉及此内容。

（图表 5 - 29 - 2）
我国金融工具列报准则(修订)(征求意见稿)与 IFRS 7 的比较

IFRS 7（截至 2012 年更新的内容）	金融工具列报准则（修订） （征求意见稿）	差异比较
第一部分 目标（第 1—2 段）：本准则的目标是规定主体在其财务报表中提供金融工具的披露，使得使用者能够评估金融工具对主体财务状况与业绩的重要性，以及主体在当期和报告期末所面临的因金融工具产生的风险的性质和程度及其管理风险的措施。本准则的原则同时补充 IAS 32 和 IFRS 9 中确认、计量与列报的原则。	第一章　总则（第 1—4 条）：包括准则制定目标（是为了规范金融工具的列报，根据《企业会计准则——基本准则》，制定本准则）、内容（金融工具列报，包括金融工具列示和金融工具披露）和准则的适用范围。	·IFRS 7 规范的是金融工具在财务报表中的披露，我国征求意见稿规范的是金融工具在附注中的披露。
第二部分范围（第 3—5 段）：本准则适用于所有主体的所有金融工具，但是有例外情况。		·我国征求意见将金融工具列报包括列示和披露两部分。
	第二章　金融工具列示（第 5—19 条）：该部分已于表 1 中和 IAS32 对比。	
第三部分 金融工具的类别及披露程度（第 6 段）：当准则要求分类披露金融工具时，主体应按照所披露信息的性质并考虑金融工具的实质将金融工具分类，并提供足够信息以使财务状况表中列示的线上项目可以相互调节。		·我国征求意见稿中未强调此部分内容。

（续表）

IFRS 7(截至 2012 年更新的内容)		金融工具列报准则(修订)(征求意见稿)	差异比较
第四部分金融工具对财务状况与业绩的重要性(第 7—30 段)	(一)概述(第 7 段):主体应披露能使财务报表使用者评估金融工具对该主体财务状况与绩效的重要性的信息。	第三章 金融工具披露(第 20—51 条):(一)概述(第 20 条):金融工具披露,是指企业在附注中披露已确认和未确认金融工具的有关信息。企业所披露的金融工具信息,应当有助于财务报告使用者就金融工具对企业财务状况和经营成果影响的重要程度以及金融工具使企业在报告期末和报告期间所面临的风险的性质和程度作出合理评价。	·国际准则定义的财务报表包括附注,我国基本会计准则将附注排除在会计报表之外,却包括在财务报告中。所以前者指"财务报表使用者",后者指"财务报告使用者"。
	(二)财务状况表(第 8 到 19 段):(1)要求在财务状况表或附注中披露 IFRS 9 规定的每一种类金融工具的账面金额,包括通过损益以公允价值计量的金融资产或金融负债,以摊余成本计量的金融资产或金融负债,通过其他综合收益损益以公允价值计量的金融资产或金融负债等;(2)规定了金融资产重分类情况下应披露的信息;(3)要求披露根据 IAS 32 抵销的所有已确认金融工具,以及可强制执行的总互抵协议和类似协议下的已确认金融工具的相关信息;(4)主体应当披露担保物的账面金额,有关条款和条件,以及担保物在担保物所有人没有违约时就可以出售或再作为担保物的情况下应当披露的信息;(5)主体应当披露信用损失的备抵账户的信息;(6)主体应当披露具有多项嵌入式衍生工具的复合金融工具的特征;(7)对于报告期末已确认应付借款,应披露其违约和违反的详情。	(二)企业编制财务报表时应披露的信息(第 21—38 条):(1)编制财务报表时对金融工具所采用的重要会计政策、计量基础等信息的披露;(2)列举需要披露账面价值的金融资产或金融工具;(3)以公允价值计量且其变动计入当期损益的金融资产或金融负债;(4)金融资产重分类前后的公允价值或账面价值和重分类的原因;(5)对于已转移尚未全部终止确认的金融资产以及已全部终止确认、但转出方继续涉入的被转移金融资产应当披露的信息;(6)对于抵销的金融工具以及遵循可执行的总互抵协议或类似协议下的金融工具的信息披露;(7)作为担保物的金融资产有关的信息,担保物在担保物所有人没有违约时就可以出售或再作为担保物的情况下应当披露的信息;(8)每类金融资产减值损失的详细信息;(9)企业应当披露与违约借款有关信息;(10)企业应当披露每类套期保值的描述、公允价值和风险的性质,	·我国征求意见稿和 IFRS 7 关于金融工具信息披露的要求大致相同,但结构和顺序不同。前者以披露事项重要性为序,后者按报表披露和其他披露为序,逻辑关系更为清晰。 ·我国征求意见稿对金融工具披露采用了旧分类方法,IFRS7 采用 IFRS 9 新分类方法。 ·我国征求意见稿仅涉及附注中的披露,IFRS 7 涉及在财务状况表、综合收益表或附注中的披露。 ·我国征求意见稿提及金融资产减值损失的披露。 ·我国征求意见稿在本次修订中删除了有关公允价值的披露,IFRS 7 仍保
	(三)综合收益表(第 20 段):主体应当在综合收益表或附注中披露与各类金融工具相关的收益、费用、利得或损失项目。		

（续表）

IFRS 7(截至 2012 年更新的内容)		金融工具列报准则(修订) (征求意见稿)	差异比较
第四部分 金融工具 对财务状 况与业绩 的重要性 (第 7—30 段)	（四）其他披露（第 21－30 段）： （1）主体应按照 IAS 1 第 117 段的 要求在重大会计政策概述中披露 编制财务报表所采用的计量基础， 以及对了解财务报表相关的其他 会计政策；（2）主体应当单独披露 各类套期活动（包括公允价值套 期、现金流量套期和境外经营净投 资套期）详情，对指定为套期工具 的金融工具的描述和它们在报告 期末的公允价值，以及被套保风险 的性质等；（3）要求主体对每类金 融资产和金融负债披露公允价值， 并能使其与账面金额比较。	具体包括现金流量套期、公允 价值套期和境外经营净投资 套期的有关信息；（11）企业应 当披露在活跃市场中没有报 价的权益工具投资，以及与该 权益工具挂钩并须通过交付 该权益工具结算的衍生工具 的有关信息；（12）企业应当披 露与金融工具有关的下列收 入、费用、利得或损失。	留了对各类金融资 产和金融负债公允 价值的披露要求。
第五部分 金融工 具所产生 的风险的 性质和程 度（第 31 －42 段）	（一）金融工具产生风险的性质和 程度的披露（第 31－32 段）：规定 主体应当披露能使财务报表使用 者评估主体在报告期末所披露金 融工具产生风险的性质和程度的 信息；着重披露风险及如何管理风 险；风险通常包括信用风险、流动 性风险和市场风险；强调量化披露 和定性披露的交叉运用。 （二）定性披露（第 33 段）：规定主 体应披露金融工具风险的产生，管 理风险的目的、政策和程序以及衡 量风险的方法，并同时披露自前期 以来的任何变动。 （三）量化揭露（第 34－42 段）： （1）主体应依金融工具的类别披露 信用风险，包括逾期或减损的金融 资产的披露和取得担保物和其他 信用增级的披露；（2）主体应当披 露非衍生金融负债和衍生金融负 债的到期分析以及如何管理其固 有流动性风险的说明；（3）市场风 险，包括敏感性分析和其他市场风 险的披露。	（三）风险信息披露要求（第 39 －51 条）：（1）与各类金融工具 风险相关的描述性信息和数 量信息披露；（2）与每类金融工 具信用风险有关的信息披露， 并且规定最能代表企业资产 负债表日最大信用风险敞口 的金融资产金额；（3）按照类别 披露已逾期或发生减值的金 融资产的信息；（5）对于企业发 行的既含负债成份又含权益 成份、且嵌入了相关价值联动 的多重衍生特征的金融工具， 其特征的披露；（6）因债务人违 约而处置担保物或其他信用 增级的相关披露；（7）披露金融 负债按剩余到期日所作的到 期期限分析，管理这些金融负 债流动性风险的方法，同时确 定适当的时间段；（8）应当将相 应的金融负债列入债权人要 求收回债权的最早时间段内； （9）金融工具的市场风险披露， 包括外汇风险、利率风险和其 他价格风险；（10）有关市场风	·我国征求意见稿 对风险信息披露的 要求内容更加详 尽。IFRS 7 对风险 的披露强调层级， 组织结构明确。 ·IFRS 7 强调管理 风险，将风险分为 定性披露和量化披 露，而我国征求意 见稿将风险信息分 为描述性信息和数 量信息。 ·我国征求意见稿 额外说明了多重衍 生特征的金融工具 的披露和确定适当 的时间段。

（续表）

IFRS 7(截至 2012 年更新的内容)	金融工具列报准则(修订)(征求意见稿)	差异比较
第五部分　金融工具所产生的风险的性质和程度（第 31—42 段）	险敏感性分析的信息,采用风险价值法或类似方法进行敏感性分析时的披露,以及对敏感性分析的披露不能反映金融工具内在市场风险的披露。	
第六部分　金融资产的转移（第 42 段）：规定此部分的披露是作为本准则其他披露要求的补充而提出的,要求主体应当在财务报表中以单一附注的方式列报金融资产转移的披露,包括在报告日整体已转移但未终止确认的金融资产以及已转移但主体仍继续涉入的金融资产,另外还需披露继续涉入的类型和补充信息。		· 我国征求意见稿在第 26—27 条中规定此内容的披露要求。 · IFRS 7 将其作为"其他披露"的补充。
第七部分　生效日期与过渡性规定（第 43—44 条）：规定本准则自 2007 年 1 月 1 日或以后日期开始的年度期间生效,允许提前采用。	第四章　衔接办法（第 52—53 条）：要求企业采用追溯调整法应用本准则处理。	· 我国准则尚处于征求意见稿阶段,未规定具体日期。
	第五章　附则（第 54 条）：本准则自 201×年×月×日起施行。	
第八部分　国际会计准则第 30 号的撤销（第 45 段）：规定本准则取代国际会计准则第 30 号《银行与类似金融机构财务报表中的披露》。		· 我国征求意见稿未涉及撤销问题。
第九部分　附录：规定了名词定义、应用指引和其他国际财务报告准则的修订。	我国征求意见稿中的定义散见于准则中。	· 我国征求意见稿没有单独定义名词。

四、完善我国金融工具列报准则(修订)(征求意见稿)的建议

从以上比较中可以看到,我国金融工具列报准则（修订）（征求意见稿）和 IAS32、IFRS 7 的内容已大同小异,本次修订的有关权益工具的分类、抵销的规定和披露要求、金融资产转移的披露要求、到期期限分析的披露要求等都已紧跟国际上近几年对 IAS 32 和 IFRS 7 的修改,总体上已体现了《中国企业会计准则与国际财务报告准则持续趋同路线图》的要求。但是,从完善我国金融工具列报准则的目的出发,我们仍提出以下几个问题加以进一步探讨。

首先,对我国金融工具准则体系安排的探讨。金融工具尤其是衍生金融工具是近 30 年来全球金融创新的产物,它们既推动了金融市场的改革与发展,但又带来许多对当前金

融和会计监管形成挑战的新兴问题。早先,无论是 FASB 还是 IASB,对金融工具会计处理和报告的准则规范都是零散制定的,缺乏系统性的通盘考虑,因此有多项会计准则涉及金融工具处理。近年来,尤其是全球金融危机以后,FASB 与 IASB 加强了合作,全方位改革金融工具会计准则。FASB 设想整合现有准则的各方面规定,发布"单独的综合准则"来实现金融工具准则的根本变革。IASB 拟通过 IAS 32、IFRS 7 和 IFRS 9 这三项准则分别完成金融工具的列报、披露、确认、计量以及减值、套期等的规范问题。而我国金融工具准则体系的未来安排不是很明确,除了本次发布的金融工具列报准则征求意见稿规范金融工具的列示和披露问题(相当于 IAS 32 与 IFRS 7)之外,似乎还将保留 2006 年发布新会计准则时涉及金融工具的所有 4 项准则(因为在征求意见稿中均提及了这 4 项准则)。如果是这样,我国未来金融工具准则体系结构的安排将与国际准则形成较大的差别,尤其是国际准则不再为金融工具转移、减值和套期等安排专门的准则了,都通过 IFRS 9 加以规范。

其次,关于我国金融工具列报准则结构的探讨。我国金融工具列报准则(修订)(征求意见稿)中将列报(Presentation)分为列示(Display)和披露(Disclosure)两部分,分别对应国际准则的 IAS 32 和 IFRS 7。这又将形成我国准则与国际准则的一项较大差异。据我们理解,披露的含义要比列报广泛而不是相反。最广义的披露(如泛指的上市公司信息披露)可以包括确认、计量结果的表内列报、附注披露以及表外披露等,FSAB 在第 5 号概念公告中曾指出,财务报表项目及其计量方法的信息披露可以通过财务报表正表、附注的方式提供,也可以通过补充信息以及财务报告的其他方式提供(这种含义的信息披露应该是最为广义的了);中观含义的披露应该与作为确认、计量结果的列报相对应,即去除表内列报后,还包括表内的附注披露和表外披露两部分;而如果将附注披露也作为表内列报的范畴,那么,最狭义的披露应仅指表外披露部分(及其他财务报告中的披露)。遗憾的是,虽然在各国会计准则中均广泛使用列报和披露等术语,但现有的概念框架至今未给它们严格定义。正因如此,IASB 在 2013 年 3 月 20 日关于加速制定概念框架联合项目的会议上,讨论了概念框架的部分内容,包括列报和披露、财务报表要素和资本保全等,指出现行的概念框架没有关于列报和披露的部分,呼吁应该为列报和披露提供指导。我国会计准则将列报包括列示和披露两部分可能是一种创新(这一创新始于 2006 年的新会计准则),但我国准则也未对"列示"、"列报"和"披露"作过严格的定义和区分,翻查财政部 2001 年编著的《企业会计准则中英文对照》将"列示"翻译为"Show",财政部《企业会计准则(2006)》的英文版将"列报"和"列示"均翻译成"Present",而在国际准则中我们也发现有类似于中文"列示"的对应词"Display",只是未将它作为一个正式的会计程序。因此,我们认为,将"列报"包括"列示"与"披露"不是国际上通行的做法,相应地,将金融工具列报准则同时涵盖金融工具列报(列示)与披露的内容也与国际准则形成了差异而未必妥当。

再次,对我国金融工具列报准则内容进一步完善的探讨。前已述及,我国金融工具列报准则征求意见稿已与相关国际准则的内容基本趋同,但仔细分析,还能发现一些差异,需要进一步完善。例如,我国征求意见稿对金融资产的分类仍然采用原国际会计准则的"四分类法",没有反映 IFRS 9 采用"两分类法"对金融资产分类作出的修订。又如,国际准则已经将原先的资产负债表改名为"财务状况表",将收益表改名为"综合收益表"(或"损益和其他综合收益表"),但我国准则没有作出相应的跟进。还有,国际金融工具披露准则涉及财务报表正表和附注对金融工具的披露,我国金融工具列报准则征求意见稿的披露部分仅涉及附注对金融工具的披露,两者对披露的理解存在不一致之处。最后,我们总体感觉到国际准则的内容编排有序,有目录指引,有名义定义集中参照,容易检索和理解,但我国会计准则采用了部门规章的形式,以章节排序有关内容,增加了阅读的难度。当然,这一问题也是我国具体会计准则存在的共性问题。因此,我们还应进一步努力,以缩小我国会计准则与相应国际准则的差异。

主要参考文献

财政部会计司:《企业会计准则第 37 号——金融工具列报(修订)(征求意见稿)》(2012 年 11 月)。

财政部会计司:《企业会计准则第 37 号——金融工具列报(修订)(征求意见稿)》修订说明(2012 年 11 月)。

汪祥耀:"美国会计准则体系的重大变革及启示",《财经论丛》,2010 年第 1 期。

汪祥耀、邵毅平:《美国会计准则研究——从经济大萧条到全球金融危机》,立信会计出版社,2010 年版。

IASB,IAS 32"Financial Instruments:Presentation",revised in 2012.

IASB,IFRS 7"Financial Instruments:Disclosures",revised in 2012.

30. 我国公允价值计量准则(征求意见稿)与 IFRS 13 的比较及完善建议

一、公允价值计量准则的国际发展与我国制定该准则的背景

公允价值计量是当前国际会计界的热点话题,也是一个跨世纪的会计难题。"公允价值"最早由谁提出并使用,目前已无从准确稽考。但从上世纪 90 年代开始,随着企业经济业务的日益复杂化以及金融工具的发展,公允价值声名鹊起并被越来越多的使用,却是不争的事实。尤其是经历了上世纪 90 年代"储蓄和房贷危机"和本世纪初"次贷危机"的美国,既是公允价值会计的发源地,又因对公允价值的不清晰认识和不当使用,使其屡屡处于危机的风口浪尖之中。美国财务会计准则委员会(FASB)自 1973 年成立以来,其发布的 160 多项会计准则约有 40 项已涉及公允价值计量或披露,并有近 10 项准则零星地涉及公允价值的定义。由于缺乏对公允价值的统一定义以及对公允价值计量和披露的统一规范,不利于公允价值会计的健康发展。因此,FASB 从 2002 年开始对公允价值计量作出专题研究,并于 2006 年 9 月正式发布了财务会计准则第 157 号(SFAS 157)"公允价值计量",为公允价值的规范应用在世界上建立了第一个计量框架,代表了 FASB 对公允价值的全面认识和考量,为今后公允价值的发展指明了方向。

然而,随着 2008 年全球金融危机的爆发,公允价值再次被推到了风口浪尖,人们把公允价值视为金融危机的罪魁祸首。幸运的是,2008 年 12 月底,美国证券交易委员会(SEC)发布了《"按市值计价"会计研究报告和建议》,认为公允价值会计不仅不是引发次贷危机的元凶,反而在帮助金融机构及时发现问题、快速采取措施,从而防止危机进一步恶化方面发挥了重要作用。但 SEC 同时认为,现行公允价值计量方法确实有待于完善,特别是应对在不活跃、不流动市场下应用公允价值提供进一步的指引。从 2008 年 2 月到 2009 年 4 月,FASB 先后发布了 4 项"员工立场公告",分别从适用范围、生效时间和金融危机背景下公允价值计量应用等方面对 SFAS 157 进行了修订。

为应对金融危机和响应二十国集团(G20)峰会提出的建立全球高质量会计准则的倡议,国际会计准则理事会(IASB)也加快了公允价值准则制定的步伐。早在 2005 年 9 月,IASB 就将"公允价值计量"项目列入了议程,开始研究和制定单独的公允价值计量准则;2006 年 2 月,IASB 与 FASB 联合发布了一份谅解备忘录,确定了双方 2006-2008 年趋同的路线图,IASB 将"公允价值计量"项目列入了趋同计划;2006 年 11 月,IASB 对 SFAS

157 的主要理论进行了研究,就一些关键问题形成了初步看法,并将这些看法和 SFAS 157 一同发布,作为其"公允价值计量"项目的讨论稿。2009 年 5 月,IASB 发布了"公允价值计量"(征求意见稿),将公允价值计量的估价技术输入值按优先次序分为三个层级,并对非活跃市场条件下公允价值计量提供了应用指南。2011 年 5 月 12 日,IASB 与 FASB 共同发布了公允价值计量的最新准则,即国际财务报告准则第 13 号(IFRS 13)"公允价值计量"与 FASB2011 年第 4 号会计准则更新公告。该准则在广泛吸收和借鉴 FASB 第 157 号准则以及几项改进性员工立场公告(157-1、157-2、157-3、157-4)的基础上,对公允价值及相关术语作了定义,建立了单一的公允价值计量框架,并就非活跃市场环境下公允价值计量的应用提供了指南。因此,IFRS 13 代表了国际会计界对公允价值计量研究的最新成果,是 IASB 与 FASB 会计国际趋同的产物,对各国公允价值准则的制定都发挥着重要影响。

我国自 20 世纪 90 年代制定会计准则以来,对公允价值应用始终持欲拒还迎的态度,即:一方面,公允价值能够提高会计信息的相关性,代表了国际会计发展的未来趋势;另一方面,由于公允价值存在难以计量、应用和可靠性不强等缺陷,使我国对公允价值应用持谨慎态度。2006 年 2 月我国新会计准则果断引入了公允价值计量属性,使公允价值成为新准则的一大亮点。然而,新会计准则体系中关于公允价值计量的相关规定也分散在"投资性房地产"、"资产减值"、"企业合并"和"金融工具确认和计量"等多项准则中,而且 FASB 和 IASB 之后均各自发布了独立的"公允价值计量"准则。为更加有效、统一地应用公允价值计量,并尽可能保持我国会计准则与国际准则的持续趋同,财政部于 2012 年 5 月发布了《企业会计准则第×号——公允价值计量(征求意见稿)》,规范了公允价值定义,明确了公允价值计量方法和级次,并对公允价值计量相关信息的披露作了具体要求。下文将对我国公允价值计量(征求意见稿)与 IFRS 13 作出比较分析,并对完善我国公允价值计量准则提出一些建议。

二、我国公允价值计量(征求意见稿)与 IFRS 13 的比较

我国公允价值计量(征求意见稿)以法规条文的形式发布,共分为 11 章 49 条,包括总则、公允价值计量基本要求、非金融资产的公允价值计量、负债和企业自身权益工具的公允价值计量、市场风险或信用风险可抵销的金融资产和金融负债的公允价值计量、公允价值初始计量、估值技术、公允价值级次、披露、衔接方法和附则等。IFRS 13 除引言和 4 个附录以及结论基础外,分为目标、范围、计量、披露 4 个部分共 99 段。附录也是 IFRS 13 不可分割的内容(共 198 段),分为:(1)名词定义;(2)应用指南;(3)生效日期与过渡性规定;(4)对其他 IFRS 的修订。

总体而言,IFRS 13 的内容比我国公允价值计量(征求意见稿)更为丰富,以下我们通过图表 5-30-1,将两者进行详细比较,以期找出它们的区别及联系。

（图表 5 - 30 - 1）

我国公允价值计量（征求意见稿）与 IFRS 13 的比较

IFRS 13 （2011 年 5 月发布）	公允价值计量（征求意见稿） （2012 年 5 月发布）	差异比较
第一部分　准则制定目标（第 1—4 段）：对公允价值作出定义，通过一项单一的 IFRS 为公允价值计量建立一个框架、对公允价值提出披露要求。并专门强调了"公允价值是基于市场的计量，而非基于特定主体的计量"。还指出：资产或负债无论是否存在可供利用的市场交易或市场信息，它们的公允价值计量目标却完全相同。	第一章　总则（第 1—4 条）：包括准则制定目标（为了建立统一的公允价值计量框架，规范公允价值相关信息的披露，根据《企业会计准则——基本准则》，制定本准则）、公允价值的定义、准则的适用范围。将公允价值定义为"市场参与者在计量日发生的有序交易中，出售一项资产所能收到或者转移一项负债所需支付的价格"。	· 我国征求意见稿对制定公允价值计量准则目标的描述较为简单。 · 我国征求意见稿将公允价值的定义放在第一章，IFRS 13 在第三部分"计量"中讨论公允价值的定义。
第二部分　准则适用范围（第 5—8 段）		· 我国征求意见稿将公允价值定义为在计量日"发生"的有序交易中的价格，IFRS 13 的定义没有强调"发生"交易。
（一）公允价值的定义（第 9—10 段）：IFRS 将公允价值定义为"计量日在市场参与者之间的有序交易中出售一项资产所能收到或者转移一项负债所需支付的价格"。		
第三部分 计量 （第 9—90 段） （二）资产或负债（第 11—14 段）：规定公允价值计量针对的是特定的资产或负债。因此计量公允价值时，主体应考虑市场参与者在计量日对资产或负债定价时会考虑的那些资产或负债的特征，包括资产状况和所处位置，以及对资产出售和使用的限制等。 （三）交易（第 15—21 段）：对计量公允价值的"交易"情况作出说明，一是假定"资产或负债的交换"是在"计量日"和"当前市场条件下"的"有序交易"中发生的；二是假定出售资产或转移负债的"交易"发生在"主要市场"或不存在主要市场时的"最有利市场"。 （四）市场参与者（第 22—23 段）：主体在计量资产或负债的公允价值时，应当采用市场参与者为实现其经济利益最大化而对资产或负债定价所使用的假设。	第二章　公允价值计量的基本要求（第 5—13 条）： 规定了企业以公允价值计量相关资产或负债，应当考虑该资产或负债的特征，包括资产状况及所在位置、对资产出售或者使用的限制等。 以公允价值计量的相关资产或负债可以是单项资产或负债，也可以是资产组、负债组或者资产和负债的组合。 企业应当以主要市场（或最有利市场）的价格计量相关资产或负债的公允价值。 企业以公允价值计量相关资产或负债企业应当采用市场参与者在对相关资产或负债定价时为实现其经济利益最大化所使用的假设。 企业应当假定市场参与者在计量日出售资产或者转移负	· 我国"公允价值计量的基本要求"对应于 IFRS 13 中关于公允价值计量需要考虑"资产或负债"的特征、对"交易"的说明、应使用"市场参与者"所使用的假设，以及公允价值的"价格"是脱手价等内容。 · 由于中文翻译的原因，表述可能有出入，但公允价值计量的基本原则双方基本一致。 · 我国准则将"有序交易"的定义放在第 13 条，放在"主要市场"和"最有利市场"的定义

（续表）

IFRS 13 （2011年5月发布）	公允价值计量（征求意见稿） （2012年5月发布）	差异比较
（五）价格（第24—26段）：更进一步说明"公允价值是在计量日的当前市场条件下、在主要市场（或最有利市场）的有序交易中，出售一项资产所能收到或者转移一项负债所需支付的价格（即脱手价格），而无论该价格是直接可观察的还是使用其他股价技术加以估计的"。	债的交易，是在当前市场条件下的有序交易。	之后。与IFRS 13的顺序不一致。 ·我国准则未强调公允价值是"脱手价格"且无论该价格是直接可观察的还是使用其他股价技术加以估计的。
第三部分　计量 （第9—90段） （六）运用于非金融资产（第27—33段）：规定非金融资产公允价值的计量应从市场参与者的角度考虑通过最高效和最佳使用该资产或者将其出售给另一能够最高效和最佳使用该资产的市场参与者的方式产生经济利益的能力。"最高效和最佳使用非金融资产"需要考虑实物上可能、法律上允许和财务上可行等因素。"非金融资产的最高效和最佳使用"确立了公允价值计量的估价前提，包括组合使用非金融资产的估价前提与单独使用非金融资产的估价前提。	第三章　非金融资产的公允价值计量（第14—17条）：规定企业以公允价值计量非金融资产，应当考虑市场参与者通过直接将该资产用于最佳用途的方式产生经济利益的能力，或者通过将该资产出售给能够使其用于最佳用途的其他市场参与者的方式产生经济利益的能力。将"最佳用途"定义为"市场参与者实现一项非金融资产或其所属的一组资产和负债的价值最大化时该非金融资产的用途"。规定了企业确定非金融资产的最佳用途，应当考虑实物上可能、法律上允许以及财务上可行等因素。规定企业以公允价值计量非金融资产，应当基于最佳用途确定估值前提。	·IFRS 13提出了"最高效和最佳使用"（Highest and Best Use）的概念，我国准则将其译为"最佳用途"，两者含义存在一定差别。 ·IFRS 13规定，当主体为了竞争或其他原因不打算积极使用或者不打算按照最高效和最佳方式使用非金融资产（如无形资产），也应按"最高效和最佳使用"的假设计量该非金融资产。我国准则未涉及此规定。
（七）运用于负债与自身权益工具（第34—47段）：分为4部分的内容：（1）一般原则（包括负债或自身权益工具转移给市场参与者后继续存在并由市场参与者取得相应义务或承担相应义务的假设；由其他方作为资产持有负债和权益工具、由其他方不作为资产持有负债和权益工具等情况下报价不能取得时的公允价值计量的原则等）；（2）不履约风险：负债的公允价值	第四章　负债和企业自身权益工具的公允价值计量（第18—22条）：规定了以公允价值计量负债和自身权益工具的假设；以公允价值计量负债或自身权益工具（包括存在相同或类似负债或自身权益工具的报价、不存在相同或类似负债或自身权益工具的报价但其他方作为资产持有的、不存在相同或类似负债或自身权	·对负债和企业自身权益工具公允价值计量的原则，我国准则分三种情况作出规范，比IFRS13更为明晰。 ·我国准则在应遵循的原则中规定了存在相同或类似负债与自身权益工具的报价时公允价值

（续表）

	IFRS 13 （2011 年 5 月发布）	公允价值计量（征求意见稿） （2012 年 5 月发布）	差异比较
	应当反映不履约风险；（3）负债或主体自身权益工具存在转移限制的情况；（4）存在可随时要求偿还特征（Demand Feature）的金融负债的情况。	益工具的报价但其他方没有将其作为资产持有的三种情况下）应遵循的原则；对企业以公允价值计量负债时应当考虑的不履约风险，以公允价值计量负债或自身权益工具时可能存在的限制转移因素，以及存在可随时要求偿还特征的金融负债的公允价值的计量等作了规定。	的确定，IFRS 13 中没有作出类似规定。 · IFRS 13 涉及具有"信用增级"（如第三方担保）的负债情况的讨论，我国准则在"披露"部分才涉及。
第三部分 计量 （第 9—90 段）	（八）运用于市场风险或信用风险能够抵销的金融资产和金融负债（第 48—56 段）：规定主体以市场风险或信用风险净敞口为基础管理金融资产和金融负债组合时，可豁免应用本准则的公允价值计量方法；允许主体以计量日的当前市场条件下市场参与者之间的有序交易出售具有特定风险的净多头（即资产）或者转移具有特定风险的净空头（即负债）所收取的价格为基础，来计量金融资产和金融负债组合的公允价值，因此应根据计量日市场参与者对风险净敞口的定价对该组金融资产和金融负债的公允价值作出计量；主体运用以上豁免条款必须满足一定的条件；豁免条款不涉及财务报表列报；主体运用豁免条款应根据 IAS 8 规定作出会计政策决策。	第五章 市场风险或信用风险可抵销的金融资产和金融负债的公允价值计量（第 23—26 条）：规定了持有一组金融资产和金融负债，并且以该组金融资产和金融负债的净敞口为基础管理市场风险和信用风险的，可以以计量日市场参与者在当前市场条件下的有序交易中卖出抵销市场风险或信用风险后的净多头（即资产）或者转移抵销市场风险或信用风险后的净空头（即负债）的价格为基础，计量该金融资产和金融负债组合的公允价值；与市场风险或信用风险可抵销的金融资产和金融负债相关的财务报表列报，应当适用其他相关会计准则；计量金融资产和金融负债组合的公允价值的，应同时满足 3 个条件；采用本准则规定的，应当将其作为会计政策，一经确定，不得随意变更。	· IFRS 13 规定以净敞口为基础管理金融资产和金融负债组合的，可以豁免应用本准则，阐述更为清晰。 · IFRS 13 规定豁免条款不涉及财务报表列报（财务报表列报准则一般不允许金融工具按净额列报），而我国征求意见稿规定与市场风险或信用风险可抵销的金融资产和金融负债相关的财务报表列报，应当适用其他相关会计准则，两者的规定不同。 · IFRS 13 对市场风险和签约对方信用风险的情况作了更为详细的讨论。
	（九）初始确认时的公允价值（第 57—60 段）：在对进入价格、脱手价格作出专门说明后，指出取得资产所需支付价格与出售资产价格	第六章 公允价值初始计量（第 27—28 条）：规定了企业应当根据相关交易性质和资产或负债的特征等，判断初始确	· IFRS 13 与我国准则对初始确认时按照公允价值计量的要求基本相同。

（续表）

IFRS 13 （2011 年 5 月发布）	公允价值计量（征求意见稿） （2012 年 5 月发布）	差异比较
不一定相同,转移负债与承担负债的价格也不一定相同;指出在许多情况下,交易价格就等于公允价值;规定主体在确定初始确认的公允价值是否等于交易价格时,应考虑与交易以及与资产或负债相关的特定因素;规定在有其他 IFRS 要求或允许主体按公允价值对资产或负债作出初始计量的情况下,要求主体将交易价格与公允价值差异所产生的利得或损失确认为当期损益,IFRS 另有规定的除外。	认时的公允价值是否与其交易价格相等;明确交易价格是取得一项资产所支付或者承担一项负债所收到的价格(即进入价格)以及公允价值是出售一项资产所能收到或者转移一项负债所需支付的价格(即脱手价格);指出相关资产或负债在初始确认时的公允价值通常与其交易价格相等,但在四种情况下可能不相同;规定在其他相关会计准则要求或者允许企业以公允价值进行初始计量时,交易价格与公允价值不相等的差额应当作为利得或损失计入当期损益,但其他会计准则另有规定的除外。	·对初始确认时公允价值是否与交易价格相等,IFRS 13 认为"在许多情况下"相等,我国准则认为"通常"相等。 ·对公允价值与交易价格不相等的四种情况,我国在准则正文中作出规定,IFRS 13 则在准则附录 B4 中加以列举。
第三部分 计量 (第 9—90 段)	(十)估价技术(第 61—66 段):规定主体应该在最大限度使用相关的可观察输入值及最小限度使用不可观察输入值的情况下,采用当前情况下适当并且有足够可利用数据的估价技术来计量公允价值;在准则正文和附录 B5—11 说明了三种常用的估价技术:市场法、成本法和收益法;规定可以根据情况使用单一的估值技术和多种估值技术;规定如果交易价格是初始确认时的公允价值,而后续期间计量公允价值所运用的估价技术使用的是不可观察输入值,则应调整估价技术,使初始确认时所运用估价技术的结果等于交易价格;使用估值技术计量公允价值时应保持一致性,但如果变更后的计量能够相同或更好地代表公允价值,变更是恰当的,如出现新市场等 5 种情况被列举用来说明估价技术的变更;	第七章 估值技术(第 29—34 条):规定了企业在计量公允价值时,应当采用在当前情况下适用并且有足够可利用数据支持的估值技术;使用估值技术的目的是为了估计在计量日当前市场条件下,市场参与者在有序交易中出售一项资产或者转移一项负债的价格;估值技术的方法,包括市场法、收益法和成本法;企业应当使用与其中一种或多种估值技术相一致的方法计量公允价值;企业应当尽可能多地使用相关可观察输入值,尽可能少地使用不可观察输入值;企业以交易价格作为初始确认时的公允价值,且在公允价值后续计量中采用涉及不可观察输入值的估值技术的,应当校正估值技术;公允价值	·IFRS 13 将估价技术和估价技术的输入值分为两部分讨论,而我国征求意见稿只是在估值技术中讨论这些内容。 ·IFRS 13 与我国准则按照不同的顺序讨论了三种常用估价技术,我国还在准则正文中给出市场法、收益法和成本法的定义。 ·IFRS 13 列举了可能具有可观察输入值的某些资产和负债(如金融工具)的市场,包括交易所、经销商市场、经纪人市场和直接交

（续表）

IFRS 13 （2011 年 5 月发布）	公允价值计量（征求意见稿） （2012 年 5 月发布）	差异比较
第三部分 计量 （第 9— 90 段）	估价技术及应用的变更导致的修正，应按 IAS8 的会计估计变更进行会计处理，但不需按照 IAS8 对会计估计变更的披露要求对此修正作出披露。	计量使用的估值技术一经确定，不得随意变更，但变更估值技术及其应用方法能使计量结果在当前情况下同样或者更能代表公允价值的情况除外，包括但不限于列举的 5 种情况；企业变更估值技术及其应用方法的，应当按照《企业会计准则第 28 号——会计政策、会计估计变更和差错更正》的规定作为会计估计变更，并根据本准则的披露要求对估值技术及其应用方法的变更进行披露，而不需要按照《企业会计准则第 28 号》的规定对相关会计估计变更进行披露；企业采用估值技术计量公允价值时，应当选择与市场参与者在相关资产或负债的交易中考虑的资产或负债的特征相一致的输入值，包括控制权溢价或非控制权益折价等；以公允价值计量的资产或负债存在出价和要价的，企业应当以在出价和要价之间最能代表当前情况下公允价值的价格确定相关资产或负债的公允价值。企业可以使用出价计量资产、使用要价计量负债，也可以使用市场参与者在实务中使用的在出价和要价之间的中间价或其他定价惯例计量相关资产或负债。	易市场等，我国准则未涉及此内容。 ·我国准则提出企业可以使用出价计量资产、使用要价计量负债，也可以使用市场参与者在实务中使用的在出价和要价之间的中间价或其他定价惯例计量相关资产或负债，IFRS 对此提出了"允许"或"不排除"使用，但不作出"要求"。
	（十一）估价技术的输入值（第 67—71 段）：计量公允价值的估价技术需要最大限度地使用相关的可观察输入值及最小限度地使用不可观察输入值；可能具有可观察输入值的某些资产和负债（如金融工具）的市场，包括交易所、经销商市场、经纪人市场和直接交易市场等；主体应选择与市场参与者在从事资产或负债交易时会考虑的那些资产或负债特征相一致的输入值；如果按公允价值计量的一项资产或一项负债存在出价和要价，应使用在这种情况下最能代表公允价值的出价与要价之间的价格来计量公允价值，而不管该输入值在公允价值级次中被划分在哪一级。		
	（十二）公允价值级次（第 72—90 段）：指出为增加公允价值计量和相关披露的一致性和可比性，本准则建立了将计量公允价值所使用的估价技术的输入值划分为三个层次的公允价值级次，并给予活跃市场相同资产或负债（未经调整）	第八章 公允价值级次（第 35—39 条）：将公允价值计量所使用的输入值划分为三个层次，并规定最优先使用第一层次输入值，其次使用第二层次输入值，最后使用第三层次输入值。第一层次输入值是在	·IFRS 13 说明了划分公允价值级次的目的，我国准则未涉及。 ·从段落篇幅上可以看出，IFRS 13 整体上对公允价值级

（续表）

	IFRS 13 （2011 年 5 月发布）	公允价值计量（征求意见稿） （2012 年 5 月发布）	差异比较
第三部分 计量 （第 9— 90 段）	的报价（第一层次输入值）为最高等级，给予不可观察输入值（第三层次输入值）为最低等级。规定了公允价值级次划分的是估价技术输入值的等级，而不是划分计量公允价值估价技术的等级。规定了公允价值计量结果所属的级次由对公允价值计量整体而言重要的输入值所属的最低层次决定。评价特定输入值对整体计量结果的重要性需要考虑相关资产或负债的具体因素后行使判断。	计量日能够取得的相同资产或负债在活跃市场上未经调整的报价；第二层次输入值是除第一层次输入值外相关资产或负债直接或间接可观察的输入值；第三层次输入值是相关资产或负债的不可观察输入值。规定了公允价值计量结果所属的级次由对公允价值计量整体而言重要的输入值所属的最低层次决定。企业应当在考虑相关资产或负债特征的基础上判断所使用的输入值是否重要。公允价值级次取决于估值技术的输入值，而不是估值技术本身。	次的规定更加具体。 · IFRS 13 分别详细讨论了三个层次的公允价值计量，我国准则较为简单。
第四部分 披露（第 91—99 段）：规定主体应披露有助于财务报表使用者评估下述两类内容的信息：(1)对财务状况表中初始确认后以重复和非重复基础计量公允价值的资产和负债，披露计量所使用的估价技术和输入值；(2)对于使用重要不可观察输入值（第三层级）的重复性公允价值计量项目，披露计量对当期损益和其他综合收益的影响。为了实现上述目标，要求主体应该考虑 4 个方面的因素，并至少应该披露下列 9 个方面的信息：(1)报告期末重复和非重复公允价值计量项目的公允价值金额以及非重复公允价值计量的理由；(2)重复和非重复公允价值计量在公允价值级次中的层次；(3)报告期末持有的以重复基础计量公允价值的资产和负债在第一层次和第二层次之间的任何转换金额、转换理由以及主体确定转换时点的政策；(4)对划分为公允价值级次中第二层次和第三层次的重复和非重复公允价值计量项目，描述公允价值计量中采用的估价技术和输入值；(5)对划分为公允价值级次中第三层次的重复公允价值计量项目，将其期初余额调节为期末余额，并单独披露本期归属于 4 种原因的变化	第九章 披露（第 40—46 条）：要求企业应当根据相关资产或负债的性质、特征、风险以及公允价值级次对相关资产或负债进行恰当分组，并按照组别披露公允价值计量的相关信息。要求在相关资产或负债初始确认后的每个资产负债表日，企业至少应当在附注中披露每组资产和负债的下列信息：(1)披露资产负债表日以持续或非持续的公允价值计量的项目和金额；(2)披露公允价值计量所属的级次；(3)对于持续的公允价值计量，披露在各级次之间转移的金额和原因，以及确定各级次之间转换时点的政策；(4)对于第二级次的公允价值计量，披露使用的估值技术和输入值；(5)对于第三级次的公允价值计量，披露使用的估值技术、输入值和估值流程，当变更估值技术	· IFRS 13 规定了披露的目标以及为了实现目标应该考虑的 4 种因素，我国征求意见稿没有作出规定。 IFRS 13 与我国准则关于公允价值披露的总体要求和内容几乎一致，披露条款和表述顺序有所不同，IFRS 13 更为详细。 · IFRS 13 在提出具体披露要求以后，才要求根据资产或负债的性质、特征和风险以及它们在公允价值级次中的层次对其作出恰当分类，并要求通过判断来确定恰当的资产和负债类

（续表）

IFRS 13 （2011 年 5 月发布）	公允价值计量（征求意见稿） （2012 年 5 月发布）	差异比较
（略）；(6)—(8)是对划分为公允价值级次中第三层次的重复公允价值计量项目及其转换提出的进一步披露要求；(9)对重复和非重复公允价值计量项目，如果非金融资产的最优最佳使用不同于其当前的使用，主体应披露这一事实以及非金融资产非以最高效和最佳方式使用的原因。	时，披露这一变更以及变更的原因；(6)对于第三级次的持续公允价值计量，作出了更具体的披露要求（略）；(7)当非金融资产的最佳用途与其当前用途不同时，要求披露这一事实及其原因。准则还规定，企业调整级次划分时点的相关会计政策应当在前后各会计期间保持一致，并按本准则加以披露；对于在资产负债表中不以公允价值计量但以公允价值披露的各组资产和负债，企业应当按照本准则的相关规定披露信息；还对负有第三方信用增级的负债、以表格形式作出量化披露等提出了要求。	别所应提供的公允价值披露。我国准则是在披露部分的最前面提出了"恰当分组并按照组别披露公允价值"的要求。 · IFRS 13 中对相关名词都作了严格定义并一致地使用，我国征求意见稿对一些名词存在混用的情形，如对"层次"和"级次"的混用等。
附录 （共 198 段）	（一）名词定义（按字母顺序）：对活跃市场、成本法、入手价格、脱手价格、预期现金流量、公允价值、最高效和最佳使用、收益法、输入值、第一层次、第二层次、第三层次、市场法、市场验证的输入值、市场参与者、最利利市场、不履约风险、可观察输入值、有序交易、主要市场、风险溢价、交易成本、运输成本、计量单元、不可观察输入值等名词作了专门定义。	我国征求意见稿的名词定义散见在各章之中。	· IFRS 13 比我国征求意见稿多了一条"市场验证的输入值"（Market-Corroborated Inputs）的定义。 · IFRS13 与我国征求意见稿对"计量单元"作出了不同含义的解释。 · 我国准则对 IFRS 13 中涉及的一些名词，还缺乏权威和统一的翻译。
	（二）应用指南（第 1—47 段）		我国准则尚未涉及。
	（三）生效日期与过渡性规定（第 1—3 段）：规定本准则自 2013 年 1 月 1 日或以后日期开始的年度期间生效，允许提前采用。	第十章 衔接方法（第 47—48 条）：要求企业采用未来适用法应用本准则。	我国准则尚处在征求意见稿阶段，对具体生效日期未作规定。
		第十一章 附则（第 49 条）：本准则自 201×年×月×日起施行。	
	对其他国际财务报告准则的修订（第 1—148 段，共 148 段）		我国征求意见稿未涉及本部分内容。

三、完善我国公允价值计量(征求意见稿)的建议

我国公允价值计量准则(征求意见稿)是建立在与 IFRS 13 持续趋同的基础上的,通过以上逐项对比可以看到,我国准则与 IFRS 13 之间已实现了高度一致,差异较少且不显著。可以说,这是我国与国际准则趋同度最高的一项准则。但是从进一步提高我国准则的质量和国际认可度出发,我们仍提出以下改进建议。

首先,关于准则结构的完善。从 IASB 与 FASB 制定"公允价值计量"准则的目的看,主要是要解决三个问题:(1)明确公允价值的定义;(2)为公允价值建立一个统一的计量框架;(3)对公允价值相关信息的披露提出完整要求。因此其准则的主要内容除了制定目标和适用范围外,都集中在"计量"和"披露"两大部分的标题下讨论。而我国公允价值计量准则(征求意见稿)通过第二章至第八章讨论公允价值计量问题,通过第九章讨论公允价值信息披露问题,我国准则结构的逻辑性不如国际准则严密,通过详细对比才能清楚所谓公允价值计量基本要求、非金融资产的公允价值计量、负债和企业自身权益工具的公允价值计量、市场风险或信用风险可抵销的金融资产和金融负债的公允价值计量、公允价值初始计量、估值技术、公允价值级次等各章都是讨论计量问题。此外,对于关键名词的定义,国际准则除了在准则正文中作出解释外,还将其集中在附录一中统一定义,更方便阅读和理解;而我国准则征求意见稿则将各关键名词的定义穿插在准则条文中。

其次,关于"公允价值定义"的完善。目前,IASB 与 FASB 关于"公允价值定义"的(英语)描述已完全统一,我国准则征求意见稿应该是完全根据国际准则的定义翻译的,将公允价值定义为"市场参与者在计量日发生的有序交易中,出售一项资产所能收到或者转移一项负债所需支付的价格"。但我们不完全同意这一译法。理由是:(1)公允价值是"计量日"的计量价值而不一定是"计量日发生的交易"的价格;(2)公允价值不是从特定主体而是从市场参与者的角度来对计量对象的价值作出假定估值的(即"公允价值是基于市场的计量,而非基于特定主体的计量"),而无论在"计量日"是否确有真实交易发生。因此,我们建议将公允价值的中文定义修改成"计量日在市场参与者之间的有序交易中出售一项资产所能收到或者转移一项负债所需支付的价格"。在这里,一是去掉了原定义中的"发生"两字,换言之,在"计量日"即使没有真实交易发生(或不能取得可观察输入值),但仍可以通过估价技术对"计量日"的公允价值作出判断并加以计量;二是将"计量日"提到定义的最前面,因为相同的计量对象因不同的"计量日"而形成公允价值金额的不同,这里需要刻意强调的"计量日"而不是"交易日发生的交易"。

再次,关于名词翻译的改进和统一。IASB 和 FASB 在讨论共同的"公允价值计量"准则过程中,曾收到许多反馈意见,强烈要求尽可能做到"措辞统一"。由于语种不同,我国准则与国际准则之间不可能做到"措辞统一",但应在借鉴国际准则名词定义及其真实含义的基础上,应经过仔细斟酌和甄别,可能采用能够如实反映各名词真实含义

的翻译方法。现对以下几个名词的翻译和统一提出我们的看法：(1)"Hierarchy"意为一种"分层结构"，公允价值估价技术中所使用的输入值分为三个"层次"(Level)，具有不同层次之差别，因此将其意为"级次"是恰当的，与此相应的"Level"指的是一个层面，不体现层次之分，将其翻译成"层次"是可以的。但在我国准则征求意见稿中，我们发现存在着"级次"和"层次"的混用，如第三十五条中对输入值的划分用的是"层次"，在四十一条对估价技术和输入值的披露用的是"级次"，这里需要统一。(2)"Highest and Best Use"在 IFRS 13 中的解释是指"能够产生最大经济利益的使用方式"，将其译为"最高效和最佳使用"可以忠实原意，但"最佳用途"反映的是一种使用途径即所用的方面，IFRS 13 中的"最高效和最佳使用"包括"在用"(In Use)和"在交换"(In Exchange)及其结果的比较，需要考虑物理、法律和财务等三个方面的因素，与"最佳用途"应该不是同一个意思。(3)"Entry Price"是指"在交换交易中获得一项资产所支付或承担一项负债所收到的价格"(注意其与"脱手价格"中"所需支付"和"所能收到"的差别)，从字面上可以将其直译为"进入价格"，并且在以公允价值进行初始计量时，主体所发生的"进入价格"不一定等于有序交易中的发生的公允价值，因此"进入价格"有时不等于"公允价值"，有人将其译为"入账价格"或"记账价格"也未必恰当。如果将"Exit Price"也直译为"退出价格"，"进入价格"是与其匹配的，但考虑到目前更多的人将"Exit Price"译为"脱手价格"，我们建议将"Entry Price"译为"入手价格"与之对应(在要求主体以公允价值进行初始计量时，可将"记账价格"与"入手价格"的差异计入当期损益)。另外，在我国征求意见稿中还存在"退出价格"与"脱手价格"的混合使用，这里也需要统一。(4)"Recurring or Non-recurring Fair Value Measurement"从字面上可以直译为"重复发生或非重复发生的公允价值计量"，我国征求意见稿将其译为"持续或非持续的公允价值计量"并对此作了专门定义(IFRS 13 的附录一"名词定义"未收录这两个名词的定义，但在准则的披露部分对此有解释)。但经过仔细斟酌，我们认为还是翻译成"重复或非重复"比较恰当，因为"重复"意味着"再次发生"或需要后续计量，而"持续"意味着"连续不停止"，是"中断"的对称，容易与会计上另一个经常使用的名词"持续或中断经营"(Continuity or Discontinuity)相混淆。(5)"Unit of Account"在 IFRS13 附录一的"名词定义"中有专门解释："计量单元是指为国际财务报告准则确认目的的需要，将一项资产或一项负债合计或分计的层次"。我国准则征求意见稿第一次引入"计量单元"的概念，将其定义为"资产或负债以单独或者组合方式进行计量的最小单位"。国际准则强调"为确认需要"而将金额归集或分解在某一个层次，我国准则征求意见稿未说明"最小计量单位"该如何确定。然而，不同目的的划分会引致不同的划分结果，例如"资产减值"准则为计提减值准备而划分的"资产组"(或 IFRS 所称的"现金产出单元")也是一种"计量单元"。

主要参考文献

财政部会计司准则二处:《企业会计准则第×号——公允价值计量(征求意见稿)》(2011 年 5 月)。

汪祥耀:"公允价值计量国际准则评述——与美国 SFAS157 比较",《财会月刊》,2012年第 1 期。

于永生:《IASB 与 FASB 公允价值计量项目研究》,立信会计出版社,2007 年版。

FASB, SFAS157 "Fair Value Measurement", September 2006.

IASB, IFRS13 "Fair Value Measurement", May 2011.

31. 我国财务报表列报准则(征求意见稿)的相关比较和完善建议

一、财务报表列报准则的发展沿革与我国修订准则的背景

财务报表是会计确认和计量结果的集中反映,是向使用者提供决策有用信息的主要工具,规范财务报表列报历来就是会计准则制定机构重点关注的领域之一。而个别和具体的会计准则发生变动,往往会影响财务报表的列报,因此,财务报表列报准则也就成为修订最频繁的会计准则之一。

在国际上,国际会计准则委员会(IASC)成立伊始考虑制定的第一个会计准则就与财务报表列报有关。IASC 于 1975 年发布了国际会计准则第 1 号(IAS 1)"会计政策的披露",后于 1976 年和 1979 年分别发布了 IAS 5"财务报表应披露的信息"和 IAS 13"流动资产和流动负债的列报"。1997 年,IASC 对上述 3 项准则作出全面修订,发布了 IAS 1"财务报表列报"并取代了原先 3 项准则。

2001 年 4 月国际会计准则理事会(IASB)取代 IASC 后,继续采用并修订 IAS 1。起先,IASB 只是独自修订财务报表列报准则。2002 年 5 月,IASB 发布了《改进国际会计准则》征求意见稿,其中包括了对 IAS 1 的修订。2003 年 12 月,IASB 正式发布了作为"改进项目"(Improvements Project)一部分的 IAS 1(简称 2003 年修订版),并于 2005 年 8 月随着国际财务报告准则第 7 号(IFRS7)"金融工具:披露"的发布在 IAS1 中增加了关于资本披露的内容。2004 年,IASB 和 FASB 认为,应共同实施财务报告项目以促成会计准则的国际趋同。它们成立了项目组,决定分两个阶段修订国际会计准则第 1 号(IAS 1)"财务报表列报"。第一阶段:研究一套完整的财务报表构成以及提供可比信息的要求;第二阶段,研究整套财务报表项目如何彼此联系以及财务信息的分解和汇总。作为"财务报表列报项目"第一阶段的成果,IASB 在 2006 年 3 月发布了修订 IAS 1 的征求意见稿,并于 2007 年 9 月发布了 IASB 对 IAS 1 的完整修订准则(简称 2007 年修订版,本次修订主要是提出了采用"一表式"或"两表式"编制综合收益表的要求)。作为"财务报表列报项目"第二阶段的成果,2008 年 10 月,IASB 与 FASB 共同发布一份"关于财务报表列报的初步观点"讨论稿,此项目虽然争议颇多,但仍在进行之中。此后,除了国际财务报告准则年度更新需要对 IAS 1 作出零星修订外,IAS1 又经历了两次较大的修订,第一次是在 2008 年 2 月为配合对 IAS 32"金融工具:列报"修订的要求在 IAS1 中增加了对"可沽售工具及其

在清算中产生的义务"的披露要求,第二次是在 2011 年 6 月针对其他综合收益的分类列报(即进一步将其他综合收益划分为"后续期间在满足特定条件时将重分类计入损益的项目"和"后续期间不能重分类计入损益的项目",要求分两类区别列报)对 IAS 1 作了修订。IASB 通过以上几次对 IAS 1 的修订,基本实现了与 FASB 第 130 号财务会计准则(SFAS 130)"报告综合收益"的趋同,并进一步深化了对其他综合收益含义及分类的认识。

我国关于财务报表列报的规范主要体现在 2006 年 2 月发布的企业会计准则第 30 号中。我国第 30 号准则发布时已经吸收了 2003 年 IAS 1 修订版的最新要求,虽然当时没有要求单独编制综合收益表,但已要求确认利得和损失,并将其分为"直接计入当期损益的利得和损失"与"直接计入所有者权益的利得和损失"。我国新会计准则发布至今已有六年多时间,IAS1 修订中关于综合收益列报的要求虽然在 2009 年我国会计准则解释公告第 3 号中有所体现,然而我国财务报表列报准则一直未经过任何完整的修订。为了实现我国会计准则与国际财务报告准则的持续趋同并体现国际财务报表列报准则的最新成果,财政部于 2012 年 5 月发布了《企业会计准则第 30 号——财务报表列报(征求意见稿)》。由于"可沽售工具"(Puttable Instruments)的情况基本不适用于我国,因此本次征求意见稿未体现这方面的内容,而主要是针对综合收益的列报对原准则作了修订。

《征求意见稿》发布后,我们关心的问题是:(1)《征求意见稿》与原 30 号准则相比有哪些改善? (2)《征求意见稿》与 IAS1 的最新修订版仍存在哪些差异? (3)《征求意见稿》还有哪些方面存在可完善之处? 通过以上问题的讨论,我们将对完善我国财务报表列报准则提出一些建议。

二、我国财务报表列报准则(征求意见稿)与原第 30 号准则的比较

财政部在发布我国财务报表列报准则(征求意见稿)的同时,还发布了相应的修订说明,阐述了本征求意见稿修订的以下两个主要方面的内容:(1)修订"综合收益"的有关内容。征求意见稿明确在利润表中增加了"其他综合收益"和"综合收益总额"项目并进行了定义,同时将其他综合收益项目进一步划分为"以后会计期间不能重分类进损益的其他综合收益项目"和"以后会计期间在满足规定条件时将重分类进损益的其他综合收益项目"两类区别列报。此外,原在所有者权益变动表中反映的"综合收益"有关内容也作出相应调整,并在附注中增加有关披露内容。(2)整合现行规范性条款,充实完善相关内容。本征求意见稿借鉴国际财务报表列报准则的有关内容,并吸收我国财务报表列报准则应用指南和讲解中的有关内容,还在以下方面进行了修订:一是充实了持续经营的评价内容;二是明确了以权责发生制会计编制报表的相关内容,以与国际财务报表列报准则一致;三是明确了利得和损失项目的金额列报在原则上不得相互抵销;四是纳入了正常经营周期的定义;五是参考我国审计准则对"重要性"的判断以及当前国际上对"重要性"概念的最新进展,进一步完善了"重要性"定义和判断;六是充实了附注披露内容,如重要会计政策

和会计估计的披露、报表重要项目的说明、终止经营的有关披露等。为了更为详细说明以上变化,我们通过图表 5-31-1 将我国财务报表列报准则(征求意见稿)与原第 30 号准则作出了比较。

(图表 5-31-1)

我国财务报表列报准则(征求意见稿)与原第 30 号准则的比较

财务报表列报准则(征求意见稿)	企业会计准则第 30 号	变动之处
共分为 6 章 44 条	共分 6 章 35 条	比原准则增加了 9 条
第一章　总则(共 3 条):包括准则制定目标、报表种类和适用范围	第一章　总则(共 3 条):包括准则制定目标、报表种类和适用范围。	对准则适用范围作出更详细的规定。
第二章　基本要求(第 4-15 条,共 12 条,此部分增加了 4 条):包括编制财务报表的一些假设和原则,如持续经营(原 1 条变 3 条)、权责发生制、一致性、性质或功能不同的项目需要单独列报、重要性(增加重要性的判断)、资产与负债以及收入与费用项目不得相互抵销、可比性、披露编表主体、会计期间、记账单位等。	第二章　基本要求(第 4-11 条,共 8 条):包括编制财务报表的一些假设和原则,如持续经营、权责发生制、一致性、性质或功能不同的项目需要单独列报、重要性、资产与负债以及收入与费用项目不得相互抵销、可比性、披露编表主体、会计期间、记账单位等。	增加了持续经营的评价标准、考虑因素及披露要求。 增加了重要性的定义和判断标准。
第三章　资产负债表(第 16-29 条,共 14 条):要求按流动性分别列示资产、负债,单独列示反映所有者权益的至少四类项目。	第三章　资产负债表(第 12-25 条,共 14 条):要求按流动性分别列示资产、负债,单独列示反映所有者权益的至少四类项目。	对企业正常营业周期的资产和负债的划分作出更明确的指引。 资产项目分为 12 项,原准则为 11 项。 将原准则资产项目中的"交易性投资"改成"交易性金融工具"。
第四章　利润表(第 30-34 条,共 5 条,此部分增加了 2 条):要求费用按功能分类——经营成本、管理费用、销售费用和财务费用等(按性质的分类在附注中做补充说明)。利润表项目至少包括 14 项(原准则 12 项),增加了"其他综合收益各项目扣除所得税影响后的净额"和"综合收益总额"2 项。	第四章　利润表(第 26-28 条,共 3 条):要求费用按功能分类——经营成本、管理费用、销售费用和财务费用等,将利润表项目分为 12 项,未涉及其他综合收益和综合收益等。	利润表项目至少包括 14 项(原准则 12 项),增加的 2 条对其他综合收益、综合收益的定义、分类及列示方法做了规定。

（续表）

财务报表列报准则（征求意见稿）	企业会计准则第30号	变动之处
第五章　所有者权益变动表（35—36，共2条）：要求至少单独列示以下5项：综合收益总额、会计政策变更和前期差错更正的累积影响金额、所有者投入资本和向所有者分配利润等、按照规定提取的盈余公积、实收资本（或股本）、资本公积及其他综合收益各项目、盈余公积、未分配利润的期初和期末余额及其调节情况。	第五章　所有者权益变动表（29—30，共2条）：要求至少单独列示以下6项：净利润、直接计入所有者权益的利得和损失项目及其金额、会计政策变更和前期差错更正的累积影响金额、所有者投入资本和向所有者分配利润等、按照规定提取的盈余公积、实收资本（或股本）、资本公积及其他综合收益各项目、盈余公积、未分配利润的期初和期末余额及其调节情况。	所有者权益变动表要求列示的项目从6项减少为5项，以"综合收益综合"代替了"净利润"、"直接计入所有者权益的利得和损失项目及其金额"2项。
第六章　附注（37—44，共8条，此部分增加了3条）：要求至少包括以下11个项目的披露：企业的基本情况、财务报表的编制基础、遵循企业会计准则的声明、重要的会计政策和会计估计、会计政策和会计估计变更以及差错更正的说明、报表重要项目的说明、或有和承诺事项、资产负债表日后非调整事项、关联方关系及其交易等需要说明的事项、其他综合收益各项目及其所得税影响、终止经营的收入、费用、利润总额、所得税费用和净利润，以及归属于母公司所有者的终止经营利润、在资产负债表日后，财务报告批准报出日前提议或宣布发放的股利总额和每股股利金额（或向投资者分配的利润总额）、费用按照性质分类的利润表补充资料。	第六章　附注（31—35，共5条）要求至少包括以下11个项目的披露：财务报表的编制基础、遵循企业会计准则的声明、重要的会计政策的说明、重要的会计估计说明、会计政策和会计估计变更以及差错更正的说明、对已在报表列示的重要项目的进一步说明（包括终止经营税后利润及其构成情况等）、或有和承诺事项、资产负债表日后非调整事项、关联方关系及其交易等需要说明的事项、在资产负债表日后，财务报告批准报出日前提议或宣布发放的股利总额和每股股利金额（或向投资者分配的利润总额）、企业的基本情况等。	增加了附注的披露内容，增加的3条主要涉及单独列示其他综合收益、终止经营项目以及按性质划分的费用等。 将披露企业的基本情况提前到第1项。

二、我国财务报表列报准则（征求意见稿）与 IAS 1 最新修订版的比较

IAS 1 最新的完整修订版是 2007 年版，此后虽修补了"可活售工具"和"其他综合收益分类"等内容，但基本结构未作大的变动。2007 年版 IAS 1 的内容主要由引言、准则正文、附录、表决情况、结论基础、不同意见说明和实施指南等组成。以下我们通过图表 5-31-2 将我国财务报表列报（征求意见稿）与 IAS 1 准则正文部分进行比较并分析差异。

(图表 5 - 31 - 2)

我国财务报表列报准则(征求意见稿)与 IAS1 最新修订版的比较

IAS 1(2007 年修订版及以后更新内容)	财务报表列报准则 (征求意见稿)	差异比较
共分为 7 个部分 140 段	共分为 6 章 44 条	IAS 1 内容比我国征求意见稿更为详细。
第一部分　准则制定目标(第 1 段,共 1 段) 第二部分　准则适用范围(第 2—6 段,共 5 段)	第一章　总则(共 2 条):包括准则制定目标、报表种类和适用范围。	IAS1 将报表种类即报表组成部分放在了第四部分。
第三部分　重要名词的定义(第 7—8 段,共 2 段):对通用目的财务报表、不切实可行、国际财务报告准则、重要性、附注、其他综合收益、所有者、损益、重分类调整、综合收益总额等名词作了专门定义。	我国征求意见稿对财务报表、重要性、不切实可行、其他综合收益、综合收益、与所有者的资本交易和附注等作出了定义。	我国征求意见稿的名词定义散见在各章之中,定义条数比 IAS 1 少,顺序也有所不同。
第四部分 财务报表 (第 9—46 段,共 38 段)	财务报表目标(第 9 段,共 1 段)		我国征求意见稿未涉及。

IAS 1(2007 年修订版及以后更新内容)		财务报表列报准则 (征求意见稿)	差异比较
第四部分 财务报表 (第 9—46 段,共 38 段)	报表组成部分(第 10—14 段,共 5 段):一套完整的财务报表包括:(1)期末财务状况表;(2)当期综合收益表;(3)当期权益变动表;(4)当期现金流量表;(5)附注;(6)当有会计政策追溯应用、财务报表项目追溯重述或有财务报表项目重分类时的最早可比期间的期初财务状况表。 主体允许采用不同于本准则所使用的财务报表的名称。 主体应以同样的重要程度列示完整财务报表的所有组成部分。	我国征求意见稿在第 2 条中规定:财务报表至少应当包括下列组成部分:(1)资产负债表;(2)利润表;(3)现金流量表;(4)所有者权益变动表;(5)附注。	报表组成部分和名称上存在差异:IAS 1 将"资产负债表"改名为"财务状况表",我国仍沿用"资产负债表"。IAS 1 将"收益表"改为"综合收益表"或"损益及其他综合收益表",我国仍沿用"利润表",要求在利润表"每股收益"项下增列"其他综合收益项目"和"综合收益总额"项目,并未采用"综合收益表"名称。
	编制财务报表的一些基本特征(第 15—46 段,共 32 段):如公平列报和遵守国际财务报告准则、持续经营、权责发生制、重要性和汇总(具有重要性的性质或功能相似的项目需要单独列报;性质或功能不同的项目需要单独列报,除非它们不具有重要性)、资产与负债以及收入与费用项目不得相互抵销、会计期间(至少需要一年列报一次一整套的财务报表,包括比较数据在内)、比较数据、列报的一致性等。	第二章　基本要求(第 4—15 条,共 12 条):包括遵守我国《企业会计准则》的要求以及编制财务报表的一些假设和原则,如持续经营、权责发生制、一致性、性质或功能不同的项目需要单独列报、重要性、资产与负债以及收入与费用项目不得相互抵销、可比性、披露编表主体、会计期间、记账单位等。	两者内容基本相同,但 IAS 1 的规定更为具体。

（续表）

IAS 1(2007 年修订版及以后更新内容)	财务报表列报准则（征求意见稿）	差异比较
第五部分 财务报表列报的内容与结构（第 47—138 段，共 92 段）	引言（第 47—48 段，共 2 段）：本准则规定了各财务报表的披露要求，以及需要在附注中披露的其他项目。		我国征求意见稿未涉及。
	财务报表的区分（第 49—53 段，共 5 段）：财务报表应能与一同公布文件中的其他信息清楚区分，每种财务报表和附注也应能清楚区分，并且应该显著披露报告主体的名称、是以个别主体还是集团编制的报表、报表的时点或涵盖的期间以及列报的货币等信息。	我国征求意见稿在第二章（基本要求）中作出了披露编表主体、会计期间、记账单位等方面的规定。	
	财务状况表（第 54—80 段，共 27 段）：要求按流动性分别列示资产、负债，且递延所得税资产（或负债）不能被分类为流动资产（或负债）；规定了其他需要在财务状况表或附注中列报或披露的信息，如进一步披露一些项目的子项目；在财务状况表或所有者权益变动表或附注中披露每一类股本的详情以及对各类资本储备性质和用途的描述；如果在金融负债和权益间进行重分类的（如可沽售金融工具分类为权益工具），需披露重分类引起权益或负债金额的变动、重分类的时间和原因等。	第三章 资产负债表（第 16—29 条，共 14 条）：要求按流动性分别列示资产、负债，单独列示反映所有者权益的至少四类项目：(1)实收资本（或股本）；(2)资本公积；(3)盈余公积；(4)未分配利润。	我国征求意见稿未对资产负债表的名称作出变更，未提到递延所得税资产（或负债）的流动性划分问题，未涉及金融负债和权益之间进行重分类的披露要求。
	综合收益表（第 81—105 段，共 25 段）：规定可以在一份单独的综合收益表或在两份报表（第一份为显示损益组成项目的单独收益表，第二份为显示其他综合收益项目的综合收益表）中列示当期确认的所有收益和费用；规定综合收益表中至少应单独列报的线上项目；要求披露损益和综合收益总额中归属于非控制性权益和母公司所有者的份额；无论采用哪种方式在编制综合收益表后不再要求将任何收	第四章 利润表（第 30—34 条，共 5 条）：要求企业在利润表中对费用按功能分类，分为从事经营业务发生的成本、管理费用、销售费用和财务费用等；将利润表项目至少包括 14 项，其中包括"其他综合收益各项目扣除所得税影响后的净额"和"综合收益总额"；将其他综合收益分为"以后会计期间不能重分	IAS 1 允许选择"一表法"或"两表法"编制综合收益表，我国仍沿用"利润表"概念，并采用"一表法"将其他综合收益项目列入"利润表"。我国征求意见稿未提及不再要求单独列示非经常性项目。IAS 1 未对以后会计期间在满足规定条件时

IAS 1（2007 年修订版及以后更新内容）		财务报表列报准则（征求意见稿）	差异比较
第五部分财务报表列报的内容与结构（第 47—138 段，共 92 段）	益或费用项目列为非经常性项目；要求将当期所有收益和费用项目确认为损益,国际财务报告准则另有规定的除外；在 2011 年 6 月对 IAS 1 的修订中要求将其他综合收益划分为"以后会计期间可以重分类计入损益"和"以后期间不能重分类计入损益"的两类项目分别列报；要求在综合收益表或附注中披露其他综合收益每一组成部分相关的所得税金额包括重分类调整；根据所提供信息可靠和更为相关的标准允许主体将费用按其性质或功能的分类列示在已确认损益中；如果主体选择按功能分类费用,则应披露关于费用性质的补充信息,包括折旧、摊销费用和员工福利费用等。	类进损益的其他综合收益项目"和"以后会计期间在满足规定条件时将重分类进损益进损益的其他综合收益项目"两类列报；列举了 4 项可以重分类进损益的其他综合收益项目:包括按照权益法核算的在被投资单位其他综合收益中所享有的份额、现金流量套期工具产生的利得或损失中属于有效套期的部分、外币财务报表折算差额、自用房地产转换为以公允价值模式计量的投资性房地产在转换日公允价值大于账面价值部分等项目；规定了在净利润项目之下和综合收益总额之下单独列示归属于母公司所有者和少数股东的份额。	将重分类进损益的其他综合收益项目做出明确界定,我国给出了 4 项举例。我国征求意见稿规定利润表应当对费用按照功能分类,并在附注中披露费用按性质分类的补充信息,而 IAS 1 允许作出费用按功能或性质分类的选择。我国征求意见稿将费用分类在该部分的最前面讨论。
	所有者权益变动表（第 106—110 段,共 5 段）：要求主体反映以下项目引起的权益变动：(1)综合收益总额；(2)根据 IAS8 采用追溯调整法或追溯重述法对权益各组成部分的影响；(3)由损益、其他综合收益各项目、与所有者以其身份进行的交易而产生的权益各组成部分期初和期末余额变动的调节情况。还要求主体在所有者权益变动表或附注中列报作为向股东分配而确认的股利金额及相应的每股金额。	第五章 所有者权益变动表（35—36,共 2 条）：要求至少单独列示以下 5 项：综合收益总额、会计政策变更和前期差错更正的累积影响金额、所有者投入资本和向所有者分配利润等、按照规定提取的盈余公积、实收资本（或股本）、资本公积及其他综合收益各项目、盈余公积、未分配利润的期初和期末余额及其调节情况。	我国征求意见稿未要求列报作为向股东分配而确认的股利金额及相应的每股金额。
	现金流量表（第 111 段,共 1 段）：要求主体按照 IAS 7 的要求列报和披露主体的现金流量信息。	在总则第 3 条中要求按照《企业会计准则第 31 号》的要求编制现金流量表	IAS 1 与我国征求意见稿的要求基本相同

应可采用"全部利润表"的概念,以区别于以往的"利润表")。

在财务报表附注的披露方面,显然 IAS 1 比我国征求意见稿要详尽得多,并且在不同的小标题下作了分类披露要求。尤其是,目前的 IAS 1 修订版还增加了 2005 年修订的关于"资本披露"和 2008 年修订的关于"可沽售工具"的披露内容。我国征求意见稿中却没有体现这两方面的内容。我们的建议是,考虑到金融危机后各国增加了企业资本管理的要求,我国财务报表列报准则也应该加入"资本披露"方面的内容。至于"可沽售金融工具"目前在我国的实践还不普遍,我国财务报表列报准则可以先不作这方面的披露要求,但对于其他的各类金融工具或衍生工具(包括可转换证券)的强化披露,仍然是势在必行。

此外,对于一些关键名词,一是要精心翻译,二是要统一称谓。尤其要防止在准则征求意见稿及修订说明的不同地方使用不同的名称。例如,在对其他综合收益的分类中,是使用"以后会计期间计入损益的项目"还是"以后会计期间进损益的项目","计入"和"进"的用法可以推敲,但应尽可能避免口语化。在我国公允价值计量准则(征求意见稿)中也存在同样问题,如对"Exit Value"是译成"脱手价值"还是"退出价值",对"Fair Value Hierarchy"是译成"公允价值层次"还是"公允价值级次"等,都需要斟酌后统一用法。

主要参考文献

财政部会计司准则二处:《企业会计准则第 30 号——财务报表列报(征求意见稿)》。

财政部会计司准则二处:《企业会计准则第 30 号——财务报表列报(征求意见稿)》修订说明。

财政部:《企业会计准则第 30 号——财务报表列报》(2006 年 2 月)。

汪祥耀等著:《国际会计和财务报告准则——研究与比较》,立信会计出版社,2005年版。

IASB,IAS1 "Presentation of Financial Statements",revised in 2011.

32. 合并财务报表准则的国际发展及对我国征求意见稿的比较与完善

一、引言

合并财务报表，是财务会计和报告领域的一个核心性问题。我国著名会计学家常勋教授曾将其列为财务会计的三大难题之一。半个多世纪以来，各国会计界为规范合并财务报表的编制和列报，做出了不懈努力。尽管如此，美国安然公司等财务丑闻事件还时有发生，一些公司通过组织和交易设计，利用现行合并报表准则的缺陷进行盈余操纵。全球金融危机爆发后，国际各大准则制定机构决定修订完善原有的合并财务报表准则，IASB率先于2011年5月发布了国际财务报告准则第10号（IFRS 10）"合并财务报表"。一年半后，2012年11月我国也发布了《企业会计准则第33号——合并财务报表（修订）（征求意见稿）》及修订说明，及时反映了国际社会对合并报表的最新要求。我们在下文中将在讨论合并财务报表准则发展沿革与最新变化的基础上，详细比较IFRS 10与我国相关准则征求意见稿的异同，并对进一步完善我国相关准则提出一些思考。

二、合并财务报表准则的发展沿革及我国修订相关准则的背景

（一）美国合并财务报表准则的发展沿革

美国有关合并财务报表的公认会计原则最早出现在会计程序委员会（CAP）1959年发布的第51号会计研究公报（ARB No. 51）中。该准则要求，当集团内的公司直接或间接对其他公司拥有控制权益时，为了使报表公允列报，应当编制合并报表。1971年3月，美国会计原则委员会（APB）发布了APB意见书第18号（APB 18）"普通股投资会计处理中的权益法"，涉及合并财务报表编制的内容。1987年10月，美国财务会计准则委员会（FASB）发布了财务会计准则第94号（SFAS 94）"对拥有多数股权的子公司的合并"（SFAS 94），修改并取代了ARB No. 51的部分段落，同时修订了会计研究公报第43号（ARB No. 43）"会计研究公报第1号至第42号的重新表述和修订"以及APB 18的相关段落，对1988年12月15日以后的财政年度有效。SFAS 94主要是扩大了ARB No. 51中合并范围的规定，要求合并所有持有多数股权的子公司，即使子公司与母公司经营业务性质不一致，或者存在较大的少数股权以及在国外经营的子公司也都要求合并，进一步扩大了合并范围，弥补了ARB NO. 51的缺陷。而且SFAS 94要求先前未合并的持有多数

股权的子公司在合并后仍需要提供资产、负债以及经营成果的摘要信息。

随着会计准则的国际趋同，美国对于国际财务报告准则(IFRS)的发展动态也越来越关注，FASB决定与国际会计准则理事会(IASB)携手开展会计准则的国际趋同项目。在IASB修订了国际会计准则第27号(IAS 27)"合并财务报表和单独财务报表"后，FASB与IASB决定共同努力以改进合并财务报表中对非控制权益的会计处理与报告，FASB于2007年12月发布了SFAS 160。该公告主要是为了修订ARB No. 51，制定在子公司中非控制权益以及终止合并子公司的会计处理与报告准则。出于对SFAS 141"企业合并"(2007年修订)一致性的要求，SFAS 160同时修订了ARB No. 51合并程序中的某些条款，并于2008年12月15日开始的财政年度以及在该财政年度中的中期或者2009年1月1日开始的公历年度有效，禁止提前采用。这一公告应在财政年度开始应用后的以后年度采用未来适用法，而列报与披露规定则应对所有期间追溯应用。

（二）国际会计和财务报告准则在合并财务报表方面的变革过程

1976年，国际会计准则委员会(IASC)发布了国际会计准则第3号(IAS 3)"合并财务报表"。IAS 3主要规范合并财务报表的列报问题，并规定运用权益法处理对联营企业的投资的。IASC于1987年12月发布了征求意见稿第30号(ED 30)"合并财务报表和对子公司投资会计"，并于1989年4月正式发布了IAS 27"合并财务报表和对子公司会计"，对自1990年1月1日起或以后日期开始的报告期的财务报表有效。换言之，从1990年1月1日起，IAS 3已被IAS 27取代。其中，IAS 3中关于对联营企业投资的部分则被IAS 28"对联营企业投资会计"所取代。IAS 27还取消了一些IAS 3允许的备选会计处理方法，包括对集团内因与其他企业经营活动迥然不同的子公司的豁免合并的规定。此外，IASC还分别发布了两项与IAS 27有关的常设解释委员会的解释公告，它们是：解释公告第12号(SIC 12)"合并：特殊目的实体"；第33号(SIC 33)"合并和权益法：潜在表决权和所有者权益的分摊"。

2001年4月，IASB取代了IASC后正式运作，它开始积极研究关于合并项目的会计处理，包括对"特殊目的主体"(SPE)的合并等，研究结果导致了对原IAS 27一些规定的改变。不过，IASB试图保留原IAS 27对控制的定义。2003年12月18日，IASB发布了修订后的IAS 27"合并财务报表和单独财务报表"，并于2005年1月1日有效。在对原IAS 27的改进中，IASB保留了原IAS 27中的基本处理方法，但对母公司豁免编制合并财务报表的条件、应予合并子公司和不予合并子公司的范围、合并财务报表范围内主体的会计政策统一、少数股权的列报等进行了比较大的改动。同时，IAS 27还比较详细地规定了单独财务报表的范围，统一了单独财务报表中对各类投资的会计处理并减少了可选择的会计方法。IAS 27还导致了对原IAS 28和原IAS 31"合营中权益的财务报告"相应规定的修订。改进后的IAS 27取代了SIC 33。总体上看，改进后的概念比较清晰、政策相对合理且具有较好的操作性。IAS 27主要以"控制"作为确定合并范围的基础，但是当时对控制概念的解释并不完整，特别是没有对无多数表决权情况下的控制加以明确界定。同时，IASB 发布了第 12 号解释公告（SIC 12）中，但对于纳入合并范围的标准采用了风险报酬法，因此造成了与 IAS 27 之间的差异。

为解决上述问题，2008 年 IASB 发布了征求意见稿，对原 IAS 27 进行修订。在此基础上，2011 年 5 月，IASB 发布了国际财务报告准则第 10 号（IFRS 10）"合并财务报表"，要求对所有合并采用统一的会计处理模式，即以"控制"作为合并的基准，并明确规定控制构成的 3 个要素，即：投资方拥有对被投资方的权力、投资方对因参与被投资方的活动而产生的可变回报承担风险或拥有权力、投资方有能力运用其对被投资方的权力来影响回报的金额，解决了原 IAS 27 以控制为基础和 SIC 12 以风险报酬为基础的分歧；同时还发布了国际财务报告准则第 12 号（IFRS 12）"在其他主体中权益的披露"，将对子公司、联营公司、合营公司以及非合并结构化主体的投资的披露要求，集中到一个准则之中。

IAS 27 主要对受母公司控制的一个企业集团的合并财务报表的编报作出规定，并就如何计量对子公司、联营企业以及合营企业的投资提出了具体要求。IFRS 10 进一步强化了以控制权为基准确定合并范围的基本原则，同时提供了额外指南，补充了 IAS 27 未予规范的无多数表决权控制下的情况。在沿用原 IAS 27 对控制权的表述的同时，考虑了股权分散程度与控制权的关系，控制权的数量以及非数量标准，潜在投票权、认股权、转股权的影响，以及限制投票权、参与权以及否决权的影响，并提出了对委托代理关系的特殊考虑，重点关注委托代理关系中是否包括法律或者合并严格限定的权利。

IFRS 10 以控制为单一基准的做法，解决了原 IAS 27 有关合并范围的标准不统一的弊端，提高了准则的一致性；同时，以控制为基准的合并模式更加符合原则导向，也避免了 SIC 12 在应用风险报酬标准时过于明显的"界限检验"，有利于更好地反映不同主体之间存在的经济实质；控制三要素的统一也考虑了美国财务会计准则中的可变权益实体模型的情况。因此上述准则的发布，是 IASB 应对金融危机的重要举措，实现了国际财务报告准则（IFRS）与美国公认会计原则（US GAAP）对资产负债表表外活动会计处理的基本一致。

（三）我国合并财务报表准则的发展过程

我国自从 1995 年《合并会计报表暂行规定》颁布实施以来，合并范围的有关规定也在不断加以完善。随着我国市场经济体系的发展，企业间的联合与兼并将逐渐增多，在当前现代企业制度的创建中，企业间的联合、兼并和集团化发展已成为一种趋势。为提供更加相关可靠和对信息使用者决策有用的合并会计报表信息，实务中更加迫切需要相关准则的指导。为此，财政部于 2006 年 2 月发布了《企业会计准则第 33 号——合并财务报表》，规范了合并财务报表的编制和列报。

2012 年 11 月，为进一步规范我国合并财务报表的编制和列报，并保持我国企业会计准则与国际财务报告准则的持续趋同，财政部会计司借鉴国际财务报告准则第 10 号"合并财务报表"中的做法,并结合我国实际情况,起草了《企业会计准则第 33 号——合并财务报表(修订)(征求意见稿)》。

三、IFRS 10 的变化及重要贡献

(一) 以"控制"作为合并的基础

IFRS 10 中"控制"概念的提出,主要是基于 IAS 27 与 SIC 12 对不同报告主体是否合并的处理存在很大的差异。在此之前,国际财务报告准则并未明确主体归属范畴,IAS 27 和 SIC 12 在评价控制时着落的侧重点不同。IAS 27 将控制定义为"统驭一个企业的财务和经营政策、并借此从该企业的经营活动中获取利益的权力"。SIC 12 采用"风险与报酬"模式来解决是否应将特殊目的主体(SPE)纳入合并范围的问题,即从经营活动、决策、利益和风险考虑 SPE 是否被报告主体所控制。IAS 27 专注于涉及多数表决权的控制,SIC 12 则看重暴露于风险和报酬的程度,由于角度不同,选择可能殊异。

之前的准则另一饱受批评之处在于 IAS 27 和 SIC 12 倾向于计较量化的界限标准,从而使得合并与否的判断存在诸多操纵空间。例如 IAS 27 主要关注投资者是否拥有被投资公司的多数表决权从而纠结于 50%以上股权的门槛,SIC 12 常会导致投资者是否承受多数风险和报酬的定量评价从而偏执于 50%以上损益的标杆。再如 IAS 27 指出,在评价是否存在控制关系时,当且仅当潜在表决权现时可行权时才予以考虑,这就导致报告主体可在行权日或行权条件上做文章以达到合并或不合并的目的。举例来说,一个拥有被投资公司 40%普通股和 20%股票期权的投资者,如果投资者不想将被投资公司纳入合并,可以规定期权可在除报告年度最后一周的任意时间行权,于是可能因报告日该期权不是"现时可行权"而避免将被投资公司纳入合并。

归根结底,IAS 27 和 SIC 12 并未细究控制概念,导致控制判断出现混乱。而 IFRS 10 的一大贡献就在于明确了控制的定义——"当投资者因参与被投资方活动而对因此产生的可变回报承担风险或拥有权力,并有能力运用其对被投资方的权力来影响回报的金额时,投资者控制被投资方。"这一控制定义包含三个要素:权力、对可变回报承担风险或拥有权力及投资者运用权力影响可变回报的能力。IFRS 10 通过对三要素的阐释澄清了 IAS 27 和 SIC 12 的含混与偏颇。"权力"指对被投资公司活动进行指挥的现时能力,"统驭财务和经营政策"只是"指挥"的手段之一,报告主体的权力来自表决权(多数或非多数)、潜在表决权和其他合约安排,权力的判断取决于对报告主体和其他投资者所拥有的所有有关被投资公司活动的表决权、潜在表决权和其他合约安排。"对可变回报承担风险或拥有权力"只是控制的一个方面,而非控制本身,这里的关键是第三个要素,即权力与可变回报之间的关系。评估控制时必须说明权力与报酬的关系,报告主体拥有指挥被投资公司活动的权力是为了使其所获变动报酬最大化,但是报告主体所得报酬的份额不一定与权力的数量直接相关。

IFRS 10 打造了一个适于所有主体的单一的控制定义,从而使"控制主体模式"成为合并的唯一基础,从根本上掐断了仅考虑被投资公司 50% 以上表决权或 50% 以上损益等局部片面倾向和单纯量化倾向。无论是报告主体拥有半数以下投票权、潜在投票权,还是报告主体存在代理协议或是结构性主体(例如 SPE),均应以定性分析眼光秉持控制概念实质进行判断。

"控制"概念的提出,对于一些股权结构比较复杂的集团公司,可能会导致合并财务主体的改变,进而导致集团的重大财务变化。这种变化既能影响损益(如各项收入和费用)的金额确认,也能影响资产负债表的列示,从而影响到杠杆作用、资金比例、契约及融资协议。同时,利息保障倍数、EBIT 或 EBITDA 等性能指标也可能受到相关影响。同时,"控制"概念使得我们的判断从简单地依据所有权确定"少数股东"与"多数股东",转移到了经济问题的实质上。这也正是 SFAS 160 将 ARB No. 51 中的"少数股东权益"(Minority Interests)一词改名为"非控制权益(Non-controlling Interests)的原因所在。

(二)提出了"实质权利"概念

判断投资企业是否对被投资企业拥有"权力"时,IFRS 10 指出"权力"来源于"权利"。但"权利"中只有"实质权利"才值得考虑。"实质权利"需要考虑的因素有:实施该权利是否能带来利益;有没有财务或法律上的障碍影响该权利的实施;实施该权利是否还需要其他股东的同意等。由此可见,这里的"实质权利"考虑了持有人实施能力。这与之前的准则不同,原准则规定只要是目前可以实施的潜在投票权就需要考虑,而新准则强调了"实质权利",即属于"实质权利"的潜在投票权才需要考虑。这一点可能会对一些合并案例产生影响。

(三)强调了"实质控制"概念

IFRS 10 还进一步引申讨论了"实质控制"概念。"实质控制"对上市公司控制方的判断非常重要,因为上市公司比较常见的股权结构是大股东可能持有不到 50% 的表决权,但是由于其他股东持股比例很低,大股东在提名董事或其他重要事项的决策中起很大作用。这个作用的大小是否达到"实质控制"的程度,则需要判断。

原 IAS 27 并没有在准则中讨论"实质控制"的问题,但是在 2005 年 10 月国际会计准则理事会准则内容更新的讨论上(IASB Update),IASB 认为 IAS 27 包含了"实质控制",并提出了实质控制的判断关键在于拥有大部分表决权的其他股东是否因表决权分散而无法通过联合投票实施控制。

而新近发布的 IFRS 10 给出了需要考虑的因素。如相对于其他投资者,大股东所持有的股权比例;其他投资者股权比例的分散程度。如果相对于其他投资者,大股东所持有的股权比例更高。这时,其他投资者股权比例的分散程度越大,则说明该股东能够指引被投资单位"相关活动"的可能性越大。另外,该股东在历史期间实施决策权利的情况也需要考虑。如果之前的股东大会表明该股东能够指引企业的"相关活动",这也能说明该股东有实质控制的能力。

（四）提出了尽可能详尽现实的应用指南

以前的各相关准则自身缺乏应用指南也是导致合并实践混乱的重要原因之一。例如 IAS 27 承认存在报告主体虽无多数表决权但却能控制被投资公司的情形，但对如何评价则语焉不详，于是遵循法律方法还是经济方法就成为是否将表决权在 50% 以下的被投资公司纳入合并的重要门槛。再如 SIC 12 虽然提到从经营活动、决策、利益和风险等四个方面考虑 SPE 的合并问题，但对权重分配则只字未提，于是对四个因素孰重孰轻的判断就成为是否将 SPE 纳入合并的关键闸口。而 IFRS 10 的重要贡献之一就是提出了尽可能详尽现实的应用指南，以便更好地将准则应用于实践。

（五）对特殊目的主体合并的影响

2012 年 3 月，欧洲财务报告咨询组（EFRAG）发布了针对 IFRS 10 对特殊目的主体（SPE）合并影响的补充研究。该项研究的开展旨在阐述与国际会计准则第 27 号（IAS 27）/解释公告第 12 号（SIC 12）相比，IFRS 10 对特殊目的主体合并范围的影响。有 14 家公司参与了该项研究。研究发现，新指引将导致财务报表提供更多涉及特殊目的主体的信息；与现行针对特殊目的主体的要求相比，对合并总资产和被合并的特殊目的主体总数而言，采用 IFRS 10 对合并范围的整体定量影响是相对有限的。参与研究的公司表示，虽然 IFRS 10 不一定会导致特殊目的主体合并数量的显著增加或减少，但该准则不应孤立考虑，而应结合国际财务报告准则第 12 号（IFRS 12）的披露要求进行评估。某些公司特别指出，IFRS 12 的新披露要求将要求其必须针对在未纳入合并范围的特殊目的主体中的权益提供大量更多的叙述性信息。部分公司同时指出，即使某些特殊目的主体不需要纳入合并范围，鉴于国际会计准则第 39 号（IAS 39）"金融工具：确认和计量"中风险和报酬模型的基础标准，其仍将需要继续确认此类特殊目的主体的资产。

上述 IFRS 10 发生的新变化，无疑将对我国合并财务报表的修订产生相应影响。

四、我国合并财务报表(修订)(征求意见稿)与 IFRS 10 的比较

我国合并财务报表（修订）（征求意见稿）（以下简称"我国征求意见稿"）以法规条文的形式发布，共分为六章四十七条，包括总则、合并范围、合并程序、特殊交易的会计处理、衔接规定和附则。IFRS 10 除引言、附录以及结论基础外，分为目标、范围、控制和会计处理要求四个部分共二十六段。附录也是 IFRS 10 不可分割的内容，分为：(1)名词定义；(2)应用指南；(3)生效日期与过渡性规定；(4)对其他 IFRS 的修订。以下我们通过图表 5-32-1 将两者进行详细比较，以期找出它们的区别及联系。

（图表 5 - 32 - 1）

我国合并财务报表(修订)(征求意见稿)与 IFRS 10 的比较

IFRS 10 （2011 年 5 月发布）		我国准则征求意见稿 （2012 年 11 月发布）		差异比较
共四部分二十六条		共六章四十七条		
第一部分　准则制定目标(第1—3段)： ·包括准则制定目标(明确在主体控制一个或多个其他主体情况下编制和列报合并财务报表应遵循的原则)，并界定了控制原则，并将控制作为编制合并财务报表的基础。		第一章　总则(第1—5条)： ·包括合并财务报表、母公司和子公司的定义、合并财务报表的组成部分、准则的适用范围以及外币财务报表核算适用的准则。将合并财务报表定义为"反映母公司和其全部子公司形成的企业集团整体财务状况、经营成果和现金流量的财务报表"。		·我国征求意见稿将控制原则放在第二章，IFRS 10 在第一部分"准则制定目标"中就界定了控制原则，并将控制原则作为编制合并财务报表的基础。
第二部分　准则的适用范围(第4段)： ·排除了适用国际会计准则第19号"雇员福利"的退休福利计划和其他长期雇员福利计划的主体等5种特例。				·我国征求意见稿对准则适用范围规定得比较简单。IFRS 10 对准则的适用范围排除了5种特例。
第三部分控制(第5—18段)	(第5—9段)： ·规定了任何投资方，不管其参与被投资方活动的性质如何，均应评估其是否控制被投资方从而确定是否母公司。 ·控制的定义为"当投资方对于因参与被投资方活动而产生的可变回报承担风险或拥有权利，且有能力运用其对投资方的权利来影响上述回报时，投资方即控制被投资方"。并界定了构成控制的条件。 ·当两个或多个投资方必须共同行动来掌控被投资方的相关活动时，它们共同控制该被投资方。 (一)权力(第10—14段)： ·规定了当投资方拥有现实权利从而具有现实能力掌控被投资方的相关活动时，投资方即对被投资方拥有权力。权力源自权利。	第二章合并范围(第6—20条)	(第6—7条)： ·规定了合并财务报表的合并范围应当以控制为基础予以确定。控制，是指投资方拥有对被投资方的权力，通过参与被投资方的相关活动而享有可变回报，并且有能力运用对被投资方的权力影响其回报金额。 ·投资方应当在综合考虑所有相关事实和情况的基础上对是否控制被投资方进行判断。 (第8—15条)： ·投资方享有现时权利使其目前有能力主导被投资方的相关活动，而不论其是否实际行使该权利，视为投资方拥有对被投资方	·在控制定义的表述上，我国征求意见稿与 IFRS 10 有一定出入。我国征求意见稿提到的控制的前提之一"投资方参与被投资方的相关活动"，在 IFRS 10 中的表述仅为"投资方参与被投资方活动"。投资方与可变回报的关系，我国征求意见稿认为是"享有可变回报"，IFRS 10 则为"对可变回报承担风险或拥有权利"，IFRS 10 的范围更广。 ·对是否构成控制的判断，我国征求意见稿考虑的相关事实和情况更多且更复杂。 ·我国征求意见稿对权力的讨论相对详细，讨论了投资方持有不同份额的表决权等不同情况，IFRS 10 对权力的讨论相对简洁明了。

（续表）

IFRS 10 （2011 年 5 月发布）		我国准则征求意见稿 （2012 年 11 月发布）	差异比较
第三部分控制（第 5—18 段）	·具有现实能力掌控被投资方相关活动的投资方，拥有对被投资方的权力。 ·如果两个或者多方中的每一方均具有现实权利，则拥有掌控被投资方相关活动的现实能力且对被投资方的回报具有最重大影响的投资方，拥有对投资方的权力。 ·即使其他主体拥有现实权利，从而具有参与掌控被投资方相关活动的现实能力，投资方也能够拥有对被投资方的权力。	第二章合并范围（第 6—20 条）	的权力。 ·两个或两个以上投资方能够分别单方面主导被投资方不同相关活动的，能够主导对被投资方回报产生最重大影响的活动的一方拥有对被投资方的权力。 ·投资方在判断是否拥有对被投资方的权力时，应当仅考虑与被投资方相关的实质性权利。仅享有保护性权利的投资方不拥有对被投资方的权力。 ·投资方持有被投资方不同份额的表决权的，需综合考虑相关事实和情况后，才能判断投资方是否拥有对被投资方的权力。	·IFRS 10 提到"即使其他主体拥有现实权利，从而具有参与掌控被投资方相关活动的现实能力，投资方也能够拥有对被投资方的权力"，我国征求意见稿对此未提及。
	（二）回报（第 15—16 段）： ·规定了当投资方因其参与被投资方活动产生的回报，受被投资方的业绩影响而具有大幅度波动的潜在可能时，则该投资方对于因参与被投资方活动而产生的可变回报承担风险或者拥有权利。		（第 16 条）： ·投资方自被投资方取得的回报可能会随着被投资方业绩而变动的，视为享有可变回报。投资方应当基于合同安排的实质而非回报的法律形式对回报的可变性进行评价。	·IFRS 10 强调了投资方可变回报的获得是"因其参与了被投资方活动而产生的回报"，可变回报是因被投资方的业绩存在"大幅"波动的潜在可能，投资方对可变回报"承担风险或者拥有权利"。IFRS 10 的规定比我国征求意见稿更为明确。 ·我国征求意见稿指出投资方对回报可变性的评价应注意实质重于形式，与 IFRS 10 的原则性导向具有呼应。
	（三）权力与回报之间的关系（第 17—18 段）： ·规定了如果投资方不仅对被投资方拥有权力，对于因参与被投资方活动而产生的可变回报也同时承		（第 17—20 条）： ·投资方在判断是否控制被投资方时，应当确定其自身是以主要责任人还是代理人的身份行使决策权，以及其他方是否以其	·投资方中，作为代理人的对立面的角色，我国征求意见稿中翻译为"主要责任人"，而 IFRS 10 意指"委托人"。"主要责任人"的含义不是很明确。

IFRS 10 （2011 年 5 月发布）		我国准则征求意见稿 （2012 年 11 月发布）	差异比较
第三部分控制（第 5—18 段）	担风险或拥有权利，而且有能力运用其权力影响其因参与被投资方活动而获得的回报，该投资方就控制着被投资方。 · 拥有决策权的投资方应确定自己是委托人还是代理人。	第二章合并范围（第 6—20 条）	代理人的身份代为行使决策权。 · 投资方通常应当对是否控制被投资方整体进行判断。 · 母公司应当将其全部子公司（包括母公司所控制的被投资方可分割的部分）纳入合并财务报表的合并范围。	· 在确定决策者是否为代理人时，我国征求意见稿相对于 IFRS 10 有更详细的规定。
第四部分会计处理要求（第 19—26 段）	（第 19—21 段）： · 规定了母公司在编制合并财务报表时，对于类似情形下的相似交易或事项，应运用统一的会计政策。 · 在投资方获得对被投资方的控制日，应开始将投资方纳入合并；当投资方丧失对被投资方控制时，应停止合并被投资方。	第三章合并程序（第 21—41 条）	（第 21—24 条）： · 规定了母公司应当以自身和其子公司的财务报表为基础，根据其他有关资料，编制合并财务报表。 · 母公司应当统一子公司所采用的会计政策，使子公司采用的会计政策与母公司保持一致。 · 母公司应当统一子公司的会计期间，使子公司的会计期间与母公司保持一致。	· 我国征求意见稿与 IFRS 10 对合并财务报表会计处理要求大致相同。另外，我国准则还规定了母公司编制合并财务报表的流程。
	（一）非控制权益（第 22—24 段）： · 规定了母公司应在合并财务状况表的权益部分列报非控制权益，并与母公司享有的所有者权益分开列报。 · 母公司在子公司中的所有权利益发生变化但并未因此而丧失对子公司控制的，属于权益性交易。		具体内容为四节：合并资产负债表（第 25—28 条）；合并利润表（第 29—34 条）；合并现金流量表（第 35—39 条）；合并所有者权益变动表（第 40—41 条）： · 规定了合并财务报表应当以母、子公司的财务报表为基础，在抵销内部交易的影响后，由母公司合并编制。 · 合并财务报表中少数股东权益及相关项目的列示。 · 母公司在报告期内因同一控制下以及非同一控制下企业合并增加子公司、报告期内处置子公司的具体会计处理。	· 我国征求意见稿对编制合并财务报表时涉及的内部交易、在报告期内母公司因企业合并增加子公司、处置子公司等事项的具体会计处理依次列示了详细规定，IFRS 10 则未涉及。 · IFRS 10 讨论到权益性交易，我国准则缺少明确规定。 · IFRS 10 已用"合并财务状况表"代替了"合并资产负债表"的称谓，用"非控制权益"代替了"少数股东权益"，我国准则未跟上国际准则的变革步伐。

（续表）

IFRS 10 （2011 年 5 月发布）		我国准则征求意见稿 （2012 年 11 月发布）		差异比较
第四部分会计处理要求（第 19—26 段）	（二）丧失控制（第 25—26 段）： ·如果母公司丧失对子公司的控制，母公司应采用的会计处理方法。	第四章特殊交易的会计处理（第 42—45 条）	·规定了母公司购买子公司少数股东股权或部分处置对子公司的长期股权投资时，相应的会计处理方法。 ·对于未列举的交易或者事项，如果站在企业集团合并报表角度的确认和计量结果与其所属的母公司或子公司的个别财务报表层面的确认和计量结果不一致的，则在编制合并财务报表时，也应当按照本准则规定，对其确认和计量结果予以相应调整。	·我国征求意见稿规定了母公司购买子公司少数股东股权或部分处置对子公司的长期股权投资时相应的会计处理方法。IFRS 10 仅规定了母公司丧失对子公司控制时在合并财务报表中应作出的处理。 ·我国准则规定了对本章未列举的交易或事项，在编制合并财务报表时，应当站在企业集团角度对特殊交易事项分析。IFRS 10 没有明确的规定。
附录（共 119 段）	（一）名词定义（按字母顺序）：对合并财务报表、对被投资者的控制、决策者、集团、非控制权益、母公司、权力、保护性权利、相关活动、剥夺权和子公司共 11 个名词作了专门定义，并引用了其他准则中的相关名词。		我国征求意见稿的名词定义散见在各章之中。	·IFRS 10 比我国征求意见稿多一条"剥夺权"（Removal Rights）的定义。 ·IFRS 10 已用"非控制权益"代替了"少数股东权益"。
	（二）应用指南（第 1—99 段）		我国征求意见稿并未明确提出应用指南，而是体现在各章节具体内容中。	·国际准则将应用指南单列，我国准则则分布在各章节中。
	（三）生效日期与过渡性规定（第 1—9 段）：规定本准则自 2013 年 1 月 1 日或以后日期开始的年度期间生效，允许提前采用。并规定了首次采用本准则的企业应当根据本准则的规定对被投资方进行重新评估，确定其是否应纳入合并财务报表范围。	第五章衔接规定（第 46 条）	·规定了首次采用本准则的企业应当根据本准则的规定对被投资方进行重新评估，确定其是否应纳入合并财务报表范围。因首次采用本准则导致合并范围发生变化的，应当进行追溯调整。	·我国准则尚处在征求意见稿阶段，对具体生效日期未作规定。
		第六章附则（第 47 条）	规定了本准则自 201×年×月×日起施行。	
	（四）对其他国际财务报告准则的修订		·我国征求意见稿未涉及本部分内容。	

五、完善我国合并财务报表(修订)(征求意见稿)的建议

我国合并财务报表(修订)(征求意见稿)是建立在与 IFRS 10 趋同的基础上的,通过以上逐项对比可以看到,我国准则与 IFRS 10 之间已经实现了较高程度的一致。从进一步提高我国准则的质量和国际认可度出发,我们提出以下改进建议。

首先,关于准则结构的完善。从 IASB 制定"合并财务报表"准则的目的看,主要是明确在主体控制一个或多个其他主体的情况下编制和列报合并财务报表应遵循的原则。因此,其准则的内容应该更注重强调控制的概念和判断方法。而我国合并财务报表(修订)(征求意见稿)将控制的概念和判断方法,以及权力的判断、回报的阐述和权力与回报的关系全都集中在第二章合并范围内,需要通过拆分才能把这中间的脉络完全理清,我国准则结构的清晰性不如国际准则。此外,国际准则是原则导向地规定了合并财务报表准则,而我国准则制订了很多详细的规则性指导。建议我国的会计准则可以向国际上靠拢,采用简洁的准则加详细的应用指南的方式。另外,对于关键名词的定义,国际准则除了在准则正文中作出解释外,还将其集中在附录一中统一定义,更方便阅读和理解;而我国准则征求意见稿则将各关键名词的定义穿插在准则条文中。这种结构性安排虽然在其他准则中也发现类似情况,但总体而言,分散的定义如能通过一定方式(如在附录或应用指南中)加以集中,将有利于增加对准则重要内容和定义的理解。

其次,关于有关名词的定义问题。(1)IFRS 10 对"可变回报"的相关规定是:"当投资方因其参与被投资方活动产生的回报,受被投资方的业绩影响而具有大幅度波动的潜在可能时,则该投资方对于因参与被投资方活动而产生的可变回报承担风险或者拥有权利"。而我国准则规定"投资方自被投资方取得的回报可能会随着被投资方业绩而变动的,视为享有可变回报"。相比之下,我国征求意见稿规定得较为简单,没有明确"可变回报"来源于投资方参与被投资方的活动以及可能受被投资方业绩"大幅度波动"而产生的影响。(2)IFRS 10 中将"子公司所有者权益不直接或间接归属于母公司的部分"定义为"非控制权益",而我国征求意见稿中则将"子公司所有者权益中不属于母公司的份额"称为"少数股东权益"。从定义上来看,两者的实质是一致的,字面上的不同很有可能仅仅是不同文化差异造成的。但经过仔细研究,我们发现,在一个实体中持有少数股权的股东有可能控制该实体的经济利益;相反,拥有多数股权的股东也有可能无法控制该实体。从"少数股东权益"到"非控制权益",立足点便由简单地依据所有权比例判断"少数股东"与"多数股东"转移到了"控制"与"非控制",这样更有助于反映问题的经济实质。建议我国准则也应该将"少数股东权益"修改为"非控制权益",提高会计术语的科学性。(3)IFRS 10 已用"合并财务状况表"代替了"合并资产负债表"的称谓,而我国准则尚未跟上国际准则的变革步伐。建议我国准则也采用国际上的称谓,进一步向国际准则趋同。

再次,关于一些名词翻译的改进和统一。由于语种不同,我国准则与国际准则之间不

可能完全做到"措辞统一",但应在借鉴国际准则名词定义及其真实含义的基础上,经过仔细斟酌和甄别,尽可能采用能够如实反映各名词真实含义的翻译方法。现对以下几个名词的翻译和统一提出我们的看法:(1) Involvement 意为"涉入、参与",此词出现在控制的定义中,我国征求意见稿中将其翻译为"参与……的相关活动",并且注明"相关活动"是指对被投资方的回报产生重大影响的活动。从理论上看,我们认为"参与"并不等于"参与存在重大影响的活动",因此,我们建议,直接将 Involvement 译为"参与(活动)"或"涉入(主体)"。(2) Principal 意为"委托人、当事人",此词出现时作为"与代理人形成对立面的投资方角色"。我国准则中将其译为"主要责任人"。考虑到其与代理人形成对立面的角色和该词在法律意义上的释义,我们建议,直接将 Principal 译为"委托人"。

　　总之,虽然我国合并财务报表准则(修订)征求意见稿还有可完善之处,但其总体精神与要求以及处理流程已与 IFRS 10 实现了较高程度和较快速度的趋同。从这一准则的快速反应,也可以看到我国相关部门对我国会计准则与国际准则持续趋同的决心和努力。

主要参考文献

财政部会计司制度二处:《企业会计准则第 33 号——合并财务报表(修订)(征求意见稿)》及起草说明(2012 年 11 月)。

汪祥耀:"美国会计准则体系的重大变革及启示",《财经论丛》,2010 年第 1 期。

汪祥耀、邵毅平:《美国会计准则研究:从经济大萧条到全球金融危机》,立信会计出版社,2010 年版。

王霞:"国际财务报告准则修订评析与前瞻",《会计研究》,2012 年第 4 期。

IASB,IFRS 10"Consolidated Financial Statements",June 2012.

FASB,SFAS 160"Non-controlling Interests in Consolidated Financial Statements",December 2007.

33. 我国长期股权投资准则(征求意见稿)的相关比较和完善建议

一、长期股权投资准则的发展沿革与我国修订准则的背景

长期股权投资是指通过投资取得被投资单位的股份。一直以来,投资活动在企业尤其是上市公司的经营活动中占很大比重,因此就如何规范企业投资业务的会计核算和相关信息的披露是会计准则制定机构重点关注的内容之一。国际上,并没有单独针对于长期股权投资的会计准则,主要通过国际会计准则第 27 号(IAS 27)"单独财务报表"、国际会计准则第 28 号(IAS 28)"合营和联营中的投资"、国际财务报告准则第 3 号(IFRS 3)"企业合并"、国际财务报告准则第 10 号(IFRS 10)"合并财务报表"、国际财务报告准则第 11 号(IFRS 11)"合营安排"以及国际财务报告准则第 12 号(IFRS 12)"在其他主体中权益的披露",对长期股权投资加以规范。

1976 年,国际会计准则委员会(IASC)发布了 IAS 3"合并财务报表",主要探讨合并财务报表的列报问题,并规定运用权益法作为对联营企业投资的处理标准。IAS 3 对于世界上许多国家和地区财务报告的改进都发挥了重要影响。欧盟(EU)在制定第 7 号指令时就参考了 IAS 3。IAS 27"合并财务报表和对子公司投资会计"(该准则原名)和 IAS 28"对联营企业投资会计"(该准则原名)也是在 IAS 3 的基础上制定的。

1986 年 7 月,IASC 发布了征求意见稿第 28 号(ED 28)"联营和合营中的投资会计",1989 年 4 月正式发布了 IAS 28"对联营企业投资会计",IAS 28 取代了 IAS 3 中关于对联营企业投资核算的部分。IAS 28 对于权益法的运用提供了更为详尽的指南,但没有采纳实质不同于 IAS 3 规定的方法。IASC 于 1987 年 12 月发布第 30 号征求意见稿(ED 30)"合并财务报表和对子公司投资会计",并于 1989 年 4 月正式发布了 IAS 27"合并财务报表和对子公司会计",IAS 3 由此被 IAS 27 取代。IAS 27 是 IASC 与 EU 合作的一项成果,它进一步改进 EU 第 7 号指令中对控制概念的界定。

2002 年 5 月,改组后的国际会计准则理事会(IASB)发布了"改进国际会计准则的征求意见稿"(Improvements Exposure Draft),建议 IAS 27 考虑母公司单独财务报表中对子公司投资的会计处理问题。IAS 28 应考虑的问题还包括:(1)由风险资本机构、共同基金、单位信托以及类似的根据 IAS 39 的规定按公允价值计量的实体所持有的投资;(2)运用权益法的例外情况;(3)当投资者不公布合并财务报表时对联营企业投资的会计处理以

及投资者自身的财务报表;(4)运用统一会计政策;(5)联营企业的损失。2003年12月18日,IASB发布了改进后的IAS 27(2003年修订版)和IAS 28(2003年修订版)。改进后的IAS 27取消了原IAS 27和原IAS 28在单独财务报表中允许采用权益法对投资进行会计处理的规定,要求在单独财务报表中,无论是对子公司的投资和对共同控制主体的投资,还是对联营企业的投资,均采用成本法或IAS 39"金融工具:确认和计量"规定的公允价值进行会计处理。IASB对IAS 28的使用范围、重要影响的判断因素、豁免使用权益法的标准、联营的会计政策与报告日的要求、联营亏损的确认限额等进行了改进,改进后的准则不再适用于单独财务报表中对联营投资的会计处理。

2008年国际金融危机爆发后,二十国集团峰会(G20)、金融稳定理事会(FSB)倡议建立全球统一的高质量会计准则体系,要求国际会计准则制定机构改进国际财务报告准则。因此IASB决定对一系列准则项目进行重大修改,其中包括对IAS 27和IAS 28的修改。2008年1月10日,IASB发布了国际财务报告准则第3号"企业合并"(2008年修订版)和国际会计准则第27号"合并财务报表和单独财务报表"(2008年修订版),将控制权的变更视为重大经济事件,即在获得或丧失控制权时,要求按公允价值对权益进行重新计量。同时,要将拥有控制权及不拥有控制权的股东之间进行的、不会导致丧失控制权的所有交易的影响直接计入权益。

2011年5月,IASB发布了IAS 27(2011年修订版)和IAS 28(2011年修订版)。修订后的IAS 27仅涉及对单独财务报表编制的规范,其他具体的要求基本保持不变。IAS 27(2011修订版)要求当主体编制单独财务报表时,对在子公司、联营企业和共同控制主体中的投资应当按成本或者遵循国际财务报告准则第9号(IFRS 9)进行核算。IAS 28"在联营和合营企业中的投资"(2011年修订版)(与IFRS 12一起)取代了原国际会计准则第28号"对联营企业的投资",规范了对联营企业和合营企业的会计处理,并阐述了核算联营和合营企业中的投资时运用权益法的要求。IAS 28(2011年修订版)对"重大影响"作出定义并就如何运用权益法提供了指引(包括在某些情况下无需运用权益法的豁免),同时还规定了如何对联营和合营企业中的投资进行减值测试。

我国长期股权投资的会计处理主要通过《企业会计准则第2号——长期股权投资》及相关应用指南进行规范。该准则自实施以来取得了显著效果,但在实务中也出现了一些问题,尤其是对企业长期股权投资的有关规定散见于准则的应用指南、讲解和企业会计准则解释中,一定程度上不利于准则的理解和实施,因此有必要对相关内容进行整合,充实和完善我的长期股权投资准则。在2011年IASB发布了IAS 27"单独财务报表"和IAS 28"在联营和合营企业中的投资"修订版后,为了保持我国会计准则与国际财务报告准则的持续趋同,财政部在充分借鉴国际准则和结合我国实际的基础之上,于2012年11月27日发布《企业会计准则第2号——长期股权投资(征求意见稿)》(修订版)。

以下我们将通过对我国征求意见稿与原第2号企业会计准则以及相关的国际准则进

行比较和分析,试图找出其间的异同点,并提出完善我国长期股权投资准则的一些建议。

二、我国长期股权投资准则(征求意见稿)与原第 2 号准则的比较

财政部在发布我国长期股权投资准则(征求意见稿)的同时,还发布了相应的修订说明,阐述了本征求意见稿修订的以下两个主要方面的内容:(1)明确长期股权投资的范围。现行第 2 号准则正文中并未对长期股权投资的范围做出规定,《企业会计准则讲解》明确长期股权投资主要包括以下四类:一是投资企业能够对被投资单位实施控制的权益性投资;二是投资企业与其他合营方一同对被投资单位共同实施控制的权益性投资;三是投资企业对被投资单位具有重大影响的权益性投资,即对联营企业投资;四是投资企业持有的对被投资单位不具有控制、共同控制或重大影响,并在活跃市场中没有报价、公允价值不能可靠计量的权益性投资。征求意见稿在整合以上内容并明确规定了长期股权投资范围的基础上,规定第四类改按《企业会计准则第 22 号——金融资产的确认和计量》处理。(2)保持相关企业会计准则的关键性概念一致。为保持我国准则体系内的协调一致,征求意见稿明确规定在确定"控制"、"共同控制"和"合营企业"时应按照《企业会计准则第 33 号——合并财务报表》和《企业会计准则第 X 号——合营安排》进行判断。(3)整合现行规范性条款,充实完善相关内容。征求意见稿借鉴国际会计准则的有关内容,并整合我国长期股权投资准则应用指南和讲解中的有关内容。为了深入研究本征求意见稿与原准则的异同之处,我们通过图表 5-33-1,将我国长期股权投资准则(征求意见稿)与原第 2 号准则进行比较。

(图表 5-33-1)

我国长期股权投资准则(征求意见稿)与原第 2 号准则的比较

长期股权投资准则(征求意见稿)	企业会计准则第 2 号	变动之处
共分为 4 章 19 条	共 4 章 17 条	比原准则增加了 2 条
第一章 总则(共 4 条):包括准则制定目标和制定依据、适用范围、会计准则的关键性概念以及长期股权投资的范围。	第一章 总则(共 2 条):包括准则制定目标和制定依据、适用范围。	·对准则适用范围作出更详细的规定。 ·对"控制"、"共同控制"和"合营企业"的判断进行了明确规定。 ·明确界定了长期股权投资的范围。对投资企业持有的对被投资单位不具有控制、共同控制或重大影响,并在活跃市场中没有报价、公允价值不能可靠计量的权益性投资改按 CAS 22 进行会计处理。 ·对长期股权投资的披露进行说明。

（续表）

长期股权投资准则(征求意见稿)	企业会计准则第2号	变动之处
第二章　初始计量(第5-6条,共2条,)：包括同一控制下企业合并形成的长期股权投资的初始成本计量；非同一控制下企业合并形成的长期股权投资的初始成本计量；其他方式取得长期股权投资初始成本的计量,如支付现金、发行权益证券、非货币性资产交换等方式。	第二章　初始计量(第3-4条,共2条)：包括同一控制下企业合并形成的长期股权投资的初始成本计量；非同一控制下企业合并形成的长期股权投资的初始成本计量；其他方式取得长期股权投资初始成本的计量,如支付现金、发行权益证券、非货币性资产交换等方式。	·明确规定企业合并中的中介费用以及相关管理费用的会计处理。 ·明确规定其他方式取得长期股权投资发生的相关直接费用、税金和必要支出直接计入初始投资成本。发行权益性证券或债券直接相关的费用按照CAS 22进行会计处理。
第三章　后续计量(分"成本法"与"权益法"两节,第7-18条,共12条)：(1)成本法的适用范围、成本法的核算、权益法转成本法的会计处理、成本法下长期股权投资的处置和列报。(2)权益法的适用范围、权益法的核算、投资损益和其他综合收益的确认、取得现金股利和利润的处理、超额亏损的确认、成本法转权益法的会计处理、出售部分股权的处理、权益法下长期股权的处置和列报。	第三章　后续计量(第5-16条,共12条)：包括成本法的适用范围、成本法的核算、权益法的适用范围、权益法的核算、投资损益、取得现金股利和利润的处理、超额亏损的确认、权益法转成本法的会计处理、权益法下长期股权的处置。	·分两节进行论述,首次在我国具体会计准则中使用了"节"这个标题性结构单位。 ·缩小了成本法的适用范围。 ·明确规定投资企业采用成本法核算对被投资单位的投资时,投资企业确认投资收益的会计处理,取消了现行准则中以被投资单位接受投资后产生的累积净利润的分配额为限的规定。 ·明确规定了投资企业采用权益法核算时应如何确认应享有被投资单位净损益和其他原因导致的净资产变动的份额。 ·明确规定了投资企业在计算确认应享有或应分担被投资单位的净损益时,与被投资单位之间发生的未实现内部交易损益按照持股比例计算归属于投资企业的部分应当予以抵销。 ·明确规定了投资企业因追加投资能够对被投资单位实施共同控制或重大影响的,应当改按权益法核算,并视同原持有的股权投资自取得之日起即按照权益法核算的账面价值加上新增投资成本之和作为权益法核算的初始投资成本。 ·明确规定了投资企业因增加投资或减少投资等原因导致对被投资单位的控制、共同控制或重大影响发生变化的会计处理。

（续表）

长期股权投资准则（征求意见稿）	企业会计准则第 2 号	变动之处
第四章 衔接规定（第 19 条，共 1 条）：主要说明准则（修订）实施前已经执行企业会计准则的企业，准则（修订）实施前已经持有的不能对被投资单位实施控制、共同控制、重大影响的长期股权投资，应当按照《企业会计准则第 22 号——金融工具的确认和计量》进行核算并追溯调整，追溯调整不可行的除外。	第四章 披露（第 26—28 条，共 1 条）：包括投资企业应当在附注中披露与长期股权投资相关的信息。	· 与现行准则的规定不同，按照征求意见稿，关于长期股权投资的披露改按《企业会计准则第 X 号——在其他主体中权益的披露》进行处理。

三、我国长期股权投资准则（征求意见稿）与 IAS/IFRS 相关准则最新修订版的比较

综观国际会计准则，并没有单独对长期股权投资做出明确的规定，主要通过 IAS 27"单独财务报表"（2011 修订版）、IAS 28"合营和联营中的投资"（2011 修订版）、IFRS 3"企业合并"、IFRS 10"合并财务报表"、IFRS 11"合营安排"以及 IFRS 12"在其他主体中权益的披露"对长期股权投资的会计处理和披露做出规范。

我国财政部于 1998 年 6 月发布了《企业会计准则——投资》，并于 2001 年 1 月进行了修订。2006 年 2 月 15 日，财政部新发布的企业会计准则体系对原投资准则进行了较大范围的修订，正式发布了《企业会计准则第 2 号——长期股权投资》、《企业会计准则第 22 号——金融工具确认和计量》等新准则，取代了原来的《企业会计准则——投资》。为了保持我国会计准则与国际会计的持续趋同，财政部于 2012 年 11 月发布了《企业会计准则第 2 号——长期股权投资（征求意见稿）》及修订说明。以下我们通过图表 5-33-2，将我国长期股权投资准则（征求意见稿）与 IAS/IFRS 相关准则进行比较并分析差异。

（图表5-33-2）

我国长期股权投资准则（征求意见稿）与 IAS/IFRS 相关准则的比较

比较项目		长期股权投资准则 （征求意见稿）	IAS/IFRS 相关准则 （最新修订版）	差异比较
长期股权投资的初始计量	企业合并形成的投资	企业合并形成的长期股权投资，应当按照下列规定确定其初始投资成本：（1）同一控制下的企业合并，合并方以支付现金、转让非现金资产或承担债务方式作为合并对价的，应当在合并日按照取得被合并方所有者权益账面价值的份额作为长期股权投资的初始投资成本。长期股权投资初始投资成本与支付的现金、转让的非现金资产以及所承担债务账面价值之间的差额，应当调整资本公积；资本公积不足冲减的，调整留存收益。合并方以发行权益性证券作为合并对价的，应当在合并日按照取得被合并方所有者权益账面价值的份额作为长期股权投资的初始投资成本。按照发行股份的面值总额作为股本，长期股权投资初始投资成本与所发行股份面值总额之间的差额，应当调整资本公积；资本公积不足冲减的，调整留存收益。（2）非同一控制下的企业合并，购买方在购买日应当按照《企业会计准则第20号——企业合并》确定的合并成本作为长期股权投资的初始投资成本。企业合并中，合并方或购买方为企业合并发生的审计、法律服务、评估咨询等中介费用以及其他相关管理费用，应当于发生时计入当期损益。	IFRS 3 规定企业合并的购买成本包括为进行企业合并，购买方转移的资产、承担的负债以及发行的权益等在购买日的公允价值。购买方为企业合并付出资产的公允价值和账面价值不同，购买方应确认其产生的利得或者损失，计入损益。如果合并后，付出的资产仍然在购买方的控制下，要求购买方应当以付出资产的账面价值作为购买成本，不确认损益。 IFRS 3 规定，为进行企业合并而发生的与购并相关的所有其他成本均应费用化（包括因被合并方负担某些购并成本而由购买方偿还给被并方的部分）。费用化的成本包括：中间人费用；咨询、法律、会计、评估和其他专业服务费用；一般管理成本包括购买部门的运营成本以及其他不能直接归属于所核算的特定成本的相关费用。	·我国征求意见稿将企业合并分为同一控制和非同一控制下两种情况，与国际会计准则的相关规定存在一定差异。 ·我国征求意见稿与 IFRS 3 对与企业合并相关费用的会计处理基本一致。
	其他方式取得的投资	除企业合并形成的长期股权投资以外，其他方式取得的长期股权投资，应当按照下列规定确定其初始投资成本：（1）以支付现金取得的长期股权投资，应当按照实际支付的购买价款作为初始投资成本。（2）以发行权益性证券取得的长期	IAS 28（2011 修订版）第 10 段规定，对联营企业和合营企业的初始投资成本按取得成本确认。	·与国际会计准则处理方式基本一致。但我国征求意见稿规定得更为详细具体。

（续表）

比较项目		长期股权投资准则 （征求意见稿）	IAS/IFRS 相关准则 （最新修订版）	差异比较
长期股权投资的初始计量	其他方式取得的投资	股权投资,应当按照发行权益性证券的公允价值作为初始投资成本。(3)投资者投入的长期股权投资,应当按照投资合同或协议约定的价值作为初始投资成本,但合同或协议约定价值不公允的除外。(4)通过非货币性资产交换取得的长期股权投资,其初始投资成本应当按照《非货币性资产交换》准则确定。(5)通过债务重组取得的长期股权投资,其初始投资成本应当按照《债务重组》准则确定。 与取得以上长期股权投资直接相关的费用、税金及其他必要支出,应计入其初始投资成本。与发行权益性证券或债券直接相关的费用,应当按照《金融工具确认和计量》准则的规定进行会计处理。		
长期股权投资后续计量的成本法	适用范围	投资企业能够对被投资单位实施控制的长期股权投资应采用成本法核算;在编制个别财务报表时应当按照成本法列报。	IAS 27（2011 修订版）规定,在单独财务报表中,对子公司的投资应采用成本法核算。	·两者基本一致。
	核算原则	成本法下对被投资单位投资,应当按照初始投资成本计价。追加或收回投资应当调整长期股权投资的成本。被投资单位宣告分派的现金股利或利润,应确认为当期投资收益。	IAS 27（2011 修订版）第 10 段规定,对子公司的投资按初始投资成本进行会计处理。 IAS 27（2011 修订版）第 12 段规定,主体收取子公司股利或利润时,应将该损益单独列于财务报表中。	·两者基本一致。
长期股权投资后续计量的权益法	适用范围	投资企业能够对被投资单位具有共同控制或重大影响的股权投资应采用权益法核算,在编制个别财务报表和合并财务报表时也应据此列报。	IAS 28（2011 修订版）引言中规定,对联营企业和合营企业的投资应当采用权益法核算。 IAS 28（2011 修订版）第 17—19 段规定了豁免采用权益法的情况。	·两者基本一致,但我国征求意见稿未涉及豁免采用权益法的情况。

（续表）

比较项目		长期股权投资准则 （征求意见稿）	IAS/IFRS 相关准则 （最新修订版）	差异比较
长期股权投资后续计量的权益法	核算原则	长期股权投资的初始投资成本大于投资时应享有被投资单位可辨认净资产公允价值份额的,不调整长期股权投资的初始投资成本;长期股权投资的初始投资成本小于投资时应享有被投资单位可辨认净资产公允价值份额的,其差额应当计入当期损益,同时调整长期股权投资的成本。被投资单位可辨认净资产的公允价值,应当比照《企业会计准则第 20 号——企业合并》的有关规定确定。	IAS 28（2011 修订版）第 32 段规定,投资联营企业和合营企业应自其为联营企业和合营企业之日,采用权益法处理。取得投资时投资成本与投资者所享有联营企业和合营企业可辨认净资产公允价值份额之间的任何差额,其处理如下:(1)与联营企业和合营企业相关的商誉包含于该投资的账面金额中。商誉不得摊销。(2)投资者所享有联营企业和合营企业可辨认净资产公允价值的份额超过投资成本的数额,于取得投资当期,在投资者决定所享有联营企业和合营企业的损益份额时,确认为收益。	· 两者基本一致,但 IAS 28 的规定更为详细。
		投资企业取得长期股权投资后,应当按照应享有或应分担的被投资单位实现的净损益的份额,确认投资损益并调整长期股权投资的账面价值;对于应享有被投资单位净损益以外的其他原因导致的净资产变动,其经济实质表明属于投资企业利得或损失的,应确认为其他综合收益。投资企业按照被投资单位宣告分派的利润或现金股利计算应分得的部分,相应减少长期股权投资的账面价值。	IAS 28（2011 修订版）规定,在权益法下,联营企业和合营企业按成本确认初始成本,取得日后其账面金额则随投资者所享有被投资者损益的份额而增减。投资者应按所享有被投资者损益的份额确认投资者的损益。收取被投资者的利润分配,则减少该投资的账面金额。被投资者其他综合损益变动造成投资者对被投资者所享之权益份额发生变动时,也应调整账面金额。	· 两者基本一致,但 IAS 28 对其他综合收益引起长期股权投资的变动做了更详细的说明。
		投资企业确认被投资单位发生的净亏损,应当以长期股权投资的账面价值以及其他实质上构成对被投资单位净投资的长期权益减记至零为限,投资企业负有承担额外损失义务的除外。被投资单位以后实现净利润的,投资企业在其收益分享额弥补未确认的亏损分担额后,恢复确认收益分享额。	IAS 28（2011 修订版）第 38 段规定,投资者对联营和合营企业的损失份额等于或超过其在联营和合营企业中的权益时,投资者应停止确认进一步损失。投资者在联营和合营企业中的权益是指权益法下联营和合营企业的账面金额以及实质上属于投资者对联营和合营企业净投资组成部分的其他长期权益。权益法下确认的损失超	· 两者基本一致,但 IAS 28 的规定更为详细。

（续表）

比较项目		长期股权投资准则 （征求意见稿）	IAS/IFRS 相关准则 （最新修订版）	差异比较
长期股权投资后续计量的权益法	核算原则		过投资者的普通股投资,应依投资者对联营和合营企业权益的其他组成部分优先顺位(即优先清偿顺位)之反向顺序予以冲销。 IAS 28(2011 修订版)第 39 段规定,投资者之权益减至零后,仅应于发生法定义务、推定义务或已代联营和合营企业支付款项之范围内,认列额外损失及负债。	
		投资企业计算确认应享有或应分担被投资单位的净损益时,与被投资单位之间发生的未实现内部交易损益按照持股比例计算归属于投资企业的部分,应当予以抵销,在此基础上确认投资损益。投资企业对于纳入其合并范围的子公司与该投资企业的联营企业及合营企业之间发生的未实现内部交易损益,也应当按照上述原则进行抵销并确认投资损益。	IAS 28(2011 修订版)第 28 段规定,投资者与联营企业和合营企业的"逆流"及"顺流"交易所产生的损益,仅在与投资者对联营企业和合营企业权益无关的范围内,在投资者的财务报表中列报。投资者对"逆流"和"顺流"等交易所产生联营企业和合营企业损益的份额应予消除。	· 两者基本一致。
		被投资单位采用的会计政策及会计期间与投资企业不一致的,应当按照投资企业的会计政策及会计期间对被投资单位的财务报表进行调整,并据以确认投资损益和其他综合收益。	IAS 28(2011 修订版)第 34 段规定,在采用权益法的情况下,当联营和合营企业财务报表的日期与投资者财务报表的日期不一致时,则应对不同报表日期之间所发生的重大交易或事件的影响予以调整。在任何情况下,联营和合营企业与投资者报表期间结束日的差异不得超过三个月。 IAS 28(2011 修订版)第 36 段规定了投资者与联营和合营企业对相似情况下类似交易及事项采用不同会计政策时应作出的调整。	· 两者基本一致,国际会计准则的规定更为详细。
成本法与权益法的相互转换		我国征求意见稿对投资企业因追加投资等原因对被投资单位形成控制、共同控制以及重大影响从而需要将所采用的会计处理方法在成本法与权益法之间加以转换的情况,作了较详细的规定。		· 国际会计准则未涉及。

（续表）

比较项目	长期股权投资准则 （征求意见稿）	IAS/IFRS 相关准则 （最新修订版）	差异比较
长期股权投资的减值	长期股权投资的减值，按照《企业会计准则第8号——资产减值》进行会计处理。	IAS28（2011 修订版）第 40 段规定，投资者在采用权益法包括依第38 段的规定确认联营和合营企业的损失后，应按照 IAS 39 的规定，决定对联营和合营企业的净投资是否应确认额外的减值损失。	·两者基本一致，但根据我国 CAS 8 的规定，长期股权投资减值损失一经确定，以后期间不得转回。
长期股权投资的披露	长期股权投资的披露，按照《企业会计准则第 X 号——在其他主体中权益的披露》进行会计处理。	投资相关的披露，按照 IFRS 12"在其他主体中权益的披露"进行会计处理。	·两者基本一致。

四、完善我国长期股权投资准则（征求意见稿）的建议

从以上比较分析中可知，我国长期股权投资准则（征求意见稿）的修订充分借鉴了有关国际准则的最新发展成果。在保持我国企业会计准则与国际财务报告准则持续趋同的大背景下，我国长期股权投资准则（征求意见稿）与相关国际准则在总体要求方面已保持了基本一致。可以说，这是我国与国际准则趋同程度较高的一项准则。但是由于我国政治、经济、社会等方面的特殊国情，我国长期股权投资准则（征求意见稿）与相关国际准则在形式、结构和内容等方面仍然存在一些差异。从进一步提高我国准则的质量和国际认可度出发，我们对我国上述征求意见稿提出以下改善建议。

首先，在准则体系结构方面，我国具体会计准则设想通过一项长期股权投资准则对子公司并购及投资、对联营和合营企业投资以及对其他长期股权投资所涉及的所有确认、计量和报告问题作出统一规范，有"大而全"的优势。但长期股权投资是企业经常发生的一项重要经营活动，内容复杂，形式各异，且不断有创新产生，涉及多种计量属性的应用，也经常导致商誉、股权投资差异、利得与损失、其他综合收益等会计问题的处理，还涉及合并财务报表、单独财务报表、权益法、成本法等处理方法问题。因此，将所有的长期股权投资（实际上还有不属于股权投资的其他长期投资）都放在一个会计准则中加以规范，其难度是相当高的。正因为此，国际相关会计准则通过多项准则对此加以规范，这就形成了我国准则与相应的国际准则之间体系结构的不同。我国最近拟修订或增加的准则中，包括了合并财务报表准则、合营安排准则、在其他主体中权益的披露准则等，实现已经有将原长期股权投资所涉及的会计问题放到其他准则中加以进一步详细规范的做法。因此，在对我国长期股权投资准则修订时，应该考虑我国会计准则体系中未来对企业长期投资（包括

股权投资和非股权投资)会计规范的总体布局。进一步说,长期投资形式多样,如联营与合营也不一定都是通过"股权投资"方式的,用一个长期股权投资准则涵盖所有形式的企业长期投资的会计规范,未必十分妥当。

其次,在准则内容和安排方面,我国长期股权投资(征求意见稿)也还有可完善之处。在内容方面,IAS/IFRS中关于长期股权投资核算的内容更加丰富和完善,规定更加细致。国际准则通过 IAS 27(2011 修订版)、IAS 28(2011 修订版)、IFRS 3、IFRS 10、IFRS 11、IFRS 12 等一系列准则对长期投资所涉及的相关会计问题进行了详细规范,有一些内容,如对"重大影响"的判断、权益法的定义和解释、豁免权益法的情况和条件、对发行优先股的联营和合营企业的投资收入如何确认等,在我国长期股权投资准则(征求意见稿)中都没有涉及。在准则内容安排上,国际准则通过各分项准则分别处理对子公司的投资(通过企业合并、合并财务报表、单独财务报表等准则)、对联营与合营中的投资以及对其他长期投资等,条理清晰,逻辑性较强,至于是否采用权益法还是成本法,也只在不同的准则中加以规定。而在我国长期股权投资准则(征求意见稿)对长期股权投资的后续计量中,专门安排了"成本法"和"权益法"两节内容,按照可采用会计处理方法的不同来讨论各种长期股权投资的会计处理,从而使准则的内容显得凌乱。我们认为,如果需要分节讨论,还不如分别按不同长期股权投资的类型(而不是按不同的会计处理方法)排序阐述,这样的逻辑结构可能会更顺当一些。

再次,在公允价值运用方面,国际准则对公允价值的运用更为广泛,对各类投资几乎都要求以公允价值为基础进行确认和计量。在我国长期股权投资准则(征求意见稿)中,由于仍然将企业合并划分为同一控制与非同一控制下的企业合并,因此对不同合并方式取得的长期股权投资初始成本的计量作出了不同的规定,这一点与国际准则形成了又一项差异。虽然在我国现阶段,对同一控制下企业合并的会计处理作出不同规定有其合理的内核,但企业利用这一规定进行盈余管理的情况也时有所闻。因此,在对我国长期股权投资准则的修订中,对是否以及如何保留同一控制下企业合并所采用的"权益结合法",准则制定部门也应该在深入研究国际通行做法以及考虑我国国情的情况下,作出更全面和更长远的通盘考虑。

最后,根据我国会计准则和国际相关准则的规定,对子公司的投资均要求采用成本法进行核算,但国际准则主要是针对母公司单独财务报表作出规定的。单独财务报表与合并财务报表的使用者不同,对信息的要求也不同。我国会计准则尚未对单独财务报表作出规范,应当对这方面的内容进行补充。同时,对运用权益法的一些细节问题及豁免条件也需要加以明确,以增加我国会计准则的可操作性。

主要参考文献

财政部会计司:《企业会计准则第 2 号——长期股权投资(修订)(征求意见稿)》(2012年 11 月)。

财政部会计司:《企业会计准则第 X 号——长期股权投资(修订)(征求意见稿)》的修订说明(2012 年 11 月)。

汪祥耀等著:《国际会计和财务报告准则——研究与比较》,立信会计出版社,2005年版。

IASB,IAS 27"Separate Financial Statements",May 2011.

IASB,IAS 28"Investments in Associates and Joint Ventures",May 2011.

IASB,IFRS 11"Joint Arrangements",May 2011.

IASB,IFRS 12"Disclosure of Interests in Other Entities",May 2011.

34. 我国合营安排准则(征求意见稿)与 IFRS 11 的比较和完善建议

一、合营安排准则的国际发展历程与我国制定该准则的背景

在西方一些发达国家,由于其市场化程度较高,法律体系比较健全,关于合营安排的会计准则出现得较早,而且经历了一个比较长的发展以及不断修订完善的过程,再加上近年来国际财务报告准则与美国会计准则趋向统一,致使合营安排准则更加严谨和完善,在世界上获得了较高的认同度。我国合营安排准则起步较晚,并受到政治、法律、经济、市场等诸多因素的限制,因此现在仍然处于一种试探性的摸索阶段,需要实务界、监管部门等在企业会计准则执行过程中不断加以完善,当然也少不了对国际财务报告准则的学习和借鉴。

2011 年 5 月 13 日,国际财务报告准则第 11 号(IFRS 11)"合营安排"正式发布,它是在原国际会计准则第 31 号(IAS 31)"在合营企业中的权益"的基础上加以修订和完善形成的。追溯 IFRS 11 的发展历程,可以关注到以下一些具有里程碑意义的事件。2004 年4 月,国际会计准则理事会(IASB)与澳大利亚会计准则委员会(AASB)开展了关于合营企业中权益的合作项目,对原 IAS 31 进行重新审视。研究内容主要集中在两个问题上:(1)合营企业及共同控制主体的定义;(2)在这些主体中投资者所采用的会计处理方法。此后,该项目成为 IASB 与 FASB 的一个短期趋同项目,目的在于缩小国际会计准则与美国会计准则之间的差异。

2004 年 7 月,IASB 决定将合营安排项目列入议程。2007 年 9 月,IASB 发布了一份征求意见稿(ED 9),对 IAS 31 进行了初步修订,包括:(1)合营安排的定义。合营安排实质上是一种合约安排,它是由两方或多方共同控制相关经济活动,对决策达成一致意见的一项协议。它包括共同控制资产、共同控制经营和合营企业三种类型。(2)在决定合营安排的类型和会计处理时,应遵守实质重于形式的原则。ED 9 与 IAS 31 在决定会计处理方法的最重要因素的看法上有显著的区别,IAS 31 认为财务报表中的会计处理方法应该以合营企业的法律结构为基础,而 ED 9 认为决定会计处理方法的最重要因素不应当是协议的法律形式。在 2009 年 5 月的会议上,IASB 决定将合营安排分为共同经营和合营企业两种类型,以代替原 IAS 31 和 ED 9 提出的将其分为共同控制资产、共同控制经营和合营企业三类的思想。2009 年 6 月,IASB 规定了共同经营的会计处理方法。2009 年 12月,IASB 对 IAS 27 和 SIC 13 的差异进行了讨论,并通过了对 IAS 28 的修正草案。2010

年 2 月,IASB 明确了本准则的适用范围以及共同控制经营参与方的会计核算要求。2010
年 5 月,IASB 对单独财务报表、过渡性规定、披露等事项进行了讨论。2011 年 2 月,IASB
完成了 IFRS 11 主体阶段内容的讨论,于当年 5 月正式发布了 IFRS 11"合营安排"。相
比原先的 IAS 31,该合营安排准则主要涉及三方面的变化:一是前述的将合营安排的三
分类法(共同控制资产、共同控制经营和合营企业)改为两分类法(共同经营和合营企业);
二是要求基于合营安排下各方的权利和义务来确定某项合营安排是共同经营还是合营企
业,不再将是否存在单独主体作为判断的唯一因素;三是要求在合并财务报表中统一采用
权益法(Equity Method)核算主体在合营企业中的权益,并取消了原先允许采用的比例合
并法(Proportionate Consolidation)(IAS 31 原先将"比例合并法"作为基准方法,将"权益
法"作为备选方法,后来根据与美国会计准则趋同的要求,仅允许采用"权益法")。

　　长期以来,我国并没有制定单独的合营安排会计准则,相关事宜只是在投资、长期股
权投资等准则的应用指南和相关讲解中予以规范。例如,2001 年 1 月颁布的《企业会计
准则——投资》完全没有涉及合营安排的定义、分类及其会计处理,只是在长期投资中区
分了控制与重大影响,要求分别使用成本法与权益法予以核算。2006 年 2 月发布的《企
业会计准则第 2 号——长期股权投资》明确了合营企业、联营企业适用于本准则,并且在
应用指南中含有"共同控制经营和共同控制资产"的单独内容,但规定仍较为简单,可操作
性较差。近年来,随着我国市场经济的不断发展,合营安排日益增多,加上国际财务报告
准则对合营安排提出了新的会计要求,按照我国会计准则与国际准则持续趋同的原则,财
政部在充分借鉴 IFRS 11 和结合我国实际的基础上,于 2012 年 11 月 27 日了发布《企业
会计准则第 X 号——合营安排(征求意见稿)》。

二、我国合营安排(征求意见稿)与 IFRS 11 的比较

　　我国征求意见稿分为 6 章 23 条,包括总则、合营安排的认定和分类、共同经营参与方
的会计处理、合营企业参与方的会计处理、衔接方法和附则等。而 IFRS 11 除了引言和附
录外,准则正文分为目标、范围、合营安排、合营安排参与方的财务报表与单独财务报表 5
个部分共 27 段。以下我们通过图表 5－34－1 详列这两项准则的异同。

　　(图表 5－34－1)

我国合营安排(征求意见稿)与 IFRS 11 的比较

IFRS 11 (2011 年 5 月发布)		合营安排(征求意见稿) (2012 年 11 月发布)	差异比较
第一 部分 引言	(一)指出 IFRS 11 为合营安排各方的财务报告建立了原则,取代之前的 IAS 31 和 SIC—13 中的部分内容,并从 2013 年 1 月 1 日开始	第一部分 总则(第 1－4 条):首先说明准则制定目标在于规范合营安排的认定、分类以及各参与方在合营安排中权益等的会计处理,根	·长期以来,我国没有单独的合营安排准则,而是将相关内容放在长期股

（续表）

IFRS 11 （2011 年 5 月发布）	合营安排（征求意见稿） （2012 年 11 月发布）	差异比较
第一部分 引言	实施。 （二）说明发布本准则的原因。主要针对 IAS 31 存在两方面问题加以探讨：其一，IAS 31 将合营结构作为会计处理的唯一决定因素；其二，IAS 31 允许主体选择在共同控制主体中权益的会计处理方式。IFRS 11 旨在建立适用于各种合营安排会计处理的原则，以改进 IAS 31 的问题。 （三）IFRS 11 的主要特点在于：要求合营安排的参与方通过评估其在该安排中的权利与义务来确定合营安排的类型，并说明本准则适用于作为合营安排参与方的所有主体。	据《企业会计准则——基本准则》，制定本准则。其次指出了合营安排的定义（合营安排是指一项由两个或两个以上的参与方共同控制的安排）和它的两个特征（各参与方受到该安排的约束和两个或两个以上的参与方对该安排实施共同控制）。然后对合营安排的参与方作了说明，包括对合营安排享有共同控制的参与方与对合营安排不享有共同控制的参与方。最后，规范了合营方在合营安排中权益的披露（适用《企业会计准则第 X 号——在其他主体中权益的披露》）。	权投资准则应用指南和相关讲解中予以规范，因此本征求意见稿是为一项新设准则制定的。 ·发布准则的原因不同，IFRS 11 是对以往准则的修正和发展，而我国市场经济的不断发展，合营安排日益增多，因此需要出台相关准则。 ·IFRS 11 的制定目标是为了对合营安排拥有权益的各方编制财务报告提供会计原则指导，而我国该项准则是为规范合营安排的认定、分类以及各参与方在合营安排中权益等的会计处理加以制定，两者的侧重点不同。 ·我国征求意见稿将合营安排的定义放在第一章，而 IFRS 11 单设一节对合营安排的定义、特点和分类作了详细讨论，逻辑性较合理。 ·我国征求意见稿对共同控制的定义和认定要求与 IFRS 11 基本相同。
	第二部分 目标（第 1—2 段）：是为在共同控制的安排（即合营安排）中拥有权益的主体编制财务报告提供原则。	
	第三部分 范围（第 3 段）：本准则所有参与合营安排的主体。	
第四部分 合营安排（第 4—27 段）	（一）合营安排的定义、特征（第 4 段）：IFRS 11 将合营安排定义为"由两方或多方共同控制的一项协议。"它有两个特征：(1)参与各方受合同协议约束；(2)合同协议授予两方或多方共同控制该项安排。合营安排分为共同经营和合营企业两种类型。	该部分在总则中体现。	
	（二）共同控制的定义和认定（第 7—13 段）：IFRS 11 将共同控制定义为"通过合同协议约定的对一项安排共享的控制"。因此意味着，仅当相关活动的决策获得集体控制该安排的各参与方一致同意时，	**第二章 合营安排的认定和分类**（第 5—8 条）：将共同控制定义为："按照相关约定对某项安排所有的控制，并且该安排的相关活动必须经过分享控制权的参与方一致同意后才能	

（续表）

IFRS 11 （2011 年 5 月发布）	合营安排（征求意见稿） （2012 年 11 月发布）	差异比较
	才存在共同控制。在一项合营安排中，没有任何单独的一方可以独自控制该项安排。然而，即使不是所有的参与方都已共同控制了该项安排，该安排仍然可能是合营安排。本准则区分了对合营安排形成共同控制的参与方（如共同经营者或合营者）与仅参与但对合营安排不形成共同控制的参与方的情况。在评估是否所有的参与方或参与团体对一项安排具有共同控制时，主体需要行使判断。	决策"。对于共同控制的判断是建立在判断所有参与方或参与方组合能否集体控制该安排的基础之上，再对该安排相关活动的决策是否必须经过这些参与方一致同意进行判断，也就是说如果存在两个或两个以上的参与方组合能够集体控制某项安排的，不构成共同控制，同时仅享有保护性权利的参与方也不是共同控制（保护性权利是指仅为了保护权利持有人利益却没有赋予持有人对相关活动决策权的一项权利）。	
第四部分 合营安排（第4—27段）	（六）合营安排的类型（第 14－19 段）：主体应确定其涉及的合营安排的类型。一项合营安排属于共同经营还是合营企业，取决于该项安排的参与方所享有的权利和承担的义务。共同经营是指共同控制了某项安排的参与方具有与该项安排有关的资产权利或负债义务的一种合营安排。而合营企业是指共同控制了某项安排的参与方对该安排的净资产享有权利的一种合营安排。主体在评估一项合营安排属于共同经营还是合营企业时，需要运用判断，要考虑源自所涉及的安排的权利和义务。而对权利和义务的评估则要考虑该安排的结构、法律形式以及在合同性协议中由各方一致同意的条款。必要时，还要考虑其他事实和情况。有时，各参与方是由一个框架协议加以约束。该框架协议规定了从事一项或多项相关活动的一般性合同条款，也可能规定主体可以建立不同的合营安排，以便处理构成该安排一部分的特定活动。即使这些合营安排与同一框架协	第二章 合营安排的认定和分类（第 9－14 条）：规定合营安排分为共同经营（合营方享有该安排相关资产且承担该安排相关负债的合营安排）和合营企业（合营方对该安排的净资产享有权利的合营安排）。合营方分类的依据是其在合营安排中享有的权利和承担的义务。 合营安排不是一个单独主体（具有单独可辨认的财务架构的主体）的，或者是一个单独主体的但符合相应条件并且符合相关法律法规规定的合营安排，应划分为共同经营。反之，应当划分为合营企业。相关事实和情况变化导致合营方在合营安排中享有的权利和承担的义务发生变化的，合营方应当对合营安排的分类进行重新评估。对于为完成不同活动而设立多项合营安排的框架性协议，企业应当分别判断各项合营安排的分类。	· IFRS 11 在合营安排的分类中尤其着重各参与方对合营安排所享受权利和所承担义务的评估，而评估需要考虑这项安排的结构、法律形式和合同性条款等内容。在我国征求意见稿中则较简单地表述为"合营方的权利和的义务"。 · IFRS 11 与我国征求意见稿中对共同经营和合营企业的定义表述基本一致，但前者更强调说明了是资产或净资产上的权利以及负债方面的义务。 · IFRS 11 将共同经营的主体定义为"共同经营者"，将合营企业的参与方定义为"合营者"，

（续表）

IFRS 11 （2011 年 5 月发布）	合营安排（征求意见稿） （2012 年 11 月发布）	差异比较
议相关,如果参与方在该框架下从事不同活动的权利和义务存在差异,从而会导致合营安排的类型也可能产生不同。因此,当主体从事构成同一框架协议的不同活动时,共同经营和合营企业可以同时存在。如果事实和情况发生变化,主体应重新评估其所涉及合营安排的类型是否发生变化。		而我国则通称为"合营方"。 · IFRS 11 对合营安排的框架性协议作了较细致的描述,从而引出其会导致合营安排的分类的不同,同时还指出共同经营和合营企业可以同时存在的特别情况,而我国征求意见稿对此内容的规定较为简单。 · 两者都要求根据事实情况的变化考虑对合营安排的分类进行重新评估。
第四部分合营安排（第 4—27 段）	（七）合营安排参与方的财务报表（共同经营,第 20—23 段）:首先对于共同经营中的权益,共同经营者应确认 5 个方面的内容:(1)资产,包括共同持有的资产中该经营者享有的份额;(2)负债,包括共同发生的负债中该经营者应承担的份额;(3)出售该经营者在共同经营中产出的份额而取得的收入;(4)出售共同经营中产出取得的收入中归属于该经营者的份额;(5)费用,包括共同发生的费用中属于该经营者的份额。共同经营者在核算与共同经营中权益相关的资产、负债、收入和费用时,应遵守适用于这些特定资产、负债、收入和费用的相应国际财务报告准则。主体与其作为共同经营者的共同经营之间发生的诸如资产出售、资产出资和资产购买等交易,要应用指南第 34 段—第 37 段的规定进行会计处理。参与共同经营但未对	第三章　共同经营参与方的会计处理（第 15—18 条）:合营方应当确认其与合营安排中权益相关的项目,包括:(1)确认单独所持有的资产,以及按本企业的份额确认共同持有的资产;(2)确认单独所承担的负债,以及按本企业的份额确认共同承担的负债;(3)确认本企业出售其享有的共同经营产出份额所产生的收入;(4)按本企业的份额确认共同经营因出售其产出所产生的收入;(5)确认单独所发生的费用,以及按本企业的份额确认共同经营发生的费用。然后,按照相关企业会计准则的规定对这些项目进行处理进行会计处理。合营方向共同经营投出或出售资产等(子公司除外),应当仅确认归属于共同经营其他参与方的利得或损失。如果该资产发生减值损失的,合营方应当全额确认该损失。合营方自共同经营购买资产	· 两者对共同经营中的权益的确认基本一致,包括资产、负债、收入、费用。但我国准则刻意强调了合营者单独持有的资产和单独承担的费用等。 · 我国征求意见稿对合营方向共同经营投出或出售资产等做出较详细的规定。 · 我国征求意见稿对合营方向共同经营投出或出售子公司的,或者合营方自共同经营购买业务的,要求按照相关企业会计准则的规定进行会计处理。而 IFRS 11 无此相应内容。

（续表）

IFRS 11 （2011年5月发布）	合营安排（征求意见稿） （2012年11月发布）	差异比较
第四部分合营安排（第4—27段）	共同经营形成共同控制的参与方，如果享有与共同经营相关的资产、承担与共同经营相关的负债的，也应该根据第20段—第22段的规定核算其在该项安排中的权益。参与共同经营但未对共同经营形成共同控制的参与方，如果对与共同经营相关的资产不享有权利、对与共同经营相关的负债不承担义务，对于该参与方在该共同经营中的权益，应根据适用于该权益的相应的国际财务报告准则进行会计处理。	等（业务除外），在将该资产等出售给第三方之前，不应当确认因该交易产生的损益中该合营方应享有的部分。如果该资产发生减值损失的，合营方应当按其承担的份额确认该部分损失。同时合营方向共同经营投出或出售子公司的，或者合营方自共同经营购买业务的，应当按照《企业会计准则第20号——企业合并》等相关企业会计准则的规定进行会计处理。对共同经营不享有共同控制的参与方，如果享有该共同经营相关资产且承担该共同经营相关负债的，应当按照本准则第十五条至第十七条的规定进行会计处理；否则，应当按照相关企业会计准则的规定核算其权益。	
	（八）合营安排参与方的财务报表（合营企业，第24—25段）：合营者应将其在合营企业中的权益确认为一项投资，并根据IAS 28"联营和合营中的投资"采用权益法加以核算，除非本准则另有规定的，可以豁免使用权益法。参与合营企业但未对合营企业形成共同控制的参与方，应根据IFRS 9"金融工具"的规定，核算其在该项安排中的权益，除非其对合营企业具有重大影响的，应根据2011年修订的IAS 28进行会计处理。	第四章　合营企业参与方的会计处理（第19—20条）：合营方应当按照《企业会计准则第2号——长期股权投资》的规定核算其对合营企业的投资。合营企业不享有共同控制的参与方，如果对该合营企业具有重大影响的，应当按照《企业会计准则第2号——长期股权投资》的规定核算其对该合营企业的投资，如果对该合营企业不具有重大影响的，应当按照《企业会计准则第22号——金融工具确认和计量》的规定核算其对该合营企业的投资。	· IFRS 11对于合营者在合营企业中的权益有严格的确认规定，并强调应根据IAS 28"联营和合营中的投资"的规定采用权益法核算。我国征求意见稿较简单地说明应运用《企业会计准则第2号——长期股权投资》的规定核算，没有对权益法的应用作格外强调。
	（九）单独财务报表（第26—27段）：首先，在单独财务报表中，共同经营者应当根据第20—22段的规定，核算其在共同经营中的权益；合营者应当根据IAS 27"单独财务报表"第10段的规定，核算其	本部分内容在我国合营安排准则（征求意见稿）中并未单列一个章节，而是在第三章与第四章中有所体现。比如，第三章第15条要求合营方确认单独所持有的资产、确认单独所承担的负债、确认单独所	· IFRS 11单列一节说明共同经营者或者合营者的单独财务报表的编制要求，而我国未作此要求。

（续表）

IFRS 11 （2011 年 5 月发布）	合营安排（征求意见稿） （2012 年 11 月发布）	差异比较
第四部分 合营安排（第 4—27 段） 在合营企业中的权益。其次，在单独财务报表中，参与合营安排但未对合营安排形成共同控制的参与方应当：(1)根据第 23 段的规定，核算其在共同经营中的权益；(2)根据 IFRS 9 的规定，核算其在合营企业中的权益，除非参与方对合营企业具有重大影响，在这种情况下，应当采用 2011 年修订后的 IAS 27 第 10 段的规定进行会计处理。	发生的费用，按相关会计准则作出会计处理。再如，对共同经营中不享有共同控制的参与方，如果其享有该共同经营相关资产且承担该共同经营相关负债的，应当按照本准则第十五条至第十七条的规定进行会计处理；否则，应当按照相关企业会计准则的规定核算其权益。最后，还有对合营企业不享有共同控制的参与方应当根据其对该合营企业的影响程度进行相关会计处理。	· IFRS 11 对共同经营者或合营者在共同经营中的权益或在合营企业中的权益作了明确区分，并详细讨论共同经营者与合营者其单独财务报表对以上权益的列报，而我国准则未重视单独财务报表列报问题。
附录（共 198 段） (一)名词定义：该部分是国际财务报告准则的一个组成部分，它包括合营安排、共同控制、共同经营、共同经营者、合营企业、合营者（共同控制合营企业）、合营参与者（无论是否控制）、单独主体的定义。	我国征求意见稿的名词定义散见在各章之中。	· IFRS 11 对于不同类型合营安排的参与方具有不同定义。而我国则统称为合营方。 · 我国准则对 IFRS 11 中涉及的一些名词，还缺乏权威和统一的翻译。
	(二)应用指南（第 1—33 段）：这部分根据准则条款给出应用方面的指导意见。	我国准则目前尚未涉及此内容。	我国准则尚处于征求意见稿阶段，还没有出台应用指南。
	(三)其他国际财务报告准则的生效日期、过渡性规定和撤销规定（第 1—15 段）：首先规定本准则自 2013 年 1 月 1 日或以后日期开始的年度期间生效，允许提前采用。其次，作出了一些过渡性规定。	第五章 衔接方法（第 21—22 条）：要求首次采用本准则的企业应当对其合营安排进行重新评估，确定其分类。如果由于分类变化导致会计处理方法改变的，应按照规定的方式进行追溯调整。	· 我国准则尚处在征求意见稿阶段，对具体生效日期未作规定。
		第六章 附则（第 23 条）：本准则自 201×年×月×日起施行。	
	(四)对其他国际财务报告准则的修订（第 1—53 段，共 53 段）。	我国征求意见稿未涉及本部分内容。	

三、完善我国合营安排准则（征求意见稿）的建议

通过以上对比，我们认为，我国本次起草的《企业会计准则第×号——合营安排（征求

意见稿)》质量较高,已全面体现了 IFRS 11 的基本要求,与国际准则的趋同度较高。但从进一步完善我国该准则征求意见稿的目的出发,我们仍提出以下探讨及建议。

首先,关于合营安排准则的目标和侧重点的探讨。我们发现,IFRS 11 与我国征求意见稿有所不同。前者侧重的是为参与合营安排的各方如何编制财务报告提供原则和会计规范,因此区分了参与方具有共同控制、具有重大影响以及既不具有共同控制又不具有重大影响三种情况。对于第一种情况,按照共同经营和合营企业的顺序分别规范了合并财务报表对参与方在合营安排中权益的列报问题(列报作为确认的结果自然还涉及到确认、计量等会计处理,另将它们的披露交由 IFRS 12“在其他主体中权益的披露”加以规范)。对于第二和第三种情况,则对合营安排参与方的单独财务报表作出规范(因为没有形成控制,因此只要求采用权益法核算其在合营安排中的权益)。因此,IFRS 11 的立项目标和规范重点是相当明确的,准则内容的逻辑性也很强。而我国合营安排准则征求意见稿却是为规范合营安排各参与方对在合营安排中权益的会计处理而制定的,虽然讨论到有关资产、负债、收入、费用等的确认,但几乎没有涉及合并财务报表编制,更没有涉及到单独财务报表的编制问题,这就与国际准则规范的出发点形成了差异。实际上,进一步考察合营安排国际准则的发展史就可以发现,IFRS 11 的前身 IAS 31 最早是由 IASC 于 1990 年12 月发布的,当时的名称是“在合营中权益的财务报告”。IASB 接替 IASC 制定国际财务报告准则以后,将 IAS 31 更名为“合营安排”,虽然名称变了,但其规范的侧重点并没有改变,仍然将重点放在如何对合营安排中的权益进行财务报表列报的问题上。我们通过图表 5 - 34 - 2,可以更清楚地看到我国征求意见稿与 IFRS 11 在结构和侧重点方面的区别。

(图表 5 - 34 - 2)

我国合营安排(征求意见稿)与 IFRS 11 结构及侧重点的比较

IFRS 11 结构	我国合营安排(征求意见稿)的结构	侧重点差异
目标	总则(包括目标、范围等)	
范围		
合营安排 共同控制 共同控制类型	合营安排的认定和分类	· 两者基本相同
合营安排参与方的财务报表 共同经营 合营企业	共同经营参与方的会计处理 合营企业参与方的会计处理	· 国际准则侧重财务报表,我国侧重会计处理
单独财务报表		· 我国准则未涉及
附录(包括名词定义、应用指南等)	衔接规定 附则	

其次,关于完善我国合营安排会计准则结构的探讨。IFRS 11 在将合营安排区分为共同经营与合营企业两种类型之后,将其参与方也区分为"共同经营者"(Joint Operator)与"合营者"(Joint Venturer),然后再分别探讨"共同经营者"与"合营者"的对合营安排中权益的财务报表列报问题,思路清晰,结构合理。我国准则的征求意见稿虽然也将合营安排分为共同经营与合营企业两类,但却将合营安排的参与方统称为"合营方",也没有按照这两种"合营方"的顺序分别讨论它们的财务报表列报问题,内容结构不如 IFRS 11 合理,增加了阅读和理解的困难。

最后,关于 IFRS 11 一些名词定义中文对译的问题。我国会计准则主要借鉴国际财务报告准则而制定,因此就需要对国际准则中使用的一些专用名词作出准确理解并给出恰当的中文对译。在我国合营安排准则征求意见稿中,有几个名词及其定义的使用,我们认为仍有斟酌的余地。例如,IFRS 11 将"合营安排参与方"(Party to a Joint Arrangement)定义为"参与合营安排的主体而无论该主体是否对合营安排具有共同控制"。我国准则没有对"合营安排参与方"作出专门定义,却使用"合营方"同时指代两类对合营安排享有共同控制的参与者。但在中文含义中,"合营者"与"合营方"很难严格区分,容易引起混淆,从而将"合营方"误解为仅属于合营安排一种类型的"合营者"(我们还发现,在我国征求意见稿与起草说明中,已经出现了将"合营方"与"合营者"混用的情况)。又如,对"合营安排",我国准则征求意见稿基本沿用了国际准则的定义,将其定义为"一项由两个或两个以上的参与方共同控制的安排"。但在同时发布的"起草说明"中,又将合营安排定义为"由两方或多方共同控制的安排"。将 IFRS 11 中的"Two or More Parties"译成"两个或两个以上"还是"两方或多方"需要斟酌并统一,我们认为译成后者比较恰当,因为"两个或两个以上"的英文表述一般应该是"Two or Above"。

主要参考文献

财政部会计司制度二处:《企业会计准则第 X 号——合营安排(征求意见稿)》及起草说明(2012 年 11 月)。

汪祥耀:"美国会计准则体系的重大变革及启示",《财经论丛》,2010 年第 1 期。

汪祥耀等:《国际会计准则与财务报告准则——研究与比较》,立信会计出版社,2005年版。

IASB, IFRS 11"Joint Arrangements", May 2011.

35. 我国在其他主体中权益的披露准则(征求意见稿)与 IFRS 12 的比较和完善建议

一、引言

2008 年以来,由结构性金融产品引发的世界金融危机给全球资本市场带来了巨大灾难。国际财务报告准则正因为缺乏对结构化主体和表外主体的披露而遭受众多批判和指责。因此加强结构化主体的披露工作成为应对金融危机迫在眉睫的任务之一。2010 年 1 月,IASB 决定在 IAS 39 和 IFRS 9 之外,单独发布一项关于报告主体参与其他主体活动的披露准则。2011 年 5 月,IASB 正式发布了国际财务报告准则第 12 号(IFRS 12)"在其他主体中权益的披露",规定了与主体在子公司、合营安排、联营企业和未予合并的结构化主体的权益相关的广泛披露。一年半后,2012 年 11 月,我国也发布了《企业会计准则第×号——在其他主体中权益的披露(征求意见稿)》及修订说明,及时反映了国际准则的最新进展。以下我们将详细比较 IFRS 12 与我国相关准则征求意见稿的异同,并对我国相关准则的进一步完善提出一些建议。

二、在其他主体中权益的披露准则的国际发展与我国制定该准则的背景

2011 年 5 月,国际会计准则理事会(IASB)发布了国际财务报告准则第 10 号(IFRS 10)"合并财务报表"、国际财务报告准则第 11 号(IFRS 11)"合营安排"、国际财务报告准则第 12 号(IFRS 12)"在其他主体中权益的披露"、国际会计准则第 27 号(IAS 27)"单独财务报表"(2011 年修订)及国际会计准则第 28 号(IAS 28)"合营和联营中的投资"(2011 年修订)。上述"一套五项"准则,为合并、合营的会计处理及涉及其他主体的跨级披露订立了标准。其中,IFRS 12 规定了与主体在子公司、合营安排、联营企业和未予合并的结构化主体的权益相关的广泛披露。它规定主体必须披露有助于财务报表使用者评价该主体在其他主体中权益的性质和相关风险以及此类权益对其财务报表的影响的信息。IFRS 12 统一和改进了现行国际财务报告准则对被投资主体具有控制或重大影响的长期股权投资的相关披露要求,并新增了未纳入合并范围的结构化主体的披露要求。我们通过图表 5-35-1,列示了 IFRS 12 的发展进程。

(图表 5-35-1)

IFRS 12 的发展进程

日期	发展进程	征求意见截止期或准则生效期
2002 年 4 月	"合并"项目列入 IASB 的议程	
2004 年 11 月	"合营安排"项目列入 IASB 的议程	
2007 年 9 月 13 日	IASB 发布了(E9)"合营安排"	征求意见截止期 2008 年 1 月 11 日
2008 年 12 月 18 日	IASB 发布了(E10)"合并财务报表"	征求意见截止期 2009 年 3 月 20 日
2010 年 1 月	IASB 决定在 IAS 39 和 IFRS 9 之外,单独发布一项关于报告主体参与其他主体活动的披露准则(其他主体包括子公司、联营企业、合营安排和未予合并的特殊目的主体或结构化主体)	
2011 年 5 月 12 日	IFRS 12 正式发布	自 2013 年 1 月 1 日或以后日期开始的年度期间生效
2012 年 6 月 28 日	IASB 发布了"对合并财务报表、合营安排和在其他主体中权益的披露的过渡性指导",对以上准则进行了修订	自 2013 年 1 月 1 日或以后日期开始的年度期间生效
2012 年 10 月 31 日	IASB 发布了"投资主体:对 IFRS 10、IFRS 12 及 IAS 27 的修订"	自 2014 年 1 月 1 日或以后日期开始的年度期间生效

而我国,在发布《企业会计准则第 X 号——在其他主体中权益的披露(征求意见稿)》之前,有关企业在其他主体中权益的披露散见于"长期股权投资"和"合并财务报表"之中,不仅披露范围有限,而且披露内容不全面,不利于财务报表使用者全面了解并评估企业在其他主体中权益的风险及其对本企业财务状况和经营业绩的影响。我国在国际上"一套五项"准则发布后,即着手立项研究合并财务报表、合营安排、长期股权投资及在结构化主体中的权益等及相关披露要求,根据研究成果,起草了我国《企业会计准则第 X 号——在其他主体中权益的披露(草稿)》,并向部分中央国有企业、商业银行、会计师事务所等广泛征求意见,并几易其稿,形成了讨论稿并征求会计准则委员会委员意见。根据委员反馈意见修改后最终形成该征求意见稿。

三、我国在其他主体中权益的披露准则(征求意见稿)与 IFRS 12 的比较

我国在其他主体中权益的披露(征求意见稿)以法规条文的形式发布,共分为 6 章 24 条,包括总则、重大判断和假设的披露、在子公司中权益的披露、在合营安排或联营企业中权益的披露、在未纳入合并财务报表范围的结构化主体中权益的披露和附则等。IFRS 12 除引言和 4 个附录以及结论基础外,分为目标、范围、重大判断和假设、在子公司中的

权益、在合营安排和联营企业中的权益和未予合并的结构化主体中的权益 6 个部分共 31 段。附录也是 IFRS 12 不可分割的内容,分为:(1)名词定义;(2)应用指南;(3)生效日期与过渡性规定;(4)对其他 IFRS 的修订。

　　总体而言,IFRS 12 的内容比我国在其他主体中权益的披露(征求意见稿)更为丰富,以下我们通过图表 5-35-2 将两者进行详细比较,以期找出它们的区别及联系。

(图表 5-35-2)

我国在其他主体中权益的披露(征求意见稿)与 IFRS 12 的比较

IFRS 12 (2011 年 5 月发布)	在其他主体中权益的披露 (征求意见稿)(2012 年 11 月发布)	差异比较
共分为 6 个部分 31 段	共分为 6 章 24 条	
第一部分　准则制定目标(第 1—4 段):准则制定的目标是要求主体披露信息,以便财务报表的使用者能够评估在其他主体中权益的性质和相关风险以及该权益对主体财务状况、财务业绩和现金流量的影响。如果本准则所要求的披露以及其他国际财务报告准则所要求的披露不能实现上述目标,主体还应披露能够满足目标要求的所有其他信息。 第二部分　准则适用范围(第 5—6 段):本准则适用于在子公司、合营安排、联营企业和未纳入合并的结构化主体中拥有权益的主体。	第一章　总则(第 1—5 条):包括企业披露的有关在其他主体中权益的信息的目的(有助于其财务报告使用者评估其在其他主体中权益的性质和相关风险以及该权益对企业财务状况、财务业绩和现金流量的影响)、在其他主体中的权益的定义及准则的适用范围(适用于企业在子公司、合营企业、共同经营、联营企业和未纳入合并财务报表范围的结构化主体中权益的披露)。将在其他主体中的权益定义为"因合同安排或虽未签订合同但存在相应安排而对其他主体的涉入,并因此从其他主体获得可变回报"。	·两者内容基本相同,但 IFRS 12 的规定逻辑性更强。 ·我国征求意见稿在本段列示了在其他主体中的权益、涉入方式、其他主体和结构化主体的定义。
第三部分　重大判断和假设(第 7—9 段):主体应披露确定下述事项时所作的重要判断和假设方面的信息:控制另一主体;在一项合营安排中拥有共同控制或者对另一主体具有重大影响,以及在合营安排已经通过单独的工具被结构化时确定合营安排的类型。	第二章　重大判断和假设的披露(第 6—8 条):规定了企业应当披露对其他主体实施控制、共同控制或重大影响的重大判断和假设,以及这些判断和假设变更的情况。 企业应当披露合营安排的类型的重大判断,以及该判断的变更情况。	·两者内容大致相同,但 IFRS 12 的规定逻辑性更强。 ·作为代理人的对立面的角色,我国征求意见稿中称"主要责任人",而 IFRS 12 意指"委托人"。"主要责任人"的含义不是很明确。

（续表）

IFRS 12 （2011 年 5 月发布）	在其他主体中权益的披露 （征求意见稿）（2012 年 11 月发布）	差异比较
第四部分 在子公司中的权益（第 10—19 段）： 主体披露的信息应使合并财务报表的使用者能够理解集团的构成和非控制权益在集团活动和现金流量中的权益，以及评价对接触或运用集团资产的能力、结算集团负债的能力所具有的重大限制的性质和程度；与纳入合并的结构化主体中权益相关风险的性质及其变化；未导致丧失子公司控制权的情况；报告期间导致丧失子公司控制权的情况。 纳入合并财务报表范围的子公司财务报表的报告期末日与合并财务报表不同的，企业应当披露相关信息。	第三章 在子公司中权益的披露（第 9—14 条）： 规定了企业应当在合并财务报表附注中披露集团的构成，当子公司拥有的少数股东权益对企业重要时，企业应当在合并财务报表附注中披露相关信息。 使用集团资产和清偿集团债务存在重要限制的，企业应当在合并财务报表附注中披露相关信息。 当存在纳入合并财务报表范围的结构化主体时，企业至少应当在合并财务报表附注中披露两项信息。 企业通过多次交易分步实现非同一控制下企业合并的，对于购买日之前持有的在其他主体中的权益投资，企业应当披露相关信息。 纳入合并财务报表范围的子公司财务报表的报告期末日与合并财务报表不同的，企业应当披露原因，以及处理方法和其影响。	· 两者内容基本相同。 · 我国准则还规定了企业通过多次交易分步实现非同一控制下企业合并应披露的信息。 · 国际准则已使用了"非控制权益"，而我国准则中仍使用"少数股东权益"，我国准则尚未跟上国际准则的变革步伐。
第五部分 在合营安排和联营企业中的权益（第 20—23 段）： 主体披露的信息应使财务报表使用者能够评价在合营安排和联营安排中所拥有权益的性质、大小和财务影响以及与该主体在合营企业和联营企业中权益相关的风险的性质及其变化。 对于主体在合营企业和联营企业的单项非重要投资，有必要列报的财务信息包括：单项非重要合营企业的总计和单独情况以及单项非重要联营企业的总计。	第四章 在合营安排或联营企业中权益的披露（第 15—21 条）： 规定了当存在重要的合营安排和联营企业时，企业应当披露相关信息。 对于单项而言不重要的合营企业和联营企业，企业应当披露相关合计的财务信息。 企业采用权益法核算在合营企业或联营企业的权益投资时不再确认其应分担合营企业或联营企业损失份额的，应当披露未确认的合营企业或联营企业损失份额。 企业应当单独披露与合营企业有关的未确认承诺。 以权益法核算的合营企业或联营企业，其财务报表的报告期末日与企业不同的，企业应当披露合营企业或联营企业财务报表的报告期末日，以及使用不同报告期末日的原因。	· 两者内容大致相同。 · IFRS 12 规定，对于主体在合营企业和联营企业的单项非重要投资，有必要列报单项非重要合营企业的单独财务情况，而非局限于合计财务信息，相对我国的要求更加缜密。

（续表）

IFRS 12 （2011 年 5 月发布）	在其他主体中权益的披露 （征求意见稿）（2012 年 11 月发布）	差异比较
第六部分 未予合并的结构化主体中的权益（第 24—31 段）： 主体披露的信息应使财务报表的使用者能够理解该主体在未纳入合并的结构化主体中所拥有的权益的性质和大小，以及评价与该主体在未纳入合并的结构化主体中所拥有权益的相关风险的性质和变化。	第五章 在未纳入合并财务报表范围的结构化主体中权益的披露（第 22—23 条）： 企业至少应当披露与其未纳入合并财务报表范围的结构化主体中权益相关的 5 项信息。 企业向未纳入合并财务报表范围的结构化主体提供财务支持或其他支持的，应当披露提供支持的目的。	• 两者内容大致相同，但 IFRS 12 的规定逻辑性较强，我国准则的披露要求则更为详细。
附录 （一）名词定义（按字母顺序）：对结构化主体的收入、在其他主体中的权益、结构化主体等名词作了专门定义，并引用了其他准则中对联营企业、合并财务报表、对主体的控制、权益法、集团、合营安排、共同控制、合营、合营企业、非控制权益、母公司、保护性权利、相关活动、单独财务报表、独立的财务结构、重大影响和子公司的定义。	我国征求意见稿的名词定义散见在各章之中。	• 我国准则比 IFRS 12 少了一个"结构化主体的收入"定义。结构化主体的收入包括但不限于，在结构化主体中的权益以及资产、负债转移到结构化主体带来的损益的再确认或终止确认时，重复发生和一次性发生的费用、利息、股利、利得或损失。
（二）应用指南（第 1—26 段）。	我国征求意见稿并未明确提出应用指南，而是体现在各章节具体内容中。	• 国际准则将应用指南单列，我国准则则分布在各章节中。
（三）生效日期与过渡性规定（第 1—3 段）：规定本准则自 2013 年 1 月 1 日或以后日期开始的年度期间生效，允许提前采用。	第六章 附则（第 24 条）：本准则自 201×年×月×日起施行。	• 我国准则尚处在征求意见稿阶段，对具体生效日期未作规定。
（四）对其他国际财务报告准则的修订（第 1—5 段）		• 我国征求意见稿未涉及本部分内容。

四、完善我国在其他主体中权益的披露(征求意见稿)的建议

我国在其他主体中权益的披露(征求意见稿)是建立在与 IFRS 12 趋同的基础上的,通过以上逐项对比可以看到,我国准则与 IFRS 12 之间已实现了高度一致,差异较少且不显著。但是从进一步提高我国准则的质量和国际认可度出发,我们仍提出以下改进建议。

首先,关于准则结构的完善。IFRS 12 在第 1 段就列示了本准则的目标,并在每一部分开端就对该部分的内容进行了概述,这将方便使用者阅读理解和更有效地把握准则的内容。而相比之下,我国准则的内容显得比较散乱,且条理不够清晰。建议我国准则借鉴国际准则的方式,加强表述的逻辑性。此外,对于关键名词的定义,国际准则除了在准则正文中作出解释外,还将其集中在附录一中统一定义,以方便检索和理解。而我国准则征求意见稿将各关键名词的定义穿插在准则条文中,建议参照国际准则的做法,通过适当的方式(如在附录或应用指南中)将各关键定义集中列示。

其次,关于准则内容的完善。我国准则统一了分散在“长期股权投资”、“合并财务报表”中的有关披露内容,对披露要求进行了充分的优化,并涵盖了有关结构化主体和表外主体的风险,完善了准则的内容。但在起草时,由于我国准则以集团作为披露主体,将子公司视为披露主体的一部分,因此,对于没有拥有重要少数股东权益的重要子公司,没有要求披露重要子公司的相关信息。这一点也是和 IFRS 12 一致的。但在征求有关方面意见时,有意见认为,没有拥有重要少数股东权益的重要子公司的名称、主要经营地、注册国家等相关信息对于报表使用者而言是非常重要的信息,因此建议予以披露。考虑到我国现行“长期股权投资”、“合并财务报表”准则中有相应的披露要求,为保持与上述准则要求的连续性,本征求意见稿采纳了该建议,即决定披露没有拥有重要少数股东权益的重要子公司的相关信息。

再次,关于有关名词的定义问题。IFRS 12 已用“非控制权益”代替了“少数股东权益”的称谓,而我国准则尚未跟上国际准则的变革步伐。建议我国准则也采用国际上的称谓,进一步向国际准则趋同。

最后,关于名词翻译的改进和统一。“Principal”意为“委托人、当事人”,此词出现时作为“与代理人形成对立面的投资方角色”。我国准则中将其译为“主要责任人”。考虑到其与代理人形成对立面的角色以及该词在法律意义上的释义,我们建议,直接将“Principal”译为“委托人”。

总之,虽然我国在其他主体中权益的披露(征求意见稿)还有待完善,但其实质已与 IFRS 12 实现了高度趋同。这一准则的制定,让我们坚信在我国相关部门的努力下,我国会计准则会与国际准则持续趋同,最终向全球高质量的统一会计准则迈进。

主要参考文献

财政部会计司制度二处:《企业会计准则第 X 号——在其他主体中权益的披露(征求意见稿)》及起草说明(2012 年 11 月)。

刘玉廷:"金融危机后国际财务报告准则的重大修改及对我国的影响",《会计之友》,2011 年第 11 期(上)。

汪祥耀:"美国会计准则体系的重大变革及启示",《财经论丛》,2010 年第 1 期。

IASB, IFRS 12"Disclosure of Interests in Other Entities", May 2011.

36. 我国职工薪酬准则(征求意见稿)的相关比较和完善建议

一、职工薪酬准则的发展沿革与我国修订准则的背景

随着人类社会的不断进步,多层次社会保障体系也得到逐步建立和完善,世界各国形成了各具特色的养老保险制度。为规范养老金会计核算,国际会计准则委员会(IASC)于1983年1月发布了国际会计准则第19号(IAS 19)"雇主财务报表中退休福利的会计",要求在雇员提供服务时就把退休福利成本确认为费用。1985年,IASC与加拿大、英国和美国等国家联合成立了一个工作小组,以期缓和各国在养老金会计准则方面的冲突,并致力于长期的进一步协调。该工作小组虽然没能达到预期目的,但是却为有关团体之间交换意见提供了机会。1993年11月,IASC批准了新的IAS 19,并更名为"退休金费用",拟适用于自1995年1月1日或以后开始的会计期间的财务报表。但在其实施之前,IASC理事会对其进行了全面复核,认为它存在以下主要问题:(1)着眼于收益表,对退休福利成本在资产负债表上的处理很少提供指导;(2)会产生不符合资产和负债定义的资产负债表项目;(3)没能恰当地处理特定类型的退休福利计划,尤其是终止保障计划和多雇主混合型计划;(4)对除退休福利外的其他雇员福利很少提供指导。1995年8月,IASC发布了"退休福利和其他雇员福利成本问题白皮书",列举了需考虑的20个基本问题和99个分问题。1998年2月,IASC正式发布了经过修订的IAS 19"雇员福利",将所有雇员福利的会计处理统一于其中,并规定适用于自1999年1月1日或以后开始的会计期间的财务报表。2000年10月,IASC再次对IAS 19进行修订,将计划资产的定义扩展到包括某些满足于其他计划资产相同条件的保险单,并介绍了补偿的确认、计量和披露要求。

2001年4月,国际会计准则理事会(IASB)取代IASC后,继续采用并修订IAS 19。2002年5月,IASB对其重新作出修订,以处理递延确认精算利得和损失、资产上限测试的互相影响。2002年6月,IASB同意将"雇员福利"列为集中议题项目,进入议事日程。该项目的目的并不在于对雇员福利会计的所有方面作出考虑,而是要在各国现行准则的基础上在某些特定方面对IAS 19加以改进。2003年2月,IASB对是否把该项目扩展为一个有关雇员福利的综合项目作了讨论,讨论结果认为在目前情况下这样的一个项目过于庞大,应在以后再考虑制定这样一个项目,且最好能与其他准则制订者共同完成该项目。讨论后,IASB还同意不在现行项目中包括"计划负债的计量是应基于预计最终工资还是现行工资"的问题。在其后的2004年2月和12月,IASB又分别两次对IAS 19加以

修订,修订后的 IAS 19 允许在精算利得和损失发生的期间,在权益变动表中对它们进行全额确认。2006 年 7 月,IASB 将"离职后雇员福利"项目列入其改进计划。当时,IASB 认为对雇员福利会计需要进行全面改进,并考虑与美国财务会计准则委员会(FASB)共同完成这一改进。然而,由于该项目的复杂性导致进展缓慢。因此,IASB 决定以显著改进养老金义务明晰性和可比性的目标为切入点,促进该项目的进展。为此,IASB 于 2008 年 3 月针对"离职后福利承诺"(Post-employment Benefit Promises)负债的确认和计量中存在的主要缺陷发布了"国际会计准则第 19 号'雇员福利'改进的初始观点"(讨论稿),该讨论稿就设定受益计划引起的利得和损失的递延确认、设定受益负债的列报(包括结算或缩减费用的列报)、含有选择权的受益计划的会计处理和以提存金为基础的福利承诺的会计处理(包括相关定义的澄清)等问题进行分析研究。2010 年 4 月,IASB 对讨论稿中与设定受益计划相关的问题进一步提炼并发布了征求意见稿,旨在对设定受益计划的确认、列报和披露作出基本性的改进。经过 5 年多时间的努力后,IASB 终于在 2011 年 6 月宣布完成了对养老金及离职后福利会计处理的修订工作,发布了 IAS 19 的最新修订稿。该修订稿取消了"区间法",要求全额确认重新计量设定受益计划净负债或净资产的变动,简化了设定受益计划的列报模式。修订稿发布后,得到了全球各利益相关方的支持,为其他国家或地区完善关于职工薪酬的会计准则提供了有益的参考。

我国关于职工薪酬会计处理的规范主要体现在 2006 年 2 月颁布的《企业会计准则第 9 号——职工薪酬》中,该准则是根据我国当时的职工薪酬有关政策和实际做法,并在借鉴 IAS 19 的基础上起草的。虽然准则名称与 IAS 19 不一致,也未涉及设定受益计划的内容,但是在其实施的 5 年中,对于规范企业职工薪酬的会计核算,加强企业职工薪酬相关信息的披露,以及保护企业职工权益发挥了重要的积极作用。但随着我国市场经济的发展以及企业向职工提供福利的形式不断多样化,现行准则在执行中暴露出一些问题,面临着新的挑战,越来越跟不上时代的步伐。为进一步规范我国企业会计准则中关于职工薪酬的相关会计处理规定,并保持我国企业会计准则与国际财务报告准则的持续趋同,财政部借鉴 IAS 19 最新修订稿的做法,并结合我国实际情况,于 2012 年 9 月发布了《企业会计准则第 9 号——职工薪酬(修订)(征求意见稿)》。

上述征求意见稿发布后,需要加以研究的主要问题包括:(1)征求意见稿与现行准则相比有哪些改善? (2)与 IAS 19 最新修订版的趋同性如何,仍存在哪些差异? (3)征求意见稿还存在哪些不足之处? 以下我们试图通过将征求意见稿与我国现行准则以及 IAS 19 作深入比较,进行探讨并对完善我国职工薪酬准则提出一些建议。

二、我国职工薪酬准则(修订)(征求意见稿)与现行准则的比较

我国职工薪酬准则(修订)(征求意见稿)以法规条文的形式发布,共 8 章 31 条,包括总则、短期薪酬、离职后福利、辞退福利、其他长期职工福利、列报与披露、衔接方法和附

则。现行准则共 3 章 8 条,包括总则、确认和计量、披露。总体而言,征求意见稿与现行准则相比:(1)充实了关于短期薪酬会计处理规范,将企业为职工缴纳的养老、失业保险调整至离职后福利中;(2)引入了离职后福利的内容,新增了关于设定受益计划的会计处理规范;(3)充实了关于辞退福利的会计处理规定;(4)引入其他长期职工福利,完整地规范了职工薪酬的会计处理。修订后的职工薪酬会计准则将涵盖除以股份为基础的薪酬以外的各类职工薪酬。图表 5 - 36 - 1 将我国征求意见稿与现行准则作深入对比并详细说明以上变化。

(图表 5 - 36 - 1)

我国职工薪酬准则(修订)(征求意见稿)与现行准则的比较

职工薪酬准则(修订)(征求意见稿)	现行准则	差异比较
共分为 8 章 31 条	共分为 3 章 8 条	比现行准则增加了 5 章 23 条
第一章　总则(第 1—4 条):包括准则制定目标、职工薪酬的概念及分类、职工的概念及范畴、准则适用范围。	第一章　总则(第 1—3 条):包括准则制定目标、职工薪酬的概念及内容、准则适用范围。	· 扩大了职工薪酬的范畴,并加以重新分类。此外,单独提出了短期薪酬、离职后福利、辞退福利和其他长期职工福利的概念。 · 养老保险费和失业保险费自短期薪酬调整至离职后福利,并将现行准则讲解中的带薪缺勤、利润分享计划纳入短期薪酬;增加了离职后福利和其他长期职工福利;进一步界定辞退福利的概念。 · 将现行准则应用指南中的职工概念及范畴正式引入征求意见稿。
第二章　短期薪酬(第 5—10 条):包括短期薪酬的确认和计量;职工福利费的确认和计量,企业向职工提供非货币性福利的,应当按照公允价值计量,公允价值不能可靠取得的,可以采用成本计量;企业为职工缴纳的医疗保险费、工伤保险费、生育保险费等社会保险费和住房公积金的确认和计量;累计带薪缺勤与非累计带薪缺勤的确认和计量;利润分享计划的确认和计量。	第二章　确认和计量(第 4—6 条):包括应由生产产品、提供劳务负担的职工薪酬的计量;应由在建工程、无形资产负担的职工薪酬的确认和计量;其他职工薪酬的确认和计量。 企业为职工缴纳的医疗保险费、养老保险费、失业保险费、工伤保险费、生育保险费等社会保	· 现行准则职工薪酬的确认和计量过于简单,征求意见稿针对不同类型的薪酬方式的确认和计量进行了规范和补充。 · 短期薪酬中规定企业向职工提供的非货币性福利统一采用公允价值计量,当公允价值不能可靠获得时,可以采用成本计量,从而解决了现行准则中非货币性福利计量不一致的问题,并提高了准则的可操作性。 · 增加了带薪缺勤和利润分享计划的确认和计量。
第三章　离职后福利(第 11—18 条):包括设定提存计划和设定受益计划的概念、确认和计量原则。 对于设定提存计划,企业在职工提供服务		· 征求意见稿离职后福利中大篇幅介绍了设定受益计划的确认和

（续表）

职工薪酬准则（修订）（征求意见稿）	现行准则	差异比较
的年度报告期间结束十二个月之后支付的应缴存金额，企业应当参照规定的折现率，以折现后的金额计量应付职工薪酬。对于设定受益计划，企业应当采用预期累计福利单位法和适当的精算假设，计量设定受益计划所产生的义务；企业对所有设定受益计划应当按规定的折现率予以折现；设定受益计划存在资产或存在盈余的会计处理方法；报告期末，设定受益计划导致的职工薪酬成本确认为服务成本和设定受益计划净负债或净资产的利息净额；重新计量设定受益计划净负债或净资产导致的变动；设定受益计划结算利得或损失的确认和计量。	险费和住房公积金的确认和计量。辞退福利的确认条件及计量方法。	计量方法，包括计量应当采用预期累计福利单位法和适当的精算假设、对所有设定受益计划应当予以折现、报告期末设定受益计划导致的职工薪酬成本的确定、重新计量设定受益计划净负债或净资产导致的变动、设定受益计划结算利得或损失等。
第四章 辞退福利（第 19－20 条）：包括辞退福利的确认和计量，辞退福利预期在其确认的年度报告期间期末后十二个月内完全支付的，应当适用短期薪酬的相关规定。辞退福利预期在年度报告期间期末后十二个月内不能完全支付的，应当适用本准则关于其他长期职工福利的有关规定。		· 征求意见稿规定辞退福利预期在其确认的年度报告期间期末后十二个月内完全支付的应当适用短期薪酬的相关规定，否则应当适用本准则关于其他长期职工福利的有关规定，这有别于现行准则全部计入当期损益的规定。 · 增加了其他长期职工福利的确认和计量方法。
第五章 其他长期职工福利（第 21－23 条）：对于其他长期职工福利不符合设定提存计划条件的，参照设定受益计划的相关规定进行确认、计量。长期残疾福利的确认和计量。		
第六章 列报与披露（第 24－28 条）：包括短期职工薪酬有关信息，设立或参与的设定提存计划的有关信息；与设定受益计划相关的信息；辞退福利相关信息；其他长期职工福利相关信息。	第三章 披露（第 7－8 条）：包括应当支付给职工的工资、奖金、津贴及补贴、非货币性福利及其他职工薪酬等。	· 征求意见稿针对不同类型的薪酬方式的列报和披露进行了规范，披露的信息更为详尽。
第七章 衔接办法（第 29－30 条）：主要说明对于本准则施行日之前存在的离职后福利计划、辞退福利、其他长期职工福利，应当采用追溯调整法处理，准则另行规定的除外。		· 现行准则未涉及。
第八章 附则（第 31 条）：本准则自 201×年×月×日起施行。		· 现行准则未涉及。

三、我国职工薪酬准则(修订)(征求意见稿)与 IAS 19 的比较

IASB 于 2011 年 6 月发布的 IAS 19 修订稿由目标、范围、定义、短期雇员福利、长期雇员福利、辞退福利、过渡及生效日期等 10 部分组成,之后还附有例证部分。

总体而言,IAS 19 的内容比我国征求意见稿更为详尽具体,通过图表 5 - 36 - 2,将两者进行详细比较,可以找出它们的区别及联系。

(图表 5 - 36 - 2)

我国职工薪酬准则(修订)(征求意见稿)与 IAS 19 的比较

IAS 19 (2011 年 6 月发布)	职工薪酬准则(修订)(征求意见稿) (2012 年 9 月发布)	差异比较
共十部分 163 段	共 8 章 31 条	
第一部分 准则制定目标:阐述雇员福利的会计处理和披露。本准则要求主体:(1)在雇员提供了服务以换取将在未来支付的雇员福利时,确认一项负债;(2)在主体消耗了雇员为换取福利而提供的服务所产生的经济利益时,确认一项费用。	第一章 总则(第 1—3 条):包括准则制定目标(为了规范职工薪酬的确认、计量和相关信息的披露);职工薪酬的概念及分类(短期薪酬、离职后福利、辞退福利和其他长期职工福利);职工的概念及范畴;准则适用范围(除适用于《企业会计准则第 10 号——企业年金基金》的企业年金基金和适用于《企业会计准则第 11 号——股份支付》的以股份为基础的薪金以外的职工薪酬)。	• IAS 19 对目标描述较为详细。 • IAS 19 对于关键名词的定义开辟了专门的章节,而我国征求意见稿名词定义散落在各个章节。 • 我国征求意见稿分四类;IAS 19 简化了不同雇员福利的分类,将被界定为"离职后福利"和"其他长期雇员福利"的雇员福利纳入统一的"长期雇员福利"计划,故分三类(短期雇员福利、长期雇员福利及辞退福利)。
第二部分 准则适用范围(第 1—6 段):本准则适用于除按《国际财务报告准则第 2 号——以股份为基础的支付》核算以外的雇主对所有雇员福利的会计核算。		
第三部分 定义(第 7 段):对雇员福利、短期雇员福利、长期雇员福利、辞退福利、长期雇员福利计划、设定提存计划、设定受益计划、多雇主计划、设定受益计划的现值、公允价值、计划资产、长期雇员福利基金持有的资产、合格保险政策、服务成本、计划资产报酬及精算损益等名词的定义。		
第四部分 短期雇员福利(第 8—23 段)	(一)短期雇员福利的范畴(第 8—9 段):(1)工资、薪金及社会保险投入;(2)短期带薪缺勤(3)雇员提供相关服务的报告期期末以后 12 个月内应付的利润分享及红利;(4)非货币性福利	第二章 短期薪酬(第 5—10 条):短期薪酬的确认和计量(企业应当在职工为其提供服务的会计期间,将实际发生的短期薪酬确认为负债,并计入当期损益,其他会计准则要求或允许计入资产成本的除外)。
		• 我国征求意见稿采用"短期薪酬"一词,未照搬 IAS 19 所采用的"短期雇员福利"。 • 我国征求意见稿中短期薪酬的范畴

（续表）

IAS 19 （2011 年 6 月发布）	职工薪酬准则（修订）（征求意见稿） （2012 年 9 月发布）	差异比较
第四部分短期雇员福利（第 8—23 段）	（二）确认和计量（第 10—22 段）：当雇员在一个会计期间内为主体提供服务，主体应当确认为换取服务而预期支付的该短期雇员福利的未折现金额。 短期带薪缺勤（主体应于下列时点确认带薪缺勤的短期雇员福利的预期成本：在累积带薪缺勤的情况下，于雇员提供服务从而增加其未来带薪缺勤权利时；在非累积带薪缺勤的情况下，于休假发生时。主体应按报告期期末累积未使用休假权利而导致的预期额外支付金额衡量累积带薪缺勤的预期成本）。 利润分享及红利计划（主体当且仅当下列条件同时成立时，确认利润分享及红利支付的预期成本：因过去事项导致主体负有现时法定或推定义务作该项支付；该义务能可靠估计）。	职工福利费的确认和计量（企业发生的职工福利费，应当在实际发生时根据实际发生额计入当期损益或相关资产成本。对于非货币性福利，应当按照公允计量，公允价值不能可靠取得的，可以采用成本计量）。 医疗保险费、工伤保险费、生育保险费等社会保险费和住房公积金、工会经费和职工教育经费的确认和计量（应当在职工为其提供服务的会计期间，按规定的计提基础和计提比例计算确定职工薪酬金额，并确认相关负债，计入相关资产成本或当期费用）。 带薪缺勤（企业应当在职工提供了服务从而增加了其未来享有的带薪缺勤权利时，确认与累积带薪缺勤相关的职工薪酬或费用，并以累积未行使权利而增加的预期支付金额计量；在职工实际发生缺勤的会计期间确认与非累积带薪缺勤相关的职工薪酬成本或费用）。 利润分享计划（利润分享计划同时满足下列条件的，企业确认相关的应付职工薪酬：企业因过去事项导致现在具有支付职工薪酬的法定义务或推定义务；因利润分享计划所产生的应付职工薪酬义务能够可靠估计）。	放在第一章中讲解。 ·我国征求意见稿对短期薪酬的披露规定放在第六章，IAS 19 对短期雇员福利的披露无特定规定。 ·我国征求意见稿规定非货币性福利应当按照公允计量，公允价值不能可靠取得的除外。 ·我国征求意见稿中短期薪酬由于翻译原因，表述与 IAS 19 有所出入，但短期薪酬的确认和计量原则两者基本一致。
	（三）披露（第 23 段）：虽然本准则对于短期雇员福利无特定披露规定，但其他准则可能有披露规定。如 IAS 24 规定披露主要管理层的雇员福利，IAS 1 规定披露雇员福利费用。	

（续表）

IAS 19 （2011年6月发布）	职工薪酬准则（修订）（征求意见稿） （2012年9月发布）	差异比较
第五部分 长期雇员福利（第24—42段）：设定提存计划和设定受益计划的区别	**第三章 离职后福利（第11—18条）：** 离职后福利的分类，分为设定提存计划和设定受益计划。设定提存计划是指向独立的基金缴存固定费用后，企业不再承担进一步支付义务的离职后福利计划；设定受益计划是指除设定提存计划以外的离职后福利计划。	• IAS 19另辟一章详细阐述设定提存计划和设定受益计划的区别，而我国征求意见稿未涉及两者的区别。
（一）长期雇员福利的范畴（第24段）：（1）退休福利；（2）其他长期雇员福利。		• 我国征求意见稿关于设定提存计划的披露放在第六章"列报与披露"中，披露的内容比IAS 19具体，规定披露设定提存计划的性质、计算缴费金额的公式或依据、当期缴费金额以及期末应付未付金额。
（二）设定提存计划和设定受益计划的区别（第25—42段）：长期雇员福利计划划分为设定提存计划或设定受益计划，取决于其主要条款及条件所产生的经济实质。 在设定提存计划下：主体的法定或推定义务仅限于向基金承诺提存的金额。因此，雇员收到的长期雇员福利金额取决于主体（也可能是雇员本人）向长期雇员福利计划或保险公司支付的提存金，以及该提存的投资回报。雇员将承担精算风险（福利将少于预期）和投资风险（投资资产将无法承担预期福利）。 在设定受益计划下：主体的义务是向在职和以前雇员提供承诺的福利；精算风险（福利成本将高于预期）和投资风险实质上由主体承担，如果精算和投资经验比预期差，主体的义务可能增加。	（一）设定提存计划：企业应当在职工为其提供服务的会计期间，将根据设定提存计划计算的应缴存金额确认为负债，并计入当期损益，其他会计准则要求或允许计入资产成本的除外。按照设定提存计划，企业在职工提供服务的年度报告期间结束十二个月之后支付的应缴存金额，企业应当参照本准则第十三条规定的折现率，以折现后的金额计量应付职工薪酬。 （二）设定受益计划：企业应当采用预期累计福利单位法和适当的精算假设，计量设定受益计划所产生的义务。企业所采用的精算假设应当是无偏且相互一致。	• 我国征求意见稿对精算假设的描述不及IAS 19详细。IAS 19对精算假设"无偏"、"相容"作出了描述，也对精算假设时应考虑的因素作了说明。而我国征求意见稿关于精算假设就"应当是无偏且相互一致"一句说明，关于如何做到"无偏且相互一致"却无任何说明。
第六部分 长期雇员福利：设定提存计划（第43—47段）	企业应当根据设定受益计划确定的公式将产生的福利义务归属于职工提供服务的期间，并计入当期损益，其他会计准则要求或允许计入资产成本的除外。当职工后续年度的服务将导致其享有的离职后福利水平显著高于以前年度时，企业应当按照直线法将累计设定受益义务，归属于职工提供服务而导致企业第一次产生福利义务至	• IAS 19规定折现率应取决于报告期
（一）引言（第45段）：设定提存计划的会计处理相对简单，因为报告主体每一期间的义务由该期间的提存金决定。衡量义务或费用无须精算假设，且不可能产生任何精算损益。此外，义务以非折现基础衡量，除非该义务在员工提供相关服务当期期末后十二个月内未全部到期。		

（续表）

	IAS 19 （2011 年 6 月发布）	职工薪酬准则（修订）（征求意见稿） （2012 年 9 月发布）	差异比较
第六部分 长期雇员福利：设定提存计划（第 43—47 段）	（二）确认和计量（第 44—45 段）：当雇员在一个期间内提供劳务，主体应将设定提存计划的应支付金额确认为一项负债，同时确认一项费用，以换取服务。当设定提存计划的提存金在雇员提供相关服务当期期末后十二个月内未全部支付时，应按规定的折现率（取决于报告期期末高质量公司债券的市场收益率。在此类债券无深度市场的国家，应采用报告期末国债的市场收益率）折现。	职工提供服务不再导致设定受益义务显著增加的期间，由于未来工资水平提高导致设定受益义务显著增加的除外。 企业应当对所有设定受益义务予以折现，包括预期在职工提供服务的年度报告期间结束后的十二个月内支付的义务。折现时所采用的折现率应当与设定受益义务期限相匹配国债或高质量公司债券的市场收益率确定。 设定受益计划存在资产的，企业应当将设定受益义务现值减去设定受益计划资产公允价值所形成的赤字或盈余确认为一项设定受益计划净负债或净资产。 设定受益计划存在盈余的，企业应以设定受益计划的盈余和资产上限两项的孰低者计量该净资产。其中：资产上限，是指企业可从设定受益计划退款或减少未来对设定受益计划缴存资金而获得的经济利益的现值。	期末高质量公司债券的市场收益率，在此类债券无深度市场的国家，应采用报告期期末国债的市场收益率；我国征求意见稿规定折现时所采用的折现率应当与设定受益义务期限相匹配国债或高质量公司债券的市场收益率确定。因此 IAS19 规定的折现率的选择有先后之分，而我国征求意见稿没有。
	（三）披露（46—47）：主体应当披露设定提存计划确认的费用。当 IAS 24 适用时，应披露主要管理层设定提存计划的提存信息。		
第七部分 长期雇员福利：设定受益计划（第 48—131 段）	（一）引言（第 48—54 段）：设定受益计划衡量义务与费用时必须精算假设，且有可能产生精算损益。此外，义务以折现基础衡量。设定受益计划会计包括以下步骤：（1）确定赤字或盈余；（2）确定因赤字或盈余而导致的设定受益负债（资产）的净额；（3）确定综合收益表中的金额，包括设定收益净负债（净资产）的利息净额和精算利得和损失的金额。	在报告期末，企业应当将设定受益计划导致的职工薪酬成本确认为下列组成部分：服务成本（包括当期服务成本、过去服务成本和结算利得或损失）、设定受益计划净负债或净资产的利息净额（包括计划资产的利息收益、设定受益义务的利息费用以及资产上限影响的利息）、重新计量设定受益计划净负债或净资产导致的变动。 除非其他会计准则要求或允许职工福利成本计入资产成本，服务成本和设定受益计划净负债或净资产的利息净额应计入当期损益；重	我国征求意见稿将 IAS 19 中"设定受益负债（资产）净额的重计量"译成"重新计量设定受益计划净负债或净资产导致的变动"，包括：精算利得和损失、计划资产回报、资产上限影响的变动。而 IAS 19 将设定受益负债（资产）净额的重计量分为精算利得和损失、计划资产的回报、非常规结算产生的利得和损失及对设定受益资产净额确认的限制的变更。
	（二）确认（第 54A—62 段）：（1）财务状况表：主体应当在财务状况表中确认设定受益负债（资产）净额。（2）综合收益表：主体应当在综合收益表中确认设定受益负债（资产）净额的变化，除非另一项准则要求或允许将它们包括在资产的成本中。		

（续表）

	IAS 19 （2011 年 6 月发布）	职工薪酬准则（修订）（征求意见稿） （2012 年 9 月发布）	差异比较
第七部分 长期雇员福利：设定受益计划（第 48—131 段）	（三）计量（第 63—115 段）：（1）设定受益义务现值及当期服务成本：计量长期雇员福利义务的现值及相关当期服务成本，有必要运用精算评价方法、将福利归属于服务期间及精算假设。精算假设应当是无偏（既不草率也不过度保守即为无偏）且相容（能反映如通货膨胀、薪金增长率、计划资产报酬及折现率等因素间的经济关系即为相容）的。	新计量设定受益计划净负债或净资产导致的变动应计入其他综合收益，并且在后续会计期间不允许转回至损益，但企业可以在权益范围内转移这些在其他综合收益中确认的金额。重新计量设定受益计划净负债或净资产导致的变动包括下列部分：精算利得和损失（即由于精算假设和经验调整导致之前所计量的设定受益义务现值的增加或减少）、计划资产回报（扣除包括在设定受益计划净负债或净资产的利息净额中的金额）、资产上限影响的变动（扣除包括在设定受益计划净负债或净资产的利息净额中的金额）。企业应当在下列日期孰早发生时将过去服务成本确认为当期费用：修改设定受益计划时；企业确认相关重组费用或辞退福利时。企业应当在设定受益计划结算时，确认一项结算利得或损失。设定受益计划结算，是指企业为了消除设定受益计划所产生的部分或所有未来义务进行的交易，而不是根据计划条款和所包含的精算假设向职工支付福利。设定受益计划结算利得和损失是下列两项的差额：在结算日确定的设定受益义务现值；结算价格，包括转移的计划资产和企业直接发生的与结算相关的支付。	· 我国征求意见稿关于设定受益计划的披露放在第六章"列报与披露"中，披露的内容除 IAS 19 中规定的内容外，还包括设定受益义务现值所依赖的重大精算假设以及描述有关敏感性分析的结果。 · 总之，我国征求意见稿对设定提存计划和设定受益计划的阐述相对 IAS 19 较为简单，阐述过程中一些介绍顺序也与 IAS 19 有所出入，但两者含义大体上相同。
	（四）列报（第 116—119 段）：（1）财务状况表：互抵及流动与非流动的区别。（2）综合收益表：主体应当：1）在损益中列报服务成本和在缩减利得和损失；2）设定受益净负债（净资产）的利息净额在损益中作为财务费用的一部分予以列报；3）在其他综合收益中列报设定受益负债（资产）净额的重计量。重计量部分应当立即转入留存收益，但在后续期间不得重分类至损益。		
	（五）披露（第 120—131 段）：主体应当披露：解释设定受益计划的特征；识别和解释设定受益计划在财务报表中确认的金额；描述设定受益计划对主体未来现金流量金额、时间及不确定性的影响。		
第八部分 辞退福利（第 132—161 段）	（一）确认（第 133—138 段）：当且仅当在正常退休日前终止雇佣某一员工（或员工团体），或为鼓励员工自愿接受裁减而提供福利时，确认辞退福利为一项负债，同时确认一项费用。当且仅当有详细的正式辞退计划且该计划没有撤销的实际可能性时，主体才明确承诺一项辞退。辞退福利并不提供主体未来经济效益，且应立即确认为一项费用。	第四章 辞退福利（第 19—20 条）：企业向职工提供辞退福利的，应当在下列两者孰早日确认辞退福利产生的职工薪酬负债，并计入当期损益：企业不能单方面撤回解除劳动关系计划或裁减建议所提供的辞退福利；企业确认涉及支付辞退福利的重组相关的成本或费用。企业应当按照辞退计划条款的规定，合理预计并确认辞退福利产生的应付职工薪酬。辞退福利预期	· 我国征求意见稿对辞退福利的阐述不及 IAS 19 详尽。两者对于辞退福利的确认时点有所出入。 · 我国征求意见稿没有涉及 IAS 19 中"明确承诺辞退的条件"。IAS 19 强调"在提议鼓励自愿裁减的

（续表）

IAS 19 （2011 年 6 月发布）	职工薪酬准则（修订）（征求意见稿） （2012 年 9 月发布）	差异比较
第八部分辞退福利（第132—161段）	（二）计量（第 139－140 段）：如果辞退福利将在报告期后超过 12 个月支付，则应当按规定的折现率折现。 在提议鼓励自愿裁减的情况下，辞退福利的计量应当以预计接受提议的雇员数量为基础。	在其确认的年度报告期间期末后十二个月内完全支付的，应当适用短期薪酬的相关规定。辞退福利预期在年度报告期间期末后十二个月内不能完全支付的，应当适用本准则关于其他长期职工福利的有关规定。	情况下，辞退福利的计量应当以预计接受提议的雇员数量为基础"，我国征求意见稿未涉及。 ·我国征求意见稿对辞退福利的披露放在第六章"列报与披露"，仅"企业应当披露支付的因解除劳动关系所提供辞退福利，及其期末应付未付金额"一句简单笼统的说明。
	（三）披露（第 141－161 段）：当接受辞退福利提议的雇员人数不确定时，即存在或有负债。按 IAS37 的规定，主体应披露该或有负债的相关信息，除非清偿时资源流出的可能性极低。按 IAS 1 的规定，若某项费用重大，主体应披露该费用的性质与金额。为遵循此规定，辞退福利可能导致一项需披露的费用。 当 IAS 24 适用时，主体应披露主要管理层的辞退福利信息。		
		第五章　其他长期职工福利（第 21－23 条）：其他长期职工福利，若不符合设定提存计划条件的，应当适用本准则关于设定受益计划的有关规定，确认和计量其他长期职工福利净负债或净资产。	·我国征求意见稿另辟一章单独阐述其他长期职工福利。IAS 19 将"其他长期雇员福利"纳入统一的"长期雇员福利"。
		第六章　列报与披露（第 24－28 条）：企业应当在附注中披露与短期职工薪酬、设定提存计划、设定受益计划、辞退福利及其他长期职工福利有关的信息。	·我国征求意见稿另辟一章单独阐述"列报与披露"要求，IAS 19 对列报及披露的规定散见各章之中。

（续表）

IAS 19 （2011 年 6 月发布）	职工薪酬准则（修订）（征求意见稿） （2012 年 9 月发布）	差异比较
第九部分　过渡及生效日期（第 162 段）：规定本准则自 2013 年 1 月 1 日或以后开始的年度期间生效。允许提前采用，若提前采用，主体应当披露这一事实。	第七章　衔接办法（第 29－30 条）：对于本准则施行日之前存在的离职后福利计划、辞退福利、其他长期职工福利，应当采用追溯调整法处理，准则另行规定的除外。	·我国准则尚处在征求意见稿阶段，对具体生效日期未作规定。
	第八章　附则（第 31 条）：本准则自 201×年×月×日起施行。	
第十部分　IFRIC 14 的撤销（第 163 段）。		·我国征求意见稿未涉及。
例证。		·我国征求意见稿未涉及。

四、完善我国职工薪酬准则（修订）（征求意见稿）的建议

从以上比较分析中可知，我国职工薪酬准则（修订）（征求意见稿）的修订充分借鉴了有关国际准则的最新发展成果。在贯彻落实《中国企业会计准则与国际财务报告准则持续趋同路线图》的过程中，我国征求意见稿与 IAS 19 在总体要求方面已保持了基本一致，可以说基本实现了与国际准则的持续趋同。但是由于我国政治、经济、文化等各方面因素，我国征求意见稿与 IAS 19 在结构、内容与编排等方面仍然存在一些差异。从进一步提高我国准则的质量和国际认可度出发，我们提出以下改善建议。

首先，在准则体系结构方面。我国征求意见稿对职工薪酬的分类沿用的是 IAS 19 的 2008 年修订版，将其划分为短期薪酬、离职后福利、辞退福利和其他长期职工福利。而 2011 年 6 月颁布的 IAS 19 最新修订版简化了不同雇员福利的分类，将被界定为"离职后福利"和"其他长期雇员福利"的雇员福利纳入统一的"长期雇员福利"计划，故划分为短期雇员福利、长期雇员福利、辞退福利三类；并规定所有长期设定受益计划将以相同方式确认和计量并按照相同的规定进行披露。从分类的完整性分析，如果以期限为分类标准，则职工薪酬分类的结果应是短期与长期之分。此外，我国征求意见稿也在其他长期职工福利中规定"不符合设定提存计划条件的，应当适用本准则关于设定受益计划的有关规定，确认和计量其他长期职工福利的净负债或净资产"，此做法与 IAS 19 类似，如此一来似乎应当与国际接轨，也将"离职后福利"与"其他长期职工福利"合并。但实务中其他长期职工福利在职工薪酬中所占比例较小，对企业的财务状况、经营成果及现金流量等各方面影

响也较小,而设定受益计划的处理非常复杂,准则要求参照其执行,不符合成本效益原则,不仅将给企业会计核算带来较大困难,还将加大企业的管理成本。因此,是否依照 IAS 19 最新修订版将职工薪酬重新归类,准则制定部门应该在深入研究国际通行做法以及考虑我国国情的情况下,作出更全面和更长远的通盘考虑。

其次,在内容和编排方面。我国征求意见稿尚存在待完善之处。在内容方面,IAS 19 关于雇员福利的内容更加丰富和完善,规定得更加细致,对设定提存计划和设定受益计划的区分、精算假设无偏且相容的判断标准及影响因素、辞退福利确认的条件等均作了详细阐述,而在我国征求意见稿中这部分内容却没有涉及,尤其关于精算假设这一新概念,只提及应当"无偏且相互一致",而关于如何做到"无偏且相互一致"却只字未提,这将导致实务中精算假设严重依赖工作人员的职业判断,在不同企业间缺乏可比性。在准则编排方面,IAS 19 另辟一章对一些关键名词进行专门定义,而我国征求意见稿中关键名词的定义散见于准则各章之中。此外,IAS 19 短期雇员福利、长期雇员福利、辞退福利等均在各章之中大体按确认、计量、列报和披露的顺序进行阐述,条理清晰,逻辑性较强。而我国征求意见稿中第二至五章关于短期职工薪酬、离职后福利、辞退福利、其他长期职工福利的内容均只涉及确认和计量,对列报和披露的规定则在第六章单独介绍,这样使得准则的编排显得混乱。我们认为,我国征求意见稿可以采用 IAS19 的逻辑顺序,使得准则更易于读者理解。

最后,在关键名词翻译的改进和统一方面。准则制定部门应在借鉴国际准则名词定义及其真实含义的基础上,精心翻译,统一称谓,防止在准则征求意见稿和修订说明的不同地方出现不同的名称。现对以下几个名词的翻译和统一提出我们的看法:(1) "Employee Benefits"在 IAS 19 中的释义为"雇员福利",我国征求意见稿并未照搬 IAS 19,而是以"职工"代替"雇员"、"薪酬"代替"福利",翻译为"职工薪酬"。但是在准则正文中,我们发现不是所有的"Benefits"均译成"薪酬",比如"离职后福利"、"辞退福利"及"其他长期雇员福利"用的都是"福利",我国征求意见稿存在着"薪酬"和"福利"的混用。我们建议将"Benefits"统一翻译成"福利",将"职工薪酬"改成"职工福利","短期薪酬"改成"短期福利"。(2) "The Projected Unit Credit Method"在 IAS 19 中的解释是指"预计单位福利法",我国征求意见稿将其译为"预期累计福利单位法",由于"Unit"位于"Credit Method"的前面,我们建议将"The Projected Unit Credit Method"翻译成"预计单位福利法"较妥当。(3) "Compatible"的原意是"兼容的,相容的,能共处的"的意思。IAS 19 中将"Actuarial Assumptions Shall Be Unbiased and Mutually Compatible"翻译成"精算假设应当是无偏且相容的";但我国征求意见稿将"Compatible"译成"一致"。"一致"的字面意思应当是"趋向相同",它的要求比"相容"还要严格。我们建议这里将"Compatible"译成"相容"较合理。因此,每一个单词都要经过仔细斟酌后方可翻译成准则条文,同时还要统一称谓。

主要参考文献

财政部会计司:《企业会计准则第 9 号——职工薪酬(修订)(征求意见稿)》(2012 年 9 月)。

财政部会计司:《企业会计准则第 9 号——职工薪酬(修订)(征求意见稿)》的起草说明(2012 年 9 月)。

财政部会计司:《企业会计准则第 9 号——职工薪酬》(2006 年 2 月)。

汪祥耀、邵毅平:《美国会计准则研究——从经济大萧条到全球金融危机》,立信会计出版社,2010 年版。

汪祥耀等著:《国际会计准则与财务报告准则——研究与比较》,立信会计出版社,2004 年版。

IASB,IAS 19"Employee Benefits",revised in 2011.

第六部分

附　　录

1. 汇编前美国会计准则一览表

2009 年 6 月，FASB 发布了其最后一项准则公告，即财务会计准则公告第 168 号（SFAS 168）"FASB 会计准则汇编和公认会计原则的级次——取代 SFAS 162"。从此，《FASB 会计准则汇编》（FASB Accounting Standards Codification™）将作为美国适用于非政府主体（Non-Governmental Entities）的 GAAP 的唯一权威来源，并将取代美国前后三个会计准则制定机构——会计程序委员会（CAP）、会计原则委员会（APB）和财务会计准则委员会（FASB）所发布的各种会计准则文告。

美国汇编前的会计准则（Pre‑Codification Standards）除了 CAP 的会计研究公报（Accounting Research Bulletins，简称 ARBs）和 APB 意见书（APB Opinions）以外，主要还包括 FASB 的财务会计准则公告（Statements of Financial Accounting Standards，简称 SFAS）、FASB 解释公告（FASB Interpretations）、FASB 的员工立场公告（FASB Staff Positions，简称 FSP）、FASB 技术公报（FASB Technical Bulletins），以及紧急问题工作小组摘要（EITF Abstracts）等。现将 CAP 的会计研究公报、APB 意见书、FASB 的财务会计准则公告编译如下。

一、会计研究公报

CAP 在其存续期间（1936—1959 年）共发布了 51 项会计研究公报，其中第 1～42 项被第 43 项所取代，实际生效的是 9 项。如图表 6‑1‑1 所示：

（图表 6‑1‑1）

编　号	英文名称	中文翻译	发布/修订时间
ARB No. 43	Restatement and Revision of Accounting Research Bulletins No. 1–42	会计研究公报第 1 号至第 42 号的重新表述和修订	1953 年 6 月发布
ARB No. 44	Declining-Balance Depreciation	余额递减折旧	1954 年 10 月发布 1958 年 7 月修订
ARB No. 45	Long-Term Construction-Type Contracts	长期建造合同	1955 年 10 月发布
ARB No. 46	Discontinuance of Dating Earned Surplus	取消确定已获盈余的日期	1956 年 2 月发布

(续表)

编　号	英文名称	中文翻译	发布/修订时间
ARB No. 47	Accounting for Costs of Pension Plans	养老金计划成本的会计处理	1956 年 9 月发布
ARB No. 48	Business Combinations	企业合并	1957 年 1 月发布
ARB No. 49	Earnings per Share	每股收益	1958 年 4 月发布
ARB No. 50	Contingencies	或有事项	1958 年 10 月发布
ARB No. 51	Consolidated Financial Statements	合并财务报表	1959 年 8 月发布

二、APB 意见书

APB 在其存续期间(1959—1973 年)共发布了 31 项 APB 意见书。如图表 6 - 1 - 2 所示：

(图表 6 - 1 - 2)

编　号	英文名称	中文翻译	发布/修订时间
APB Opinion No. 1	New Depreciation Guidelines and Rules	新折旧指引和规则	1962 年 11 月发布
APB Opinion No. 2	Accounting for the Investment Credit	投资贷项的会计处理	1962 年 12 月发布
APB Opinion No. 3	The Statement of Source and Application of Funds	基金来源和运用表	1963 年 10 月发布
APB Opinion No. 4	Accounting for the Investment Credit — Amendment of APB Opinion No. 2	投资贷项的会计处理——对 APB 意见书第 2 号的修订	1964 年 3 月发布
APB Opinion No. 5	Reporting of Leases in Financial Statements of Lessee	承租人财务报表中对租赁的报告	1964 年 9 月发布
APB Opinion No. 6	Status of Accounting Research Bulletins — Amendment of ARB No. 43	会计研究公报的地位——对 ARB 第 43 号的修订	1965 年 10 月发布
APB Opinion No. 7	Accounting for Leases in Financial Statements of Lessors	出租人财务报表中对租赁的会计处理	1966 年 5 月发布
APB Opinion No. 8	Accounting for the Cost of Pension Plans	养老金计划成本的会计处理	1966 年 11 月发布

（续表）

编 号	英 文 名 称	中 文 翻 译	发布/修订时间
APB Opinion No. 9	Reporting the Results of Operations	报告经营成果	1966 年 12 月发布
APB Opinion No. 10	Omnibus Opinion(Consolidated Financial Statements,Poolings of Interest,Convertible Debt and Debt Issued with Stock Warrants，Installment Method of Accounting)	1966 年总括意见（合并财务报表、权益结合法、可转换债券和随同认股权证发行的债务，分期付款的会计方法等）	1966 年 12 月发布
APB Opinion No. 11	Accounting for Income Taxes	所得税会计	1967 年 12 月发布
APB Opinion No. 12	Omnibus Opinion	1967 年总括意见	1967 年 12 月发布
APB Opinion No. 13	Amending Paragraph 6 of APB Opinion No. 9,Application to Commercial Banks	对 APB 意见书第 9 号第 6 段的修订（适用于商业银行）	1969 年 3 月发布
APB Opinion No. 14	Accounting for Convertible Debt and Debt Issued with Stock Purchase Warrants	可转换债券和随同认股权证发行的债务的会计处理	1969 年 3 月发布
APB Opinion No. 15	Earnings per Share	每股收益	1969 年 5 月发布
APB Opinion No. 16	Business Combinations	企业合并	1970 年 8 月发布
APB Opinion No. 17	Intangible Assets	无形资产	1970 年 8 月发布
APB Opinion No. 18	The Equity Method of Accounting for Investments in Common Stock	普通股投资会计处理中的权益法	1971 年 3 月发布
APB Opinion No. 19	Reporting Changes in Financial Position	报告财务状况的变动	1971 年 3 月发布
APB Opinion No. 20	Accounting Changes	会计变更	1971 年 7 月发布

（续表）

编　号	英文名称	中文翻译	发布/修订时间
APB Opinion No. 21	Interest on Receivables and Payables	应收和应付账款的利息	1971 年 8 月发布
APB Opinion No. 22	Disclosure of Accounting Policies	会计政策的披露	1972 年 4 月发布
APB Opinion No. 23	Accounting for Income Taxes — Special Areas	所得税会计——特殊领域	1972 年 4 月发布
APB Opinion No. 24	Accounting for Income Taxes — Investments in Common Stock Accounted for by the Equity Method	所得税会计——按权益法核算的普通股投资	1972 年 4 月发布
APB Opinion No. 25	Accounting for Stock Issued to Employees	发行给雇员的股票的会计处理	1972 年 10 月发布
APB Opinion No. 26	Early Extinguishment of Debt	债务的提前清偿	1972 年 10 月发布
APB Opinion No. 27	Accounting for Lease Transactions by Manufacturer or Dealer Lessors	制造商或交易商出租人对租赁交易的会计处理	1972 年 11 月发布
APB Opinion No. 28	Interim Financial Reporting	中期财务报告	1973 年 5 月发布
APB Opinion No. 29	Accounting for Nonmonetary Transactions	非货币性交易的会计处理	1973 年 5 月发布
APB Opinion No. 30	Reporting the Results of Operations — Reporting the Effects of Disposal of a Segment of a Business, and Extraordinary, Unusual and Infrequently Occurring Events and Transactions	报告经营成果——报告处置企业分部、非常项目、罕见与非频繁发生的事项及交易的影响	1973 年 6 月发布
APB Opinion No. 31	Disclosure of Lease Commitments by Lessees	承租人对租赁承诺的披露	1973 年 6 月发布

三、财务会计准则公告

FASB 从 1973 年至今共发布了 168 项财务会计准则公告。如图表 6 - 1 - 3 所示：

(图表6-1-3)

编 号	英 文 名 称	中 文 翻 译	发布/修订时间
SFAS No. 1	Disclosure of Foreign Currency Translation Information	外币折算信息的披露	1973年12月发布
SFAS No. 2	Accounting for Research and Development Costs	研究与开发成本的会计处理	1974年10月发布
SFAS No. 3	Reporting Accounting Changes in Interim Financial Statements — An Amendment of APB Opinion No. 28	对中期财务报表中会计变更的报告——对 APB 意见书第28号的修订	1974年12月发布
SFAS No. 4	Reporting Gains and Losses from Extinguishment of Debt — An Amendment of APB Opinion No. 30	债务清偿利得与损失的报告——对 APB 意见书第30号的修订	1975年3月发布
SFAS No. 5	Accounting for Contingencies	或有事项的会计处理	1975年3月发布
SFAS No. 6	Classification of Short-Term Obligations Expected to Be Refinanced — An Amendment of ARB No. 43, Chapter 3A	预期重新筹集的短期债务的分类——对 ARB 第43号第3章A部分的修订	1975年5月发布
SFAS No. 7	Accounting and Reporting by Development Stage Enterprises	企业开办期的会计和报告	1975年6月发布
SFAS No. 8	Accounting for the Translation of Foreign Currency Transactions and Foreign Currency Financial Statements	外币交易折算会计和外币财务报表	1975年10月发布
SFAS No. 9	Accounting for Income Taxes: Oil and Gas Producing Companies — An Amendment of APB Opinions No. 11 and 23	所得税会计：石油和天然气生产企业——对 APB 意见书第11号和第13号的修订	1975年10月发布
SFAS No. 10	Extension of "Grandfather" Provisions for Business Combinations — An Amendment of APB Opinion No. 16	对企业合并"祖父条款"的延期——对 APB 意见书第16号的修订	1975年10月发布
SFAS No. 11	Accounting for Contingencies: Transition Method — An Amendment of FASB Statement No. 5	或有事项的会计处理：过渡方法——对 FASB 第5号公告的修订	1975年12月发布

（续表）

编 号	英文名称	中文翻译	发布/修订时间
SFAS No. 12	Accounting for Certain Marketable Securities	有关流通证券的会计处理	1975 年 12 月发布
SFAS No. 13	Accounting for Leases	租赁会计	1976 年 11 月发布
SFAS No. 14	Financial Reporting for Segments of a Business Enterprise	企业分部财务报告	1976 年 12 月发布
SFAS No. 15	Accounting by Debtors and Creditors for Troubled Debt Restructurings	债权人和债务人对复杂债务重组的会计处理	1977 年 6 月发布
SFAS No. 16	Prior Period Adjustments	前期调整	1977 年 6 月发布
SFAS No. 17	Accounting for Leases：Initial Direct Costs — An Amendment of FASB Statement No. 13	租赁会计：初始直接成本——对 FASB 第 13 号公告的修订	1977 年 11 月发布
SFAS No. 18	Financial Reporting for Segments of a Business Enterprise：Interim Financial Statements — An Amendment of FASB Statement No. 14	企业分部财务报告：中期财务报表——对 FASB 第 14 号公告的修订	1977 年 11 月发布
SFAS No. 19	Financial Accounting and Reporting by Oil and Gas Producing Companies	石油和天然气生产企业的财务会计和报告	1977 年 12 月发布
SFAS No. 20	Accounting for Forward Exchange Contracts — An Amendment of FASB Statement No. 8	远期外汇合同的会计处理——对 FASB 第 8 号公告的修订	1977 年 12 月发布
SFAS No. 21	Suspension of the Reporting of Earnings per Share and Segment Information by Nonpublic Enterprises — An Amendment of APB Opinion No. 15 and FASB Statement No. 14	非公众企业每股收益和分部信息报告的中止——对 APB 意见书第 15 号和 FASB 第 14 号公告的修订	1978 年 4 月发布

（续表）

编 号	英 文 名 称	中 文 翻 译	发布/修订时间
SFAS No. 22	Changes in the Provisions of Lease Agreements Resulting from Refundings of Tax-Exempt Debt — An Amendment of FASB Statement No. 13	因免税债务偿还引起的租赁合约条款变更——对 FASB 第 13 号公告的修订	1978 年 6 月发布
SFAS No. 23	Inception of the Lease — An Amendment of FASB Statement No. 13	租赁起始时间——对 FASB 第 13 号公告的修订	1978 年 8 月发布
SFAS No. 24	Reporting Segment Information in Financial Statements That are Presented in Another Enterprise's Financial Report — An Amendment of FASB Statement No. 14	在其他企业财务报告中列示的财务报表分部信息的报告——对 FASB 第 14 号公告的修订	1978 年 12 月发布
SFAS No. 25	Suspension of Certain Accounting Requirements for Oil and Gas Producing Companies — An Amendment of FASB Statement No. 19	石油和天然气生产企业某些会计要求的中止——对 FASB 第 19 号公告的修订	1979 年 2 月发布
SFAS No. 26	Profit Recognition on Sales-Type Leases of Real Estate — An Amendment of FASB Statement No. 13	不动产销售式租赁的利润确认——对 FASB 第 13 号公告的修订	1979 年 4 月发布
SFAS No. 27	Classification of Renewals or Extensions of Existing Sales-Type or Direct Financing Leases — An Amendment of FASB Statement No. 13	对现有销售式租赁或直接融资租赁的续约或延期的分类——对 FASB 第 13 号公告的修订	1979 年 5 月发布
SFAS No. 28	Accounting for Sales with Leasebacks — An Amendment of FASB Statement No. 13	对售后租回的会计处理——对 FASB 第 13 号公告的修订	1979 年 5 月发布
SFAS No. 29	Determining Contingent Rentals — An Amendment of FASB Statement No. 13	或有租金的确定——对 FASB 第 13 号公告的修订	1979 年 6 月发布

（续表）

编　号	英 文 名 称	中 文 翻 译	发布/修订时间
SFAS No. 30	Disclosure of Information about Major Customers — An Amendment of FASB Statement No. 14	对有关主要客户信息的披露——对 FASB 第 14 号公告的修订	1979 年 8 月发布
SFAS No. 31	Accounting for Tax Benefits Related to U. K. Tax Legislation Concerning Stock Relief	与英国关于存货免税的税法规定有关的税务利益的会计处理	1979 年 9 月发布
SFAS No. 32	Specialized Accounting and Reporting Principles and Practices in AICPA Statements of Position and Guides on Accounting and Auditing Matters — An Amendment of APB Opinion No. 20	AICPA 关于会计和审计事项的立场公告和指南中特殊会计和报告的原则及其实务——对 APB 意见书第 20 号的修订	1979 年 9 月发布
SFAS No. 33	Financial Reporting and Changing Prices	财务报告和物价变动	1979 年 9 月发布
SFAS No. 34	Capitalization of Interest Cost	利息费用资本化	1979 年 10 月发布
SFAS No. 35	Accounting and Reporting by Defined Benefit Pension Plans	设定受益养老金计划的会计和报告	1980 年 3 月发布
SFAS No. 36	Disclosure of Pension Information — An Amendment of APB Opinion No. 8	养老金信息的披露——对 APB 意见书第 8 号的修订	1980 年 5 月发布
SFAS No. 37	Balance Sheet Classification of Deferred Income Taxes — An Amendment of APB Opinion No. 11	递延所得税在资产负债表上的分类——对 APB 意见书第 11 号的修订	1980 年 7 月发布
SFAS No. 38	Accounting for Preacquisition Contingencies of Purchased Enterprises — An Amendment of APB Opinion No. 16	对被购买企业购买前或有事项的会计处理——对 APB 意见书第 16 号的修订	1980 年 9 月发布
SFAS No. 39	Financial Reporting and Changing Prices: Specialized Assets — Mining and Oil and Gas — A Supplement to FASB Statement No. 33	财务报告和物价变动：特殊资产——矿山、石油和天然气——对 FASB 第 33 号公告的补充	1980 年 10 月发布

（续表）

编 号	英 文 名 称	中 文 翻 译	发布/修订时间
SFAS No. 40	Financial Reporting and Changing Prices: Specialized Assets — Timberlands and Growing Timber—A Supplement to FASB Statement No. 33	财务报告和物价变动：特殊资产——林场和生长木材——对 FASB 第 33 号公告的补充	1980 年 11 月发布
SFAS No. 41	Financial Reporting and Changing Prices: Specialized Assets — Income-Producing Real Estate — A Supplement to FASB Statement No. 33	财务报告和物价变动：特殊资产——生产性不动产——对 FASB 第 33 号公告的补充	1980 年 11 月发布
SFAS No. 42	Determining Materiality for Capitalization of Interest Cost — An Amendment of FASB Statement No. 34	利息费用资本化重要性的确定——对 FASB 第 34 号公告的修订	1980 年 11 月发布
SFAS No. 43	Accounting for Compensated Absences	缺勤补助的会计处理	1980 年 11 月发布
SFAS No. 44	Accounting for Intangible Assets of Motor Carriers — An Amendment of Chapter 5 of ARB No. 43 and an Interpretation of APB Opinions No. 17 and 30	汽车运输业无形资产的会计处理——对 ARB 第 43 号第 5 章的修订和 APB 意见书第 17 号和第 33 号的解释	1980 年 12 月发布
SFAS No. 45	Accounting for Franchise Fee Revenue	特许权收益的会计处理	1981 年 3 月发布
SFAS No. 46	Financial Reporting and Changing Prices: Motion Picture Films	财务报告和物价变动：电影业	1981 年 3 月发布
SFAS No. 47	Disclosure of Long-Term Obligations	长期债务的披露	1981 年 3 月发布
SFAS No. 48	Revenue Recognition When Right of Return Exists	存在销售退回权时的收入确认	1981 年 6 月发布
SFAS No. 49	Accounting for Product Financing Arrangements	产品融资的会计处理	1981 年 6 月发布
SFAS No. 50	Financial Reporting in the Record and Music Industry	音像行业的财务报告	1981 年 11 月发布

（续表）

编 号	英 文 名 称	中 文 翻 译	发布/修订时间
SFAS No. 51	Financial Reporting by Cable Television Companies	有线电视公司的财务报告	1981 年 11 月发布
SFAS No. 52	Foreign Currency Translation	外币折算	1981 年 12 月发布
SFAS No. 53	Financial Reporting by Producers and Distributors of Motion Picture Films	电影制片商和发行商的财务报告	1981 年 12 月发布
SFAS No. 54	Financial Reporting and Changing Prices：Investment Companies — An Amendment of FASB Statement No. 33	财务报告和物价变动：投资公司——对 FASB 第 33 号公告的修订	1982 年 1 月发布
SFAS No. 55	Determining Whether a Convertible Security is a Common Stock Equivalent — An Amendment of APB Opinion No. 15	对可转换证券是否为普通股等价物的确定——对 APB 意见书第 15 号的修订	1982 年 2 月发布
SFAS No. 56	Designation of AICPA Guide and Statement of Position (SOP) 81 - 1 on Contractor Accounting and SOP 81 - 2 Concerning Hospital-Related Organizations as Preferable for Purposes of Applying APB Opinion No. 20 — An Amendment of FASB Statement No. 32	为优先应用 APB 意见书第 20 号而对 AICPA 指南和立场公告第 81 - 1 号"承包商会"以及立场公告第 81 - 2 号"医疗机构"作出的说明——对 FASB 第 32 号公告的修订	1982 年 2 月发布
SFAS No. 57	Related Party Disclosures	关联方披露	1982 年 3 月发布
SFAS No. 58	Capitalization of Interest Cost in Financial Statements That Include Investments Accounted for by the Equity Method — An Amendment of FASB Statement No. 34	在采用权益法核算投资的财务报表中利息费用资本化——对 FASB 第 34 号公告的修订	1982 年 4 月发布

（续表）

编　号	英 文 名 称	中 文 翻 译	发布/修订时间
SFAS No. 59	Deferral of the Effective Date of Certain Accounting Requirements for Pension Plans of State and Local Governmental Units — An Amendment of FASB Statement No. 35	对州和地方政府机构养老金计划某些会计要求生效日期的推迟——对 FASB 第 35 号公告的修订	1982 年 4 月发布
SFAS No. 60	Accounting and Reporting by Insurance Enterprises	保险企业的会计和报告	1982 年 6 月发布
SFAS No. 61	Accounting for Title Plant	产权检索设备的会计处理	1982 年 6 月发布
SFAS No. 62	Capitalization of Interest Cost in Situations Involving Certain Tax-Exempt Borrowings and Certain Gifts and Grants — An Amendment of FASB Statement No. 34	与某些免税借款和某些捐赠与补助情况有关的利息费用资本化——对 FASB 第 34 号公告的修订	1982 年 6 月发布
SFAS No. 63	Financial Reporting by Broadcasters	广播公司的财务报告	1982 年 6 月发布
SFAS No. 64	Extinguishments of Debt Made to Satisfy Sinking-Fund Requirements — An Amendment of FASB Statement No. 4	为满足偿债基金要求筹借的债务的清偿——对 FASB 第 4 号公告的修订	1982 年 9 月发布
SFAS No. 65	Accounting for Certain Mortgage Banking Activities	某些抵押借款业务的会计处理	1982 年 9 月发布
SFAS No. 66	Accounting for Sales of Real Estate	不动产销售的会计处理	1982 年 10 月发布
SFAS No. 67	Accounting for Costs and Initial Rental Operations of Real Estate Projects	不动产项目的成本和初始租赁业务的会计处理	1982 年 10 月发布
SFAS No. 68	Research and Development Arrangements	研究与开发协议	1982 年 10 月发布
SFAS No. 69	Disclosures about Oil and Gas Producing Activities — An Amendment of FASB Statements 19,25,33,and 39	石油和天然气生产活动的披露——对 FASB 第 19、25、33、39 号公告的修订	1982 年 11 月发布

（续表）

编　号	英　文　名　称	中　文　翻　译	发布/修订时间
SFAS No. 70	Financial Reporting and Changing Prices: Foreign Currency Translation — An Amendment of FASB Statement No. 33	财务报告与物价变动：外币折算——对 FASB 第 33 号公告的修订	1982 年 12 月发布
SFAS No. 71	Accounting for the Effects of Certain Types of Regulation	某些类别的管制影响的会计处理	1982 年 12 月发布
SFAS No. 72	Accounting for Certain Acquisitions of Banking or Thrift Institutions — An Amendment of APB Opinion No. 17, an Interpretation of APB Opinions No. 16 and 17, and an Amendment of FASB Interpretation No. 9	有关银行或储蓄机构购并活动的会计处理——对 APB 意见书第 17 号的修订，对 APB 意见书第 16 号和第 17 号的解释，以及对 FASB 第 9 号解释公告的修订	1983 年 2 月发布
SFAS No. 73	Reporting a Change in Accounting for Railroad Track Structures — An Amendment of APB Opinion No. 20	铁路部门会计变更的报告——对 APB 意见书第 20 号的修订	1983 年 8 月发布
SFAS No. 74	Accounting for Special Termination Benefits Paid to Employees	对雇员支付特殊终止津贴的会计处理	1983 年 8 月发布
SFAS No. 75	Deferral of the Effective Date of Certain Accounting Requirements for Pension Plans of State and Local Governmental Units — An Amendment of FASB Statement No. 35	对州和地方政府机构养老金计划某些会计要求生效日期的推迟——对 FASB 第 35 号公告的修订	1983 年 11 月发布
SFAS No. 76	Extinguishment of Debt — An Amendment of APB Opinion No. 26	债务的清偿——对 APB 意见书第 26 号的修订	1983 年 11 月发布
SFAS No. 77	Reporting by Transferors for Transfers of Receivables with Recourse	转让人对转让有追索权的应收账款的报告	1983 年 12 月发布

（续表）

编 号	英文名称	中文翻译	发布/修订时间
SFAS No. 78	Classification of Obligations That Are Callable by the Creditor — An Amendment of ARB No. 43, Chapter 3A	债权人对有追索权债务的分类——对 ARB 第 43 号第 3 章 A 部分的修订	1983 年 12 月发布
SFAS No. 79	Elimination of Certain Disclosures for Business Combinations by Nonpublic Enterprises	对非上市企业有关企业合并披露的豁免	1984 年 2 月发布
SFAS No. 80	Accounting for Futures Contracts	期货合约会计	1984 年 8 月发布
SFAS No. 81	Disclosure of Postretirement Health Care and Life Insurance Benefits	退休后健康保障和人寿保险福利的披露	1984 年 11 月发布
SFAS No. 82	Financial Reporting and Changing Prices: Elimination of Certain Disclosures — An Amendment of FASB Statement No. 33	财务报告和物价变动：某些披露要求的豁免——对 FASB 第 33 号公告的修订	1984 年 11 月发布
SFAS No. 83	Designation of AICPA Guides and Statement of Position on Accounting by Brokers and Dealers in Securities, by Employee Benefit Plans, and by Banks as Preferable for Purposes of Applying APB Opinion No. 20 — An Amendment FASB Statement No. 32 and APB Opinion No. 30 and a Rescission of FASB Interpretation No. 10	为优先应用 APB 意见书第 20 号而对 AICPA 关于"证券经纪人和经销商会计"、"雇员福利会计"和"银行会计"的指南和立场公告作出的说明——对 FASB 第 32 号公告和 APB 意见书第 30 号的修订，以及废止 FASB 第 10 号解释公告	1985 年 3 月发布
SFAS No. 84	Induced Conversions of Convertible Debt — An Amendment of APB Opinion No. 26	可转换债务的诱发转换——对 APB 意见书第 26 号的修订	1985 年 3 月发布

（续表）

编 号	英 文 名 称	中 文 翻 译	发布/修订时间
SFAS No. 85	Yield Test for Determining whether a Convertible Security is a Common Stock Equivalent — An Amendment of APB Opinion No. 15	为确定可转换证券是否是普通股等价物的收益率测试——对 APB 意见书第 15 号的修订	1985 年 3 月发布
SFAS No. 86	Accounting for the Costs of Computer Software to Be Sold, Leased, or Otherwise Marketed	对出售、租赁或以其他方式流通的计算机软件成本的会计处理	1985 年 8 月发布
SFAS No. 87	Employers' Accounting for Pensions	雇主对养老金的会计处理	1985 年 12 月发布
SFAS No. 88	Employers' Accounting for Settlements and Curtailments of Defined Benefit Pension Plans and for Termination Benefits	雇主对设定受益养老金计划清算、削减以及终止福利的会计处理	1985 年 12 月发布
SFAS No. 89	Financial Reporting and Changing Prices	财务报告和物价变动	1986 年 12 月发布
SFAS No. 90	Regulated Enterprises — Accounting for Abandonments and Disallowances of Plant Costs — An Amendment of FASB Statement No. 71	受管制企业——厂房成本废弃和不可扣减的会计处理——对 FASB 第 71 号公告的修订	1986 年 12 月发布
SFAS No. 91	Accounting for Nonrefundable Fees and Costs Associated with Originating or Acquiring Loans and Initial Direct Costs of Leases — An Amendment of FASB Statements No. 13, 60, and 65 and a Rescission of FASB Statement No. 17	为获取贷款而发生的不可收回费用和成本以及租赁初始直接成本的会计处理——对 FASB 第 13、60、65 号公告的修订以及废止 FASB 第 17 号公告	1986 年 12 月发布
SFAS No. 92	Regulated Enterprises — Accounting for Phase-in Plans — An Amendment of FASB Statement No. 71	受管制企业——分阶段实施计划的会计处理——对 FASB 第 71 号公告的修订	1987 年 8 月发布

（续表）

编 号	英文名称	中文翻译	发布/修订时间
SFAS No. 93	Recognition of Depreciation by Not-for-Profit Organizations	非营利组织折旧的确认	1987年8月发布
SFAS No. 94	Consolidation of All Majority-Owned Subsidiaries — An Amendment of ARB No. 51，with Related Amendments of APB Opinion No. 18 and ARB No. 43，Chapter 12	对所有拥有多数股权的子公司的合并——对 ARB 第 51 号的修订以及对 APB 意见书第 18 号和 ARB 第 43 号第 12 章相关条款的修订	1987年10月发布
SFAS No. 95	Statement of Cash Flows	现金流量表	1987年11月发布
SFAS No. 96	Accounting for Income Taxes	所得税会计	1987年12月发布
SFAS No. 97	Accounting and Reporting by Insurance Enterprises for Certain Long-Duration Contracts and for Realized Gains and Losses from the Sale of Investments	保险企业对某些长期合同和出售投资的已实现利得和损失的会计处理和报告	1987年12月发布
SFAS No. 98	Accounting for Leases：Sale-Leaseback Transactions Involving Real Estate, Sales-Type Leases of Real Estate, Definition of the Lease Term, and Initial Direct Costs of Direct Financing Leases — An Amendment of FASB Statements No. 13,66,and 91 and a Rescission of FASB Statement No. 26 and Technical Bulletin No. 79 - 11	租赁会计：涉及不动产的售后租回,不动产的销售式租赁,租赁期的确定,以及直接融资租赁初始直接成本的确定——对 FASB 第 13、66、91 号公告的修订,以及废止 FASB 第 26 号公告和第 79 - 11 号技术公告	1988年5月发布
SFAS No. 99	Deferral of the Effective Date of Recognition of Depreciation by Not-for-Profit Organizations — An Amendment of FASB Statement No. 93	非营利组织折旧的确认生效日期的推迟——对 FASB 第 93 号公告的修订	1988年9月发布

（续表）

编　号	英文名称	中文翻译	发布/修订时间
SFAS No. 100	Accounting for Income Taxes— Deferral of the Effective Date of FASB Statement No. 96— An Amendment of FASB Statement No. 96	所得税会计——FASB 第 96 号公告生效日期的推迟—— 对 FASB 第 96 号公告的修订	1988 年 12 月发布
SFAS No. 101	Regulated Enterprises — Accounting for the Discontinuation of Application of FASB Statement No. 71	受管制企业——终止应用 FASB 第 71 号公告的会计处理	1988 年 12 月发布
SFAS No. 102	Statement of Cash Flows — Exemption of Certain Enterprises and Classification of Cash Flows from Certain Securities Acquired for Resale — An Amendment of FASB Statement No. 95	现金流量表——某些企业的豁免以及为再出售目的而获得的某些证券所产生的现金流量的分类——对 FASB 第 95 号公告的修订	1989 年 2 月发布
SFAS No. 103	Accounting for Income Taxes — Deferral of the Effective Date of FASB Statement No. 96— An Amendment of FASB Statement No. 96	所得税会计——FASB 第 96 号公告生效日期的推迟—— 对 FASB 第 96 号公告的修订	1989 年 12 月发布
SFAS No. 104	Statement of Cash Flows — Net Reporting of Certain Cash Receipts and Cash Payments and Classification of Cash Flows from Hedging Transactions — An Amendment of FASB Statement No. 95	现金流量表——某些现金流入和支出的净额报告以及对套期交易现金流量的分类——对 FASB 第 95 号公告的修订	1989 年 12 月发布
SFAS No. 105	Disclosure of Information about Financial Instruments with Off-Balance-Sheet Risk and Financial Instruments with Concentrations of Credit Risk	对具备资产负债表表外风险的金融工具以及集中信用风险的金融工具的信息披露	1990 年 3 月发布
SFAS No. 106	Employers' Accounting for Postretirement Benefits Other Than Pensions	雇主对退休后非养老金福利的会计处理	1990 年 12 月发布

（续表）

编 号	英 文 名 称	中 文 翻 译	发布/修订时间
SFAS No. 107	Disclosures about Fair Value of Financial Instruments	金融工具公允价值的披露	1991 年 12 月发布
SFAS No. 108	Accounting for Income Taxes — Deferral of the Effective Date of FASB Statement No. 96 — An Amendment of FASB Statement No. 96	所得税会计——FASB 第 96 号公告生效日期的推迟——对 FASB 第 96 号公告的修订	1991 年 12 月发布
SFAS No. 109	Accounting for Income Taxes	所得税会计	1992 年 2 月发布
SFAS No. 110	Reporting by Defined Benefit Pension Plans of Investment Contracts — An Amendment of FASB Statement No. 35	对投资合同中设定受益养老金计划的报告——对 FASB 第 35 号公告的修订	1992 年 8 月发布
SFAS No. 111	Rescission of FASB Statement No. 32 and Technical Corrections	FASB 第 32 号公告的废止和技术修订	1992 年 11 月发布
SFAS No. 112	Employers' Accounting for Postemployment Benefits — An Amendment of FASB Statements No. 5 and 43	雇主对雇用后福利的会计处理——对 FASB 第 5 号和第 43 号公告的修订	1992 年 11 月发布
SFAS No. 113	Accounting and Reporting for Reinsurance of Short-Duration and Long-Duration Contracts	短期合同与长期合同再保险的会计和报告	1992 年 12 月发布
SFAS No. 114	Accounting by Creditors for Impairment of a Loan — An Amendment of FASB Statements No. 5 and 15	债权人对贷款减值的会计处理——对 FASB 第 5 号和第 15 号公告的修订	1993 年 5 月发布
SFAS No. 115	Accounting for Certain Investments in Debt and Equity Securities	某些债务性证券和权益性证券投资的会计处理	1993 年 5 月发布
SFAS No. 116	Accounting for Contributions Received and Contributions Made	捐赠收入和捐赠支出的会计处理	1993 年 6 月发布
SFAS No. 117	Financial Statements of Not-for-Profit Organizations	非营利组织财务报表	1993 年 6 月发布

（续表）

编　号	英文名称	中文翻译	发布/修订时间
SFAS No. 118	Accounting by Creditors for Impairment of a Loan — Income Recognition and Disclosures — An Amendment of FASB Statement No. 114	债权人对贷款减值的会计处理——收入确认和披露——对 FASB 第 114 号公告的修订	1994 年 10 月发布
SFAS No. 119	Disclosure about Derivative Financial Instruments and Fair Value of Financial Instruments	衍生金融工具和金融工具公允价值的披露	1994 年 10 月发布
SFAS No. 120	Accounting and Reporting by Mutual Life Insurance Enterprises and by Insurance Enterprises for Certain Long-Duration Participating Contracts — An Amendment of FASB Statements No. 60, 97, and 113 and Interpretation No. 40	共同人寿保险企业和参与某些长期合同的保险企业的会计处理和报告——对 FASB 第 60、97 和 113 号公告及第 40 号解释公告的修订	1995 年 1 月发布
SFAS No. 121	Accounting for the Impairment of Long-Lived Assets and for Long-Lived Assets to Be Disposed of	长期资产减值以及待处置长期资产的会计处理	1995 年 3 月发布
SFAS No. 122	Accounting for Mortgage Servicing Rights-an amendment of FASB Statement No. 65	抵押服务权的会计处理	1995 年 5 月发布
SFAS No. 123	Accounting for Stock-Based Compensation	以股份为基础的报酬的会计处理	1995 年 10 月发布
SFAS No. 123	Share-Based Payment	以股份为基础的支付	2004 年 12 月修订
SFAS No. 124	Accounting for Certain Investments Held by Not-for-Profit Organizations	对非盈利组织持有的某些投资的会计处理	1995 年 11 月发布
SFAS No. 125	Accounting for Transfers and Servicing of Financial Assets and Extinguishments of Liabilities	金融资产转移和服务以及债务清偿的会计处理	1996 年 6 月发布

（续表）

编 号	英文名称	中文翻译	发布/修订时间
SFAS No. 126	Exemption from Certain Required Disclosures about Financial Instruments for Certain Nonpublic Entities — An Amendment to FASB Statement No. 107	对某些非上市主体有关金融工具的某些披露要求的豁免——对FASB第107号公告的修订	1996年12发布
SFAS No. 127	Deferral of the Effective Date of Certain Provisions of FASB Statement No. 125— An Amendment to FASB Statement No. 125	对FASB第125号公告中某些条款生效日期的推迟——对FASB第125号公告的修订	1996年12月发布
SFAS No. 128	Earnings per Share	每股收益	1997年2月发布
SFAS No. 129	Disclosure of Information about Capital Structure	有关资本结构信息的披露	1997年2月发布
SFAS No. 130	Reporting Comprehensive Income	报告综合收益	1997年6月发布
SFAS No. 131	Disclosures about Segments of an Enterprise and Related Information	企业分部及其相关信息的披露	1997年6月发布
SFAS No. 132	Employers' Disclosures about Pensions and Other Postretirement Benefits-an amendment of FASB Statements No. 87，88，and 106	雇主对养老金以及其他退休后福利的披露——对FASB第87、88、106号公告的修订	1998年2月发布 2003年12月修订
SFAS No. 133	Accounting for Derivative Instruments and Hedging Activities	衍生工具和套期活动的会计处理	1998年6月发布
SFAS No. 134	Accounting for Mortgage-Backed Securities Retained after the Securitization of Mortgage Loans Held for Sale by a Mortgage Banking Enterprise — An Amendment of FASB Statement No. 65	抵押银行企业在抵押贷款证券化后对为销售而保留的抵押证券的会计处理——对FASB第65号公告的修订	1998年10月发布

（续表）

编 号	英 文 名 称	中 文 翻 译	发布/修订时间
SFAS No. 135	Rescission of FASB Statement No. 75 and Technical Corrections	对 FASB 第 75 号公告的废止和技术更正	1999 年 2 月发布
SFAS No. 136	Transfers of Assets to a Not-for-Profit Organization or Charitable Trust That Raises or Holds Contributions for Others	向非盈利组织或筹集与保留捐款的慈善信托机构转移资产	1999 年 6 月发布
SFAS No. 137	Accounting for Derivative Instruments and Hedging Activities-Deferral of the Effective Date of FASB Statement No. 133— An Amendment of FASB Statement No. 133	衍生工具和套期活动的会计处理——FASB 第 133 号公告生效日期的推迟——对 FASB 第 133 号公告的修订	1999 年 6 月发布
SFAS No. 138	Accounting for Certain Derivative Instruments and Certain Hedging Activities — An Amendment of FASB Statement No. 133	对某些衍生工具和某些套期活动的会计处理—— 对 FASB 第 133 号公告的修订	2000 年 6 月发布
SFAS No. 139	Rescission of FASB Statement No. 53 and amendments to FASB Statements No. 63,89, and 121	对 FASB 第 53 号公告的废止以及对 FASB 第 63、89、121 号公告的修订	2000 年 6 月发布
SFAS No. 140	Accounting for Transfers and Servicing of Financial Assets and Extinguishments of Liabilities — A Replacement of FASB Statement No. 125	金融资产转移和服务以及债务清偿的会计处理——取代 FASB 第 125 号公告	2000 年 9 月发布
SFAS No. 141	Business Combinations	企业合并	2001 年 6 月发布 2007 年 12 月修订
SFAS No. 142	Goodwill and Other Intangible Assets	商誉和其他无形资产	2001 年 6 月发布
SFAS No. 143	Accounting for Asset Retirement Obligations	资产退出使用后有关债务的会计处理	2001 年 6 月发布

（续表）

编 号	英 文 名 称	中 文 翻 译	发布/修订时间
SFAS No. 144	Accounting for the Impairment or Disposal of Long-Lived Assets	资产减值或长期资产处置的会计处理	2001 年 8 月发布
SFAS No. 145	Rescission of FASB Statements No. 4，44，and 64，Amendment of FASB Statement No. 13，and Technical Corrections	对 FASB 第 4、44 和 64 号公告的废止，对 FASB 第 13 号公告的修订，以及有关技术更正	2002 年 4 月发布
SFAS No. 146	Accounting for Costs Associated with Exit or Disposal Activities	与退出或处置活动有关的费用的会计处理	2002 年 6 月发布
SFAS No. 147	Acquisitions of Certain Financial Institutions — An Amendment of FASB Statements No. 72 and 144 and FASB Interpretation No. 9	某些金融机构的收购——对 FASB 第 72 和 144 号公告及第 9 号解释公告的修订	2002 年 10 月发布
SFAS No. 148	Accounting for Stock-Based Compensation-Transition and Disclosure — An Amendment of FASB Statement No. 123	以股份为基础的报酬的会计处理——过渡与披露——对 FASB 第 123 号公告的修订	2002 年 12 月发布
SFAS No. 149	Amendment of Statement 133 on Derivative Instruments and Hedging Activities	对衍生工具和套期活动的第 133 号公告的修正	2003 年 4 月发布
SFAS No. 150	Accounting for Certain Financial Instruments with Characteristics of both Liabilities and Equity	具有负债和权益特征的某些金融工具的会计处理	2003 年 5 月发布
SFAS No. 151	Inventory Costs-an amendment of ARB No. 43，Chapter 4	存货成本——对 ARB 第 43 号第 4 章的修订	2004 年 11 月发布
SFAS No. 152	Accounting for Real Estate Time-Sharing Transactions — An Amendment of FASB Statements No. 66 and 67	房地产共享时间交易的会计处理——对 FASB 第 66 和 67 号公告的修订	2004 年 12 月发布

（续表）

编 号	英 文 名 称	中 文 翻 译	发布/修订时间
SFAS No. 153	Exchanges of Nonmonetary Assets — An Amendment of APB Opinion No. 29	非货币性资产交换——对APB意见书第29号的修订	2004 年 12 月发布
SFAS No. 154	Accounting Changes and Error Corrections — A Replacement of APB Opinion No. 20 and FASB Statement No. 3	会计变更和差错更正——对APB意见书第20号和FASB第3号公告的取代	2005 年 5 月发布
SFAS No. 155	Accounting for Certain Hybrid Financial Instruments — An Amendment of FASB Statements No. 133 and 140	特定混合金融工具的会计处理——对 FASB 第 133 和 140 号公告的修订	2006 年 2 月发布
SFAS No. 156	Accounting for Servicing of Financial Assets — An Amendment of FASB Statement No. 140	金融资产服务的会计处理——对 FASB 第 140 号公告的修订	2006 年 3 月发布
SFAS No. 157	Fair Value Measurements	公允价值计量	2006 年 9 月发布
SFAS No. 158	Employers' Accounting for Defined Benefit Pension and Other Postretirement Plans — An Amendment of FASB Statements No. 87,88,106, and 132(R)	雇主对设定受益养老金及其他退休后计划的会计处理——对 FASB 第 87、88、106 和 132（修正版）号公告的修订	2006 年 9 月发布
SFAS No. 159	The Fair Value Option for Financial Assets and Financial Liabilities — Including an Amendment of FASB Statement No. 115	金融资产和金融负债的公允价值选择权——包括对 FASB 第 115 号公告的修订	2007 年 2 月发布
SFAS No. 160	Noncontrolling Interests in Consolidated Financial Statements — An Amendment of ARB No. 51	合并财务报表中的非控制权益——对 ARB 第 51 号的修订	2007 年 12 月发布

（续表）

编 号	英 文 名 称	中 文 翻 译	发布/修订时间
SFAS No. 161	Disclosures about Derivative Instruments and Hedging Activities — An Amendment of FASB Statement No. 133	衍生工具和套期活动的披露——对 FASB 第 133 号公告的修订	2008 年 3 月发布
SFAS No. 162	The Hierarchy of Generally Accepted Accounting Principles	公认会计原则的级次	2008 年 5 月发布
SFAS No. 163	Accounting for Financial Guarantee Insurance Contracts — An Interpretation of FASB Statement No. 60	金融担保保险合同的会计处理——对 FASB 第 60 号公告的解释	2008 年 5 月发布
SFAS No. 164	Not-for-Profit Entities: Mergers and Acquisitions — Including an Amendment of FASB Statement No. 142	非营利组织：兼并与收购——包括对 FASB 第 142 号公告的修订	2009 年 4 月发布
SFAS No. 165	Subsequent Events	期后事项	2009 年 5 月发布
SFAS No. 166	Accounting for Transfers of Financial Assets — An Amendment of FASB Statement No. 140	金融资产转移的会计处理——对 FASB 第 140 号公告的修订	2009 年 6 月发布
SFAS No. 167	Amendments to FASB Interpretation No. 46(R)	对 FASB 第 46 号解释公告（修正版）的修订	2009 年 6 月发布
SFAS No. 168	The FASB Accounting Standards Codification™ and the Hierarchy of Generally Accepted Accounting Principles — A Replacement of FASB Statement No. 162	FASB 会计准则汇编和公认会计原则的级次——对 FASB 第 162 号公告的取代	2009 年 6 月发布

2. FASB 会计准则汇编及更新目录

2009 年 6 月，FASB 发布了最后一项准则公告，即财务会计准则第 168 号（SFAS 168）"FASB 会计准则汇编和公认会计原则的级次——取代 SFAS 162"。从 2009 年 7 月 1 日起，《FASB 会计准则汇编》（FASB Accounting Standards Codification™）作为美国新的会计准则体系，取代了美国会计程序委员会（CAP）、会计原则委员会（APB）和财务会计准则委员会（FASB）等机构原先发布的各种会计准则文告。在《FASB 会计准则汇编》正式启用后，FASB 通过发布"会计准则更新公告"（Accounting Standards Updates）对"准则汇编"进行及时更新。现将《FASB 会计准则汇编》目录和《会计准则更新公告》目录编译如图表 6-2-1、图表 6-2-2 所示。

一、《FASB 会计准则汇编》目录

《FASB 会计准则汇编》按 90 个"主题"（topics）对美国历史上发布的各种来源、各种形式的会计准则文献进行了整理和归类，以达到"一站式"供应美国会计准则并使其容易被检索、容易被应用的目的。如图表 6-2-1 所示：

（图表 6-2-1）

Code	Topics	主题
105	Generally Accepted Accounting Principles	公认会计原则
205	Presentation of Financial Statements	财务报表列报
210	Balance Sheet	资产负债表
215	Statement of Shareholder Equity	股东权益表
220	Comprehensive Income	综合收益
225	Income Statement	收益表
230	Statement of Cash Flows	现金流量表
235	Notes to Financial Statements	财务报表附注
250	Accounting Changes and Error Corrections	会计变更和差错更正
255	Changing Prices	变动物价

（续表）

Code	Topics	主题
260	Earnings Per Share	每股收益
270	Interim Reporting	中期报告
272	Limited Liability Entities	有限责任主体
274	Personal Financial Statements	个人财务报表
275	Risks and Uncertainties	风险与不确定性
280	Segment Reporting	分部报告
305	Cash and Cash Equivalents	现金与现金等价物
310	Receivables	应收账款
320	Investments—Debt and Equity Securities	投资——负债与权益证券
323	Investments—Equity Method and Joint Venture	投资——权益法和合营企业
325	Investments—Other	投资——其他
330	Inventory	存货
340	Other Assets and Deferred Costs	其他资产和递延费用
350	Intangibles—Goodwill and Other	无形资产——商誉和其他
360	Property，Plant，and Equipment	不动产、厂房、设备
405	Liabilities	负债
410	Asset Retirement and Environmental Obligations	资产退废与环境义务
420	Exit or Disposal Cost Obligations	退出或处置费用义务
430	Deferred Revenue	递延收入
440	Commitments	承诺事项
450	Contingencies	或有事项
460	Guarantees	担保事项
470	Debt	债务
480	Distinguishing Liabilities from Equity	区分负债和权益
505	Equity	权益
605	Revenue Recognition	收入确认
705	Cost of Sales and Sevices	销售成本和劳务费用
710	Compensation—General	薪酬——通则
712	Compensation—Nonretirement Postemployment Benefits	薪酬——非退休后退休福利

（续表）

Code	Topics	主题
715	Compensation—Retirement Benefits	薪酬——退休福利
718	Compensation—Stock Compensation	薪酬——股票薪酬
720	Other Expenses	其他费用
730	Research and Development	研究与开发
740	Income Taxes	所得税
805	Business Combinations	企业合并
808	Collaborative Arrangements	合作性协议
810	Consolidation	合并
815	Derivatives and Hedging	衍生工具和套期保值
820	Fair Value Measurements and Disclosures	公允价值计量和披露
825	Financial Instruments	金融工具
830	Foreign Currency Matters	外币事项
835	Interest	利息
840	Leases	租赁
845	Nonmonetary Transaction	非货币交换
850	Related Party Disclosures	关联方披露
852	Reorganizations	重组
855	Subsequent Events	期后事项
860	Transfers and Servicing	转让和提供服务
905	Agriculture	农业
908	Airlines	航空业
910	Contractors—Construction	承包业——建筑业
912	Contractors—Federal Government	承包业——联邦政府
915	Development Stage Entities	成长阶段主体
920	Entertainment—Broadcasters	娱乐业——广播公司
922	Entertainment—Cable Television	娱乐业——有线电视公司
924	Entertainment—Casinos	娱乐业——娱乐场
926	Entertainment—Films	娱乐业——电影业
928	Entertainment—Music	娱乐业——音像业

（续表）

Code	Topics	主题
930	Extractive Activities－Mining	采掘业——采矿
932	Extractive Activities－Oil and Gas	采掘业——石油与天然气
940	Financial Services－Brokers and Dealers	金融服务——经纪人和经销商
942	Financial Services－Depository and Lending	金融服务——存放和出租
944	Financial Services－Insurance	金融服务——保险业
946	Financial Services－Investment Companies	金融服务——投资公司
948	Financial Services－Mortgage Banking	金融服务——抵押银行业务
950	Financial Services－Title Plant	金融服务——产权检索设备
952	Franchisors	特许权所有者
954	Health Care Entities	卫生保健机构
958	Not-for-profit Entities	非盈利机构
960	Plan Accounting-Defined Benefit Pension Plans	养老金计划会计——设定受益养老金计划
962	Plan Accounting－Defined Contribution Pension Plans	养老金计划会计——设定提存养老金计划
965	Plan Accounting－Health and Welfare Benefit Plans	养老金计划会计——健康和福利计划
970	Real Estate－General	不动产——通则
972	Real Estate－Common Interest Realty Associations	不动产——共同利益不动产协会
974	Real Estate－Real Estate Investment Trusts	不动产——不动产投资信托公司
976	Real Estate－Retail Land	不动产——土地零售
978	Real Estate－Time-Sharing Activities	不动产——分时权益销售
980	Regulated Operations	受管制业务
985	Software	软件业
995	U. S. Steamship Entities	美国轮船企业

二、《会计准则更新公告》目录

"会计准则更新公告"以某某年第几号的方式发布。它们对"准则汇编"相应主题的更新提供背景信息和结论基础。迄今为止,FASB 已发布更新公告 76 项,其中:2009 年 17 项,2010 年 29 项,2011 年 12 项,2012 年 7 项,2013 年截至 10 月已发布 11 项。如图表 6-2-2所示:

(图表 6-2-2)

No. of Updates	Code	Topics	主题
2009-01	105	Generally Accepted Accounting Principles	公认会计原则
2009-02		Omnibus Update	综合更新
2009-03		SEC Update	SEC 更新
2009-04		Accounting for Redeemable Equity Instruments	可赎回权益工具会计处理
2009-05	820	Fair Value Measurements and Disclosures	公允价值计量和披露
2009-06	740	Income Taxes	所得税
2009-07		Accounting for Various Topics	多个主题的会计处理
2009-08		Earnings per Share	每股收益
2009-09		Accounting for Investments: Equity Method and Joint Ventures and Accounting for Equity-Based Payments to Non-Employees	投资会计:权益法、联营企业以及非雇员股份支付的会计处理
2009-10		Financial Services—Broker and Dealers: Investments—Other	金融服务——经纪人和经销商——其他
2009-11		Extractive Activities—Oil and Gas	采掘业——石油与天然气
2009-12	820	Fair Value Measurements and Disclosures	公允价值计量和披露
2009-13	605	Revenue Recognition	收入确认
2009-14	985	Software	软件
2009-15		Accounting for Own-Share Lending Arrangements in Contemplation of Convertible Debt Issuance or Other Financing	预期通过发行可转换债券或其他融资方式进行自有贷款安排的会计处理
2009-16	860	Transfers and Servicing	转让和提供服务
2009-17	810	Consolidations	合并
2010-01	505	Equity	权益
2010-02	810	Consolidation	合并
2010-03	932	Extractive Activities—Oil and Gas	采掘业——石油与天然气
2010-04		Accounting for Various Topics	多个主题的会计处理

（续表）

No. of Updates	Code	Topics	主题
2010-05	718	Compensation—Stock Compensation	薪酬——股票薪酬
2010-06	820	Fair Value Measurements and Disclosures	公允价值计量和披露
2010-07	958	Not-for-Profit Entities	非盈利主体
2010-08		Technical Corrections to Various Topics	多个主题的技术修正
2010-09	855	Subsequent Events	期后事项
2010-10	810	Consolidation	合并
2010-11	815	Derivatives and Hedging	衍生工具和套期保值
2010-12	740	Income Taxes	所得税
2010-13	718	Compensation—Stock Compensation	薪酬——股票薪酬
2010-14		Accounting for Extractive Activities—Oil & Gas	采掘业——石油与天然气会计处理
2010-15	944	Financial Services—Insurance	金融服务——保险业
2010-16	924	Entertainment—Casinos	娱乐业——娱乐场
2010-17	605	Revenue Recognition—Milestone Method	收入确认——里程标法
2010-18	310	Receivables	应收账款
2010-19	830	Foreign Currency	外币
2010-20	310	Receivables	应收账款
2010-21		Accounting for Technical Amendments to Various SEC Rules and Schedules	对多项 SEC 规定和安排技术修订的会计处理
2010-22		Accounting for Various Topics	多个主题的会计处理
2010-23	954	Health Care Entities	卫生保健机构
2010-24	954	Health Care Entities	卫生保健机构
2010-25	962	Plan Accounting—Defined Contribution Pension Plans	养老金计划会计——设定提存养老金计划
2010-26	944	Financial Services—nsurance	金融服务——保险业
2010-27	720	Other Expen—Goodwill and Other	无形资产——商誉和其他
2010-29	805	Business Combinations	企业合并
2011-01	310	Receivables	应收账款

（续表）

No. of Updates	Code	Topics	主题
2011-02	310	Receivables	应收账款
2011-03	860	Transfers and Servicing	转让和提供服务
2011-04	820	Fair Value Measurement	公允价值计量
2011-05	220	Comprehensive Income	综合收益
2011-06	720	Other Expenses	其他费用
2011-07	954	Health Care Entities	卫生保健机构
2011-08	350	Intangibles—Goodwill and Other	无形资产——商誉和其他
2011-09		Compensation — Retirement Benefits — Multiemployer Plans	薪酬——退休福利——多雇员计划
2011-10	360	Property, Plant, and Equipment	不动产、厂房、设备
2011-11	210	Balance Sheet	资产负债表
2011-12	220	Comprehensive Income	综合收益
2012-01	954	Health Care Entities	卫生保健机构
2012-02	350	Intangibles—Goodwill and Other	无形资产——商誉和其他
2012-03		Technical Amendments and Corrections to SEC Sections	对SEC部分的技术修订和修正
2012-04		Technical Corrections and Improvements	技术修正和改进
2012-05	230	Statement of Cash Flows	现金流量表
2012-06	805	Business Combinations	企业合并
2012-07	926	Entertainment—Films	娱乐业——电影业
2013-01	210	Balance Sheet	资产负债表
2013-02	220	Comprehensive Income	综合收益
2013-03	825	Financial Instruments	金融工具
2013-04	405	Liabilities	负债
2013-05	830	Foreign Currency Matters	外币事项
2013-06	958	Not-for-Profit Entities	非盈利主体
2013-07	205	Presentation of Financial Statements	财务报表列报
2013-08	946	Financial Services—Investment Companies	金融服务——投资公司
2013-09	820	Fair Value Measurement	公允价值计量
2013-10	815	Derivatives and Hedging	衍生工具和套期保值
2013-11	740	Income Taxes	所得税

3. 国际会计准则与国际财务报告准则一览表

国际会计准则理事会(IASB)自 2001 年 4 月取代原国际会计准则委员会(IASC)后,宣布将制定国际财务报告准则(IFRS)。原由 IASC 发布的国际会计准则(IAS)只要未被新的 IFRS 所取代,将仍然有效。因此,目前的国际财务报告准则由 IASB 发布的 IFRS、仍然有效的 IAS 以及相关的解释公告组成。现将截至目前(2013 年 11 月 30 日)为止 IASB 已发布的 13 项 IFRS、仍然有效的 27 项 IAS 的目录整理如图表 6－3－1、图表 6－3－2 所示:

一、国际财务报告准则

(图表 6－3－1)

编号	英文名称	中文翻译	发布/修订时间
IFRS 1	First-time Adoption of International Financial Reporting Standards	首次采用国际财务报告准则	2003 年 6 月发布,2008 年 11 月结构重整,2005 年 6 月、2008 年 5 月、2009 年 7 月、2010 年 1 月、5 月和 12 月、2012 年 3 月和 5 月共 8 次修订
IFRS 2	Share-based Payment	以股份为基础的支付	2004 年 2 月发布,2008 年 1 月、2009 年 4 月和 6 月共 3 次修订
IFRS 3	Business Combinations	企业合并	2004 年 3 月发布,2004 年 4 月、2008 年 1 月和 2010 年 5 月共 3 次修订
IFRS 4	Insurance Contracts	保险合同	2004 年 3 月发布,2005 年 8 月修订
IFRS 5	Non-current Assets Held for Sale and Discontinued Operations	持有以备出售的非流动资产和终止经营	2004 年 3 月发布,2008 年 5 月和 11 月、2009 年 4 月共 3 次修订

(续表)

编号	英文名称	中文翻译	发布/修订时间
IFRS 6	Exploration for and Evaluation of Mineral Assets	矿产资源勘探与评估	2004 年 12 月发布,2005 年 6 月修订
IFRS 7	Financial Instruments:Disclosures	金融工具:披露	2005 年 8 月发布,2008 年 1 月、2 月、5 月和 10 月、2009 年 3 月、2010 年 5 月和 10 月、2011 年 12 月共 8 次修订
IFRS 8	Operating Segments	经营分部	2006 年 11 月发布,2009 年 4 月修订
IFRS 9	Financial Instruments	金融工具	2009 年 11 月发布,2010 年 10 月重新发布,2011 年 12 月修订
IFRS 10	Consolidated Financial Statements	合并财务报表	2011 年 5 月发布,2012 年 6 月和 10 月共 2 次修订
IFRS 11	Joint Arrangements	合营安排	2011 年 5 月发布,2012 年 6 月修订
IFRS 12	Disclosure of Interests in Other Entities	在其他主体中权益的披露	2011 年 5 月发布,2012 年 6 月和 10 月共 2 次修订
IFRS 13	Fair Value Measurement	公允价值计量	2011 年 5 月发布

二、国际会计准则

(图表 6-3-2)

编号	英文名称	中文翻译	发布/修订时间
IAS 1	Presentation of Financial Statements	财务报表列报	1975 年 1 月发布,1994 年 11 月格式重排,1997 年 8 月、2003 年 12 月、2005 年 8 月、2007 年 9 月、2008 年 2 月和 5 月、2009 年 4 月、2010 年 5 月、2011 年 6 月、2012 年 5 月共 10 次修订

（续表）

编号	英文名称	中文翻译	发布/修订时间
IAS 2	Inventories	存货	1975 年 10 月发布,1993 年 12 月和 2003 年 12 月共 2 次修订
IAS 7	Statement of Cash Flows	现金流量表	1977 年 10 月发布,1992 年 12 月、2007 年 9 月和 2009 年 4 月共 3 次修订
IAS 8	Accounting Policies, Changes in Accounting Estimates and Errors	会计政策、会计估计变更和差错	1978 年 2 月发布,1993 年 12 月和 2003 年 12 月共 2 次修订
IAS 10	Events After the Reporting Period	资产负债表日后事项	1978 年 10 月发布,1994 年 11 月格式重排,1999 年 5 月、2003 年 12 月和 2007 年 9 月共 3 次修订
IAS 11	Construction Contracts	建造合同	1979 年 3 月发布,1993 年 12 月修订
IAS 12	Income Taxes	所得税	1979 年 7 月发布,1994 年 11 月格式重排,1996 年 10 月、2000 年 10 月和 2010 年 12 月共 3 次修订
IAS 16	Property, Plant and Equipment	不动产、厂房和设备	1982 年 3 月发布,1993 年 12 月、1998 年、2003 年 12 月、2008 年 5 月和 2012 年 5 月共 5 次修订
IAS 17	Leases	租赁	1982 年 9 月发布,1994 年 11 月格式重排,1997 年 12 月、2003 年 12 月和 2009 年 4 月共 3 次修订
IAS 18	Revenue	收入	1982 年 12 月发布,1993 年 12 月、1998 年 12 月和 2009 年 4 月共 3 次修订

（续表）

编号	英文名称	中文翻译	发布/修订时间
IAS 19	Employee Benefits	雇员福利	1983 年 1 月发布,1993 年 12 月、1998 年 2 月、2000 年 10 月、2002 年 5 月、2004 年 2 月和 12 月、2008 年 5 月和 2011 年 6 月共 8 次修订
IAS 20	Accounting for Government Grants and Disclosure of Government Assistance	政府补助会计和政府援助的披露	1983 年 4 月发布,1994 年 11 月格式重排,2008 年 5 月修订
IAS 21	The Effects of Changes in Foreign Exchange Rates	汇率变动的影响	1983 年 3 月发布,1993 年 12 月、2003 年 12 月、2005 年 12 月和 2008 年 1 月共 4 次修订
IAS 23	Borrowing Costs	借款费用	1984 年 3 月发布,1993 年 12 月、2007 年 3 月和 2008 年 5 月共 3 次修订
IAS 24	Related Party Disclosures	关联方披露	1984 年 7 月发布,1994 年 11 月格式重排,2003 年 12 月和 2009 年 11 月共 2 次修订
IAS 26	Accounting and Reporting by Retirement Benefit Plans	退休福利计划的会计和报告	1987 年 1 月发布,1994 年 11 月格式重排
IAS 28	Investments in Associates and Joint Ventures	联营和合营中的投资	1989 年 4 月发布,1994 年 11 月格式重排,1998 年 12 月、2003 年 12 月、2008 年 1 月和 5 月、2011 年 5 月共 5 次修订
IAS29	Financial Reporting in Hyperinflationary Economies	恶性通货膨胀经济中的财务报告	1989 年 7 月发布,1994 年 11 月格式重排,2008 年 5 月修订
IAS 32	Financial Instruments: Presentation Disclosure provisions superseded by IFRS 7 Effective 2007	金融工具:列报(披露部分被 2007 年生效的 IFRS 7 取代)	1995 年 6 月发布,1998 年 12 月、2003 年 12 月、2008 年 2 月、2009 年 10 月、2011 年 12 月和 2012 年 5 月共 6 次修订

（续表）

编号	英文名称	中文翻译	发布/修订时间
IAS 33	Earnings Per Share	每股收益	1997 年 2 月发布,2003 年 12 月修订
IAS 34	Interim Financial Reporting	中期财务报告	1998 年 6 月发布,2010 年 5 月、2012 年 5 月共 2 次修订
IAS 36	Impairment of Assets	资产减值	1998 年 6 月发布,2004 年 3 月、2008 年 5 月、2009 年 4 月和 2013 年 5 月共 4 次修订
IAS 37	Provisions, Contingent Liabilities and Contingent Assets	准备、或有负债与或有资产	1998 年 9 月发布
IAS 38	Intangible Assets	无形资产	1978 年 7 月发布,1993 年 12 月、1998 年 9 月、2004 年 3 月、2008 年 5 月和 2009 年 4 月共 5 次修订
IAS 39	Financial Instruments: Recognition and Measurement	金融工具:确认和计量	1998 年 12 月发布,2003 年 12 月、2004 年 3 月和 12 月、2005 年 4 月、6 月和 8 月、2008 年 5 月、7 月和 10 月、2009 年 3 月、4 月和 11 月、2013 年 6 月共 13 次修订
IAS 40	Investment Property	投资性房地产	2000 年 4 月发布,2003 年 12 月、2008 年 5 月共 2 次修订
IAS 41	Agriculture	农业	2000 年 12 月发布,2008 年 5 月修订

4. IASB 主要项目、研究项目和已完成项目情况

一、IASB 主要项目(Major Projects)

(图表 6-4-1)

英文名称	中文翻译	项目简介
Conceptual Framework — Comprehensive IASB project	概念框架——IASB 综合性项目	该项目是仅由 IASB 主持的以财务报表要素、计量、报告主体、列报与披露为重点的综合性项目。2013 年 7 月,IASB 发布了讨论稿"财务报告概念框架的复核",征求意见截止期为 2014 年 1 月 14 日。对反馈意见的审议预计在 2014 年第一季度展开。
Financial instruments — Comprehensive project	金融工具——综合性项目	该项目对金融工具会计处理的要求进行重新描述,是一个有多方参与的 IASB 与 FASB 联合项目,包含大量子项目。
Financial instruments — General hedge accounting	金融工具——一般套期会计	该项目对套期会计的处理要求进行重新评估,以便企业在报务报表中更充分地反映其风险管理活动。对一般套期会计阶段的复核草稿在 2012 年 9 月发布,准则终稿预期在 2013 年第三或第四季度完成。
Financial instruments — Impairment	金融工具——减值	该项目是以金融工具减值计量和确认为重点的 IASB 与 FASB 的联合项目。2013 年 3 月 7 日,IASB 发布了"金融工具:预期信贷损失"征求意见稿,征求意见截止期为 2013 年 7 月 5 日。对反馈意见的审议预计在 2013 年第三季度展开。
Financial instruments — Limited reconsideration of IFRS 9	金融工具——对 IFRS 9 的有限复议	该项目考虑对 IFRS 9 作出有限且具有针对性的改进。IASB 于 2012 年 11 月 28 日发布了"分类与计量:对 IFRS 9 的有限改进(拟对 2010 年的 IFRS 9 作出修订)"的征求意见稿,征求意见截止期为 2013 年 3 月 28 日。对反馈意见的审议预计在 2013 年第三季度展开。

（续表）

英文名称	中文翻译	项目简介
Financial instruments — Macro hedge accounting	金融工具——宏观套期会计	该项目针对未在 IASB"一般套期会计项目"中涵盖的开放投资组合（宏观套期）的风险管理策略进行考虑。讨论稿预计在 2013 年第四季度发布。
Insurance contracts — Comprehensive project	保险合同——综合性项目	该项目是 IASB 与 FASB 致力于制定通用高质量会计准则的一个联合项目，涉及保险合同的确认、计量、列报和披露要求。有针对性经修改的征求意见稿"保险合同"已于 2013 年 6 月 20 日发布，征求意见截止期为 2013 年 10 月 25 日。
Leases	租赁	该 IASB 与 FASB 联合项目旨在建立一种与概念框架中资产、负债定义更为一致的方式，改进对租赁的会计处理。重新征求意见稿已在 2013 年 5 月 16 日发布。征求意见截止期为 2013 年 9 月 13 日，重新审议预计在 2013 年第四季度展开。
Rate-regulated activities	费率管制活动	该 IASB 项目关注是否应该要求在费率管制环境中的主体确认由费率管制活动引起的资产与负债。IASB 已于 2013 年 4 月 25 日发布了"管制递延账户"的征求意见稿，拟建立一项中期准则，征求意见截止日期为 2013 年 9 月 4 日。对建立综合性项目的信息要求已于 2013 年 3 月 28 日发布，并拟于 2013 年第四季度发布讨论稿。
Revenue recognition	收入确认	该项目为 IASB 与 FASB 共同开发项目，旨在明确收入确认原则，并为 IFRS 和 US GAAP 建立统一的收入准则。IASB 在 2011 年 11 月发布了修订后的征求意见稿"顾客合同的收入"，IFRS 准则终稿预计于 2013 年第三季度完成。

二、IASB 研究项目（Research Projects）

（图表 6-4-2）

英文名称	中文翻译	项目简介
Common control transactions	同一控制下的交易	该项目用于解决由同一方或相同多方最终控制的主体之间交易（所谓的"同一控制交易"）的会计处理，作为 IASB 对 2011 年议程咨询的回应而重新启动并列为研究项目。

（续表）

英文名称	中文翻译	项目简介
Disclosure framework	披露框架	该财务报表列报研究项目关注披露有效性面临的巨大挑战，最终可能导致 IAS 1"财务报表列报"、IAS 7"现金流量表"、IAS 8"会计政策、会计估计变更与差错更正"的更替，从而形成 IFRS 的披露框架。所有已修订研究项目的范围将在对概念框架项目的工作以及从 IASB 迄今为止的披露活动中获得信息的复核的基础上确定。
Discount rates	折现率	该项目作为对 2011 年议程咨询的回应而启动，着重检测不同 IFRS 中对折现率要求的差异，以达成最终的统一。
Emissions trading schemes	排放权交易	该项目针对排放权交易计划，包括如何对排放权计划给予的政府补助、温室气体排放引起的负债进行会计处理等，作为对 2011 年议程咨询的回应而重新启动并列入 IASB 单独研究项目。
Equity method of accounting	权益法	该项目作为对 2011 年议程咨询的回应而启动并列入 IASB 单独研究项目，主要从对投资者的有用性和对编制者的困难等角度对权益法展开基本评价。
Financial instruments with characteristics of equity	具有权益特征的金融工具	该项目原本是关注负债与权益区分的 IASB 与 FASB 联合项目，作为对 2011 年议程咨询的回应而重新启动并列入 IASB 研究项目。
Financial reporting in high inflationary economies	高度通货膨胀经济中的财务报告	作为对 2011 年议程咨询的回应，IASB 已正式将该项目加入 2012 年 12 月的工作计划。
Foreign currency translation	外币折算	该研究项目关注长期建造合同的报告收益随外币汇率波动而发生的变化。作为对 2011 年议程咨询的回应，IASB 已正式将该项目加入 2012 年 12 月的工作计划。
IFRS 2 — Issues related to IFRS 2	与 IFRS 2 相关的问题	该项目主要关注 2004 年 IFRS 2"以股份为基础的支付"发布后产生的各类问题，主要用于讨论和决定是否应该处理这些问题以及如何操作。该研究项目的前期工作预计在 2015 年议程咨询后展开。
Income taxes — Comprehensive project	所得税——综合性项目	该项目原本是 IASB 与 FASB 的趋同项目，旨在消除 IFRS 和 US GAAP 在所得税会计处理上的差异，现成为 IASB 单独的研究项目。该研究项目的前期工作预计在 2015 年议程咨询后展开。

（续表）

英文名称	中文翻译	项目简介
Intangible assets	无形资产	该研究项目旨在为贯穿调研、勘探和开发等活动在内的广泛活动建立一整套报告要求的可行性作出评估。作为对 2011 年议程咨询的回应，IASB 启动该项目并将其列入 IASB 单独研究项目。
Non-financial liabilities	非金融负债	该项目最初是为了改进 IAS 37 的要求而设定的，以明确时点或金额不确定的负债的会计处理要求，现作为对 2011 年议程咨询的回应而重新启动并列入 IASB 研究项目。
Post-employment benefits — Comprehensive project	离职后福利——综合性项目	该项目最初是由 IASB 与 FASB 联合开展的长期综合性项目，以考虑为离职后福利建立一个通用的准则，而今该项目成为仅由 IASB 主持的长期研究项目。该项目的前期工作将在 2015 年议程咨询会后展开
XBRL — eXtensible Business Reporting Language	可扩展商业报告语言	可扩展商业报告语言是一种以可拓展标记语言为基础的电脑软件语言，它是为商业信息需求（如财务报告、报表和审计日程安排表的准备、分享以及分析）自动化而专门设计的。

三、IASB 已完成项目（Completed Projects）

（图表 6 - 4 - 3）

英文名称	中文翻译	项目简介
Adoption of IASC Standards and SIC Interpretations	对 IASC 准则以及 SIC 解释的运用	该项目已于 2001 年完成。在 2001 年 4 月，IASB 通过一项决议决定采用 2001 年 4 月前已经存在的 IASC 准则以及 SIC 解释。
Annual improvements — 2006-2008 cycle	2006—2008 年期间的年度改进	该项目已于 2008 年完成。IASB 于 2008 年 5 月 22 日发布了"对 IFRS 的改进"。
Annual improvements — 2007-2009 cycle	2007—2009 年期间的年度改进	该项目已于 2009 年完成。IASB 于 2009 年 4 月 16 日发布了"对 IFRS 的改进"。
Annual improvements — 2008-2010 cycle	2008—2010 年期间的年度改进	该项目已于 2010 年完成。IASB 于 2010 年 5 月 6 日发布了"对 IFRS 的改进"。
Annual improvements — 2009-2011 cycle	2009—2011 年期间的年度改进	该项目已于 2012 年完成。IASB 于 2012 年 5 月 17 日发布了 2009—2011 年期间的年度改进。

（续表）

英文名称	中文翻译	项目简介
Asset disposals and discontinued operations	资产处置和终止经营	该项目已于 2004 年完成。IASB 于 2004 年 3 月 31 日发布 IFRS 5"持有以备出售的非流动资产和终止经营"。
Business combinations — Combinations by contract alone or involving mutual entities	企业合并——仅通过协议或包括了共同主体的合并	该项目已于 2004 年中止，IASB 决定不再发布终稿，而在企业合并项目的第二阶段继续讨论该问题。
Business combinations — Phase I	企业合并：第一阶段	该项目已于 2004 年完成。IFRS 3 "企业合并"以及修订后的 IAS 36"资产减值"、IAS 38 "无形资产"已于 2004 年 3 月 31 日发布。
Business combinations — Phase II (application of the purchase method)	企业合并：第二阶段（购买法的运用）	该项目已于 2008 年完成。IASB 于 2008 年 1 月 10 日发布了修订后的 IFRS 3"企业合并"以及对 IAS 27、IAS 28、IAS 31 的相关修订。
Business reporting on the internet	在互联网上的商业报告	该项目已于 2001 年中止。该项目已被移交给正在进行一个类似项目的国际会计师联合会（IFAC）。
Concepts（Elements of financial statements）	概念（财务报表的要素）	该项目已被废止。该项目最初设定于 2001 年，试图探究财务报表要素定义之间的异同，现已被 IASB 与 FASB 联合开展的综合性概念框架项目所取代。
Conceptual Framework — IASB-FASB joint project	概念框架——IASB 与 FASB 联合项目	该项目最初是 IASB 与 FASB 的联合项目，目的是建立一个共同的概念框架作为会计准则制定的基础，该项目在 2012 年被 IASB 单独进行的综合概念框架项目所取代。
Conceptual Framework Phase A — Objective and qualitative characteristics	概念框架 A 阶段：目标和质量特征	该阶段已于 2010 年完成。作为概念框架综合项目的一部分，该阶段关注受托责任、财务报表主要使用者、使财务信息有用的特征等议题。"财务报告概念框架（2010）"已于 2010 年 9 月 28 日发布。
Conceptual Framework Phase B — Elements and recognition	概念框架 B 阶段：要素及确认	作为联合概念框架综合项目的一部分，该阶段关注财务报表的各种要素（例如资产、负债、收入和费用等）及其确认要求。该项目在 2012 年被 IASB 单独进行的综合概念框架项目所取代。

（续表）

英文名称	中文翻译	项目简介
Conceptual Framework Phase C — Measurement	概念框架 C 阶段：计量	作为联合概念框架综合项目的一部分，该阶段关注财务报表的各种要素应如何计量。该项目在2012年被 IASB 单独进行的综合概念框架项目所取代。
Conceptual Framework Phase D — Reporting entity	概念框架 D 阶段：报告主体	作为联合概念框架综合项目的一部分，该阶段规定了"报告主体"的界限。该项目在2012年被 IASB 单独进行的综合概念框架项目所取代。
Conceptual Framework Phase E — Presentation and disclosure	概念框架 E 阶段：列报和披露	作为联合概念框架综合项目的一部分，该阶段阐述了财务信息"列报"和"披露"的含义，包括这类信息的边界等。该项目在2012年被 IASB 单独进行的综合概念框架项目所取代。
Conceptual Framework Phase F — Purpose and status	概念框架 F 阶段：目标和地位	作为联合概念框架综合项目的一部分，该阶段阐述了概念框架的权威地位，旨在为 IASB 与 FASB 的准则制定提供一个可以共用的权威框架。当联合框架项目在2012年被 IASB 单独进行的概念框架项目取代时，该项目也随之中断。
Conceptual Framework Phase G — Application to not-for-profit entities	概念框架 G 阶段：对非盈利主体的应用	作为联合概念框架综合项目的一部分，该阶段考虑先前已制定的概念对私营部门的非盈利主体的适用性。当联合框架项目在2012年被 IASB 单独进行的概念框架项目取代时，该项目也随之中断。
Conceptual Framework Phase H — Remaining issues	概念框架 H 阶段：剩余问题	作为联合概念框架综合项目的一部分，该阶段负责处理其他阶段完成后剩余的问题。当联合框架项目在2012年被 IASB 单独进行的概念框架项目取代时，该项目也随之中断。
Consolidation — Comprehensive project	合并：综合性项目	该项目已于2011年完成。IFRS 10"合并财务报表"已于2011年5月12日发布，取代了 IAS 27 和 SIC 12，采用单一的"控制"概念作为合并的判断标准。
Consolidation — Investment entities	合并：投资主体	该项目已于2012年完成。IASB 已于2012年10月31日发布了"投资主体（对 IFRS 10、IFRS 12 和 IAS 27 的修订）"。
Convergence issues-Financial instruments（superseded）	趋同项目：金融工具（已被取代）	该项目已被"金融工具：综合性项目"取代。

（续表）

英文名称	中文翻译	项目简介
Earnings per share	每股收益	该项目已暂停。该项目最初是 IASB-FASB 的联合项目,旨在趋同计算每股收益的要求。该项目将被搁置,直到 IASB 成员重新审议并提出一个可行方案
Effective dates and transition	生效日与过渡时间	该项目实际上已中断。该项目原是 IASB 与 FASB 的联合项目,关注推动 IFRS 和 US GAAP 趋同的新财务报告准则何时生效的问题。
Emission rights	排放权	该项目已于 2004 年完成。IFRIC 3"排放权"已于 2004 年 12 月 2 日发布。
Employee benefits — Convergence issues (superseded)	职工福利:趋同项目(已被取代)	该项目已经被离职后福利的综合性项目所取代。
Extractive activities-Comprehensive project	采掘活动:综合性项目	该项目已于 2012 年中止。2012 年的 12 月,IASB 启动了一项对于无形资产的广泛研究项目,作为对 2011 年议程咨询的回应。
Extractive activities-Exploration for and evaluation of mineral resources	采掘活动:对矿物资源的勘探和评价	该项目已于 2004 年完成。IFRS 6"对矿物资源的勘探和评价"已于 2004 年 12 月 10 日发布。
Fair value measurement	公允价值计量	该项目已于 2011 年完成。IFRS 13"公允价值计量"已于 2011 年 5 月 12 日发布,为其他准则如何计量资产和负债的公允价值提供了指引。IASB 与 FASB 正在研发与公允价值计量相关的学习资料。
Financial instruments — Asset and liability offsetting	金融工具:资产和负债抵消	该项目完成于 2011 年。"披露:金融资产和金融负债的抵消(对 IFRS 7 的修订)"和"金融资产和金融负债的抵消(对 IAS 32 的修订)"已于 2011 年 12 月 16 日发布。
Financial instruments — Classification and measurement	金融工具:分类和计量	该项目完成于 2010 年。IFRS 9"金融工具"已于 2009 年 11 月 12 日发布(主要处理金融资产),并于 2010 年 10 月 28 日再次发布(加入对金融负债的处理要求)。
Financial instruments — Derecognition	金融工具:终止确认	该 IASB 项目关注金融工具的终止确认问题。根据在咨询过程中收到的反馈,IASB 决定保留现有的终止确认要求并完善信息披露要求。

（续表）

英文名称	中文翻译	项目简介
Financial instruments — Disclosures	金融工具：披露	该项目完成于 2005 年。IFRS 7"金融工具：披露"和"资本信息披露（对 IAS 1 的修订）"已于 2005 年 8 月 18 日发布。
Financial instruments — Effective date of IFRS 9	金融工具：IFRS 9 的生效日期	该项目完成于 2011 年。IASB 已于 2011 年 12 月 16 日发布了"强制生效日期和过渡披露（对 IFRS 9 和 IFRS 7 的修订）"。
Financial statement presentation — Comprehensive project	财务报表列报：综合性项目	该项目已于 2010 年中止。该项目意在广泛讨论与所有者权益性交易以外的交易或其他事项引起的资产和负债的所有已确认变动在财务报表中的列示和列报问题。
Financial statement presentation — Financial statements and comparatives	财务报表列报：财务报表及其比较	该项目完成于 2007 年。IASB 已于 2007 年 9 月 6 日发布了经修订的 IAS 1"财务报表列报"，完成了 IASB 与 FASB 财务报表列报趋同项目的第一阶段。
Financial statement presentation — Other comprehensive income	财务报表列报：其他综合收益	该项目完成于 2011 年。IASB 于 2011 年 6 月 16 日发布了"其他综合收益项目的列报（对 IAS1 的修订）"，完成了对 IAS 1 的部分局部性修订。
First-time adoption of International Financial Reporting Standards	国际财务报告准则的首次采用	该项目完成于 2003 年。IFRS1"国际财务报告准则的首次采用"已于 2003 年 6 月 19 日发布。
Government grants	政府补助	该项目已被搁置。该项目本意是重新考虑政府补助的会计处理要求。该项目将被搁置，直到 IASB 成员重新审议并提出一个可行方案。
IAS 8 — Effective dates and transition methods	IAS 8：生效日期和过渡方法	该项目已于 2012 年中止。2012 年 10 月，IASB 已暂停该项目直至概念框架项目结束。
IAS 11 — Criteria for combining and segmenting contracts	IAS 11：结合和分割合同的标准	该项目已于 2006 年中止。IFRIC 在 2006 年 11 月的会议上正式取消该议题。该议题将会成为 IASB 收入确认项目的一部分。
IAS 12 — Recovery of underlying assets	IAS 12：标的资产的恢复	该项目完成于 2010 年。IASB 于 2010 年 12 月 20 日发布了"递延税：标的资产的恢复（对 IAS 12 的修订）"。
IAS 12 — Contingent pricing of property, plant and equipment	IAS 12：对不动产、厂房和设备的或有定价	该项目已于 2011 年中止。这原本是一个 IFRS 解释委员会的项目，意在对单独购买不动产、厂房和设备的或有支付款的会计处理给予指导。

（续表）

英文名称	中文翻译	项目简介
IAS 16 — Stripping costs in the production phase of a mine	IAS 16：地表采矿生产阶段的采剥成本	该项目完成于 2011 年。IFRIC 20"地表采矿生产阶段的采剥成本"已于 2011 年 10 月 19 日发布。
IAS 17-Determining whether an arrangement contains a lease	IAS 17：对协议是否包含租赁的确定	该项目完成于 2004 年。IFRIC 4"对协议是否包含租赁的确定"已于 2004 年 12 月 2 日发布。
IAS 17-Sales and lease-backs with repurchase rights	IAS 17：拥有回购权的售后租回	该项目已于 2007 年中止。IFRIC 在 2007 年 3 月的议程会议上正式取消该议题。
IAS 18 — Customer loyalty programmes	IAS 18：顾客忠诚度计划	该项目完成于 2007 年。IFRIC 13"顾客忠诚度计划"已于 2007 年 6 月 28 日发布。
IAS 18 — Guidance on identifying agency relationships	IAS 18：识别代理关系的指导	该项目已于 2007 年中止。IFRIC 将其移出议事日程,并送交 IASB 作为年度改进过程的一部分加以决议。
IAS 18 — Initial fees received by a fund manager	IAS 18：基金经理收取的加盟费	该项目已于 2007 年中止。IFRIC 在该事项上不能达成共识,于是在 2007 年 1 月的会议上将其移出议程。
IAS 18 — Sales of real estate	IAS 18：房地产销售	该项目完成于 2008 年。IFRIC 15"房地产建造协议"已于 2008 年 7 月 3 日发布。
IAS 18 — Transfers of assets from customers	IAS 18：客户资产的转移	该项目完成于 2009 年。IFRIC 18"客户资产的转移"已于 2009 年 1 月 29 日发布。
IAS 19 — Actuarial gains and losses, group plans and disclosures	IAS 19：精算利得和损失, 小组计划和披露	该项目完成于 2004 年。对 IAS19 "职工福利" 的修订已于 2004 年 12 月 16 日发布。
IAS 19 — Allocation of benefits to periods of service	IAS 19：服务期间的福利分配	该项目已于 2003 年中止。IFRIC 在 2003 年 12 月的会议上重申不再处理该问题的决定。
IAS 19 — Changes in employment benefits and actuarial assumptions	IAS 19：雇佣福利和精算假设的改变	该项目已于 2002 年中止。经过初始背景讨论后,IFRIC 在 2002 年 2 月的会议上将该问题从议程中移除。

英文名称	中文翻译	项目简介
IAS 19 — Distinction between curtailments and past service cost	IAS 19：紧缩和过去服务成本的区别	该项目已于 2007 年中止。IFRIC 在 2007 年 5 月已将该议题从议程中移除，并将其作为 IASB2006-2008 期间年度改进的一部分来处理。
IAS 19 — Distinguishing between defined benefit and defined contribution plans (hybrid plans)	IAS 19：设定受益计划与设定提成计划（混合计划）的区分	该项目已于 2006 年中止。IFRIC 将该问题交由 IASB 解决。
IAS 19 — Effect of minimum funding requirements on asset ceiling	IAS 19：最低资金需求对资产上限的影响	该项目完成于 2007 年。IFRIC 14"IAS19——资产上限：经济效益的可用性和最低资金需求"已于 2007 年 7 月 4 日发布。
IAS 19 — Employee benefit plans with a promised return on contributions or notional contributions	IAS 19：按提成额或名义提成额确定收益的雇员福利计划	该项目已于 2004 年中止。在发布解释草案后的 2006 年 11 月的会议上，IFRIC 决定不对该问题作出最终解释并将其从议程中移除，因为 IASB 已经开展了一项离职后福利的项目。
IAS 19 — Multiemployer plan exemption	IAS 19：多雇主计划豁免	该项目已于 2004 年中止。该项目现已成为 2004 年 12 月发布的修订后的 IAS 19"雇员福利"的一部分。
IAS 19 — Termination benefits	IAS 19：辞退福利	该项目完成于 2011 年。对 IAS 19"雇员福利"的修订已于 2011 年 6 月 16 日发布。
IAS 19 — The asset ceiling	IAS 19：资产上限	该项目完成于 2002 年。对 IAS 19"雇员福利"的修订已于 2002 年 5 月 31 日发布。
IAS 21 — Hedging a net investment	IAS 21：净投资的套期保值	该项目完成于 2008 年。IFRIC 16"境外业务新投资的套期保值"已于 2008 年 7 月 3 日发布。
IAS 23 — US GAAP convergence project	IAS 23：美国公认会计原则的趋同项目	该项目完成于 2007 年。修订后的 IAS23"借款费用"已于 2007 年 3 月 29 日发布。
IAS 24 — State controlled entities and definition of related party	IAS 24：国家控制主体和"关联方"的定义	该项目完成于 2009 年。IASB 于 2009 年 11 月 4 日发布了修订后的 IAS 24"关联方披露"。
IAS 27 — Control by a fiduciary	IAS 27：受托人控制	该项目已于 2004 年中止。IFRIC 在 2004 年 5 月的会议上将从议程中移除，IASB 将会将该问题作为合并项目的一部分加以考虑。

（续表）

英文名称	中文翻译	项目简介
IAS 27 — Non-cash distributions	IAS 27：非现金分配	该项目完成于 2008 年。IFRIC 17"股东非现金资产分配"已于 2008 年 11 月 27 日发布。
IAS 29 — First-time adoption of IAS 29	IAS 29：IAS 29 的首次采用	该项目完成于 2005 年。IFRIC 7"在恶性通货膨胀经济中按 IAS 29 进行财务报告时应用重述法"已于 2005 年 11 月 24 日发布
IAS 32 — Classification of instruments denominated in a foreign currency	IAS 32：以外币计价的工具的分类	该项目已于 2006 年中止。在 IASB 否决了 IFRIC 提出的 IAS 32 修正案之后，IFRIC 在 2006 年 11 月的会议上将该项目从议程中移除。
IAS 32 — Classification of rights issues	IAS 32：配股权的分类	该项目已于 2009 年完成。"配股权的分类（对 IAS 32 的修订）"已于 2009 年 10 月 8 日发布。
IAS 32 — Puttable financial instruments	IAS 32：可回售金融工具	该项目已于 2008 年完成。在 2008 年 2 月 14 日 IASB 发布了"可回售金融工具和清偿所产生的债务（对 IAS 32 和 IAS 1 的修订）。
IAS 32 — Members' shares in co-operative entities	IAS 32：合作主体中股东的股份	该项目已于 2004 年完成。IFRIC 2"合作主体中股东的股份及类似工具"已于 2004 年 11 月 25 日发布。
IAS 32/IAS 39 — Improvements to IASC financial instruments standards	IAS 32/IAS 39：对 IASC 金融工具准则的改进	该项目已于 2003 年完成。IAS 32 修订版"金融工具：披露和列报"和 IAS 39 修订版"金融工具：确认和计量"已于 2003 年 12 月 17 日发布。
IAS 34 — Disclosures in interim reporting periods	IAS 34：中期报告期间中的披露	该项目已于 2010 年完成。2010 年 5 月 6 日，"2010 年 IFRS 的年度改进"发布，明确了中期报告期间所要求披露的性质。
IAS 34 — Interaction with IAS 36 and IAS 39	IAS 34：IAS 36 和 IAS 39 的相互作用	该项目已于 2006 年完成。2006 年 7 月 20 日 IFRIC 10"中期财务报告与减值"发布。
IAS 36 — Recoverable amount disclosures for non-financial assets	IAS 36：对非金融资产可收回金额的披露	该项目已于 2013 年完成。2013 年 5 月 29 日 IASB 发布"对非金融资产可收回金额的披露（对 IAS 36 的修订）"。
IAS 37 — Changes in decommissioning, restoration, and similar liabilities	IAS 37：报废、修复及类似负债中的变动	该项目已于 2004 年完成。IFRIC 1"现有报废、修复及类似负债中的变动"已于 2004 年 5 月 27 日发布。
IAS 37 — Interests in decommissioning and environmental rehabilitation funds	IAS 37：在报废和环境修复基金中的权益	该项目已于 2004 年完成。IFRIC 5"对报废、修复和环境基金中所产生权益的权利"已于 2004 年 12 月 15 日发布。

（续表）

英文名称	中文翻译	项目简介
IAS 37 — Obligating event in the light of the EU Directive on waste electrical and electronic equipment	IAS 37：根据欧盟指令对废弃电机和电子设备的负债事项	该项目已于 2005 年完成。2005 年 9 月 1 日，IFRIC 6"参与特定市场产生的负债：废弃电机和电子设备"发布。
IAS 37/IFRIC 6 — Levies charged for participation in a market on a specified date	IAS 37/IFRIC 6：对特定日期的市场参与者征税	该项目已于 2013 年完成。2013 年 5 月 20 日，IASB 发布 IFRIC 21"征税"。
IAS 38 — Compliance costs for 'REACH'	IAS 38："化学品的注册、评估、授权和限制"法案的合规成本	该 IFRIC 项目已中止。该项目考虑的是如何核算欧盟委员会"化学品注册、评估、授权和限制"（简称 REACH）法规的合规成本。IFRIC 委员会经过几个月的讨论，决定不把该问题提上 2009 年 5 月的会议议程。
IAS 39 — Cash flow hedge accounting of forecast intragroup transactions	IAS 39：预测集团内部交易的现金流量套期会计	该项目已于 2005 年完成。2005 年 4 月 14 日 IASB 发布了"预测集团内部交易的现金流量套期会计（对 IAS 39 的修订）"。
IAS 39 — Exposures qualifying for hedge accounting	IAS 39：符合套期会计条件的风险暴露	该项目已于 2008 年完成。2008 年 7 月 30 日 IASB 发布了"符合资格的被套期项目（对 IAS 39 的修订）"。
IAS 39 — Fair value option	IAS 39：公允价值选择权	该项目已于 2005 年完成。2005 年 6 月 15 日 IASB 发布了"公允价值选择权（对 IAS 39 的修订）"。
IAS 39 — Macro hedging	IAS 39：宏观套期	该项目已于 2004 年完成。2004 年 3 月 31 日 IASB 发布了"对利率风险组合套期的公允价值套期会计（对 IAS 39 的修订）"。
IAS 39 — Reassessment of embedded derivatives	IAS 39：对嵌入式衍生工具的重新评估	该项目已于 2006 年完成。2006 年 3 月 1 日 IFRIC 9"对嵌入式衍生工具的重新评估"发布。
IAS 39 — Transition and day 1 profit recognition	IAS 39：过渡处理和第一天利润的确认	该项目已于 2004 年完成。2004 年 12 月 17 日，IASB 发布了"金融资产和金融负债的过渡处理和初始确认"。
IAS 39/IAS 32 — Debt to equity swaps	IAS 39/IAS 32：债务和权益互换	该项目已于 2009 年完成。2009 年 11 月 26 日 IFRIC 19"以权益工具取代金融负债"发布。

（续表）

英文名称	中文翻译	项目简介
IAS 39/IAS 37 — Credit risk in liability measurement	IAS 39/IAS 37：负债计量中的信用风险	该项目已于 2009 年中止。2009 年 10 月，IASB 决定不再将其作为一个单独项目，而是在概念框架的计量项目中考虑该问题。
IAS 39/IFRS 4 — Financial guarantee contracts and credit insurance	IAS 39/IFRS 4：财务担保合同和信用保险	该项目已于 2005 年完成。2005 年 8 月 18 日，IASB 发布了"财务担保合同（对 IAS 39 和 IFRIC 4 的修订）"。
IAS 39/IFRS 7 — Reclassification of financial assets	IAS 39/IFRS 7：金融资产的重分类	该项目已于 2008 年完成，并于 2009 年修订。2008 年 10 月 13 日，IASB 发布了"金融资产的重分类（对 IAS 39 和 IFRS 7 的修订）"。2009 年 3 月 12 日，IASB 发布了"嵌入式衍生工具（对 IAS 39 和 IFRIC 9 的修订）"。
IAS 39/IFRS 9 — Novation of OTC derivatives and continuing designation for hedge accounting	IAS 39/IFRS 9：场外衍生产品的更替和对套期会计的继续采用	该项目已于 2013 年完成。2013 年 6 月 27 日，IASB 发布了"衍生工具的更替和套期会计的继续采用（对 IAS 39 的修订）"，从 2014 年 1 月 1 日起生效。
IAS 41 — Fair value measurement issues in agriculture	IAS 41：农业中的公允价值计量问题	该项目已于 2007 年中止。2007 年 IFRIC 将其从议程上取消，并建议 IASB 将该项目列入其年度改进过程。
IASB — FASB convergence	IASB 与 FASB 的趋同项目	IASB 与 FASB 最重要的联合项目，旨在消除 IFRS 和 US GAAP 之间的各种差异。
IFRIC 9 — Scope of IFRIC 9 and revised IFRS 3	IFRIC 9：IFRIC 9 的适用范围和修订后的 IFRS 3	该项目已于 2009 年完成。该项目曾发布单独的征求意见稿，对 IFRIC 9 的修订被包含在 2009 年 4 月 16 日发布的"对 IFRS 的改进"中。
IFRIC 14 — Voluntary prepaid contributions under a minimum funding requirement	IFRIC 14：根据最低资金要求的自愿预付款	该项目已于 2009 年完成。2009 年 11 月 26 日，IASB 发布"根据最低资金要求的预付款（对 IFRIC 14 的修订）"。
IFRIC 15 — Meaning of 'continuous transfer'	IFRIC 15：持续转移的含义	一个 IFRIC 解释委员会项目，研究 IASB 收入确认项目达成的结果是否有助于 IFRIC 15"不动产建造协议"中"持续转移"含义的进一步明确。
IFRIC 16 — Amendment to the restriction on the entity that can hold hedging instruments	IFRIC 16：对可能持有套期工具的主体的限制的修订	该项目已于 2009 年完成。IFRIC 16 的修订版被列入 2009 年 4 月 16 日发布的"对 IFRS 的改进"。

（续表）

英文名称	中文翻译	项目简介
IFRS 1 — Additional exemptions for first-time adopters	IFRS 1：对首次采用者的额外豁免	该项目已于 2009 年完成。2009 年 7 月 23 日 IASB 发布了"对首次采用者的额外豁免（对 IFRS 1 的修订）"。
IFRS 1 — Exemption from comparative IFRS 7 disclosures	IFRS 1：IFRS 7 比较披露的豁免	该项目已于 2010 年完成。2010 年 1 月 28 日 IASB 发布了"对首次采用者进行 IFRS 7 比较披露的有限豁免（对 IFRS 1 的修订）"。
IFRS 1 — Government loans	IFRS：政府贷款	该项目已于 2012 年完成。2012 年 3 月 13 日 IASB 发布了"政府贷款（对 IFRS 1 的修订）"。
IFRS 1 — Replacement of 'fixed dates'	IFRS 1：固定日期的更换	该项目已于 2010 年完成。2010 年 12 月 20 日 IASB 发布了"严重恶性通胀以及对首次采纳者固定日期的免除"。
IFRS 1 — Severe hyperinflation	IFRS 1：严重恶性通货膨胀	该项目已于 2010 年完成。2010 年 12 月 20 日 IASB 发布了"严重恶性通胀以及对首次采纳者固定日期的免除"。
IFRS 1/IAS 27 — Cost of a subsidiary in separate financial statements	IFRS 1/IAS 27：个别财务报表中子公司的投资成本	该项目已于 2008 年完成。2008 年 5 月 22 日 IASB 发布了"子公司、共同控制主体或联营公司的投资成本（对 IFRS 1 和 IAS 27 的修订）"。
IFRS 2 — Changes in contributions to employee stock purchase plans (ESPPs)	IFRS 2：雇员股票购买计划中付款的变化	该项目已于 2005 年中止。IFRIC 在 2005 年 12 月的会议上将其从议程上移除。
IFRS 2 — Entity termination of an employee's employment	IFRS 2：主体对员工雇佣的终止	该项目是 IFRS 解释委员会一个项目，考虑在主体终止员工雇佣时 IFRS 2"以股份为基础的支付"对股份支付赔偿额的会计处理问题。
IFRS 2 — Group cash-settled share-based payment arrangements	IFRS 2：集团以现金结算的股份支付协议	该项目已于 2009 年完成。IASB 发布"集团以现金结算的股份支付交易（对 IFRS 2 的修订）"，并在 2009 年 6 月 18 日废止了 IFRIC 8 和 IFRIC 11。
IFRS 2 — Scope of IFRS 2	IFRS 2：IFRS 2 的范围	该项目已于 2006 年完成。IFRIC 8"IFRS 2 的适用范围"已于 2006 年 1 月 12 日发布。
IFRS 2 — Treasury share transactions and group transactions	IFRS 2：库藏股交易和集团内部交易	该项目已于 2006 年完成。IFRIC 11"IFRS 2'集团及库藏股交易'"，已于 2006 年 11 月 2 日发布。

（续表）

英文名称	中文翻译	项目简介
IFRS 2 — Vesting and non-vesting conditions	IFRS 2：可行权条件与非可行权条件	该项目用以明确 IFRS 2"以股份为基础的支付"中"可行权条件"和"非可行权条件"的定义。
IFRS 2 — Vesting conditions and cancellations	IFRS 2：可行权条件及取消	该项目已于 2008 年完成。2008 年 1 月 17 日，IASB 发布"可行权条件及取消（对 IFRS 2 的修订）"。
IFRS 5 — Definition of 'discontinued operations'	IFRS 5："中止经营"的定义	该项目已搁置。该项目最初是 IASB 与 FASB 的一个联合项目，其目的对"中止经营"作出统一定义和披露要求。该项目现被搁置直到 IASB 成员重新审议并提出一个可行方案。
IFRS 7 — Disclosures about investments in debt instruments	IFRS 7：债务工具中投资的披露	该项目已于 2009 年被废止。在对征求意见稿"债务工具中的投资（对 IFRS 7 的修订建议）"反馈意见的基础上，IASB 在 2009 年 1 月的会议上决定，暂时放弃该建议，并将征求意见稿中试图解决的问题加入到对金融工具的全面复核项目中。
IFRS 7 — Improved disclosures about financial instruments	IFRS 7：对金融工具披露的改进	该项目已于 2009 年完成。IASB 在 2009 年 3 月 5 日发布了"对金融工具披露的改进（对 IFRS 7 的修订）"。
IFRS 10 — Transitional requirements	IFRS 10：过渡期的要求	该项目已于 2012 年完成。IASB 在 2012 年 6 月 28 日发布了"合并财务报表、合营安排及在其他主体中权益的披露：过渡指引"。
IFRS for small and medium-sized entities	中小型主体国际财务报告准则	该项目已于 2009 年完成。IASB 于 2009 年 7 月 9 日发布了"中小型主体国际财务报告准则"。
Impairment of assets	资产减值	该准则目前已闲置。该项目最初是 IASB 与 FASB 的联合项目，旨在对资产减值提出统一会计处理方法。
Improvements to existing International Accounting Standards (2001-2003)	对现有国际会计准则的改进（2001-2003 年）	该项目已于 2003 年完成。IASB 于 2003 年 12 月 18 日发布 13 项经修订的国际会计准则，并取消一项国际会计准则。
Insurance contracts-Phase I	保险合同：第一阶段	该项目已于 2004 年完成。IFRS 4 "保险合同"已于 2004 年 3 月 31 日发布。
Joint arrangements	合营安排	该项目已于 2011 年完成。2011 年 5 月 12 日 IFRS 11"合营安排"发布，要求对合营企业采用权益法核算，并取消了在评价合营安排时注重法律形式的要求。

（续表）

英文名称	中文翻译	项目简介
Management commentary	管理层评论	该项目已于 2010 年完成。IASB 于 2010 年 12 月 8 日发布了 IFRS 实务公告"管理层评论"。
Post-employment benefits-Amendments to IAS 19	离职后福利：对 IAS 19 的修订	该项目已于 2011 年完成。修订后的 IAS 19"雇员福利"已于 2011 年 6 月 16 日发布，取消了养老金及类似项目中精算利得和损失会计处理的选择权及其相关的改进。
Post-employment benefits — Discount rate	离职后福利：折现率	该项目已于 2009 年中止。IASB 原先建议不采用政府债券收益率，而采用估算的高质量公司债券收益率衡量离职后福利。由于反馈意见不一致，IASB 没有达成最终结论。
Preface to International Financial Reporting Standards	国际财务报告准则前言	该项目已于 2001 年完成。"国际财务报告准则前言"已于 2002 年 5 月 23 日发布。
Reporting comprehensive income（performance reporting）	报告综合收益（业绩报告）	该项目已于 2004 年中止。从趋同角度出发，IASB 与 FASB 决定共同完成该项目，相关的讨论详见"财务报表列报"项目。
Segment reporting — Convergence issues	分部报告：趋同项目	该项目已于 2006 年完成。IASB 于 2006 年 11 月 30 日发布了 IFRS 8"经营分部"。
Service concession arrangements	服务特许权安排	该项目已于 2006 年完成。IFRIC 12"服务特许权安排"已于 2006 年 11 月 30 日发布。
Share-based payments	以股份为基础支付	该项目已于 2004 年完成。IFRS 2"以股份为基础的支付"已于 2004 年 4 月发布。
SIC-12 — Scope exemption for equity compensation benefits	SIC-12：权益报酬福利的豁免范围	该项目已于 2004 年完成。对 SIC 12 的修订"合并：特殊目的主体"已于 2004 年 11 月 11 日发布。

5. 本书主要缩略语一览表

(图表 6-5-1)

英文简称	英文全称	中文释义
AAA	American Accounting Association	美国会计学会
AAG	Industry Auditing and Accounting Guides	行业审计和会计指南
AAPA	American Association of Public Accountants	美国公共会计师协会
AcSEC	Accounting Standards Executive Committee	会计准则执行委员会
AIA	American Institute of Accountants	美国会计师协会
AIMR	Association for Investment Management and Research	美国投资管理和研究协会
AICPA	American Institute of Certified Public Accountants	美国注册会计师协会
AIN	AICPA Interpretations	AICPA 会计解释
APB	Accounting Principles Board	会计原则委员会
APB	Opinions Accounting Principles Board Opinions	会计原则委员会意见书
APB	Statements Accounting Principles Board Statements	会计原则委员会公告
ARB	Accounting Research Bulletins(CAP)	CAP 的会计研究公报
ARD	Accounting Research Division	会计研究部
ARS	Accounting Research Studies	会计研究文集
ASB	Accounting Standards Board(UK)	英国会计准则委员会
ASC	Accounting Standards Committee(UK)	英国原会计准则委员会
ASOBAT	A Statement of Basic Accounting Theory	基本会计理论说明书
ASR	Accounting Series Releases	会计系列公告
CAP	Committee on Accounting Procedure	会计程序委员会
CASC	Chinese Accounting Standards Committee	中国会计准则委员会
CDO	Collateralized Debt Obligation	债务抵押债券

（续表）

英文简称	英文全称	中文释义
CDS	Credit Default Swap	信用违约掉期
CESR	Committee of European Securities Regulators	欧洲证券监管委员会
CF	Conceptual Framework	概念框架
CFA Institute	Chartered Financial Analysts Institute	特许财务分析师协会
CI	Comprehensive Income	综合收益
CICA	Canadian Institute of Chartered Accountants	加拿大特许会计师协会
DIG	Derivative Implementation Group	衍生工具应用小组
DSOP	Draft Statement of Principles	原则公告草案
DP	Discussion Paper	讨论稿
E	Exposure Draft(IASC)	IASC 的征求意见稿
EC	European Committee	欧洲委员会
ED	Exposure Draft(IASB)	IASB 的征求意见稿
EFRAG	European Financial Reporting Advisory Group	欧洲财务报告咨询组
EITF	Emerging Issues Task Force	紧急问题工作小组
EITF Abstract	Emerging Issues Task Force Abstract	紧急问题工作小组摘要
ELFA	Equipment Leasing and Finance Association	美国设备租赁和融资协会
ESOP	Employee Stock Options Plan	员工股票期权计划
ESMA	European Securities and Markets Authority	欧洲证券市场管理局
EU	European Union	欧盟
FAF	Financial Accounting Foundation	财务会计基金会
FAS(SFAS)	Statement of Financial Accounting Standards(USA)	美国财务会计准则(公告)
FASAC	Financial Accounting Standards Advisory Council	财务会计准则咨询委员会
FASB	Financial Accounting Standards Board(USA)	美国财务会计准则委员会
FCAG	Financial Crisis Advisory Group	金融危机咨询小组
FEI	Financial Executives International	国际财务经理协会
FERC	Federal Energy Regulatory Commission	美国联邦能源监管委员会
FIN	FASB Interpretations	财务会计准则委员会解释

（续表）

英文简称	英文全称	中文释义
FRB	Federal Reserve Board	美国联邦储备委员会
FRS	Financial Reporting Standards(UK)	英国财务报告准则
FRSSE	Financial Reporting Standard for Small Entities(UK)	英国小企业财务报告准则
FSB	Financial Stability Board	金融稳定委员会
FSC	Financial Statement Concepts	财务报表概念
FSF	Financial Stability Forum	金融稳定论坛
FSP	FASB Staff Position	员工立场公告
FTB	FASB Technical Bulletins	财务会计准则委员会技术公报
FTC	Federal Trade Commission	美国联邦贸易委员会
GAAP	Generally Accepted Accounting Principles	公认会计原则
GAAS	Generally Accepted Auditing Standards	公认审计准则
GRI	Global Reporting Initiative	全球报告倡议组织
IAS	International Accounting Standards	国际会计准则
IASB	International Accounting Standards Board	国际会计准则理事会
IASC	International Accounting Standards Committee	国际会计准则委员会
IFAC	International Federation of Accountants	国际会计师联合会
IFRIC	International Financial Reporting Interpretation Committee	国际财务报告解释委员会
IFRS	International Financial Reporting Standards	国际财务报告准则
IIF	Institute of International Finance	国际金融协会
IIRC	International Integrated Reporting Committee	国际整合报告委员会
IIRC	International Integrated Reporting Council	国际整合报告理事会
IMA	Institute of Management Accountants	管理会计师协会
IOSCO	International Organization of Securities Commissions	证券委员会国际组织
IPSASB	International Public Sector Accounting Standards Board	国际公共部门会计准则委员会
ITAC	Investors Technical Advisory Committee	投资者技术咨询委员会
ITF	Investor Task Force	投资者工作小组

（续表）

英文简称	英文全称	中文释义
IWG	Insurance Working Group	保险工作组
KPI	Key Performance Indication	关键业绩指标
MBS	Mortgage Backed Securities	房地产抵押贷款债券
MC	Management Commentary	管理层评论
MD&A	Management's Discussion and Analysis	管理层讨论与分析
MOU	Memorandum of understanding	谅解备忘录
OCI	Other Comprehensive Income	其他综合收益
OFR	Operating and Financial Review	经营与财务评述
PCAOB	Public Company Accounting Oversight Board	公众公司监管委员会
PCFRC	Private Company Financial Reporting Committee	私营公司财务报告委员会
POB	Public Oversight Board	公众监督委员会
PS	Practice Statement	实务公告
QSPE	Qualifying Special Purpose Entity	合格特殊目的主体
SAB	Staff Accounting Bulletins(AICPA)	员工会计公报
SAC	Standards Advisory Council	准则咨询委员会
SAS	Substantial Authoritative Support	实质性权威支持
SBAC	Small Business Advisory Committee	小企业咨询委员会
SEC	Securities Exchange Committee(USA)	美国证券交易委员会
SFAC	Statements of Financial Accounting Concepts	财务会计概念公告
SIC	Standing Interpretation Committee(IASC)	常设解释委员会
SMEIG	Small and Medium-sized Entities Implementation Group	中小主体实施小组
S-K	Regulation S-K(SEC)	SEC 发布的 S-K 规则
SOP	Statement of Position(AICPA)	AICPA 的立场公告
SP	Statement of Principles for Financial Reporting	财务报告原则公告
SPE	Special Purpose Entities	特殊目的主体
SSAE	Statements on Standards for Attestation Engagements	鉴证业务准则公告
SSAP	Statement of Standard Accounting Practice(UK)	英国标准会计实务公告

英文简称	英文全称	中文释义
S-X	Regulation S - X(SEC)	SEC 发布的 S - X 规则
TIS	Technical Inquiry Service	技术咨询服务
UNFCCC	United Nations Framework Convention on Climate Change	联合国气候变化框架公约
VIE	Variable Interest Entities	变动权益主体
VRG	Valuation Resource Group	评估资源小组
WEF	World Economic Forum	世界经济论坛

·立信版·
中外会计审计准则研究与比较丛书

策划人、责任编辑　张立年

　　当前会计准则国际趋同形势发展之快,超出常人之想象。作为会计理论、实务工作者,应当追踪各国和国际会计审计准则的发展,对之进行研究与比较。2006 年 2 月,我国新会计审计准则出台,是我国会计审计史上新的里程碑,将大步迈向国际会计审计准则趋同的新阶段,也是促进中国经济发展和提升中国在国际资本市场中地位的非常重要的一步。本社推出由汪祥耀教授主编的《中外会计审计准则研究与比较丛书》,并陆续与读者见面。

《会计理论探索丛书》
已出版书目

25. 刘菁:《企业集团财务控制研究》

26. 郭荣丽:《我国商业银行财务管理制度创新》

27. 许家林等:《资源会计学的基本理念问题研究》

28. 杨世忠:《企业会计信息质量及其评鉴模式与方法研究》

29. 艾健明:《我国国有控股上市公司的非效率投资行为及其治理机制研究》

30. 黄晓波:《广义资本会计理论研究》

31. 柳木华:《上市公司盈余质量研究》

32. 陈元芳:《现代会计教育:职业技能教学研究》

33. 重庆工学院审计理论研究课题组:《审计基本理论比较——前后一贯的理论结构》

34. 孙燕东:《基于投资者保护的会计信息披露问题研究》

35. 董黎明:《上市公司债务融资结构、行为、绩效研究》

36. 白俊:《股权结构及其治理绩效研究——基于上市公司股权分置改革的实证研究》

37. 于永生、卢桂荣:《次贷危机背景下公允价值会计问题研究》

38. 王海兵:《人本财务研究》

·立信版·
MBA 专用教材和参考教材

策划人、责任编辑　张立年

·立　信　版·

立信财经、会计丛书

策划人、责任编辑　张立年

·立 信 版·

西方会计系列图书

策划人、责任编辑　张立年

　　列入本社立信会计丛书出版的《西方财务管理》、《西方财务会计》、《西方成本会计》,共同构成西方会计系列图书。其中《西方财务管理》一书,已被我国台湾地区列为学术专著、大专用书,由五南图书出版公司以中文繁体字重新出版发行,深受读者欢迎。凡有志于学习和了解西方会计的读者,欢迎订购以下西方会计系列图书:

1. 西方财务管理教程(王文钧编著)　　　　　　定价:15.00 元

2. 西方财务会计教程(王文钧编)　　　　　　　定价:31.50 元

3. 西方成本会计(王文钧编著)　　　　　　　　定价:23.00 元

4. 初级会计专业英语(第二版)(常勋、肖华编著)　定价:17.00 元

5. 会计专业英语(第四版)(常勋、肖华编著)　　定价:29.50 元

6. 立信英汉财会大词典(陈今池编)　　　　　　定价:66.00 元

7. 立信英汉国际经济、贸易、金融词典(胡式如编)　定价:88.00 元

·立　信　版·

《会计理论探索丛书》已出版书目

策划人、责任编辑　张立年

　　由葛家澍、吴水澎、郭道扬、王松年担任主编的《会计理论探索丛书》,委托立信会计出版社出版已有多年。它是会计界的学术园地,主要通过对会计基本理论、业务理论的探索,为建立具有中国特色的以提高经济效益为中心的会计理论、方法体系,起到一点添砖加瓦的作用。欢迎赐稿,欢迎订购。

易国洪等:《现代商业银行全面成本管理》　　　　　　定价:38.00 元
孙芳城、李孝林等:《比较财务会计学》(第二版)　　　定价:28.50 元
李孝林、孙芳城等:《会计基本理论比较》　　　　　　定价:25.00 元
许家林:《现代会计科学理论研究》　　　　　　　　　定价:27.00 元
沈颖玲:《网络财务报告研究》　　　　　　　　　　　定价:20.00 元
李孝林:《费用性质法利润表比较观》　　　　　　　　定价:17.00 元
费忠新:《民营企业财务管理研究》　　　　　　　　　定价:16.00 元
殷勤凡:《循环经济会计研究》　　　　　　　　　　　定价:15.00 元
刘菁:《企业集团财务控制研究》　　　　　　　　　　定价:14.00 元
郭荣丽:《我国商业银行财务管理制度创新》　　　　　定价:17.00 元
许家林、王昌锐等:《资源会计学的基本理论问题研究》定价:40.00 元
杨世忠:《企业会计信息质量及其评鉴模式与方法研究》定价:20.00 元
艾健明:《我国国有控股上市公司的非效率投资行为
　　　　　及其治理机制研究》　　　　　　　　　　定价:17.00 元
黄晓波:《广义资本会计理论研究》　　　　　　　　　定价:18.00 元
柳木华:《上市公司盈余质量研究》　　　　　　　　　定价:17.00 元
陈元芳:《现代会计教育:职业技能教学研究》　　　　定价:22.00 元